Steuerlehre 1
Rechtslage 2018

EBOOK INSIDE

Die Zugangsinformationen zum eBook inside finden Sie am Ende des Buchs.

Manfred Bornhofen • Martin C. Bornhofen

Steuerlehre 1 Rechtslage 2018

Allgemeines Steuerrecht, Abgabenordnung, Umsatzsteuer

39., überarbeitete und aktualisierte Auflage

Mitarbeiterinnen: Simone Meyer/Karin Nickenig

Studiendirektor, Dipl.-Hdl.　　　　　　WP, StB, CPA, Dipl.-Kfm.
Manfred Bornhofen　　　　　　　　　 Martin C. Bornhofen
Koblenz, Deutschland　　　　　　　　 Düsseldorf, Deutschland

ISBN 978-3-658-21697-9　　　　　　　ISBN 978-3-658-21698-6 (eBook)
DOI 10.1007/978-3-658-21698-6

Die Deutsche Nationalbibliothek verzeichnet diese Publikation in der Deutschen Nationalbibliografie; detaillierte bibliografische Daten sind im Internet über http://dnb.d-nb.de abrufbar.

Springer Gabler
© Springer Fachmedien Wiesbaden 2018
Das Werk einschließlich aller seiner Teile ist urheberrechtlich geschützt. Jede Verwertung, die nicht ausdrücklich vom Urheberrechtsgesetz zugelassen ist, bedarf der vorherigen Zustimmung des Verlags. Das gilt insbesondere für Vervielfältigungen, Bearbeitungen, Übersetzungen, Mikroverfilmungen und die Einspeicherung und Verarbeitung in elektronischen Systemen.
Die Wiedergabe von Gebrauchsnamen, Handelsnamen, Warenbezeichnungen usw. in diesem Werk berechtigt auch ohne besondere Kennzeichnung nicht zu der Annahme, dass solche Namen im Sinne der Warenzeichen- und Markenschutz-Gesetzgebung als frei zu betrachten wären und daher von jedermann benutzt werden dürften. Der Verlag, die Autoren und die Herausgeber gehen davon aus, dass die Angaben und Informationen in diesem Werk zum Zeitpunkt der Veröffentlichung vollständig und korrekt sind. Weder der Verlag, noch die Autoren oder die Herausgeber übernehmen, ausdrücklich oder implizit, Gewähr für den Inhalt des Werkes, etwaige Fehler oder Äußerungen. Der Verlag bleibt im Hinblick auf geografische Zuordnungen und Gebietsbezeichnungen in veröffentlichten Karten und Institutionsadressen neutral.

Lektorat: Irene Buttkus
Korrektorat: Inge Kachel-Moosdorf
Layout und Satz: workformedia | Frankfurt am Main

Gedruckt auf säurefreiem und chlorfrei gebleichtem Papier

Springer Gabler ist Teil von Springer Nature
Die eingetragene Gesellschaft ist Springer Fachmedien Wiesbaden GmbH
Die Anschrift der Gesellschaft ist: Abraham-Lincoln-Strasse 46, 65189 Wiesbaden, Germany

Vorwort zur 39. Auflage

Die **Steuerlehre 1** erscheint im Juni eines jeden Kalenderjahres mit dem aktuellen Rechtsstand des **laufenden** Jahres. Zusammen mit der Steuerlehre 2 deckt das Werk die grundlegenden Inhalte des Steuerrechts ab.

Während die **Steuerlehre 2** die Einkommensteuer, die Körperschaftsteuer, die Gewerbesteuer, das Bewertungsgesetz und die Erbschaftsteuer behandelt, erläutert und erklärt die **Steuerlehre 1**

- das Allgemeine Steuerrecht,
- die Abgabenordnung sowie
- die Umsatzsteuer.

Die 39., überarbeitete Auflage der **Steuerlehre 1** berücksichtigt den aktuellen Rechtsstand des Jahres **2018**. Neben neuen BMF-Schreiben, Urteilen und anderen Verwaltungsanweisungen sind insbesondere die sich aus dem Gesetz zur Änderung des Bundesversorgungsgesetzes und anderer Vorschriften sowie dem Gesetz gegen Manipulation an Kassensystemen ergebenden Rechtsänderungen eingearbeitet. Sämtliche in dieser Auflage berücksichtigten Rechtsänderungen sind in Anhang 5 tabellarisch mit ihren Fundstellen zusammengefasst.

Sollten sich nach dem Erscheinen der Steuerlehre 1 noch Rechtsänderungen für 2018 ergeben, können Sie diese kostenlos unter

www.springer.com/springer+gabler/bornhofen

über den Service-Link „**Online Plus**" auf der Produktseite des Buches abrufen.

Damit wird bei der **Steuerlehre 1** der **vollständige Rechtsstand** des Jahres 2018 garantiert. Außerdem werden unter dieser Internetadresse kostenlos als Lehrerservice Schaubilder zur Herstellung von Folien für registrierte **Dozenten** zum Download bereitgestellt.

Ihr Mehrwert: eBook inside! Die Steuerlehre 1 erscheint mit eBook inside, um Lehrenden und Lernenden das **digitale Arbeiten** mit dem Unterrichts- und Lernstoff zu erleichtern. Ausgewählte **Verlinkungen** zu z. B. Gesetzestexten und BMF-Schreiben ermöglichen ein **innovatives Lernerlebnis**, das analoge und digitale Inhalte praxisrelevant miteinander verknüpft.

Rechtsänderungen gegenüber dem Vorjahr bzw. Änderungen, die sich ab 2018 ergeben, sind durch senkrechte Randlinien gekennzeichnet.

Ein größtmöglicher **Praxisbezug** wird durch den Einbezug der **aktuellen amtlichen Vordrucke** hergestellt. Zahlreiche erläuternde **Schaubilder, Beispiele, Wiederholungsfragen** und zu lösende **Fälle** – basierend auf dem Rechtsstand des Jahres 2018 – unterstützen den Lernerfolg.

Zur Erleichterung der Erfolgskontrolle wird in umfangreichen Kapiteln bereits nach einzelnen Abschnitten unter dem Stichwort „**Übung**" auf die entsprechenden Wiederholungsfragen und Fälle hingewiesen.

Die „**Zusammenfassenden Erfolgskontrollen**" bieten die Möglichkeit, auch Inhalte vorhergehender Kapitel in die laufende Erfolgskontrolle einzubeziehen.

Aufgrund der vielen **Vernetzungen**, die sich zwischen dem **Steuerrecht und** dem **Rechnungswesen** ergeben, wird mit einem **besonderen Symbol** (siehe Seite VI) auf Schnittstellen zu den Werken **Buchführung 1** und **2** sowie **zur Steuerlehre 1** und **2** hingewiesen.

Für die Lösungen der zahlreichen Aufgaben und für zusätzliche Aufgaben mit Lösungen ist ein **Lösungsbuch** (ISBN 978-3-658-21699-3) erhältlich.

Manfred Bornhofen†
Martin C. Bornhofen

Erläuterungen zu den in diesem Buch verwendeten Symbolen

	Die mit einer senkrechten Randlinie versehenen Seiten kennzeichnen die Rechtsänderungen gegenüber dem Vorjahr bzw. Änderungen, die sich ab 2018 ergeben.
B 1	Das Symbol **B 1** verweist auf die **Buchführung 1**, 30. Auflage.
B 2	Das Symbol **B 2** verweist auf die **Buchführung 2**, 29. Auflage.
S 1	Das Symbol **S 1** verweist auf die **Steuerlehre 1**, 39. Auflage.
S 2	Das Symbol **S 2** verweist auf die **Steuerlehre 2**, 38. Auflage.
A L	Das Symbol **A L** verweist auf das **Lösungsbuch** zur **Steuerlehre 1**, 39. Auflage, und darin enthaltene zusätzliche Aufgaben mit Lösungen.

Inhaltsverzeichnis

A. Allgemeines Steuerrecht

1 Öffentlich-rechtliche Abgaben 1
  1.1 Steuern.. 2
      1.1.1 Steuerbegriff.. 2
      1.1.2 Steueraufkommen 3
  1.2 Gebühren und Beiträge 6
  1.3 Steuerliche Nebenleistungen 7
  1.4 Zusammenfassung und Erfolgskontrolle...................................... 9

2 Einteilung der Steuern 13
  2.1 Einteilung der Steuern nach der Ertragshoheit........................... 13
  2.2 Einteilung der Steuern nach der Überwälzbarkeit 13
  2.3 Einteilung der Steuern nach dem Gegenstand der Besteuerung... 15
  2.4 Einteilung der Steuern nach der Abzugsfähigkeit bei der
      Gewinnermittlung... 16
  2.5 Einteilung der Steuern nach den Erhebungsformen................... 16
  2.6 Grundsätze der Besteuerung.. 16
  2.7 Zusammenfassung und Erfolgskontrolle.................................... 17

3 Steuergesetzgebung und steuerliche Vorschriften 19
  3.1 Steuergesetzgebung.. 19
      3.1.1 Ausschließliche Gesetzgebung des Bundes 19
      3.1.2 Konkurrierende Gesetzgebung.. 19
      3.1.3 Ausschließliche Gesetzgebung der Länder 19
  3.2 Steuerliche Vorschriften.. 20
      3.2.1 Gesetze.. 20
      3.2.2 Rechtsverordnungen 21
      3.2.3 Verwaltungsanordnungen 21
      3.2.4 Urteile der Steuergerichte 21
  3.3 Zusammenfassung und Erfolgskontrolle.................................... 22

4 Steuerverwaltung 25
  4.1 Steuerverwaltungshoheit 25
  4.2 Aufbau und Aufgaben der Steuerverwaltungsbehörden 25
      4.2.1 Aufbau der Finanzbehörden.. 25
      4.2.2 Aufgaben der Finanzbehörden 27
  4.3 Organisation der Finanzämter 28
  4.4 Zusammenfassung und Erfolgskontrolle.................................... 29

B. Abgabenordnung

1 Bedeutung und Aufbau der Abgabenordnung 32
    1.1 Bedeutung der Abgabenordnung 32
    1.2 Aufbau der Abgabenordnung 32
    1.3 Erfolgskontrolle 33

2 Zuständigkeit der Finanzbehörden 34
    2.1 Sachliche Zuständigkeit 34
    2.2 Örtliche Zuständigkeit 35
        2.2.1 Örtliche Zuständigkeit nach der Steuerart 35
            2.2.1.1 Einkommensteuer natürlicher Personen und Umsatzsteuer natürlicher Personen, die Nichtunternehmer sind 35
            2.2.1.2 Körperschaftsteuer 36
            2.2.1.3 Umsatzsteuer und Realsteuern 37
            2.2.1.4 Einkommensteuer bei Bauleistungen 38
        2.2.2 Örtliche Zuständigkeit nach der gesonderten und einheitlichen Feststellung von Besteuerungsgrundlagen 39
            2.2.2.1 Einheitswerte der Grundstücke und Einkünfte aus Land- und Forstwirtschaft 40
            2.2.2.2 Gewinn aus Gewerbebetrieb 40
            2.2.2.3 Einkünfte aus selbständiger Arbeit 41
            2.2.2.4 Einkünfte aus Kapitalvermögen und Einkünfte aus Vermietung und Verpachtung 41
    2.3 Erfolgskontrolle 42

3 Steuerverwaltungsakt 45
    3.1 Begriff 45
    3.2 Arten des Steuerverwaltungsaktes 46
    3.3 Voraussetzung für das Wirksamwerden eines Verwaltungsaktes ... 46
    3.4 Formen des Verwaltungsakts und der Bekanntgabe 47
        3.4.1 Übermittlung durch die Post 48
        3.4.2 Elektronische Übermittlung 49
        3.4.3 Öffentliche Bekanntgabe 49
        3.4.4 Zustellung 49
        3.4.5 Datenabruf-Bereitstellung 50
    3.5 Nichtigkeit des Verwaltungsaktes 50
    3.6 Zusammenfassung und Erfolgskontrolle 51

4 Fristen 54
    4.1 Begriffe 54
    4.2 Arten der Fristen 54
    4.3 Berechnung von Fristen 55
        4.3.1 Beginn der Frist 55
        4.3.2 Dauer der Frist 56
        4.3.3 Ende der Frist 56
    4.4 Wiedereinsetzung in den vorigen Stand 58
    4.5 Folgen der Fristversäumnis 59
    4.6 Zusammenfassung und Erfolgskontrolle 66

5 Ermittlungsverfahren ... 71
5.1 Pflichten der Finanzbehörden und der Steuerpflichtigen ... 71
    5.1.1 Allgemeine Mitwirkungspflichten ... 71
    5.1.2 Besondere Mitwirkungspflichten ... 71
        5.1.2.1 Anzeigepflichten ... 72
        5.1.2.2 Erklärungspflichten ... 72
        5.1.2.3 Buchführungs- und Aufzeichnungspflichten ... 73
5.2 Ordnungsvorschriften für die Buchführung und für Aufzeichnungen ... 78
5.3 Zusammenfassung und Erfolgskontrolle ... 79

6 Festsetzungs- und Feststellungsverfahren ... 86
6.1 Grundzüge des Festsetzungs- und Feststellungsverfahrens ... 86
    6.1.1 Festsetzung der Steuer durch Steuerbescheide ... 86
    6.1.2 Feststellung der Besteuerungsgrundlagen durch Grundlagenbescheide ... 87
6.2 Nicht endgültige Steuerfestsetzungen ... 88
    6.2.1 Steuerfestsetzung unter dem Vorbehalt der Nachprüfung ... 88
    6.2.2 Vorläufige Steuerfestsetzung ... 89
6.3 Festsetzungsverjährung bei Steuern ... 90
6.4 Zusammenfassung und Erfolgskontrolle ... 93

7 Berichtigungsverfahren ... 94
7.1 Berichtigung offenbarer Unrichtigkeiten bei Verwaltungsakten ... 94
7.2 Aufhebung und Änderung von Steuerbescheiden ... 95
    7.2.1 Aufhebung oder Änderung auf Antrag oder Zustimmung des Steuerpflichtigen ... 95
    7.2.2 Aufhebung oder Änderung von Steuerbescheiden wegen neuer Tatsachen oder Beweismittel ... 96
    7.2.3 Berichtigung von Steuerbescheiden wegen Schreib- und Rechenfehlern ... 98
    7.2.4 Aufhebung und Änderung von Steuerbescheiden in sonstigen Fällen ... 98
    7.2.5 Aufhebung und Änderung von Steuerfestsetzungen bei fehlerhafter Datenübermittlung ... 98
7.3 Zusammenfassung und Erfolgskontrolle ... 98

8 Erhebungsverfahren ... 102
8.1 Entstehung der Steuer ... 102
8.2 Festsetzung der Steuer ... 103
8.3 Fälligkeit der Steuer ... 103
8.4 Steuerstundung ... 104
8.5 Erlöschen des Steueranspruchs ... 105
    8.5.1 Zahlung ... 105
    8.5.2 Aufrechnung ... 105
    8.5.3 Erlass ... 106
    8.5.4 Zahlungsverjährung ... 107
8.6 Zusammenfassung und Erfolgskontrolle ... 108

9 Rechtsbehelfsverfahren ... 111
9.1 Außergerichtliches Rechtsbehelfsverfahren ... 111
9.1.1 Zulässigkeit des Einspruchs ... 111
9.1.2 Aussetzung der Vollziehung ... 114
9.2 Gerichtliche Rechtsbehelfsverfahren ... 114
9.2.1 Klage ... 115
9.2.2 Revision ... 115
9.2.3 Aussetzung der Vollziehung ... 115
9.3 Zusammenfassung und Erfolgskontrolle ... 116

10 Straf- und Bußgeldverfahren ... 118
10.1 Steuerstraftaten und Strafmaße ... 118
10.2 Steuerordnungswidrigkeiten und Bußmaße ... 119
10.3 Selbstanzeige bei Steuerhinterziehung und leichtfertiger Steuerverkürzung ... 120
10.4 Zusammenfassung und Erfolgskontrolle ... 122

Prüfungsaufgaben: Abgabenordnung ... 125

C. Umsatzsteuer

1 Einführung in die Umsatzsteuer ... 128
1.1 Geschichtliche Entwicklung ... 128
1.2 Steueraufkommen ... 128
1.3 Rechtsgrundlagen ... 128
1.4 System der Umsatzsteuer ... 129
1.5 Schema zur Berechnung der Umsatzsteuer ... 133
1.6 Erfolgskontrolle ... 134

2 Steuerbare entgeltliche Leistungen ... 136
2.1 Leistungsbegriff ... 136
2.1.1 Lieferungen ... 137
2.1.2 Sonstige Leistungen ... 144
2.1.3 Einheitlichkeit der Leistung ... 146
2.2 Merkmale steuerbarer entgeltlicher Leistungen ... 147
2.2.1 Unternehmer ... 147
2.2.2 Umsatzsteuerliche Gebietsbegriffe ... 155
2.2.2.1 Inland ... 155
2.2.2.2 Ausland ... 156
2.2.3 Entgelt ... 160
2.2.4 Rahmen des Unternehmens ... 165
2.3 Zusammenfassende Erfolgskontrolle ... 167

Zusammenfassende Erfolgskontrolle zum 1. und 2. Kapitel ... 173

3 Steuerbare unentgeltliche Leistungen 174
    3.1 Unentgeltliche Lieferungen 176
        3.1.1 Entnahme von Gegenständen 177
        3.1.2 Sachzuwendungen an das Personal 180
        3.1.3 Andere unentgeltliche Zuwendungen 181
    3.2 Unentgeltliche sonstige Leistungen 183
        3.2.1 Private Nutzung betrieblicher Gegenstände 183
        3.2.2 Andere unentgeltliche sonstige Leistungen 187
    3.3 Zusammenfassung und Erfolgskontrolle 184

Zusammenfassende Erfolgskontrolle zum
1. bis 3. Kapitel 193

4 Steuerbare Einfuhr 194
    4.1 Einfuhrbegriff 195
    4.2 Zusammenfassung und Erfolgskontrolle 197

Zusammenfassende Erfolgskontrolle zum
1. bis 4. Kapitel 199

5 Steuerbarer innergemeinschaftlicher Erwerb 200
    5.1 Erwerbe im Sinne des § 1a Abs. 1 und Abs. 2 UStG 200
        5.1.1 Innergemeinschaftlicher Erwerb gegen Entgelt (§ 1a Abs. 1 UStG) 201
        5.1.2 Innergemeinschaftliches Verbringen (§ 1a Abs. 2 UStG) ... 205
    5.2 Erwerbe im Sinne des § 1a Abs. 3 und Abs. 4 UStG 206
        5.2.1 Erwerb durch Halbunternehmer (§ 1a Abs. 3 UStG) 206
        5.2.2 Option durch Halbunternehmer (§ 1a Abs. 4 UStG) 208
    5.3 Innergemeinschaftlicher Erwerb neuer Fahrzeuge (§ 1b UStG) 209
        5.3.1 Fahrzeugerwerb durch private Endverbraucher 209
        5.3.2 Neue Fahrzeuge 210
    5.4 Innergemeinschaftliches Dreiecksgeschäft (§ 25b UStG) 211
    5.5 Zusammenfassung und Erfolgskontrolle 212

Zusammenfassende Erfolgskontrolle zum
1. bis 5. Kapitel 216

6 Ort des Umsatzes 217
    6.1 Ort der entgeltlichen Lieferung 217
        6.1.1 Ort der Lieferung bei Beförderung oder Versendung
            (§ 3 Abs. 6 UStG) 217
        6.1.2 Ort der Lieferung in den Sonderfällen der Beförderung oder
            Versendung (§ 3 Abs. 8 UStG) 220
        6.1.3 Ort der Lieferung ohne Beförderung oder Versendung
            (§ 3 Abs. 7 UStG) 222
        6.1.4 Ort der Lieferung bei Reihengeschäften
            (§ 3 Abs. 6 Sätze 5 und 6 i.V.m. § 3 Abs. 7 Satz 2 UStG) 224
            6.1.4.1 Reihengeschäft im Inland 224
            6.1.4.2 Innergemeinschaftliches Dreiecksgeschäft 227

6.1.5 Ort der Lieferung bei innergemeinschaftlichen Beförderungs- und Versendungslieferungen an bestimmte Abnehmer (§ 3c UStG) 231
    6.1.5.1 Ort der Lieferung 231
    6.1.5.2 Abnehmerkreis 231
    6.1.5.3 Lieferschwelle 235
    6.1.5.4 Option nach § 3c Abs. 4 UStG 237
    6.1.5.5 Lieferung neuer Fahrzeuge 237
    6.1.5.6 Lieferung verbrauchsteuerpflichtiger Waren 237
6.1.6 Ort der Lieferung von Gas, Elektrizität, Wärme oder Kälte (§ 3g UStG) 238
    6.1.6.1 Unternehmer (Wiederverkäufer) 238
    6.1.6.2 Andere Abnehmer 239
6.2 Ort der sonstigen Leistungen 241
  6.2.1 Grundregeln des § 3a Abs. 1 und Abs. 2 UStG 242
    6.2.1.1 Grundregel des § 3a Abs. 2 UStG (B2B-Umsätze) 242
    6.2.1.2 Grundregel des § 3a Abs. 1 UStG (B2C-Umsätze) 243
  6.2.2 Spezialvorschriften des § 3a Abs. 3 bis 8 UStG 243
    6.2.2.1 Belegenheitsort eines Grundstücks 244
    6.2.2.2 Übergabeort bei kurzfristiger Vermietung eines Beförderungsmittels 244
    6.2.2.3 Sitzort des Leistungsempfängers bei langfristiger Vermietung eines Beförderungsmittels 245
    6.2.2.4 Tätigkeitsort bzw. Empfängerort bei sonstigen Leistungen im Bereich Kultur, Kunst, Wissenschaft, Unterricht usw. 245
    6.2.2.5 Tätigkeitsort bei Restaurationsleistungen, die nicht an Bord eines Schiffs, Luftfahrzeugs oder einer Eisenbahn erbracht werden 246
    6.2.2.6 Tätigkeitsort bei Arbeiten an beweglichen körperlichen Gegenständen sowie deren Begutachtung 247
    6.2.2.7 Ort des vermittelten Umsatzes 248
    6.2.2.8 Orte bei Katalogleistungen 248
    6.2.2.9 Telekommunikations-, Rundfunk- und Fernsehdienstleistungen sowie elektronisch erbrachte Dienstleistungen 250
  6.2.3 Ort der Beförderungsleistung (Spezialvorschriften des § 3b UStG) 253
    6.2.3.1 Personenbeförderungen 253
    6.2.3.2 Nicht innergemeinschaftliche Güterbeförderungen an Nichtunternehmer 254
    6.2.3.3 Innergemeinschaftliche Güterbeförderung an Nichtunternehmer 254
6.3 Ort der unentgeltlichen Wertabgabe (Spezialvorschriften des § 3f UStG) 255
  6.3.1 Ort der unentgeltlichen Lieferungen 255
  6.3.2 Ort der unentgeltlichen sonstigen Leistungen 255
6.4 Ort des innergemeinschaftlichen Erwerbs (§ 3d UStG) 256
6.5 Erfolgskontrolle 258

Zusammenfassende Erfolgskontrolle zum
1. bis 6. Kapitel 266

7 Steuerbefreiungen 267
   7.1 Steuerfreie Umsätze ohne Vorsteuerabzug.. 267
   7.2 Steuerfreie Umsätze mit Vorsteuerabzug.. 270
        7.2.1 Steuerfreie innergemeinschaftliche Lieferungen............................ 270
               7.2.1.1 Lieferungen an Abnehmer mit USt-IdNr. 271
               7.2.1.2 Lieferung neuer Fahrzeuge an Abnehmer ohne USt-IdNr. 272
        7.2.2 Weitere steuerfreie Umsätze mit Vorsteuerabzug 273
               7.2.2.1 Lieferung durch den Unternehmer................................ 274
               7.2.2.2 Beförderung oder Versendung durch den ausländischen
                            Abnehmer 274
   7.3 Steuerfreier Reiseverkehr.. 276
   7.4 Steuerfreie Umsätze mit Optionsmöglichkeit 277
   7.5 Zusammenfassung und Erfolgskontrolle... 280

Zusammenfassende Erfolgskontrolle zum 1. bis 7. Kapitel 285

8 Bemessungsgrundlage 286
   8.1 Bemessungsgrundlage für entgeltliche Leistungen...................................... 286
        8.1.1 Berechnungsmethode zur Ermittlung des Entgelts......................... 286
        8.1.2 Berechnungsmethode zur Ermittlung der Umsatzsteuer................. 287
        8.1.3 Inhalt und Umfang des Entgelts... 287
        8.1.4 Überlassung von Fahrzeugen an das Personal 288
   8.2 Bemessungsgrundlagen für unentgeltliche Leistungen................................ 291
        8.2.1 Unentgeltliche Lieferungen 291
               8.2.1.1 Entnahme von Gegenständen 291
               8.2.1.2 Sachzuwendungen an das Personal............................... 295
               8.2.1.3 Andere unentgeltliche Zuwendungen............................ 295
        8.2.2 Unentgeltliche sonstige Leistungen 296
               8.2.2.1 Private Nutzung betrieblicher Gegenstände 297
               8.2.2.2 Andere unentgeltliche sonstige Leistungen 303
   8.3 Mindestbemessungsgrundlagen.. 306
   8.4 Bemessungsgrundlage für den innergemeinschaftlichen
        Erwerb.. 307
   8.5 Änderung der Bemessungsgrundlage 308
        8.5.1 Skonti 309
        8.5.2 Forderungsausfälle 309
   8.6 Erfolgskontrolle... 310

Zusammenfassende Erfolgskontrolle zum 1. bis 8. Kapitel 316

9 Steuersätze 318
   9.1 Allgemeiner Steuersatz 318
   9.2 Ermäßigter Steuersatz 319
        9.2.1 Gegenstände der Anlage 2 zum UStG 319
        9.2.2 Personenbeförderungsverkehr 322
        9.2.3 Hotelgewerbe und Campingplätze... 323
   9.3 Zusammenfassung und Erfolgskontrolle... 324

Zusammenfassende Erfolgskontrolle zum 1. bis 9. Kapitel 328

10 Besteuerungsverfahren ... 329
- 10.1 Besteuerungszeitraum ... 329
- 10.2 Steuerberechnung ... 329
- 10.3 Voranmeldungen und Vorauszahlungen ... 330
- 10.4 Zusammenfassende Meldung ... 331
- 10.5 Steuererklärung und Veranlagung ... 332
- 10.6 Zusammenfassung und Erfolgskontrolle ... 332

11 Entstehung der Umsatzsteuer und Steuerschuldner ... 336
- 11.1 Entstehung der Umsatzsteuer für entgeltliche und unentgeltliche Leistungen ... 336
  - 11.1.1 Sollbesteuerung ... 336
  - 11.1.2 Istbesteuerung ... 337
  - 11.1.3 Mindest-Istbesteuerung ... 338
- 11.2 Entstehung der Umsatzsteuer bei unrichtigem Steuerausweis ... 339
- 11.3 Entstehung der Umsatzsteuer bei unberechtigtem Steuerausweis ... 340
- 11.4 Entstehung der Umsatzsteuer für den innergemeinschaftlichen Erwerb ... 340
- 11.5 Entstehung der Umsatzsteuer für den innergemeinschaftlichen Erwerb neuer Fahrzeuge ... 340
- 11.6 Steuerschuldner nach § 13a UStG ... 341
- 11.7 Verlagerung der Steuerschuldnerschaft nach § 13b UStG ... 341
- 11.8 Erfolgskontrolle ... 343

Zusammenfassende Erfolgskontrolle zum 1. bis 11. Kapitel ... 346

12 Ausstellen von Rechnungen ... 347
- 12.1 Pflichtangaben in einer Rechnung ... 348
- 12.2 Rechnungen über Umsätze mit verschiedenen Steuersätzen ... 350
- 12.3 Zusätzliche Pflichten beim Ausstellen von Rechnungen in besonderen Fällen (§ 14a UStG) ... 351
- 12.4 Rechnungen mit unrichtigem und unberechtigtem Steuerausweis ... 353
  - 12.4.1 Rechnungen mit unrichtigem Steuerausweis ... 353
  - 12.4.2 Rechnungen mit unberechtigtem Steuerausweis ... 353
- 12.5 Rechnungen über Kleinbeträge ... 354
- 12.6 Fahrausweise als Rechnungen ... 355
- 12.7 Zusammenfassung und Erfolgskontrolle ... 356

Zusammenfassende Erfolgskontrolle zum 1. bis 12. Kapitel ... 359

13 Vorsteuerabzug 361
   13.1 Voraussetzungen für den Vorsteuerabzug 362
   13.2 Nicht abziehbare Vorsteuerbeträge nach § 15 Abs. 1a und
         § 15 Abs. 2 UStG... 368
         13.2.1 Nicht abziehbare Vorsteuerbeträge nach § 15 Abs. 2 UStG............. 368
         13.2.2 Nicht abziehbare Vorsteuerbeträge nach § 15 Abs. 1a UStG........... 368
   13.3 Abziehbare Vorsteuerbeträge nach § 15 Abs. 3 UStG...................................... 371
   13.4 Zum Teil nicht abziehbare Vorsteuerbeträge.. 372
         13.4.1 Aufteilung der Vorsteuerbeträge nach ihrer wirtschaftlichen
                Zuordnung.. 372
         13.4.2 Aufteilung der Vorsteuerbeträge im Wege einer sachgerechten
                Schätzung... 373
         13.4.3 Aufteilung der Vorsteuerbeträge nach dem Verhältnis der
                Umsätze... 373
   13.5 Vorsteuerermittlung in besonderen Fällen 374
         13.5.1 Vorsteuerbeträge in Kleinbetragsrechnungen 374
         13.5.2 Vorsteuerbeträge in Fahrausweisen.. 374
         13.5.3 Vorsteuerbeträge bei Reisekosten 374
   13.6 Berichtigung des Vorsteuerabzugs nach § 15a UStG 376
   13.7 Erfolgskontrolle.. 378

**Zusammenfassende Erfolgskontrolle zum
1. bis 13. Kapitel**.. 382

14 Aufzeichnungspflichten.. 383
   14.1 Aufzeichnung der Entgelte und Teilentgelte beim
         entgeltlichen Leistungsausgang 383
   14.2 Aufzeichnung unentgeltlicher Leistungen 384
   14.3 Aufzeichnung der Entgelte und Teilentgelte sowie der
         Vorsteuer beim entgeltlichen Leistungseingang... 385
   14.4 Aufzeichnung im Falle der Einfuhr 385
   14.5 Aufzeichnung des innergemeinschaftlichen Erwerbs...................................... 385
   14.6 Aufzeichnungen über Leistungen i. S. d. § 13b UStG....................................... 386
   14.7 Erleichterungen für die Trennung der Entgelte.. 386
         14.7.1 Trennung der Entgelte aufgrund der Wareneingänge unter
                Hinzurechnung der tatsächlichen oder üblichen Aufschläge............. 387
         14.7.2 Trennung der Entgelte aufgrund der Wareneingänge unter
                Hinzurechnung eines gewogenen Durchschnittsaufschlags 388
         14.7.3 Trennung der Entgelte nach den tatsächlichen Verkaufsentgelten
                bei Filialunternehmen... 389
   14.8 Zusammenfassung und Erfolgskontrolle... 390

**Zusammenfassende Erfolgskontrolle zum
1. bis 14. Kapitel**.. 392

15 Besteuerung nach Durchschnittssätzen 393
15.1 Durchschnittssätze für land- und forstwirtschaftliche Betriebe............ 393
15.2 Allgemeine Durchschnittssätze............ 394
15.3 Zusammenfassung und Erfolgskontrolle............ 398

Zusammenfassende Erfolgskontrolle zum
1. bis 15. Kapitel............ 400

16 Differenzbesteuerung 401
16.1 Voraussetzungen 401
16.2 Bemessungsgrundlage bei Einzeldifferenzbesteuerung 402
16.3 Bemessungsgrundlage bei Gesamtdifferenzbesteuerung 402
16.4 Verzicht auf die Differenzbesteuerung 403
16.5 Erfolgskontrolle............ 404

17 Besteuerung der Kleinunternehmer 405
17.1 Begriff des Kleinunternehmers............ 405
17.2 Gesamtumsatz 408
17.3 Option für die Regelbesteuerung............ 409
17.4 Zusammenfassung und Erfolgskontrolle 410

Zusammenfassende Erfolgskontrolle zum
1. bis 17. Kapitel............ 414

Zusammenfassendes Beispiel mit Lösung 415

Prüfungsfälle: Umsatzsteuer 420

Anhang 1: Mehrwertsteuersätze in den EU-Mitgliedstaaten............ 431

Anhang 2: Umsatzsteuerzuständigkeitsverordnung (UStZustV) 432

Anhang 3: Die Schwellenwerte der EU-Mitgliedstaaten............ 433

Anhang 4: Jahreskalender............ 434

Anhang 5: Aktuelle Rechtsänderungen – Übersicht............ 435

Stichwortverzeichnis............ 439

Bornhofen – das Konzept 445

Abkürzungsverzeichnis

A	=	Abschnitt
Abk.	=	Abkürzung
a. D.	=	außer Dienst
AdV	=	Aussetzung der Vollziehung
AEAO	=	Anwendungserlass zur Abgabenordnung (AO)
a. F.	=	alte Fassung
AfA	=	Absetzung für Abnutzung
AFG	=	Arbeitsförderungsgesetz
AG	=	Aktiengesellschaft
AktG	=	Aktiengesetz
AltEinkG	=	Alterseinkünftegesetz
AO	=	Abgabenordnung
AStG	=	Außensteuergesetz
AOH	=	Amtliches AO-Handbuch
Art.	=	Artikel
ATLAS	=	Automatisiertes Tarif- und Lokales Zoll-Abwicklungs-System
BAföG	=	Bundesausbildungsförderungsgesetz
BEF	=	Belgische Franken
BerlinFG	=	Berlinförderungsgesetz
BewG	=	Bewertungsgesetz
BFH	=	Bundesfinanzhof
BGB	=	Bürgerliches Gesetzbuch
BGBl	=	Bundesgesetzblatt
BGH	=	Bundesgerichtshof
BiRiLiG	=	Bilanzrichtlinien-Gesetz
BKGG	=	Bundeskindergeldgesetz
BImA	=	Bundesanstalt für Immobilienaufgaben
BIP	=	Bruttoinlandsprodukt
BMF	=	Bundesministerium der Finanzen
BMG	=	Bemessungsgrundlage
BNE	=	Bruttonationaleinkommen
BpO	=	Betriebsprüfungs-Ordnung
BSHG	=	Bundessozialhilfegesetz
BStBl	=	Bundessteuerblatt
BSP	=	Bruttosozialprodukt
B2B	=	business to business
B2C	=	business to consumer
BV	=	Berechnungsverordnung oder Betriebsvermögen
BVerfG	=	Bundesverfassungsgericht
BZSt	=	Bundeszentrale für Steuern
cbm = m^3	=	Kubikmeter
DA-FamEStG	=	Dienstanweisung zur Durchführung des steuerlichen Familienleistungsausgleichs nach dem X. Abschnitt des EStG
DBA	=	Doppelbesteuerungsabkommen
DK	=	Dänemark
EDI	=	elektronischer Datenaustausch

EFH	=	Einfamilienhaus
EGAO	=	Einführungsgesetz zur Abgabenordnung
Eh.	=	Einzelhandel
EigZulG	=	Eigenheimzulagengesetz
ErbStG	=	Erbschaftsteuer- und Schenkungsgesetz
ErbStR	=	Erbschaftsteuer-Richtlinien
ESt	=	Einkommensteuer
EStDV	=	Einkommensteuer-Durchführungsverordnung
EStG	=	Einkommensteuergesetz
EStH	=	Amtliches Einkommensteuer-Handbuch
EStR	=	Einkommensteuer-Richtlinien
eTIN	=	electronic Taxpayer Identification Number
EU	=	Europäische Union
EuGH	=	Europäischer Gerichtshof
EUR	=	Euro
EUSt	=	Einfuhrumsatzsteuer
EWR	=	Europäischer Wirtschaftsraum
FA	=	Finanzamt
FAGO	=	Geschäftsordnung der Finanzämter
FG	=	Finanzgericht
FGO	=	Finanzgerichtsordnung
FinMin.	=	Finanzministerium
FördG	=	Fördergebietsgesetz
FRF	=	Französische Franken
FVG	=	Finanzverwaltungsgesetz
GbR	=	Gesellschaft des bürgerlichen Rechts
GdB	=	Grad der Behinderung
GewSt	=	Gewerbesteuer
GewStDV	=	Gewerbesteuer-Durchführungsverordnung
GewStG	=	Gewerbesteuergesetz
GewStR	=	Gewerbesteuer-Richtlinien
GG	=	Grundgesetz für die Bundesrepublik Deutschland
GmbH	=	Gesellschaft mit beschränkter Haftung
GNOFÄ	=	Grundsätze zur Neuorganisation der Finanzämter
GoB	=	Grundsätze ordnungsmäßiger Buchführung
GrEStG	=	Grunderwerbsteuergesetz
GrSt	=	Grundsteuer
H	=	Hinweis
HBeglG 2004	=	Haushaltsbegleitgesetz 2004
HGB	=	Handelsgesetzbuch
HR	=	Handelsregister
HZA	=	Hauptzollamt
InvZulG	=	Investitionszulagengesetz
i. S. d.	=	im Sinne des
i. V. m.	=	in Verbindung mit
JStG 2010	=	Jahressteuergesetz 2010
KapESt	=	Kapitalertragsteuer
KG	=	Kommanditgesellschaft

KGaA	=	Kommanditgesellschaft auf Aktien
KiSt	=	Kirchensteuer
KraftSt	=	Kraftfahrzeugsteuer
KSt	=	Körperschaftsteuer
KStDV	=	Körperschaftsteuer-Durchführungsverordnung
KStG	=	Körperschaftsteuergesetz
KStR	=	Körperschaftsteuer-Richtlinien
KWG	=	Kreditwesengesetz
Kz	=	Kennzahl
LStDV	=	Lohnsteuer-Durchführungsverordnung
LStR	=	Lohnsteuer-Richtlinien
MwStSystRL	=	Mehrwertsteuer-Systemrichtlinie
MwStVO	=	Durchführungsverordnung (EU)
n. F.	=	neue Fassung
OFD	=	Oberfinanzdirektion
OECD	=	Organisation für wirtschaftliche Entwicklung und Zusammenarbeit
OHG	=	offene Handelsgesellschaft
ParG	=	Parteiengesetz
PostG	=	Postgesetz
PUDLV	=	Post-Universaldienstleistungsverordnung
R	=	Richtlinie
RFH	=	Reichsfinanzhof
Rdvfg.	=	Rundverfügung
Rz.	=	Randziffer/Randzahl
SachbezV	=	Sachbezugsverordnung
SGB	=	Sozialgesetzbuch
SolZG	=	Solidaritätszuschlaggesetz
StADV	=	Steueranmeldungs-Datenträgerverordnung
StBerG	=	Steuerberatungsgesetz
StDÜV	=	Steuerdaten-Übermittlungsverordnung
StEntlG	=	Steuerentlastungsgesetz 1999/2000/2002
StEuglG	=	Steuer-Euroglättungsgesetz
StraBEG	=	Strafbefreiungserklärungsgesetz
StSenkErgG	=	Steuersenkungsergänzungsgesetz
StSenkG	=	Steuersenkungsgesetz
StVBG	=	Steuerverkürzungsbekämpfungsgesetz
StVergAbG	=	Steuervergünstigungsabbaugesetz
StVZO	=	Straßenverkehrs-Zulassungs-Ordnung
SvEV	=	Sozialversicherungsentgeltverordnung
Tz.	=	Textziffer/Textzahl
u. a.	=	unter anderem
UntStFG	=	Unternehmenssteuerfortentwicklungsgesetz
UR	=	Umsatzsteuer-Rundschau
USt	=	Umsatzsteuer
UStAE	=	Umsatzsteuer-Anwendungserlass
UStB	=	Umsatzsteuer-Berater
UStDV	=	Umsatzsteuer-Durchführungsverordnung
UStG	=	Umsatzsteuergesetz

Abkürzungsverzeichnis

USt-IdNr.	=	Umsatzsteuer-Identifikationsnummer
UStZustVO	=	Umsatzsteuerzuständigkeitsverordnung
VermBG	=	Vermögensbildungsgesetz
VersG	=	Versicherungsteuergesetz
vGA	=	verdeckte Gewinnausschüttung
VoSt	=	Vorsteuer
VwZG	=	Verwaltungszustellungsgesetz
VZ	=	Veranlagungszeitraum
Wj	=	Wirtschaftsjahr
WG	=	Wechselgesetz
WoBauFG	=	Wohnungsbauförderungsgesetz
WoPG	=	Wohnungsbau-Prämiengesetz
WStG	=	Wechselsteuergesetz
WÜD	=	Wiener Übereinkommen vom 18.04.1961 über diplomatische Beziehungen
WÜK	=	Wiener Übereinkommen vom 24.04.1963 über konsularische Beziehungen
ZG	=	Zollgesetz
ZM	=	Zusammenfassende Meldung

A. Allgemeines Steuerrecht

Das **Steuerrecht** ist ein **Teil des öffentlichen Rechts**. Es gibt den Trägern der Steuerhoheit (Bund, Ländern und Gemeinden) die Möglichkeit, sich die zur Erfüllung ihrer Aufgaben notwendigen Mittel auf gesetzmäßigem Wege zu beschaffen.

Bund, **Länder** und **Gemeinden** haben vielfältige **Aufgaben** zu erfüllen, die der Einzelne nicht zu lösen vermag.

Wie die Mittel zur Aufgabenerfüllung z. B. durch den Bund verwendet werden sollen, zeigt der folgende **Bundeshaushalt 2018**. Er sieht insgesamt Ausgaben in Höhe von **341 Mrd. Euro** (+ 3,1 % gegenüber 2017) vor und wurde am 02.05.2018 vom Bundeskabinett beschlossen. Als größter Posten sind die Ausgaben „Arbeit und Soziales" mit 139,76 Mrd. Euro geplant; dies entspricht über 41 % des Bundeshaushalts und einem Anstieg von 2,9 % gegenüber 2017. Die nächst größeren Posten entfallen auf „Verteidigung" (38,49 Mrd. Euro), „Verkehr und digitale Infrastruktur" (27,65 Mrd. Euro) sowie „Bildung und Forschung" (17,59 Mrd. Euro).

Der Bundeshaushalt 2018
Die Einzelpläne der Ministerien — Veränderungen zu 2017 in Prozent

Ministerium	Mrd. Euro	Veränderung
Arbeit und Soziales	139,76	+2,9 %
Verteidigung	38,49	+4,2
Verkehr und digitale Infrastruktur	27,65	-0,4
Bildung und Forschung	17,59	+1,9
Gesundheit	15,20	+0,2
Inneres, Bau* und Heimat	13,76	+50,4
Familie, Senioren, Frauen und Jugend	10,20	+7,3
Wirtschaftliche Zusammenarbeit und Entwicklung	9,44	+11,6
Wirtschaft und Energie	8,11	+8,6
Finanzen	6,54	+6,7
Ernährung und Landwirtschaft	6,01	+5,6
Auswärtiges Amt	5,36	-7,5
Bundeskanzlerin und Bundeskanzleramt	2,92	+7,2
Umwelt, Naturschutz und nukleare Sicherheit	1,97	-61,5
Justiz und Verbraucherschutz	0,78	-7,1

dpa•28266 *Bauen wurde vom Umwelt- ins Innenministerium verlegt Quelle: Finanzministerium

Die neue Bundesregierung plant **bis 2022 keine neue Schulden** und strebt an, den Schuldenstand in 2019 wieder unter den Grenzwert von 60 % des Bruttoinlandsproduktes zu senken (weitere Informationen unter www.bundesfinanzministerium.de).

1 Öffentlich-rechtliche Abgaben

Die **öffentlich-rechtlichen Abgaben** werden vom Staat – das sind der Bund, die Länder und die Gemeinden – erhoben, damit die **öffentlichen Aufgaben** erfüllt werden können.

Zu den **öffentlich-rechtlichen Abgaben** gehören

- die **Steuern**,
- die **Gebühren**,
- die **Beiträge** sowie
- die **steuerlichen Nebenleistungen**.

A. Allgemeines Steuerrecht

1.1 Steuern

Die **wichtigsten Einnahmen** des Bundes, der Länder und der Gemeinden (der Gebietskörperschaften) sind die **Steuereinnahmen**.

In diesem Abschnitt werden der **Steuerbegriff** erklärt und die **haushaltsmäßige Bedeutung** der Steuern erläutert.

1.1.1 Steuerbegriff

In der Abgabenordnung (AO) findet man weder Begriffsbestimmungen über Abgaben noch über Gebühren und Beiträge, sondern lediglich eine Legaldefinition der **Steuern** in § 3 Abs. 1 AO.

> <u>Steuern</u> sind Geldleistungen, die nicht eine Gegenleistung für eine besondere Leistung darstellen und von einem öffentlich-rechtlichen Gemeinwesen zur Erzielung von Einnahmen allen auferlegt werden, bei denen der Tatbestand zutrifft, an den das Gesetz die Leistungspflicht knüpft; die Erzielung von Einnahmen kann Nebenzweck sein (§ 3 Abs. 1 AO).

Nur wenn **alle** Merkmale dieser Begriffsbestimmung auf eine **Abgabe** zutreffen, handelt es sich um eine **Steuer**. Das heißt:

1. Es muss eine **Geldleistung** vorliegen. Sach- und Dienstleistungen gehören nicht zu den Steuern.
2. Die Geldleistungen dürfen keine **Gegenleistung** für eine besondere Leistung darstellen. Gebühren und Beiträge sind Gegenleistungen für besondere Leistungen des Staates und gehören deshalb nicht zu den Steuern. Dieses Merkmal grenzt die Steuern von den Gebühren und Beiträgen ab.
3. Die Geldleistungen müssen von einem **öffentlich-rechtlichen Gemeinwesen** auferlegt werden. Öffentlich-rechtliche Gemeinwesen sind die Gebietskörperschaften (Bund, Länder und Gemeinden) und die Religionsgemeinschaften, die vom Staat als öffentlich-rechtliche Körperschaften anerkannt sind.
4. Die Geldleistungen müssen zur **Erzielung von Einnahmen** erhoben werden. Die Erzielung von Einnahmen kann Hauptzweck (Deckung des Finanzbedarfs) und/oder Nebenzweck (z. B. Konsumlenkung durch Tabaksteuer und Alkoholsteuer) sein.
5. Die Geldleistungen müssen allen auferlegt werden, bei denen der **Tatbestand** zutrifft, an den das Gesetz die Leistungspflicht knüpft. Dieses Begriffsmerkmal beinhaltet den Grundsatz der Tatbestandsmäßigkeit (Steuern dürfen nur erhoben werden, wenn der steuerliche Tatbestand erfüllt ist) und den Grundsatz der Gleichmäßigkeit (Steuern müssen immer erhoben werden, wenn der steuerliche Tatbestand zutrifft).

Einfuhr- und Ausfuhrabgaben sind nach Artikel 4 Nrn. 10 und 11 des Zollkodexes Steuern im Sinne der Abgabenordnung (§ 3 Abs. 3 AO).

Einfuhr- und Ausfuhrabgaben (früher Zölle) sind die im **Zollkodex geregelten Abgaben**, die **Einfuhrumsatzsteuer** sowie die für eingeführte Waren zu erhebenden Verbrauchsteuern.

> **ÜBUNG →** Wiederholungsfragen 1 bis 4 (Seite 9)

1.1.2 Steueraufkommen

Bund, Länder und Gemeinden haben im Jahre 2016 insgesamt **Steuereinnahmen** in Höhe von rund **705,8 Mrd. Euro** erzielt.

Die vom Staat übernommenen Aufgaben werden Bund, Ländern und Gemeinden zugewiesen. Demzufolge fließen auch die Steuern nicht in eine Kasse, sondern werden auf Bund, Länder und Gemeinden aufgeteilt.

Aus der folgenden Zusammenstellung ist ersichtlich, wie sich die Steuern nach der **Ertragshoheit** (Artikel 106 GG) von **2015 zu 2016** entwickelt haben. Nach der Ertragshoheit ist einerseits zu unterscheiden zwischen Steuern, die den Gebietskörperschaften **allein** zufließen (**Bundes-, Landes- und Gemeindesteuern**) und andererseits Steuern, die Bund, Ländern und Gemeinden nach einem festgelegten Verteilungsschlüssel **gemeinschaftlich** zufließen (**Gemeinschaftssteuern**):

	2015		2016	
	Mrd. €	%	Mrd. €	%
Gemeinschaftssteuern	**483,2**	**72**	**508,5**	**72**
Lohnsteuer	178,9		184,8	
veranlagte Einkommensteuer	48,6		53,8	
nicht veranlagte Steuern vom Ertrag (KapESt)	17,9		19,5	
Abgeltungsteuer	8,3		5,9	
Körperschaftsteuer	19,6		27,4	
Umsatzsteuer (einschl. Einfuhrumsatzsteuer)	209,9		217,1	
Bundessteuern	**109,4**	**16**	**109,8**	**16**
Energiesteuer (früher Mineralölsteuer)	39,6		40,1	
Stromsteuer	6,6		6,6	
Tabaksteuer	14,9		14,2	
Kraftfahrzeugsteuer	8,8		9,0	
Branntweinsteuer	2,1		2,1	
Versicherungsteuer	12,4		12,8	
Zölle	5,2		5,1	
Solidaritätszuschlag	15,9		16,9	
sonstige Bundessteuern	3,9		3,0	
Landessteuern	**20,3**	**3**	**22,4**	**3**
Biersteuer	0,7		0,7	
Erbschaftsteuer	6,3		7,0	
Grunderwerbsteuer	11,2		12,4	
sonstige Landessteuern	2,1		2,3	
Gemeindesteuern	**60,4**	**9**	**65,1**	**9**
Gewerbesteuer	45,7		50,1	
Grundsteuer	13,2		13,7	
sonstige Gemeindesteuern	1,5		1,3	
insgesamt	**673,3**	**100**	**705,8**	**100**

A. Allgemeines Steuerrecht

Aus der folgenden Grafik (**Steuerspirale 2016**) ist zu ersehen, wie sich die **Steuereinnahmen des Jahres 2016** – geordnet nach der Aufkommenshöhe – auf die einzelnen Steuerarten verteilen:

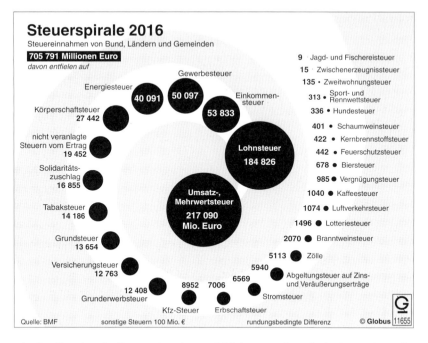

Die folgende Grafik zeigt die Steuereinnahmen 2016 **vor** und **nach** der Verteilung der Steuern:

1 Öffentlich-rechtliche Abgaben

Setzt man die **Steuereinnahmen** eines Jahres ins prozentuale Verhältnis zum **Bruttoinlandsprodukt** (Ausdruck der wirtschaftlichen Leistung einer Volkswirtschaft), so erhält man die **volkswirtschaftliche Steuerquote**.

Die **volkswirtschaftliche Steuerquote** der Bundesrepublik Deutschland hat sich in den letzten Jahren wie folgt entwickelt:

Jahr	Bruttoinlandsprodukt (BIP) Mrd. €	Steuereinnahmen Mrd. €	**volkswirtschaftliche Steuerquote** %
2012	2.758	600	21,8
2013	2.826	620	21,9
2014	2.932	644	22,0
2015	3.044	673	22,1
2016	**3.263**	**706**	**21,6**

Die volkswirtschaftliche Steuerquote hat sich in den letzten Jahren kaum verändert.
Im internationalen Vergleich hat Deutschland eine der **niedrigsten volkswirtschaftlichen Steuerquoten** in der EU.
Die **Abgabenquote** (= Anteil der **Steuern** und **Sozialabgaben** im Verhältnis zum Bruttoinlandsprodukt eines Landes) entsprach in Deutschland im Jahre 2016 mit rund **40 %** ungefähr dem EU-Durchschnitt.
Die Leistung der deutschen Wirtschaft ist im Jahr **2016** gestiegen. Das **Bruttoinlandsprodukt** (BIP) stieg nach Berechnungen des Statistischen Bundesamtes **nominal** um **3,8 %** und **real** – nach Abzug des Preisanstiegs – um **2,2 %**.
Die folgende Grafik zeigt die **Leistungen der deutschen Wirtschaft** in den letzten Jahren.

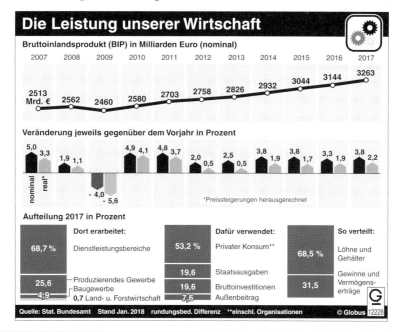

> **ÜBUNG →**
> 1. Wiederholungsfragen 5 und 6 (Seite 9),
> 2. Aufgaben 1 und 2 (Seite 10)

1.2 Gebühren und Beiträge

Gebühren und Beiträge sind ebenfalls **öffentlich-rechtliche Abgaben**.

Sie **unterscheiden sich** von den Steuern vor allem dadurch, dass der Steuerpflichtige für die Entrichtung von Gebühren und Beiträgen eine **Gegenleistung** erhält.

Während **Gebühren** für eine konkret in Anspruch genommene Leistung gezahlt werden, besteht bei den **Beiträgen** die Gegenleistung in dem Angebot einer bestimmten Leistung, unabhängig davon, ob der Steuerpflichtige sie in Anspruch nimmt oder nicht.

Gebühren sind Geldleistungen für bestimmte, **tatsächlich in Anspruch genommene öffentliche Leistungen**.

Die **Gebühren** werden wie folgt unterschieden:

Gebühren	
Benutzungsgebühren	**Verwaltungsgebühren**
Benutzungsgebühren sind Geldleistungen für die Inanspruchnahme einer Verwaltungseinrichtung. Hierzu gehören z. B.: • Postgebühren, • Kanalbenutzungsgebühren, • Bibliothekbenutzungsgebühren.	Verwaltungsgebühren sind Geldleistungen für die Vornahme einer Amtshandlung. Hierzu gehören z. B.: • Kfz-Zulassungsgebühren, • Passgebühren, • Standesamtgebühren.

Beiträge sind auch Geldleistungen für öffentliche Leistungen. Bei den Beiträgen fehlt jedoch vielfach der unmittelbare **zeitliche** Zusammenhang zwischen Leistung und Gegenleistung.

Beiträge sind Geldleistungen für **angebotene** öffentliche Leistungen, unabhängig davon, ob sie in Anspruch genommen werden oder nicht.

Zu den **Beiträgen** gehören z. B.

- Straßenanliegerbeiträge,
- Kurtaxen,
- Sozialversicherungsbeiträge,
- Kammerbeiträge.

ÜBUNG → 1. Wiederholungsfragen 7 bis 10 (Seite 9),
2. Aufgabe 3 (Seite 10)

1 Öffentlich-rechtliche Abgaben

1.3 Steuerliche Nebenleistungen

Die **steuerlichen Nebenleistungen** sind selbst **keine Steuern**, aber sie können im Zusammenhang mit der **Besteuerung** und der **Steuererhebung** auftreten.
Steuerliche Nebenleistungen sind nach § 3 Abs. 4 AO

1. **Verzögerungsgelder** (§ 146 Abs. 2b AO),
2. **Verspätungszuschläge** (§ 152 AO),
3. **Zuschläge gemäß § 162 Abs. 4 AO**,
4. **Zinsen** (§§ 233 bis 237 AO),
5. **Säumniszuschläge** (§ 240 AO),
6. **Zwangsgelder** (§ 329 AO),
7. **Kosten** (§§ 89, 178, 178a und §§ 337 bis 345 AO) sowie
8. **Zinsen** i. S. d. Zollkodexes und **Verspätungsgelder** nach § 22a Abs. 5 EStG.

Bußgelder und Geldstrafen gehören **nicht** zu den **steuerlichen Nebenleistungen**, auch wenn sie wegen Steuerordnungswidrigkeiten (z. B. leichtfertiger Steuerverkürzung) oder wegen Steuerstraftaten (z. B. Steuerhinterziehung) festgesetzt worden sind.
Bußgelder und Geldstrafen sind auch **keine Abgaben**, da sie nicht der Einnahmeerzielung, sondern der Ahndung von Ordnungswidrigkeiten bzw. Straftaten dienen.

> Die **steuerlichen Nebenleistungen** werden im Abschnitt 4.5 „Folgen der Fristversäumnis", Seite 59 ff., näher erläutert.

In diesem Abschnitt werden lediglich die **Begriffe** der steuerlichen Nebenleistungen erklärt.

zu 1. Verzögerungsgelder

Nach § 146 Abs. 2 AO sind Buchführungsunterlagen in Deutschland zu führen und aufzubewahren. Nunmehr kann die zuständige Finanzbehörde auf schriftlichen **Antrag** bewilligen, dass **elektronische** Bücher und sonstige erforderliche **elektronische** Aufzeichnungen in einem **Mitgliedstaat der EU** geführt und aufbewahrt werden (§ 146 **Abs. 2b** AO).
Kommt ein Steuerpflichtiger seinen Pflichten nach § 146 **Abs. 2b** AO nicht nach, kann ein **Verzögerungsgeld** festgesetzt werden.

zu 2. Verspätungszuschläge

Gegen denjenigen, der seiner Verpflichtung zur **Abgabe** einer Steuererklärung **nicht oder nicht fristgemäß** nachkommt, <u>kann</u> ein **Verspätungszuschlag** festgesetzt werden (§ 152 Abs. 1 **Satz 1** AO a. F. und n. F.). In bestimmten Fällen **muss** für Erklärungen, die nach dem 31.12.2018 abzugeben sind, ein **Verspätungszuschlag** festgesetzt werden (§ 152 AO n. F.).

zu 3. Zuschläge gemäß § 162 Abs. 4 AO

Werden die **Mitwirkungs- und Aufzeichnungspflichten** nach § 90 Abs. 3 AO **verletzt**, ist regelmäßig ein **Zuschlag** nach § 162 Abs. 4 AO festzusetzen (§ 3 Abs. 4 AO).

zu 4. Zinsen

Ansprüche aus dem Steuerschuldverhältnis werden **nur verzinst**, wenn dies **gesetzlich vorgeschrieben** ist (§ 233 Satz 1 AO).
Gesetzlich vorgeschrieben ist die **Verzinsung** z.B. für Zinsen bei **Steuernachforderungen** und **Steuererstattungen** (§ 233a AO), **Stundungszinsen** (§ 234 AO), Hinterziehungszinsen (§ 235 AO).

zu 5. Säumniszuschläge

Wird eine Steuerschuld **nicht** bis zum Ablauf des Fälligkeitstages **gezahlt**, so hat der Steuerpflichtige grundsätzlich einen **Säumniszuschlag** zu entrichten (§ 240 Abs. 1 Satz 1 AO). Sofern nicht bar oder per Scheck gezahlt wird, gilt eine 3-tägige Schonfrist (§ 240 Abs. 3 AO).

zu 6. Zwangsgelder

Erfüllt ein **Steuerpflichtiger nicht** die ihm im Rahmen des Ermittlungsverfahrens obliegenden **Mitwirkungspflichten** (z.B. ein Steuerpflichtiger gibt seine Steuererklärung nicht ab, obwohl er dazu verpflichtet ist), so kann die Finanzbehörde ihm ein **Zwangsgeld** auferlegen (§ 328 AO).

zu 7. Kosten

Kosten im Sinne steuerlicher Nebenleistungen sind Gebühren und Auslagen, die der Steuerpflichtige bei besonderer Inanspruchnahme der **Zollbehörden** (§ 178 AO) und bei der **Vollstreckung** finanzbehördlicher Verwaltungsakte (§§ 337 bis 345 AO) zu entrichten hat.

zu 8. Zinsen i.S.d. Zollkodexes und Verspätungsgelder nach § 22a Abs. 5 EStG

Unter **Zinsen im Sinne des Zollkodexes** sind Zinsen für Einfuhr- und Ausfuhrabgaben im Sinne des Artikels 4 Nrn. 10 und 11 des Zollkodexes zu verstehen.
Verspätungsgelder nach § 22a Abs. 5 EStG fallen an, wenn eine Rentenbezugsmitteilung nicht innerhalb der in § 22a Abs. 1 Satz 1 EStG genannten Frist übermittelt wird.

 Weitere Einzelheiten zu den Folgen einer Fristversäumnis sind im Teil B Abgabenordnung im Abschnitt 4.5, Seiten 59 ff., dargestellt.

ÜBUNG → 1. Wiederholungsfragen 11 und 12 (Seite 9),
2. Aufgaben 4 und 5 (Seite 11 f.)

1 Öffentlich-rechtliche Abgaben

1.4 Zusammenfassung und Erfolgskontrolle
1.4.1 Zusammenfassung

- Der **Staat** (Bund, Länder und Gemeinden) hat eine Vielzahl von **Aufgaben** zu erfüllen, die der Einzelne nicht zu lösen vermag.
- Diese Aufgaben können nur erfüllt werden, wenn die Bürger die erforderlichen **Geldmittel** aufbringen.
- Die Geldmittel bekommt der Staat vor allem aus öffentlich-rechtlichen **Abgaben** (**Steuern, Gebühren, Beiträgen, steuerlichen Nebenleistungen**).
  Es fließen zu:
    - dem **Bund** insbesondere die Zölle, die Verbrauchsteuern, Kraftfahrzeugsteuer, Teile der Gemeinschaftssteuern und ein Teil der Gewerbesteuerumlage,
    - den **Ländern** insbesondere die Erbschaftsteuer, Teile der Gemeinschaftssteuern und ein Teil der Gewerbesteuerumlage,
    - den **Gemeinden** vor allem die Gewerbesteuer, die Grundsteuer, ein Teil der veranlagten Einkommensteuer, ein Teil der Lohnsteuer und ein Teil der Umsatzsteuer.
- Die **Höhe der Steuereinnahmen** ist abhängig von der gesamtwirtschaftlichen Entwicklung und dem geltenden Steuerrecht.
- Die **volkswirtschaftliche Steuerquote** spiegelt die Relation zwischen Steueraufkommen und Bruttoinlandsprodukt wider. Sie hat 2016 **21,6 %** betragen.
- Die **Abgabenquote** spiegelt die Relation zwischen Steuern und Sozialabgaben einerseits und dem Bruttoinlandsprodukt andererseits wider.
- Die **Gemeinschaftssteuern** und die **Gewerbesteuer** sind die größten Posten unter den Steuereinnahmen. Ihr prozentualer Anteil am gesamten Steueraufkommen hat 2016 rund **79 %** betragen.

1.4.2 Erfolgskontrolle
WIEDERHOLUNGSFRAGEN

1. Welche Aufgaben hat der Bund zu erfüllen?
2. Wie werden die öffentlichen Aufgaben der Gebietskörperschaften finanziert?
3. Wie wird der Begriff „Steuern" in der AO definiert?
4. Welche Merkmale kennzeichnen den Begriff Steuern?
5. Was versteht man unter der volkswirtschaftlichen Steuerquote?
6. Welche Größe wird in der Regel als Hauptmaßstab beim Vergleich von Volkswirtschaften herangezogen?
7. Was versteht man unter Gebühren?
8. Was versteht man unter Beiträgen?
9. Welcher Unterschied besteht zwischen Steuern einerseits und Gebühren und Beiträgen andererseits?
10. Welcher Unterschied besteht zwischen Gebühren und Beiträgen?
11. Worin unterscheiden sich Verspätungs- und Säumniszuschlag?
12. Wann kann die Finanzbehörde dem Steuerpflichtigen ein Zwangsgeld auferlegen?

A. Allgemeines Steuerrecht

AUFGABEN

AUFGABE 1

a) Ermitteln Sie mithilfe der Steuerspirale 2016 den prozentualen Anteil der sieben ergiebigsten Steuerarten an den Gesamtsteuereinnahmen.
b) Halten Sie es – angesichts der Ergebnisse zu a) – für erforderlich, dass es in Deutschland mehr als 30 Steuerarten gibt?
c) Zur Einkommensteuer gehören auch die Lohnsteuer, die nicht veranlagten Steuern vom Ertrag und die Abgeltungsteuer. Wie hoch ist der prozentuale Anteil der Einkommensteuer an den gesamten Steuereinnahmen des Jahres 2016?

AUFGABE 2

Entscheiden Sie, ob die folgenden Steuern Bundes-, Landes-, Gemeinde- oder Gemeinschaftssteuern sind.

Steuern	Bundessteuern	Landessteuern	Gemeindesteuern	Gemeinschaftssteuern
1. Grundsteuer				
2. Einkommensteuer				
3. Umsatzsteuer				
4. Zölle				
5. Körperschaftsteuer				
6. Biersteuer				
7. Kraftfahrzeugsteuer				

AUFGABE 3

Entscheiden Sie, ob die folgenden Abgaben Steuern, Gebühren oder Beiträge sind.

Abgaben	Steuern	Gebühren	Beiträge
1. Einfuhrabgaben			
2. Kurtaxen			
3. Branntweinsteuer			
4. Zahlung für Kanalbenutzung			
5. Zahlung an die Sozialversicherung			
6. Zahlung für die Zulassung eines Pkw			
7. Ausfuhrabgaben			
8. Zahlung für Müllabfuhr an die Gemeinde			
9. Zahlung für die Ausstellung einer Heiratsurkunde			

1 Öffentlich-rechtliche Abgaben

AUFGABE 4

Die Steuerpflichtige Julia Schmidt, München, hat ihre Umsatzsteuer-Voranmeldung für August 2018, die eine Zahllast von 6.580,30 € aufweist, dem zuständigen Finanzamt fristgerecht elektronisch übermittelt. Die Zahlung des genannten Betrages wurde jedoch nicht fristgerecht dem Bankkonto der Finanzkasse gutgeschrieben (dem Finanzamt liegt keine Einzugsermächtigung vor).

Außerdem hat Frau Schmidt zwar die Lohnsteuerzahlung fristgerecht geleistet, aber sie hat die Lohnsteuer-Voranmeldung nicht fristgerecht dem zuständigen Finanzamt elektronisch übermittelt.

Mit welchen Maßnahmen des Finanzamtes muss Frau Schmidt rechnen?

AUFGABE 5

Beantworten Sie die folgenden Fragen durch Ankreuzen. Zu jeder Frage gibt es nur eine richtige Antwort.

1. Bei welcher der folgenden Abgaben handelt es sich um eine Steuer?
   (a) Zahlung wegen verspäteter Übermittlung der Umsatzsteuer-Voranmeldung
   (b) Geldstrafe wegen leichtfertiger Steuerverkürzung
   (c) Zahlung von Ausfuhrabgaben
   (d) Zahlung wegen verspäteter Einkommensteuer-Vorauszahlung

2. Welche gesetzliche Aussage in Bezug auf den Steuerbegriff ist richtig?
   (a) Steuern dienen in erster Linie der wirtschaftspolitischen Steuerung.
   (b) Einfuhr- und Ausfuhrabgaben sind keine Steuern, weil sie von Hauptzollämtern und nicht vom Finanzamt erhoben werden.
   (c) Steuern können nur von juristischen Personen des öffentlichen Rechts erhoben werden.
   (d) Steuern sind Geldleistungen, die keine Gegenleistung für eine besondere Leistung darstellen.

3. Welches sind die beiden ertragreichsten Steuern?
   (a) Zinsabschlag- und veranlagte Einkommensteuer
   (b) Energie- und Tabaksteuer
   (c) Einkommen- und Körperschaftsteuer
   (d) Umsatz- und Lohnsteuer

4. Bei welcher der folgenden Steuern handelt es sich um eine Gemeinschaftssteuer?
   (a) Energiesteuer
   (b) Gewerbesteuer
   (c) Umsatzsteuer
   (d) Erbschaftsteuer

5. Bei welcher der folgenden Steuern handelt es sich um eine Bundessteuer?
   (a) Biersteuer
   (b) Erbschaftsteuer
   (c) Grundsteuer
   (d) Tabaksteuer

6. Bei welcher der folgenden Steuern handelt es sich um eine Landessteuer?
   (a) Energiesteuer
   (b) Gewerbesteuer
   (c) Biersteuer
   (d) Stromsteuer

7. Bei welcher der folgenden Steuern handelt es sich um eine Gemeindesteuer?
   (a) Gewerbesteuer
   (b) Körperschaftsteuer
   (c) Kapitalertragsteuer
   (d) Versicherungsteuer
8. Bei welcher der folgenden Abgaben handelt es sich um eine Gebühr?
   (a) Zahlung einer Kurtaxe
   (b) Zahlung der Einfuhrabgabe
   (c) Zahlung für die Ausstellung einer Heiratsurkunde
   (d) Zahlung an die Sozialversicherung
9. Bei welcher der folgenden Abgaben handelt es sich um einen Beitrag?
   (a) Zahlung für die Ausstellung eines Personalausweises
   (b) monatliche Abzüge eines Angestellten für die Sozialversicherung
   (c) monatliche Abzüge eines Arbeiters für den Solidaritätszuschlag
   (d) Zahlung für verspätete Übermittlung der Umsatzsteuer-Voranmeldung
10. Der Steuerpflichtige Franz Klein hat seine Umsatzsteuervorauszahlung nicht rechtzeitig geleistet. Mit welcher steuerlichen Nebenleistung muss er rechnen?
    (a) Nachzahlungszinsen
    (b) Verspätungszuschlag
    (c) Säumniszuschlag
    (d) Zwangsgeld

2 Einteilung der Steuern

Die Steuern können nach verschiedenen Gesichtspunkten unterteilt werden. Häufig werden sie nach folgenden Merkmalen eingeteilt:

1. Einteilung der Steuern nach der **Ertragshoheit**,
2. Einteilung der Steuern nach der **Überwälzbarkeit**,
3. Einteilung der Steuern nach dem **Gegenstand** der Besteuerung,
4. Einteilung der Steuern nach der **Abzugsfähigkeit** bei der Gewinnermittlung,
5. Einteilung der Steuern nach den **Erhebungsformen**.

2.1 Einteilung der Steuern nach der Ertragshoheit

In **Artikel 106 GG** ist festgelegt, wem die Ertragshoheit zusteht, d.h., wie der Ertrag der Steuern auf Bund, Länder und Gemeinden zu verteilen ist.
Danach ist **einerseits** zu unterscheiden zwischen Steuern, die einer der genannten Gebietskörperschaften in voller Höhe **allein** zufließen (**Bundes-, Landes- und Gemeindesteuern**) und **andererseits** Steuern, die Bund, Ländern und Gemeinden nach einem bestimmten Verteilungsschlüssel **gemeinschaftlich** zufließen (**Gemeinschaftssteuern**).

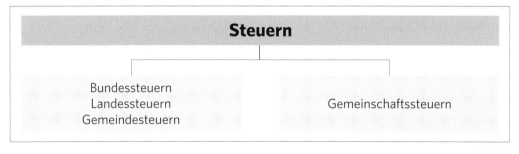

Welche Steuern Bundes-, Landes-, Gemeinde- oder Gemeinschaftssteuern sind, wurde bereits im Abschnitt 1.1.2 „Steueraufkommen", Seite 3, dargestellt.

2.2 Einteilung der Steuern nach der Überwälzbarkeit

Nach dem Merkmal der **Überwälzbarkeit** werden die Steuern in **direkte** und **indirekte** Steuern eingeteilt. Diese Einteilung gibt Auskunft darüber, wer nach dem Willen des Gesetzgebers die Steuern **wirtschaftlich zu tragen** hat.
Bei den **direkten Steuern** sind Steuer**schuldner** und Steuer**träger identisch**, d.h., nach dem Willen des Gesetzgebers sind die Steuern vom Steuerschuldner wirtschaftlich selbst zu tragen. Dies ist z.B. bei der Einkommensteuer und der Körperschaftsteuer der Fall.
Bei den **indirekten Steuern** sind Steuer**schuldner** und Steuer**träger nicht identisch**, d.h., nach dem Willen des Gesetzgebers werden die Steuern auf den Kunden überwälzt und sind **nicht** vom Steuerschuldner wirtschaftlich selbst zu tragen. Dies ist z.B. bei der Umsatzsteuer, der Tabaksteuer und der Biersteuer der Fall.
Die **Einteilung** in direkte und indirekte Steuern ist jedoch **problematisch**, weil die Überwälzbarkeit nicht von der Steuerart abhängt, sondern davon, ob die **allgemeine Marktsituation** und die **besondere Stellung des Steuerschuldners** wirtschaftlich eine Überwälzung zulassen.

So kann es z.B. möglich sein, dass in einer bestimmten Marktsituation eine „**direkte**" Steuer überwälzt wird (z.B. die Körperschaftsteuer), während in einer anderen Situation die Überwälzbarkeit einer „**indirekten**" Steuer (z.B. der Biersteuer) nicht oder nur teilweise gelingt.

Als **direkte und indirekte Steuern** werden insbesondere bezeichnet:

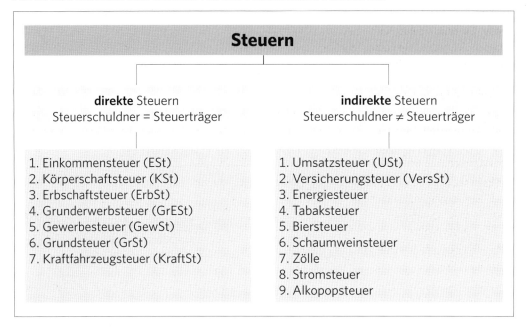

2.3 Einteilung der Steuern nach dem Gegenstand der Besteuerung

Nach dem **Steuergegenstand** (Steuerobjekt) werden die Steuern einerseits in **Besitz- und Verkehrsteuern** und andererseits in **Zölle und Verbrauchsteuern** eingeteilt.

Diese **Einteilung** hat vor allem **verwaltungstechnische Bedeutung**. So werden auf der unteren Verwaltungsebene **Besitz- und Verkehrsteuern** grundsätzlich von den **Finanzämtern** und die **Zölle und Verbrauchsteuern** von den **Hauptzollämtern** verwaltet. Obwohl die Kraftfahrzeugsteuer (KraftSt) eine Verkehrsteuer ist, wird sie seit Juli 2014 von der Zollverwaltung festgesetzt, erhoben und vollstreckt.

Besitzsteuern sind Steuern, deren Gegenstand Besitzwerte (Einkommen, Vermögen, Ertrag) sind. Sie werden wiederum unterteilt in **Personensteuern**, die an **persönliche Verhältnisse** (z.B. Familienstand) und **Leistungsfähigkeit** (z.B. Einkommen) einer Person anknüpfen, und **Realsteuern**, die an ein **Objekt** (z.B. Grund und Boden) anknüpfen.

Verkehrsteuern sind Steuern, die an **rechtliche bzw. wirtschaftliche Vorgänge** gebunden sind. Steuergegenstand ist ein Verkehrsakt (z.B. Verkauf von Gegenständen, Erwerb von Grundstücken), also ein Vorgang im Rahmen einer Tauschbeziehung. Die **Umsatzsteuer** ist eine **allgemeine** Verkehrsteuer, während die Kraftfahrzeugsteuer, Grunderwerbsteuer, Versicherungsteuer **spezielle** Verkehrsteuern sind.

Zölle sind Steuern, die bei der **Einfuhr bzw. Ausfuhr** von Gegenständen anfallen.

Der Gesetzgeber hat den Begriff „Zölle" durch den europarechtlichen Begriff „**Einfuhr- und Ausfuhrabgaben**" ersetzt.

Verbrauchsteuern sind Steuern, die in der Regel an den **Verbrauch von Waren anknüpfen** [z.B. Energiesteuer (früher Mineralölsteuer), Tabaksteuer, Biersteuer].

Nach dem Merkmal des **Steuergegenstandes** werden die Steuern wie folgt unterteilt:

2.4 Einteilung der Steuern nach der Abzugsfähigkeit bei der Gewinnermittlung

In der Praxis unterscheidet man zwischen **Personensteuern**, die bei der **steuerlichen** Gewinnermittlung **nicht abzugsfähig** sind (§ 12 Nr. 3 EStG), und **Sachsteuern**, die **abzugsfähig sind**.

Der Begriff **Sachsteuern** ist **umfassender als** der Begriff **Realsteuern**.

Sachsteuern sind Steuern, die an einen **Gegenstand** sowie an einen **Verkehrsvorgang** anknüpfen. Zu den Sachsteuern gehören demnach die **Realsteuern** und die **Verkehrsteuern**.

Sachsteuern, die **betrieblich** veranlasst sind, sind grundsätzlich bei der Gewinnermittlung **abzugsfähig**, z. B. die Grundsteuer.

Seit 2008 ist die Gewerbesteuer bei der steuerlichen Gewinnermittlung **nicht** mehr **abzugsfähig**, obwohl die Gewerbesteuer eine Sachsteuer ist, die betrieblich veranlasst ist (§ 4 Abs. 5b EStG).

2.5 Einteilung der Steuern nach den Erhebungsformen

Die Steuern können nach unterschiedlichen Verfahren erhoben werden. Nach dem Merkmal **Erhebungsformen** unterscheidet man zwischen **Veranlagungssteuern** und **Abzugssteuern**.

Bei **Veranlagungssteuern** (z. B. ESt, KSt, GewSt) wird die Steuer in einem förmlichen Verfahren (Veranlagungsverfahren) festgesetzt.

Bei **Abzugssteuern** (Lohnsteuer, Abgeltungsteuer und Bauabzugsteuer) wird aus Gründen der Verwaltungsvereinfachung und der Sicherung des Steueraufkommens die Steuer nicht in einem förmlichen Verfahren festgesetzt, sondern bereits an der „Quelle" erhoben. Man bezeichnet diese Steuern auch als **Quellensteuern**.

2.6 Grundsätze der Besteuerung

Im Laufe der Zeit sind zahlreiche **Grundsätze der Besteuerung** entwickelt worden, die sowohl den Interessen des **Staates** als auch denen seiner **Bürger** dienen sollen.

Im Folgenden werden einige der **Besteuerungsgrundsätze** kurz erläutert, nämlich

- der Grundsatz des **objektiven Steuermaßes**,
- der Grundsatz des **subjektiven Steuermaßes**,
- der Grundsatz der **steuerlichen Gerechtigkeit**,
- der Grundsatz der **sparsamen Steuerverwaltung**.

Der Grundsatz des **objektiven Steuermaßes** (auch Grundsatz der Steuerdeckung genannt) besagt, dass das Steuersystem, d. h. die Gesamtheit der Einzelsteuern, so gestaltet sein soll, dass der in der Regel steigende Finanzbedarf des Staates – auf längere Sicht gesehen – **gedeckt** werden kann.

Der Grundsatz des **subjektiven Steuermaßes** (auch Grundsatz der Steuerbemessung genannt) besagt, dass der Bürger entsprechend seiner **persönlichen Leistungsfähigkeit** (gemessen an seinen Einkommens- und/oder Vermögensverhältnissen) zur Finanzierung des Staates beitragen soll.

Der Grundsatz der **steuerlichen Gerechtigkeit** vereinigt in sich den Grundsatz der **Allgemeinheit** und den Grundsatz der **Gleichmäßigkeit**. Der Grundsatz der **Allgemeinheit** besagt, dass **alle** Personen, ohne Rücksicht auf Staatsangehörigkeit, Stand, Klasse, Religion usw. zur Steuer heranzuziehen sind. Der Grundsatz der **Gleichmäßigkeit** verlangt, dass Personen, die sich in **gleichen** oder **gleichartigen** Verhältnissen befinden, steuerlich gleich zu behandeln sind.

Der Grundsatz der sparsamen Steuerverwaltung drückt aus, dass die **Steuererhebung einfach und billig** sein soll. Es soll die Möglichkeit einer **einfachen Kontrolle** gegeben sein.

2.7 Zusammenfassung und Erfolgskontrolle

2.7.1 Zusammenfassung

- Die **Steuern** können nach verschiedenen Gesichtspunkten eingeteilt werden.
- Nach der **Ertragshoheit** werden die Steuern in Bundes-, Landes-, Gemeinde- und Gemeinschaftssteuern unterteilt.
- Nach der **Überwälzbarkeit** unterscheidet man zwischen direkten Steuern (Steuerschuldner = Steuerträger) und indirekten Steuern (Steuerschuldner ≠ Steuerträger).
- Nach dem Merkmal des **Steuergegenstandes** werden die Steuern einerseits in **Besitz- und Verkehrsteuern** und andererseits in **Zölle und Verbrauchsteuern** unterteilt. Die **Besitzsteuern** werden wiederum unterteilt in **Personensteuern** und **Realsteuern**.
- Nach der **Abzugsfähigkeit** bei der Gewinnermittlung werden die Steuern in **Personen- und Sachsteuern** unterteilt. **Personensteuern** dürfen bei der Gewinnermittlung **nicht** abgezogen werden. **Sachsteuern**, die betrieblich veranlasst sind, sind grundsätzlich bei der Gewinnermittlung **abzugsfähig** (Ausnahme: GewSt).
- Nach den **Erhebungsformen** unterscheidet man zwischen **Veranlagungssteuern** (z. B. Einkommensteuer) und **Abzugssteuern** (z. B. Lohnsteuer).
- Um den Interessen des Staates und seiner Bürger gerecht zu werden, sind **Grundsätze der Besteuerung** entwickelt worden.

2.7.2 Erfolgskontrolle

Wiederholungsfragen

1. Nach welchen Gesichtspunkten werden die Steuern häufig eingeteilt?
2. Woran kann man feststellen, ob es sich um eine direkte oder indirekte Steuer handelt?
3. Warum ist die Einteilung in direkte und indirekte Steuern problematisch?
4. Dürfen Personensteuern bei der Gewinnermittlung abgezogen werden?
5. Worin unterscheiden sich Grund- und Grunderwerbsteuer?
6. Welche Interessen von Staat und Bürger verfolgen die einzelnen Besteuerungsgrundsätze?
7. Welcher Besteuerungsgrundsatz ist mit dem Wirtschaftlichkeitsprinzip vereinbar?
8. Welcher Besteuerungsgrundsatz kann unmittelbar aus § 3 AO abgeleitet werden?

Aufgaben

AUFGABE 1

Sie bzw. einige Ihrer Mitschüler/Mitstudenten sind heute mit dem Pkw zur Ausbildungsstätte/Hochschule gefahren.

Welche Steuern gehören zu den Kosten dieser Fahrt?

AUFGABE 2

Ergänzen Sie den unvollständigen Tabellenaufbau und ordnen Sie die einzelnen Kriterien den Steuerarten zu.

Kriterium	Ertragshoheit	Überwälzbarkeit	Steuergegenstand	Abzugsfähigkeit
	Bundes- **L**andes- **Ge**meinde- **Gem**einschafts- steuer	**d**irekte **i**ndirekte Steuer	**B**esitz- **V**erkehr- **V**er**b**rauch- steuer	**abz**ugsfähige **n**icht**abz**ugsf. Steuer
Energiesteuer	B	i	Vb	abz
ESt				
ErbSt				
USt				
Lohnsteuer				
Tabaksteuer				
KapESt				
Grundsteuer				
GrESt				
KraftSt				
GewSt				
KSt				

3 Steuergesetzgebung und steuerliche Vorschriften

Aus dem **Steuerbegriff** und den **Grundsätzen der Besteuerung** ergibt sich, dass Steuern nur aufgrund von **Gesetzen** erhoben werden dürfen.
Die **Gesetzgebungshoheit** bzw. die **Gesetzgebungskompetenz**, d.h. das Recht, Gesetze zu erlassen, ist für die Bundesrepublik Deutschland im **Grundgesetz** (GG) geregelt.

3.1 Steuergesetzgebung

Die **Bundesrepublik Deutschland** ist ein demokratischer und sozialer **Bundesstaat** (Art. 20 Abs. 1 GG).
In einem **Bundesstaat** ist die **Gesetzgebungsbefugnis** und damit das **Steuergesetzgebungsrecht** zwischen **Bund** und **Ländern aufgeteilt**.
Das Grundgesetz unterscheidet im Bereich der Steuergesetzgebung zwischen

1. der **ausschließlichen** Gesetzgebung des **Bundes**,
2. der **konkurrierenden** Gesetzgebung und
3. der **ausschließlichen** Gesetzgebung der **Länder**.

3.1.1 Ausschließliche Gesetzgebung des Bundes

Die **ausschließliche Gesetzgebung des Bundes** besagt, dass der Bund das alleinige Recht hat, Gesetze zu erlassen.
Der **Bund** hat die **ausschließliche** Gesetzgebung auf dem Gebiet der **Zölle** und der **Finanzmonopole** (Art. 105 Abs. 1 GG).
Das bedeutet, dass grundsätzlich der Bund das Recht hat, für Zölle und Finanzmonopole **Steuergesetze** zu erlassen. Mit der Abschaffung des Branntweinmonopols zum 31.12.2017 kommt diesem Recht derzeit nur bei Zöllen Bedeutung zu.
Im Bereich der **ausschließlichen** Gesetzgebung des **Bundes** haben die Länder die Befugnis zur Gesetzgebung nur, wenn und soweit sie hierzu in einem **Bundesgesetz** ausdrücklich ermächtigt werden (Art. 71 GG).

3.1.2 Konkurrierende Gesetzgebung

Konkurrierende Gesetzgebung bedeutet, dass **Bund und Länder** Gesetzgebungsrechte haben.
Im Rahmen der Steuergesetzgebung hat der **Bund** die **konkurrierende** Gesetzgebung über die wichtigsten Steuerarten (Art. 105 Abs. 2 GG). So hat der Bund z.B. die konkurrierende Gesetzgebung für die **Gemeinschaftssteuern**.
Bundesgesetze über Steuern, deren **Aufkommen** den **Ländern** oder den Gemeinden (Gemeindeverbänden) ganz oder zum Teil zufließt, bedürfen der **Zustimmung des Bundesrates** (Art. 105 Abs. 3 GG).

3.1.3 Ausschließliche Gesetzgebung der Länder

Die **ausschließliche Gesetzgebung der Länder** beschränkt sich auf die **örtlichen Verbrauch- und Aufwandsteuern**, solange und soweit sie nicht bundesgesetzlich geregelten Steuern gleichartig sind (Art. 105 Abs. 2a GG).
Die Länder haben z.B. das ausschließliche Gesetzgebungsrecht für die **Hundesteuer und** die **Vergnügungsteuer**. Die Länder haben ihre Befugnis **zum Teil durch Gesetz auf** die **Gemeinden übertragen**.

A. Allgemeines Steuerrecht

3.2 Steuerliche Vorschriften

Zu den **steuerlichen Vorschriften** gehören vor allem:

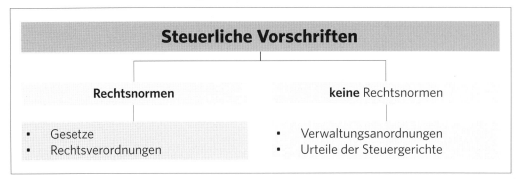

3.2.1 Gesetze

Gesetze sind nach § 4 AO **Rechtsnormen**, die in einem **förmlichen Gesetzgebungsverfahren** zustande kommen. Sie **binden** die **Bürger**, die **Verwaltung** und die **Gerichte**.

Steuergesetze können **Bundes**gesetze oder **Landes**gesetze sein.

Bundesgesetze werden vom Bundes**tag** beschlossen, Gesetzes**vorlagen** werden durch die Bundes**regierung** (Regelfall), aus der Mitte des Bundes**tages** oder durch den Bundes**rat** eingebracht (Art. 76 Abs. 1 GG).

Bei den **Steuergesetzen** ist zwischen **allgemeinen Steuergesetzen** und **Einzelsteuergesetzen** zu unterscheiden.

Für die Anwendung der Steuergesetze gilt der **Grundsatz**, dass **Einzelsteuergesetze** den **Vorrang vor allgemeinen** Steuergesetzen haben.

Die **allgemeinen Steuergesetze** enthalten Vorschriften, die für alle Steuern oder mehrere Steuerarten Geltung haben. Zu den allgemeinen Steuergesetzen gehören insbesondere

- die **Abgabenordnung** (AO) und
- das **Bewertungsgesetz** (BewG).

Zu den **Einzelsteuergesetzen** gehören z. B.:

- das **Einkommensteuergesetz** (EStG),
- das **Körperschaftsteuergesetz** (KStG),
- das **Umsatzsteuergesetz** (UStG),
- das **Gewerbesteuergesetz** (GewStG),
- das **Erbschaftsteuergesetz** (ErbStG).

3.2.2 Rechtsverordnungen

Rechtsverordnungen sind **Rechtsnormen**, die **nicht** in einem förmlichen Gesetzgebungsverfahren zustande kommen, sondern aufgrund von gesetzlichen Verordnungen von der Exekutive erlassen werden. Sie haben jedoch die **Verbindlichkeit von Gesetzen**.

Zu den **steuerlichen** Rechtsverordnungen gehören die **Durchführungsverordnungen** (DV), die der Ergänzung und Erläuterung der Steuergesetze dienen. Zu den Durchführungsverordnungen gehören z. B. die **EStDV, LStDV, KStDV, UStDV, ErbStDV**.

Nach Art. 80 GG können die **Bundesregierung**, ein **Bundesminister** oder die **Landesregierungen** durch Gesetz **ermächtigt** werden, **Rechtsverordnungen zu erlassen**. Dabei müssen **Inhalt**, **Zweck** und **Ausmaß** der Ermächtigung im **Gesetz** bestimmt sein.

BEISPIELE

a) Nach § 51 EStG wird die Bundesregierung ermächtigt, mit Zustimmung des Bundesrates Rechtsverordnungen zu erlassen.

Die **Einkommensteuer-Durchführungsverordnung** (EStDV) ist die auf § 51 EStG beruhende Rechtsverordnung.

b) Nach § 35c GewStG wird die Bundesregierung ermächtigt, mit Zustimmung des Bundesrates Rechtsverordnungen zu erlassen.

Die **Gewerbesteuer-Durchführungsverordnung** (GewStDV) ist die auf diesem Gesetz beruhende Rechtsverordnung.

3.2.3 Verwaltungsanordnungen

Verwaltungsanordnungen sind allgemeine Weisungen (Vorschriften) einer vorgesetzten Behörde an die ausführenden Beamten und Angestellten.

Zu den **steuerlichen** Verwaltungsanordnungen gehören:

- **Richtlinien** (z. B. EStR, LStR, KStR, GewStR, ErbStR),
- **Erlasse und Schreiben** (z. B. AEAO, UStAE, BMF-Schreiben),
- **Verfügungen** (z. B. OFD-Verfügung).

Richtlinien, Erlasse und Schreiben sowie Verfügungen binden **nicht** die **Bürger** und die **Gerichte**, **sondern** lediglich die **Finanzbehörden** (z. B. die Finanzämter).

Richtlinien sind steuerliche Verwaltungsanordnungen, die der Gleichmäßigkeit der Verwaltungsausübung und damit der Gleichmäßigkeit der Besteuerung dienen.

3.2.4 Urteile der Steuergerichte

Die **Finanzgerichtsbarkeit** wird nach § 1 der Finanzgerichtsordnung (FGO) durch **unabhängige**, von den Verwaltungsbehörden getrennte, **besondere Verwaltungsgerichte** ausgeübt.

Die **Gerichte** der Finanzgerichtsbarkeit sind die **Finanzgerichte** (FG) der Länder und der **Bundesfinanzhof** (BFH) mit Sitz in München (§ 2 FGO). Die Finanzgerichtsbarkeit ist **zweistufig** aufgebaut.

Die **Entscheidungen der Steuergerichte** (FG-Urteile, BFH-Urteile) haben **keine allgemeine Bindung**. Rechtskräftige Urteile **binden** nur die **Beteiligten** so weit, als über den Streitgegenstand entschieden worden ist (§ 110 Abs. 1 FGO).

A. Allgemeines Steuerrecht

Die Entscheidungen des BFH werden, soweit sie nicht ausschließlich Bedeutung für einen Einzelfall haben, im **Bundessteuerblatt** (BStBl) **Teil II** amtlich veröffentlicht.

Vorab werden die zur Veröffentlichung vorgesehenen Entscheidungen auf den **Internet-Seiten des BMF** bekannt gemacht. Bereits durch die Bekanntmachung im Internet sind die Entscheidungen (zwingend) bei der Bearbeitung gleichgelagerter Fälle zu beachten (OFD Frankfurt/M, Rdvfg. vom 22.02.2005, FG 2029 A – 4– St II 4.01).

Die BFH-Entscheidungen sind unter der Internetadresse **www.bundesfinanzministerium.de** unter Publikationen/BFH-Entscheidungen aufgeführt.

 Weitere Einzelheiten zur Finanzgerichtsbarkeit erfolgen im Teil B Abgabenordnung im Abschnitt 9.2, Seite 114 f.

3.3 Zusammenfassung und Erfolgskontrolle

3.3.1 Zusammenfassung

- **Steuern** dürfen nur aufgrund von Gesetzen erhoben werden.
- Das Recht, Gesetze zu erlassen (**Gesetzgebungshoheit**) haben **Bund** und **Länder**.
- Der **Bund** hat die **ausschließliche Gesetzgebung** über **Zölle** und **Finanzmonopole**.
- Der **Bund** hat die **konkurrierende Gesetzgebung** über alle **übrigen Steuern**, vorausgesetzt, dass es sich nicht um eine örtliche Verbrauch- und Aufwandsteuer handelt.
- Die **Länder** haben die **ausschließliche Befugnis zur Gesetzgebung** über die **örtlichen Verbrauch- und Aufwandsteuern**; diese Befugnis erstreckt sich jedoch nur auf solche Steuern, die bundesgesetzlich geregelten Steuern **nicht gleichartig** sind.
- Zu den **steuerlichen** Vorschriften gehören: **Gesetze**, **Durchführungsverordnungen**, **Richtlinien**, **Erlasse**, **Verfügungen und Urteile der Steuergerichte**.
- **Gesetze** sind Rechtsnormen, die in einem förmlichen Gesetzgebungsverfahren zustande kommen und **Bürger**, **Verwaltung und Gerichte binden**.
- Die **Steuergesetze** werden unterteilt in **allgemeine** Steuergesetze (z. B. AO, BewG) und **Einzelsteuergesetze** (z. B. EStG, KStG, UStG, GewStG, ErbStG).
- **Durchführungsverordnungen** (Rechtsverordnungen) sind Rechtsnormen, die nicht in einem förmlichen Gesetzgebungsverfahren zustande kommen, sondern von der Exekutive erlassen werden. Sie haben die Verbindlichkeit von Gesetzen.
- **Richtlinien** (Verwaltungsanordnungen) sind behördeninterne Vorschriften, welche die Finanzverwaltung binden, nicht jedoch die Bürger und die Gerichte.
- **Entscheidungen der Steuergerichte** (FG-Urteile, BFH-Urteile) binden nur die Beteiligten.

3 Steuergesetzgebung und steuerliche Vorschriften

3.3.2 Erfolgskontrolle

WIEDERHOLUNGSFRAGEN

1. Was versteht man unter der Gesetzgebungshoheit bzw. der Gesetzgebungskompetenz?
2. Wie regelt Art. 105 GG die Gesetzgebungskompetenz?
3. Durch welche Gemeinsamkeiten sind Rechtsnormen gekennzeichnet?
4. Was versteht man unter einem Gesetz?
5. Welche Arten von Steuergesetzen kennen Sie? Nennen Sie je zwei Beispiele.
6. Welcher Unterschied besteht zwischen Gesetzen und Richtlinien?
7. Welche Voraussetzungen verbindet Art. 80 GG mit einer Durchführungsverordnung?
8. Welche Wirkung hat die Veröffentlichung eines BFH-Urteils auf den Internet-Seiten des BMF?

AUFGABEN

AUFGABE 1

Steht bei folgenden Steuern dem Bund oder den Ländern die Gesetzgebungskompetenz zu?

Steuern	Kompetenzbereich des Bundes	Kompetenzbereich der Länder
1. ESt		
2. GewSt		
3. USt		
4. Hundesteuer		
5. Zölle		
6. KSt		
7. Finanzmonopole		
8. Vergnügungsteuer		

AUFGABE 2

Sind die folgenden Vorschriften Gesetze, Rechtsverordnungen (Durchführungsverordnungen) oder Verwaltungsanordnungen (Richtlinien)?

Vorschriften	Gesetze	Rechtsverordnungen	Verwaltungsanordnungen
1. AO			
2. BMF-Schreiben			
3. UStAE			
4. EStDV			
5. GewStR			
6. OFD-Verfügung			
7. EStG			
8. UStDV			
9. FGO			

A. Allgemeines Steuerrecht

AUFGABE 3

Ergänzen Sie die folgende Tabelle:

Vorschrift	Gesetz DVerordnung Verwaltungsanordnung Urteil	Erlassen von ...	Bindend für ...
AO	G	Bundestag	alle
AEAO			
UStAE			
EStDV			
OFD-Verfügung			
EStG			
UStDV			
BMF-Schreiben			
Urteil des BFH			

AUFGABE 4

Beantworten Sie die folgenden Fragen durch Ankreuzen. Zu jeder Frage gibt es nur eine richtige Antwort.

1. In welchem Fall handelt es sich um eine Rechtsnorm, welche die Verbindlichkeit eines Gesetzes hat?
   (a) Einkommensteuerrichtlinien
   (b) OFD-Verfügung
   (c) BMF-Schreiben
   (d) Einkommensteuergesetz

2. Welcher Aussage über die steuerlichen Rechtsgrundlagen stimmen Sie zu?
   (a) Die AO ist ein Einzelsteuergesetz.
   (b) Steuererlasse sind Anweisungen, die für alle Steuerzahler verbindlich sind.
   (c) Die EStDV bindet nur die Finanzverwaltung und die Steuerbürger.
   (d) Allgemeine Steuergesetze enthalten Vorschriften, die für alle Steuern oder mehrere Steuerarten Geltung haben.

3. In welchem Fall handelt es sich um ein allgemeines Steuergesetz?
   (a) EStG
   (b) BewG
   (c) KStG
   (d) ErbStG

4 Steuerverwaltung

Die **Steuerverwaltung** vollzieht die durch den Gesetzgeber erlassenen Steuergesetze. Sie sorgt dafür, dass die durch die Steuergesetze entstandenen Steuern **festgesetzt** und **entrichtet** werden.

4.1 Steuerverwaltungshoheit

Unter der **Steuerverwaltungshoheit** bzw. der **Verwaltungskompetenz** versteht man das Recht und die Pflicht, Steuern zu verwalten (d.h. festzusetzen und einzuziehen).

Die Steuerverwaltungshoheit basiert auf Art. 108 GG. Danach fallen unter die **Steuerverwaltungshoheit**:

Für die den **Gemeinden** (Gemeindeverbänden) **allein** zufließenden Steuern (z.B. Grundsteuer) kann die den Ländern zustehende **Verwaltung** ganz oder zum Teil den **Gemeinden** (Gemeindeverbänden) **übertragen** werden (Art. 108 Abs. 4 GG).

4.2 Aufbau und Aufgaben der Steuerverwaltungsbehörden

4.2.1 Aufbau der Finanzbehörden

Entsprechend der Aufteilung der Steuerverwaltungshoheit ist zwischen **Bundes-, Landes- und Gemeindefinanzbehörden** zu unterscheiden.

Der Aufbau der **Bundes- und Landesfinanzbehörden** ist im **Gesetz über die Finanzverwaltung (FVG)** und in **§ 6 AO** geregelt. Aus diesen Gesetzen ergibt sich folgender Aufbau dieser Behörden:

Finanzbehörden

	Bundesfinanzbehörden	**Landes**finanzbehörden
Oberste Behörden	Bundesminister der Finanzen	Landesminister der Finanzen
Oberbehörden	z.B. Bundeszentralamt für Steuern	Rechenzentren
Mittelbehörden	Bundesfinanzdirektionen, Oberfinanzdirektionen, Zollkriminalamt	
Örtliche Behörden	Hauptzollämter, Zollfahndungsämter	Finanzämter

Die **Familienkassen**, die **zentrale Stelle** i.S.d. § 81 EStG und die **Deutsche Rentenversicherung Knappschaft-Bahn-See/ Verwaltungsstelle Cottbus** gehören ebenfalls zu den Finanzbehörden (§ 6 Abs. 2 Nrn. 6 bis 8 AO). Als Finanzbehörden gelten auch die anstelle einer OFD eingerichteten **Landesfinanzbehörden** (§ 6 Abs. 2 **Nr. 4a AO**).

4.2.2 Aufgaben der Finanzbehörden

Der **Bundesminister der Finanzen** leitet die **Bundes**finanzverwaltung als oberste Behörde; die **Finanzminister (Finanzsenatoren) der Länder** leiten die Landesfinanzverwaltung als oberste Behörde (§ 3 FVG).

Zu den **Aufgaben der Ministerien** gehören die Organisation ihrer Verwaltung, die Personalführung und die oberste Sachleitung, soweit ihnen die Steuerverwaltungshoheit zusteht. Dazu gehört auch das Recht, im Einzelfall Weisung zu erteilen.

Zu den Aufgaben des **Bundeszentralamtes für Steuern (BZSt)** als Bundesoberbehörde gehören z. B. die Mitwirkung bei Außenprüfungen, die von den Landesfinanzbehörden durchgeführt werden, die Erstattung von deutschen Abzugsteuern zur Vermeidung der Doppelbesteuerung (§ 5 FVG), die Vergabe der **Umsatzsteueridentifikationsnummer** (§ 27a UStG). Mit dem Steueränderungsgesetz 2003 wurden die §§ 139a bis 139d AO zur Vergabe eines Identifikationsmerkmals für jeden Steuerpflichtigen eingeführt. Für das Besteuerungsverfahren sind folgende Identifikationsnummern vorgesehen: für natürliche Personen eine steuerliche **Identifikationsnummer** (**IdNr.**) nach § 139b AO und für wirtschaftlich tätige natürliche Personen, juristische Personen und Personenvereinigungen eine steuerliche **Wirtschafts-Identifikationsnummer** (**W-IdNr.**) nach § 139c AO.

Die **Bundesfinanzdirektionen**, die **Oberfinanzdirektionen** und das **Zollkriminalamt** sind nach § 6 Abs. 2 Nr. 4 AO Mittelbehörden. Die fünf **Bundesfinanzdirektionen** bilden gemeinsam mit dem Zollkriminalamt die mittlere Verwaltungsstufe im Behördenaufbau der Zollverwaltung. Das **Zollkriminalamt** mit Sitz in Köln ist die Zentrale des deutschen Zollfahndungsdienstes, dessen Hauptaufgabe die Verfolgung und Verhütung der mittleren, schweren und organisierten Zollkriminalität ist. Die **Oberfinanzdirektionen** leiten die Finanzverwaltung des jeweiligen Landes in ihrem Bereich. Einer Oberfinanzdirektion kann auch die Leitung der Finanzverwaltung eines Landes für mehrere Oberfinanzdirektionsbezirke übertragen werden. Seit 01.01.2008 sind die Oberfinanzdirektionen reine Landesbehörden.

Die **Hauptzollämter** sind örtliche Bundesfinanzbehörden. Sie verwalten die Zölle und die bundesgesetzlich geregelten Verbrauchsteuern [z.B. Energiesteuer (früher Mineralölsteuer), Kaffeesteuer, Tabaksteuer] einschließlich der Einfuhrumsatzsteuer und die Biersteuer (§ 12 Abs. 2 FVG). Sie sind seit Juli 2014 auch für die Verwaltung der Kraftfahrzeugsteuer zuständig. Die **Zollfahndungsämter** sind Behörden der Bundeszollverwaltung. Sie sind zuständig für die Verfolgung von Straftaten und Ordnungswidrigkeiten im Zuständigkeitsbereich des Zolls (Zollfahndungsdienst).

Die **Finanzämter** sind als örtliche Landesbehörden für die Verwaltung der Steuern mit Ausnahme der Zölle und der bundesgesetzlich geregelten Verbrauchsteuern zuständig, soweit die Verwaltung nicht den Bundesfinanzbehörden oder den Gemeinden (Gemeindeverbänden) übertragen worden ist (§ 17 Abs. 2 FVG).

Zur Verwaltung dieser Steuern gehören deren Festsetzung, Erhebung und Einziehung, die Durchführung der Steueraufsicht, der Steuererlass und die Steuerstundung. Letzteres allerdings nur soweit, als nicht OFD oder BdF sich wegen der Höhe des Steuerbetrages den Erlass bzw. die Stundung vorbehalten haben.

Zu den **Gemeindefinanzbehörden** gehören die Steuerämter in den Städte- und Gemeindeverwaltungen. Ihre Aufgaben ergeben sich aus den jeweiligen Kommunalverwaltungsgesetzen der Länder. Die Steuerämter verwalten insbesondere die Getränkesteuer, Vergnügungsteuer, Schankerlaubnissteuer, Hundesteuer und gemeinsam mit den Finanzämtern die Grundsteuer und die Gewerbesteuer.

A. Allgemeines Steuerrecht

4.3 Organisation der Finanzämter

Das **Finanzamt** ist in der Regel für die meisten Steuerpflichtigen die **wichtigste Finanzbehörde.**

Die **sachliche Gliederung und personelle Struktur** der Finanzämter ergeben sich aus der **„Geschäftsordnung für die Finanzämter (FAGO)"**, die am 16.11.2010 von den obersten Finanzbehörden der Länder erlassen wurde (BStBl 2010 I S. 1315 ff.).

Die Geschäftsordnung regelt im Anschluss an das Finanzverwaltungsgesetz (FVG) die **Grundsätze der Organisation** sowie den **Geschäftsgang** (Arbeitsablauf) bei den Finanzämtern. Das **Finanzamt** gliedert sich in **Sachgebiete**. Ein **Sachgebiet** umfasst mehrere **Arbeitsgebiete**. Ein **Arbeitsgebiet** ist die kleinste Organisationseinheit, der bestimmte, abgegrenzte Aufgaben zugewiesen sind.

Der folgende **vereinfachte Geschäftsverteilungsplan** soll einen Einblick in die organisatorische Struktur eines Finanzamtes ermöglichen:

Leiter des Finanzamtes ist der **Vorsteher**.
Der Vorsteher ist stets **Sachgebietsleiter** für Organisation, Haushalt und Personal (Geschäftsstelle).

Sachgebiet I
Arbeitsgebiet: Organisation, Haushalt und Personal (Geschäftsstelle)

Sachgebiet II Arbeitsgebiet:	Veranlagungsstelle für Körperschaften
Sachgebiet III Arbeitsgebiet:	Veranlagungsstellen für Einzelunternehmen, Personengesellschaften, freie Berufe
Sachgebiet IV Arbeitsgebiet:	Veranlagungsstelle für Land- und Forstwirte
Sachgebiet V Arbeitsgebiet:	Veranlagungsstelle für Arbeitnehmer (Lohnsteuerstelle)
Sachgebiet VI Arbeitsgebiet:	Kraftfahrzeugsteuerstelle
Sachgebiet VII Arbeitsgebiet:	Grunderwerbsteuerstelle
Sachgebiet VIII Arbeitsgebiet:	Bewertungsstelle für Grundbesitz
Sachgebiet IX Arbeitsgebiet:	Rechtsbehelfsstelle
Sachgebiet X Arbeitsgebiet:	Außenprüfung

Kennzeichnend für die Organisation der Finanzämter sind **variable Prüffelder**, die auf Amts-, OFD- oder Landesebene festgelegt werden.

Soweit diese **Regelungen** die **verfahrensrechtliche Behandlung** der **Steuerfälle** betreffen, sind sie im Einvernehmen mit dem Bundesminister der Finanzen getroffen worden. Hierzu gehören z. B.:

1. Bei der Bearbeitung der Steuerfälle muss auf **das Wesentliche** abgestellt werden. Der Aufwand bei der Bearbeitung eines Falles richtet sich nach dessen **steuerlicher Bedeutung**.
2. Steuerfälle sind **intensiv** zu bearbeiten, soweit
   - dies generell oder im Einzelfall **angeordnet** wird,
   - sie **maschinell** hierzu **ausgewählt** werden oder
   - sich Zweifelsfragen von **erheblicher steuerlicher Bedeutung** ergeben.

   Darüber hinaus hat der Bearbeiter Steuerfälle im Rahmen pflichtgemäßen Ermessens **intensiv** zu bearbeiten, **soweit** er dazu einen **Anlass** sieht.
3. In den übrigen Steuerfällen soll den **Angaben der Steuerpflichtigen gefolgt** werden, **soweit** sie **schlüssig und glaubhaft** sind.
   Die Angaben sind **schlüssig**, wenn die vorgetragenen Tatsachen die begehrte Rechtsfolge eintreten lassen und der Sachvortrag nicht offensichtlich unvollständig ist.
4. Die Steuerfälle sind nach Möglichkeit **in einem Arbeitsgang** abschließend zu bearbeiten. Kann die Bearbeitung **nicht zeitnah** abgeschlossen werden, ist die Steuer zunächst unter dem **Vorbehalt der Nachprüfung** festzusetzen, wenn dies erkennbar erhebliche steuerliche Auswirkungen hätte (z. B. hohe Abschlusszahlungen bzw. Heraufsetzung laufender Vorauszahlungen). Bei Steuerpflichtigen, die der **regelmäßigen Betriebsprüfung** unterliegen **oder** bei denen eine **Außenprüfung bevorsteht**, ist die Steuer unter dem **Vorbehalt der Nachprüfung** festzusetzen.
5. Wenn **mit erheblichen steuerlichen Auswirkungen** zu rechnen ist, sind **Steuererklärungen rechtzeitig anzufordern**.

4.4 Zusammenfassung und Erfolgskontrolle

4.4.1 Zusammenfassung

- Die **Steuerverwaltungshoheit** bzw. die **Verwaltungskompetenz** regelt nach Art. 108 GG, welche Verwaltungsebene (Bundesfinanzbehörden, Landesfinanzbehörden und Gemeinden) die einzelnen Steuern verwaltet.
- Dementsprechend ist zwischen **Bundes-, Landes- und Gemeindefinanzbehörden** zu unterscheiden.
- Der **Aufbau** der Bundesfinanzbehörden und der Landesfinanzbehörden ist vierstufig.
  Aufbau und Aufgaben dieser Behörden sind im **FVG** geregelt.
- Die Aufgaben der **Gemeindefinanzbehörden** ergeben sich aus den Landesgesetzen zur kommunalen Verwaltung.

A. Allgemeines Steuerrecht

4.4.2 Erfolgskontrolle

WIEDERHOLUNGSFRAGEN

1. Was versteht man unter der Steuerverwaltungshoheit bzw. der Verwaltungskompetenz?
2. Welche Bundesfinanzbehörden gibt es?
3. Welche Landesfinanzbehörden gibt es?
4. Welche Steuern verwalten die Hauptzollämter?
5. Welche Steuern verwalten die Finanzämter?

AUFGABEN

AUFGABE 1

Welche Behörde ist für die Verwaltung folgender Steuern zuständig?

Steuern	Hauptzollamt	Finanzamt	Steueramt der Gemeinde
1. Umsatzsteuer			
2. Einkommensteuer			
3. Gewerbesteuer			
4. Kraftfahrzeugsteuer			
5. Grundsteuer			
6. Einfuhrumsatzsteuer			
7. Vergnügungsteuer			
8. Energiesteuer			
9. Getränkesteuer			
10. Biersteuer			

AUFGABE 2

Welches Sachgebiet des Finanzamtes ist laut dem Geschäftsverteilungsplan auf S. 28 für die Erfüllung folgender Verwaltungsaufgaben zuständig:

1. Ausfertigung eines Kraftfahrzeugsteuerbescheids,
2. Bearbeitung eines Antrags auf Arbeitnehmer-Veranlagung,
3. Festsetzung und Erhebung der Grunderwerbsteuer,
4. Bewertung eines bebauten Grundstücks,
5. Durchführung einer Außenprüfung bei einem mittleren Handwerksbetrieb?

AUFGABE 3

Beantworten Sie die folgenden Fragen durch Ankreuzen. Zu jeder Frage gibt es nur eine richtige Antwort.

1. Welche der folgenden Behörden ist keine Finanzbehörde?
   - (a) Bundesfinanzdirektion
   - (b) Finanzamt
   - (c) Zollkriminalamt
   - (d) Bundesagentur für Arbeit
2. Welche der folgenden Steuern verwaltet das Finanzamt?
   - (a) Tabaksteuer
   - (b) Kaffeesteuer
   - (c) Lohnsteuer
   - (d) Schaumweinsteuer
3. Für welche der folgenden Aufgaben ist das Bundeszentralamt für Steuern zuständig?
   - (a) Vergabe der Umsatzsteuer-Identifikationsnummer
   - (b) Ausfertigung eines Kraftfahrzeugsteuerbescheids
   - (c) Festsetzung und Erhebung der Grunderwerbsteuer
   - (d) Festsetzung und Erhebung der Hundesteuer

B. Abgabenordnung

1 Bedeutung und Aufbau der Abgabenordnung

Die **Abgabenordnung** (AO) gilt als das **Grundgesetz des Steuerrechts**. Mit ihrem Inkrafttreten zum 01.01.1977 löste sie die bis dahin geltende Reichsabgabenordnung ab.

1.1 Bedeutung der Abgabenordnung

Eine Hauptaufgabe der AO ist es, dass vom Gesetzgeber gewollte **Gleichgewicht** zwischen den **Rechten des Steuerpflichtigen** und den **Rechten der Finanzverwaltung** herzustellen.

Ihre Bedeutung erlangt die Abgabenordnung vor allem dadurch, dass sie bestimmte Sachverhalte und Begriffe regelt, die für **mehrere** oder sogar **alle** Steuerarten gelten.

Während die Einzelsteuergesetze (z. B. EStG, UStG) die Regelungen zur Steuerberechnung und Steuerentstehung enthalten, regelt die Abgabenordnung die **Ermittlung der Besteuerungsgrundlagen**, die **Steuerfestsetzung** und Steuererhebung, die **Vollstreckung** sowie **außergerichtliche Rechtsbehelfe**. Darüber hinaus enthält die Abgabenordnung Bestimmungen zum **Steuerstrafrecht** und **Steuerordnungswidrigkeitsrecht**.

Der Vorteil eines allgemein verbindlichen „Rahmengesetzes" ist in der **Entlastung der Einzelsteuergesetze** zu sehen.

> **BEISPIEL**
>
> Der Einkommensteuerbescheid des Steuerpflichtigen Karl Müller ist ein **Verwaltungsakt** (§ 118 AO), nach dem er die (**Einkommen-**)**Steuer** (§ 3 Abs. 1 AO) schuldet. Der zulässige Rechtsbehelf gegen die Steuerfestsetzung ist der **Einspruch** (§ 347 AO), sofern der Steuerpflichtige Einwendungen erhebt.
>
> Gäbe es die AO nicht, müssten die Begriffe **Verwaltungsakt**, **Steuern** und **Einspruch** in jedem Einzelsteuergesetz separat geregelt werden.

Für die Anwendung der Steuergesetze gilt der Grundsatz, dass **Einzelsteuergesetze** (z. B. EStG, UStG) den **Vorrang vor allgemeinen Steuergesetzen** (z. B. AO) haben.

1.2 Aufbau der Abgabenordnung

Die Abgabenordnung ist in die folgenden neun Teile untergliedert:

1. Teil: Einleitende Vorschriften
2. Teil: Steuerschuldrecht
3. Teil: Allgemeine Verfahrensvorschriften
4. Teil: Durchführung der Besteuerung
5. Teil: Erhebungsverfahren
6. Teil: Vollstreckung
7. Teil: Außergerichtliches Rechtsbehelfsverfahren
8. Teil: Straf- und Bußgeldvorschriften, Straf- und Bußgeldverfahren
9. Teil: Schlussvorschriften

Im Folgenden wird lediglich der erste Teile der AO erläutert. Einzelheiten zu wichtigen Vorschriften der AO erfolgen in den Kapiteln 2 bis 10.

Einleitende Vorschriften

Der **1. Teil der AO** behandelt neben dem **Anwendungsbereich** der AO vor allem die **Grundbegriffe des Steuerrechts** sowie die **Zuständigkeit der Finanzbehörden** und das **Steuergeheimnis**.

1 Bedeutung und Aufbau der Abgabenordnung

Der **Anwendungsbereich** der AO erstreckt sich auf alle Steuern und Steuervergütungen, die durch Bundesrecht oder Recht der Europäischen Union geregelt sind, soweit sie durch Bundes- oder Landesfinanzbehörden verwaltet werden (§ 1 Abs. 1 AO).

BEISPIELE

Zu den Steuern, die durch Bundesrecht geregelt sind und durch Bundes- oder Landesfinanzbehörden verwaltet werden, gehören z. B. die Einkommensteuer, die Körperschaftsteuer und die Umsatzsteuer.

Zu den durch Recht der Europäischen Union geregelten Steuern, die durch Bundes- oder Landesfinanzbehörden verwaltet werden, gehören z. B. die Einfuhr- und Ausfuhrabgaben.

Zu den **Grundbegriffen des Steuerrechts** gehören neben dem Begriff der **Steuern** selbst z. B. auch die Begriffe **Wohnsitz** (§ 8 AO), **gewöhnlicher Aufenthalt** (§ 9 AO), **Geschäftsleitung** (§ 10 AO), **Sitz** (§ 11 AO) sowie **Angehörige** (§ 15 AO).

Die Bestimmungen zur **Zuständigkeit der Finanzbehörden** regeln, welche Behörde zunächst **sachlich** und dann **örtlich** zuständig ist (§§ 16 bis 29 AO).

BEISPIEL

Der deutsche Staatsbürger Egon Theis hat in Köln, Antwerpener Straße 55, einen Wohnsitz.

Egon Theis ist nach § 1 Abs. 1 EStG im Inland unbeschränkt einkommensteuerpflichtig, weil er als natürliche Person im Inland einen **Wohnsitz** (§ 8 AO) hat. Für die Besteuerung natürlicher Personen nach dem Einkommen ist das Finanzamt örtlich zuständig, in dessen Bezirk der Steuerpflichtige seinen Wohnsitz hat [**Wohnsitzfinanzamt** (Finanzamt Köln-Mitte); § 19 Abs. 1 Satz 1 AO].

Die **Regelungen zum Steuergeheimnis** sollen gewährleisten, dass die im Rahmen der Besteuerungsverfahren den Finanzbehörden übermittelten Informationen geheim gehalten werden (§§ 30 bis 31b AO).

Mit Wirkung ab dem 25.05.2018 wurde auch die Abgabenordnung durch das **Gesetz zur Änderung des Bundesversorgungsgesetzes und anderer Vorschriften** vom 17.07.2017 (BGBl. 2017 I, S. 2541) an die **Datenschutz-Grundverordnung (DSGVO)** angepasst. In diesem Zusammenhang wurde der Titel des vierten Abschnitts des ersten Teils der AO in „Verarbeitung geschützter Daten und Steuergeheimnis" umbenannt. Die neu eingefügten **§§ 29b, 29c AO** regeln die **Verarbeitung von personenbezogenen und sensiblen Daten**. Einzelheiten zum Datenschutz im Steuerverwaltungsverfahren enthält das BMF-Schreiben IV A 3 - S 0030/16/10004-07 vom 12. Januar 2018. Unter demselben Datum wurde **auch der AEAO** mit BMF-Schreiben IV A 3 - S 0062/18/10001 **an die DSGVO angepasst**. Beide Schreiben sind unter www.bmfschreiben.de abrufbar.

1.3 Erfolgskontrolle

WIEDERHOLUNGSFRAGEN

1. Warum wird die Abgabenordnung als Grundgesetz des Steuerrechts bezeichnet?
2. Welche Vorschriften haben Vorrang, wenn sie gleichzeitig in einem Einzelsteuergesetz und in der Abgabenordnung geregelt sind?
3. Wie viele Teile enthält die Abgabenordnung?
4. Die Abgabenordnung ist die „Bibel der Finanzbeamten". Was veranlasst Sie als Angehörige(r) der steuer- und wirtschaftsberatenden Berufe, dort hineinzusehen?

2 Zuständigkeit der Finanzbehörden

Um die vielfältigen Aufgaben der Steuerverwaltung reibungslos erfüllen zu können, ist es notwendig, klare **Zuständigkeitsregeln** aufzustellen.

Bei den **Zuständigkeitsregeln** unterscheidet man zwischen

1. der **sachlichen** Zuständigkeit (§ 16 AO) und
2. der **örtlichen** Zuständigkeit (§§ 17 bis 29 AO).

Das **Bundeszentralamt für Steuern** stellt im Internet unter **www.bzst.de** eine **Suchfunktion** zur Ermittlung der **sachlich und örtlich** zuständigen **Finanzämter** zur Verfügung.

2.1 Sachliche Zuständigkeit

Die **sachliche** Zuständigkeit bezieht sich auf **Aufgabenbereiche** einer Behörde, die ihr nach dem **Gegenstand und** der **Art** durch Gesetz zugewiesen sind.

Neben dem Aufgabenkreis, der durch das **Finanzverwaltungsgesetz** (FVG) bestimmt wird, ergeben sich für die Finanzbehörden auch Aufgabenzuweisungen aus der AO (z.B. §§ 208, 249, 386 AO) und **anderen Gesetzen** (z.B. StBerG, InvZulG).

Sachlich zuständig für die **Verwaltung** der Steuern sind die **Bundes-, Landes-** und **Gemeindefinanzbehörden**.

> BEISPIEL
>
> Für den Erlass von **ESt-Bescheiden** sind die **Finanzämter sachlich** zuständig, weil ihnen die Verwaltung der Einkommensteuer obliegt (§ 17 Abs. 2 FVG).

Eine Entscheidung, die von einer **sachlich nicht zuständigen** Behörde getroffen wird, ist **fehlerhaft** (§ 130 Abs. 2 Nr. 1 AO) und bei besonders schwerwiegenden Fehlern **nichtig** (§ 125 Abs. 1 AO).

> BEISPIEL
>
> Ein Teil des Einkommensteueraufkommens fließt den Gemeinden zu. Die Gemeindeverwaltung von Altstadt erlässt deshalb gegen den Bürger Anton Eisner einen **ESt-Bescheid**.
>
> Der ESt-Bescheid ist wegen der **sachlichen Nichtzuständigkeit** der Gemeindeverwaltung **nichtig**, d.h., er hat keinerlei Rechtswirkung. Die Gemeindeverwaltung ist zwar eine Behörde, sie ist jedoch in diesem Fall **sachlich nicht zuständig.**

Die **sachliche** Zuständigkeit gibt allerdings noch keine Auskunft darüber, **welches** der vielen Finanzämter der Bundesrepublik Deutschland einen bestimmten Einkommensteuerbescheid zu erlassen hat. Dies ergibt sich aus der örtlichen Zuständigkeit.

2.2 Örtliche Zuständigkeit

Die **örtliche** Zuständigkeit bezieht sich auf die **Aufgabenverteilung** der **sachlich zuständigen** Behörde in **räumlicher** Hinsicht, d. h. beispielsweise, welches Finanzamt im konkreten Fall für den Erlass des Einkommensteuerbescheids zuständig ist.

Die **gesetzlichen Grundlagen** für die **örtliche** Zuständigkeit der Finanzbehörden sind vor allem in den **§§ 17 bis 29 AO** enthalten.

Eine Entscheidung, die von einer örtlich nicht zuständigen Behörde getroffen wird, ist nicht schon deshalb nichtig, weil Vorschriften über die örtliche Zuständigkeit nicht eingehalten worden sind (§ 125 Abs. 3 Nr. 1 AO). Diese Verfahrensfehler können nach § 126 Abs. 1 Nr. 5 AO geheilt werden.

Die für den Steuerpflichtigen wohl wichtigste Zuständigkeit ist die **örtliche** Zuständigkeit der **Finanzämter**. Sie ist zum Teil von der **Steuerart** und zum Teil von der **gesonderten** bzw. **gesonderten und einheitlichen Feststellung der Besteuerungsgrundlagen** abhängig. Es ist deshalb sinnvoll, die **örtliche** Zuständigkeit wie folgt zu gliedern:

1. nach der **Steuerart** und
2. nach der **gesonderten und einheitlichen Feststellung der Besteuerungsgrundlagen**.

2.2.1 Örtliche Zuständigkeit nach der Steuerart

2.2.1.1 Einkommensteuer natürlicher Personen und Umsatzsteuer natürlicher Personen, die Nichtunternehmer sind

Einkommensteuer

Für die Besteuerung **natürlicher Personen** nach dem Einkommen (z. B. **ESt**) ist grundsätzlich das Finanzamt örtlich zuständig, in dessen Bezirk der Steuerpflichtige seinen **Wohnsitz** oder – in Ermangelung eines Wohnsitzes – seinen **gewöhnlichen Aufenthalt** hat (§ 19 Abs. 1 Satz 1 AO). Dieses Finanzamt wird als **Wohnsitzfinanzamt** bezeichnet.

Einen **Wohnsitz** hat jemand dort, wo er eine **Wohnung** unter Umständen **innehat**, die darauf schließen lassen, dass er die Wohnung **beibehalten** und **benutzen** wird (§ 8 AO).

Mit **Wohnung** sind die objektiv zum Wohnen geeigneten Wohnräume gemeint. Es genügt eine bescheidene Bleibe. **Nicht** erforderlich ist eine abgeschlossene Wohnung mit Küche und separater Waschgelegenheit im Sinne des Bewertungsrechts (AEAO zu § 8, Nr. 3).

> **BEISPIEL**
>
> Der Steuerpflichtige Anton Eisner, der im Bezirk des Finanzamtes Köln-Mitte seinen Wohnsitz hat, betreibt in Leverkusen in gemieteten Räumen einen Computerhandel.
>
> Für die **Einkommensteuer** ist das **Finanzamt Köln-Mitte** örtlich zuständig, weil Anton Eisner als **natürliche Person** im Bezirk des Finanzamtes Köln-Mitte seinen **Wohnsitz** hat (§ 19 Abs. 1 Satz 1 AO).

Die Frage des **Wohnsitzes** ist bei **Ehegatten** und **sonstigen Familienangehörigen** für jede Person **gesondert** zu prüfen.

Ein **Ehegatte**, der nicht dauernd getrennt lebt, hat seinen Wohnsitz grundsätzlich dort, wo seine **Familie bzw. sein Lebenspartner lebt** (AEAO zu § 8, Nr. 1).

Ist **kein Wohnsitz** vorhanden, so ist das Finanzamt örtlich zuständig, in dessen Bezirk der Steuerpflichtige seinen **gewöhnlichen Aufenthalt** hat.

Der Begriff **„gewöhnlich"** ist gleichbedeutend mit **„dauernd"**. **„Dauernd"** erfordert keine ununterbrochene Anwesenheit, sondern ist im Sinne **„nicht nur vorübergehend"** zu verstehen (AEAO zu § 9, Nr. 1).

Den **gewöhnlichen Aufenthalt** hat jemand dort, wo er sich unter Umständen aufhält, die erkennen lassen, dass er an diesem Ort oder in diesem Gebiet **nicht nur vorübergehend** verweilt. Als **nicht nur vorübergehend** ist stets und von Beginn an ein zeitlich zusammenhängender Aufenthalt von **mehr als sechs Monaten** Dauer anzusehen; **kurzfristige Unterbrechungen** bleiben **unberücksichtigt** (§ 9 AO).

Als **kurzfristige Unterbrechung** kommen in Betracht: Familienheimfahrten, Jahresurlaub, längerer Heimaturlaub, Kur und Erholung, aber auch geschäftliche Reisen (AEAO zu § 9, Nr. 1).

BEISPIEL

Ein türkischer Arbeiter reist in die Bundesrepublik ein. Er hat einen Arbeitsvertrag für die Dauer eines Jahres. Er arbeitet in Bochum, hat aber keine eigene Wohnung, sondern hält sich bei einer befreundeten Familie in Bochum auf.

Der Arbeiter hat in Deutschland seinen **gewöhnlichen Aufenthalt** begründet. Die Einreise zur Erfüllung eines Arbeitsvertrags über ein Jahr begründet den gewöhnlichen Aufenthalt, auch wenn die Ausreise bereits vor Ablauf eines Jahres erfolgt. Für die Besteuerung nach dem **Einkommen** ist das **Finanzamt Bochum** örtlich zuständig.

Umsatzsteuer

Für die **Umsatzsteuer**, die **natürliche Personen als Nichtunternehmer** zu zahlen haben, gelten gemäß § 21 Abs. 2 AO die Regelungen des § 19 AO, wonach grundsätzlich das **Wohnsitzfinanzamt** zuständig ist.

BEISPIEL

Der Privatmann Peter Frei, der seinen Wohnsitz in Koblenz hat, erwirbt einen neuen Pkw von dem dänischen Autohändler Ulf Kroes in Alpenrade (Dänemark).

Für die Umsatzbesteuerung des innergemeinschaftlichen Erwerbs eines neuen Fahrzeugs (§ 1 Abs. 1 **Nr. 5** i.V.m. § 1b UStG) ist das **Wohnsitzfinanzamt** Koblenz örtlich zuständig (§ 21 Abs. 2 AO).

ÜBUNG → 1. Wiederholungsfragen 1 bis 5 (Seite 42),
2. Aufgaben 1 und 2 (Seite 43)

2.2.1.2 Körperschaftsteuer

Bei den **Kapitalgesellschaften** (z. B. **AG, GmbH**), Personenvereinigungen und Vermögensmassen (z. B. Stiftungen), die als solche steuerpflichtig sind und unter das Körperschaftsteuergesetz (KStG) fallen, ist für die Besteuerung nach dem **Einkommen** (z. B. **KSt**) das Finanzamt örtlich zuständig, in dessen Bezirk sich die **Geschäftsleitung** befindet (§ 20 Abs. 1 AO). Dieses Finanzamt wird als **Geschäftsleitungsfinanzamt** bezeichnet.

Die **Geschäftsleitung** ist der Mittelpunkt der geschäftlichen Oberleitung (§ 10 AO). Der Mittelpunkt der geschäftlichen Oberleitung ist dort, wo der für die Geschäftsleitung maßgebende Wille gebildet wird. In der Regel sind es die **Büroräume** des Unternehmens.

BEISPIEL

Der Steuerpflichtige Dieter Sturm, der seinen Wohnsitz in Hagen hat, ist Gesellschafter-Geschäftsführer der X-GmbH, die ihre Geschäftsleitung in Hamm hat.

Für die **Körperschaftsteuer** der GmbH ist das **Finanzamt Hamm** örtlich zuständig, weil die X-GmbH als **Kapitalgesellschaft** im Bezirk des Finanzamtes Hamm ihre **Geschäftsleitung** hat (§ 20 Abs. 1 AO).

Beim **Fehlen der Geschäftsleitung** im Inland tritt eine **Rangfolge** von **Ersatzzuständigkeiten** ein:

1. **Fehlt** die inländische **Geschäftsleitung**, so ist das Finanzamt örtlich zuständig, in dessen Bezirk sich der **inländische Sitz** des Steuerpflichtigen befindet (§ 20 Abs. 2 AO).
2. **Fehlen Geschäftsleitung und Sitz** im Inland, ist das Finanzamt örtlich zuständig, in dessen Bezirk sich das **Vermögen** der Steuerpflichtigen bzw. der **wertvollste Teil des Vermögens** befindet (§ 20 Abs. 3 AO).

2.2.1.3 Umsatzsteuer und Realsteuern

Umsatzsteuer

Für die Besteuerung nach dem **Umsatz (USt)** ist, mit Ausnahme der Einfuhrumsatzsteuer, in der Regel das Finanzamt örtlich zuständig, von dessen Bezirk aus der **Unternehmer sein Unternehmen** ganz oder vorwiegend **betreibt** (§ 21 Abs. 1 Satz 1 AO). Dieses Finanzamt wird bei **Gewerbetreibenden** als **Betriebsfinanzamt** und bei **Freiberuflern** als **Tätigkeitsfinanzamt** bezeichnet.

> **BEISPIEL**
>
> Unternehmer Gustav Haller, Duisburg, betreibt in Krefeld ein gewerbliches Unternehmen. Die Geschäftsleitung des Unternehmens befindet sich in Krefeld.
>
> Für die Umsatzbesteuerung ist das Finanzamt **Krefeld** örtlich zuständig, weil von dessen Bezirk aus der Unternehmer sein gewerbliches Unternehmen betreibt (§ 21 Abs. 1 AO).

Durch die Schaffung des **europäischen Binnenmarktes** bewirken viele Unternehmer aus anderen Mitgliedstaaten Umsätze im Inland, die der deutschen Umsatzsteuer unterliegen. § 21 Abs. 1 **Satz 2** AO ermächtigt das BMF, die örtliche Zuständigkeit für die Besteuerung aller Umsätze, die ein **ausländischer** Unternehmer im Inland bewirkt, durch Rechtsverordnung einer Finanzbehörde für das **gesamte** Bundesgebiet zu übertragen **(Zentralfinanzamt)**.

Das BMF hat von dieser Ermächtigungsvorschrift Gebrauch gemacht, sodass die Zuständigkeiten für Umsätze **ausländischer** Unternehmer geregelt sind [Umsatzsteuerzuständigkeitsverordnung (UStZustV) in der Fassung vom 08.12.2010] (siehe **Anhang 2** dieses Buches).

Realsteuern

Die **Gewerbesteuer** und die **Grundsteuer** sind Gemeindesteuern und **Realsteuern**.
Die **Feststellung (und Zerlegung)** der **Besteuerungsgrundlagen** der Realsteuern in Form von **Steuermessbeträgen** erfolgt durch die **Finanzämter** und die Feststellung und Erhebung der **Gewerbesteuer und Grundsteuer** selbst durch die **Gemeinden**.

Für die Feststellung (und Zerlegung) des **Gewerbesteuermessbetrages** ist das **Betriebsfinanzamt** örtlich zuständig, in dessen Bezirk sich die Geschäftsleitung bzw. beim Fehlen einer Geschäftsleitung im Inland die Betriebsstätte des gewerblichen Betriebes befindet (§ 22 Abs. 1 Satz 1 AO).

Für die Feststellung (und Zerlegung) des **Grundsteuermessbetrages** ist das **Lagefinanzamt** (§ 18 Abs. 1 Nr. 1 AO) örtlich zuständig, in dessen Bezirk das Grundstück liegt (§ 22 Abs. 1 Satz 1 AO).

2.2.1.4 Einkommensteuer bei Bauleistungen

Für den Steuerabzug im Zusammenhang mit Bauleistungen i.S.d. §§ 48 ff. EStG ist das Finanzamt des **Leistenden** zuständig. Ist der leistende Unternehmer eine **natürliche Person**, ist dies das **Wohnsitzfinanzamt**. Ist der leistende Unternehmer eine **Körperschaft** oder **Personengesellschaft** mit **Geschäftsleitung** oder Sitz im **Inland**, ist dies das **Geschäftsleitungsfinanzamt**. Bei Unternehmern oder Unternehmen mit Wohnsitz, Sitz oder Geschäftsleitung im **Ausland** ist das **Zentralfinanzamt** zuständig (§ 20a AO).

> **ÜBUNG →** 1. Wiederholungsfragen 6 und 7 (Seite 42),
> 2. Aufgaben 3 bis 5 (Seite 43)

Zusammenfassung zu Abschnitt 2.2.1:

Örtliche Zuständigkeit nach der Steuerart

Steuerart	zuständiges Finanzamt
Einkommensteuer (**ESt**) **natürlicher** Personen und **ESt** bei Bauleistungen **inl.** Unternehmer	**Wohnsitzfinanzamt** (§ 19 Abs. 1 AO)
Umsatzsteuer (**USt**) **natürlicher** Personen, die **keine** Unternehmer sind	**Wohnsitzfinanzamt** (§ 21 **Abs. 2** AO)
Körperschaftsteuer (**KSt**) **juristischer** Personen und **ESt** bei Bauleistungen **inl.** Unternehmer	**Geschäftsleitungsfinanzamt** (§ 20 Abs. 1 AO)
Grundsteuer (**GrSt**) (**nur** GrSt-Messbeträge)	**Lagefinanzamt** (§ 22 Abs. 1 AO)
Umsatzsteuer (**USt**) **inländischer** Unternehmer und Gewerbesteuer (**GewSt**) (**nur** GewSt-Messbeträge)	**Betriebs- bzw. Tätigkeitsfinanzamt** (§ 21 **Abs. 1** AO und § 22 **Abs. 1** AO)
Umsatzsteuer (**USt**) und Einkommensteuer (**ESt**) und **ESt** bei Bauleistungen **ausländischer** Unternehmer	**Zentralfinanzamt** (§ 21 **Abs. 1 Satz 2** AO und § 20a Abs. 1 AO)

2.2.2 Örtliche Zuständigkeit nach der gesonderten und einheitlichen Feststellung von Besteuerungsgrundlagen

Während die Feststellung der **Besteuerungsgrundlagen** grundsätzlich einen mit Rechtsbehelfen nicht selbständig anfechtbaren Teil des Steuerbescheids bildet (§ 157 Abs. 2 AO), gilt dies nicht für die gesonderte Feststellung von Besteuerungsgrundlagen. In bestimmten Fällen sehen die AO und Einzelsteuergesetze eine solche **gesonderte Feststellung der Besteuerungsgrundlagen** vor (AEAO zu § 179, Nr. 1).

Die **gesonderte Feststellung von Besteuerungsgrundlagen** ist in den **§§ 179 ff. AO** geregelt.

Sind **mehrere Personen** an einer Besteuerungsgrundlage beteiligt, so wird die **gesonderte** Feststellung gegenüber den Beteiligten **einheitlich** vorgenommen **(gesonderte und einheitliche Feststellung)**.

Nach **§ 180 AO** werden insbesondere **gesondert festgestellt**:

1. die **Einheitswerte** nach Maßgabe des Bewertungsgesetzes (BewG), z. B. **für Grundstücke**,
2. a) die **einkommensteuer- und körperschaftsteuerpflichtigen Einkünfte** und mit ihnen im Zusammenhang stehenden Besteuerungsgrundlagen (z. B. anzurechnende Denkmalabschreibungen, die den Feststellungsbeteiligten anteilig zustehen), **wenn mehrere Personen** daran beteiligt sind,
   b) die **Einkünfte aus Land- und Forstwirtschaft**, **Gewerbebetrieb** oder **einer freiberuflichen Tätigkeit**, **wenn** nach den Verhältnissen zum Schluss des Gewinnermittlungszeitraums (Wj) das für die gesonderte Feststellung der Einkünfte zuständige **Finanzamt** nicht auch für die **Steuern vom Einkommen** zuständig ist.

Eine **Besteuerungsgrundlage** (z. B. der steuerpflichtige Umsatz) wird **nicht gesondert** in einem Feststellungsbescheid festgestellt, wenn sie nur für **einen** Bescheid (z. B. den Umsatzsteuerbescheid) bedeutsam ist.

Die **gesonderte** Feststellung in einem Feststellungsbescheid ist **zweckmäßig**, wenn sie für **mehrere Steuerbescheide** von Bedeutung ist, weil sonst die Besteuerungsgrundlage für jeden Steuerbescheid erneut ermittelt und festgesetzt werden müsste. Hat das Finanzamt eine gesonderte bzw. gesonderte und einheitliche Feststellung von Besteuerungsgrundlagen durchgeführt, übermittelt es seine Ergebnisse in Form einer Mitteilung an alle betroffenen Stellen (z. B. Steuerpflichtige, Veranlagungsbezirk, andere Finanzämter). Diese festgestellten Besteuerungsgrundlagen werden dann beispielsweise bei der Veranlagung zur Einkommensteuer des jeweiligen Steuerpflichtigen herangezogen.

§ 18 AO regelt die örtliche Zuständigkeit für die Fälle, in denen nach **§ 180 AO** gesonderte Feststellungen zu treffen sind. Sie ergibt sich für die **Gewinneinkünfte** aus § 18 Abs. 1 **Nrn. 1 bis 3** AO und für die **Überschusseinkünfte** aus § 18 Abs. 1 **Nr. 4** AO.

Die gesonderte Feststellung bei Mitunternehmerschaften nach § 180 Abs. 1 **Nr. 2a** AO umfasst über die von den Feststellungsbeteiligten gemeinsam erzielten Einkünfte hinaus **alle weiteren Besteuerungsgrundlagen**, die in rechtlichem, wirtschaftlichem oder tatsächlichem Zusammenhang mit den Einkünften bestehen, z. B. Sonderbetriebseinnahmen und -ausgaben (AEAO zu § 180, Nr. 1).

2.2.2.1 Einheitswerte der Grundstücke und Einkünfte aus Land- und Forstwirtschaft

Für die **gesonderte** bzw. **gesonderte und einheitliche** Feststellung der **Einheitswerte der Grundstücke** ist das Finanzamt örtlich zuständig, in dessen Bezirk das Grundstück liegt (**Lagefinanzamt**) (§ 18 Abs. 1 **Nr. 1** AO).

> **BEISPIEL**
>
> Die Geschwister Helga und Franz Schulz, die im Bereich des Finanzamts Neuwied ihren Wohnsitz haben, besitzen in Bendorf (Rhein) im Bereich des Finanzamtes Koblenz ein Einfamilienhaus, dessen Eigentümer die Geschwister je zur Hälfte sind.
>
> Der **Einheitswert** des **Einfamilienhauses** ist **gesondert** festzustellen, weil er **zwei Personen** zuzurechnen ist. Für die **gesonderte und einheitliche Feststellung** des Einheitswerts ist das **Lagefinanzamt Koblenz** örtlich zuständig, weil das Grundstück in dessen Bezirk liegt.

Erstreckt sich ein Grundstück auf die Bezirke **mehrerer Finanzämter**, ist Lagefinanzamt das Finanzamt, in dessen Bezirk der **wertvollste Teil** des Gesamtgrundstücks liegt.

> **BEISPIEL**
>
> Der Steuerpflichtige Alfred Hase besitzt ein Grundstück, das sich auf die Finanzamtsbezirke Neuwied und Koblenz erstreckt. Der Neuwieder Grundstücksteil ist 100.000 €, der Koblenzer 150.000 € wert.
>
> Für die **gesonderte Feststellung** des **Einheitswerts** ist das **Lagefinanzamt Koblenz** örtlich zuständig, weil sich in dessen Bezirk der wertvollste Teil des Grundstücks befindet.

Das **Lagefinanzamt** ist örtlich auch zuständig für die gesonderte bzw. gesonderte und einheitliche Feststellung der **Einheitswerte der land- und forstwirtschaftlichen Betriebe** und für die gesonderte bzw. gesonderte und einheitliche Feststellung der **Einkünfte aus Land- und Forstwirtschaft,** die wegen der Beteiligung **mehrerer Personen** nach § 180 Abs. 1 Nr. 2a AO oder wegen des **Auseinanderfallens der Zuständigkeiten** nach § 180 Abs. 1 Nr. 2b AO in Betracht kommen.

2.2.2.2 Gewinn aus Gewerbebetrieb

Für die **gesonderte** bzw. **gesonderte und einheitliche** Feststellung von Besteuerungsgrundlagen bei **gewerblichen Betrieben** ist das Finanzamt örtlich zuständig, in dessen Bezirk sich die **Geschäftsleitung** befindet (**Geschäftsleitungsfinanzamt**) (§ 18 Abs. 1 **Nr. 2** AO). Diese Vorschrift hat Bedeutung für die **Feststellung** des **Gewinns aus Gewerbebetrieb.**

> **BEISPIEL**
>
> Der Steuerpflichtige Max Schuster, der seinen Wohnsitz im Bezirk des Finanzamtes Nürnberg-Nord hat, ist an einer offenen Handelsgesellschaft (OHG) beteiligt, die ihre Geschäftsleitung im Bezirk des Finanzamtes Nürnberg-Ost hat.
>
> Für die **gesonderte und einheitliche** Feststellung des **Gewinns aus Gewerbebetrieb** der **OHG** ist das **Geschäftsleitungsfinanzamt** Nürnberg-Ost örtlich zuständig, weil sich dort die Geschäftsleitung des Betriebes befindet.

Befindet sich die Geschäftsleitung nicht im Inland, richtet sich die örtliche Zuständigkeit nach dem Ort der **Betriebsstätte (Betriebsfinanzamt)** (§ 18 Abs. 1 Nr. 2 AO i.V.m. § 180 Abs. 1 **Nr. 2** AO).

2.2.2.3 Einkünfte aus selbständiger Arbeit

Für die **gesonderte** bzw. **gesonderte und einheitliche** Feststellung von Besteuerungsgrundlagen bei **selbständiger Arbeit** ist das Finanzamt örtlich zuständig, von dessen Bezirk aus die **Berufstätigkeit vorwiegend ausgeübt** wird (**Tätigkeitsfinanzamt**) (§ 18 Abs. 1 **Nr. 3** AO i. V. m. § 180 Abs. 1 **Nr. 1** und **Nr. 2** AO).

> **BEISPIEL**
>
> Axel Huber, wohnhaft in Köln, und Bert Wagner, wohnhaft in Koblenz, betreiben ein Rechtsanwaltsbüro in Form einer Anwaltsgemeinschaft in Bonn (Innenstadt).
>
> Zur **ESt-Veranlagung** ist eine **gesonderte und einheitliche Gewinnfeststellung** erforderlich (§ 180 Abs. 1 Nr. 2 AO). Für die gesonderte und einheitliche Feststellung des Gewinns (= **Einkünfte aus selbständiger Arbeit**) ist örtlich das **Tätigkeitsfinanzamt Bonn** (Innenstadt) zuständig, weil von dessen Bezirk aus die Berufstätigkeit vorwiegend ausgeübt wird (§ 18 Abs. 1 Nr. 3 AO).

2.2.2.4 Einkünfte aus Kapitalvermögen und Einkünfte aus Vermietung und Verpachtung

Für die **gesonderte und einheitliche** Feststellung von Besteuerungsgrundlagen bei einer Beteiligung **mehrerer Personen** an **anderen** Einkünften **als** Einkünften aus **Land- und Forstwirtschaft,** aus **Gewerbebetrieb** oder aus **selbständiger Arbeit** z. B.

1. **Einkünften aus Kapitalvermögen** und
2. **Einkünften aus Vermietung und Verpachtung**

ist das Finanzamt örtlich zuständig, von dessen Bezirk aus die **Verwaltung** dieser Einkünfte ausgeht (**Verwaltungsfinanzamt**) (§ 18 Abs. 1 **Nr. 4** AO i. V. m. § 180 Abs. 1 **Nr. 2a** AO).

> **BEISPIEL**
>
> Die Erbengemeinschaft Trist ist Eigentümerin eines in Würzburg gelegenen Mietwohngrundstückes. Die Mitglieder der Erbengemeinschaft wohnen in verschiedenen Städten der Bundesrepublik. Die Verwaltung des Grundstückes obliegt einem Immobilienbüro in Würzburg.
>
> Für die **gesonderte und einheitliche Feststellung** der **Einkünfte aus Vermietung und Verpachtung** der Erbengemeinschaft ist das **Verwaltungsfinanzamt Würzburg** örtlich zuständig (§ 18 Abs. 1 Nr. 4 AO).

ÜBUNG → 1. Wiederholungsfragen 9 bis 11 (Seite 42),
2. Aufgaben 6 bis 9 (Seite 43 f.)

Zusammenfassung zu Abschnitt 2.2.2:

2.3 Erfolgskontrolle

WIEDERHOLUNGSFRAGEN

1. Welcher Unterschied besteht zwischen der sachlichen und der örtlichen Zuständigkeit der Finanzbehörden?
2. Welche Rechtsfolgen ergeben sich bei falscher sachlicher oder örtlicher Zuständigkeit?
3. Für welche Personen und Steuerarten ist das Wohnsitzfinanzamt örtlich zuständig?
4. Was ist unter einem Wohnsitz im Sinne des § 8 AO zu verstehen?
5. Was ist unter einem gewöhnlichen Aufenthalt im Sinne des § 9 AO zu verstehen?
6. Welche Regelungen gelten für die örtliche Zuständigkeit bei der Körperschaftsteuer?
7. Welche Regelungen gelten für die örtliche Zuständigkeit bei der Umsatzsteuer?
8. Welche Regelungen gelten für die örtliche Zuständigkeit bei den Realsteuern?
9. Was versteht man unter einer Feststellung der Besteuerungsgrundlagen?
10. Worin liegt der Unterschied zwischen einer Feststellung und einer Festsetzung?
11. In welchen Fällen sieht das Gesetz eine einheitliche und gesonderte Feststellung vor?
12. Welche Zuständigkeiten regelt § 18 AO?

Aufgaben

Aufgabe 1

Nach dem Geschäftsverteilungsplan des Finanzamtes Großstadt ist Steuerinspektor Klaus Pink für die Einkommensteuer-Veranlagung der Steuerpflichtigen mit den Anfangsbuchstaben A bis K zuständig.
Aus Versehen bearbeitet er die Steuererklärung des Steuerpflichtigen Leopold Lex, Großstadt, und erlässt für ihn einen Steuerbescheid.
Ist der Einkommensteuerbescheid nichtig? Begründen Sie Ihre Antwort.

Aufgabe 2

Der Steuerpflichtige Max Kühn wohnt in Koblenz im eigenen Einfamilienhaus. In Neuwied (Rhein) betreibt Kühn in gemieteten Räumen eine Textilgroßhandlung (Gewerbebetrieb). In allen genannten Orten bestehen Finanzämter.
Welches Finanzamt ist für die Einkommensteuer örtlich zuständig?

Aufgabe 3

Sachverhalt wie in Aufgabe 2.
1. Welches Finanzamt ist für die Festsetzung des Grundsteuermessbetrags zuständig?
2. Welches Finanzamt ist für die Umsatzsteuer örtlich zuständig?
3. Welches Finanzamt ist für die Festsetzung des Gewerbesteuermessbetrages örtlich zuständig?
4. Welche Behörde ist für die Festsetzung der Gewerbesteuer örtlich zuständig?

Aufgabe 4

Die X-GmbH betreibt von Neuwied (Rhein) aus eine Elektrogroßhandlung. Der Steuerpflichtige Klaus Baum, der seinen Wohnsitz in Koblenz hat, ist mit 10 % an der X-GmbH beteiligt.
Welches Finanzamt ist für die Körperschaftsteuer der X-GmbH örtlich zuständig?

Aufgabe 5

Der Steuerpflichtige Udo Weller, der seinen Wohnsitz in Koblenz hat, betreibt in Neuwied (Rhein) seine Steuerberatungspraxis.
1. Welches Finanzamt ist für die Umsatzsteuer örtlich zuständig?
2. Welches Finanzamt ist für die Einkommensteuer örtlich zuständig?

Aufgabe 6

Nennen Sie unter Angabe der entsprechenden Paragrafen das jeweils örtlich zuständige Finanzamt:
1. Umsatzsteuer eines Rechtsanwalts,
2. Körperschaftsteuer einer GmbH,
3. Einheitswert eines unbebauten Grundstücks eines Privatmanns,
4. Umsatzsteuer eines Privatmanns,
5. Gewerbesteuermessbetrag einer GmbH,
6. Grundsteuermessbetrag für das Betriebsgrundstück einer GmbH (keine Bauleistungen).

B. Abgabenordnung

AUFGABE 7

Prüfen Sie in den folgenden Fällen, welches Finanzamt nach der Steuerart und der gesonderten Feststellung örtlich zuständig ist. In allen genannten Orten bestehen Finanzämter. Geben Sie dabei die entsprechenden Paragrafen an.

1. Der Steuerpflichtige Günter Hohmann, geschieden, wohnhaft in Augsburg, ist als Einzelunternehmer Inhaber einer Möbelfabrik in Oberstdorf i. Allgäu. Daneben ist er als Kommanditist an einer KG in Füssen i. Allgäu beteiligt.
2. Der Steuerberater Claus Janssen wohnt in Mainz im eigenen Einfamilienhaus und betreibt seine Praxis in Wiesbaden in gemieteten Räumen. Das Praxisvermögen ist Betriebsvermögen im bewertungsrechtlichen Sinne. Für das Einfamilienhaus und das Betriebsvermögen sind Einheitswerte festzustellen.
3. Die Klein & Groß KG betreibt ein Kaufhaus in Köln im eigenen Gebäude. Der Gesellschafter Max Klein wohnt in Köln und der Gesellschafter Moritz Groß in Bonn.

AUFGABE 8

Die Geschwister Herta und Hans Stoll betreiben gemeinsam in Landsberg die vom Vater geerbte Weinhandlung Stoll OHG mithilfe eines Geschäftsführers. Daneben gehört ihnen ein Mietwohngrundstück in München, um das sich die in München lebende Herta kümmert. Hans betätigt sich an seinem Wohnsitz in Kaufbeuren als Heilpraktiker. An allen genannten Orten befinden sich Finanzämter.

Welche Bescheide sind ggf. zu erlassen und welches Finanzamt ist hierfür jeweils örtlich zuständig?

AUFGABE 9

Beantworten Sie die folgenden Fragen durch Ankreuzen. Zu jeder Frage gibt es nur eine richtige Antwort.

1. Für welche der folgenden Steuern ist das Wohnsitzfinanzamt örtlich zuständig?
    (a) Einkommensteuer
    (b) Körperschaftsteuer
    (c) Einfuhrumsatzsteuer
    (d) Grundsteuermessbetrag

2. Für welche der folgenden Steuern ist das Lagefinanzamt örtlich zuständig?
    (a) Einkommensteuer
    (b) Körperschaftsteuer
    (c) Umsatzsteuer
    (d) Grundsteuermessbetrag

3. Für welche der folgenden Steuern ist das Geschäftsleitungsfinanzamt örtlich zuständig?
    (a) Einkommensteuer
    (b) Körperschaftsteuer
    (c) Umsatzsteuer
    (d) Grundsteuermessbetrag

4. Für welche der folgenden Steuern ist das Betriebsfinanzamt örtlich zuständig?
    (a) Einkommensteuer
    (b) Körperschaftsteuer
    (c) Umsatzsteuer
    (d) Grundsteuermessbetrag

3 Steuerverwaltungsakt

Die **Steuern** werden von den Finanzbehörden grundsätzlich durch **Steuerbescheide** festgesetzt. Da Steuerbescheide **Verwaltungsakte** sind, gelten die §§ 118 ff. AO auch für die Steuerbescheide, soweit in den §§ 155 ff. AO nichts anderes bestimmt ist (AEAO zu § 118). Obwohl sich die Ansprüche des Steuerschuldverhältnisses bereits aus dem Gesetz ergeben, werden sie erst durch den **Steuerverwaltungsakt konkretisiert**.

3.1 Begriff

Unter einem **(Steuer-) Verwaltungsakt** versteht man jede Verfügung, Entscheidung oder andere **hoheitliche Maßnahme**, die eine (Finanz-) **Behörde** zur **Regelung eines Einzelfalls** auf dem Gebiet des **öffentlichen Rechts** (Steuerrechts) trifft und die auf unmittelbare **Rechtswirkung** nach außen gerichtet ist (§ 118 Satz 1 AO).

Diese Gesetzesdefinition enthält folgende **Begriffsmerkmale**:

1. Es muss sich um eine **hoheitliche Maßnahme** handeln,
2. die von einer (Finanz-) **Behörde** ausgeht,
3. zur **Regelung eines Einzelfalls**,
4. auf dem **Gebiet des öffentlichen Rechts** (Steuerrechts),
5. mit unmittelbarer **Rechtswirkung nach außen**.

zu 1. hoheitliche Maßnahme

<u>Hoheitlich</u> ist eine **Maßnahme** (Willensäußerung z.B. durch Bescheid, Entscheidung), die aufgrund der **gesetzlichen** Vorschriften und der **öffentlichen** (staatlichen) Gewalt Verbindlichkeit gegenüber den Betroffenen beansprucht.

zu 2. Behörde

Eine **Behörde** ist jede Stelle, die Aufgaben der öffentlichen Verwaltung (Finanzverwaltung) wahrnimmt (§ 6 Abs. 1 AO). Dabei ist es für das Vorliegen eines Verwaltungsaktes gleichgültig, ob die Aufgaben von einer Bundes-, Landes- oder Gemeindebehörde wahrgenommen werden.

zu 3. Regelung eines Einzelfalls

Die finanzbehördlichen Maßnahmen müssen zur **Regelung eines Einzelfalls** getroffen werden, d.h., sie müssen in die Rechtsverhältnisse einer **einzelnen** Person eingreifen. Maßnahmen, die **nicht** zur Regelung eines Einzelfalls getroffen werden, sind keine Verwaltungsakte. Eine Ausnahme hiervon bildet die **Allgemeinverfügung** (§ 118 Satz 2 AO).

zu 4. Gebiet des öffentlichen Rechts

Eine finanzbehördliche Maßnahme auf dem **Gebiet des öffentlichen Rechts (Steuerrechts)** liegt vor, wenn sie auf **steuerrechtlichen** Vorschriften beruht.
Willensäußerungen der Finanzbehörden, die nicht auf steuerrechtlichen Vorschriften beruhen, z.B. eine Anordnung über die Versetzung eines Finanzbeamten, sind keine Verwaltungsakte.

zu 5. Rechtswirkung nach außen

Die finanzbehördlichen Maßnahmen müssen schließlich eine unmittelbare <u>**Rechtswirkung nach außen**</u> haben, d.h., sie müssen den Steuerpflichtigen unmittelbar in seinen Rechten und Pflichten berühren.

B. Abgabenordnung

BEISPIEL

Das Finanzamt Siegen erlässt einen Einkommensteuerbescheid gegen den Steuerpflichtigen Marvin Schuhmacher in Siegen.

Der Steuerbescheid ist ein **Verwaltungsakt**, denn er ist eine Maßnahme des **Finanzamtes** Siegen, die einen **Einzelfall** auf dem Gebiet des Einkommen**steuerrechts** regelt und die den Steuerpflichtigen Schuhmacher in seinen **Pflichten und Rechten** berührt.

3.2 Arten des Steuerverwaltungsaktes

Steuerverwaltungsakte können u.a. nach der Wirkung auf den Steuerpflichtigen in **begünstigende und belastende** Steuerverwaltungsakte unterschieden werden.

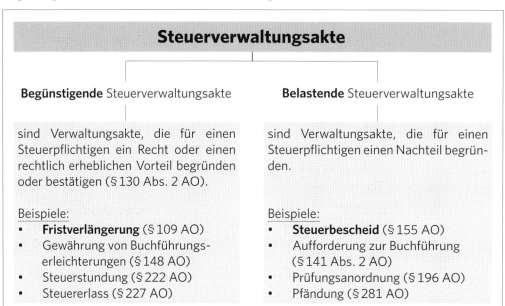

3.3 Voraussetzung für das Wirksamwerden eines Verwaltungsaktes

Voraussetzung für die **Wirksamkeit** eines Verwaltungsaktes ist, dass er **inhaltlich hinreichend bestimmt** ist (§ 119 Abs. 1 AO) **und** dass er demjenigen, für den er bestimmt oder der von ihm betroffen wird, **bekannt gegeben** wird (§ 124 Abs. 1 AO).
Deshalb ist beim Erlass eines schriftlichen Verwaltungsaktes festzulegen,

- an wen er sich richtet (**Inhaltsadressat**),
- wem er bekannt gegeben werden soll (**Bekanntgabeadressat**),
- welcher Person er zu übermitteln ist (**Empfänger**, z.B. Steuerberater) und
- ob eine besondere **Form** der Bekanntgabe erforderlich oder zweckmäßig ist.

Ein **Verwaltungsakt** wird gegenüber demjenigen, für den er bestimmt ist oder der von ihm betroffen wird, **in dem Zeitpunkt** wirksam, in dem er ihm **bekannt gegeben** wird (§ 124 Abs. 1 AO).

Bekanntgabe bedeutet, dem Beteiligten, für den der Verwaltungsakt bestimmt ist oder der von ihm betroffen wird, die Möglichkeit zu verschaffen, **von dem Inhalt des Verwaltungsaktes Kenntnis zu nehmen** („Zugang im Machtbereich mit der Möglichkeit zur Kenntnisnahme"). Beispiele zur **Adressierung** und zur **Handhabung bei Sonderfällen bei der Bekanntgabe** sind ausführlich im AEAO zu § 121 AO beschrieben.

Bis zur Bekanntgabe ist ein **Verwaltungsakt** nur ein behördeninterner Vorgang **ohne Wirkung** für den Betroffenen (AEAO zu § 124, Nr. 3).

> **BEISPIEL**
>
> Der Steuerinspektor Axel Willig fertigt einen Einkommensteuerbescheid für den Steuerpflichtigen Jan Silbermann aus. Aus Versehen bleibt der Steuerbescheid in der Steuerakte liegen.
>
> Der Verwaltungsakt wird **nicht wirksam,** weil er **nicht bekannt gegeben** wurde.

MERKE → **Bekanntgabe** ist die **Voraussetzung** für das **Wirksamwerden eines Verwaltungsaktes.**

3.4 Formen des Verwaltungsakts und der Bekanntgabe

Ein Verwaltungsakt kann **schriftlich, elektronisch, mündlich** oder in anderer Weise (schlüssiges Verhalten) erlassen werden (§ 119 Abs. 2 **Satz 1** AO).

Aus Gründen der Rechtssicherheit sollen Verwaltungsakte aber im Allgemeinen **schriftlich** erteilt werden. Ein mündlicher Verwaltungsakt ist gegebenenfalls schriftlich zu bestätigen (§ 119 Abs. 2 **Satz 2** AO).

Für einige **Bescheidarten** ist die Schriftform jedoch **gesetzlich vorgeschrieben** (z. B. Feststellungsbescheide § 181 AO, Haftungsbescheide § 191 AO). Mit Einwilligung des Steuerpflichtigen **kann** die Finanzbehörde beispielsweise auch den Steuerbescheid (§ 157 AO) **in elektronischer Form** übermitteln.

Der **schriftlich oder elektronisch** erlassene Verwaltungsakt muss folgende **Mindestangaben** enthalten (§ 119 Abs. 3 AO):

- erlassende Behörde,
- Unterschrift oder formularmäßige Darstellung,
- Begründung § 121 AO.

Bei Steuerbescheiden sind noch weitere Angaben notwendig (§ 157 AO).

Für die **Bekanntgabe** schriftlicher oder elektronischer Verwaltungsakte nennen § 122 Abs. 2 bis 5 und § 122a AO **fünf Formen:**

1. **Übermittlung** durch die **Post mittels gewöhnlichem Brief,**
2. **elektronische Übermittlung,**
3. **öffentliche Bekanntgabe,**
4. **Zustellung** nach dem Verwaltungszustellungsgesetz (VwZG),
5. **Datenabruf-Bereitstellung.**

3.4.1 Übermittlung durch die Post

Bei der **Übermittlung durch die Post** wird der Verwaltungsakt dem **Bekanntgabeadressaten** mittels **gewöhnlichem Brief** durch die Post zugestellt.

Bekanntgabeadressat ist die Person, der ein Verwaltungsakt bekanntzugeben ist. Bei Steuerfestsetzungen ist das in der Regel der **Steuerschuldner** als <u>Inhaltsadressat</u> (AEAO zu § 122, Nr. 1.4).

Der in § 122 Abs. 2 AO verwendete Begriff „**Post**" ist nicht auf die Deutsche Post AG beschränkt, sondern umfasst alle Unternehmen, soweit sie Postdienstleistungen erbringen (AEAO zu § 122, Nr. 1.8.2).

Schriftliche Verwaltungsakte, insbesondere **Steuerbescheide**, die durch die Post übermittelt werden, **gelten** nach § 122 Abs. 2 AO grundsätzlich **als bekannt gegeben**

1. bei einer Übermittlung im Inland **am dritten Tag** nach der Aufgabe zur Post,
2. bei einer Übermittlung im Ausland **einen Monat** nach Aufgabe zur Post.

Der **Tag der Aufgabe** zur Post wird bei der Bekanntgabe-Fiktion **nicht mitgezählt.** Fallen der „Tag der Aufgabe zur Post" und das Datum des Poststempels auseinander, so ist das **Datum des Poststempels** entscheidend (BFH-Urteil vom 12.08.1981, BStBl II 1982, S. 102).

> **BEISPIEL**
>
> Ein Finanzbeamter des Finanzamtes Koblenz gibt am Montag, dem 04.06.2018, einen Einkommensteuerbescheid mittels einfachem Brief zur Post.
>
> Der ESt-Bescheid **gilt** als am **Donnerstag**, dem **07.06.2018**, bekannt gegeben (Zugangsvermutung), auch, wenn er tatsächlich schon früher zugegangen ist.

Fällt das **Fristende** auf einen **Samstag, Sonntag** oder **gesetzlichen Feiertag,** so verlängert sich diese Frist bis zum **nächstfolgenden Werktag** (§ 108 Abs. 3 AO).

Fällt das Fristende bei der Bekanntgabefrist auf einen **gesetzlichen Feiertag,** ist das am **Ort des Empfängers** geltende **Feiertagsrecht** maßgebend, da an diesem Ort die Bekanntgabe erfolgt und der Verwaltungsakt wirksam wird (OFD-Karlsruhe, Vfg. vom 27.05.2004, S 0284 A – St 412).

> **BEISPIEL**
>
> Das Finanzamt Koblenz gibt am Donnerstag, dem 06.09.2018, einen Steuerbescheid mittels einfachem Brief zur Post.
>
> Der Steuerbescheid gilt als am **Montag**, dem **10.09.2018**, **bekannt gegeben** (06.09.2018 + 3 Tage = 09.09.2018 (Sonntag), somit gemäß § 108 Abs. 3 AO Verschiebung auf den nächstfolgenden Werktag, nämlich Montag, den 10.09.2018).

MERKE → Der **Tag der Bekanntgabe** ist immer ein **Werktag**.

Die Frist des § 122 Abs. 2 Nr. 1 und Nr. 2 AO (Bekanntgabe-Fiktion) gilt **nicht**, wenn der Verwaltungsakt **nicht** oder zu einem **späteren Zeitpunkt** zugegangen ist. Beruft sich ein Steuerpflichtiger auf einen späteren Zugang, so muss er diesen begründen; er hat aber auch dafür zu sorgen, dass ihm die Schriftstücke rechtzeitig zugehen können (BFH-Urteil vom 11.07.2017).

Grundsätzlich hat die Finanzbehörde zu beweisen, dass der Verwaltungsakt dem Adressaten zugegangen ist (§ 122 Abs. 2 AO).

3.4.2 Elektronische Übermittlung

Ein elektronisch übermittelter Verwaltungsakt (z.B. per **E-Mail**) gilt **am dritten Tag** nach der Absendung **als bekannt gegeben,** außer wenn er nicht oder zu einem späteren Zeitpunkt zugegangen ist; im Zweifel hat die Behörde den Zugang des Verwaltungsaktes und den Zeitpunkt des Zugangs nachzuweisen (§ 122 Abs. 2a AO). Ein durch **Telefax** bekannt gegebener Verwaltungsakt ist ein i.S.d. § 122 Abs. 2a AO elektronisch übermittelter Verwaltungsakt. Es handelt sich bei einem Telefax jedoch **nicht** um ein elektronisches Dokument i.S.d. § 87a AO. Er gilt somit grundsätzlich **am dritten Tag** nach Absendung als bekannt gegeben (AEAO zu § 122, Nr. 1.8.2).

3.4.3 Öffentliche Bekanntgabe

Ein Verwaltungsakt darf **öffentlich bekannt gegeben** werden, wenn dies durch Rechtsvorschriften zugelassen ist (§ 122 Abs. 3 AO). Die Bekanntgabe erfolgt dadurch, dass der verfügende Teil des Verwaltungsaktes ortsüblich bekannt gemacht wird. Der Verwaltungsakt gilt dann zwei Wochen nach dem Tag der ortsüblichen Bekanntmachung als bekannt gegeben, es sei denn, dass für die Bekanntgabe ein abweichender Tag verfügt wurde.
Die öffentliche Bekanntgabe eines Einzelverwaltungsaktes (im Gegensatz zur Übermittlung durch die Post) hat in der Praxis nur geringe Bedeutung.
Beispiele für eine Allgemeinverfügung sind die öffentliche Aufforderung zur Abgabe der Steuererklärungen (§ 149 Abs. 1 Satz 3 AO) und die öffentliche Mahnung (§ 259 Satz 4 AO).

3.4.4 Zustellung

Unter **Zustellung** ist die **förmliche Übergabe eines Schriftstücks** in der gesetzlich vorgeschriebenen Art und Weise zu verstehen.

Die **Zustellung eines Verwaltungsaktes** erfolgt nur dann, wenn dies **gesetzlich** vorgeschrieben ist oder **behördlich** angeordnet wird. Die Zustellung richtet sich nach den Vorschriften des Verwaltungszustellungsgesetzes (VwZG) (§ 122 Abs. 5 Satz 2 AO).

Die **förmliche Zustellung** von **Rechtsbehelfsentscheidungen** ist nach § 366 AO nicht mehr zwingend vorgeschrieben.

Eine **förmliche Zustellung** der **Rechtsbehelfsentscheidung** ist **nur erforderlich, wenn** sie **ausdrücklich angeordnet** wird (§ 122 Abs. 5 Satz 1 AO). Sie sollte insbesondere dann angeordnet werden, wenn ein eindeutiger Nachweis des Zugangs für erforderlich gehalten wird (AEAO zu § 366, Nr. 2).

Zu unterscheiden sind vor allem zwei **Arten der Zustellung**

1. die **Zustellung** durch die Post mit **Zustellungsurkunde**,
2. die **Zustellung** durch die Post mittels **Einschreiben**.

zu 1. (vgl. AEAO zu § 122, Nr. 3.1.1)

Bei **Zustellung** durch die Post mit **Zustellungsurkunde** ist für die **Bekanntgabe** des Verwaltungsaktes der Zeitpunkt der **tatsächlichen Zustellung** maßgebend und **nicht** der **dritte Tag** nach Aufgabe zur Post (BFH-Urteil vom 19.06.1991).

zu 2. (vgl. AEAO zu § 122, Nr. 3.1.2)

Bei **Zustellung** mittels **Einschreiben** gilt die **Bekanntgabe** mit dem **dritten Tag** nach Aufgabe zur Post als zugestellt, es sei denn, dass der Bescheid zu einem späteren Zeitpunkt zugegangen ist (§ 4 Abs. 2 Satz 2 VwZG). Den Anforderungen des § 4 VwZG entspricht nur die Zustellung mittels **„Einschreibens"**, nicht aber die Zustellung mittels „Einschreiben-Einwurfs" (OFD Erfurt, Verfügung v. 05.10.2001 -S 0284 A-01- St 231).

Ein Verwaltungsakt bleibt nach der Bekanntgabe so lange und so weit wirksam, als er **nicht zurückgenommen, widerrufen, anderweitig aufgehoben** (z. B. durch Rechtsbehelfsentscheidung), **durch Zeitablauf** oder **auf andere Weise** erledigt ist (z. B. durch Zahlung eines gestundeten Betrages) (§ 124 **Abs. 2** AO).

Ein **nichtiger** Verwaltungsakt ist **unwirksam** (§ 124 **Abs. 3** AO).

3.4.5 Datenabruf-Bereitstellung

Damit Verwaltungsakte durch Bereitstellung zum Datenabruf bekannt gegeben werden können, müssen zunächst der Steuerpflichtige oder sein Bevollmächtigter in dieses Verfahren **einwilligen** (§ 122a AO). Die abrufberechtigte Person wird elektronisch benachrichtigt (z. B. per E-Mail), wenn ein Verwaltungsakt zum Abruf bereitgestellt wurde. Die Benachrichtigung darüber, dass ein Verwaltungsakt zum Datenabruf bereitsteht, erfolgt unverschlüsselt. Zum Abruf des Verwaltungsaktes muss die abrufberechtigte Person sich selbst und ihre Abrufberechtigung **authentifizieren**.

Ein zum Datenabruf bereitgestellter Verwaltungsakt gilt **am dritten Tag** nach der Absendung der elektronischen Benachrichtigung über die Bereitstellung der Daten **als bekannt gegeben** (§ 122a Abs. 4 S. 1 AO).

Die Finanzbehörde trägt die Beweislast des Zugangs. Kann sie diesen **nicht** beweisen, gilt der Verwaltungsakt **an dem Tag als bekannt gegeben**, an dem die abrufberechtigte Person den **Datenabruf durchgeführt** hat (§ 122a Abs. 4 AO).

3.5 Nichtigkeit des Verwaltungsaktes

Ein **Verwaltungsakt** ist <u>nichtig</u>, wenn er einen besonders **schweren und offenkundigen Fehler** enthält (§ 125 **Abs. 1** AO).

> **BEISPIEL**
>
> Die Steuerpflichtige Andrea Meister, Bonn, die seit Jahren nur Renteneinkünfte erzielt, erhält einen Umsatzsteuerbescheid, der eine Zahllast von 13 Mio. Euro ausweist.
>
> Der Steuerbescheid leidet an einem schwerwiegenden und offenkundigen Fehler. Er ist somit nach § 125 Abs. 1 AO **nichtig**. Dieser Bescheid entfaltet keine Rechtswirkung; aus ihm darf nicht vollstreckt werden.

Ohne Rücksicht auf das Vorliegen eines offenkundigen Fehlers ist ein Verwaltungsakt <u>nichtig</u> (§ 125 Abs. 2 AO),

1. der schriftlich oder elektronisch erlassen worden ist, die erlassende Finanzbehörde aber nicht erkennen lässt,
2. den aus tatsächlichen Gründen niemand befolgen kann,
3. der gegen straf- oder bußgeldrechtliche Vorschriften verstößt und/oder
4. der gegen die guten Sitten verstößt.

3.6 Zusammenfassung und Erfolgskontrolle
3.6.1 Zusammenfassung

- **Steuerverwaltungsakte** sind finanzbehördliche Maßnahmen, die auf dem Gebiet des Steuerrechts erfolgen und zur Regelung eines Einzelfalles mit unmittelbarer Rechtswirkung nach außen ergehen.
  Steuerverwaltungsakte sind z. B. **Steuerbescheide**.
- Die **Bekanntgabe** ist die **Voraussetzung** für das Wirksamwerden eines Verwaltungsaktes.
- Ein **Verwaltungsakt gilt** grundsätzlich **am dritten Tage nach Aufgabe zur Post** als **bekannt gegeben**.
- An den **bekannt gegebenen Verwaltungsakt** sind sowohl das Finanzamt als auch der **Steuerpflichtige gebunden**, falls keine Korrekturvorschrift (z. B. § 129 AO) eingreift oder der Steuerpflichtige nichts gegen den Verwaltungsakt unternimmt (z. B. Einspruch einlegt).

3.6.2 Erfolgskontrolle
Wiederholungsfragen
1. Was versteht man unter einem Verwaltungsakt?
2. Welche Arten von Steuerverwaltungsakten gibt es und wie können sie in ihrer Wirkung auf den Steuerpflichtigen unterschieden werden?
3. Was setzt das Wirksamwerden eines Verwaltungsaktes voraus?
4. Welche Formen der Bekanntgabe werden in § 122 Abs. 2 bis 5 AO unterschieden?
5. Wann gilt ein Steuerbescheid, der mittels gewöhnlichem Brief durch die Post zugestellt wird, als bekannt gegeben?
6. Wann ist ein Verwaltungsakt nichtig?

Aufgaben
Aufgabe 1

Prüfen Sie, ob es sich in den folgenden Fällen um Steuerverwaltungsakte handelt und geben Sie die Wirkung für den Steuerpflichtigen an.
1. Bewilligung einer Stundung (§ 222 AO) der Umsatzsteuer-Vorauszahlung für den Steuerpflichtigen Frank Weber
2. Niederschlagung (§ 261 AO) der Einkommensteuer-Abschlusszahlung der Steuerpflichtigen Mia Blum
3. Vertrag zwischen dem Vorsteher des Finanzamtes und der Stadt Göttingen über die Anmietung von Diensträumen
4. Festsetzung eines Säumniszuschlages (§ 240 AO) gegen die Maxi-GmbH wegen nicht bei Fälligkeit entrichteter Körperschaftsteuer-Vorauszahlungen

Aufgabe 2

Die Eheleute Ursula und Willi Schmidt, Koblenz, gehen gegen die Einspruchsentscheidung des Finanzamts Koblenz gerichtlich vor. Am 13.09.2018 erhalten sie vom zuständigen Finanzgericht Neustadt das Urteil.
Ist das Urteil des Finanzgerichts ein Verwaltungsakt? Begründen Sie Ihre Antwort.

B. Abgabenordnung

AUFGABE 3

In welchen Fällen gilt der Steuerbescheid als wirksam bekannt gegeben?
1. Der Einkommensteuerbescheid wird dem Steuerpflichtigen persönlich im Finanzamt übergeben.
2. Der Briefträger hat den Einkommensteuerbescheid in den Türbriefkasten des Steuerpflichtigen Müller eingeworfen. Der Hund des Steuerpflichtigen vernichtet den Verwaltungsakt.
3. Der mit einfachem Brief durch die Post übermittelte Einkommensteuerbescheid geht dem Steuerpflichtigen fristgemäß zu. Er weist jedoch einen sachlichen Fehler aus, der zu einer überhöhten Steuerschuld führt.

AUFGABE 4

Der Gymnasiast Oliver Abele (17 Jahre alt) führt mit Zustimmung seiner Eltern und dem Vormundschaftsgericht einen Turnier-Service-Betrieb für Pferdesportveranstaltungen. Daneben hat er Einkünfte aus Vermietung und Verpachtung.

Lesen Sie zunächst den AEAO zu § 122, Nr. 2.2 und erläutern Sie dann, wem der Umsatzsteuer-, Gewerbesteuer- und Einkommensteuerbescheid bekanntzugeben ist.

AUFGABE 5

Der Einkommensteuerbescheid 2017 der Klara Weiß wird am Dienstag, dem 05.06.2018, vom zuständigen Finanzamt mit einfachem Brief zur Post gegeben.

Wann gilt der Bescheid als wirksam bekannt gegeben?

AUFGABE 6

Der Einkommensteuerbescheid 2017 des Fritz Müller wird am Donnerstag, dem 13.09.2018, mit einfachem Brief vom zuständigen Finanzamt zur Post gegeben. Er erhält den Bescheid am darauffolgenden Tag (Freitag 14.09.2018).

Wann gilt der Einkommensteuerbescheid als wirksam bekannt gegeben?

(a) am Freitag, dem 14.09.2018
(b) am Samstag, dem 15.09.2018
(c) am Sonntag, dem 16.09.2018
(d) am Montag, dem 17.09.2018

AUFGABE 7

Das Finanzamt gab den Umsatzsteuerbescheid 2017 für die Huber GmbH am Gründonnerstag, dem 29.03.2018, mit einfachem Brief zur Post.

Wann gilt der Bescheid als wirksam bekannt gegeben?

AUFGABE 8

Der Einkommensteuerbescheid 2017 der Sophie Brenner wird am Dienstag, dem 09.10.2018, vom zuständigen Finanzamt mit einfachem Brief zur Post gegeben. Der Briefträger händigt ihr den Brief mit dem Bescheid am Montag, dem 15.10.2018, aus.

Wann gilt der Bescheid als wirksam bekannt gegeben?

3 Steuerverwaltungsakt

AUFGABE 9

Eva Gusterer nimmt am Datenabruf-Bekanntgabeverfahren über das ElsterOnline-Portal teil. Am 09.10.2018 sendet das Finanzamt Frau Gusterer eine E-Mail, dass ihr Einkommensteuerbescheid 2017 zum Abruf im ElsterOnline-Portal zur Verfügung steht. Frau Gusterer erhält die E-Mail am selben Tag. Sie loggt sich am 15.10.2018 im ElsterOnline-Portal ein und ruft den Einkommensteuerbescheid ab.

Wann gilt der Bescheid als wirksam bekannt gegeben?

AUFGABE 10

Eva Gusterer nimmt am Datenabruf-Bekanntgabeverfahren über das ElsterOnline-Portal teil. Am 09.10.2018 sendet das Finanzamt Frau Gusterer eine E-Mail, dass ihr Einkommensteuerbescheid 2017 zum Abruf im ElsterOnline-Portal zur Verfügung steht. Aus technischen Gründen kommt die E-Mail nicht bei Frau Gusterer an. Sie loggt sich am 15.10.2018 im ElsterOnline-Portal ein und ruft den Einkommensteuerbescheid ab.

Wann gilt der Bescheid als wirksam bekannt gegeben?

4 Fristen

Die Fristbestimmung und die Einhaltung von Fristen haben in der Praxis der steuerberatenden Berufe und der Finanzbehörden eine große Bedeutung, weil eine Fristversäumnis erhebliche negative Folgen haben kann.

4.1 Begriffe

Fristen sind abgegrenzte, bestimmte oder jeweils bestimmbare **Zeiträume** (AEAO zu § 108, Nr. 1 Satz 1), z.B. die Einspruchsfrist innerhalb eines Monats nach Bekanntgabe (§ 355 AO).

> **BEISPIEL**
>
> Dem Steuerpflichtigen Frieder Lustig wird am Freitag, dem 20.04.2018, sein Einkommensteuerbescheid 2017 bekannt gegeben. Gegen diesen Steuerbescheid (Verwaltungsakt) will Lustig Einspruch einlegen.
>
> Frieder Lustig kann den Einspruch nur innerhalb der **Einspruchsfrist** von **einem Monat** nach Bekanntgabe einlegen (§ 355 AO). Diese **Monatsfrist** ist eine Frist i.S.d. § 108 AO, d.h., dass das Fristende ggf. auf den nächstfolgenden Werktag verschoben wird. Die Monatsfrist würde am Sonntag, dem 20.05.2018, enden. Da dieser Tag ein Feiertag (Pfingstsonntag) ist, kann der Einspruch bis zum Ablauf des darauffolgenden Werktags, Dienstag, dem 22.05.2018, beim zuständigen Finanzamt eingelegt werden.

Termine sind bestimmte **Zeitpunkte**, an denen eine Handlung vorzunehmen ist oder zu denen eine Wirkung eintritt. „**Fälligkeitstermine**" geben das Ende einer Frist an (AEAO zu § 108, Nr. 1 Satz 2).

4.2 Arten der Fristen

Die AO unterscheidet **behördliche** und **gesetzliche** Fristen:

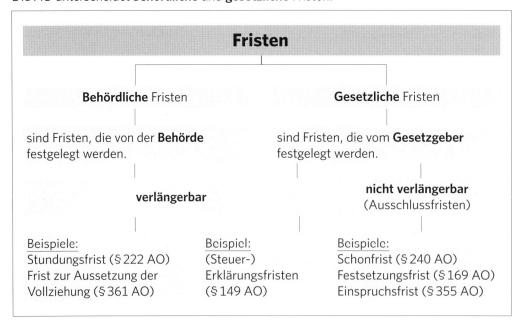

4 Fristen

Zur Vermeidung unbilliger Härten besteht jedoch die Möglichkeit, beim Versäumen einer **gesetzlichen Frist**, die **Wiedereinsetzung in den vorigen Stand** zu gewähren (§ 110 AO).

4.3 Berechnung von Fristen

Für die Berechnung von Fristen gelten nach § 108 Abs. 1 AO grundsätzlich die Vorschriften des **Bürgerlichen Gesetzbuches (BGB)**.

Für die Berechnung einer Frist müssen folgende **drei Fragen** beantwortet werden:

1. Wann **beginnt** die Frist? (= **Beginn**)
2. **Wie lange** läuft die Frist? (= **Dauer**)
3. Wann **endet** die Frist? (= **Ende**)

Die **Antworten** auf diese drei Fragen sind in das **folgende Schema** einzutragen:

> **Beginn** der Frist
> + **Dauer** der Frist
> = **Ende** der Frist

Zunächst muss bestimmt werden, wann der Lauf einer Frist **beginnt**.

4.3.1 Beginn der Frist

Das BGB unterscheidet für die Bestimmung des Fristbeginns **zwei Arten** von Fristen, nämlich die **Beginnfristen** (§ 187 Abs. 2 BGB) und die **Ereignisfristen** (§ 187 Abs. 1 BGB).

Bei **Beginnfristen** zählt der **Anfangstag** (z.B. Tag der Geburt) bei der Fristberechnung **mit**, d.h., die Frist **beginnt** mit **Ablauf des Vortages** um 24.00 Uhr.
Beginnfristen sind z.B. die **Zahlungsfrist für Vorauszahlungen** (§ 18 Abs. 1 UStG) und die **Lebensalterberechnung** (§ 187 Abs. 2 BGB).

Bei den **Ereignisfristen** bleibt der **Tag des Ereignisses** (z.B. Bekanntgabe des Einkommensteuerbescheids) **unberücksichtigt**, d.h., die Frist **beginnt** mit **Ablauf des Ereignistages**. Der **Tag des Ereignisses** wird somit **nicht mitgezählt**.
Ereignisfristen sind z.B. die **Einspruchsfrist** (§ 355 AO), die **Festsetzungsfrist** (§ 169 Abs. 2 AO) und die **Schonfrist** (§ 240 Abs. 3 AO).

Für jede einzelne Frist sind der Beginn, die Dauer und das Ende zu ermitteln. Fällt das Ende einer Frist auf einen Samstag, Sonntag oder gesetzlichen Feiertag, so verschiebt sich das Fristende auf den nächstfolgenden Werktag (§ 193 BGB; § 108 Abs. 3 AO). Für den **Beginn** einer sich daran **anschließenden Frist** ist dann das **verschobene Ende maßgebend**.

BEISPIEL

Der Einkommensteuerbescheid des Steuerpflichtigen Josef Müller wird am Mittwoch, dem 04.07.2018, vom Finanzamt mit einfachem Brief zur Post gegeben.

Der **Beginn der Einspruchsfrist** (§ 355 Abs. 1 AO) wird wie folgt berechnet:

Tag der Aufgabe zur Post: 04.07.2018
+ 3 Tage (§ 122 Abs. 2 Nr. 1 AO): 07.07.2018 (= Samstag)
= verschobener Bekanntgabetag (§ 108 Abs. 3 AO) 09.07.2018 (= Montag, nächstfolgender Werktag)

Die **Einspruchsfrist beginnt** mit Ablauf des 09.07.2018.

B. Abgabenordnung

4.3.2 Dauer der Frist

Eine Frist kann nach **Tagen, Wochen, Monaten oder Jahren** (halbes Jahr, Vierteljahr) bestimmt sein.

Hinsichtlich der **Dauer einer Frist** unterscheidet man deshalb zwischen

- **Jahresfristen**, z. B. Festsetzungsfrist (§ 169 Abs. 2 AO),
  Verjährungsfrist (§ 228 AO),
  Aufbewahrung von Unterlagen (§ 147 Abs. 3 AO),
- **Monatsfristen**, z. B. Einspruchsfrist (§ 355 Abs. 1 AO),
  Klagefrist (§ 47 Abs. 1 FGO),
- **Wochenfristen**, z. B. Mahnfrist (§ 259 AO),
  Vollstreckungsschutzfrist (§ 254 Abs. 1 AO),
- **Tagesfristen**, z. B. Schonfrist bei Zahlung (§ 240 Abs. 3 AO),
  Bekanntgabe-Fiktion (§ 122 Abs. 2 Nr. 1 AO)

BEISPIEL

Die Einspruchsfrist beträgt gemäß § 355 AO **einen Monat**.

4.3.3 Ende der Frist

Das **Fristende** ist abhängig von der **Fristdauer**.

Tagesfristen enden mit Ablauf des **letzten** Tages der Frist um 24:00 Uhr (§ 188 Abs. 1 BGB).

BEISPIEL

Der Unternehmer Udo Weber, Monatszahler ohne Dauerfristverlängerung, Köln, hat seine USt-Voranmeldung für März 2018 fristgerecht zum 10.04.2018 dem Finanzamt elektronisch übermittelt.

Die **USt-Vorauszahlung** ist ebenfalls am 10. Tag nach Ablauf des Voranmeldungszeitraums **fällig**, d.h. am **10.04.2018** (§ 18 Abs. 1 UStG).

Nach § 240 Abs. 3 AO wird ein **Säumniszuschlag** bei einer **Säumnis** bis zu **drei Tagen (Schonfrist)** bei **Zahlung durch Banküberweisung nicht erhoben**.

Wann ist die **Vorauszahlung** spätestens zu leisten, **ohne** dass ein **Säumniszuschlag** erhoben wird?

	Beginn der Schonfrist:	mit Ablauf des **10.04.2018** um 24:00 Uhr
+	**Dauer** der Schonfrist:	**drei Tage**
=	**Ende** der Schonfrist:	mit Ablauf des **13.04.2018** um 24:00 Uhr

Ein **Säumniszuschlag** entsteht **nicht**, wenn die Umsatzsteuer bis zum Ablauf des **13.04.2018** (d.h. bis 24:00 Uhr) dem Konto des Finanzamtes (Finanzkasse) gutgeschrieben wird.

<u>Wochen- und Monatsfristen</u> enden grundsätzlich wie folgt:

a) Nach **Wochen** zählende Fristen **enden** mit Ablauf des Tages, der in seiner **Benennung** (z. B. Mittwoch) dem nicht mitgezählten Anfangstag entspricht.

b) Nach **Monaten** zählende Fristen **enden** mit Ablauf des Tages, der in seiner **Zahl** (z. B. 14.) dem nicht mitgezählten Anfangstag entspricht.

4 Fristen

BEISPIELE

a) Dem Steuerpflichtigen Roland Schwarz ist am Freitag, dem 07.09.2018, eine Mahnung zugegangen. In der Mahnung wird eine Frist zur Zahlung innerhalb einer Woche gesetzt (Ereignisfrist).

Die **Wochenfrist** endet mit Ablauf des Tages in der nächsten Woche, der den **gleichen Wochentagnamen** hat wie der Ereignistag, nämlich am **Freitag**, dem 14.09.2018 um 24:00 Uhr.

b) Dem Steuerpflichtigen Josef Müller wird am 11.06.2018 ein Einkommensteuerbescheid bekannt gegeben. Gegen diesen Bescheid will Josef Müller Einspruch einlegen. Nach § 355 Abs. 1 AO beträgt die Frist für die Einlegung des Einspruchs einen Monat (Ereignisfrist).

Die **Monatsfrist** endet mit Ablauf eines Tages im folgenden Monat, der die **gleiche Zahl** hat wie der Ereignistag, nämlich am 11.07.2018 um 24:00 Uhr.

Fehlt bei einer nach Monaten bestimmten Frist **in dem letzten Monat** der für den Ablauf **maßgebende Tag,** so **endet** die Frist mit Ablauf des **letzten Tages dieses Monats** (§ 188 Abs. 3 BGB).

BEISPIEL

Dem Steuerpflichtigen Stefan Köhler wird der Einkommensteuerbescheid 2017 am 31.01.2018 bekannt gegeben.

Die **Monatsfrist** endet in diesem Fall am **28.02.2018**, weil dieser Tag der letzte Tag des Monats Februar 2018 ist.

Fällt das **Ende** einer Frist auf einen **Samstag, Sonntag oder** einen **gesetzlichen Feiertag,** so **endet** die Frist erst mit Ablauf des **nächstfolgenden Werktags** (§ 193 BGB; § 108 Abs. 3 AO). Dabei ist die Feiertagsregelung des jeweiligen Bundeslandes zu beachten.

Dies gilt gemäß BFH-Urteil vom 20.01.2016 auch für die **Festsetzungsfrist** (§§ 169 ff. AO) und die **Zahlungsverjährung** (§§ 228 ff. AO).

BEISPIEL

Dem Steuerpflichtigen Ralf Schuster wird am Donnerstag, dem 22.03.2018, sein Einkommensteuerbescheid 2017 bekannt gegeben. Gegen diesen Bescheid will er Einspruch einlegen.

Die Einspruchsfrist würde am Sonntag, dem **22.04.2018**, enden. Da dieser Tag jedoch ein Sonntag ist, endet die Frist erst mit Ablauf des **nächstfolgenden Werktags,** nämlich am Montag, dem **23.04.2018** um 24:00 Uhr.

Beginn der Einspruchsfrist:	mit Ablauf des **22.03.2018** um 24:00 Uhr
+ **Dauer** der Einspruchsfrist:	**ein Monat**
	mit Ablauf des 22.04.2018 (Sonntag; deshalb Verschiebung gem. § 108 Abs. 3 AO)
= **Ende** der Einspruchsfrist	mit Ablauf des **23.04.2018** um 24:00 Uhr

Ein **Fälligkeitstag** ist stets an einem Tag, der **kein** Samstag, Sonntag oder gesetzlicher Feiertag ist. Das bedeutet, dass die Fälligkeit sich gegebenenfalls nach § 108 Abs. 3 AO verschiebt.

Die **Zahlungsschonfrist** beginnt erst, wenn die **Fälligkeit eingetreten** ist:

	Fälligkeitstag einer Zahlung (Samstag)	03.11.2018
	Fällt der **Fälligkeitstag** auf einen Samstag, Sonntag oder gesetzlichen Feiertag, wird der Fälligkeitstag **hinausgeschoben** (03.11.2018 = Samstag), (04.11.2018 = Sonntag).	
=	**hinausgeschobener Fälligkeitstag (Montag)**	05.11.2018
+	**Zahlungsschonfrist**	3 Tage
=	**letzter Tag der Schonfrist (Donnerstag)**	08.11.2018

Auch die dreitägige **Zahlungsschonfrist** ist eine Frist i. S. d. Gesetzes.

Fällt bei der Berechnung der Zahlungsschonfrist der **letzte Tag der Zahlungsschonfrist** auf einen Samstag, Sonntag oder gesetzlichen Feiertag, so wird auch dieser gemäß § 108 Abs. 3 AO auf den nächstfolgenden Werktag verschoben. Dabei ist wie folgt zu verfahren:

	Fälligkeitstag einer Zahlung (Mittwoch)	20.06.2018
+	**Schonfrist**	3 Tage
	Dies ergibt den 23.06.2018 (Samstag). Fällt der **letzte Tag der Schonfrist** auf einen Samstag, Sonntag oder gesetzlichen Feiertag, so tritt an seine Stelle der nächstfolgende Werktag, nämlich hier Montag, der 25.06.2018.	
=	**letzter Tag der Schonfrist (Montag)**	25.06.2018

ÜBUNG → 1. Wiederholungsfragen 1 bis 11 (Seite 69),
2. Aufgaben 1 und 2 (Seite 69 f.)

4.4 Wiedereinsetzung in den vorigen Stand

War jemand **ohne Verschulden** verhindert, eine **gesetzliche Frist** einzuhalten, so ist ihm auf Antrag **Wiedereinsetzung in den vorigen Stand** (Nachsicht) zu gewähren (§ 110 Abs. 1 **Satz 1** AO).

Mit der **Wiedereinsetzung in den vorigen Stand** wird der Steuerpflichtige so gestellt, als hätte er die **Frist nicht versäumt**.

Auf **Wiedereinsetzung in den vorigen Stand** besteht beim Vorliegen der Voraussetzungen ein **Rechtsanspruch**.

Die Wiedereinsetzung in den vorigen Stand **setzt voraus,** dass den Steuerpflichtigen an der Fristüberschreitung **kein Verschulden** trifft. Das Verschulden des Vertreters (z. B. des Steuerberaters) wird dem Steuerpflichtigen als eigenes Verschulden zugerechnet (§ 110 Abs. 1 **Satz 2** AO).

Jemand versäumt eine **gesetzliche** Frist (z. B. Einspruchsfrist nach § 355 Abs. 1 AO) **nicht schuldhaft,** wenn er z. B. bis zum Ende der Frist durch eine plötzlich eintretende schwere **Krankheit** gehindert war, seine steuerlichen Angelegenheiten selbst zu besorgen oder durch einen Vertreter besorgen zu lassen.

BEISPIEL

Die Steuerpflichtige Julia Gisecke will gegen den Einkommensteuerbescheid 2017 Einspruch einlegen. Durch einen Unfall wird sie so schwer verletzt, dass sie dadurch gehindert ist, den Einspruch fristgerecht einzulegen. Sie ist auch nicht in der Lage, sich einen Vertreter zu bestellen.

Julia Gisecke hat die Einspruchsfrist **unverschuldet** versäumt. Nach Abklingen der entschuldigenden Erkrankung kann die Steuerpflichtige innerhalb **eines Monats** Antrag auf **Wiedereinsetzung in den vorigen Stand** stellen (§ 110 Abs. 2 AO).

Arbeitsüberlastung ist **kein Grund** für eine **Wiedereinsetzung in den vorigen Stand.** Ebenso sind **mangelnde Deutschkenntnisse** für sich genommen **kein Grund** zur Entschuldigung der Fristversäumnis. Die Sorgfaltspflicht verlangt, sich in angemessener Zeit um eine Übersetzung zu kümmern, um dann entsprechend reagieren zu können (Urteil des FG Bremen vom 28.11.2016).

Abwesenheit wegen Urlaubs (von einer Dauer bis zu 6 Wochen) **kann** bei einem **Privatmann** ein Grund für die Wiedereinsetzung in den vorigen Stand sein.

Der **Antrag** auf Wiedereinsetzung in den vorigen Stand ist **innerhalb eines Monats** nach Wegfall des Hindernisses zu stellen. Innerhalb der Antragsfrist von einem Monat ist auch die versäumte Rechtshandlung (z. B. Einlegung eines Einspruchs) nachzuholen.

Die **Frist ist nicht verlängerbar.** Bei Fristversäumnis ist **jedoch wiederum Wiedereinsetzung in den vorigen Stand möglich.**

BEISPIEL

Sachverhalt wie im Beispiel zuvor. Julia Gisecke will nach Abklingen der Erkrankung Einspruch einlegen. Durch einen zweiten Unfall wird sie daran gehindert.

Die Steuerpflichtige kann **nochmals** Antrag auf Wiedereinsetzung in den vorigen Stand stellen.

Nach **einem Jahr** seit dem Ende der versäumten Frist kann der Antrag auf Wiedereinsetzung in den vorigen Stand grundsätzlich **nicht** mehr gestellt werden (§ 110 Abs. 3 AO).

ÜBUNG →   1. Wiederholungsfragen 12 und 13 (Seite 69),
2. Aufgabe 3 (Seite 70)

4.5 Folgen der Fristversäumnis

Versäumt der Steuerpflichtige eine **Frist**, so können sich für ihn negative **Folgen** ergeben. Bei der Fristversäumnis kommen vor allem folgende steuerliche Nebenleistungen in Betracht:

1. **Verspätungszuschläge** (§ 152 AO),
2. **Säumniszuschläge** (§ 240 AO),
3. **Zinsen** (§§ 233 bis 237 AO),
4. **Zwangsgelder** (§ 329 AO).

zu 1. Verspätungszuschläge

Gegen denjenigen, der seiner Verpflichtung zur **Abgabe einer Steuererklärung** oder Steueranmeldung **nicht** oder **nicht fristgerecht** nachkommt, **kann** ein **Verspätungszuschlag** festgesetzt werden (§ 152 Abs. 1 Satz 1 AO a. F. und n. F.).

Von der Festsetzung eines **Verspätungszuschlags** ist **abzusehen**, wenn die Versäumnis **entschuldbar** erscheint (§ 152 Abs. 1 **Satz 2** AO a. F. und n. F.).

Für Steuererklärungen, die **vor dem 01.01.2019** einzureichen sind, und für Umsatzsteuererklärungen für kürzere Besteuerungszeiträume (wegen Aufgabe der gewerblichen/ beruflichen Tätigkeit im Laufe des Jahres 2018) gilt noch die alte Fassung des Gesetzes. Der Verspätungszuschlag darf dann **10 % der festgesetzten Steuer** oder des festgesetzten Messbetrags **nicht übersteigen** und **höchstens 25.000 Euro** betragen (§ 152 Abs. 2 Satz 1 a. F.).

Das Bundesministerium der Finanzen **kann** einen aus organisatorischen Gründen notwendigen späteren Anwendungszeitpunkt für die neue Fassung bestimmen.

Zunächst ist die **neue Fassung** für Steuererklärungen, die **nach dem 31.12.2018** einzureichen sind, anzuwenden. Danach **muss** ein Verspätungszuschlag festgesetzt werden, wenn ein Fall des § 152 Abs. 2 AO n. F. (Ausnahmen: § 152 Abs. 3 AO n. F.) vorliegt.

Die **Höhe des Verspätungszuschlags** ist abhängig von der **Art der abzugebenden Erklärung**. So beträgt beispielsweise der Verspätungszuschlag für eine verspätet abgegebene Einkommensteuererklärung **0,25 % der nach Anrechnungen verbleibenden Steuer (mindestens 25 Euro)** pro angefangenem Monat der Verspätung (§ 152 Abs. 5 Satz 2 AO n. F.).

Der berechnete Verspätungszuschlag ist **auf volle Euro abzurunden** und darf **höchstens 25.000 Euro** betragen (§ 152 Abs. 10 AO n. F.).

zu 2. Säumniszuschläge

Wird eine **Steuer nicht** bis zum Ablauf des Fälligkeitstages **gezahlt**, so hat der Steuerpflichtige einen **Säumniszuschlag** zu entrichten (§ 240 Abs. 1 Satz 1 AO).

Der Säumniszuschlag stellt primär ein **Druckmittel** zur Durchsetzung fälliger Steuerforderungen dar. Des Weiteren ist er aber auch **Gegenleistung** für das Herausschieben der Zahlung und **Ausgleich** für den daraus resultierenden Mehraufwand bei der Verwaltung (AEAO zu § 240, Nr. 5).

Ein **Säumniszuschlag** wird jedoch bei einer Säumnis bis zu **drei Tagen nicht** erhoben (Schonfrist gemäß § 240 Abs. 3 Satz 1 AO). Auf die **Zahlungsschonfrist** beim Säumniszuschlag hat der Steuerpflichtige einen **Rechtsanspruch**.

Die Schonfrist fällt in den Fällen weg, in denen die Steuerzahlung durch **Scheck** oder in **bar** bei der Finanzkasse erfolgt (§ 240 Abs. 3 **Satz 2** AO).

> **MERKE →** Bei **Scheck- oder Barzahlung** gibt es **keine Schonfrist**.

Scheckzahlungen gelten erst **drei Tage nach** deren **Eingang** bei der zuständigen Finanzkasse als entrichtet (§ 224 Abs. 2 Nr. 1 AO).

Wird der (Steuer-)Betrag auf ein Konto des Finanzamtes **überwiesen**, bleibt die Schonfrist von **drei** Tagen erhalten.

Fällt der **letzte Tag** der **Schonfrist** auf einen **Samstag, Sonntag** oder einen **gesetzlichen Feiertag**, so tritt an seine Stelle der **nächstfolgende Werktag** (§ 108 Abs. 3 AO).

Fällt das Fristende bei einer Zahlungsfrist auf einen **gesetzlichen Feiertag**, ist das am **Ort der Finanzkasse** geltende Feiertagsrecht **maßgebend**, da die Zahlungspflicht am Ort der Finanzkasse zu erfüllen ist (OFD Karlsruhe, Vfg. v. 27.05.2004, S 0284A-St 412).

4 Fristen

BEISPIEL

Die Steuerpflichtige Annette Döhn (Monatszahlerin; keine Dauerfristverlängerung) hat ihre USt-Voranmeldung für den Monat März 2018 fristgerecht dem Finanzamt elektronisch übermittelt. Ihre am 10.04.2018 fällige **USt-Zahllast** in Höhe von **1.190 €** begleicht sie am **Fälligkeitstag**, dem **10.04.2018**, durch **Hingabe eines Schecks** bei der Finanzkasse.

Die Steuerschuld gilt bei Zahlung per Scheck erst am **13.04.2018** (10.04.2018 + 3 Tage = 13.04.2018) als beglichen (§ 224 Abs. 2 Nr. 1 AO). Bei Scheckzahlung gibt es **keine Zahlungsschonfrist**. Die Zahlung erfolgte also nicht fristgemäß, sodass **ein Säumniszuschlag** zu entrichten ist (§ 240 Abs. 1 AO).

Der **Säumniszuschlag** beträgt für jeden **angefangenen** Monat der Säumnis **1 %** des rückständigen, **auf 50 Euro** nach unten **abgerundeten Steuerbetrages** (§ 240 Abs. 1 Satz 1 AO).

BEISPIEL

Die Steuerpflichtige Heike Utler (Monatszahlerin; keine Dauerfristverlängerung) reicht die USt-Voranmeldung für den Monat Juni 2018 mit einer **USt-Zahllast** von **49 €** verspätet ein, **ohne** eine **Zahlung** zu leisten.

Obwohl die Zahlung nicht geleistet wird, ist **kein Säumniszuschlag** entstanden, weil die **Steuerschuld unter 50 €** liegt.

Auf **steuerliche Nebenleistungen** wie beispielsweise Verspätungszuschläge, Zinsen oder Zwangsgelder fallen **keine** Säumniszuschläge an (§ 240 Abs. 2 AO).

Ein **Säumniszuschlag** entsteht kraft Gesetzes allein durch **Zeitablauf** ohne Rücksicht auf ein Verschulden des Steuerpflichtigen (AEAO zu § 240, Nr. 5).

Der **Säumniszeitraum beginnt** mit dem **Ablauf des Fälligkeitstages, nicht** erst **nach Ablauf der Schonfrist.** § 108 AO gilt entsprechend.

> **MERKE →** Die **Schonfrist** hat auf die Berechnung der **Säumniszuschläge keine Auswirkung**.

BEISPIEL

Die Steuerpflichtige Julia Siegismund (Monatszahlerin; keine Dauerfristverlängerung) hat ihre USt-Voranmeldung für den Monat März 2018 fristgerecht dem Finanzamt übermittelt. Die Zahlung ihrer **USt-Zahllast** in Höhe von **1.140 €** durch Banküberweisung geht jedoch erst am **22.05.2018** bei der Finanzkasse ein.

In diesem Fall ist ein **Säumniszuschlag** für **zwei (angefangene) Monate** (11.04. bis 22.05.2018) also i. H. v. **22 €** zu entrichten (2 x 1 % = 2 %; 2 % von 1.100 € = 22 €). Die Schonfrist bewirkt keine Verschiebung der Fälligkeiten, d. h., die Schonfrist hat auf die Berechnung der Säumniszuschläge **keine** Auswirkung.

Fällt das **Ende** der Zahlungsfrist (= **Beginn** des Säumniszeitraums) auf einen **Samstag, Sonntag** oder auf einen **allgemeinen Feiertag, so endet** die (Zahlungs-)Frist mit Ablauf des **nächstfolgenden Werktags** (§ 108 Abs. 3 AO). Der Säumnisbeginn verschiebt sich dementsprechend.

BEISPIEL

Die Steuerpflichtige Julia Siegismund (Monatszahlerin; keine Dauerfristverlängerung) hat ihre USt-Voranmeldung für den Monat Januar 2018 fristgerecht dem Finanzamt übermittelt. Die Zahlung ihrer **USt-Zahllast** von **2.140 €**, die durch Banküberweisung erfolgt, geht erst am **11.06.2018** bei der Finanzkasse ein.

In diesem Fall ist ein **Säumniszuschlag** für **vier (angefangene) Monate** [13.02. (hinausgeschobener Fälligkeitstag war der 12.02.) bis 11.06.2018] also i. H. v. **84 €** zu entrichten (4 % von 2.100 € = 84 €). Da der 10.02.2018 ein **Samstag** ist, wird der Fälligkeitstag auf den nächsten Werktag hinausgeschoben (= Montag, den 12.02.2018). Der **erste Säumnistag** ist demnach der **13.02.2018**.

Nach § 240 Abs. 1 Satz 3 AO tritt eine **Säumnis nicht** ein, bevor die Steuer **festgesetzt** oder **angemeldet** worden ist. Wird z. B. eine USt-Voranmeldung verspätet abgegeben, **beginnt** der Säumniszeitraum erst am Tag nach dem tatsächlichen **Eingangstag** der Voranmeldung. Das Finanzamt kann **bis zum Eingangstag keinen Säumniszuschlag** erheben, jedoch einen **Verspätungszuschlag** festsetzen (AEAO zu § 240, Nr. 1).

Der Säumniszeitraum **endet** mit dem **Erlöschen der Steuerschuld.** Ansprüche aus dem Steuerschuldverhältnis erlöschen im Regelfall durch **Zahlung** (§ 47 AO).

Bei der **Zahlung endet** der Säumniszeitraum am **Einzahlungstag.**

Liegt der Steuerbehörde eine **Einzugsermächtigung** vor, können **keine Säumniszuschläge** anfallen. Obwohl auch hier eine Belastung des Kontos oftmals erst Tage später erfolgt, gilt die Zahlung stets als pünktlich entrichtet (§ 224 Abs. 2 Nr. 3 AO).

ÜBUNG →

1. Wiederholungsfragen 14 bis 19 (Seite 69),
2. Aufgabe 4 (Seite 70)

zu 3. Zinsen

Zu den **Zinsen**, die sich als Folge der Fristversäumnis ergeben können, gehören

- **Zinsen** auf Steuer**nachforderungen** und Steuer**erstattungen** (§ 233a AO),
- **Stundungszinsen** (§ 234 AO),
- Hinterziehungszinsen (§ 235 AO),
- Prozesszinsen auf Erstattungsbeträge (§ 236 AO),
- Zinsen bei Aussetzung der Vollziehung (§ 237 AO).

Im Folgenden werden lediglich die **ersten beiden Zinsarten** kurz erläutert.

Die **Zinsen** betragen **0,5 %** für jeden **vollen Monat** des Zinslaufs; angefangene Monate bleiben außer Ansatz (§ 238 Abs. 1 AO).

Für ihre Berechnung wird der **zu verzinsende Betrag** auf den **nächsten durch 50 Euro teilbaren Betrag** nach unten **abgerundet** (§ 238 Abs. 2 AO).

Die **berechneten Zinsen** sind **auf volle Euro nach unten** abzurunden und werden nur dann festgesetzt, wenn sie **mindestens 10 Euro** betragen (§ 239 Abs. 2 AO).

Nach Urteilen der FG Münster und Köln in 2017 soll der **Zinssatz für Steuernachforderungen und -erstattungen** in Höhe von **6 %**/Jahr in dieser Höhe weiter angewendet werden. Entgegen dieser Tendenzen äußerte der **BFH** in einem Beschluss vom 25.04.2018 (IX B 21/18) für die Veranlagungszeiträume ab 2015 **schwerwiegende verfassungsrechtliche Zweifel**

an der Zinshöhe. Der gesetzliche Zinssatz überschreitet nach Auffassung des BFH den angemessenen Rahmen der wirtschaftlichen Realität erheblich, da sich seit 2015 ein niedriges Marktzinsniveau strukturell und nachhaltig verfestigt hat. Antragstellern hat der BFH **Aussetzung der Vollziehung gewährt.**

Zinsen auf Steuernachforderungen und Steuererstattungen (§ 233a AO)

Die **Verzinsung** nach § 233a AO **(Vollverzinsung)** soll einen **Ausgleich** dafür schaffen, dass die Steuern trotz gleichen gesetzlichen Entstehungszeitpunkts, aus welchen Gründen auch immer, zu unterschiedlichen Zeitpunkten **festgesetzt** und **erhoben** werden. Die Verzinsung ist gesetzlich vorgeschrieben; die Zinsfestsetzung steht **nicht im Ermessen** der Finanzbehörde (AEAO zu § 233a, Nr. 1).

Die **Verzinsung** nach **§ 233a AO** ist beschränkt auf die Festsetzung der **Einkommen-, Körperschaft-, Umsatz- und Gewerbesteuer** (§ 233a Abs. 1 AO).

Es gelten die allgemeinen Vorschriften für Zinsen (vgl. AEAO zu § 233a Nr. 11 S. 4: Abrundung auf volle Euro, mindestens 10 Euro).

Der **Zinslauf** beginnt grundsätzlich **15 Monate nach Ablauf des Kalenderjahres,** in dem die Steuer entstanden ist (**Karenzzeit** nach § 233a Abs. 2 Satz 1 AO).

Die **Karenzzeit** ist **ausgerichtet** an der **längsten allgemeinen Fristverlängerung** für die Abgabe der Steuererklärungen. Für die ESt 2016, KSt 2016, USt 2016 und die GewSt 2016 endet die Karenzzeit **mit Ablauf des 31.03.2018. Der Zinslauf beginnt** daher **am 01.04.2018.**

> **BEISPIEL**
>
> Das Finanzamt Koblenz gibt am Montag, dem 03.12.2018, den Einkommensteuerbescheid 2016 der Steuerpflichtigen Silke Wambach mit einfachem Brief zur Post. Die ESt-Nachforderung beträgt 14.000 €.
>
> Die ESt 2016 entsteht mit Ablauf des Kalenderjahres 2016 (§ 36 Abs. 1 EStG). Die **Karenzzeit beginnt** am 01.01.2017. Die **Karenzzeit endet** mit Ablauf des 31.03.2018 (= mit Ablauf des 31.12.2016 + 15 Monate). Der **Zinslauf beginnt** am 01.04.2018.

Der **Zinslauf endet** einheitlich sowohl bei Steuernachforderungen als auch bei Steuererstattungen mit Ablauf des Tages, an dem die **Steuerfestsetzung wirksam** wird (§ 233a Abs. 2 **Satz 3** AO). Bei Steuerbescheiden ist das der **Tag der Bekanntgabe** (AEAO zu § 233a, Nr. 5). Der **Tag der Bekanntgabe** ist immer ein **Werktag.**

> **BEISPIEL**
>
> Sachverhalt wie im Beispiel zuvor.
>
> Der Zinslauf **endet** am Donnerstag, dem **06.12.2018** (03.12.2018 + 3 Tage = 06.12.2018).

Sind Steuern zu verzinsen, die **vor** dem **01.01.1994** entstanden sind, endet der Zinslauf spätestens **vier Jahre** nach seinem Beginn (AEAO zu § 233a, Nr. 4).

Bei Umsatzsteuererklärungen mit einem Unterschiedsbetrag **zuungunsten** des Steuerpflichtigen **endet** der Zinslauf grundsätzlich am Tag des **Eingangs der Steueranmeldung** (§ 168 Satz 1 AO; AEAO zu § 233a, Nr. 5).

Ein **voller Zinsmonat** (§ 238 Abs. 1 Satz 2 AO) ist erreicht, wenn der Tag, an dem der Zinslauf endet, hinsichtlich seiner Zahl dem Tag entspricht, der dem Tag vorhergeht, an dem die Frist begann. Begann der Zinslauf z. B. am **01.04.** und wurde die Steuerfestsetzung am **30.04. bekannt gegeben,** ist bereits ein **voller Zinsmonat** gegeben (AEAO zu § 233a, Nr. 6).

B. Abgabenordnung

Als **Grundlage** der Verzinsung ist nicht nur der **Zinslauf**, sondern auch der **zu verzinsende Betrag** entscheidend. Der **zu verzinsende Betrag** wird vom Gesetzgeber als **Unterschiedsbetrag** bezeichnet.

Für die **Zinsberechnung** gelten die Grundsätze der sog. **Sollverzinsung**. Berechnungsgrundlage ist der **Unterschied** zwischen dem **festgesetzten Soll** (= festgesetzte Steuer abzüglich anzurechnender Steuerabzugsbeträge) und den **vorher festgesetzten Vorauszahlungen** (Berechnungsbeispiele und weitere Ausführungen siehe AEAO zu § 233a, Nrn. 14 ff.).

Bei der Berechnung von Erstattungszinsen gelten allerdings Besonderheiten, wenn Steuerbeträge nicht oder nicht fristgerecht gezahlt wurden (§ 233a Abs. 3 Satz 3 AO).

	festgesetztes Soll	.... €
-	festgesetzte Vorauszahlungen	.... €
=	**Unterschiedsbetrag** (Mehrsoll/Mindersoll)	.... €

BEISPIEL

Sachverhalt wie im Beispiel zuvor. Die festgesetzte Einkommensteuer 2016, bekannt gegeben am 06.12.2018, beträgt 40.000 €, die festgesetzten Vorauszahlungen 26.000 €.

Die **Nachzahlungszinsen** werden wie folgt berechnet:

	festgesetztes Soll bekannt gegeben am **06.12.2018**	40.000,00 €
-	festgesetzte Vorauszahlungen	- 26.000,00 €
=	**Unterschiedsbetrag (Mehrsoll)**	**14.000,00 €**

Der Zinslauf **beginnt am 01.04.2018** und **endet am 06.12.2018**. Die **Nachzahlungszinsen** betragen:

festzusetzende Zinsen (**Nachzahlungszinsen**) **4 %** (= 8 volle Monate x 0,5 %) **von 14.000 €**	=	**560,00 €**

Diese **Nachzahlungszinsen** sind **nicht abziehbare Aufwendungen** i.S.d. § 12 Nr. 3 EStG (OFD Magdeburg, Vfg. vom 27.08.2003, S 2252 – 68 – St 24).

Ergibt sich ein **Unterschiedsbetrag zugunsten** des Steuerpflichtigen **(Mindersoll)**, ist dieser ebenfalls Grundlage der Zinsberechnung.

Um **Erstattungszinsen** auf festgesetzte, aber nicht entrichtete Vorauszahlungen zu verhindern, ist **nur der tatsächlich zu erstattende Betrag**, d.h. die bisher tatsächlich geleisteten Zahlungen, zu verzinsen. Die Verzinsung beginnt dann frühestens mit dem Tag der Zahlung dieser Beträge (§ 233a Abs. 3 Satz 3 AO).

BEISPIEL

Sachverhalt wie im Beispiel zuvor mit dem Unterschied, dass die festgesetzte Einkommensteuer 0 € beträgt. Von den festgesetzten Vorauszahlungen in Höhe von 26.000 € sind bis zum 04.05.2018 nur 10.000 € gezahlt worden.

Die **Erstattungszinsen** werden wie folgt berechnet:

	festgesetztes Soll bekannt gegeben am **06.12.2018**	0,00 €
−	festgesetzte Vorauszahlungen	− 26.000,00 €
=	**Unterschiedsbetrag (Mindersoll)**	26.000,00 €

Da die Steuerpflichtige bis zum 04.05.2018 tatsächlich nur 10.000 € gezahlt hat und darüber hinaus keine weiteren Zahlungen erfolgt sind, sind lediglich **10.000 € zu erstatten**. Zu verzinsen sind **10.000 €** zugunsten der Steuerpflichtigen für die Zeit vom **04.05.2018 bis 07.12.2018**. Die **Erstattungszinsen** betragen (vgl. AEAO zu § 233a, Nr. 22):

festzusetzende Zinsen (**Erstattungszinsen**) **3,5 %** (= 7 volle Monate x 0,5 %) **von 10.000 €**	=	350,00 €

Nach dem JStG 2010 gehören die **Erstattungszinsen** i. S. d. § 233a AO zu den **Einkünften aus Kapitalvermögen** (§ 20 Abs. 1 Nr. 7 Satz 3 EStG). Der BFH hat in seinem letzten Urteil vom 12.11.2013 die Verfassungsmäßigkeit der Besteuerung von erhaltenen Erstattungszinsen i. S. d. § 233a AO bestätigt (AZ VIII R 36/10).

Nachzahlungszinsen können jedoch nach wie vor steuerlich **nicht** geltend gemacht werden.

1. Wiederholungsfragen 20 bis 23 (Seite 69),
2. Aufgabe 5 (Seite 70)

Stundungszinsen (§ 234 AO)

Für die Dauer einer **gewährten** (nicht zwangsläufig auch in Anspruch genommenen) Stundung von Ansprüchen aus dem Steuerschuldverhältnis werden **Stundungszinsen** erhoben (§ 234 Abs. 1 AO; AEAO zu § 234, Nr. 1). Es gilt wie beim § 233a AO der Grundsatz der **Sollverzinsung**.

Ebenso gelten auch hier die allgemeinen Vorschriften über Zinsen des § 239 AO (Abrundung auf volle Euro, mindestens 10 Euro pro Einzelforderung; vgl. AEAO zu § 234 Nr. 8).

Grundlage der Stundungszinsen sind lediglich die **Stundung einzelner Beträge** sowie die **gewährte Dauer**.

Vorzeitige Zahlungen trotz gewährter Stundung **ändern** an der Zinspflicht grundsätzlich **nichts**.

Zahlt der Verpflichtete die gestundeten Beträge nach Ablauf der Stundung **nicht,** so werden vom Ablauf der Stundung an **Säumniszuschläge** erhoben (§ 240 AO).

Der Zinslauf **beginnt** mit dem ersten Tag der Stundungswirkung. Das ist in der Regel der **Tag nach dem Fälligkeitstag**. Unter Berücksichtigung des § 108 Abs. 3 AO verschiebt sich dieser Tag auf den **nächsten Werktag**.

Der Zinslauf **endet** mit Ablauf des **letzten Tages** für den die Stundung ausgesprochen ist. Ist dieser Tag ein **Samstag**, ein **Sonntag** oder ein **gesetzlicher Feiertag,** endet der Zinslauf erst am **nächstfolgenden Werktag** (AEAO zu § 234 AO, Nr. 5).

> **BEISPIEL**
>
> Der Steuerpflichtigen Tina Schlaudt wurde die am 09.10.2018 fällige Einkommensteuer-Abschlusszahlung 2017 in Höhe von 3.730 € bis zum 09.12.2018 gestundet.
>
> Der Zinslauf **beginnt** am **10.10.2018** und **endet** am **10.12.2018** (09.12. = Sonntag, nächstfolgender Werktag = 10.12.2018). Die **Stundungszinsen** betragen insgesamt **37 €** (1 % (= 2 volle Monate x 0,5 %) von 3.700 € = 37 €).

zu 4. Zwangsgelder

Erfüllt ein Steuerpflichtiger **nicht** die ihm im Rahmen des Ermittlungsverfahrens obliegenden **Mitwirkungspflichten** (z. B.: Ein Steuerpflichtiger gibt seine Steuererklärung nicht ab, obwohl er dazu verpflichtet ist.), so kann die Finanzbehörde ihm ein **Zwangsgeld** auferlegen (§ 328 AO).

Das **Zwangsgeld** muss **schriftlich** angedroht werden (§ 332 AO) und darf im Einzelnen **25.000 Euro** nicht übersteigen (§ 329 AO).

> **ÜBUNG →** Wiederholungsfragen 24 und 25 (Seite 69)

4.6 Zusammenfassung und Erfolgskontrolle

4.6.1 Zusammenfassung

Siehe Seite 67 ff.

Fristen

Fristen sind abgegrenzte, bestimmte oder jeweils bestimmbare **Zeiträume** (AEAO zu § 108, Nr. 1 Satz 1).

Fristbeginn

Nach § 108 Abs. 1 AO gelten für die Berechnung von Fristen die §§ 187 bis 193 des BGB.

- **Beginnfristen**
  (§ 187 Abs. 2 BGB)
  Anfangstag wird mitgerechnet.
- **Ereignisfristen**
  (§ 187 Abs. 1 BGB)
  Ereignistag wird nicht mitgerechnet.

Fristdauer

Eine Frist kann nach Tagen, Wochen, Monaten oder Jahren gerechnet werden.

- **Jahresfristen**
  z. B. Zahlungsverjährungsfrist (§ 228 AO)
- **Monatsfristen**
  z. B. Einspruchsfrist (§ 355 AO)
- **Wochenfristen**
  z. B. Mahnfrist (§ 259 AO)
- **Tagesfristen**
  z. B. Zahlungsschonfrist (§ 240 Abs. 3 AO) (3 Tage)

Fristende

- Bei **Beginnfristen** endet die Frist an dem Tag um 24:00 Uhr, der dem Anfangstag in der Benennung oder der Zahl vorausgeht.
- Bei **Ereignisfristen** endet die Frist an dem Tag um 24:00 Uhr, der dem Ereignistag in der Benennung oder der Zahl entspricht.
- Fällt das Ende einer Frist auf einen **Samstag, Sonntag** oder **gesetzlichen Feiertag**, so endet die Frist mit Ablauf des **nächstfolgenden Werktags**
  (§ 193 BGB; § 108 Abs. 3 AO).

4.6.2 Erfolgskontrolle

WIEDERHOLUNGSFRAGEN

1. Was versteht man unter einer Frist?
2. Was versteht man unter einem Termin?
3. Welche Fristenarten werden in der AO unterschieden?
4. Welcher Unterschied besteht zwischen gesetzlichen und behördlichen Fristen?
5. Was versteht man unter Beginnfristen?
6. Was versteht man unter Ereignisfristen?
7. Wann beginnt eine Ereignisfrist?
8. Wann beginnt eine Beginnfrist?
9. Wann endet eine Ereignisfrist?
10. Wann endet eine Beginnfrist?
11. Wann enden Fristen, wenn das Ende einer Frist auf einen Samstag, Sonntag oder gesetzlichen Feiertag fällt?
12. Unter welchen Voraussetzungen ist die Wiedereinsetzung in den vorigen Stand möglich?
13. Welche Konsequenzen hat ein Antrag auf Wiedereinsetzung in den vorigen Stand?
14. In welchen Fällen kann ein Verspätungszuschlag festgesetzt werden?
15. Wie hoch kann der Verspätungszuschlag sein?
16. In welchem Fall hat der Steuerpflichtige einen Säumniszuschlag zu entrichten?
17. Wie hoch ist der Säumniszuschlag?
18. Wie viele Tage beträgt die Zahlungsschonfrist?
19. Bei welchen Zahlungsarten ist die Zahlungsschonfrist nicht anzuwenden?
20. Welche Zinsarten werden in der AO unterschieden?
21. Wie hoch ist der Zinssatz?
22. Wann beginnt der Zinslauf grundsätzlich?
23. Wann endet der Zinslauf bei Nachforderungen?
24. Was wissen Sie über die Stundungszinsen?
25. Was wissen Sie über das Zwangsgeld?

AUFGABEN

AUFGABE 1

Bestimmen Sie bei den Sachverhalten 1 bis 4 Beginn, Dauer und Ende der Einspruchsfrist nach § 355 Abs. 1 AO.

1. Das Finanzamt Freiburg gibt am Freitag, dem 01.06.2018, einen Einkommensteuerbescheid mittels einfachem Brief zur Post.
2. Der Steuerpflichtige Erich Klein erhält am Donnerstag, dem 08.02.2018, seinen Einkommensteuerbescheid für das Jahr 2017. Der Bescheid wurde vom Finanzamt am 06.02.2018 mit einfachem Brief zur Post gegeben (07.02.2018 = Datum des Poststempels).
3. Die Steuerpflichtige Karin Schüller erhält ihren Einkommensteuerbescheid 2017 am Samstag, dem 31.03.2018. Der Bescheid wurde vom Finanzamt am Dienstag, dem 27.03.2018, zur Post gegeben (Datum des Poststempels).

4. Die Steuerpflichtige Agnes Wagner erhält am 20.04.2018 ihren Einkommensteuerbescheid für das Jahr 2016 (Datum des Poststempels 17.04.2018).

AUFGABE 2

Die Westfalen OHG hat für die Abgabe der monatlichen Umsatzsteuervoranmeldungen keine Dauerfristverlängerung beantragt. Die Umsatzsteuervoranmeldung für Juni 2018 wurde erst am 26.07.2018 statt zum 10.07.2018 dem Finanzamt elektronisch übermittelt. Die Westfalen OHG hat dem Finanzamt eine Einzugsermächtigung für betriebliche Steuern erteilt.

1. Mit welcher Reaktion seitens des Finanzamtes muss die Westfalen OHG rechnen?
2. In welcher Höhe kann das Finanzamt gegebenenfalls steuerliche Nebenleistungen festsetzen?

AUFGABE 3

Der Steuerpflichtige Siegfried Lenz, Münster, geht am 04.05.2018, dem letzten Tag der Einspruchsfrist, zum zuständigen Finanzamt, um den Einspruch gegen den ESt-Bescheid 2017 persönlich in den Briefkasten des Finanzamtes zu werfen. An einer ungesicherten Baustelle stürzt er. Wegen einer schweren Gehirnerschütterung wird er in ein Krankenhaus eingeliefert, wo er bis zum 25.05.2018 bleiben muss. Am Tag der Entlassung aus dem Krankenhaus findet er in seiner Jacke das Einspruchsschreiben.

Kann Lenz nach Entlassung aus dem Krankenhaus noch Einspruch gegen den Einkommensteuerbescheid einlegen? Erläutern Sie Ihre Antwort.

AUFGABE 4

Der Steuerpflichtige Max Greger (Monatszahler) hat seine Umsatzsteuervoranmeldung für März 2018 mit einer Zahllast von 11.217 € am Donnerstag, dem 05.04.2018, dem zuständigen Finanzamt übermittelt. Die Zahlung wurde am 13.08.2018 dem Bankkonto der Finanzkasse gutgeschrieben. Herr Greger hat keine Dauerfristverlängerung beantragt.

Wie hoch ist der Säumniszuschlag?

AUFGABE 5

Wie hoch ist bei den Sachverhalten 1 bis 4 jeweils der Zinsbetrag nach § 233a AO?

1. Der Steuerpflichtigen Heike Schmitt wird am 21.06.2018 der Einkommensteuerbescheid 2016 mit einer festgesetzten Einkommensteuer in Höhe von 36.399 € bekannt gegeben. Die Steuerpflichtige hat für 2016 die festgesetzten Vorauszahlungen in Höhe von insgesamt 33.654 € jeweils bei Fälligkeit geleistet.
2. Sachverhalt wie in Aufgabe 1 mit dem Unterschied, dass die Steuerpflichtige die festgesetzten Vorauszahlungen für 2016 in Höhe von insgesamt 43.399 € jeweils bei Fälligkeit geleistet hat. Die letzte Zahlung erfolgte somit am 12.12.2016 (§ 37 Abs. 1 EStG).
3. Der Steuerpflichtige Egon Maier erhält am 17.08.2018 seinen Einkommensteuerbescheid für das Jahr 2015. Der Bescheid trägt den Poststempel vom 15.08.2018. Die festgesetzte Einkommensteuer beträgt 46.320 €. An Vorauszahlungen für 2015 wurden 28.460 € festgesetzt und gezahlt.
4. Das Finanzamt Koblenz gibt am 03.12.2018 den Einkommensteuerbescheid 2016 der Steuerpflichtigen Andrea Zimmerschied zur Post. Die festgesetzte Einkommensteuer beträgt 50.040 €, die festgesetzten und gezahlten Vorauszahlungen betragen 25.000 € und die anzurechnende Lohnsteuer beträgt 5.000 €.

5 Ermittlungsverfahren

Die Festsetzung der Steuern setzt voraus, dass zuvor die **Besteuerungsgrundlagen** (z. B. Umsatz, Gewinn) **ermittelt** worden sind.

Bei der Ermittlung der Besteuerungsgrundlagen haben sowohl die **Finanzbehörden** als auch die **Steuerpflichtigen** mitzuwirken **(Mitwirkungspflichten)**.

5.1 Pflichten der Finanzbehörden und der Steuerpflichtigen

5.1.1 Allgemeine Mitwirkungspflichten

Die **Finanzbehörden** haben die Steuern nach Maßgabe der Gesetze **gleichmäßig** festzusetzen und zu erheben. Insbesondere haben sie sicherzustellen, dass Steuern nicht verkürzt, zu Unrecht erhoben oder Steuererstattungen und Steuervergütungen nicht zu Unrecht gewährt oder versagt werden (<u>allgemeiner Besteuerungsgrundsatz</u>; § 85 AO).

Die **Finanzbehörden** haben den **Sachverhalt** von Amts wegen **zu ermitteln**. Sie haben alle für den Einzelfall **bedeutsamen**, **auch** die für den Steuerpflichtigen **günstigen Umstände** zu berücksichtigen (<u>allgemeiner Untersuchungsgrundsatz</u>; § 88 AO).

Die **Finanzämter** und das **Bundeszentralamt für Steuern** sollen die Abgabe von Erklärungen, die Stellung von Anträgen oder die Berichtigung von Erklärungen oder von Anträgen **anregen**, wenn diese offensichtlich nur **versehentlich** oder aus **Unkenntnis** unterblieben oder unrichtig abgegeben oder gestellt worden sind (§ 89 AO).

Die Finanzbehörden wären überfordert, wenn sie die Besteuerungsgrundlagen ohne Mitwirkung der Steuerpflichtigen ermitteln müssten. Sie müssen sich in der Regel aber zuerst zur Sachverhaltsermittlung an den Steuerpflichtigen wenden, bevor sie Informationen von Dritten einholen (§ 93 AO). Ansonsten handeln sie ermessensfehlerhaft (BFH-Urteil vom 29.07.2015).

Den **Steuerpflichtigen** ist deshalb eine **gesetzliche Mitwirkungspflicht** auferlegt, die in § 90 Abs. 1 AO allgemein beschrieben wird.

Die **Steuerpflichtigen** haben bei der Feststellung der Sachverhalte, die für die Besteuerung erheblich sein können, mitzuwirken.

Sie haben insbesondere **Auskünfte** zu erteilen, **Aufzeichnungen**, **Bücher**, **Geschäftspapiere** und **andere Urkunden** zur Einsicht und Prüfung **vorzulegen**, die zum Verständnis der Aufzeichnungen erforderlichen **Erläuterungen zu geben** und die Finanzbehörde bei Ausübung ihrer Befugnisse nach § 147 Abs. 6 AO **zu unterstützen** (§ 200 Abs. 1 AO).

In der Abgabenordnung findet man für bestimmte Personen(-gruppen) Vorschriften über das **Recht zur Auskunftsverweigerung** (§§ 101 ff. AO).

Der Steuerpflichtige hat die Möglichkeit, eine gebührenpflichtige **verbindliche Auskunft** seitens der Finanzbehörde über die steuerliche Beurteilung von genau bestimmten, **noch nicht verwirklichten** Sachverhalten einzuholen (§ 89 Abs. 2 AO). Über den **Antrag** auf die Erteilung einer verbindlichen Auskunft soll die Finanzbehörde **innerhalb von sechs Monaten** entscheiden. Wird für mehrere Beteiligte eine einheitliche Auskunft erteilt, entsteht für die gebührenpflichtige Bearbeitung auch nur **eine** Gebühr (§ 89 Abs. 3 AO).

5.1.2 Besondere Mitwirkungspflichten

Neben der allgemeinen Mitwirkungspflicht gibt es eine Reihe besonderer Mitwirkungspflichten.

Zu den besonderen Mitwirkungspflichten gehören z.B.:

- Anzeigepflichten (§§ 137 bis 139 AO),
- Erklärungspflichten (§§ 149 bis 153 AO),
- Buchführungs- und Aufzeichnungspflichten (§§ 140 bis 148 AO).

5.1.2.1 Anzeigepflichten

Bei der **Anzeigepflicht** muss der Steuerpflichtige – im Gegensatz zur Auskunftspflicht (§ 93 AO) – von sich aus, also unaufgefordert, tätig werden.
Um eine möglichst umfassende Erfassung steuerlich relevanter Vorgänge sicherzustellen, bestehen z.B. **Anzeigepflichten** für folgende Sachverhalte:

Steuerliche Erfassung von nicht natürlichen Personen

Körperschaften (z.B. AG, GmbH), Vereine und Vermögensmassen haben den **Finanzämtern** und den **Gemeinden** die Gründung, den Erwerb der Rechtsfähigkeit, die Änderung der Rechtsform, die Verlegung der Geschäftsleitung oder des Sitzes mitzuteilen (§ 137 Abs. 1 AO).
Die Mitteilungen sind innerhalb **eines Monats** seit dem meldepflichtigen Ereignis zu erstatten (§ 137 Abs. 2 AO).

Anzeigen über die Erwerbstätigkeit

Die Eröffnung, Verlegung oder Auflösung eines **land- und forstwirtschaftlichen Betriebes** oder eines **Gewerbebetriebes** ist nach einem amtlich vorgeschriebenem Vordruck der **Gemeinde** mitzuteilen. Die Gemeinde unterrichtet unverzüglich das zuständige Finanzamt (§ 138 Abs. 1 AO).
Wer eine **freiberufliche Tätigkeit** aufnimmt, hat dies dem zuständigen **Finanzamt** mitzuteilen (§ 138 Abs. 1 Satz 3 AO).
Außerdem sind beispielsweise die Meldepflichten über den Erwerb bzw. die Veräußerung einer Beteiligung an einer Körperschaft **mit Sitz im Ausland** verschärft worden (§ 138 Abs. 2 AO) und die Finanzinstitute haben die über sie laufenden Beziehungen von inländischen Steuerpflichtigen zu Drittstaat-Gesellschaften mitzuteilen (§ 138b AO).

5.1.2.2 Erklärungspflichten

Wer zur Abgabe von Steuererklärungen (Steueranmeldungen) verpflichtet ist, bestimmen die **Einzelsteuergesetze**, z.B. § 25 Abs. 3 EStG, § 18 Abs. 3 UStG (§ 149 Abs. 1 AO).
Zur Abgabe einer Steuererklärung ist auch verpflichtet, wer hierzu persönlich oder durch öffentliche Bekanntmachung von der Finanzbehörde aufgefordert wird (§ 149 Abs. 1 AO).
Die Angaben in den Steuererklärungen sind wahrheitsgemäß und nach bestem Wissen und Gewissen zu machen (§ 150 Abs. 2 AO).
Erkennt ein Steuerpflichtiger nachträglich vor Ablauf der Festsetzungsfrist, dass eine Erklärung unrichtig oder unvollständig ist, und dass es dadurch zu einer Verkürzung von Steuern kommen kann oder bereits gekommen ist, so ist er verpflichtet, dies unverzüglich anzuzeigen und die erforderliche Richtigstellung vorzunehmen (§ 153 Abs. 1 AO).

Soweit Einzelsteuergesetze nichts anderes bestimmen, sind **Steuererklärungen**, die sich auf ein Kalenderjahr oder einen gesetzlich bestimmten Zeitpunkt beziehen, spätestens **fünf**

Monate danach abzugeben (§ 149 Abs. 2 Satz 1 AO a. F.). So sind z. B. die Jahreserklärungen für die Einkommensteuer, Umsatzsteuer, Körperschaftsteuer und Gewerbesteuer des Jahres 2017 bis spätestens <u>31.05.2018</u> bei den Finanzämtern abzugeben.

Diese Frist kann durch die Finanzbehörde **verlängert** werden (Erlass der obersten Finanzbehörden der Länder über Steuererklärungsfristen vom 02.01.2018, BStBl I 2018, S. 70 f.).

Werden die Steuererklärungen **durch Angehörige der steuerberatenden Berufe** angefertigt, so wird die Abgabefrist allgemein bis zum <u>31.12.2018</u> (bei Land- und Forstwirten mit abweichendem Wirtschaftsjahr bis zum <u>31.05.2019</u>) verlängert. Darüber hinaus soll eine Fristverlängerung **nur aufgrund begründeter Einzelanträge** bis zum <u>28.02.2019</u> (bei Land- und Forstwirten mit abweichendem Wirtschaftsjahr bis zum 31.07.2019) gewährt werden.

In **Hessen** endet die Frist für die Abgabe von Steuererklärungen (VZ 2017), die elektronisch authentifiziert übermittelt werden, am **31.07.2018**. In Beraterfällen ist die Abgabefrist für 2017 bis zum **28.02.2019** (bei land- und forstwirtschaftlichen Einkünften bis **31.07.2019**) verlängert (Hessischer Fristenerlass vom 02.01.2018).

Auch **Rheinland-Pfalz** weicht von der Fristenregelung für die Erklärungen 2017 ab: Für Einkommensteuererklärungen von nicht beratenen Steuerpflichtigen endet die Abgabefrist am **31.07.2018** und in Beraterfällen am **28.02.2019** (bzw. 31.07.2019 bei land- und forstwirtschaftlichen Einkünften; Fristenerlass Rheinland-Pfalz vom 02.01.2018).

Eine Vorabanforderung aus sachlichen Gründen ist durch das Finanzamt nach wie vor möglich.

Für Besteuerungszeiträume, die **nach dem 31.12.2017** beginnen, sind die Steuererklärungsfristen **bundeseinheitlich** beispielsweise vom 31.05.2019 auf den 31.07.2019 verlängert (§ 149 Abs. 2 AO n. F.).

> **Erklärungsfristen** können von den Finanzbehörden verlängert werden, siehe Abschnitt 4.2 „Arten der Fristen", Seite 54.

 1. Wiederholungsfragen 1 bis 5 (Seite 83),
2. Aufgaben 1 bis 3 (Seite 84)

5.1.2.3 Buchführungs- und Aufzeichnungspflichten

Im Steuerrecht wird zwischen der **Buchführung** und den **Aufzeichnungen** unterschieden.
Eine **Buchführung** erfasst **alle** Geschäftsvorfälle nach einem bestimmten System (z. B. doppelte Buchführung, einfache Buchführung).
Die **Aufzeichnungen** erfassen **nur bestimmte** steuerlich bedeutsame Sachverhalte.
Eine Buchführung ist also **umfassender** als Aufzeichnungen.

5.1.2.3.1 Steuerliche Buchführungspflichten

Die **steuerrechtliche** Buchführungspflicht knüpft für einen großen Kreis der Steuerpflichtigen an deren **handelsrechtliche** Buchführungspflicht an (= **abgeleitete** oder derivative Buchführungspflicht; § 140 AO).
Steuerpflichtige, die **nicht bereits nach Handelsrecht** zur Buchführung verpflichtet sind, können jedoch nach § 141 AO der **steuerrechtlichen** Buchführungspflicht unterliegen. Diese Verpflichtung wird als **originäre** Buchführungspflicht bezeichnet.

5.1.2.3.1.1 Abgeleitete Buchführungspflicht

Jeder **Kaufmann** ist nach § 238 Abs. 1 Satz 1 Handelsgesetzbuch (HGB) verpflichtet, Bücher zu führen und in diesen seine Handelsgeschäfte und die Lage seines Vermögens nach den Grundsätzen ordnungsmäßiger Buchführung (GoB) ersichtlich zu machen.

Kaufmann ist, wer ein **Handelsgewerbe** betreibt (§ 1 **Abs. 1** HGB).

Handelsgewerbe ist jeder **Gewerbebetrieb**, der einen in kaufmännischer Weise eingerichteten Geschäftsbetrieb (kaufmännische Organisation) erfordert (§ 1 **Abs. 2** HGB).

Ob ein **Gewerbebetrieb** vorliegt, richtet sich nach den Merkmalen des **§ 15 Abs. 2 EStG**. Unternehmer, die einen Gewerbebetrieb im Sinne des § 15 Abs. 2 EStG führen, bezeichnet man als **gewerbliche Unternehmer**.

Gewerbliche Unternehmer, deren Unternehmen nach Art oder Umfang einen in kaufmännischer Weise eingerichteten Geschäftsbetrieb **nicht** erfordern **(Kleingewerbetreibende)**, sind **keine Kaufleute**.

Handelsrechtlich buchführungspflichtig ist demnach **jeder gewerbliche Unternehmer**, dessen Unternehmen nach Art oder Umfang einen in kaufmännischer Weise eingerichteten Geschäftsbetrieb erfordert, **unabhängig** von der **Eintragung** in das Handelsregister (HR). Für **Kleingewerbetreibende** besteht die Möglichkeit, die **Kaufmannseigenschaft freiwillig** durch **Eintragung** in das Handelsregister zu erlangen.

Ein gewerbliches Unternehmen, dessen Gewerbebetrieb nicht schon nach § 1 Abs. 2 HGB Handelsgewerbe ist, **gilt** als **Handelsgewerbe** i. S. d. HGB, **wenn** die Firma des Unternehmens in das Handelsregister **eingetragen** ist (§ 2 HGB).

Mit der Erlangung der **Kaufmannseigenschaft** wird durch freiwillige Eintragung ins Handelsregister der **Kleingewerbetreibende** handelsrechtlich **buchführungspflichtig**.

Land- und Forstwirte und Handelsgesellschaften (z. B. AG, GmbH, KG, OHG), die keine gewerblichen Unternehmen sind, werden ebenfalls **durch Eintragung** in das Handelsregister zum **Kaufmann** und damit **buchführungspflichtig** (§§ 3 und 6 HGB).

Einzelkaufleute sind von der **handelsrechtlichen** Pflicht zur Buchführung und Aufstellung eines Jahresabschlusses befreit, sofern sie **an zwei aufeinander folgenden** Abschlussstichtagen folgende Schwellenwerte **nicht** überschreiten (§§ 241a, 242 Abs. 4 HGB):

- Umsatz **600.000 €** (bis 2015: 500.000 €) und
- Jahresüberschuss **60.000 €** (bis 2015: 50.000 €).

Zusammenfassung:

Kaufleute sind auch **steuerrechtlich** zur Buchführung verpflichtet.
Die **steuerrechtliche** Buchführungspflicht der **Kaufleute** wird in **§ 140 AO** aus der handelsrechtlichen Buchführungspflicht abgeleitet. § 140 AO hat folgenden Wortlaut:

> „Wer nach **anderen Gesetzen** als den Steuergesetzen Bücher ... zu führen hat, die für die Besteuerung von Bedeutung sind, hat die Verpflichtungen, die ihm nach den anderen Gesetzen obliegen, auch für die Besteuerung zu erfüllen."

5.1.2.3.1.2 Originäre Buchführungspflicht

Der Kreis der steuerrechtlich Buchführungspflichtigen wird durch **§ 141 AO** erweitert. § 141 AO gilt für **bestimmte** gewerbliche Unternehmer und Land- und Forstwirte, **nicht** jedoch für **selbständig Tätige** mit Einkünften im Sinne des § 18 EStG.

B. Abgabenordnung

Gewerbetreibende sowie **Land- und Forstwirte**, die nach den Feststellungen der Finanzbehörde für den einzelnen Betrieb die folgenden Grenzen überschreiten, sind nach **§ 141 AO buchführungspflichtig**:

1. **Umsätze** von mehr als **600.000 Euro** im Kalenderjahr oder
2. selbstbewirtschaftete land- und forstwirtschaftliche Fläche mit einem **Wirtschaftswert** (§ 46 BewG) von mehr als **25.000 Euro** oder
3. **Gewinn aus Gewerbebetrieb** von mehr als **60.000 Euro** im Wirtschaftsjahr oder
4. **Gewinn aus Land- und Forstwirtschaft** von mehr als **60.000 Euro** im Kalenderjahr.

Beginn der Buchführungspflicht

Die **Finanzbehörde** hat den Steuerpflichtigen auf den **Beginn** der Buchführungspflicht **hinzuweisen**. Dieser Hinweis kann durch einen selbständig feststellenden Verwaltungsakt, aber auch im Rahmen eines Steuer- oder Feststellungsbescheides erfolgen (AEAO zu § 141, Nr. 2). Diese Mitteilung über den Beginn der Buchführungspflicht soll dem Steuerpflichtigen **mindestens einen Monat** vor Beginn des Wirtschaftsjahres bekanntgegeben werden, von dessen Beginn ab die Buchführungspflicht zu erfüllen ist (AEAO zu § 141, Nr. 4).

BEISPIEL

Der Kioskbesitzer Kurt Badner, Koblenz, der Einkünfte aus Gewerbebetrieb erzielt, ist kein Kaufmann. In seinem Einkommensteuerbescheid 2017 vom 12.06.2018 (Poststempel) wird ihm mitgeteilt, dass er buchführungspflichtig ist, weil er die Betragsgrenze des § 141 Abs. 1 Nr. 4 AO (Gewinn aus Gewerbebetrieb) überschritten hat.

Die Buchführungspflicht **beginnt** am **01.01.2019**, weil die Buchführung von Beginn des Wirtschaftsjahres an zu führen ist, das auf die Bekanntgabe der Mitteilung (15.06.2018) folgt, durch die die Finanzbehörde auf den Beginn der Buchführungspflicht hingewiesen hat (§ 141 Abs. 2 AO).

Weitere Hinweise zu Buchführungsvorschriften erfolgen in der Buchführung 1, 30. Auflage 2018, Seite 7 ff.

ÜBUNG →
1. Wiederholungsfragen 6 bis 11 (Seite 83),
2. Aufgaben 4 bis 6 (Seite 84 f.)

5.1.2.3.2 Steuerliche Aufzeichnungspflichten

Wie bei den Buchführungspflichten kann man auch bei den Aufzeichnungspflichten zwischen **abgeleiteten** und **originären** Aufzeichnungspflichten unterscheiden.

5.1.2.3.2.1 Abgeleitete Aufzeichnungspflichten

Aufzeichnungspflichten, die nach **anderen** als steuerrechtlichen Vorschriften bestehen, sind nach § 140 AO auch für die Besteuerung zu erfüllen, wenn sie für diese von Bedeutung sind.

Von den vielen sogenannten **außersteuerlichen** Aufzeichnungspflichten werden im Folgenden einige betroffene Betriebe und Berufe genannt:

- Apotheker: Herstellungsbücher;
- Banken: Depotbücher;
- Bauträger und Baubetreuer: Bücher nach der Gewerbeordnung;
- Fahrschulen: Fahrschüler-Ausbildungsbücher;
- Gebrauchtwagenhändler: Gebrauchtwagenbücher;
- Handelsmakler: Tagebuch nach HGB;
- Heimarbeiter: Entgeltbücher;
- Hotel-, Gaststätten-und Pensionsgewerbe: Fremdenbücher;
- Metallhändler: Einkaufsbücher;
- Reisebüro: Bücher nach der Gewerbeordnung;
- Vieh- und Fleischverkäufer: Bücher nach dem Vieh- und Fleischgesetz;
- Winzer: Kellerbücher und Weinlagerbücher nach dem Weingesetz.

Weitere außersteuerliche Aufzeichnungspflichten sind aus dem Einführungserlass zur AO 1977 zu ersehen (BStBl 1976 I S. 576).

5.1.2.3.2.2 Originäre Aufzeichnungspflichten

Unter **originären** steuerrechtlichen Aufzeichnungspflichten sind solche zu verstehen, die sich unmittelbar aus Steuergesetzen ergeben.

Zu diesen **originären** Aufzeichnungspflichten gehören:

- umsatzsteuerliche Aufzeichnungen (§ 22 UStG);
- Aufzeichnung des Wareneingangs (§ 143 AO);
- Aufzeichnung des Warenausgangs (§ 144 AO);
- Aufzeichnung bestimmter Betriebsausgaben (§ 4 Abs. 5 und 7 EStG);
- Aufzeichnung geringwertiger Anlagegüter (§ 6 Abs. 2 und 2a EStG).

ÜBUNG → 1. Wiederholungsfragen 12 bis 15 (Seite 83),
2. Aufgaben 7 und 8 (Seite 85)

5.2 Ordnungsvorschriften für die Buchführung und für Aufzeichnungen

Allgemein muss die **Buchführung** so beschaffen sein, dass sie einem sachverständigen Dritten innerhalb angemessener Zeit einen Überblick über die Geschäftsvorfälle und über die Lage des Unternehmens vermitteln kann. Die Geschäftsvorfälle müssen sich in ihrer Entstehung und Abwicklung verfolgen lassen (§ 238 Abs. 1 HGB, § 145 Abs. 1 AO).

Aufzeichnungen sind allgemein so vorzunehmen, dass der Zweck, den sie für die Besteuerung erfüllen sollen, erreicht wird (§ 145 Abs. 2 AO).

Neben diesen allgemeinen Ordnungsvorschriften werden in § 239 HGB und den §§ 146 und 154 AO noch besondere Ordnungsvorschriften aufgeführt:

1. Die Buchungen und die sonstigen erforderlichen Aufzeichnungen sind vollständig, richtig, zeitgerecht und geordnet vorzunehmen.
   Kasseneinnahmen und Kassenausgaben sollen täglich festgehalten werden.
2. Die Eintragungen in Büchern und die sonst erforderlichen Aufzeichnungen sind in einer lebenden Sprache vorzunehmen. Wird eine andere als die deutsche Sprache verwendet, so kann die Finanzbehörde Übersetzungen verlangen.
3. Werden Abkürzungen, Ziffern, Buchstaben oder Symbole verwendet, muss im Einzelfall deren Bedeutung eindeutig festliegen.
4. Eine Buchung oder eine Aufzeichnung darf nicht so verändert werden, dass der ursprüngliche Inhalt nicht mehr feststellbar ist.
5. Auch solche Veränderungen dürfen nicht vorgenommen werden, die es ungewiss lassen, ob sie ursprünglich oder erst später gemacht worden sind.
6. Es ist unzulässig, Konten auf falsche oder erdichtete Namen zu führen.
7. Bei der Führung der Bücher und der sonst erforderlichen Aufzeichnungen auf Datenträgern muss insbesondere sichergestellt sein, dass während der Dauer der Aufbewahrungsfrist die Daten jederzeit verfügbar und unverzüglich lesbar gemacht werden können.

Neu eingefügt wurden der § 146a AO mit Vorschriften zur Buchführung und den Aufzeichnungen mittels elektronischer Aufzeichnungssysteme und der § 146b AO mit einer neuen Kontrollmöglichkeit, der **Kassen-Nachschau**. Diese ermöglicht dem damit betrauten Amtsträger der Finanzbehörde ohne vorherige Ankündigung und außerhalb einer Außenprüfung die Kontrolle der Ordnungsmäßigkeit der Aufzeichnungen und Buchung der Kasseneinnahmen und -ausgaben. Die Kassen-Nachschau soll erstmals ab 2018 erfolgen.

Bücher und Aufzeichnungen sind **zehn Jahre** aufzubewahren (§ 257 Abs. 1 und 4 HGB, § 147 Abs. 1 und 3 AO). Die **Aufbewahrungsfrist** beginnt mit dem Schluss des Kalenderjahres, in dem die letzte Eintragung in das Buch gemacht oder die Aufzeichnungen vorgenommen worden sind (§ 257 Abs. 5 HGB, § 147 Abs. 4 AO).

Die Finanzbehörde hat im Rahmen der **Außenprüfung** das **Recht**, Einsicht in die **gespeicherten Daten** zu nehmen und das **Datenverarbeitungssystem** zur Prüfung dieser Unterlagen **zu nutzen** (§ 147 **Abs. 6** AO). Digitale Kontoauszüge sind auch in digitaler Form aufzubewahren; ein Papierausdruck genügt nicht (Verfügung des BayLfSt vom 20.01.2017). Die Datenträger sind spätestens nach Bestandskraft der aufgrund der Außenprüfung ergangenen Bescheide wieder zu löschen oder zurückzugeben (BFH-Urteil vom 16.12.2014).

Wer entweder **keine** Bücher oder Aufzeichnungen führt, obwohl er dazu verpflichtet ist, **oder** wer Bücher oder Aufzeichnungen **mangelhaft** führt, verstößt gegen seine gesetzlichen Buchführungs- oder Aufzeichnungspflichten.

Bei einer **mangelhaften Buchführung** oder bei **Verletzung der Aufzeichnungspflichten** ist zwischen formellen und sachlichen Mängeln zu unterscheiden.

Hat ein zur Buchführung oder zu Aufzeichnungen Verpflichteter **keine Bücher geführt oder Aufzeichnungen vorgenommen**, kann die Finanzbehörde die Erfüllung der Pflicht durch Auferlegung eines Zwangsgeldes erzwingen (§ 328 AO).

Das einzelne **Zwangsgeld** kann **bis zu 25.000 Euro** betragen (§ 329 AO). Bei fehlender Buchführung oder fehlenden Aufzeichnungen hat das Finanzamt die Besteuerungsgrundlagen zu schätzen (§ 162 AO).

Bei **formellen Mängeln** wird die Ordnungsmäßigkeit der Buchführung oder der Aufzeichnungen grundsätzlich nicht berührt, wenn die formellen Mängel so **gering** sind, dass das sachliche Ergebnis nicht beeinflusst wird (R 5.2 Abs. 2 EStR 2012).
Schwere und gewichtige formelle Mängel können dagegen zur **Verwerfung der Buchführung** bzw. **der Aufzeichnungen** führen.

Enthalten die Buchführung bzw. die Aufzeichnungen **materielle Mängel**, so wird ihre Ordnungsmäßigkeit dadurch nicht berührt, wenn es sich um **unwesentliche** Mängel handelt, z.B. nur unbedeutende Vorgänge sind nicht oder falsch dargestellt. Derartige Fehler sind dann **zu berichtigen** oder das Ergebnis ist durch eine **Zuschätzung** (Ergänzungsschätzung) richtigzustellen (R 5.2 Abs. 2 EStR 2012).
Enthalten die Buchführung bzw. die Aufzeichnungen dagegen **wesentliche**, also **schwerwiegende materielle Mängel**, so sind sie **nicht mehr ordnungsgemäß**.

Eine **Vollschätzung** ist nach § 162 AO dann vorzunehmen, wenn die Buchführung bzw. die Aufzeichnungen so **schwerwiegende formelle und/oder materielle** Mängel enthalten, dass das ausgewiesene Ergebnis auch durch eine Zuschätzung nicht richtiggestellt werden kann.

Werden buchungs- bzw. aufzeichnungspflichtige Vorfälle vorsätzlich oder leichtfertig nicht oder falsch gebucht und wird dadurch eine Verkürzung der Steuereinnahmen ermöglicht, liegt eine **Steuergefährdung** (= Ordnungswidrigkeit) vor, die mit einer **Geldbuße bis zu 25.000 Euro** geahndet werden kann (§ 379 AO).

Bei einer **leichtfertigen Steuerverkürzung** im Sinne des § 378 AO kann die Geldbuße sogar **bis zu 50.000 Euro** betragen.

Liegt der Tatbestand der **Steuerhinterziehung** vor (§ 370 AO), können Geldstrafen oder **Freiheitsstrafen bis zu fünf Jahren**, in besonders schweren Fällen **bis zu 10 Jahren** verhängt werden.

ÜBUNG →	1. Wiederholungsfragen 16 bis 23 (Seite 83), 2. Aufgaben 9 und 10 (Seite 85)

5.3 Zusammenfassung und Erfolgskontrolle

5.3.1 Zusammenfassung

In den Schaubildern auf den folgenden Seiten werden die wesentlichen Pflichten der Finanzbehörden und Steuerpflichtigen im Erhebungsverfahren noch einmal kurz zusammengestellt und ein zusammenfassender Überblick über die steuerlichen Buchführungspflichten gegeben.

Ermittlungsverfahren

Mitwirkungspflichten der Finanzbehörde

1. **Besteuerungsgrundsatz**
   Die Finanzbehörden haben die Steuern nach Maßgabe der Gesetze **gleichmäßig** festzusetzen und zu erheben. Insbesondere haben sie sicherzustellen, dass Steuern nicht verkürzt, zu Unrecht erhoben oder Steuererstattungen und Steuervergünstigungen nicht zu Unrecht gewährt oder versagt werden.

2. **Untersuchungsgrundsatz**
   Die Finanzbehörden haben den Sachverhalt von Amts wegen zu ermitteln. Sie haben auch die für den Steuerpflichtigen **günstigen** Umstände zu berücksichtigen.

Mitwirkungspflichten der Steuerpflichtigen

1. **Allgemeine Mitwirkungspflicht**
   Die Steuerpflichtigen sind zur Mitwirkung bei der Ermittlung des Sachverhalts verpflichtet.

2. **Besondere Mitwirkungspflichten**
   a) Anzeigepflichten bei den zuständigen Gemeinden bzw. Finanzämtern
   b) Erklärungspflichten
   c) Buchführungs- und Aufzeichnungspflichten

Steuerrechtliche Buchführungspflicht

abgeleitete (derivative) Buchführungspflicht (§ 140 AO)

Wer nach **anderen Gesetzen als den Steuergesetzen** (z.B. HGB) Bücher zu führen hat, hat die Verpflichtung auch für die Besteuerung zu erfüllen.

Kaufleute

originäre Buchführungspflicht (§ 141 AO)

Gewerbetreibende sowie **Land- und Forstwirte** sind auch dann buchführungspflichtig, wenn **eine** der folgenden Grenzen überschritten ist:

1. Umsätze > **600.000 Euro**
2. Wirtschaftswert > **25.000 Euro**
3. Gewinn aus Gewerbebetrieb > **60.000 Euro**
4. Gewinn aus Land- und Forstwirtschaft > **60.000 Euro**

bestimmte **Gewerbetreibende** und **Land- und Forstwirte**

Die Ordnungsvorschriften des § 146 AO sind zu beachten. Ebenso sind die Schwellenwerte des § 241a HGB zu prüfen.

Verstöße gegen die Buchführungsvorschriften und mögliche Folgen

Verstöße gegen steuerrechtliche Buchführungsvorschriften	mögliche Folgen
Verpflichteter führt **keine Bücher**	Zwangsgeld bis 25.000 Euro; Vollschätzung; bei Steuer**gefährdung** Geldbuße bis 5.000 Euro; bei Steuer**verkürzung** Geldbuße bis 50.000 Euro; bei Steuer**hinterziehung** Geld- oder Freiheitsstrafen
Verpflichteter **führt Bücher mit** geringfügigen formellen oder unwesentlichen sachlichen Mängeln	Berichtigung durch Zuschätzung
Verpflichteter **führt Bücher mit** schweren und gewichtigen formellen oder sachlichen Mängeln	Verwerfung der Buchführung; Vollschätzung; bei Steuer**gefährdung** Geldbuße bis 5.000 Euro; bei Steuer**verkürzung** Geldbuße bis 50.000 Euro; bei Steuer**hinterziehung** Geld- oder Freiheitsstrafen

5 Ermittlungsverfahren

5.3.2 Erfolgskontrolle

WIEDERHOLUNGSFRAGEN

1. Was verlangt der allgemeine Besteuerungsgrundsatz des § 85 AO von den Finanzbehörden?
2. Was besagt der allgemeine Untersuchungsgrundsatz des § 88 AO?
3. Welche besonderen Mitwirkungspflichten haben die Steuerpflichtigen? Nennen Sie drei Beispiele.
4. Wer ist zur Abgabe von Steuererklärungen (Steueranmeldungen) verpflichtet?
5. Bis wann müssen Steuererklärungen für das Kalenderjahr 2016 abgegeben werden, wenn sie von steuerberatenden Berufen betreut werden?
6. Welcher Unterschied besteht zwischen Buchführung und Aufzeichnungen?
7. Welche beiden Arten der steuerrechtlichen Buchführungspflicht gibt es?
8. Wer unterliegt der abgeleiteten Buchführungspflicht nach § 140 AO?
9. In welchem Fall ist ein gewerblicher Unternehmer Kaufmann?
10. Wer unterliegt der originären Buchführungspflicht nach § 141 AO?
11. Wer ist von der Buchführungspflicht nach § 241a HGB befreit?
12. Welche beiden Arten der steuerrechtlichen Aufzeichnungspflichten kann man unterscheiden?
13. Welche außersteuerlichen Aufzeichnungspflichten, die auch im Interesse der Besteuerung zu erfüllen sind, gibt es?
14. Was versteht man unter abgeleiteten Aufzeichnungspflichten?
15. Welche originären Aufzeichnungspflichten gibt es?
16. Welche allgemeine Anforderung wird an die Ordnungsmäßigkeit der Buchführung gestellt?
17. Welche allgemeine Anforderung wird an die Ordnungsmäßigkeit von Aufzeichnungen gestellt?
18. Welche besonderen Ordnungsvorschriften gelten für die Buchungen und die sonst erforderlichen Aufzeichnungen?
19. Wie lange dauert die Aufbewahrungsfrist für Bücher und Aufzeichnungen?
20. Welche möglichen Verstöße gegen die Buchführungs- und Aufzeichnungspflichten sind denkbar?
21. Welche Arten von Mängeln können Bücher und Aufzeichnungen allgemein aufweisen?
22. Wie können diese Mängel behoben werden?
23. Was sind die steuerrechtlichen Folgen bei Verstößen gegen die Buchführungspflichten?

B. Abgabenordnung

AUFGABEN

AUFGABE 1

Bei der Überprüfung der Einkommensteuererklärung des Steuerpflichtigen Willi Weyer, Großstadt, stellt der zuständige Sachbearbeiter des Finanzamtes Großstadt fest, dass Weyer im Gegensatz zu den Vorjahren bei der Ermittlung der Einkünfte aus Vermietung und Verpachtung keine Gebäude-AfA angesetzt hat.

Der Sachbearbeiter ist der Auffassung, dass er nichts zu unternehmen brauche, weil sich eine Berichtigung des Sachverhalts zugunsten des Steuerpflichtigen auswirken würde.

Ist der Sachbearbeiter verpflichtet, diesen Sachverhalt aufzuklären? Begründen Sie Ihre Antwort.

AUFGABE 2

Der Steuerpflichtige Emil Bach hat in seiner Einkommensteuererklärung als Werbungskosten 560 € für Fachliteratur belegmäßig nicht nachgewiesen. Er wird gebeten, die entsprechenden Belege nachzureichen.

Ist Bach verpflichtet, die Belege nachzureichen? Begründen Sie Ihre Antwort.

AUFGABE 3

Die Steuerpflichtige Helga Pretz aus München erzielte im Jahr 2017 erhebliche Einkünfte aus Gewerbebetrieb. Trotz mehrmaliger Aufforderung durch das Finanzamt weigerte sich Frau Pretz, eine Einkommensteuererklärung für das Jahr 2017 abzugeben.

1. Welche Paragraphen verpflichten Frau Pretz zur Abgabe einer Einkommensteuererklärung?
2. Durch welche steuerliche Nebenleistung und in welcher möglichen Höhe kann das Finanzamt die Abgabe der Einkommensteuererklärung erzwingen?

AUFGABE 4

Werner Klein betreibt in Düsseldorf ein Elektrowaren-Einzelhandelsgeschäft.

Er fragt Sie, ob er steuerrechtlich zur Buchführung verpflichtet sei. Was antworten Sie ihm?

AUFGABE 5

Der Steuerpflichtige Franz Wepper betreibt seit Jahren ein Lebensmittel-Einzelhandelsgeschäft in Fulda, das keine kaufmännische Organisation erfordert. Eine Eintragung im Handelsregister ist bisher nicht erfolgt. Wepper ermittelt seinen Gewinn zulässigerweise nach § 4 Abs. 3 EStG (= Überschuss der Betriebseinnahmen über die Betriebsausgaben).

Wepper hat in den letzten Jahren folgende Umsätze und Gewinne erzielt:

Jahr	Umsatz	Gewinn
2016	50.000 €	30.000 €
2017	60.000 €	32.000 €
2018	70.000 €	65.500 €

Ist Wepper nach Handels- bzw. Steuerrecht buchführungspflichtig?

AUFGABE 6

Der selbständige Steuerberater Bodo Müller, Frankfurt, hat 2017 einen Gewinn von 120.000 € nach § 4 Abs. 3 EStG ermittelt und versteuert.

Ist Müller nach Handels- bzw. Steuerrecht zum nächstmöglichen Termin buchführungspflichtig?

AUFGABE 7

Günter Blau, München, betreibt einen Andenkenladen (Souvenierladen). Er ist kein Kaufmann. Die Wertgrenzen des § 141 AO werden von ihm nicht überschritten.

Er fragt Sie, zu welchen Aufzeichnungen er verpflichtet ist. Welche Auskunft geben Sie ihm?

AUFGABE 8

Zu den Mandanten des Steuerberaters Werner Müller, Stuttgart, gehören u.a.
- ein Fahrlehrer mit einer Fahrschule,
- vier Winzer mit Weinbaubetrieben,
- ein Gebrauchtwagenhändler und
- ein Hotelier mit einem Hotel garni.

Welche außersteuerlichen Aufzeichnungspflichten, die für die Besteuerung von Bedeutung sind, haben diese Mandanten zu beachten?

AUFGABE 9

Carl May ist Kaufmann. Er hat am 01.07.2018 sein Einzelhandelsgeschäft eröffnet. Im Oktober 2018 beschließt er, sich von einem Steuerberater beraten zu lassen. Beim ersten Beratungsgespräch legt er seine Bücher vor. Eine überschlägige Durchsicht der Bücher ergibt Folgendes:

1. Die Kasseneinnahmen und -ausgaben wurden wöchentlich in je einer Summe gebucht.
2. Ein Vergleich der Wareneingangsrechnungen mit dem Wareneingangskonto ergibt, dass fünf Rechnungen nicht gebucht wurden.
3. Ein Geschäftsvorfall wurde in lateinischer Sprache gebucht.
4. Einige Beträge sind durch dicke Tintenbalken unleserlich gemacht; die neuen Beträge wurden daneben geschrieben.
5. Zwei Beträge wurden mit einer Korrekturmaus entfernt und andere Beträge darüber gesetzt.
6. Drei Buchungen von Kasseneinnahmen wurden mit Bleistift vorgenommen.

Wie beurteilen Sie diese Feststellungen im Hinblick auf die Ordnungsmäßigkeit der Buchführung?

AUFGABE 10

Herbert Reich, Würzburg, ist Inhaber eines Einzelhandelsgeschäftes. Seine Firma wurde am 02.01.2018 im Handelsregister eingetragen. Die in § 141 AO genannten Wertgrenzen werden von Herbert Reich nicht überschritten. Da er sehr sparsam ist, führt er seine Bücher so einfach wie möglich, d.h., er zeichnet nur seine Betriebseinnahmen und seine Betriebsausgaben auf; seinen Gewinn will er durch Überschussrechnung der Betriebseinnahmen über die Betriebsausgaben ermitteln.

Wird das Finanzamt den so ermittelten Gewinn der Besteuerung zugrunde legen?

6 Festsetzungs- und Feststellungsverfahren

6.1 Grundzüge des Festsetzungs- und Feststellungsverfahrens

Nachdem die Besteuerungsgrundlage (z.B. bei der Einkommensteuer das zu versteuernde Einkommen) anhand der vom Steuerpflichtigen abgegebenen Steuererklärung ermittelt worden ist, wird die **Steuer** von der zuständigen Finanzbehörde **festgesetzt**.
Durch die **Steuerfestsetzung** wird der Steueranspruch verwirklicht (konkretisiert). Die Festsetzung der Steuer schafft die Voraussetzung für die **Steuererhebung**.

6.1.1 Festsetzung der Steuer durch Steuerbescheide

Die **Festsetzung der Steuer** erfolgt in der Regel durch die Finanzbehörde in Form eines **Steuerbescheides** (§ 155 Abs. 1 Satz 1 AO).

Steuerbescheide sind, soweit nichts anderes bestimmt ist, **schriftlich** zu erteilen (§ 157 Abs. 1 Satz 1 AO).

Schriftliche **Steuerbescheide** müssen nach § 157 Abs. 1 AO

1. die **festgesetzte Steuer** nach **Art** und **Betrag** bezeichnen,
2. angeben, **wer** die **Steuer schuldet** und
3. eine **Belehrung** darüber enthalten, welcher **Rechtsbehelf** zulässig und binnen welcher **Frist** und bei welcher **Behörde** er einzulegen ist.

Ein schriftlicher Steuerbescheid muss außerdem, weil er ein schriftlicher **Verwaltungsakt** ist, die **erlassende Behörde** erkennen lassen (§ 119 Abs. 3 AO). Er ist schriftlich **zu begründen**, soweit dies zu seinem Verständnis erforderlich ist (§ 121 Abs. 1 AO). In Steuerbescheiden werden deshalb neben den oben genannten Angaben auch die **Besteuerungsgrundlagen** aufgeführt.

Ergeht ein Steuerbescheid nicht schriftlich, sind die Art und die Höhe der Steuer, der Steuerschuldner oder die erlassende Behörde nicht hinreichend bezeichnet, so liegt ein schwerwiegender Fehler vor, der zur **Nichtigkeit** des Steuerbescheides führt (§ 125 AO). Das Fehlen oder die fehlerhafte Rechtsbehelfsbelehrung (z.B wenn der Hinweis auf die Möglichkeit der elektronischen Einspruchseinreichung fehlt, vgl. Urteil des FG Schleswig-Holstein vom 21.06.2017 – 5 K 7/16) bewirkt die **einjährige Einspruchsfrist** ab Bekanntgabe des Verwaltungsaktes (§ 356 Abs. 2 AO).

Steuererklärungen, in denen der Steuerpflichtige die Steuer aufgrund gesetzlicher Verpflichtung selbst zu berechnen hat (z.B. bei der Umsatzsteuer), werden als **Steueranmeldungen** bezeichnet (§ 150 Abs. 1 Satz 3 AO).
Ist eine Steuer aufgrund gesetzlicher Verpflichtung anzumelden, so ist eine **Festsetzung** der Steuer **durch einen Steuerbescheid nicht erforderlich**, es sei denn, eine Festsetzung würde zu einer von der Anmeldung abweichenden Steuer führen oder der Steuerpflichtige würde keine Steueranmeldung abgeben (§ 167 Abs. 1 AO).
Eine **Steueranmeldung** steht einer **Steuerfestsetzung unter dem Vorbehalt der Nachprüfung** gleich (§ 168 AO).
Erkennt der Steuer- oder Haftungsschuldner nach Abschluss einer **Außenprüfung** i.S.d. § 193 Abs. 2 Nr. 1 AO (Lohnsteueraußenprüfung) seine Zahlungsverpflichtung **schriftlich** an, steht das **Anerkenntnis** einer **Steueranmeldung** gleich (§ 167 Abs. 1 Satz 3 AO).

6.1.2 Feststellung der Besteuerungsgrundlagen durch Grundlagenbescheide

Im Allgemeinen werden die **Besteuerungsgrundlagen nicht gesondert** in einem eigenen Bescheid festgestellt, sondern bilden einen mit Rechtsbehelfen nicht selbständig anfechtbaren Teil des Steuerbescheides (§ 157 Abs. 2 AO).

Abweichend davon werden die Besteuerungsgrundlagen durch einen sogenannten **Feststellungsbescheid** (Grundlagenbescheid) **gesondert** festgestellt, **wenn** dies in einem Steuergesetz bestimmt ist. Dies ist beispielsweise der Fall, wenn die Besteuerungsgrundlage für **mehrere** Steuerarten bedeutsam ist oder Einkünfte **einer** Einkunftsquelle **mehreren** Steuerpflichtigen zuzurechnen sind.

> **BEISPIEL**
>
> Den Brüdern Franz Fabel in Koblenz und Christoph Fabel in Neuwied gehört zu gleichen Teilen ein Mietshaus in Berlin im Bezirk des Finanzamtes Berlin-Mitte. Die Verwaltung erfolgt ebenfalls von Berlin (Finanzamtsbezirk Berlin-Mitte) aus.
>
> Die **Besteuerungsgrundlagen** für die Ermittlung der Einkünfte aus Vermietung und Verpachtung sind vom Finanzamt Berlin-Mitte (Verwaltungsfinanzamt) **einheitlich und gesondert** festzustellen.

<u>Gesondert festgestellt</u> werden insbesondere:

1. die **Einheitswerte** für inländischen Grundbesitz, inländische land- und forstwirtschaftliche Betriebe,
2. die **Einkünfte** aus Land- und Forstwirtschaft, aus Gewerbebetrieb, aus selbständiger Arbeit und aus Vermietung und Verpachtung, **wenn** an den Einkünften **mehrere Personen** beteiligt sind und die Einkünfte diesen Personen steuerlich zuzurechnen sind (§§ 179, 180 AO).

Die Besteuerungsgrundlagen werden **nicht gesondert** festgestellt, wenn hierfür in der Praxis keine Notwendigkeit besteht. Das ist z.B. der Fall, wenn Einkünfte aus einem Mietwohngrundstück Ehegatten gemeinsam zustehen und die Ehegatten zusammen zur Einkommensteuer veranlagt werden; so erhält jeder Ehegatte „seine" Einkünfte aus der Anlage V.

Sind nach einem Einzelsteuergesetz **Steuermessbeträge** zu ermitteln (z.B. bei der Gewerbesteuer und Grundsteuer), so werden die Steuermessbeträge durch einen **Steuermessbescheid** festgesetzt.

Ein Steuermessbescheid ist ein sogenannter **Grundlagenbescheid** (§ 171 Abs. 10 AO).

Grundlagenbescheide sind Feststellungsbescheide, Steuermessbescheide oder sonstige für eine Steuerfestsetzung bindende Verwaltungsakte (AEAO zu § 175, Nr. 1.1).

Grundlagenbescheide sind für die **Folgebescheide** (z.B. Gewerbe**steuer**bescheid) bindend, soweit die in den Feststellungsbescheiden getroffenen Feststellungen für diese Folgebescheide von Bedeutung sind (§ 182 Abs. 1 Satz 1 AO). Deshalb muss ein Fehler im Grundlagenbescheid mit einem Einspruch gegen diesen angefochten werden (§ 351 Abs. 2 AO). Ein Einspruch gegen den (folgerichtig ergangenen) Folgebescheid wäre unbegründet (AEAO zu § 351, Nr. 4).

In Steuermessbescheiden wird **keine Steuerschuld** festgesetzt.

Mit der Festsetzung der Steuermessbeträge wird auch über die persönliche und sachliche Steuerpflicht entschieden (§ 184 Abs. 1 Satz 2 AO).

ÜBUNG → Wiederholungsfragen 1 bis 3 (Seite 93)

6.2 Nicht endgültige Steuerfestsetzungen

Neben der **endgültigen Festsetzung** kann eine Steuer auch unter dem **Vorbehalt der Nachprüfung** (§ 164 AO) oder **vorläufig** (§ 165 AO) festgesetzt werden.

6.2.1 Steuerfestsetzung unter dem Vorbehalt der Nachprüfung

Solange ein Steuerfall nicht abschließend geprüft ist, kann sich die Finanzbehörde die spätere Überprüfung vorbehalten und die Steuer aufgrund der Angaben des Steuerpflichtigen oder aufgrund vorläufiger Überprüfung **unter Vorbehalt der Nachprüfung** festsetzen (§ 164 AO).

Die Steuerfestsetzung **unter Vorbehalt der Nachprüfung** gibt der Finanzbehörde die Möglichkeit, die Steuer **rascher** festzusetzen, ohne den Steuerfall eingehend und abschließend nachprüfen zu müssen.

Der Vorbehalt der Nachprüfung erfasst die Festsetzung **insgesamt**; eine Beschränkung auf Einzelpunkte oder Besteuerungsgrundlagen ist nicht zulässig.

Eine **Begründung** dafür, dass die Festsetzung unter Vorbehalt erfolgt, ist **nicht erforderlich**.

Solange der Vorbehalt wirksam ist, bleibt der gesamte Steuerfall **offen**. Die Steuerfestsetzung kann **jederzeit,** also auch nach Ablauf der Rechtsbehelfsfrist, und dem Umfang nach uneingeschränkt von Amts wegen oder auch auf Antrag des Steuerpflichtigen aufgehoben oder geändert werden (§ 164 Abs. 2 AO).

Der Vorbehalt der Nachprüfung kann kraft **ausdrücklichen Vermerks** jederzeit aufgehoben werden. Nach einer Außenprüfung **muss** der Vorbehalt der Nachprüfung jedoch aufgehoben werden.

Mit **Ablauf der allgemeinen Festsetzungsfrist** entfällt der Vorbehalt kraft Gesetz.

 Der Ablauf der allgemeinen Festsetzungsfrist wird im Abschnitt 6.3 „Festsetzungsverjährung bei Steuern", Seite 90 ff., näher erläutert.

Es sind folgende **Arten der Vorbehaltsfestsetzung** zu unterscheiden:

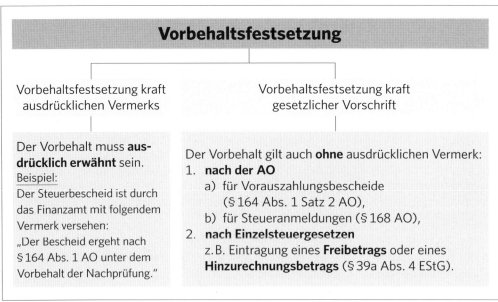

Die **Festsetzung einer Vorauszahlung** ist **stets** eine Steuerfestsetzung **unter Vorbehalt der Nachprüfung** (§ 164 Abs. 1 Satz 2 AO).

Eine **Steueranmeldung** (d.h. eine Steuererklärung, in der der Steuerpflichtige die Steuer aufgrund gesetzlicher Vorschrift selbst zu berechnen hat) **steht** ebenfalls einer **Steuerfestsetzung unter Vorbehalt der Nachprüfung gleich** (§ 168 AO).

6.2.2 Vorläufige Steuerfestsetzung

Eine **Steuer kann**, soweit eine **Ungewissheit** über die Besteuerungsgrundlagen besteht, **vorläufig** festgesetzt werden (§ 165 Abs. 1 **Satz 1** AO).

Diese Regelung ist **auch** anzuwenden, **wenn** (§ 165 Abs. 1 **Satz 2** AO)

1. ungewiss ist, ob und wann **Verträge mit anderen Staaten** über die Besteuerung, die sich zugunsten des Steuerpflichtigen auswirken, für die Steuerfestsetzung wirksam werden,
2. das **Bundesverfassungsgericht** die **Unvereinbarkeit eines Steuergesetzes mit dem Grundgesetz** festgestellt hat und der Gesetzgeber zu einer Neuregelung verpflichtet ist,
3. die **Vereinbarkeit eines Steuergesetzes mit höherrangigem Recht** Gegenstand eines Verfahrens bei dem **Gerichtshof der Europäischen Gemeinschaften**, dem **Bundesverfassungsgericht** oder einem **obersten Bundesgericht** ist oder
4. die Auslegung eines Steuergesetzes Gegenstand eines Verfahrens bei dem **Bundesfinanzhof** ist (§ 165 Abs. 1 Satz 2 AO).

Umfang und Grund der Vorläufigkeit sind anzugeben. Die Vorläufigkeit ist auf die **ungewissen** Voraussetzungen zu beschränken (§ 165 Abs. 1 Satz 3 AO).

In mehreren **BMF-Schreiben** ist festgelegt, hinsichtlich welcher Punkte eine Steuerfestsetzung zurzeit **vorläufig** vorzunehmen ist, zuletzt im BMF-Schreiben vom 15.01.2018 (www.bundesfinanzministerium.de).

Soweit die Finanzbehörde eine Steuer **vorläufig** festgesetzt hat, kann sie die Festsetzung **aufheben oder ändern** (§ 165 Abs. 2 Satz 1 AO).

Wenn die **Ungewissheit beseitigt** ist, ist eine vorläufige Steuerfestsetzung aufzuheben, zu ändern oder für endgültig zu erklären (§ 165 Abs. 2 Satz 2 AO).

Die **vorläufige** Steuerfestsetzung kann mit einer Steuerfestsetzung unter **Vorbehalt der Nachprüfung** verbunden werden (§ 165 Abs. 3 AO).

Ist eine Steuer nach § 165 Abs. 1 **Satz 1** AO **vorläufig** festgesetzt worden, so **endet die Festsetzungsfrist nicht** vor Ablauf **eines Jahres**, nachdem die Ungewissheit beseitigt ist und die Finanzbehörde hiervon Kenntnis erlangt hat. In den Fällen des § 165 Abs. 1 **Satz 2** AO **endet die Festsetzungsfrist nicht** vor Ablauf von **zwei Jahren** (Ablaufhemmung; § 171 Abs. 8 Satz 2 AO).

> **ÜBUNG →** Wiederholungsfragen 4 bis 6 (Seite 93)

6.3 Festsetzungsverjährung bei Steuern

Eine **Steuerfestsetzung** ist nach § 169 Abs. 1 Satz 1 AO **nicht mehr zulässig, wenn** die Festsetzungs**frist abgelaufen ist** (**Festsetzungsverjährung**).

Durch Eintritt der Festsetzungs**verjährung** erlischt der **Steueranspruch** des Steuergläubigers (§ 47 AO).

Die **Verjährung** dient der **Wahrung des Rechtsfriedens** und der **Rechtssicherheit**.
Der Steuerpflichtige soll nach Ablauf einer bestimmten Zeit die Gewissheit haben, dass ein Steueranspruch nicht mehr gegen ihn geltend gemacht werden kann.

Die AO unterscheidet zwischen der Verjährung der noch nicht festgesetzten Steuer (**Festsetzungsverjährung**, §§ 169 bis 171 AO) **und** der Verjährung des Zahlungsanspruchs (**Zahlungsverjährung**, §§ 228 bis 232 AO). Auch bei diesen beiden Fristen kann sich das **Ende** gegebenenfalls **nach § 108 Abs. 3 AO verschieben** (BFH-Urteil vom 20.01.2016).

Die **Zahlungsverjährung** wird im Abschnitt 8.5.4 „Zahlungsverjährung", Seite 107 f., näher erläutert.

Ein Steueranspruch ist innerhalb einer gesetzlich vorgeschriebenen Frist zu konkretisieren, d.h., die Steuer ist innerhalb dieser Frist durch Bescheid festzusetzen. Diese Frist wird als **Festsetzungsfrist** bezeichnet.

Nach Ablauf der Festsetzungsfrist ist eine **erstmalige** Steuerfestsetzung bzw. Aufhebung oder Änderung einer **durchgeführten** Steuerfestsetzung **nicht mehr zulässig** (§ 169 Abs. 1 AO). Die Festsetzungsfrist ist bei der Antragsveranlagung zur Einkommensteuer (§ 46 Abs. 2 Nr. 8 EStG) auch dann gewahrt, wenn die Steuererklärung beim unzuständigen Finanzamt eingeworfen wurde. Dies führt dann zu einer Ablaufhemmung nach § 171 Abs. 3 AO (Urteil des FG Köln vom 23.05.2017).

Die **Festsetzungsfrist** beträgt nach § 169 Abs. 2 AO:

• für Verbrauchsteuern	ein Jahr,
• für **alle übrigen Steuern**	**vier Jahre**,
• für leichtfertig verkürzte Steuern	fünf Jahre,
• für hinterzogene Steuern	zehn Jahre.

Die Festsetzungsfrist **beginnt** allgemein mit **Ablauf des Kalenderjahres,** in dem die Steuer entstanden ist (§ 170 **Abs. 1** AO).

Davon abweichend beginnt die Festsetzungsfrist in den Fällen, in denen eine **Steuererklärung oder Steueranmeldung** einzureichen ist (z.B. bei der USt, ESt, GewSt) mit **Ablauf des Kalenderjahres**, in dem die **Steuererklärung oder Steueranmeldung eingereicht** wurde.

BEISPIEL

Der Steuerpflichtige Rainer Bausen, Hannover, hat im Jahr 2017 ein zu versteuerndes Einkommen von 86.510 € erzielt. Er reicht seine Einkommensteuererklärung am 18.05.2018 beim zuständigen Finanzamt ein.

Die **Festsetzungsfrist beginnt** mit Ablauf des **31.12.2018** und **endet** nach **vier Jahren** (ESt = übrige Steuer) mit Ablauf des **31.12.2022**.

6 Festsetzungs- und Feststellungsverfahren

Das **Hinausschieben** des Anlaufs (= Beginns) der Festsetzungsfrist wird als „**Anlaufhemmung**" bezeichnet.

BEISPIEL

Der Steuerpflichtige Timo Sauer, Bonn, hat im Jahr 2016 ein zu versteuerndes Einkommen von 120.730 € erzielt. Ihm wurde für die Abgabe der Einkommensteuererklärung 2016 eine Fristverlängerung bis zum 31.01.2018 gewährt. Er reicht seine Einkommensteuererklärung am 12.01.2018 beim zuständigen Finanzamt ein.

Die **Festsetzungsfrist beginnt** mit Ablauf des Jahrs der Abgabe der Steuererklärung, also mit Ablauf des **31.12.2018** und **endet** nach **vier Jahren** (übrige Steuer) mit Ablauf des **31.12.2022**.

Auch bei verheimlichten Beziehungen zu Drittstaat-Gesellschaften kann eine Anlaufhemmung vorliegen (§ 170 Abs. 7 AO).

Die **Festsetzungsfrist beginnt** jedoch **spätestens** mit Ablauf des **dritten** Kalenderjahres zu laufen, das auf die **Entstehung** der Steuer folgt (§ 170 Abs. 2 Satz 1 Nr. 1 AO).
Sie ist gewahrt, wenn der Steuerbescheid den Bereich der für die Steuerfestsetzung zuständigen **Finanzbehörde** vor Ablauf der Frist **verlassen** hat.

Bestimmte Tatsachen schieben das Ende der Festsetzungsfrist hinaus (**Ablaufhemmung**; § 171 AO). Die Festsetzungsfrist **endet** in diesen Fällen meist nicht – wie im Normalfall – am Ende, sondern **im Laufe eines Kalenderjahres** (AEAO zu § 171, Nr. 1). Die Festsetzungsfrist läuft nicht ab, solange der Ablauf der Frist **gehemmt** ist, z.B. bei **höherer Gewalt** innerhalb der letzten **sechs Monate** des Fristlaufes (§ 171 Abs. 1 AO) oder bei rechtzeitigem **Beginn einer Außenprüfung** (§ 171 Abs. 4 AO).

BEISPIEL

Die Frist für eine Einkommensteuer-Festsetzung würde am 31.12.2017 ablaufen. Infolge einer Naturkatastrophe (höhere Gewalt) kann eine Festsetzung in der Zeit vom 01.10.2017 bis 31.01.2018 nicht erfolgen (Ruhezeitraum: 01.10. bis 31.12.2017 = 3 Monate).

Die Festsetzungsfrist läuft erst am **30.04.2018** ab (Wegfall der höheren Gewalt mit Ablauf des 31.01.2018 **zuzüglich** des Ruhezeitraums von 3 Monaten).

Wird vor Ablauf der Festsetzungsfrist mit einer **Außenprüfung** begonnen, so läuft die Festsetzungsfrist für die Steuern, auf die sich die Außenprüfung erstreckt, im Allgemeinen nicht ab, bevor die aufgrund der Außenprüfung zu erlassenden Steuerbescheide unanfechtbar geworden sind (§ 171 Abs. 4 AO).

Ein Steuerbescheid ist **unanfechtbar**, wenn **kein** Rechtsbehelf mehr gegen ihn eingelegt werden kann.

BEISPIEL

Am 23.10.2017 wird mit einer Außenprüfung begonnen. Die Außenprüfung erstreckt sich auf die Einkommensteuer, deren Festsetzungsfrist am 31.12.2017 ablaufen würde. Durch die Außenprüfung ergibt sich eine Mehrsteuer von 5.170 €. Der aufgrund der Außenprüfung erlassene Steuerbescheid wird am 07.05.2018 bekannt gegeben.

Da die Einspruchsfrist mit Ablauf des 07.06.2018 endet, ist der Bescheid ab 08.06.2018 unanfechtbar. Die **Festsetzungsfrist** für die betreffende Einkommensteuer läuft mit Ablauf des **07.06.2018** ab.

B. Abgabenordnung

Für die Auswertung der Feststellungen bei einer Außenprüfung stehen dem Finanzamt die im § 169 Abs. 2 AO genannten Fristen zur Verfügung. Im Allgemeinen hat das Finanzamt vier Jahre, gerechnet ab dem Ende des Kalenderjahres, in dem die Schlussbesprechung stattgefunden hat, zur Verfügung. Erlässt es in dieser Zeit keinen (geänderten) Steuerbescheid, ist der Anspruch auf eine Änderung der Festsetzung erloschen (§ 171 Abs. 4 Satz 3 AO).

Im Rahmen der Korrektur von Steuerfestsetzungen aufgrund von **Datenübermittlungen durch Dritte** (§ 93c AO) wurde für die Ablaufhemmung der § 171 Abs. 10a AO eingeführt. Datenübermittlungen durch Dritte umfassen z. B. die Beiträge zur Basiskrankenversicherung und zur gesetzlichen Pflegeversicherung, die durch die **Krankenkassen** an das BZSt übermittelt werden, oder die elektronische Lohnsteuerbescheinigung, die der **Arbeitgeber** an die zuständige Finanzbehörde sendet. Die Festsetzungsfrist endet in diesen Fällen **nicht vor Ablauf von zwei Jahren nach Zugang** dieser Daten.

> **ÜBUNG →**
> 1. Wiederholungsfragen 7 bis 10 (Seite 93),
> 2. Aufgaben 1 und 2 (Seite 93)

6.4 Zusammenfassung und Erfolgskontrolle

6.4.1 Zusammenfassung

Grundzüge des Festsetzungs- und Feststellungsverfahrens

Festsetzung der Steuer durch **Steuerbescheide**	Feststellung der **Besteuerungsgrundlagen** durch **Grundlagenbescheide**
Steuern werden in der Regel durch **Steuerbescheide** der Finanzbehörden festgesetzt. **Form** und **Inhalt** der Steuerbescheide (§ 157 Abs. 1 i.V.m. § 119 AO): **Form**: grundsätzlich schriftlich **Inhalt**: • erlassende Behörde • Art der festgesetzten Steuer • Höhe der festgesetzten Steuer • Steuerschuldner • Rechtsbehelfsbelehrung • Besteuerungsgrundlagen **Ausnahme:** Eine Steuerfestsetzung durch Steuerbescheid ist **nicht** erforderlich, wenn der Steuerpflichtige eine **Steueranmeldung** (§ 167 AO) abgibt, die zu keiner abweichenden Steuer führt.	Besteuerungsgrundlagen werden durch **Grundlagenbescheide gesondert** festgestellt, wenn • die Besteuerungsgrundlagen für mehrere Steuerarten oder mehrere Steuerpflichtige bedeutsam sind **oder** • Steuermessbeträge nach den Einzelsteuergesetzen festzusetzen sind. **Grundlagenbescheide** sind: • **Feststellungsbescheide**, • **Steuermessbescheide** oder • **sonstige** für eine Steuerfestsetzung bindende **Verwaltungsakte**.

6.4.2 Erfolgskontrolle

WIEDERHOLUNGSFRAGEN

1. Was versteht die AO unter einem Steuerbescheid?
2. Welche Bestandteile muss/soll ein Steuerbescheid nach § 157 Abs. 1 AO enthalten und welche Rechtsfolgen ergeben sich aus ihrem Fehlen?
3. Was ist der Unterschied zwischen einer Feststellung und einer Festsetzung?
4. Welche Möglichkeiten gibt es, eine Steuer nicht endgültig festzusetzen?
5. Was versteht man unter dem Vorbehalt der Nachprüfung?
6. Was versteht man unter einer vorläufigen Steuerfestsetzung?
7. Was versteht man unter der Festsetzungsverjährung?
8. Was versteht man unter einer Zahlungsverjährung?
9. Wie werden Beginn und Ende der einzelnen Fristen bestimmt?
10. Welchen Sinn haben Anlauf- und Ablaufhemmung?

AUFGABEN

AUFGABE 1

Bestimmen Sie bei den Sachverhalten 1 bis 4 Beginn, Dauer und Ende der Festsetzungsfrist.

1. Der Steuerpflichtige Viktor Breitbach, Stuttgart, reicht am 19.06.2018 beim zuständigen Finanzamt seine USt-, ESt- und GewSt-Erklärung 2017 ein.
2. Dem Steuerpflichtigen Felix Bußmann, Kiel, wird für die Abgabe seiner USt-, ESt- und GewSt-Erklärung 2016 eine Fristverlängerung bis zum 28.02.2018 gewährt, die er auch in Anspruch nimmt.
3. Die Frist für eine ESt-Festsetzung würde am 31.12.2018 ablaufen. Infolge höherer Gewalt kann eine Festsetzung in der Zeit vom 01.09.2018 bis 31.03.2019 nicht erfolgen.
4. Die Frist für eine ESt-Festsetzung würde am 31.12.2018 ablaufen. Am 10.12.2018 wird mit einer Außenprüfung begonnen. Durch die Außenprüfung ergibt sich eine Mehrsteuer von 2.760 €. Diese wird durch einen Steuerbescheid festgesetzt, den das zuständige Finanzamt am Freitag, dem 08.03.2019, bei der Post aufgibt. Der Steuerpflichtige legt gegen den Bescheid keinen Einspruch ein.

AUFGABE 2

Der Steuerpflichtige Klaus Eck, Hamburg, reicht am 28.03.2018 dem zuständigen Finanzamt seine Einkommensteuererklärung für 2017 ein.

Wann läuft die Festsetzungsfrist für

1. leichtfertig verkürzte Einkommensteuer 2017
2. hinterzogene Einkommensteuer 2017

ab?

7 Berichtigungsverfahren

Ein Verwaltungsakt wird mit Bekanntgabe mit dem bekanntgegebenen Inhalt **wirksam**, auch, wenn er fehlerhaft ist (§ 124 Abs. 1 AO).

Wird der Fehler innerhalb eines Monats nach Bekanntgabe festgestellt, kann der Verwaltungsakt z. B. durch Einlegung eines **Einspruchs** berichtigt werden (§ 355 Abs. 1 AO). Nach Ablauf der Einspruchsfrist wird der Steuerbescheid **bestandskräftig** und kann nur noch bis zum Ablauf der Festsetzungsfrist korrigiert werden, soweit eine entsprechende **Berichtigungsvorschrift** greift (§ 172 Abs. 1 Nr. 2 AO).

Die **AO** unterscheidet folgende **Berichtigungsvorschriften**:

- **Berichtigung offenbarer Unrichtigkeiten** beim Erlass von Steuerbescheiden (§ 129 AO) und
- **Aufhebung und Änderung** von Steuerbescheiden (§§ 172 ff. AO).

Die **Berichtigung** beseitigt materielle Fehler (AEAO zu § 129, Nr. 2).
Aufhebung eines Steuerbescheides bedeutet, dass der Bescheid nach **Inhalt und Form** beseitigt wird, d. h., alle Wirkungen des Bescheides entfallen.
Bei der **Änderung** eines Steuerbescheides bleibt der Bescheid nach der Form erhalten, lediglich der **Inhalt** wird berichtigt.
Werden Steuern unter dem **Vorbehalt der Nachprüfung** (§ 164 AO) oder **vorläufig** (§ 165 AO) festgesetzt, können diese Bescheide **jederzeit** innerhalb der Festsetzungsfrist entsprechend des Vermerks **aufgehoben oder geändert** werden; fehlt ein solcher Vermerk, ist eine Aufhebung oder Änderung nur unter ganz bestimmten Voraussetzungen möglich.

7.1 Berichtigung offenbarer Unrichtigkeiten bei Verwaltungsakten

Die Finanzbehörde kann

- **Schreibfehler**,
- **Rechenfehler** und
- **ähnliche offenbare Unrichtigkeiten**,

die beim Erlass eines Verwaltungsaktes unterlaufen sind, **jederzeit** – bis zum Ablauf der Festsetzungsfrist – **berichtigen** (§§ 129 und 169 Abs. 1 Satz 2 AO).

Ist beim Erlass eines Steuerbescheides eine offenbare Unrichtigkeit unterlaufen, so endet die **Festsetzungsfrist** insoweit nicht vor Ablauf **eines Jahres** nach **Bekanntgabe** dieses Steuerbescheides (**Ablaufhemmung**; § 171 Abs. 2 AO).

> **BEISPIEL**
>
> Der Steuerpflichtigen Anna Huber, München, wird am Mittwoch, dem 11.10.2017, der Einkommensteuerbescheid für 2013 bekannt gegeben. Sie entdeckt im April 2018, dass das Finanzamt sich verschrieben und statt 4.300 € Versicherungsbeiträge nur 3.400 € als Sonderausgaben angesetzt hat. Dadurch hat sie Steuern in Höhe von 480 € zu viel gezahlt.
>
> Die Festsetzungsverjährung wäre zunächst bereits am 31.12.2017 (bzw. mit Ablauf des 02.01.2018, § 108 Abs. 3 AO) eingetreten.
>
> Nach § 171 Abs. 1 Nr. 2 AO i. V. m. § 129 AO (Vorliegen einer offenbaren Unrichtigkeit) **endet** die **Festsetzungsfrist** jedoch **nicht** vor Ablauf **eines Jahres** nach Bekanntgabe des entsprechenden Steuerbescheides. Frau Huber wurde der Bescheid am 11.10.2017 bekannt gegeben, sodass die **Festsetzungsfrist** erst **mit Ablauf des 11.10.2018 endet**. Der Bescheid von Frau Huber ist zu berichtigen.

7 Berichtigungsverfahren

Keine offenbaren Unrichtigkeiten liegen bei einem Fehler bei der Auslegung oder Nichtanwendung einer Rechtsnorm, einer unrichtigen Tatsachenwürdigung oder der unzutreffenden Annahme eines in Wirklichkeit nicht vorliegenden Sachverhalts vor. Ebenso **scheidet die Anwendung des § 129 AO aus**, wenn die ernsthafte Möglichkeit besteht, dass eine fehlerhafte Tatsachenwürdigung, ein sonstiger sachverhaltsbezogener Denk- oder Überlegungsfehler oder eine mangelnde Sachverhaltsaufklärung stattfand (BFH-Urteil vom 16.09.2015).

Wurden die Angaben zum Arbeitslohn aus der Steuererklärung nicht vom Finanzamt übernommen, sondern stattdessen die (unvollständigen) elektronisch übermittelten Lohnsteuerdaten abgerufen, führt dies ebenfalls **nicht** zu einer **Korrektur nach § 129 AO**, sondern stellt einen Fehler bei der Sachverhaltsermittlung dar (BFH-Urteil vom 16.01.2018, VI R 41/16).

Im Gegensatz dazu sind Fehler, die auf einem falschen Verständnis eines amtlichen **Steuererklärungsformulars** beruhen, **keine Fehler bei der Auslegung einer Rechtsnorm** und demnach **Fehler i.S.d. § 129 AO** (Urteil des FG Baden-Württemberg vom 06.10.2016). Dabei handelt es sich um ein „mechanisches Versehen", wenn der Sachbearbeiter eine versehentlich falsche Eingabe macht und dabei die fehlerhaften Angaben des Steuerpflichtigen übernimmt.

7.2 Aufhebung und Änderung von Steuerbescheiden

Ein Steuerbescheid darf, soweit er **nicht vorläufig** oder unter dem **Vorbehalt der Nachprüfung** ergangen ist, **nur aufgehoben oder geändert werden, wenn**

- der Steuerpflichtige vor Ablauf der Einspruchsfrist **zustimmt** bzw. einen **Antrag** stellt oder

- nachträglich **neue Tatsachen** oder **Beweismittel** bekannt werden.

7.2.1 Aufhebung oder Änderung auf Antrag oder Zustimmung des Steuerpflichtigen

Ein **fehlerhafter** Steuerbescheid über **andere Steuern** als Einfuhr- und Ausfuhrabgaben (früher Zölle) und Verbrauchsteuern kann mit **Zustimmung** oder auf **Antrag** des Steuerpflichtigen aufgehoben oder geändert werden (§ 172 Abs. 1 Nr. 2a) AO).

Der **praktisch wichtigste Anwendungsfall** des § 172 Abs. 1 Nr. 2a) AO ist die Änderung eines Steuerbescheides durch Einlegung eines **Einspruchs** (§ 347 AO).

> **BEISPIEL**
>
> Das Finanzamt hat bei der ESt-Veranlagung des Steuerpflichtigen Karl Parschau einen Teil seiner Spenden nicht als Sonderausgaben berücksichtigt. Der Steuerpflichtige legt fristgerecht gegen den Steuerbescheid Einspruch ein und beantragt, die Spenden in voller Höhe einkommensmindernd zu berücksichtigen.
>
> Das Finanzamt folgt dem Antrag und ändert den ESt-Bescheid nach § 172 Abs. 1 Nr. 2a) AO.

Die Vorschrift des § 172 Abs. 1 Nr. 2a) AO bietet dem Steuerpflichtigen **auch** die Möglichkeit, einen Fehler durch einen Antrag auf eine sog. „**schlichte Änderung**", d.h., durch Änderung eines Bescheides **außerhalb** eines Rechtsbehelfsverfahrens zu berichtigen.

Der Antrag auf schlichte Änderung, der **vor** Ablauf der Einspruchsfrist beim Finanzamt eingehen muss, bietet den **Vorteil**, dass er **formfrei** (z.B. telefonisch) gestellt werden kann und die **Gefahr einer Verböserung** des ursprünglichen Bescheides bei Einlegung eines Einspruchs **vermeidet**. Weitere Einzelheiten hierzu vgl. AEAO zu § 172, Nr. 2.

> **BEISPIEL**
>
> Das Finanzamt hat bei der Berechnung des zu versteuernden Einkommens den Altersentlastungsbetrag des Steuerpflichtigen Hans Link nicht abgesetzt, obwohl aus der Einkommensteuererklärung klar hervorgeht, dass die Voraussetzungen dafür erfüllt sind.
>
> Das Finanzamt kann den Fehler aufgrund eines formfreien Antrags innerhalb der Einspruchsfrist von einem Monat durch **schlichte Änderung** berichtigen.

Ein Steuerbescheid kann ferner **aufgehoben oder geändert** werden, wenn er

a) von einer sachlich **unzuständigen Behörde** erlassen worden ist,
b) durch **unlautere Mittel** (z. B. Drohung oder Bestechung) erwirkt worden ist oder
c) aufgrund **anderer gesetzlicher Vorschriften** berichtigt werden darf.

7.2.2 Aufhebung oder Änderung von Steuerbescheiden wegen neuer Tatsachen oder Beweismittel

Steuerbescheide sind bis zum Ablauf der Festsetzungsfrist **aufzuheben** oder zu **ändern**, wenn **neue Tatsachen oder Beweismittel nachträglich** bekannt werden, die

- zu einer **höheren** Steuer führen (§ 173 Abs. 1 **Nr. 1** AO) oder
- zu einer **niedrigeren** Steuer führen und den Steuerpflichtigen kein grobes Verschulden am nachträglichen Bekanntwerden trifft (§ 173 Abs. 1 **Nr. 2** AO).

Eine Änderung ist nur soweit zulässig, wie sich die **neuen Tatsachen oder Beweismittel** auswirken (**punktuelle Änderung**), d.h., der Steuerfall darf **nicht mehr insgesamt** aufgerollt werden.

Tatsache i.S.d. § 173 Abs. 1 AO ist alles, was Merkmal oder Teilstück eines steuergesetzlichen Tatbestandes sein kann, also Zustände, Vorgänge, Beziehungen und Eigenschaften materieller oder immaterieller Art. Zu den **Tatsachen** gehören **auch** innere Tatsachen (z.B. die Absicht, Einkünfte bzw. Gewinne zu erzielen), die nur anhand äußerer Merkmale **(Hilfstatsachen)** festgestellt werden können (AEAO zu § 173, Nr. 1.1).

Keine Tatsachen i.S.d. § 173 Abs. 1 AO sind Rechtsnormen und Schlussfolgerungen aller Art, insbesondere **steuerrechtliche Bewertungen** (AEAO zu § 173, Nr. 1.1.2).

Beweismittel ist jedes Erkenntnismittel, das der Aufklärung eines steuerlich erheblichen Sachverhalts dient, d.h. geeignet ist, das Vorliegen oder Nichtvorliegen von Tatsachen zu beweisen (AEAO zu § 173, Nr. 1.2). Beweismittel sind insbesondere **Urkunden**, Akten, Auskünfte und Sachverständigengutachten (§ 92 AO).

„**Nachträgliches**" Bekanntwerden heißt, dass die Tatsachen oder Beweismittel der Behörde erst bekannt werden, nachdem die Willensbildung über die Steuerfestsetzung abgeschlossen ist (AEAO zu § 173, Nr. 2.1).

Als **bekannt** gilt alles, was im Zeitpunkt der Willensbildung Inhalt derjenigen Akten ist, die von der organisatorisch **zuständigen** Dienststelle der Finanzbehörde für den Steuerpflichtigen geführt werden.

> **BEISPIEL**
>
> Der Steuerpflichtige Siegbert Kemp stellt beim Erhalt seines Einkommensteuerbescheids fest, dass er vergessen hat, in seiner Einkommensteuererklärung einen Teil seiner Mieteinnahmen anzugeben. Er berichtigt seine Erklärung unverzüglich nach § 153 Abs. 1 AO.

Das Finanzamt muss den Steuerbescheid wegen nachträglich bekannt gewordener Tatsachen, die zu einer höheren Steuer führen, ändern (§ 173 Abs. 1 Nr. 1 AO).

Als **grobes Verschulden** hat der Steuerpflichtige Vorsatz und grobe Fahrlässigkeit zu vertreten.

Grobe Fahrlässigkeit ist anzunehmen, wenn er die ihm zumutbare Sorgfalt in ungewöhnlichem Maße und in nicht entschuldbarer Weise verletzt.

Ein **grobes Verschulden** kann im Allgemeinen angenommen werden, wenn der Steuerpflichtige trotz Aufforderung eine Steuererklärung nicht abgegeben hat, allgemeine Grundsätze der Buchführung verletzt oder ausdrückliche Hinweise in ihm zugegangenen Vordrucken, Merkblättern oder sonstigen Hinweisen der Finanzbehörde nicht beachtet (AEAO zu § 173, Nr. 5.1.2). Eine grobe Fahrlässigkeit ist in der Regel jedoch **nicht** anzunehmen, wenn beim Ausfüllen einer elektronischen Steuererklärung übliche Fehler oder Nachlässigkeiten (unbewusste „mechanische" Fehler) unterlaufen (BFH-Urteil vom 10.02.2015).

BEISPIEL

Der Steuerpflichtige Hans Holzmeister stellt fest, dass er in seiner Einkommensteuererklärung übersehen hat, seine Kirchensteuerzahlungen als Sonderausgaben anzugeben. Er beantragt beim Finanzamt, den Steuerbescheid zu ändern.

Wenn der Steuerbescheid noch **nicht unanfechtbar** ist (d. h. **vor** Ablauf der Einspruchsfrist), kann das Finanzamt den Bescheid aufgrund des Antrags des Steuerpflichtigen zu dessen Gunsten nach § 172 Abs. 1 Nr. 2a) AO **ändern**.

Wenn der Bescheid schon **unanfechtbar** ist (d. h. **nach** Ablauf der Einspruchsfrist), kann das Finanzamt den Bescheid **nicht mehr ändern**, weil nach der Unanfechtbarkeit eine Änderung nur noch **zuungunsten** des Steuerpflichtigen möglich ist (§ 173 Abs. 1 Nr. 1 AO).

Ein Fall des § 173 Abs. 1 Nr. 2 **Satz 1** AO ist **nicht** gegeben, weil man wohl von einem **groben Verschulden** des Steuerpflichtigen sprechen kann und kein Zusammenhang i. S. d. § 173 Abs. 1 Nr. 2 **Satz 2** AO besteht (siehe unten).

Die **Unkenntnis** steuerlicher Bestimmungen begründet alleine noch nicht den Vorwurf groben Verschuldens. Der Steuerpflichtige hat aber ein **grobes Verschulden** seines steuerlichen **Beraters** in gleicher Weise zu vertreten wie das Verschulden eines Bevollmächtigten (AEAO zu § 173, Nr. 5.4).

Das **Verschulden des Steuerpflichtigen** ist nach § 173 Abs. 1 Nr. 2 Satz 2 AO **unbeachtlich**, wenn die Tatsachen oder Beweismittel, die zu einer **niedrigeren** Steuer führen, in einem unmittelbaren oder mittelbaren Zusammenhang mit neuen Tatsachen oder Beweismitteln stehen, die zu einer **höheren** Steuer führen.

Stehen die **steuermindernden** Tatsachen mit **steuererhöhenden** Tatsachen im Zusammenhang, sind die **steuermindernden** Tatsachen nicht nur bis zur steuerlichen Auswirkung der steuererhöhenden Tatsachen, sondern **uneingeschränkt** zu berücksichtigen.

Wird dem Finanzamt nachträglich bekannt, dass ein Steuerpflichtiger **nicht erklärte Einkünfte** einer bestimmten Einkunftsart erzielt hat, so stellt die Höhe dieser Einkünfte die für die Anwendung des § 173 Abs. 1 Nr. 1 oder Nr. 2 relevante **Tatsache** dar (AEAO zu § 173, Nr. 6.2).

Steuerbescheide, die aufgrund einer **Außenprüfung** ergangen sind, können nur aufgehoben oder geändert werden, wenn eine Steuerhinterziehung oder eine leichtfertige Steuerverkürzung vorliegt (Änderungssperre nach § 173 Abs. 2 AO).

7.2.3 Berichtigung von Steuerbescheiden wegen Schreib- und Rechenfehlern

Durch das **Gesetz zur Modernisierung des Besteuerungsverfahrens** (BGBl. I 2016, S. 1679ff.) wurde mit **§ 173a AO** im Jahr 2016 eine neue Korrekturvorschrift für bestandskräftige Steuerbescheide eingeführt. Sind dem Steuerpflichtigen bei der Erstellung seiner elektronisch oder in Papierform eingereichten Steuererklärung **Schreib- und/oder Rechenfehler** unterlaufen, sodass beim Erlass des Steuerbescheids deshalb unzutreffende Tatsachen berücksichtigt wurden, ist der Steuerbescheid nach § 173a AO zu ändern bzw. aufzuheben. **Nicht** in den Anwendungsbereich von § 173a AO fallen **Rechtsirrtümer oder Rechtsanwendungsfehler**.

Die Berichtigungsmöglichkeit wegen offenbarer Unrichtigkeiten beim Erlass eines Verwaltungsakts durch die Finanzverwaltung nach **§ 129 AO** bleibt **unverändert bestehen**. Während § 129 AO für alle Verwaltungsakte gilt, ist **§ 173a AO nur** auf **Steuerbescheide** anwendbar.

Der neue § 173a AO gilt für Steuerbescheide, die **nach dem 31.12.2016 erlassen** werden.

7.2.4 Aufhebung und Änderung von Steuerbescheiden in sonstigen Fällen

Die Korrekturvorschrift des § 175 Abs. 1 Nr. 1 AO erlaubt die Änderung eines bestandskräftigen Bescheids, wenn **Änderungen bei einem** für diesen Steuerbescheid relevanten **Grundlagenbescheid** eingetreten sind. Die Auswirkungen können zugunsten, aber auch zuungunsten des Steuerpflichtigen durchgeführt werden.

> **BEISPIEL**
>
> Franz Kaiser hat in seiner Steuererklärung 2017 unter anderem Einkünfte aus Vermietung und Verpachtung i.H.v. 12.000 € erklärt. Es handelt sich um seinen **Anteil** an den Vermietungseinkünften der **Erbengemeinschaft** mit seinen Geschwistern. Im Einkommensteuerbescheid 2017, der Herrn Kaiser am 12.04.2018 bekannt gegeben wurde, hatte das Finanzamt diese Einkünfte erfasst.
> Am 03.09.2018 erhält das Finanzamt die Mitteilung über die **einheitliche und gesonderte Feststellung** der Vermietungseinkünfte aus der Erbengemeinschaft vom zuständigen Finanzamt. Auf Franz Kaiser entfallen nun Vermietungseinkünfte von nur 8.000 €.
> Das **Finanzamt** ändert den Bescheid nach **§ 175 Abs. 1 Nr. 1 AO** zugunsten des Herrn Kaiser.

7.2.5 Aufhebung und Änderung von Steuerfestsetzungen bei fehlerhafter Datenübermittlung

Aufgrund der eingeführten Übermittlung von Daten durch unterschiedliche Stellen wurde durch das **Gesetz zur Modernisierung des Besteuerungsverfahrens** die Korrekturvorschrift **des § 175b AO** eingeführt. Wurden übermittelte Daten nicht oder unzutreffend bei der Steuerfestsetzung berücksichtigt, ist der Bescheid nach § 175b **Abs. 1** AO zu ändern. Waren die Daten falsch und der Steuerpflichtige hat keine abweichenden Angaben gemacht, ist der Steuerbescheid nach § 175b **Abs. 2** AO zugunsten des Steuerpflichtigen zu korrigieren.

Die Änderungsmöglichkeit gilt **erstmals** für Daten, die für **Besteuerungszeiträume nach dem 31.12.2016** übermittelt werden müssen.

7.3 Zusammenfassung und Erfolgskontrolle

7.3.1 Zusammenfassung

Das folgende Schaubild fasst die wesentlichen Inhalte der Berichtigung von Steuerbescheiden nochmals zusammen.

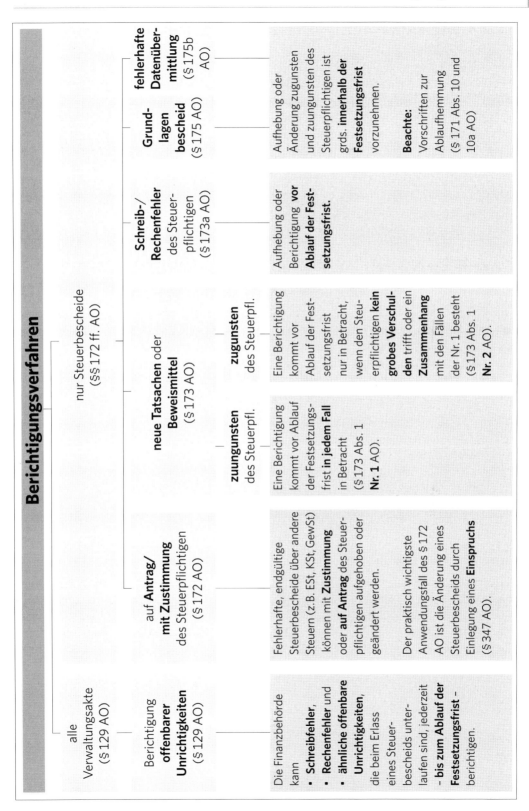

7.3.2 Erfolgskontrolle

WIEDERHOLUNGSFRAGEN

1. Welche Berichtigungsverfahren lassen sich nach der AO unterscheiden?
2. Welche Regelung sieht die AO im Falle einer offenbaren Unrichtigkeit vor?
3. Unter welchen Voraussetzungen kann ein Steuerbescheid zugunsten (zuungunsten) des Steuerpflichtigen nach § 172 Abs. 1 Nr. 2a) AO aufgehoben oder geändert werden?
4. Wie kann man bei einem Berichtigungswunsch die Gefahr einer Verböserung vermeiden?
5. Welcher Fall führt lediglich zu einer punktuellen Änderung von Steuerbescheiden?
6. Was versteht man unter den einzelnen Begriffsmerkmalen der Berichtigungsmerkmale nach § 173 AO?
7. Welche beiden Fälle sind bei einer Aufhebung oder Änderung nach § 173 Abs. 1 AO zu unterscheiden?
8. Was ist unter einem „groben Verschulden" zu verstehen?
9. Was versteht man unter einer Änderungssperre?
10. Wodurch unterscheiden sich Wirksamkeit und Bestandskraft von Steuerbescheiden?

AUFGABEN

AUFGABE 1

Die reguläre Festsetzungsfrist für die ESt des Steuerpflichtigen Fritz Moser endet am 31.12.2018. Die Festsetzung erfolgt mit Bescheid, der am 09.04.2018 bekannt gegeben wird. Am 25.03.2019 entdeckt der Steuerpflichtige zufällig, dass der ihm zustehende Werbungskostenpauschbetrag nach § 9a Nr. 1a) EStG seitens des Finanzamtes vergessen worden war.

Kann noch eine Berichtigung zugunsten des Steuerpflichtigen erfolgen? Begründen Sie Ihre Antwort.

AUFGABE 2

Das Finanzamt hat bei der ESt-Veranlagung 2017 des Steuerpflichtigen Fiete Josten einen Teil seiner beantragten und belegten Sonderausgaben nicht anerkannt. Josten legt sofort nach Erhalt des Steuerbescheides Einspruch ein.

Kann das Finanzamt den Steuerbescheid ändern?

AUFGABE 3

Das Finanzamt hat bei der ESt-Veranlagung 2017 der Steuerpflichtigen Inge Kanisch den Entlastungsbetrag für Alleinerziehende nach § 24b EStG nicht berücksichtigt, obwohl aus der Einkommensteuererklärung klar hervorgeht, dass die Voraussetzungen dafür erfüllt sind. Andererseits war beim Sonderausgabenabzug die entrichtete Kirchensteuer nicht um die Erstattung des Vorjahres gekürzt worden.

Welches Vorgehen würden Sie Frau Kanisch empfehlen?

7 Berichtigungsverfahren

AUFGABE 4

Der Steuerpflichtige Werner Nink, Hamburg, ermittelt für den VZ 2017 einen Verlust aus Gewerbebetrieb von 3.000 € und fügt seiner Einkommensteuererklärung den richtig ausgefüllten amtlich vorgeschriebenen Vordruck (§ 60 Abs. 4 EStDV) bei.
In seiner Einkommensteuererklärung gibt er versehentlich einen Gewinn von 3.000 € an, der vom Finanzamt bei der Festsetzung übernommen wird.
Ein Jahr später bemerkt Nink den Fehler und bittet das Finanzamt um Berichtigung des Steuerbescheides.
Wie beurteilen Sie die Rechtslage?

AUFGABE 5

Bei einer Außenprüfung stellt der Prüfer fest, dass der Einzelhändler Harry Kloth einen betrieblichen Pkw auch für private Zwecke verwendet hat, ohne die private Nutzung als solche zu buchen. Die Mehrsteuer für den inzwischen bestandskräftigen Bescheid beträgt 600 €.
Kann der Bescheid noch geändert werden? Begründen Sie Ihre Antwort.

AUFGABE 6

Der Gewerbetreibende Erwin Barthels hat seine Einkommensteuererklärung 2009 am 21.05.2010 (Freitag) beim zuständigen Finanzamt eingereicht. Der Steuerbescheid wurde am 11.11.2010 (Donnerstag) unter dem Vorbehalt der Nachprüfung bekannt gegeben. Der Vorbehalt der Nachprüfung wurde nach einer Außenprüfung im Juni 2016 aufgehoben.
Nach einer Durchsuchung bei seiner Hausbank durch die Steuerfahndung im Oktober 2016 erfährt das Finanzamt erstmals, dass Barthels im Jahr 2009 Wertpapiererträge in Höhe von 10.000 € aus Luxemburg nicht angegeben hatte.
Kann der Einkommensteuerbescheid für 2009 noch geändert werden? Begründen Sie Ihre Antwort.

AUFGABE 7

Der Einkommensteuerbescheid 2017 Ihres Mandanten Werner Winter ist mit Poststempel vom 01.06.2018 versehen. Am 06.07.2018 legt Ihnen Winter noch eine Provisionsabrechnung über 3.500 € vor, die er nach eigenem Bekunden übersehen hatte, sodass diese Einnahmen nicht erklärt und versteuert wurden.
Welchen Rat und welche Erläuterungen geben Sie dem Mandanten?

AUFGABE 8

Der Einkommensteuerbescheid 2017 der alleinerziehenden Mutter Klara Kraft vom 09.04.2018 (Bekanntgabetag) enthält einen Vorläufigkeitsvermerk („Die Steuerfestsetzung ist im Hinblick auf … anhängige Verfahren vorläufig hinsichtlich der beschränkten Abziehbarkeit von Vorsorgeaufwendungen (§ 10 Abs. 3 EStG)").
Als Frau Kraft Ihnen den Bescheid am 11.06.2018 Rat suchend vorlegt, stellen Sie fest, dass ihre beantragten Krankheitskosten in Höhe von 700 € zu Unrecht nicht als außergewöhnliche Belastungen berücksichtigt wurden. Das Finanzamt hatte den Nichtansatz im Bescheid erläutert. Es war der Meinung, dass Krankheitskosten keine außergewöhnlichen Belastungen seien.
Hat Frau Kraft noch eine Chance auf Berücksichtigung dieser Aufwendungen? Prüfen Sie die einzelnen Änderungs-/Berichtigungsvorschriften.

8 Erhebungsverfahren

Steuern können erst dann **erhoben** werden, wenn sie

1. **entstanden**,
2. **festgesetzt** und
3. **fällig**

sind.

Entstehung, Festsetzung und Fälligkeit einer Steuer sind genau auseinanderzuhalten.

8.1 Entstehung der Steuer

Eine Steuer **entsteht** grundsätzlich, wenn der **Tatbestand verwirklicht** ist, an den das Gesetz die Leistungspflicht knüpft (§ 38 AO).

Die jeweiligen Einzelsteuergesetze regeln, wann die entsprechende Steuer konkret **entsteht**.

Beispiele für die **Entstehung der Steuer** in den Einzelsteuergesetzen:

Lohnsteuer	in dem Zeitpunkt, in dem der Arbeitslohn dem Arbeitnehmer zufließt (§ 38 Abs. 2 Satz 2 EStG),
ESt- und KSt-Vorauszahlung	jeweils mit Beginn des Kalendervierteljahres, in dem die Vorauszahlung zu entrichten ist (§ 37 Abs. 1 Satz 2 EStG und § 30 Nr. 2 KStG),
ESt- und KSt-Abschlusszahlung	mit Ablauf des Veranlagungszeitraums (§ 36 Abs. 1 EStG und § 30 Nr. 3 KStG),
GewSt-Vorauszahlung	mit Beginn des Kalendervierteljahres, in dem die Vorauszahlung zu entrichten ist (§ 21 GewStG),
GewSt-Abschlusszahlung	mit Ablauf des Erhebungszeitraums, für den die Festsetzung vorgenommen wird (§ 18 GewStG),
Umsatzsteuer	mit Ablauf des Voranmeldungszeitraums, in dem der Umsatz **ausgeführt** wurde (Sollbesteuerung) bzw. das Entgelt **vereinnahmt** wurde (Istbesteuerung) (§ 13 Abs. 1 Nr. 1a) und Nr. 1b) UStG)

Nur eine **entstandene** Steuer kann **festgesetzt** und **fällig** werden.

Der **Entstehungszeitpunkt** ist von Bedeutung für den **Beginn der Festsetzungsfrist** (§ 170 AO).

 Einzelheiten zum **Beginn der Festsetzungsfrist** wurden bereits im Kapitel 6 „Festsetzungs- und Feststellungsverfahren", Seiten 86 ff., dargestellt.

8 Erhebungsverfahren

8.2 Festsetzung der Steuer

Durch die **Steuerfestsetzung** wird der Steueranspruch **verwirklicht (konkretisiert)**.
Die **Festsetzung** erfolgt in der Regel durch einen **Steuerbescheid** (§§ 155 und 218 AO).

> **BEISPIEL**
>
> Der Steuerpflichtige Fridolin Neuerburg, Frankfurt, hat im Jahr 2018 ein zu versteuerndes Einkommen von 110.250 € erzielt.
>
> Die ESt ist spätestens mit Ablauf des Kalenderjahres 2018 **entstanden** (soweit ESt-Vorauszahlungen festgesetzt wurden, ist sie schon früher entstanden). Durch die Festsetzung der für 2018 geschuldeten ESt im ESt-Bescheid ist der Steueranspruch des Steuergläubigers verwirklicht.

Weitere Einzelheiten zur **Steuerfestsetzung** wurden bereits im Kapitel 6 „Festsetzungs- und Feststellungsverfahren", Seiten 86 ff., dargestellt.

8.3 Fälligkeit der Steuer

Fälligkeit der Steuer bedeutet, dass der Steuergläubiger zu einem bestimmten Zeitpunkt vom Steuerschuldner die Zahlung verlangen kann.

Die **Fälligkeit** richtet sich ebenfalls nach den **Einzelsteuergesetzen** (§ 220 AO).

Die Steuern, deren Fälligkeit gesetzlich kalendermäßig genau geregelt ist, werden allgemein als **„Fälligkeitssteuern"** bezeichnet.

Beispiele für **Fälligkeitsregelungen** in Einzelsteuergesetzen:

Lohnsteuer	10. Tag nach Ablauf des Lohnsteuer-Anmeldungszeitraums (§ 41a Abs. 1 EStG)
ESt- und KSt-Vorauszahlung	10. März, 10. Juni, 10. September, 10. Dezember (§ 37 Abs. 1 EStG und § 31 KStG)
ESt- und KSt-Abschlusszahlung	1 Monat nach Bekanntgabe des ESt-Bescheides (§ 36 Abs. 4 EStG und § 31 KStG)
GewSt-Vorauszahlung	15. Februar, 15. Mai, 15. August, 15. November (§ 19 Abs. 1 GewStG)
GewSt-Abschlusszahlung	1 Monat nach Bekanntgabe des GewSt-Bescheides (§ 20 Abs. 2 GewStG)
USt-Vorauszahlung	10. Tag nach Ablauf des USt-Voranmeldungszeitraums (§ 18 Abs. 1 UStG)
USt-Abschlusszahlung	1 Monat **nach** dem **Eingang** der Jahressteuererklärung (§ 18 Abs. 4 UStG)

Wird eine Steuer **nicht** bis zum Ablauf des **Fälligkeitstages** entrichtet, so ist für jeden angefangenen Monat der Säumnis ein **Säumniszuschlag** von **1 %** des rückständigen abgerundeten Steuerbetrags zu entrichten. Der Steuerbetrag ist **auf den nächsten durch 50 Euro teilbaren Betrag abzurunden** (§ 240 Abs. 1 AO).

Ein **Säumniszuschlag** wird bei einer Säumnis bis zu **drei Tagen (= Schonfrist) nicht** erhoben (§ 240 Abs. 3 Satz 1 AO).

Diese **Schonfrist** gilt **nicht** für **Bar- und Scheckzahlungen** (§ 224 Abs. 2 Nr. 1 und § 240 Abs. 3 **Satz 2** AO).

Bei Zahlung **nach** Ablauf der Schonfrist ist der Säumniszuschlag **ab Fälligkeit** zu berechnen, denn durch die Schonfrist wird die Fälligkeit **nicht geändert**.

Die **Lohn- und Umsatzsteuer** werden erst mit **Anmeldung fällig**, d.h., bevor die Voranmeldung nicht beim Finanzamt eingeht, können **keine Säumniszuschläge** anfallen.

Allerdings droht bei verspäteter Abgabe der Anmeldung die Festsetzung eines **Verspätungszuschlags** (§ 152 AO).

> Einzelheiten zum **Säumniszuschlag** und **Verspätungszuschlag** wurden bereits im Abschnitt 4.5 „Folgen der Fristversäumnis", Seite 59 ff., dargestellt.

> ÜBUNG → 1. Wiederholungsfragen 1 bis 5 (Seite 109),
> 2. Aufgaben 1 und 2 (Seite 109)

8.4 Steuerstundung

Durch die **Stundung** wird der Fälligkeitstermin einer Steuer hinausgeschoben, z.B. indem eine Teil-/Ratenzahlung für die Begleichung der Steuerschuld vereinbart wird.

Die **Finanzbehörden können** Steuern nach § 222 AO ganz oder teilweise **stunden, wenn**

- die Einziehung bei Fälligkeit eine **erhebliche Härte** für den Schuldner bedeuten würde **und**
- der **Anspruch** durch die Stundung **nicht gefährdet** erscheint.

Eine **erhebliche Härte** kann sich aus **sachlichen** Gründen und aus den **persönlichen** Verhältnissen des Steuerschuldners ergeben.

Als **sachliche** Gründe kommen z.B. die Insolvenz eines wichtigen Kunden des Steuerschuldners, unerwartet hohe Steuernachzahlungen aufgrund einer Außenprüfung oder wirtschaftliche Schwierigkeiten als Folge einer Naturkatastrophe (z.B. Hochwasser, Sturm) in Betracht.

Als **persönlicher** Grund kommt z.B. eine längere schwere Krankheit in Betracht.

Die Stundung soll in der Regel nur **auf Antrag** und **gegen Sicherheitsleistung** gewährt werden (§ 222 Satz 2 AO).

Die Stundung ist eine **Ermessensentscheidung** der Finanzbehörden („... können ...").

Gegen die **Ablehnung** eines Stundungsantrags durch das Finanzamt kann der Steuerschuldner **Einspruch** bei der Finanzbehörde einlegen.

Für die Dauer einer gewährten Stundung werden Zinsen **(Stundungszinsen)** erhoben (§ 234 Abs. 1 AO).

Die Zinsen betragen **für jeden vollen Monat 0,5 %** des abgerundeten **Steuerbetrages**. Der Steuerbetrag ist **auf den nächsten durch 50 Euro teilbaren Betrag abzurunden**. Angefangene Monate bleiben dabei außer Ansatz (§ 238 AO).

Auf die Zinsen kann ganz oder teilweise verzichtet werden, wenn ihre Erhebung nach Lage des einzelnen Falles **unbillig** wäre (§ 234 Abs. 2 AO).

Steueransprüche gegen den Steuerschuldner können **nicht gestundet** werden, soweit ein Dritter (z.B. ein Arbeitgeber) die Steuer (z.B. die LSt) für Rechnung des Steuerschuldners zu entrichten, insbesondere einzubehalten und abzuführen hat (§ 222 Satz 3 AO).

Weitere Informationen sowie Berechnungsbeispiele finden sich im AEAO zu § 234 AO.

> ÜBUNG → 1. Wiederholungsfragen 6 bis 8 (Seite 109),
> 2. Aufgaben 3 und 4 (Seite 110)

8.5 Erlöschen des Steueranspruchs

Der Steueranspruch **erlischt** insbesondere durch **Zahlung, Aufrechnung, Erlass** oder **Verjährung** (§ 47 AO).

8.5.1 Zahlung

Der Steueranspruch wird im Regelfall durch **Zahlung erfüllt**.

Die **Zahlungsschuld** ist eine **Bringschuld**. Der Steueranspruch erlischt nur, wenn die Zahlung wirksam, d.h. an die zuständige Kasse (z.B. Finanzkasse) geleistet wurde (§ 224 AO).

Eine wirksam geleistete **Zahlung** gilt als **entrichtet** (§ 224 Abs. 2 AO):

1. bei Übergabe oder Übersendung von Zahlungsmitteln **am Tag des Eingangs**, bei Hingabe oder Übersendung von **Schecks** jedoch erst **drei Tage nach** dem **Tag des Eingangs**,
2. bei Überweisung oder Einzahlung auf ein Konto der Finanzbehörde und bei Einzahlung mit Zahlschein oder Postanweisung an dem Tag, an dem der Betrag **der Finanzbehörde gutgeschrieben wird**,
3. bei Vorliegen einer Einzugsermächtigung **am Fälligkeitstag**.

Für die **Kosten der Zahlung** gilt § 270 Abs. 1 BGB, d.h., der **Zahlende hat die Kosten** des Zahlungsvorgangs **zu tragen**.
Ein **Säumniszuschlag** wird bei einer Säumnis bis zu **drei Tagen (= Schonfrist) nicht** erhoben (§ 240 Abs. 3 **Satz 1** AO).
Diese **Schonfrist** gilt jedoch **nicht** für **Bar- und Scheckzahlungen** (§ 224 Abs. 2 Nr. 1 und § 240 Abs. 3 **Satz 2** AO).

> **ÜBUNG →** 1. Wiederholungsfragen 9 bis 11 (Seite 109),
> 2. Aufgabe 5 (Seite 110)

8.5.2 Aufrechnung

Unter **Aufrechnung** versteht man die wechselseitige Tilgung zweier sich gegenüberstehender Forderungen durch Verrechnung.

Sowohl die Finanzbehörde als auch der Steuerschuldner können die Aufrechnung erklären. Durch die Aufrechnung erlischt der Steueranspruch.

Voraussetzung für eine wirksame Aufrechnung ist, dass die sogenannte „**Aufrechnungslage**" gegeben ist (AEAO zu § 226, Nr. 1).

Die **Aufrechnungslage** ist gegeben bei:

Gegenseitigkeit der Forderungen	Schuldner der einen Forderung muss Gläubiger der anderen Forderung sein. Als Gläubiger eines Steueranspruches gilt auch die Körperschaft, die die Steuer verwaltet (§ 226 Abs. 4 AO). So kann z.B. ein Finanzamt eine von einem Steuerpflichtigen geforderte Landessteuer (z.B. Erbschaftsteuer) gegen die an diesen Steuerpflichtigen zu erstattende Bundessteuer (z.B. Energiesteuer) aufrechnen.
Gleichheit der Forderungen	Sie ist gegeben, wenn sich Geldforderungen gegenüberstehen.
Erfüllbarkeit der Hauptforderung	Die Forderung, die dem Empfänger der Aufrechnungserklärung gegen den Aufrechnenden zusteht, muss entstanden sein. Die Steuerpflichtigen können nur mit unbestrittenen oder rechtskräftig festgestellten Gegenansprüchen aufrechnen (§ 226 Abs. 3 AO).
Fälligkeit der Gegenforderung	Die Forderung, die dem Aufrechnenden zusteht, muss fällig sein.

Im Übrigen gelten die Vorschriften des Bürgerlichen Gesetzbuches (BGB) über die Aufrechnung sinngemäß (§§ 387 ff. BGB).

Die **Aufrechnung** erfolgt durch **Erklärung** gegenüber dem anderen Teil.

Die **Aufrechnungserklärung** des Steuerpflichtigen ist eine **einseitige, empfangsbedürftige Willenserklärung**.

> **BEISPIEL**
>
> Der Steuerpflichtige Udo Bader hat einen fälligen Umsatzsteuer-Erstattungsanspruch in Höhe von 2.000 €. Gleichzeitig hat er eine Einkommensteuer-Vorauszahlung in Höhe von 3.000 € zu leisten.
>
> Bader kann **aufrechnen**, weil die Aufrechnungslage gegeben ist. In seiner Umsatzsteuer-Voranmeldung ist für die Verrechnung des USt-Erstattungsanspruchs in **Zeile 71/72**, **Kennzahl 29**, eine „**1**" einzutragen. Die Verrechnungswünsche sind auf einem besonderen Blatt anzugeben.

Die **Aufrechnungserklärung** des Finanzamtes ist ein **Verwaltungsakt** i.S.d. § 118 AO, der mit Einspruch angefochten werden kann.

8.5.3 Erlass

Unter **Erlass** versteht man den endgültigen Verzicht des Steuergläubigers auf eine entstandene Steuer.

Der Erlass kommt nur in **Ausnahmefällen** in Betracht. Grundsätzlich müssen Steuern beglichen werden.

Die Finanzbehörden können Steuern ganz oder zum Teil erlassen, wenn deren Einziehung nach Lage des einzelnen Falles **unbillig** wäre (§ 227 AO).

In der Rechtsprechung werden **zwei Arten der Unbilligkeit** unterschieden:

- **persönliche** Unbilligkeit,
- **sachliche** Unbilligkeit.

Persönliche Unbilligkeit ist in der Person des Steuerpflichtigen und seiner wirtschaftlichen Lage begründet. Ein Erlass aus **persönlichen** Billigkeitsgründen setzt voraus, dass der **Steuerpflichtige erlassbedürftig** und **erlasswürdig** ist. **Erlassbedürftigkeit** ist gegeben, wenn der Steuerpflichtige durch die Zahlung in seiner wirtschaftlichen Existenz gefährdet würde. **Erlasswürdigkeit** liegt vor, wenn der Steuerpflichtige seine mangelnde wirtschaftliche Leistungsfähigkeit nicht selbst verschuldet hat.

Sachliche Unbilligkeit, die in der Praxis sehr selten gegeben ist, liegt der Rechtsprechung nach vor, wenn die Besteuerung als solche, unabhängig von den persönlichen Verhältnissen des Steuerpflichtigen, unbillig wäre.

Der Erlass ist eine **Ermessensentscheidung** der Finanzbehörden („… können …").

8.5.4 Zahlungsverjährung

Die **Verjährung** bewirkt, dass der Steueranspruch durch Zeitablauf erlischt.

Die AO unterscheidet zwischen der **Festsetzungsverjährung** und der **Verjährung des Zahlungsanspruchs (Zahlungsverjährung)**.

Einzelheiten zur **Festsetzungsverjährung** wurden bereits im Abschnitt 6.3 „Festsetzungsverjährung bei Steuern", Seiten 90 ff., dargestellt und erläutert.

Die **Verjährungsfrist** der **Zahlungsverjährung** beträgt nach § 228 Satz 2 AO n. F.

grundsätzlich **fünf Jahre**, aber in den Fällen der §§ 370, 373 und 374 AO **10 Jahre**.

Die Verjährungsfrist **beginnt** grundsätzlich mit **Ablauf des Kalenderjahres**, in dem der Anspruch **erstmals fällig** geworden ist (§ 229 Abs. 1 AO).

BEISPIEL

Die ESt-Abschlusszahlung des Steuerpflichtigen Klaas Rump für 2017 war am 17.08.2018 fällig.

Der Zahlungsanspruch verjährt mit Ablauf des 31.12.2023 (31.12.2018 + 5 Jahre).

Der Lauf der Verjährungsfrist beginnt jedoch **nicht vor** Ablauf des Kalenderjahres, in dem die Festsetzung eines Steueranspruchs, ihre Aufhebung, Änderung oder Berichtigung nach § 129 AO wirksam geworden ist; eine Steueranmeldung steht einer Steuerfestsetzung gleich (§ 229 Abs. 1 Satz 2 AO).

Diese Regelung hat Bedeutung für die sogenannten **Fälligkeitssteuern**, d. h. Steuern, deren Fälligkeit gesetzlich festgelegt ist (z. B. Umsatzsteuer und Lohnsteuer).

Sie gewährleistet, dass die Finanzbehörde die Verjährungsfrist von fünf Jahren ausschöpfen kann, wenn der Steuerpflichtige seine Erklärungspflicht verspätet oder überhaupt nicht erfüllt.

BEISPIEL

Die Steuerpflichtige Vera Mang (Monatszahlerin; keine Dauerfristverlängerung) hat ihre USt-Voranmeldung für November 2017 erst im Januar 2018 abgegeben.

Der USt-Zahlungsanspruch für November 2017 verjährt nicht bereits mit Ablauf des 31.12.2022, sondern erst am 31.12.2023, weil die Steueranmeldung erst im Jahr 2018 wirksam geworden ist.

Die Verjährung kann **gehemmt** oder **unterbrochen** werden.

Die Verjährung ist **gehemmt**, solange der Steueranspruch wegen **höherer Gewalt innerhalb** der letzten sechs Monate der Verjährungsfrist nicht verfolgt werden kann. **Höhere Gewalt** sind z.B. Naturkatastrophen. Die Verjährungsfrist **verlängert sich um den Zeitraum der Hemmung** (§ 230 AO).

Der Lauf der Verjährungsfrist wird z.B. **unterbrochen** durch

- schriftliche Geltendmachung des Steueranspruchs,
- Stundung,
- Aussetzung der Vollziehung (wegen eines schwebenden Rechtsbehelfs),
- Anmeldung im Insolvenzverfahren (§ 231 Abs. 1 AO).

Die **Verjährungsfrist beginnt im Fall der Unterbrechung** mit Ablauf des Kalenderjahres, in dem die Unterbrechung geendet hat, **neu zu laufen** (§ 231 Abs. 3 AO).

ÜBUNG → 1. Wiederholungsfragen 12 bis 19 (Seite 109),
2. Aufgabe 6 (Seite 110)

8.6 Zusammenfassung und Erfolgskontrolle

8.6.1 Zusammenfassung

- Steuern können nur erhoben werden, wenn sie **entstanden**, **festgesetzt** und **fällig** sind.
- Die Steuer **entsteht**, wenn der Tatbestand verwirklicht ist, an den das Gesetz die Leistungspflicht knüpft.
- Durch die Steuer**festsetzung** wird der Steueranspruch **konkretisiert**.
- **Fälligkeit** der Steuer bedeutet, dass der Steuergläubiger die Zahlung verlangen kann.
- Die Finanzbehörden können unter bestimmten Voraussetzungen Steuern ganz oder teilweise **stunden**, d.h. den Fälligkeitstermin hinausschieben.
- Der Steueranspruch **erlischt** insbesondere durch **Zahlung**, **Aufrechnung**, **Erlass** oder **Verjährung**.
- Unter **Aufrechnung** versteht man die wechselseitige Tilgung zweier Forderungen durch Verrechnung.
- Unter **Erlass** versteht man den endgültigen Verzicht auf eine entstandene Steuer aus Billigkeitsgründen.
- Die **Zahlungsverjährung** bewirkt, dass der Steueranspruch durch Zeitablauf erlischt.
- Bei einer **Unterbrechung** beginnt die fünfjährige Verjährungsfrist neu zu laufen.

8.6.2 Erfolgskontrolle

WIEDERHOLUNGSFRAGEN

1. Welche Voraussetzungen müssen erfüllt sein, damit eine Steuer erhoben werden kann?
2. Wann entstehen Steuern allgemein und im Besonderen?
3. Wodurch wird der Steueranspruch verwirklicht (konkretisiert)?
4. Wie unterscheidet sich die Fälligkeit einer Steuer von der einer Fälligkeitssteuer?
5. Wie ist die Fälligkeit wichtiger Steuerarten geregelt? Nennen Sie einige Beispiele.
6. Unter welchen Voraussetzungen kann eine Steuer gestundet werden?
7. Wie wehrt sich der Steuerpflichtige gegen die Ablehnung eines Stundungsantrags?
8. Wie werden steuerliche Nebenleistungen in Verbindung mit der Stundung ermittelt?
9. Welche Erlöschungsgründe sieht die AO für Steueransprüche vor?
10. Welche Regelung enthält § 224 AO für das Erlöschen eines Steueranspruchs?
11. Welchen Vorteil bietet eine Einzugsermächtigung bei der Zahlung von Steuerschulden?
12. Was versteht man unter einer Aufrechnung?
13. Welche Voraussetzungen müssen vorliegen, damit die Aufrechnungslage gegeben ist?
14. Was versteht man unter einem Erlass?
15. Welche Bedeutung haben die Erlassbedürftigkeit und die Erlasswürdigkeit?
16. Wer ist für den Erlass sachlich zuständig?
17. Wie wird die Zahlungsverjährungsfrist bei Steuern und Fälligkeitssteuern berechnet?
18. Welche Wirkung haben eine Flutkatastrophe bzw. eine Stundung auf die Verjährung?
19. Welcher Zusammenhang besteht zwischen Festsetzungs- und Zahlungsverjährung?

AUFGABEN

AUFGABE 1

Stellen Sie bei den Sachverhalten 1 bis 3 fest, wann die jeweils genannte Steuer entsteht, wodurch sie festgesetzt und wann sie fällig wird. Geben Sie dabei die Rechtsgrundlagen an.

1. Helga Wirtz, Köln, ist als Steuerfachangestellte bei einem Steuerberater tätig. Ihr Monatsgehalt wird jeweils am Monatsletzten überwiesen. Die Lohnsteuer wird monatlich vom Arbeitgeber einbehalten und angemeldet.
2. Die X-GmbH, Bonn, versteuert ihre Umsätze als Monatszahlerin nach vereinbarten Entgelten. Ihre USt-Voranmeldung für Juni 2018 übermittelt sie elektronisch am 10.07.2018 an das zuständige Finanzamt in Bonn. Die GmbH hat keine Dauerfristverlängerung beantragt.
3. Die Steuerpflichtige Edith Jung, Wiesbaden, erhält am 08.09.2018 ihren Einkommensteuerbescheid 2016 mit Poststempel vom 06.09.2018. Sie hat noch 1.180 € ESt nachzuzahlen.

AUFGABE 2

Der Steuerpflichtige Willi Schneider, Münster, schuldet dem Finanzamt folgende Steuern, die er am 22.11.2018 entrichtet:

a) ESt-Abschlusszahlung 2016   2.540,00 €, fällig am 13.07.2018
b) einbehaltene Lohnsteuer September 2018   5.630,00 €, fällig am 10.10.2018
c) USt-Vorauszahlung September 2018   3.755,00 €, fällig am 10.10.2018

Ermitteln Sie die steuerlichen Nebenleistungen.

B. Abgabenordnung

AUFGABE 3

Der Steuerpflichtige Klaus Scherer, München, erhält am 22.08.2018 seinen Einkommensteuerbescheid 2017 mit Poststempel vom 20.08.2018. Der Steuerbescheid enthält eine Abschlusszahlung von 2.532 €. Herr Scherer beantragt die Stundung der Abschlusszahlung bis 31.12.2018. Das Finanzamt entspricht seinem Antrag.

1. Welche steuerliche Nebenleistung wird das Finanzamt berechnen?
2. Wie hoch ist die steuerliche Nebenleistung?

AUFGABE 4

Halten Sie bei den Sachverhalten 1 bis 5 eine Stundung für gerechtfertigt?

Begründen Sie Ihre Antwort. Gehen Sie davon aus, dass der Steueranspruch durch eine Stundung nicht gefährdet ist.

1. Christine Meran, Oldenburg, muss für das Vorjahr eine erwartete ESt-Abschlusszahlung in Höhe von 10.000 € leisten. Da sie das Bargeld kurz nach Abgabe ihrer Steuererklärung für ein Jahr fest angelegt hat, bittet sie das Finanzamt um Stundung.
2. Valentin Fuchs, Berlin, hat aufgrund einer Außenprüfung unerwartet eine größere Steuernachzahlung zu leisten. Er bittet das Finanzamt um Stundung.
3. Adrian Kubig, Hamburg, bittet das Finanzamt um Stundung seiner ESt-Abschlusszahlung für das Vorjahr. Er begründet den Antrag mit der Eröffnung eines Insolvenzverfahrens bei einem Kunden, gegen den er noch höhere Forderungen hat.
4. Einige Obstanlagen des Landwirts Fabian Horch, Oldenburg, wurden kurz vor der Ernte durch Hagelschlag verwüstet. Er bittet das Finanzamt um Stundung seiner ESt-Vorauszahlungen.
5. Paul Hauck, Bremen, bittet das Finanzamt um Stundung einer erwarteten ESt-Abschlusszahlung für das Vorjahr. Als Begründung gibt er an, dass er zurzeit nicht flüssig sei, weil er seinen Kindern vor kurzem einen größeren Geldbetrag zur Hochzeit geschenkt habe.

AUFGABE 5

Der Steuerpflichtige Fritz Barden, Düsseldorf, schuldet für 2017 die ESt-Abschlusszahlung in Höhe von 1.500 €, fällig am 16.08.2018.

Ist die Zahlung wirksam und rechtzeitig geleistet, wenn Herr Barden

1. am 16.08.2018 seiner Bank den Überweisungsauftrag erteilt und der Betrag am 20.08.2018 auf dem Konto der Finanzkasse gutgeschrieben wird?
2. am 17.08.2018 der Finanzkasse einen Verrechnungsscheck übergibt?

AUFGABE 6

Bestimmen Sie bei den Sachverhalten 1 bis 3 Beginn, Dauer und Ende der Zahlungsverjährungsfrist. Begründen Sie Ihre Lösung mit der Angabe der Rechtsgrundlage.

1. Alfons Schüler schuldet für das zweite Kalendervierteljahr 2018 die ESt-Vorauszahlungen in Höhe von 5.000 €.
2. Bernd Roll versteuert seine Umsätze nach vereinbarten Entgelten als Monatszahler. Für den VZ November 2018 ist eine Zahllast von 7.000 € ermittelt worden. Die Voranmeldung wird ohne Dauerfristverlängerung erst am 03.01.2019 übermittelt, nachdem das Weihnachtsgeschäft beendet war.
3. Die ESt-Vorauszahlung der Frieda Müller für das 1. Quartal 2018 wird am 12.03.2018 ab diesem Tag bis zum 12.03.2019 gestundet.

9 Rechtsbehelfsverfahren

Unter einem **Rechtsbehelfsverfahren** versteht man die Möglichkeit des Steuerpflichtigen, gegen eine Entscheidung (Verwaltungsakt) der Finanzbehörde vorzugehen.

Man unterscheidet zwei Gruppen von Rechtsbehelfsverfahren

- das **außergerichtliche** Rechtsbehelfsverfahren und
- die **gerichtlichen** Rechtsbehelfsverfahren.

9.1 Außergerichtliches Rechtsbehelfsverfahren

Seit dem 01.01.1996 sieht die AO als **außergerichtliches** Rechtsbehelfsverfahren ausschließlich den **Einspruch (§§ 345 ff. AO)** vor.

Ein Einspruch hat nur dann Aussicht auf Erfolg, wenn er **zulässig** und **begründet** ist.

Bei der Einlegung des Einspruchs soll der Verwaltungsakt bezeichnet werden, gegen den der Einspruch gerichtet ist. Grund und Umfang der Anfechtung sind anzugeben. Die Tatsachen und Beweismittel, die zur Begründung dienen, sollen angeführt werden (§ 357 Abs. 3 AO).

9.1.1 Zulässigkeit des Einspruchs

Voraussetzungen für die **Zulässigkeit** eines Einspruchs sind:

- **Statthaftigkeit** (§ 347 Abs. 1 AO),
- **Beschwer** (§ 350 AO),
- Einhaltung der **Einspruchsfrist** (§ 355 AO),
- Einhaltung der **Form** (§ 357 Abs. 1 AO).

Statthaftigkeit

Das Einspruchsverfahren ist nur eröffnet, wenn ein Verwaltungsakt angegriffen wird oder der Einspruchsführer sich gegen den Nichterlass eines Verwaltungsaktes wendet (§ 347 Abs. 1 AO).

Demnach sind zwei Arten des Einspruchs zu unterscheiden:

1. Einspruch gegen einen **erlassenen Verwaltungsakt** (§ 347 Abs. 1 **Satz 1** AO),
2. **Untätigkeitseinspruch** gegen den **Nichterlass eines Verwaltungsaktes** (§ 347 Abs. 1 **Satz 2** AO).

Nach § 347 Abs. 1 AO ist der Einspruch als Rechtsbehelf gegen Verwaltungsakte **statthaft** in

1. **Abgabenangelegenheiten**,
2. Vollstreckungsangelegenheiten,
3. Steuerberatungsangelegenheiten und
4. sonstigen Verwaltungsangelegenheiten.

B. Abgabenordnung

Entscheidet die Finanzbehörde über einen gestellten Antrag auf Erlass eines Verwaltungsaktes **nicht binnen einer angemessenen Frist**, sondern bleibt in Bezug auf den gestellten Antrag untätig, so ist nach § 347 Abs. 1 **Satz 2** AO der **Untätigkeitseinspruch** möglich.

Im Folgenden wird nur das Einspruchsverfahren gegen Verwaltungsakte in **Abgabenangelegenheiten** kurz dargestellt und erläutert.

Der **Anwendungsbereich** der AO erstreckt sich nach § 1 Abs. 1 AO auf

1. **Steuern** und **Steuervergütungen**, die durch
2. **Bundesrecht** oder **EU-Recht** geregelt sind, soweit sie durch
3. **Bundes- oder Landesfinanzbehörden verwaltet** werden.

Nach § 1 Abs. 3 AO ist die AO **auch** auf **steuerliche Nebenleistungen** vorbehaltlich des Rechts der Europäischen Gemeinschaften anzuwenden.

Das finanzbehördliche Einspruchsverfahren ist nach § 1 Abs. 2 AO i.V.m. § 3 Abs. 2 AO grundsätzlich **nicht** für Maßnahmen bei der Verwaltung der **Grundsteuer** und der **Gewerbesteuer durch die Gemeinden** gegeben.

Gegen folgende Verwaltungsakte der Finanzbehörden ist z. B. der Einspruch **statthaft**:

- Steuerbescheide und Steueranmeldungen,
- Festsetzungs- und Feststellungsbescheide,
- Steuermessbescheide,
- Festsetzung von Verspätungs-, Säumniszuschlägen und Zwangsgeldern,
- Ablehnung von Stundungs- und Erlassanträgen.

Der Einspruch ist nach § 348 AO **nicht statthaft**:

- gegen Einspruchsentscheidungen (§ 367 AO),
- bei Nichtentscheidung über einen Einspruch,
- gegen Verwaltungsakte der obersten Bundes- oder Landesfinanzbehörden,
- gegen Entscheidungen der Steuerberaterkammer,
- in den Fällen des § 172 Abs. 3 AO.

Beschwer

Zur Einlegung von Einsprüchen ist **befugt**, wer geltend machen kann, durch einen Verwaltungsakt oder dessen Unterlassung **beschwert** zu sein (§ 350 AO).

Bei einer **Nullfestsetzung** besteht grundsätzlich **keine Beschwer** (AEAO zu § 350, Nr. 3).

BEISPIEL

Der Steuerpflichtige Anton Albert legt gegen einen Einkommensteuerbescheid, in dem die Einkommensteuer mit 0 € festgesetzt worden ist, Einspruch mit der Begründung ein, seine Rente sei statt mit einem Besteuerungsanteil von 50 % mit 54 % angesetzt worden.

Der Einspruch des Herrn Albert ist **unzulässig**, weil er **nicht beschwert**, d.h. in seinen Rechten nicht beeinträchtigt ist (§ 350 AO).

Einspruchsfrist

Der Einspruch ist **innerhalb eines Monats** nach **Bekanntgabe** des Verwaltungsaktes einzulegen (§ 355 Abs. 1 Satz 1 AO).

> **BEISPIEL**
>
> Dem Steuerpflichtigen Anton Albert wird am 20.06.2018 sein Einkommensteuerbescheid 2017 bekannt gegeben. Gegen diesen Bescheid will Herr Albert Einspruch einlegen.
>
> Die **Einspruchsfrist endet** am **20.07.2018 um 24:00 Uhr**. Bis dahin muss der Einspruch beim Finanzamt eingetroffen sein. Trifft er **später** ein (z.B. am 26.07.2018), so ist der Einspruch **unzulässig**.

Die Einspruchsfrist ist eine **gesetzliche** Frist, die durch die Finanzbehörde **nicht verlängert** werden kann. § 108 Abs. 3 AO (Verschiebung des Fristendes auf den nächstfolgenden Werktag) ist jedoch anzuwenden. Für die Wahrung der Einspruchsfrist ist der Eingang beim Finanzamt entscheidend (BFH-Beschluss vom 10.11.2016).

War der Einspruchsführer **ohne Verschulden** verhindert, die Einspruchsfrist einzuhalten, kann er **Wiedereinsetzung in den vorigen Stand** beim Finanzamt beantragen und seinen Einspruch nachholen (§ 110 Abs. 1 AO).

Form

Nach § 357 Abs. 1 **Satz 1** AO ist der Einspruch **schriftlich** einzureichen oder zur Niederschrift zu erklären. Die Einlegung durch **Telegramm** ist als eine besondere Art der Schriftform zulässig (§ 357 Abs. 1 **Satz 3** AO).

Der Einspruch kann **auch durch Telefax** oder **elektronisch** eingelegt werden; eine elektronische Signatur ist **nicht** erforderlich (AEAO zu § 357, Nr. 1).

Die Finanzbehörde, die den Verwaltungsakt erlassen hat, entscheidet über den Einspruch per **Einspruchsentscheidung** (§ 367 Abs. 1 Satz 1 AO). Sie hat den (Steuer-)Fall **in vollem Umfang** sowohl zum Vorteil als auch zum Nachteil des Einspruchsführers **erneut zu prüfen** (§ 367 Abs. 2 Satz 1 AO).

Die vollständige Nachprüfbarkeit hat zur **Folge**, dass der Verwaltungsakt auch zum **Nachteil** des Einspruchsführers geändert werden kann. Eine solche **Verböserung** darf nur erfolgen, wenn dem Steuerpflichtigen zuvor **Gelegenheit zur Stellungnahme** gegeben worden ist (AEAO zu § 367, Nr. 2).

Der Steuerpflichtige kann dann die **Verböserung** durch **Rücknahme seines Einspruchs verhindern** (§ 362 Abs. 1 AO).

> **BEISPIEL**
>
> Der Steuerpflichtige Anton Albert macht mit seinem Einspruch gegen den Einkommensteuerbescheid geltend, dass die Werbungskosten um 200 € zu niedrig berücksichtigt worden sind. Der Sachbearbeiter des Finanzamtes stellt fest, dass der Einspruch zulässig ist, die Sonderausgaben jedoch um 300 € zu hoch angesetzt wurden.
>
> Das Finanzamt wird Herrn Albert auf die **mögliche Verböserung** (§ 367 Abs. 2 **Satz 2** AO) hinweisen. Herr Albert kann jedoch den **Einspruch** gemäß § 362 Abs. 1 AO **zurücknehmen** und damit die **Verböserung vermeiden**.

An Stelle einer **Einspruchsentscheidung** kann die Finanzbehörde **auch** einen **Abhilfebescheid (geänderten Verwaltungsakt)** erlassen, wenn sie dem **Einspruch stattgibt**. Dadurch wird das Einspruchsverfahren in einfacher Weise erledigt (§ 367 Abs. 2 letzter Satz AO).

B. Abgabenordnung

Nach § 367 **Abs. 2a** AO kann die Finanzbehörde vorab über Teile des Einspruchs entscheiden (**Teileinspruchsentscheidung**), wenn dies sachlich dienlich ist.

Um Klarheit darüber zu schaffen, inwieweit der Steuerfall „offen" bleibt, muss die Finanzbehörde in der Teileinspruchsentscheidung ausdrücklich bestimmen, hinsichtlich welcher Teile Bestandskraft nicht eintreten soll. Dies geschieht durch einen **Vorläufigkeitsvermerk** hinsichtlich der **angefochtenen Teile**.

Nach § 367 **Abs. 2b** AO wird der obersten Finanzbehörde die Möglichkeit eingeräumt, Einsprüche, die vom EuGH, vom BVerfG oder vom BFH entschiedene Rechtsfragen betreffen, durch eine **Allgemeinverfügung** (§ 118 Satz 2 AO) zurückzuweisen. Dabei reicht eine **Veröffentlichung** im **Bundessteuerblatt** aus.

Das Einspruchsverfahren ist **kostenfrei** (AEAO vor § 347, Nr. 2).

9.1.2 Aussetzung der Vollziehung

Durch die **Einlegung des Einspruchs** wird die **Vollziehung** des angefochtenen Verwaltungsaktes grundsätzlich **nicht gehemmt**, insbesondere die **Erhebung der Abgabe nicht aufgehalten** (§ 361 Abs. 1 Satz 1 AO).

In § 361 Abs. 2 AO ist deshalb vorgesehen, dass die Vollziehung eines Verwaltungsaktes bis zur Entscheidung über den Einspruch ausgesetzt werden kann, wenn

- **ernsthafte Bedenken gegen die Rechtmäßigkeit** des Verwaltungsaktes bestehen **oder**
- die Vollziehung eine **unbillige**, nicht durch überwiegende öffentliche Interessen gebotene **Härte** zur Folge hätte.

Ernsthafte Zweifel an dem angefochten Verwaltungsakt liegen vor, wenn eine eilige Überprüfung Unsicherheiten in der Beurteilung der Rechtsfragen aufkommen lässt, die gegen die Rechtmäßigkeit des Verwaltungsaktes sprechen (AEAO zu § 361, Nr. 2.5).

Die Aussetzung der Vollziehung (AdV) erfolgt grundsätzlich nur auf **Antrag**, der in der Regel **zusammen mit dem Einspruch** gestellt wird.

Sie bewirkt, dass die ausgesetzte Abgabe nicht zu leisten ist, keine Säumniszuschläge erhoben und keine Vollstreckungsmaßnahmen durchgeführt werden dürfen.

Bleibt der Einspruch erfolglos, werden jedoch **Aussetzungszinsen** erhoben (§ 237 AO).

  1. Wiederholungsfragen 1 bis 9 (Seite 117),
2. Aufgabe 1 (Seite 117)

9.2 Gerichtliche Rechtsbehelfsverfahren

Macht der Steuerpflichtige geltend, dass er durch die Entscheidung im **außergerichtlichen** Verfahren in seinen Rechten verletzt wurde, kann er **gerichtlich** gegen den Verwaltungsakt der Finanzbehörde vorgehen.

Gerichtliche Rechtsbehelfe sind

1. die **Klage** (§§ 40 ff. FGO) und
2. die **Revision** (§§ 115 ff. FGO).

9.2.1 Klage

Die **Klage** ist beim zuständigen **Finanzgericht** (FG) **schriftlich** zu erheben (§ 64 FGO).

Die **Frist** zur Erhebung der Klage beträgt **einen Monat** nach Bekanntgabe der Entscheidung über den außergerichtlichen Rechtsbehelf (§ 47 Abs. 1 FGO).

Über die Klage wird durch Urteil **(FG-Urteil)** vom Finanzgericht entschieden (§ 95 FGO).

Neben der Entscheidung über den Streitgegenstand muss das Gericht auch eine **Kostenentscheidung** treffen, die Auskunft darüber gibt, wer die Kosten des Verfahrens zu tragen hat bzw. wie die Kosten auf die Beteiligten zu verteilen sind.

9.2.2 Revision

Gegen das Urteil des Finanzgerichts können die Beteiligten (der Steuerpflichtige und/oder die Finanzbehörde) **Revision** beim **Bundesfinanzhof** (BFH) einlegen, **wenn** das **Finanzgericht** oder auf Beschwerde gegen die Nichtzulassung der **Bundesfinanzhof diese zugelassen haben** (§ 115 Abs. 1 FGO).

Die **Revision** ist nach § 115 Abs. 2 FGO **nur zugelassen, wenn**

1. die Rechtssache **grundsätzliche Bedeutung** hat,
2. die Fortbildung des Rechts oder Sicherung einer **einheitlichen Rechtsprechung** eine Entscheidung des Bundesfinanzhofs erfordert oder
3. ein **Verfahrensmangel** geltend gemacht wird und vorliegt, auf dem die Entscheidung beruhen kann.

Die Revision ist innerhalb **eines Monats** nach Zustellung des Urteils **schriftlich** beim **Bundesfinanzhof** einzulegen (§ 120 **Abs. 1** FGO).

Sie muss **innerhalb eines weiteren Monats** begründet werden (§ 120 **Abs. 2** FGO).

Ist die Revision **begründet**, so kann der Bundesfinanzhof durch Urteil **(BFH-Urteil)** selbst entscheiden (§ 126 Abs. 3 Satz 1 **Nr. 1** FGO) oder das FG-Urteil aufheben und den Fall an das Finanzgericht zurückgeben (§ 126 Abs. 3 Satz 1 **Nr. 2** FGO).

Neben der Entscheidung über den Streitgegenstand hat der BFH auch eine **Kostenentscheidung** zu treffen (§ 138 FGO).

9.2.3 Aussetzung der Vollziehung

Durch die **Erhebung der Klage** wird die **Vollziehung** des angefochtenen Verwaltungsaktes grundsätzlich **nicht gehemmt**, insbesondere die **Erhebung einer Abgabe nicht aufgehalten** (§ 69 Abs. 1 Satz 1 FGO).

Die **Aussetzung der Vollziehung** (AdV) kann durch die zuständige Finanzbehörde (§ 69 **Abs. 2** FGO) oder das Finanzgericht (§ 69 **Abs. 3** FGO) erfolgen. Ein Antrag auf AdV des Widerrufs einer Lohnsteueranrufungsauskunft (§ 42e EStG) ist jedoch nicht zulässig, da dieser Verwaltungsakt nicht vollziehbar ist (BFH-Beschluss vom 15.01.2015). Auch bei einer überlangen Dauer eines Einspruchs- oder Klageverfahrens werden die Aussetzungszinsen festgesetzt, da dem Steuerpflichtigen ausreichende präventive Rechtsbehelfe (z. B. Untätigkeitseinspruch/-klage) zur Verfügung stehen, um eine Verfahrensverzögerung zu verhindern (BFH-Urteil vom 27.04.2016).

ÜBUNG →
1. Wiederholungsfrage 10 (Seite 117),
2. Aufgabe 2 (Seite 117)

9.3 Zusammenfassung und Erfolgskontrolle
9.3.1 Zusammenfassung

9.3.2 Erfolgskontrolle

Wiederholungsfragen

1. Was versteht man unter einem Rechtsbehelfsverfahren?
2. Welche Gruppen von Rechtsbehelfsverfahren lassen sich unterscheiden?
3. Welche Einspruchsarten gibt es in der AO?
4. Unter welchen Voraussetzungen ist ein Einspruch zulässig und begründet? Erläutern Sie die einzelnen Voraussetzungen.
5. Bei welchen Verwaltungsakten ist der Einspruch statthaft?
6. Welche Behörde entscheidet über den Einspruch?
7. Wie können Negativfolgen durch einen Einspruch für den Steuerpflichtigen entstehen und vermieden werden?
8. Wodurch unterscheidet sich die Aussetzung der Vollziehung von der Wiedereinsetzung in den vorigen Stand?
9. Wann können in Verbindung mit einem Einspruch Zinsen anfallen?
10. Welche Voraussetzungen gelten für gerichtliche Rechtsbehelfsverfahren?

Aufgaben

AUFGABE 1

Die Eheleute Willi und Helga Schmidt, Hauptstr. 10, 56291 Maisborn, erhalten am 10.10.2018 ihren Einkommensteuerbescheid 2017 (per einfachem Brief mit Poststempel vom 09.10.2018, Steuer-Nr. 22/074/27382), in dem die Steuernachzahlung um 200 € zu hoch festgesetzt wurde. Das Finanzamt Koblenz, Ferdinand-Sauerbruch-Straße 19, 56073 Koblenz, hatte Ausgaben für Fachbücher in Höhe von 600 € zu Unrecht nicht anerkannt.

1. Welche Voraussetzungen müssen erfüllt sein, damit der Einspruch Aussicht auf Erfolg hat?
2. Entwerfen Sie ein Schreiben an die zuständige Finanzbehörde, durch das der entsprechende Rechtsbehelf eingelegt und finanzielle Negativfolgen für die Eheleute vermieden werden.

AUFGABE 2

Den Eheleuten Willi und Helga Schmidt (Aufgabe 1) wird am 12.10.2018 der Einkommensteuerbescheid vom Finanzamt Koblenz bekannt gegeben. Gegen diesen Bescheid legen sie form- und fristgerecht Einspruch ein.
Der Einspruch wird abgelehnt.
Die Einspruchsentscheidung wird den Eheleuten am 18.12.2018 bekannt gegeben.
Gegen die Einspruchsentscheidung des Finanzamtes wollen die Eheleute gerichtlich vorgehen.

1. Was ist das geeignete (Rechts-)Mittel, um sich gegen die Entscheidung des Finanzamts zu wehren?
2. Bis wann und wo muss dieser Rechtsbehelf erhoben werden?

10 Straf- und Bußgeldverfahren

Nach dem Grad der Pflichtverletzung unterscheidet die AO zwei Gruppen von Verstößen gegen Steuergesetze:

1. **Steuerstraftaten** und
2. **Steuerordnungswidrigkeiten**.

Steuerstraftaten sind mit Geld- oder Freiheits**strafen** bedroht, während **Steuerordnungswidrigkeiten** mit Geld**bußen** geahndet werden.

10.1 Steuerstraftaten und Strafmaße

In der AO werden folgende **Steuerstraftaten und Strafmaße** genannt:

- **Steuerhinterziehung** (§ 370 AO),

    Strafen: Geldstrafe oder
    bis zu **fünf** Jahren Freiheitsstrafe;
    in besonders schweren Fällen (ab über 50.000,00 €):
    Freiheitsstrafe von **sechs** Monaten bis zu **zehn** Jahren,

- **Bannbruch** (§ 372 AO)

    Strafen: wie bei Steuerhinterziehung,

- **gewerbsmäßiger, gewaltsamer und bandenmäßiger Schmuggel** (§ 373 AO)

    Strafe: Freiheitsstrafe von **sechs** Monaten bis zu **zehn** Jahren,

- **Steuerhehlerei** (§ 374 AO)

    Strafen: wie bei Steuerhinterziehung;
    bei gewerbsmäßigem Handeln:
    Freiheitsstrafe von **sechs** Monaten bis zu **zehn** Jahren.

<u>Steuerhinterziehung</u> begeht, wer **vorsätzlich**

1. den Finanzbehörden oder anderen Behörden über steuerlich erhebliche Tatsachen unrichtige oder unvollständige Angaben macht,
2. die Finanzbehörden pflichtwidrig über steuerlich erhebliche Tatsachen in Unkenntnis lässt oder
3. pflichtwidrig die Verwendung von Steuerzeichen oder Steuerstemplern unterlässt

und dadurch **Steuern verkürzt** oder für sich oder einen anderen **nicht gerechtfertigte Steuervorteile** erlangt (§ 370 Abs. 1 AO).

Vorsätzlich handelt, wer den Tatbestand einer strafbaren Handlung wissentlich und willentlich verwirklicht.

Steuern sind dann **verkürzt**, wenn sie nicht, nicht in voller Höhe oder nicht rechtzeitig festgesetzt werden. Dies gilt auch, wenn die Steuer vorläufig oder unter dem Vorbehalt der Nachprüfung festgesetzt wird (§ 370 Abs. 4 AO).
Auch der Versuch, Steuern zu hinterziehen, ist strafbar (§ 370 Abs. 2 AO).

Weiß auch nur einer der Erben, dass die Steuererklärung des Erblassers unvollständig war und berichtigt diese nicht, so liegt eine Steuerhinterziehung vor, für die alle Erben haften (BFH-Urteil vom 29.08.2017 – VIII R 32/15).

Bannbruch begeht, wer Gegenstände entgegen einem Verbot einführt, ausführt oder durchführt, ohne sie der zuständigen Zollstelle ordnungsgemäß anzuzeigen (§ 372 AO).

Gewerbsmäßigen, gewaltsamen und bandenmäßigen Schmuggel begeht, wer gewerbsmäßig Einfuhr- oder Ausfuhrabgaben hinterzieht oder gewerbsmäßig durch Zuwiderhandlungen gegen Monopolvorschriften Bannbruch begeht (§ 373 AO).

Steuerhehlerei begeht, wer Erzeugnisse oder Waren bei denen Verbrauchsteuern oder Einfuhr- und Ausfuhrabgaben hinterzogen wurden, ankauft, um sich oder einen Dritten zu bereichern (§ 374 AO).

10.2 Steuerordnungswidrigkeiten und Bußmaße

Steuerordnungswidrigkeiten sind weniger schwerwiegende Verstöße gegen Steuergesetze. Sie stellen keine Straftaten dar und werden nach dem Gesetz mit **Geldbußen** geahndet.

In der AO und dem StBerG werden folgende **Steuerordnungswidrigkeiten und Bußmaße** genannt:

- **leichtfertige Steuerverkürzung** (§ 378 AO)
  Buße: Geldbuße bis zu 50.000 Euro;
- **allgemeine Steuergefährdung** (§ 379 AO)
  Buße: Geldbuße bis zu 5.000 Euro;
- **Gefährdung von Abzugsteuern** (§ 380 AO)
  Buße: Geldbuße bis zu 25.000 Euro;
- **Verbrauchsteuergefährdung** (§ 381 AO)
  Buße: Geldbuße bis zu 5.000 Euro;
- **Gefährdung der Einfuhr- und Ausfuhrabgaben** (§ 382 AO)
  Buße: Geldbuße bis zu 5.000 Euro;
- **unzulässiger Erwerb von Steuererstattungs- und Vergütungsansprüchen** (§ 383 AO)
  Buße: Geldbuße bis zu 50.000 Euro;
- **zweckwidrige Verwendung der (Wirtschafts-)Identifikationsnummer** (§ 383a AO)
  Buße: Geldbuße bis zu 10.000 Euro
- **Pflichtverletzung bei Übermittlung von Vollmachtsdaten** (§ 383b AO)
  Buße: Geldbuße bis 10.000 Euro
- **unbefugte Hilfeleistung in Steuersachen** (§ 160 StBerG)
  Buße: Geldbuße bis zu 5.000 Euro.

B. Abgabenordnung

Leichtfertige Steuerverkürzung begeht, wer als Steuerpflichtiger oder bei der Wahrnehmung der Angelegenheiten eines Steuerpflichtigen (z.B. Steuerberater, Angestellte) eine der in § 370 Abs. 1 AO bezeichneten Taten leichtfertig begeht (§ 378 AO).
Leichtfertig ist, wer grob fahrlässig handelt.
Allgemeine Steuergefährdung sind Vorbereitungshandlungen, die es ermöglichen (= geeignet sind), eine Steuerverkürzung zu bewirken.
Eine **allgemeine Steuergefährdung** begeht z.B., wer vorsätzlich oder leichtfertig

1. Belege ausstellt, die unrichtig sind,
2. Belege gegen Entgelt in den Verkehr bringt oder
3. buchungs- oder aufzeichnungspflichtige Vorgänge nicht oder unrichtig bucht oder buchen lässt

und dadurch ermöglicht, Steuern zu verkürzen oder nicht gerechtfertigte Steuervorteile zu erlangen (§ 379 Abs. 1 Satz 1 AO).

Eine **Gefährdung von Abzugsteuern** liegt vor, wenn jemand vorsätzlich oder leichtfertig seiner Verpflichtung, Steuerabzugsbeträge (z.B. Lohnsteuer, Umsatzsteuer) einzubehalten und abzuführen, nicht, nicht vollständig oder nicht rechtzeitig nachkommt (§ 380 AO).

Von einer **Verbrauchsteuergefährdung** spricht man beispielsweise, wenn die Verbrauchsteuergesetze (z.B. Alkopopsteuer, Energiesteuer, Tabaksteuer) vorsätzlich oder leichtfertig missachtet werden.

Eine **Gefährdung der Einfuhr- und Ausfuhrabgaben** liegt dann vor, wenn Zollvorschriften vorsätzlich oder fahrlässig nicht beachtet werden.

Wenn ein Kreditgeber sich den Einkommensteuererstattungsanspruch eines Arbeitnehmers zur Vorfinanzierung abtreten lässt, liegt ein **unzulässiger Erwerb von Steuererstattungs- und Vergütungsansprüchen** vor.

10.3 Selbstanzeige bei Steuerhinterziehung und leichtfertiger Steuerverkürzung

Die **Selbstanzeige** eröffnet reuigen Steuersündern die Möglichkeit, **straf- oder bußgeldfrei** auszugehen, wenn sie umfassend die unrichtigen Angaben gegenüber der Finanzbehörde korrigieren, die unvollständigen Angaben ergänzen und die geschuldete Steuer nachentrichten.

Die gesetzlichen Regelungen hierzu sind bei **Steuerhinterziehung** in § 371 AO und bei **leichtfertiger Steuerverkürzung** in § 378 AO aufgeführt.

Wer gegenüber der Finanzbehörde zu allen **unverjährten** Steuerstraftaten einer Steuerart in **vollem Umfang**

- die unrichtigen Angaben berichtigt,
- die unvollständigen Angaben ergänzt oder
- die unterlassenen Angaben nachholt,

wird wegen dieser Straftat (Steuerhinterziehung) nicht bestraft (§ 371 AO).
Nach dem Schwarzgeldbekämpfungsgesetz vom 28.04.2011 ist die sog. **Teilselbstanzeige**, bei der nur Ausschnitte einer Tat korrigiert werden, **nicht mehr möglich**.

10 Straf- und Bußgeldverfahren

> **BEISPIEL**
>
> Der Steuerpflichtige Peter Bündgen, Köln, hat Einnahmen aus Kapitalvermögen, die er aus Anlagen bei der Bank A und der Bank B erzielt hat, der Finanzbehörde nicht gemeldet.
>
> Aus schlechtem Gewissen meldet er die höheren Erträge aus der Anlage bei der Bank A nach.
>
> Herr Bündgen hat **nicht** in **vollem Umfang** seine Einnahmen aus Kapitalvermögen gegenüber der Finanzbehörde gemeldet, sodass die **Selbstanzeige unwirksam** ist.

Die **Wirksamkeitsvoraussetzungen** einer strafbefreienden Selbstanzeige und die Regelungen für das Absehen von Verfolgung in besonderen Fällen wurden **zum 1. Januar 2015** durch das Gesetz zur Änderung der Abgabenordnung und des Einführungsgesetzes zur Abgabenordnung vom 22. Dezember 2014 (BGBl. I S. 2415) **deutlich verschärft**. Danach tritt keine Straffreiheit ein, wenn der Steuerpflichtige **mit der Entdeckung der Straftat rechnen musste** (z. B. durch Bekanntgabe einer Prüfungsanordnung oder bereits angelaufene Ermittlungen) oder der **Hinterziehungsbetrag pro Tat 25.000 Euro** übersteigt (§ 371 Abs. 2 AO). Bei Hinterziehungsbeträgen **über 25.000 Euro** wird von der Verfolgung einer Straftat dennoch abgesehen, wenn der Täter innerhalb einer ihm bestimmten Frist

1. die **hinterzogenen Steuern entrichtet** und
2. einen **Geldbetrag von 5 %** der hinterzogenen Steuer **zahlt** (§ 398a AO).

Bleibt der verkürzte Betrag **unter 25.000 Euro**, greift der Wirksamkeitsausschluss des § 398a AO nicht, d. h., die Selbstanzeige ist **wirksam**, wenn alle übrigen Voraussetzungen erfüllt sind.

Im Fall der **leichtfertigen Steuerverkürzung** wird eine **Geldbuße** festgesetzt, soweit der Täter gegenüber der Finanzbehörde die unrichtigen Angaben berichtigt, ergänzt oder die unterlassenen Angaben nachholt, bevor ihm oder seinem Vertreter die Einleitung eines Straf- oder Bußgeldverfahrens wegen der Tat bekannt gegeben worden ist (§ 378 Abs. 3 AO). Die Verjährungsfrist für die Verfolgung von Steuerordnungswidrigkeiten nach den §§ 378 – 380 AO beträgt 5 Jahre.

10.4 Zusammenfassung und Erfolgskontrolle
10.4.1 Zusammenfassung

10.4.2 Erfolgskontrolle

WIEDERHOLUNGSFRAGEN

1. Welche zwei Gruppen von Verstößen gegen Steuergesetze sind nach der AO zu unterscheiden?
2. Welche Steuerstraftaten werden in der AO genannt?
3. Wer begeht Steuerhinterziehung?
4. Wer handelt vorsätzlich?
5. Wann sind Steuern verkürzt?
6. Welche Strafen können bei Steuerhinterziehung verhängt werden?
7. Welche Steuerordnungswidrigkeiten werden in der AO und dem Steuerberatungsgesetz genannt?
8. Wer begeht leichtfertige Steuerverkürzung?
9. Mit welcher Buße kann leichtfertige Steuerverkürzung geahndet werden?
10. Welche Handlungen wurden bei einer allgemeinen Steuergefährdung vorgenommen?
11. Mit welcher Buße können allgemeine Steuergefährdungen geahndet werden?
12. Wer begeht eine Gefährdung von Abzugsteuern?
13. Mit welcher Buße kann diese Ordnungswidrigkeit geahndet werden?
14. Unter welchen Voraussetzungen bleibt der Täter der Steuerhinterziehung straffrei?
15. In welchen Fällen tritt bei einer Selbstanzeige die Straffreiheit nicht ein?
16. In welchem Fall wird bei einer leichtfertigen Steuerverkürzung keine Geldbuße festgesetzt?

AUFGABEN

AUFGABE 1

Die Steuerpflichtige Martina Roth, Köln, reicht im Mai 2018 dem zuständigen Finanzamt ihre Einkommensteuererklärung 2017 ein.
Um weniger Einkommensteuer zu zahlen, erklärt sie vorsätzlich ihre Einkünfte um 10.000 € zu niedrig.

1. Hat Martina Roth eine Steuerstraftat oder eine Steuerordnungswidrigkeit begangen?
2. Welche Strafe bzw. Buße kann gegen diesen Verstoß verhängt werden?

AUFGABE 2

Der Steuerpflichtige Alfred Baum, Bonn, reicht im April 2018 dem zuständigen Finanzamt seine Einkommensteuererklärung 2017 ein.
Der Einkommensteuererklärung fügt er Tankquittungen bei, die er bei einer Internetauktion von Ingo Busch entgeltlich erworben hat. Herr Baum setzt den Betrag dieser Tankquittungen als Betriebsausgaben ab. Das Finanzamt erstattet dem Steuerpflichtigen aufgrund dieser Tankquittungen 200 € Einkommensteuer zu viel.

1. Hat Ingo Busch eine Steuerstraftat oder eine Steuerordnungswidrigkeit begangen?
2. Welche Strafe bzw. Buße kann gegen diesen Verstoß verhängt werden?

AUFGABE 3

Ihr Kollege, der Steuerfachangestellte Kevin Müller, erzählt Ihnen, dass er seine Freunde und Nachbarn ausgiebig bei der Erstellung von deren Einkommensteuererklärungen berät.
Darf er das? Was raten Sie ihm?

B. Abgabenordnung

Zusammenfassende Übersicht:

Die **Durchführung der Besteuerung** erfolgt – wie die bisherigen Kapitel der AO gezeigt haben – in verschiedenen **Verfahrensabschnitten**.

Ermittlungsverfahren
(Welche Sachverhalte sind festzustellen?)

Mitwirkungspflichten der Finanzbehörde | Mitwirkungspflichten der Steuerpflichtigen

Festsetzungs- und Feststellungsverfahren
(Wie viel Steuer ist festzusetzen?)

Festsetzung der **Steuer** durch **Steuerbescheide** | Feststellung der **Besteuerungsgrundlagen** durch **Grundlagenbescheide**

Rechtsbehelfs- und Berichtigungsverfahren
(Welche materiellen Fehler sind zu berichtigen?)

Berichtigung **offenbarer Unrichtigkeiten** | Aufhebung oder Änderung auf **Antrag** oder **Zustimmung** des Steuerpflichtigen | Aufhebung oder Änderung wegen **neuer Tatsachen** oder **Beweismittel**

Erhebungsverfahren
(Ist die festgesetzte Steuer gezahlt worden?)

Wird die festgesetzte Steuer **nicht** gezahlt oder werden **Steuergesetze missachtet**, können sich folgende Verfahren anschließen:

Vollstreckungsverfahren | **Straf- und Bußgeldverfahren**

Prüfungsaufgaben: Abgabenordnung

PRÜFUNGSAUFGABE 1

Der Steuerpflichtige Hans Klein, München, gab seine Einkommensteuererklärung 2016 am 09.11.2017 beim zuständigen Finanzamt ab.

Am 05.01.2018 erhielt Hans Klein den Bescheid für 2016 über Einkommensteuer, Solidaritätszuschlag und Kirchensteuer vom Finanzamt (Bekanntgabetag).

Klein legt fristgerecht wegen nicht anerkannter Werbungskosten Einspruch gegen diesen Bescheid ein.

Das Finanzamt lehnt den Einspruch mit Schreiben vom 13.03.2018 ab.

Der Steuerpflichtige erhielt das Schreiben am 15.03.2018.

1. Bis zu welchem Zeitpunkt – ohne Fristverlängerung – hätte Herr Klein seine Einkommensteuererklärung 2016 beim zuständigen Finanzamt spätestens abgeben müssen?
2. Gibt der Steuerpflichtige seine Einkommensteuererklärung nicht fristgerecht ab, so fällt eine steuerliche Nebenleistung an. Wie bezeichnet man diese steuerliche Nebenleistung?
3. Bis zu welchem Zeitpunkt dürfte das Finanzamt die Einkommensteuerschuld für den VZ 2016 grundsätzlich festsetzen?
4. Wie heißt der Verwaltungsakt, mit dem das Finanzamt mit Schreiben vom 13.03.2018 über den Einspruch entschieden hatte?
5. Bis zu welchem Zeitpunkt kann Herr Klein Klage beim Finanzgericht erheben?
6. Wie heißt die Entscheidung des Finanzgerichts, mit der dann über die Klage entschieden wird?

PRÜFUNGSAUFGABE 2

Der Steuerpflichtige Egon Theis ist Komplementär der Egon Theis KG in München. Egon Theis, Geschäftsführer der KG, wohnt in seinem Einfamilienhaus in Landshut.

Daneben ist Egon Theis noch gemeinsam mit seiner Schwester Edith Müller, wohnhaft in Traunstein, und seinem Bruder Peter Theis, wohnhaft in Köln, Eigentümer eines Mietwohngrundstückes in Rosenheim. Die Verwaltung dieses Hauses wird von Frau Müller wahrgenommen.

An allen genannten Orten bestehen Finanzämter. Welches Finanzamt bzw. welche Behörde ist jeweils sachlich und örtlich zuständig für

1. die Einkommensteuer von Egon Theis,
2. die gesonderte Gewinnfeststellung der Egon Theis KG,
3. die Festsetzung der Gewerbesteuermessbeträge der Egon Theis KG,
4. die Festsetzung der Gewerbesteuer der Egon Theis KG,
5. die Festsetzung der Grundsteuer für das vermietete Mietwohngrundstück,
6. die gesonderte Feststellung der Einkünfte aus dem Mietwohngrundstück?

B. Abgabenordnung

PRÜFUNGSAUFGABE 3

Der Steuerpflichtige Franz Lappas, München, erhält am Mittwoch, dem 06.06.2018, seinen Einkommensteuerbescheid 2017. Der Bescheid wurde am 05.06.2018 vom Finanzamt mit einfachem Brief zur Post gegeben. An Werbungskosten wurden 1.030 € weniger anerkannt, als Lappas in seiner Einkommensteuererklärung 2017 angesetzt hatte.

1. Wann ist der Einkommensteuerbescheid 2017 wirksam?
2. Welche Möglichkeiten hat Lappas, damit seine Werbungskosten doch noch berücksichtigt werden?
3. Wann endet die Rechtsbehelfsfrist?
4. Welche Voraussetzungen muss der Einspruch von Herrn Lappas erfüllen, sodass er damit Aussicht auf Erfolg hat?

PRÜFUNGSAUFGABE 4

Der Einzelhändler Klaus Walter, Ulm, erhält am Freitag, dem 03.08.2018, seinen Einkommensteuerbescheid für 2017. Der Bescheid wurde am 31.07.2018 vom Finanzamt mit einfachem Brief zur Post gegeben. Die festgesetzte Einkommensteuer-Abschlusszahlung beträgt 3.330 €.

1. Walter rechnete mit einer Erstattung von 866 €. Das Finanzamt hat einige gebuchte Betriebsausgaben nicht anerkannt. Walter möchte keinesfalls die festgesetzte Abschlusszahlung leisten.
   Was ist gegen den Einkommensteuerbescheid zu unternehmen?
2. Berechnen Sie das Ende der Rechtsbehelfsfrist (Datum und Uhrzeit).
3. Wann wäre (ohne Berücksichtigung der Nr. 1) die Abschlusszahlung fällig?
4. Das Finanzamt und Herr Walter stimmen nun doch überein, dass die festgesetzte Abschlusszahlung in Ordnung ist. Am Mittwoch, dem 19.09.2018, geht beim Finanzamt ein Scheck von Walter über 1.330 € ein. Den Restbetrag überweist Walter mit Auftrag an seine Bank am Montag, dem 15.10.2018, die Gutschrift auf dem Konto des Finanzamtes erfolgt am Dienstag, dem 16.10.2018. Berechnen Sie den Säumniszuschlag, den Walter bezahlen muss. Vorausgesetzt, dass Walter diesen Betrag hätte stunden können: wäre dies günstiger für ihn gewesen?

PRÜFUNGSAUFGABE 5

Am Freitag, dem 17.08.2018 (Poststempel), gibt das Finanzamt Düsseldorf-Mitte den endgültigen Einkommensteuerbescheid 2016 des Mandanten Georg Pasch mit einfachem Brief zur Post. In dem Bescheid ist die Einkommensteuer 2016 mit 26.160 € festgesetzt.
Am 21.09.2018 ruft Georg Pasch bei der Veranlagungsstelle des Finanzamtes Düsseldorf-Mitte an und beantragt eine Änderung des Einkommensteuerbescheides 2016, da das Finanzamt Werbungskosten bei den Einkünften aus Vermietung und Verpachtung wegen fehlender Originalbelege (Handwerker-Rechnungen) nicht anerkannt hatte.
Am 08.10.2018 bestätigt er seinen Antrag auch schriftlich und reicht beglaubigte Kopien der fehlenden Belege, die er sich inzwischen von den Handwerksunternehmen besorgt hat, nach.

1. Ermitteln Sie Beginn und Ende der Einspruchsfrist.
2. Prüfen und begründen Sie, ob eine Änderung des Bescheides noch möglich ist.

PRÜFUNGSAUFGABE 6

Hans Schreckegast, München, erhält am 23.08.2018 seinen Einkommensteuerbescheid 2017. Der Bescheid (einfacher Brief) trägt den Poststempel vom 22.08.2018. Bei der Überprüfung des Bescheides stellt Herr Schreckegast fest, dass der Finanzbeamte statt der erklärten und nachgewiesenen Spende (Zuwendung) in Höhe von 4.000 € nur 400 € übernommen hat. Die festgesetzte Einkommensteuer-Abschlusszahlung beträgt 5.183 €.

1. Ermitteln Sie den Beginn und das Ende der Rechtsbehelfsfrist.
2. Wann ist die festgesetzte Einkommensteuer-Abschlusszahlung fällig?
3. Welchen Rechtsbehelf kann Herr Schreckegast einlegen, wenn er zeitgleich eine Aussetzung der Vollziehung (AdV) beantragen will?

Weitere Prüfungsaufgaben mit Lösungen zur Abgabenordnung finden Sie im **Lösungsbuch** der Steuerlehre 1.

C. Umsatzsteuer

1 Einführung in die Umsatzsteuer

1.1 Geschichtliche Entwicklung

Die deutsche **Umsatzsteuer (USt)** entwickelte sich aus dem 1916 eingeführten **Gesetz über den Warenumsatzstempel**.

Auf der Grundlage dieses Gesetzes schuf der preußische Finanzminister Popitz ein neues, umfassendes **Reichsumsatzsteuergesetz**, das am 27.07.1918 in Kraft trat. Dieses **Allphasen-Bruttoumsatzsteuersystem** wurde bis 1967 beibehalten.

Den wichtigsten Einschnitt in der Geschichte der deutschen Umsatzsteuer bildete das **Umsatzsteuergesetz** vom 29.05.1967, das am 01.01.1968 die **Allphasen-Nettoumsatzsteuer mit Vorsteuerabzug** einführte. Dieses Umsatzsteuersystem ist bis heute gültig. Der **Vorsteuerabzug** bewirkt, dass auf jeder Wirtschaftsstufe nur der **Mehrwert** (die Wertschöpfung) besteuert wird.

Seit dem 01.01.1993 sind **innerhalb des europäischen Binnenmarktes** die Steuergrenzen im Bereich der Umsatzsteuer **weggefallen**. Das **Umsatzsteuer-Binnenmarktgesetz**, das diese Zäsur bewirkte, ist seit 1993 mehrmals geändert worden, zuletzt durch das **Dritte Gesetz zur Änderung des Umsatzsteuergesetzes vom 06.12.2011.**

Die Europäische Kommission hat mit Mitteilung vom 07.04.2016 einen **Aktionsplan** für eine **Modernisierung** des Mehrwertsteuersystems in der EU vorgelegt. Ziel ist, das System zu **vereinfachen** und den Binnenmarkt und grenzüberschreitenden Handel zu fördern. Vorschläge zur Förderung des **elektronischen Geschäftsverkehrs** wurden am 01.12.2016 vorgestellt.

1.2 Steueraufkommen

Die Umsatzsteuer ist eine der größten Einnahmequellen des Bundes und der Länder. Ihr **Aufkommen** inklusive der Einfuhrumsatzsteuer hat **2016** rund **217 Mrd. €** betragen. Das sind ca. **31 %** an den gesamten Steuereinnahmen von rund **706 Mrd. €**. Die im Jahr 2016 durchgeführten Umsatzsteuer-Sonderprüfungen führten zu einem umsatzsteuerlichen Mehrergebnis von rund 1,72 Mrd. €. Im Jahr 2015 lag das Mehrergebnis bei 1,68 Mrd. €.

Das **Umsatzsteueraufkommen** steht nach Artikel 106 Abs. 3 des Grundgesetzes (GG) **Bund und Ländern** gemeinsam zu, **soweit** das Aufkommen nicht den **Gemeinden** zugewiesen wird. Neben den **Gemeinden** (Artikel 106 Abs. 5a GG) erhält auch die **EU** einen Anteil am Aufkommen der Umsatzsteuer als sogenannte Eigenmittel.

1.3 Rechtsgrundlagen

Die wichtigsten nationalen **Rechtsgrundlagen** der Umsatzsteuer sind das Umsatzsteuergesetz **(UStG)** und die Umsatzsteuer-Durchführungsverordnung **(UStDV)**.

Bei der Umsatzsteuer handelt es sich um eine sogenannte **harmonisierte Steuer** im Rahmen der EU. Die Harmonisierung erfolgt aufgrund von **Richtlinien**, die für die einzelnen Mitgliedstaaten verbindlich sind. Die Richtlinie 2006/112/EG bildet die Grundlage für das harmonisierte Mehrwertsteuerrecht. Sie wird als „Mehrwertsteuer-Systemrichtlinie" **(MwStSystRL)** bezeichnet. Seit 01.07.2011 ist die Durchführungsverordnung (EU) zur Mehrwertsteuer-Systemrichtlinie in allen EU-Mitgliedstaaten anzuwenden.

1 Einführung in die Umsatzsteuer

Soweit in diesem Teil des Buches **§§ ohne Gesetzesangabe** genannt werden (z. B. § 4), handelt es sich um **§§ des UStG**.

Das **Umsatzsteuergesetz** ist ein **Gesetz des Bundes**. Nach Art. 105 Abs. 2 GG hat der **Bund** die **konkurrierende Gesetzgebung** über die Umsatzsteuer.

Die Umsatzsteuer-Richtlinien (**UStR**) sind mit Wirkung vom 01.11.2010 **aufgehoben** worden. An ihre Stelle tritt der – zeitlich nicht befristete – Umsatzsteuer-Anwendungserlass **(UStAE)**.

Dieser ist tagesaktuell abrufbar unter www.bundesfinanzministerium.de.

Die **Verwaltung** der Umsatzsteuer (nicht der Einfuhrumsatzsteuer) obliegt den **Landesfinanzbehörden** (Art. 108 Abs. 2 GG). Soweit die Umsatzsteuer dem Bund zufließt, werden die Landesfinanzbehörden im Auftrag des Bundes tätig (Art. 108 Abs. 3 GG).

1.4 System der Umsatzsteuer

Da die Umsatzsteuer der Gemeinschaft Bund, Ländern und Gemeinden zusteht, wird sie als **Gemeinschaftssteuer** bezeichnet.

Die Umsatzsteuer erfasst wirtschaftliche Verkehrsvorgänge (Waren- und Dienstleistungsumsätze des täglichen Lebens). Sie gehört deshalb zu den **Verkehrsteuern**.

Die Umsatzsteuer wird auf jeder Wirtschaftsstufe (Urerzeugung, Weiterverarbeitung, Großhandel, Einzelhandel) erhoben. Da die Umsatzsteuer alle Phasen des Wirtschaftsverkehrs erfasst, wird sie als **Allphasenumsatzsteuer** (mit Vorsteuerabzug) bezeichnet.

Schließlich ist die Umsatzsteuer eine **indirekte Steuer**, weil Steuerschuldner und wirtschaftlicher Träger der Umsatzsteuer verschiedene Personen sind. Der Unternehmer zahlt zwar die Umsatzsteuer an das Finanzamt, wirtschaftlich getragen wird sie jedoch vom Letztverbraucher (private und öffentliche Verbraucher).

Der Umsatzsteuer unterliegen bestimmte im UStG genau beschriebene **wirtschaftliche Vorgänge**. Das UStG bezeichnet sie als **steuerbare Umsätze** (§ 1 UStG).

Bei der Lösung umsatzsteuerlicher Vorgänge empfiehlt es sich, nach der Reihenfolge des Gesetzes vorzugehen und dabei das folgende **Prüfungsschema** anzuwenden:

Prüfungsschema zur Lösung umsatzsteuerlicher Vorgänge

1. Liegt ein **steuerbarer** Umsatz vor (§ 1 Abs. 1 UStG)?

    Die wirtschaftlichen Vorgänge, die der Umsatzsteuer unterliegen, werden nach § 1 Abs. 1 UStG als steuerbare Umsätze bezeichnet.
    Vorgänge, die nicht in § 1 Abs. 1 UStG genannt werden, sind nicht steuerbar. Nicht steuerbare Umsätze werden vom Umsatzsteuergesetz nicht erfasst.

2. Ist der steuerbare Umsatz **steuerfrei** (§ 4 UStG)?

    Der Gesetzgeber hat bei bestimmten wirtschaftlichen Vorgängen aus sozial- und wirtschaftspolitischen Gründen auf sein Besteuerungsrecht verzichtet, d.h., obwohl der Umsatz steuerbar ist, entsteht keine Umsatzsteuer (z. B. bei der Dienstleistung eines Hausarztes). Diese steuerbaren Umsätze sind steuerfrei, d.h., sie führen zu keiner Umsatzsteuer.

C. Umsatzsteuer

3. Ist der steuerbare Umsatz **steuerpflichtig**?

   Der Umsatz ist steuerpflichtig, wenn er steuerbar und nicht steuerbefreit ist, z. B. der Verkauf eines Buches in einer Buchhandlung.

4. Wie hoch ist die **Bemessungsgrundlage** des steuerpfl. Umsatzes (§ 10 UStG)?

   Bei der Bemessungsgrundlage handelt es sich um den Nettowert (Entgelt), den reinen Waren- oder Dienstleistungswert des steuerpflichtigen Umsatzes, z. B. kostet ein Buch beim Buchhändler 32,10 €. Der reine Warenwert des Buches beträgt 30 € [30 € + 2,10 € USt (7 %) = 32,10 €].

5. Welcher **Steuersatz** ist anzuwenden (§ 12 UStG)?

   Durch die Anwendung des Steuersatzes auf die Bemessungsgrundlage ergibt sich die Umsatzsteuer (Traglast), z. B. 30 € x 7 % = 2,10 € USt.

6. Wann **entsteht** die Umsatzsteuer (§ 13 und § 13b Abs. 1 UStG)?

   Die Umsatzsteuer entsteht, wenn alle Voraussetzungen des § 13 UStG oder des § 13b Abs. 1 UStG erfüllt sind, z. B. entstehen die 2,10 € USt des Buchhändlers mit Ablauf des letzten Tages eines Monats, eines Vierteljahres oder eines Jahres.

7. Wer ist **Steuerschuldner** (§ 13a, § 13b Abs. 2 UStG)?

   Schuldner der Umsatzsteuer ist grundsätzlich der leistende Unternehmer (§ 13a UStG). Nach § 13b Abs. 2 UStG schuldet in bestimmten Fällen der Leistungsempfänger die Umsatzsteuer.

8. Wie hoch ist die abziehbare **Vorsteuer** (§ 15 UStG)?

   Hat der leistende Unternehmer (z. B. der Buchhändler) selbst Leistungen (z. B. Bücher) von anderen (Vor-)Unternehmern bezogen (z. B. vom Großhändler der Bücher), so kann er die beim Einkauf bezahlte Umsatzsteuer als Vorsteuer vom Finanzamt zurückfordern.
   Die Vorsteuer ist eine Forderung gegenüber dem Finanzamt.

9. Ergibt sich eine **Umsatzsteuerschuld** oder ein **Erstattungsanspruch** (§ 18 UStG)?

   Aus Vereinfachungsgründen wird nicht jede Umsatzsteuerschuld und jede Vorsteuerforderung gegenüber dem Finanzamt einzeln beglichen.
   Es werden vielmehr die Umsatzsteuerbeträge (Verbindlichkeiten) eines bestimmten Zeitraums mit den Vorsteuerbeträgen (Forderungen) dieses Zeitraums verrechnet. Das Ergebnis dieser Verrechnung stellt entweder die noch an das Finanzamt zu entrichtende Umsatzsteuer (Umsatzsteuerschuld bzw. -zahllast) oder den vom Finanzamt zu erstattenden Vorsteuerüberschuss (Erstattungsanspruch) dar. Die Abrechnungszeiträume können einen Monat, ein Vierteljahr oder ein Jahr betragen.

In der folgenden Übersicht werden die wesentlichen Merkmale des **Umsatzsteuersystems** nochmals zusammengestellt:

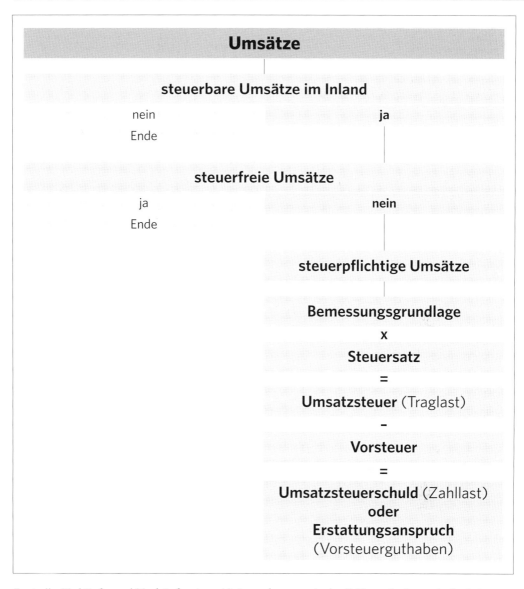

Fast alle **Einkäufe** und **Verkäufe** eines **Unternehmens** sind mit **Umsatzsteuer** belastet.
Bis beispielsweise Waren dem Endverbraucher zum Verkauf angeboten werden können, müssen die **Produkte** in der Regel **mehrere Wirtschaftsstufen** durchlaufen.

C. Umsatzsteuer

Das **Umsatzsteuersystem** soll mit folgendem Beispiel noch einmal erläutert werden:

BEISPIEL

Der **Urerzeuger A** (landwirtschaftlicher Betrieb) liefert Rohstoffe an den Weiterverarbeiter B für 100 € + 19 % USt. A hat keinen Vorlieferanten und damit keine Vorsteuer.
B (Königsbacher Brauerei GmbH & Co. KG) verarbeitet die Rohstoffe und liefert das Fertigerzeugnis an den Großhändler C für 250 € + 19 % USt.
Der **Großhändler C** liefert das Produkt an den Einzelhändler D für 320 € +19 % USt.
Der **Einzelhändler D** liefert die Ware an den Endverbraucher E für 400 € +19 % USt.

Die **Umsatzsteuerschuld (Zahllast)** der einzelnen Stufen wird wie folgt berechnet:

Wirtschafts-stufe bzw. Phase	Rechnungsbetrag		USt (Traglast)	Vorsteuer-abzug	Umsatz-steuer-schuld (Zahllast)	Mehrwert = Wert-schöpfung
		€	€	€	€	€
A Urerzeuger	+ Nettopreis 19 % USt = Verkaufspreis	100,00 19,00 119,00	19,00	—	**19,00**	100,00
B Weiter-verarbeiter	+ Nettopreis 19 % USt = Verkaufspreis	250,00 47,50 297,50	47,50	19,00	**28,50**	150,00
C Großhändler	+ Nettopreis 19 % USt = Verkaufspreis	320,00 60,80 380,80	60,80	47,50	**13,30**	70,00
D Einzel-händler	+ Nettopreis 19 % USt = Verkaufspreis	400,00 **76,00** 476,00	76,00	60,80	**15,20**	80,00
	Die Summe der Umsatzsteuerschulden aller Wirtschaftsstufen beträgt Sie stimmt mit der Umsatzsteuer überein, die im Verkaufspreis der letzten Stufe (**D**) enthalten ist.				**76,00**	

Im vorgenannten Beispiel wird das Erzeugnis auf **vier** Wirtschaftsstufen versteuert. **Bemessungsgrundlage** der Umsatzsteuer ist auf jeder Wirtschaftsstufe der **Nettopreis**.
Der **Vorsteuerabzug** bewirkt jedoch, dass auf **jeder** Stufe nur die **Wertschöpfung** = der „Mehrwert" besteuert wird. Die Umsatzsteuer wird deshalb auch als **Allphasen-Nettoumsatzsteuer mit Vorsteuerabzug** bezeichnet.

Die **Umsatzsteuerschuld**, die im vorangegangenen Beispiel insgesamt 76,00 € beträgt, soll nach dem Willen des Gesetzgebers vom **Endverbraucher** (im Beispiel Kunde E des Einzelhändlers D) **getragen** werden.

1.5 Schema zur Berechnung der Umsatzsteuer

Die **Umsatzsteuer** wird in diesem Buch nach folgendem Schema ermittelt:

Umsatzart nach § 1 i.V.m. § 3 UStG	nicht steuerbare Umsätze im Inland	steuerbare Umsätze im Inland	steuerfreie Umsätze im Inland § 4 UStG	steuerpflichtige Umsätze im Inland	
	€	€	€	€ (19 %)	€ (7 %)

BEISPIEL

Im Folgenden wird die **Umsatzsteuerschuld** aus dem vorangegangenen Beispiel exemplarisch für den **Unternehmer B** nach obigem **Schema** ermittelt und anschließend in die **Umsatzsteuer-Voranmeldung 2018** eingetragen:

Umsatzart nach § 1 i.V.m. § 3 UStG	nicht steuerbare Umsätze im Inland	steuerbare Umsätze im Inland	steuerfreie Umsätze im Inland § 4 UStG	steuerpflichtige Umsätze im Inland	
	€	€	€	€ (19 %)	€ (7 %)
Lieferung	—	250	—	250	—

    Umsatzsteuer (Traglast)
    19 % von 250 € =   47,50 €
- **abziehbarer Vorsteuerbetrag**   - 19,00 €
= **verbleibende Umsatzsteuer** (Umsatzsteuerzahllast)   **28,50 €**

Unternehmer B hat in seiner **Umsatzsteuer-Voranmeldung 2018** in **Zeile 26** den **steuerpflichtigen Umsatz** (Kennzahl 81) und die **Umsatzsteuer** sowie in **Zeile 55** (Kennzahl 66) die **abziehbare Vorsteuer** einzutragen:

26	zum Steuersatz von 19 %	81	-		47,50
55	Vorsteuerbeträge aus Rechnungen von anderen Unternehmern (§ 15 Abs. 1 Nr. 1 UStG)			66	19,00
62	Verbleibender Betrag				28,50

1.6 Erfolgskontrolle

WIEDERHOLUNGSFRAGEN

1. Welche Rechtsgrundlagen können zur Klärung umsatzsteuerlicher Fragen herangezogen werden?
2. Wem steht das Gesetzgebungsrecht auf dem Gebiet der Umsatzsteuer zu?
3. Wem obliegt die Verwaltung der Umsatzsteuer?
4. Warum bezeichnet man die Umsatzsteuer als Gemeinschaftssteuer?
5. Warum bezeichnet man die Umsatzsteuer als Verkehrsteuer?
6. Warum ist die Umsatzsteuer eine indirekte Steuer?
7. Wer ist Steuerträger der Umsatzsteuer?
8. Welches Prüfungsschema empfiehlt sich zur Lösung umsatzsteuerlicher Vorgänge?
9. Was bewirkt der Vorsteuerabzug?

FÄLLE

FALL 1

Kiesgrubenbetreiber Anton Wilms, Mayen, liefert Kies im Wert von netto 3.000 € an das Betonwerk Horst Zecha in Neuwied.

Das Betonwerk verarbeitet den Kies zu Palisaden. Anschließend werden diese Palisaden an den Baustoffgroßhändler Eduard Grün, Koblenz, für netto 5.000 € verkauft.

Herr Grün veräußert diese Palisaden an den Baustoffeinzelhändler Lars Ebel, Andernach, für netto 8.500 €.

Herr Ebel verkauft diese Palisaden an verschiedene private Endverbraucher für brutto 13.090 € (inkl. 19 % USt).

Berechnen Sie für die beteiligten Unternehmer die Umsatzsteuer (Traglast), die abziehbare Vorsteuer, die Umsatzsteuerschuld (Zahllast) und die Wertschöpfung.

Berechnen Sie außerdem die Umsatzsteuerbelastung der privaten Endverbraucher.

<u>Hinweis:</u> Verwenden Sie ausschließlich die Beträge aus der Falldarstellung. Es wird unterstellt, dass die beteiligten Unternehmer keine weiteren Ein- und Verkäufe getätigt haben.

FALL 2

Sabrina Müller, Ulm, kauft beim Elektrofachhändler Volker Friedrich, Ulm, ein TV-Gerät. Den Kaufpreis in Höhe von 785,40 € zahlt sie bar. An der freien Tankstelle Peter Speidel, Ulm, tankt sie Benzin im Wert von brutto 41,65 € und zahlt mit ihrer EC-Karte. Frau Müller erhält von der privatärztlichen Akupunkturpraxis Dr. Löbbert, Ulm, eine Rechnung für eine mehrwöchige Migränebehandlung in Höhe von 350,00 €. Frau Müller zahlt den Rechnungsbetrag durch Banküberweisung. Auf ihrem Kontoauszug findet Frau Müller unter anderem die folgenden Lastschriften:

- Scheckeinreichung Volker Friedrich   785,40 €,
- Wohnungsmiete Gabi Bauer   928,00 €,
- Tankstelle Peter Speidel   41,65 €,
- Arztpraxis Dr. Löbbert   350,00 €.

1 Einführung in die Umsatzsteuer

a) Bei der Bearbeitung umsatzsteuerlicher Probleme tauchen immer wieder die Begriffe „steuerbarer Umsatz, steuerfreier Umsatz, steuerpflichtiger Umsatz und Bemessungsgrundlage" auf. Erklären Sie diese Fachbegriffe anhand der dargestellten Sachverhalte. Lesen Sie in diesem Zusammenhang die folgenden Paragrafen: § 1 Abs. 1 Nr. 1, § 4 Nr. 12a, § 4 Nr. 14 und § 10 Abs. 1 UStG.
b) Wie viel Umsatzsteuer hat Frau Müller bei den oben genannten Transaktionen gezahlt? Erläutern Sie in diesem Zusammenhang die Begriffe „brutto und netto".

FALL 3

Lea Linn betreibt in 79539 Lörrach, Palmstraße 2, einen Lebensmittelgroßhandel. Frau Linn wird beim Finanzamt Lörrach (Luisenstraße 10a, 79539 Lörrach) unter der Steuernummer 11088/08288 geführt. Lörrach liegt in Baden-Württemberg.

Frau Linn hat im August 2018 die folgenden Leistungen erbracht:

1. steuerbare und steuerpflichtige inländische Warenverkäufe (19 %) gegen bar für brutto 14.280 €,
2. steuerbare und steuerpflichtige inländische Warenverkäufe (7 %) gegen bar für netto 7.000 €,
3. steuerbare und steuerpflichtige inländische Warenverkäufe (7 %) auf Ziel für brutto 19.795 €,
4. steuerbare, aber nach § 4 Nr. 12a UStG steuerfreie inländische Wohnungsvermietungen; Überweisungsbetrag 4.800 €,
5. steuerbare, aber nach § 4 Nr. 1b UStG steuerfreie innergemeinschaftliche Lieferung an einen Unternehmer mit USt-IdNr. in Frankreich für netto 2.000 €,
6. steuerbare, aber nach § 4 Nr. 1a UStG steuerfreie Ausfuhrlieferung an einen Unternehmer in der Schweiz für netto 1.600 €.

Frau Linn hat im August 2018 die folgenden Einkäufe getätigt:

1. inländische Wareneinkäufe (19 %) mit korrekt ausgewiesenen Vorsteuerbeträgen auf Ziel für brutto 7.140 €,
2. inländische Wareneinkäufe (7 %) mit korrekt ausgewiesenen Vorsteuerbeträgen auf Ziel für brutto 856 €,
3. Wareneinkäufe (19 %) in Frankreich (steuerbarer innergemeinschaftlicher Erwerb) auf Ziel für netto 900 €,
4. Wareneinkäufe (7 %) in der Schweiz (steuerbare Einfuhr) auf Ziel für netto 600 €.

Aufgabe

Übertragen Sie die oben genannten Angaben in das amtliche Formular „Umsatzsteuer-Voranmeldung 2018" und ermitteln Sie die verbleibende Umsatzsteuer-Vorauszahlung oder den Vorsteuerüberschuss (Erstattungsanspruch). Frau Linn muss ihre Voranmeldungen monatlich (ohne Dauerfristverlängerung) abgeben.

Hinweis:

Das Muster für die Umsatzsteuervoranmeldung 2018 kann unter www.bundesfinanzministerium.de abgerufen werden.

2 Steuerbare entgeltliche Leistungen

Der **Umsatzsteuer** unterliegen bestimmte im **UStG** genau beschriebene **wirtschaftliche Vorgänge**. Das **UStG** bezeichnet diese **Vorgänge** als **steuerbare Umsätze**.
In § 1 **Abs. 1** i. V. m. §3 werden **vier Arten steuerbarer Umsätze** genannt:

Umsätze

steuerbare Umsätze

1. **entgeltliche Lieferungen und sonstige Leistungen**
   (§ 1 Abs. 1 **Nr. 1** i. V. m. § 3 Abs. 1, 6 bis 9 oder § 3a bis § 3c)
2. **unentgeltliche Lieferungen und sonstige Leistungen**
   (§ 1 Abs. 1 **Nr. 1** i. V. m. § 3 Abs. **1b** oder Abs. **9a** und § 3f)
3. **Einfuhr**
   (§ 1 Abs. 1 **Nr. 4**)
4. **innergemeinschaftlicher Erwerb**
   (§ 1 Abs. 1 **Nr. 5** i. V. m. § 1a, § 1b und § 3d)

In diesem Kapitel werden die steuerbaren **entgeltlichen** Lieferungen und sonstigen Leistungen erläutert.

 Der **Ort des Umsatzes für entgeltliche Leistungen** wird in den Abschnitten 6.1, Seiten 217 ff., und 6.2, Seiten 241 ff., dargestellt und erläutert.

2.1 Leistungsbegriff

Unter einer **Leistung** im umsatzsteuerlichen Sinne versteht man jedes Verhalten anderen gegenüber, das Gegenstand des Wirtschaftsverkehrs sein kann, z. B.

- Ein Einzelhändler **liefert** eine Stereoanlage.
- Ein Steuerberater **berät** einen Mandanten.
- Ein Hauseigentümer **vermietet** eine Wohnung.
- Ein Industriebetrieb **verzichtet** zugunsten eines Konkurrenten auf die Produktion eines bestimmten Erzeugnisses.

Keine Leistungen im Sinne des UStG sind **bloße Entgeltentrichtungen**, insbesondere **Geldzahlungen** oder Überweisungen (Abschn. 1.1 Abs. 3 Satz 3 UStAE).

2 Steuerbare entgeltliche Leistungen

Aus praktischen Gründen unterscheidet das UStG bei **Leistungen** zwischen **Lieferungen** und **sonstigen Leistungen**:

Diese **Unterscheidung** ist **bedeutsam** für den **Ort der Leistung**. Bestimmte Vorschriften gelten nur für **Lieferungen** (z.B. § 3 **Abs. 6 bis 8**), andere wiederum nur für **sonstige Leistungen** (z.B. **§ 3a**).

In der Regel beruht eine Leistung auf einem **Vertrag** (z.B. Kaufvertrag, Mietvertrag). Durch den **Vertrag verpflichten** sich die Vertragsparteien zu **Leistungen (Vertrag = Verpflichtungsgeschäft)**.

Allerdings löst **nicht** schon der **Vertragsabschluss** (das Verpflichtungsgeschäft) die Umsatzsteuer aus, **sondern** erst die **Erfüllung** des Vertrags (das **Erfüllungsgeschäft**).

BEISPIEL

Der Kfz-Händler U, Koblenz, schließt am **16.10.2018** mit dem Kunden A, Koblenz, einen **Kaufvertrag** über einen Pkw ab. U hat den Pkw nicht auf Lager, sondern muss ihn erst beim Hersteller besorgen. Der Pkw wird am **12.12.2018** von U an A **geliefert**.

Der Abschluss des Kaufvertrags (Verpflichtungsgeschäft) am 16.10.2018 löst noch keine USt aus. Erst mit der Übergabe des Pkws **(Erfüllungsgeschäft)** am **12.12.2018** fällt **Umsatzsteuer** an.

MERKE → Für die Umsatzbesteuerung ist das **Erfüllungsgeschäft** maßgebend.

2.1.1 Lieferungen

Unter einer **Lieferung** versteht das UStG die **Verschaffung der Verfügungsmacht** über einen **Gegenstand** (§ 3 Abs. 1).

Eine **Lieferung** setzt mindestens **zwei** beteiligte **Personen** voraus, nämlich den **Lieferer** und den **Abnehmer**.

Bei einer **Lieferung** müssen folgende **zwei Tatbestandsmerkmale** vorliegen:

1. **Gegenstand** und
2. **Verschaffung der Verfügungsmacht** an dem Gegenstand.

C. Umsatzsteuer

zu 1. Gegenstand

Gegenstände einer Lieferung sind nach Abschn. 3.1 Abs. 1 Satz 2 UStAE

- **körperliche Gegenstände** (Sachen nach § 90 BGB, Tiere nach § 90a BGB),
- **Sachgesamtheiten** und
- solche Wirtschaftsgüter, die im Wirtschaftsverkehr **wie körperliche Sachen** behandelt werden.

Bei den **körperlichen Gegenständen** sind umsatzsteuerrechtlich **drei Gegenstandsarten** zu unterscheiden:

- **neue Fahrzeuge**,
- **verbrauchsteuerpflichtige Waren** und
- **sonstige Gegenstände**.

<u>Neue Fahrzeuge</u> sind **bestimmte motorbetriebene Landfahrzeuge** (z.B. Pkw), **bestimmte Wasserfahrzeuge** und **bestimmte Luftfahrzeuge** (§ 1b Abs. 2).

<u>Verbrauchsteuerpflichtige Waren</u> sind Mineralöle, Alkohol und alkoholische Getränke sowie Tabakwaren (§ 1a Abs. 5 Satz 2).

Obwohl es keine deutsche Weinsteuer gibt, zählt Wein als alkoholisches Getränk zu den verbrauchsteuerpflichtigen Waren.

<u>Sonstige Gegenstände</u> sind Gegenstände, die **keine** neuen Fahrzeuge und **keine** verbrauchsteuerpflichtigen Waren sind. Hierzu zählen z.B. Bücher, Kleidungsstücke und Computer. Zu den lieferungsfähigen **sonstigen Gegenständen** gehören aber auch **Standard-Software** und sog. **Updates** auf Datenträgern, wenn durch die körperliche Übergabe der beweglichen Sache „Datenträger" dem Leistungsempfänger Verfügungsmacht daran und an der darauf befindlichen Software verschafft wird.

Die **Art des Gegenstandes** ist für die Steuerbarkeit einer Lieferung bei **bestimmten Personengruppen** (z.B. Privatpersonen) von Bedeutung. Bei **Unternehmern** spielt die **Gegenstandsart keine Rolle**.

Eine **Sachgesamtheit** stellt die Zusammenfassung mehrerer selbständiger Gegenstände zu einem einheitlichen Ganzen dar, z.B. ein zwölfteiliges Kaffeeservice.

Zu den <u>Wirtschaftsgütern, die im Wirtschaftsverkehr wie körperliche Sachen behandelt werden,</u> zählen z.B. Gas, elektrischer Strom, Wärme und Wasserkraft.

Keine Gegenstände sind **Rechte**, die im Rahmen einer Lieferung übertragen werden können. Die **Übertragung von Rechten** stellt eine **sonstige Leistung** dar (Abschn. 3.1 Abs. 1 Satz 5 UStAE).

 Einzelheiten zu den **sonstigen Leistungen** erfolgen im Abschnitt 2.1.2 „Sonstige Leistungen", Seite 144.

ÜBUNG → Wiederholungsfragen 1 bis 3 (Seite 168)

zu 2. Verschaffung der Verfügungsmacht

Die **Verfügungsmacht** versetzt den Abnehmer eines Gegenstandes in die Lage, im eigenen Namen **als** Eigentümer oder **wie** ein Eigentümer (wirtschaftlicher Eigentümer), über einen Gegenstand zu verfügen.

Bei der **Verschaffung der Verfügungsmacht** sind **zwei Grundfälle** zu unterscheiden:

- die Verschaffung der Verfügungsmacht **mit** Eigentumsübertragung,
- die Verschaffung der Verfügungsmacht **ohne** Eigentumsübertragung.

Verschaffung der Verfügungsmacht mit Eigentumsübertragung

Die Verfügungsmacht wird in der Regel durch **Eigentumsübertragung** verschafft. Wie das Eigentum an einer Sache übertragen wird, ist in den §§ 925, 929 ff. des **BGB** geregelt.

Grundsätzlich wird **Eigentum** an **beweglichen** Sachen durch **Einigung und Übergabe** übertragen (§ 929 Satz 1 BGB).

> **BEISPIEL**
>
> Der Bäckermeister U, Bonn, **verkauft** (Verpflichtungsgeschäft; § 433 BGB) und **übergibt** (Erfüllungsgeschäft; § 929 BGB) in seinem Laden 1 kg Brot an eine Kundin. Er überträgt ihr das Eigentum an dem Brot.
>
> U hat durch die **Eigentumsübertragung** der Kundin die **Verfügungsmacht** über das Brot **verschafft**. Damit hat er eine **Lieferung** im Sinne des UStG bewirkt.

Ist der Abnehmer bereits im Besitz der Sache (z. B. beim Kauf auf Probe), so genügt die **Einigung** über den Übergang des Eigentums (§ 929 Satz 2 BGB).

Die Eigentumsübertragung an **unbeweglichen** Sachen (Grundstücken) erfolgt durch **Einigung** (Auflassung) **und Eintragung** im Grundbuch (§ 873 i. V. m. § 925 BGB).

Da der Zeitpunkt der Grundbucheintragung nicht von den Vertragspartnern bestimmt werden kann, wird für die **Verschaffung der Verfügungsmacht** darauf abgestellt, wann **Nutzen und Lasten** eines Grundstücks an den Abnehmer **übergehen**. Dieser Zeitpunkt wird in der Regel im notariell beurkundeten **Kaufvertrag** (§ 311b Abs. 1 BGB) festgelegt.

Verschaffung der Verfügungsmacht ohne Eigentumsübertragung

Eine Verschaffung der Verfügungsmacht **ohne Eigentumsübertragung** liegt z. B. vor, wenn ein Gegenstand unter **Eigentumsvorbehalt** verkauft und übertragen wird (Abschn. 3.1 Abs. 3 Satz 4 UStAE) und beim **Kommissionsgeschäft** (§ 3 Abs. 3 i. V. m. Abschn. 3.1 Abs. 3 Satz 7 UStAE).

> **BEISPIEL**
>
> Der Kraftfahrzeughändler U, Köln, liefert einen Pkw an den Abnehmer A, Bonn. Im Kaufvertrag wird vereinbart, dass der Kaufpreis für den Pkw in zehn Monatsraten zu zahlen ist und U bis zur vollständigen Bezahlung des Kaufpreises Eigentümer des Pkws bleibt (Eigentumsvorbehalt, § 449 BGB).
>
> **A** ist zwar im Zeitpunkt der Übergabe des Pkws **kein Eigentümer**, weil sich **U** das **Eigentum** bis zur vollen Zahlung des Kaufpreises **vorbehält**. A kann jedoch **wie** ein Eigentümer über den gekauften Pkw verfügen (wirtschaftliches Eigentum i. S. d. § 39 Abs. 2 Nr. 1 AO), sodass bereits bei Auslieferung des Pkws eine **Lieferung** im Sinne des UStG vorliegt (Abschn. 3.1 Abs. 3 Satz 4 UStAE).

C. Umsatzsteuer

Für den **Ort der Lieferung** ist entscheidend, ob

1. eine Lieferung **mit** Warenbewegung (§ 3 **Abs. 6** UStG) oder
2. eine Lieferung **ohne** Warenbewegung (§ 3 **Abs. 7** UStG)

erfolgt.

zu 1. Lieferung mit Warenbewegung

Eine Lieferung mit Warenbewegung kann eine

- **Beförderungslieferung oder**
- **Versendungslieferung**

sein.

Eine **Beförderungslieferung** liegt vor, wenn der **Lieferer oder** der **Abnehmer** (oder ein vom Lieferer oder Abnehmer beauftragter Dritter) den Gegenstand der Lieferung fortbewegt (§ 3 Abs. 6 **Satz 1**).

> **BEISPIEL**
>
> Der **Unternehmer** U (bzw. ein Mitarbeiter des Unternehmers), Wiesbaden, **bringt** die bestellte Ware **mit** seinem **eigenen Lkw** zum Abnehmer A nach Mainz.
>
> Es liegt eine **Beförderungslieferung** vor, weil der **Unternehmer** als **Lieferer** die Ware **selbst** fortbewegt.

Eine **Beförderungslieferung** liegt auch vor, wenn der **Abnehmer** den Gegenstand der Lieferung fortbewegt (**Abholfall**; § 3 Abs. 6 **Satz 1**).

> **BEISPIEL**
>
> Der **Abnehmer** A (bzw. ein Mitarbeiter des Abnehmers), Mainz, **holt** die bestellte Ware beim Unternehmer U in Wiesbaden **ab**.
>
> Es liegt eine **Beförderungslieferung** vor, weil der **Abnehmer** die Ware fortbewegt (**Abholfall**).

Eine **Versendungslieferung** liegt gem. § 3 Abs. 6 Satz 3 vor, wenn die Beförderung des Gegenstandes durch einen **selbständigen Beauftragten ausgeführt** (z.B. durch einen Frachtführer) oder **besorgt** (z.B. durch einen Spediteur) wird.

MERKE → Versenden heißt: „von einem selbständigen Dritten befördern lassen".

> **BEISPIEL**
>
> Der **Unternehmer** U, Wiesbaden, **lässt** die bestellte Ware durch die Post AG (Frachtführer) zum Abnehmer A nach Mainz **befördern**.
>
> Es liegt eine **Versendungslieferung** des Unternehmers U vor, weil die Lieferung durch einen **selbständigen Beauftragten** (die Post AG) **ausgeführt** wird. Die Post AG erbringt ihrerseits eine sonstige Leistung (Beförderungsleistung – Transport der Ware) gegenüber Unternehmer U.

zu 2. Lieferung ohne Warenbewegung

Eine **körperliche Übergabe** ist **entbehrlich**, wenn der Abnehmer bereits im Besitz des Gegenstandes ist. In diesem Fall **genügt** zur Übereignung die **Einigung** über den Übergang des Eigentums (§ 929 Satz 2 BGB).

Eine **Lieferung ohne Warenbewegung** liegt z.B. vor

- bei der Vereinbarung eines Besitzkonstituts (§ 930 BGB),
- bei der Abtretung des Herausgabeanspruchs (§ 931 BGB),
- bei der Übergabe eines Traditionspapiers (z.B. Lagerscheins; § 447 HGB),
- bei einem sog. **Reihengeschäft** (§ 3 Abs. 6 Satz 5 UStG),
- bei bestimmten **Werklieferungen** (§ 3 Abs. 4 UStG).

Im Folgenden werden nur die **Begriffe** des sog. **Reihengeschäfts** und der **Werklieferung** kurz erläutert.

Reihengeschäft

Umsatzgeschäfte (Verpflichtungsgeschäfte) i.S.d. § 3 Abs. 6 Satz 5, die von **mehreren Unternehmern** über **denselben Gegenstand** abgeschlossen werden und bei denen dieser Gegenstand **unmittelbar vom ersten Unternehmer** an den **letzten Abnehmer** gelangt, werden als **Reihengeschäfte** bezeichnet.

Bei **Reihengeschäften** werden **mehrere Lieferungen** ausgeführt. Es existiert jedoch **nur eine Beförderungs- oder Versendungslieferung** i.S.d. § 3 Abs. 6. Bei dieser Lieferung handelt es sich um eine Lieferung **mit Warenbewegung (bewegte Lieferung)**. Die **übrigen Lieferungen** innerhalb der Reihe (Kette) sind **ruhende Lieferungen** i.S.d. § 3 **Abs. 7**. Hierbei handelt es sich immer um **Lieferungen ohne Warenbewegung**.

Ein **Beförderungs- oder Versendungsfall** liegt **auch** dann vor, wenn ein an einem Reihengeschäft beteiligter **Abnehmer** den Gegenstand der Lieferung selbst abholt oder abholen lässt (**Abholfall**) (Abschn. 3.14 Abs. 3 Satz 2 UStAE).

> Der **Ort der Lieferung bei Reihengeschäften** wird im Abschnitt 6.1.4 „Ort der Lieferung bei Reihengeschäften", Seiten 224 ff., erläutert.

Maßgebend für die Beurteilung des Reihengeschäfts ist die **Zuordnung der Warenbewegung (Beförderungs- oder Versendungslieferung) zu lediglich einer Lieferung in der Reihe** (Abschn. 3.14 Abs. 7 bis 9 UStAE).

Wird der Gegenstand der Lieferung durch den **ersten** Unternehmer (ersten Lieferer) in der Reihe befördert **(durchgeführt)** oder versendet **(veranlasst)**, ist die Beförderungs- oder Versendungslieferung dem **ersten** Unternehmer **zuzuordnen**, d.h., zwischen dem **ersten** liefernden Unternehmer **(U 1)** und dem **ersten** Abnehmer **(U 2)** liegt eine Lieferung **mit Warenbewegung** vor (§ 3 Abs. 6 **Satz 1** i.V.m. § 3 Abs. 6 **Satz 5** und Abschn. 3.14 Abs. 8 Satz 1 UStAE).

BEISPIEL

Der Abnehmer **A** in Essen bestellt beim Einzelhändler **U 2** in Köln Maschinenteile. U 2 hat die Teile nicht auf Lager und bestellt sie beim Großhändler **U 1** in Koblenz. U 2 beauftragt den Großhändler U 1, die Maschinenteile unmittelbar mit eigenem Lkw an A zu befördern. U 1 führt den Auftrag vereinbarungsgemäß aus.

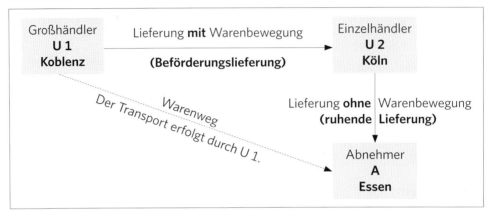

Es liegt ein **Reihengeschäft** i.S.d. § 3 Abs. 6 Satz 5 vor, da **mehrere** Unternehmer über **dieselben** Maschinenteile **Umsatzgeschäfte** abschließen und die Maschinenteile im Rahmen einer Beförderung unmittelbar vom ersten Unternehmer **(U 1)** an den **letzten** Abnehmer **(A)** gelangen.
Da der Gegenstand der Lieferung durch den **ersten** Unternehmer **(U 1)** in der Reihe befördert **(durchgeführt)** wird, ist die **Beförderung** der **ersten** Lieferung **(U 1 an U 2) zuzuordnen** (Abschn. 3.14 Abs. 8 **Satz 1** UStAE).
Zwischen **U 2** und **A** liegt eine Lieferung **ohne** Warenbewegung **(ruhende Lieferung)** vor.

Wird der Gegenstand der Lieferung durch den **letzten** Abnehmer (A) in der Reihe befördert **(durchgeführt)** oder versendet **(veranlasst)**, ist die Beförderung oder Versendung der **letzten** Lieferung **(U 2 an A) zuzuordnen** (Abschn. 3.14 Abs. 8 **Satz 2** UStAE).

BEISPIEL

Sachverhalt wie im Beispiel zuvor mit dem **Unterschied**, dass der Abnehmer A die Maschinenteile beim Lieferer (U 1) mit eigenem Lkw **abholt**.

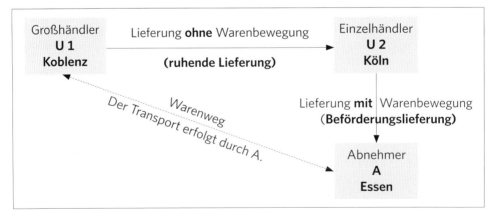

Es liegt wie im Beispiel zuvor ein **Reihengeschäft** i.S.d. § 3 Abs. 6 Satz 5 vor. Die Beförderung ist der **letzten** Lieferung **(U 2 an A) zuzuordnen** (Abschn. 3.14 Abs. 8 **Satz 2** UStAE).
Zwischen **U 1** und **U 2** liegt eine Lieferung **ohne** Warenbewegung **(ruhende Lieferung)** vor.

Werklieferung

Verwendet der Unternehmer zur Herstellung eines Werkes (z.B. eines Einfamilienhauses) **Hauptstoffe**, die er **selbst beschafft**, so liegt eine **Werklieferung** vor (§ 3 Abs. 4; Abschn. 3.8 Abs. 1 Satz 1 UStAE).

BEISPIEL

Der Kunde A, Bonn, beauftragt den Bauunternehmer U, Bad Godesberg, mit der Errichtung eines Rohbaus. Das Baumaterial für den Rohbau wird von U gestellt.

U erbringt mit der Erstellung des Rohbaus eine **Werklieferung**, weil er ein Werk aus von ihm selbst beschafften Hauptstoffen hergestellt hat.

Die **Leistungen** (Lieferung und sonstige Leistung) des Unternehmers werden bei einer **Werklieferung** nach dem Grundsatz der Einheitlichkeit (Abschn. 3.10 Abs. 5 UStAE) **zusammengefasst** und umsatzsteuerrechtlich wie eine **Lieferung** behandelt.

Einzelheiten über den **Ort der Werklieferung** erfolgen im Abschnitt 6.1.3 „Ort der Lieferung ohne Beförderung oder Versendung", Seiten 222 f.

Zusammenfassung zu Abschnitt 2.1.1:

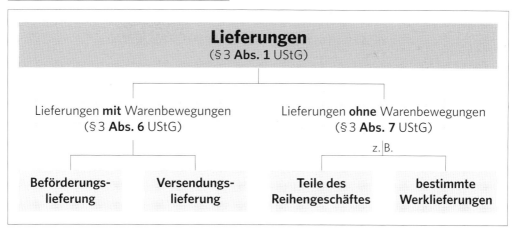

Der **Ort der Lieferung** wird im Abschnitt 6.1 „Ort der entgeltlichen Lieferung", Seiten 217 ff., dargestellt und erläutert.

ÜBUNG → 1. Wiederholungsfragen 4 bis 9 (Seite 168),
2. Fall 1 (Seite 169)

2.1.2 Sonstige Leistungen

Sonstige Leistungen sind Leistungen, die **keine** Lieferungen sind (§ 3 Abs. 9 Satz 1).
Sonstige Leistungen können in einem **Tun**, **Dulden** oder **Unterlassen** bestehen.

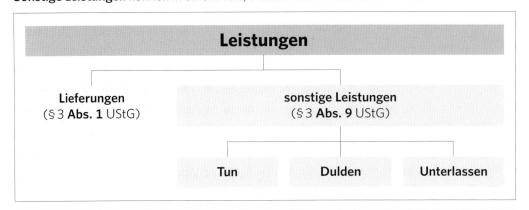

> **S 1** Der **Ort der sonstigen Leistungen** wird in Abschnitt 6.2 „Ort der sonstigen Leistungen", Seiten 241 ff., dargestellt und erläutert.

BEISPIELE

a) Der Frauenarzt Dr. Knut Viehbahn **behandelt** in seiner Praxis in München eine Patientin.
   Dr. Viehbahn bewirkt eine **sonstige Leistung**, die in einem **Tun** besteht.

b) Der Hauseigentümer Roland Bach, Berlin, **vermietet** eine Wohnung seines Zweifamilienhauses.
   Bach bewirkt eine **sonstige Leistung**, die in einem **Dulden** besteht.

c) Die FAX AG **verzichtet** zugunsten eines Konkurrenten auf die Produktion eines bestimmten Produktes.
   Die FAX AG bewirkt eine **sonstige Leistung**, die in einem **Unterlassen** besteht.

Software

Die **Überlassung von Individual-Software** (Abschn. 3.5 Abs. 3 Nr. 8 Satz 1 UStAE) und die **Übertragung von Standard- oder Individual-Software via Internet** (Abschn. 3.5 Abs. 3 Nr. 8 Satz 2 UStAE) stellen **sonstige Leistungen** dar.
Die **Überlassung von Standard-Software und Updates auf Datenträgern** stellt hingegen eine **Lieferung** dar (Abschn. 3.5 Abs. 2 Nr. 1 UStAE).

Abgabe von Speisen und Getränken

Bei der Abgabe von verzehrfertigen Speisen ist zu prüfen, ob es sich um eine mit 7 % ermäßigt besteuerte **Lieferung** oder eine mit 19 % nicht ermäßigt besteuerte **sonstige Leistung** handelt (Abschn. 3.6 Abs. 1 Satz 1 UStAE).

Wie bei allen komplexen Leistungen, die sowohl Elemente einer Lieferung als auch Elemente einer sonstigen Leistung beinhalten, richtet sich die umsatzsteuerliche Zuordnung nach den allgemeinen Abgrenzungsgrundsätzen (vgl. hierzu Abschn. 3.5 UStAE sowie 2.1.3 „Einheitlichkeit der Leistung", Seite 146).

Die **Qualität der vorhandenen Dienstleistungselemente** bestimmt die Zuordnung zur jeweiligen Leistungsart (Lieferung oder sonstige Leistung).

Überwiegen bei der Abgabe von Speisen die **Dienstleistungselemente** qualitativ, so **liegt insgesamt eine sonstige Leistung vor**. Zu den qualitativ zu berücksichtigenden Dienstleistungselementen zählen z.B. die Bereitstellung der Verzehrinfrastruktur, des Bedienungspersonals sowie des Geschirrs (Abschn. 3.6 Abs. 3 UStAE). Bei dem Verkauf von Speisen zum Verzehr in einer Gaststätte handelt es sich somit regelmäßig um sonstige Leistungen.

Dienstleistungselemente, die mit der reinen Vermarktung notwendig verbunden sind, bleiben bei der Zuordnungsbeurteilung **außer Betracht**. Diese Dienstleistungen dienen lediglich der Verschaffung der Verfügungsmacht (§ 3 Abs. 1 UStG) an den zubereiteten Speisen. Zu den „unschädlichen" Dienstleistungselementen zählen z.B. die Zubereitung der Speise, der Transport der Speise und die mit dem Transport der Speise im Zusammenhang stehenden sonstigen Leistungen (Abschn. 3.6 Abs. 2 UStAE). Bei dem Verkauf von Speisen „zum Mitnehmen" handelt es sich somit regelmäßig um Lieferungen.

Bei der Abgabe von Speisen durch **Catering-Unternehmen (Partyservice)** ist die Art der bereitgestellten Speisen zu beurteilen. Handelt es sich bei der Speise um eine **Standardspeise**, ist der Umsatz als **Lieferung** einzustufen, wenn keine zusätzlichen qualitativen Dienstleistungselemente erbracht werden. Handelt es sich hingegen um eine aufwendige Speisenkreation, die nach den **individuellen Wünschen des Kunden zusammengestellt** wird (z.B. ein französisches 4-Gänge-Menü für 80 Gäste), ist der Umsatz als **sonstige Leistung** einzustufen, auch wenn keine weiteren qualitativen Dienstleistungselemente erbracht werden. Hinsichtlich der Wiesenbrez'n entschied jedoch der BFH mit Urteil vom 03.08.2017, dass es sich um eine Standardspeise zu einem Steuersatz von 7 % handelt.

Weitere Beispiele zur Abgrenzung von Lieferungen und sonstigen Leistungen bei der Abgabe von Speisen und Getränken enthalten das BMF-Schreiben vom 20.03.2013 (abrufbar unter www.bmfschreiben.de) sowie Abschn. 3.6 Abs. 6 UStAE.

Werkleistung

Verwendet der Unternehmer zur Herstellung eines Werkes **keine Hauptstoffe**, sondern nur **Nebenstoffe** (Zutaten, sonstige Nebensachen), die er **selbst beschafft**, so liegt eine **Werkleistung** vor (Abschn. 3.8 Abs. 1 Satz 3 UStAE). Zutaten und sonstige Nebensachen dürfen nicht das Wesen des Umsatzes bestimmen (Abschn. 3.8 Abs. 1 Satz 4 UStAE). Umsatzsteuerrechtlich wird eine Werk**leistung** wie eine **sonstige Leistung** behandelt.

BEISPIEL

Der Kunde A, Bonn, übergibt dem Schneidermeister U, Bad Godesberg, Stoff mit dem Auftrag, ihm daraus einen Anzug anzufertigen. U verbraucht bei der Herstellung des Anzugs selbst beschaffte Futterstoffe, Knöpfe und andere Zutaten.

U erbringt eine **Werkleistung** (sonstige Leistung), weil er bei der Anfertigung des Anzuges nur selbst beschaffte Zutaten und sonstige Nebensachen verwendet.

Erläuterungen zur Abgrenzung einer Werklieferung von einer Werkleistung enthält Abschn. 3.8 Abs. 6 Satz 2 UStAE.

Zusammenfassung zu Abschnitt 2.1.1 und 2.1.2:

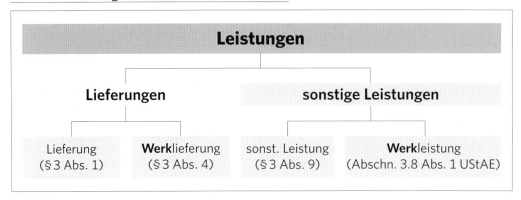

2.1.3 Einheitlichkeit der Leistung

Ein **einheitlicher wirtschaftlicher Vorgang** darf umsatzsteuerrechtlich **nicht** in **mehrere Leistungen aufgeteilt** werden (Abschn. 3.10 Abs. 3 Satz 1 UStAE).

Dieser **Grundsatz der Einheitlichkeit der Leistung** führt dazu, dass Vorgänge, die bürgerlich-rechtlich als selbständig und für sich allein betrachtet werden, umsatzsteuerrechtlich als einheitlicher Vorgang behandelt werden, wenn sie **wirtschaftlich zusammengehören** und als ein **unteilbares Ganzes** anzusehen sind.

Besteht daher ein Vorgang aus **mehreren Leistungen**, so wird zunächst die **Hauptleistung** bestimmt und entsprechend ihrer umsatzsteuerlichen Würdigung die **Nebenleistungen** behandelt.

Eine Leistung ist nach Abschn. 3.10 Abs. 5 Satz 3 UStAE grundsätzlich dann als eine **Nebenleistung** zu einer Hauptleistung anzusehen, wenn sie

- im Vergleich zu der Hauptleistung **nebensächlich** ist,
- mit ihr **eng zusammenhängt** und
- üblicherweise **in ihrem Gefolge** vorkommt.

> **BEISPIEL**
>
> Eine Maschinenfabrik verkauft und **übereignet** eine **Maschine** an ihren Kunden (= **Lieferung**) und **befördert** sie an den Ort des Abnehmers (= **sonstige Leistung**).
>
> Es handelt sich um einen **einheitlichen wirtschaftlichen Vorgang** mit einer Haupt- und einer Nebenleistung. Insgesamt liegt **eine Lieferung** vor, weil die Nebenleistung (der Transport) gegenüber der Hauptleistung (der Lieferung der Maschine) zurücktritt und deren umsatzsteuerliches Schicksal teilt.

> **MERKE →** **Nebenleistungen** teilen umsatzsteuerrechtlich das Schicksal der **Hauptleistung**.

Bedeutsam ist diese Behandlung als umsatzsteuerliche Einheit z. B. bei der Anwendung der **Steuersätze**, der **Steuerbefreiungs-** oder **Ortsbestimmungsvorschriften**.

Beispielsweise wird im BMF-Schreiben vom 02.06.2014 festgestellt, dass bei der Abgabe einer gedruckten Zeitung bzw. der Abgabe eines gedruckten Buches und der gleichzeitigen Einräumung des elektronischen Zugangs zum E-Paper bzw. E-Book (sog. Bundling) **keine** einheitliche Leistung vorliegt. Als Konsequenz unterliegt die **Lieferung der Zeitung bzw. des Buches** grundsätzlich dem **ermäßigten Steuersatz (7 %)** während die sonstige Leistung der **Bereitstellung des E-Papers bzw. des E-Books** dem **allgemeinen Steuersatz (19 %)** unterliegt.

Im Sinne einer **Übergangsregelung** wurde die Behandlung als einheitliche Leistung zum **ermäßigten Steuersatz** bei Zeitung und E-Paper bis zum **01.07.2014** und bei Büchern und E-Books bis zum **01.01.2016 nicht beanstandet** (BMF-Schreiben vom 01.12.2014, BStBl I S. 1614). Nach Ablauf der Übergangsregelung müssen die unterschiedlichen Steuersätze bei sogenannten E-Bundle-Produkten jedoch getrennt ausgewiesen werden.

Der Verkauf von Telefonkarten wird als umsatzsteuerliche Vermittlungsleistung und nicht als Telekommunikationsleistung gesehen (FG Berlin-Brandenburg vom 15.01.2015).

2.2 Merkmale steuerbarer entgeltlicher Leistungen

Steuerbar im Sinne des § 1 Abs. 1 **Nr. 1** sind **Lieferungen und sonstige Leistungen**, wenn sie von einem **Unternehmer** im **Inland** gegen **Entgelt** im **Rahmen seines Unternehmens** ausgeführt werden.

Für **steuerbare Lieferungen und sonstige Leistungen** im Sinne des § 1 Abs. 1 **Nr. 1** müssen demnach folgende **vier Tatbestandsmerkmale** gegeben sein:

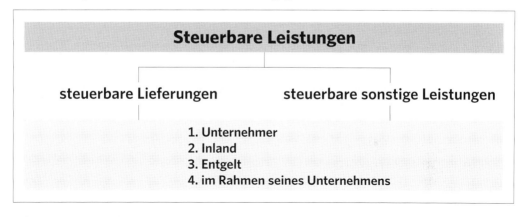

Fehlt eines dieser vier **Tatbestandsmerkmale**, dann ist die Leistung **nicht steuerbar** im Sinne des § 1 Abs. 1 **Nr. 1**.

2.2.1 Unternehmer

Leistungen können grundsätzlich nur **steuerbar** sein, wenn sie von einem **Unternehmer** ausgeführt werden (§ 1 Abs. 1 **Nr. 1**).

Eine **Ausnahme** von diesem Grundsatz gibt es bei Lieferungen **neuer Fahrzeuge in das übrige Gemeinschaftsgebiet** durch **Nicht**unternehmer. Die **Nicht**unternehmer werden in diesem Falle **wie Unternehmer** behandelt (§ 2a Satz 1).

<u>Unternehmer</u> ist,

1. **wer (Unternehmerfähigkeit)**
2. eine **gewerbliche oder berufliche Tätigkeit**
3. **selbständig**

ausübt (§ 2 Abs. 1 Satz 1).

zu 1. Unternehmerfähigkeit

Die **Fähigkeit**, **Unternehmer** im Sinne des § 2 UStG zu sein und damit steuerbare Leistungen ausführen zu können, besitzen nach Abschn. 2.1 Abs. 1 UStAE:

natürliche Personen	(Einzelpersonen, die ein Unternehmen i. S. d. UStG betreiben, z. B. Einzelhändler, Handwerker, Steuerberater, Schriftsteller, Hauseigentümer),
juristische Personen	(z. B. AG, GmbH, Genossenschaften, eingetragene Vereine, Stiftungen) und
Personenvereinigungen	(z. B. OHG, KG, GbR).

Leben Ehegatten im gesetzlichen Güterstand (im Güterstand der Zugewinngemeinschaft) oder haben sie vertraglich Gütertrennung vereinbart, so kann **jeder** Ehegatte ein einzelner **Unternehmer** sein.

> **BEISPIEL**
>
> Der Schreinermeister Willi Weiß betreibt in Koblenz eine Möbelschreinerei. Mit seiner Ehefrau Ilse geb. Schwarz lebt er im **Güterstand der Zugewinngemeinschaft**. Die Ehefrau ist Eigentümerin eines Miethauses in Bonn. Alle Wohnungen des Hauses sind vermietet.
>
> **Jeder** Ehegatte ist ein einzelner **Unternehmer**, und zwar Willi Weiß als **Handwerker** und Ilse Weiß als **Vermieterin**.

zu 2. gewerbliche oder berufliche Tätigkeit

Gewerblich oder beruflich ist jede **nachhaltige** Tätigkeit zur **Erzielung von Einnahmen**, auch wenn die Absicht, Gewinn zu erzielen, fehlt (§ 2 Abs. 1 Satz 3).
Das **Unternehmen** umfasst die **gesamte** gewerbliche oder berufliche Tätigkeit des **Unternehmers** (§ 2 Abs. 1 Satz 2).
Daraus folgt, dass **ein Unternehmer** zwar **mehrere Betriebe** (Unternehmensteile), aber **nur ein Unternehmen** haben kann (Abschn. 2.7 Abs. 1 Satz 1 UStAE).
Das **Unternehmen** umfasst somit **alle Betriebe** eines Unternehmers.

> **BEISPIEL**
>
> Sachverhalt wie im Beispiel zuvor. Zu der Möbelschreinerei gehören noch eine Filiale in Trier sowie eine Reparaturwerkstatt in Boppard. Daneben betreibt Willi Weiß noch einen Gebrauchtwagenhandel und besitzt zwei Miethäuser in Frankfurt, die er seinem Unternehmen zugeordnet hat.
>
> Unternehmer Weiß hat **ein Unternehmen**. Es umfasst die Möbelschreinerei mit ihrer Filiale und der Reparaturwerkstatt, den Gebrauchtwagenhandel sowie die Miethäuser.

Nachhaltig wird eine gewerbliche oder berufliche Tätigkeit ausgeübt, wenn sie **auf Dauer** zur **Erzielung von Entgelten** angelegt ist. Ob dies der Fall ist, richtet sich nach dem Gesamtbild der Verhältnisse im Einzelfall. Abschn. 2.3 Abs. 5 UStAE enthält Kriterien anhand derer die Nachhaltigkeit festgestellt werden kann, z. B. mehrjährige Tätigkeit, planmäßiges Handeln, auf Wiederholung angelegte Tätigkeit, die Ausführung mehr als nur eines Umsatzes.

> **BEISPIEL**
>
> Ein Lebensmittelhändler verkauft in seinem Ladengeschäft täglich Lebensmittel.
>
> Der Einzelhändler übt eine **nachhaltige** Tätigkeit aus, weil sie auf Dauer zur Erzielung von Entgelten angelegt ist.

Nicht nachhaltig tätig ist ein **Angehöriger einer Automobilfabrik**, der von dieser unter Inanspruchnahme des Werksangehörigenrabatts fabrikneue Automobile erwirbt und diese nach einer Behaltefrist von **mehr als einem Jahr** wieder verkauft (sog. **Jahreswagen**) (Abschn. 2.3 Abs. 6 Satz 2 UStAE).

Steuerbar sind auch **Hilfsgeschäfte** eines Unternehmers. **Hilfsgeschäfte** sind Geschäfte eines Unternehmers, die durch dessen Haupttätigkeit veranlasst sind, aber nur gelegentlich anfallen. Sie unterliegen auch bei Einmaligkeit der Umsatzsteuer.

> **BEISPIEL**
>
> Ein **Lebensmitteleinzelhändler verkauft** seinen betrieblich genutzten **Lkw**.
>
> Die Lieferung des Kraftfahrzeugs ist als **Hilfsgeschäft** ein steuerbarer Vorgang.

Eine Tätigkeit wird zur **Erzielung von Einnahmen** ausgeübt, wenn durch sie eine Gegenleistung in irgendeiner Form (z. B. Geld, Sachen) erzielt werden soll. Es ist nicht erforderlich, dass dabei auch Gewinn erzielt wird (Abschn. 2.3 Abs. 8 Satz 2 UStAE).

zu 3. Selbständigkeit

Unternehmer kann schließlich nur sein, wer eine nachhaltige Tätigkeit zur Erzielung von Einnahmen **selbständig** ausübt (§ 2 Abs. 1 Satz 1). Eine **selbständige Tätigkeit** liegt vor, wenn sie auf **eigene Rechnung** und auf **eigene Verantwortung** ausgeübt wird (Abschn. 2.2 Abs. 1 Satz 1 UStAE).

Natürliche Personen sind unselbständig, wenn sie in ein Unternehmen so eingegliedert sind (z. B. aufgrund eines Angestelltenvertrags), dass sie den Weisungen des Unternehmers zu folgen verpflichtet sind (§ 2 Abs. 2 Nr. 1).

> **BEISPIEL**
>
> Bernhard Michiels ist **angestellter** Lehrer des Wolf-Henning Matt Gymnasiums, Köln.
>
> Michiels ist als **Angestellter unselbständig** und damit kein Unternehmer. Die Merkmale der Unselbständigkeit, nämlich Eingliederung in ein Unternehmen und Weisungsgebundenheit, sind bei ihm erfüllt.

> **MERKE →** Wer Arbeitnehmer ist, kann für **diese** unselbständige Tätigkeit nicht gleichzeitig **Unternehmer** sein.

Übt eine natürliche Person **verschiedene** Tätigkeiten aus, dann kann sie sowohl zum Teil **unselbständig** (Arbeitnehmer) als auch zum Teil **selbständig** (Unternehmer) sein (Abschn. 2.2 Abs. 4 Satz 1 UStAE).

> **BEISPIEL**
>
> Lehrer Michiels übt **neben** seiner Lehrtätigkeit eine schriftstellerische Tätigkeit aus.
>
> Michiels ist als **Arbeitnehmer unselbständig** und gleichzeitig als **Autor selbständig**. Er ist als Autor **Unternehmer**, weil er eine berufliche Tätigkeit selbständig ausübt.

> **MERKE →** **Natürliche** Personen, die **verschiedene** Tätigkeiten ausüben, können Arbeitnehmer **und** Unternehmer in einer Person sein.

C. Umsatzsteuer

Juristische Personen (z.B. AG, GmbH) können ihre Tätigkeit entweder **nur selbständig** oder **nur unselbständig** ausüben. Eine **juristische Person** ist **unselbständig**, wenn sie in ein anderes Unternehmen

- **finanziell,**
- **wirtschaftlich** und
- **organisatorisch**

eingegliedert ist (§ 2 Abs. 2 Nr. 2). Dieses **Eingliederungsverhältnis** wird als **Organschaft** bezeichnet. Die eingegliederte juristische Person wird als Organ (Organgesellschaft), das beherrschende Unternehmen als **Organträger** bezeichnet.
Inländische **Organträger und** ihre inländischen **Organgesellschaften** sind als ein **einheitliches Unternehmen** anzusehen (Abschn. 2.9 Abs. 1 Satz 3 UStAE). **Unternehmer** ist der **Organträger**. Leistungen innerhalb einer inländischen Organschaft sind als Innenumsatz nicht steuerbar.
Eine **finanzielle** Eingliederung ist grundsätzlich gegeben, wenn die Beteiligung des Organträgers an der Organgesellschaft mehr als 50 % beträgt (Abschn. 2.8 Abs. 5 Satz 2 UStAE).
Wirtschaftliche Eingliederung bedeutet, dass die Organgesellschaft gemäß dem Willen des Organträgers handelt und ihn fördert und ergänzt (Abschn. 2.8 Abs. 6 UStAE).
Die **organisatorische** Eingliederung liegt vor, wenn der Organträger durch organisatorische Maßnahmen sicherstellt, dass sein Wille auch tatsächlich in der Organgesellschaft durchgesetzt wird. Dies ist z.B. durch Personalunion der Geschäftsführer in beiden Gesellschaften gegeben (Abschn. 2.8 Abs. 8 UStAE).
Bei einer **Betriebsaufspaltung** mit einer juristischen Person (z.B. GmbH) als Betriebsgesellschaft, liegt in der Regel eine umsatzsteuerliche Organschaft vor.

> **BEISPIEL**
>
> Die **Klein GmbH** (Betriebsgesellschaft) ist als Produktionsgesellschaft der **Groß AG** (Besitzgesellschaft) tätig. Die GmbH-Anteile befinden sich zu 80 % im Besitz der AG. Der Vorstand der Groß AG ist gegenüber der Geschäftsführung der Klein GmbH weisungsberechtigt.
>
> Die Klein GmbH ist **unselbständig**, weil sie **finanziell**, **wirtschaftlich** und **organisatorisch** in das Unternehmen der Groß AG eingegliedert ist. Die **Groß AG** muss als **Unternehmerin** für die gesamte Organschaft (Groß AG **und** Klein GmbH) nur eine Umsatzsteuererklärung abgeben.

Personengesellschaften des Handelsrechts (z.B. OHG, KG) sind **selbständig,** wenn sie nicht ausnahmsweise in das Unternehmen des Organträgers eingegliedert sind (Abschn. 2.2 Abs. 5 Satz 1 UStAE). Eine **Kapitalgesellschaft** (z.B. AG, GmbH) ist **stets selbständig,** wenn sie **nicht** nach § 2 Abs. 2 in das Unternehmen eines Organträgers eingegliedert ist (Abschn. 2.2 Abs. 6 Satz 1 UStAE).

> **ÜBUNG →** 1. Wiederholungsfragen 10 bis 14 (Seite 168),
> 2. Fälle 2 und 3 (Seiten 169 f.)

Wem eine **Leistung als Unternehmer zuzurechnen** ist, richtet sich danach, wer dem Abnehmer gegenüber als **Schuldner der Leistung** auftritt.
Ein **Unternehmer** kann nach außen **im eigenen** oder **fremden Namen** auftreten und **auf eigene** oder **fremde Rechnung** handeln.

Dabei können sich folgende **vier Möglichkeiten** ergeben:

1. Handeln im **eigenen Namen** für **eigene Rechnung** (**Eigenhändler**),
2. Handeln im **eigenen Namen** für **fremde Rechnung** (**Kommissionär**),
3. Handeln im **fremden Namen** für **fremde Rechnung** (**echter Agent**),
4. Handeln im **fremden Namen** für **eigene Rechnung** (**unechter Agent**).

zu 1. Eigenhändler

Tritt ein Unternehmer **im eigenen Namen** und für **eigene Rechnung** auf, so wird er als **Eigenhändler** bezeichnet (Abschn. 3.7 Abs. 7 Satz 1 UStAE).

BEISPIEL

Der Kfz-Händler U liefert in Köln an den Abnehmer A in seinem eigenen Laden einen Pkw. Der Verkäufer U ist Eigentümer des Pkws.

U verschafft A im **eigenen Namen** die Verfügungsmacht über das Auto und handelt für **eigene Rechnung**. U handelt als **Eigenhändler** (Abschn. 3.7 Abs. 7 Satz 1 UStAE).

zu 2. Kommissionär

Tritt ein Unternehmer im **eigenen Namen** für **fremde Rechnung** (des Kommittenten) auf, ist er **Kommissionär** (§ 383 Abs. 1 HGB).

Bei der vom Kommissionär erbrachten Leistung unterscheidet man zwischen

- **Lieferkommission** (§ 3 **Abs. 3** UStG) und
- **Dienstleistungskommission** (§ 3 **Abs. 11** UStG).

Lieferkommission

Der **Lieferkommissionär** wird umsatzsteuerrechtlich wie ein **Eigenhändler** behandelt. Bei der **Lieferkommission** liegt zwischen dem Kommittenten (Auftraggeber) und dem Kommissionär eine **Lieferung** vor (§ 3 Abs. 3 Satz 1).

Kauft der Lieferkommissionär für fremde Rechnung Gegenstände ein, spricht man von einer **Liefereinkaufskommission**, **verkauft** er Gegenstände für fremde Rechnung, liegt eine **Lieferverkaufskommission** vor.

Bei der **Lieferverkaufskommission** liegen **zwei Lieferungen** vor. Die Lieferung der Gegenstände vom Auftraggeber (dem Verkaufskommittenten) an den Verkaufskommissionär stellt das **Kommissionsgeschäft** im Sinne des § 3 **Abs. 3** dar. Die zweite Lieferung erfolgt zwischen dem Verkaufskommissionär und dem eigentlichen Abnehmer (Dritter) und stellt eine Lieferung im Sinne des § 3 **Abs. 1** dar.

Die Lieferung des Verkaufskommittenten an den Verkaufskommissionär liegt zeitlich **erst im Zeitpunkt der Lieferung** des Kommissionsgutes **an den Abnehmer** vor (Abschn. 3.1 Abs. 3 Satz 7 UStAE).

BEISPIEL

Der Waschmaschinenhersteller U 1 beauftragt den Einzelhändler U 2 durch Abschluss eines Vertrags, eine Waschmaschine im eigenen Namen aber für Rechnung des U 1 zu verkaufen. Der Einzelhändler U 2 verkauft diese Waschmaschine an den Abnehmer A.

Es liegt eine **Lieferverkaufskommission** vor. Da U 2 als **Verkaufskommissionär** im **eigenen Namen** auftritt, **bewirkt** er eine **Lieferung** (§ 3 **Abs. 1**). Der Waschmaschinenhersteller U 1 bewirkt als Verkaufskommittent ebenfalls eine **Lieferung**, bei der der Verkaufskommissionär als Abnehmer gilt (§ 3 **Abs. 3**).

Bei der **Liefereinkaufskommission** liegen ebenfalls **zwei Lieferungen** vor. Der Einkauf der Gegenstände durch den Einkaufskommissionär stellt eine Lieferung im Sinne des § 3 **Abs. 1** dar. Die zweite Lieferung erfolgt zwischen dem Einkaufskommissionär und dem Kommittenten und stellt das **Kommissionsgeschäft** im Sinne des § 3 **Abs. 3** dar. Beide Lieferungen finden **gleichzeitig beim Übergang der Verfügungsmacht an den Einkaufskommissionär** statt.

BEISPIEL

Der Abnehmer A beauftragt den Einkaufskommissionär U 2 Waren bei U 1 einzukaufen. Zu diesem Zweck schließt U 2 im eigenen Namen mit U 1 einen Kaufvertrag ab.

Es handelt sich um eine **Liefereinkaufskommission**. Dabei liegen **zwei Lieferungen** im Moment der Verschaffung der Verfügungsmacht an den Einkaufskommissionär vor.

MERKE → Bei einer **Lieferkommission** liegen **zwei Lieferungen** vor.

Dienstleistungskommission

§ 3 **Abs. 11** regelt die sogenannte **Dienstleistungskommission**. Hierbei handelt es sich um eine Kommission für **sonstige Leistungen**, die als Leistungs**einkaufskommission** oder als

Leistungsverkaufskommission vereinbart werden kann (Abschn. 3.15 Abs. 1 Satz 4 UStAE). Im Rahmen der Dienstleistungskommission werden **zwei sonstige Leistungen zum selben Zeitpunkt** erbracht. Der Kommissionär tritt in der Leistungskette zugleich als Leistungsempfänger und als Leistender auf. Die beiden sonstigen Leistungen sind jedoch umsatzsteuerrechtlich gesondert zu beurteilen (z. B. bezüglich Leistungsort und Steuerfreiheit, vgl. Abschn. 3.15 Abs. 2 UStAE).

> **BEISPIEL**
>
> Spediteur Sp, Bremen, soll für Unternehmer U, Bremen, einen Warentransport von Bremen nach München organisieren. Sp beauftragt im eigenen Namen, jedoch für Rechnung des U, den Frachtführer F aus Bremen mit dem Warentransport.
>
> Es handelt sich um eine Leistungseinkaufskommission mit **zwei sonstigen Leistungen** (Beförderungsleistung). Sp empfängt als Kommissionär von F eine **sonstige Leistung** und erbringt gleichzeitig gegenüber U (Kommittent) eine **sonstige Leistung**.

Der mit Wirkung zum 01.01.2015 eingefügte § 3 Abs. 11a regelt die Dienstleistungskommission bei **elektronisch erbrachten Dienstleistungen** über ein Telekommunikationsnetz, eine Schnittstelle oder ein Portal (z. B. einen **App Store**).

> **MERKE →** Bei einer **Dienstleistungskommission** liegen **zwei sonstige Leistungen** vor.

zu 3. echter Agent

Tritt ein Unternehmer im **fremden Namen** und für **fremde Rechnung** auf, so wird er als **echter Agent** bezeichnet. Echte Agenten sind z. B. selbständige **Handelsvertreter, Bausparkassenvertreter, Versicherungs-** und **Immobilienmakler**.

Wer als **echter Agent** auftritt, bewirkt **keine Lieferung**, sondern eine **sonstige Leistung**. Die sonstige Leistung des echten Agenten besteht darin, dass er Geschäfte für andere Personen **vermittelt** (Vermittlungsleistungen; Abschn. 3.7 Abs. 1 Satz 3 UStAE).

Unternehmer	sonstige Leistung	Unternehmer		Abnehmer
U 1	← Auftrag	U 2 Agent	Lieferung Kaufvertrag	A
Vermittlungsleistung				

> **BEISPIEL**
>
> Willi Vetter (U 2) betreibt in Koblenz auf eigenem Grundstück eine Tankstelle. An der Tankstelle veräußert er nur Kraftstoffe der Firma U 1. Aus den Quittungsvordrucken, die er benutzt, geht hervor, dass die Verkäufe im Namen und für Rechnung der Firma U 1 ausgeführt werden. Vetter (U 2) erhält von U 1 für seine Vermittlungsleistungen eine Provision.
>
> Da **Vetter** als **Agent** im Namen und für Rechnung der Firma U 1 auftritt, bewirkt er gegenüber der Firma U 1 **sonstige Leistungen** (Vermittlungsleistungen).

> **MERKE →** Ein **echter Agent** erbringt nur **eine sonstige Leistung**.

zu 4. unechter Agent

Tritt ein Unternehmer im **fremden Namen** für **eigene Rechnung** auf, so wird er als **unechter Agent** bezeichnet.

Unechte Agenten sind z. B. Unternehmer, die im fremden Namen Umsätze tätigen, ohne dazu ermächtigt zu sein.

Da der Unternehmer in diesem Falle rechtlich nicht für einen anderen handeln kann, muss er wie ein Unternehmer behandelt werden, der **im eigenen Namen** für **eigene Rechnung** handelt. Der **unechte Agent** wird daher **wie** ein **Eigenhändler** behandelt.

Fiktiver Unternehmer

Auch **Nichtunternehmer** (z.B. Privatpersonen) werden **wie Unternehmer** behandelt, wenn sie **neue Fahrzeuge** vom **Inland** in das **übrige Gemeinschaftsgebiet** (ausländische EU-Staaten) liefern **(§ 2a Satz 1)**.

Einzelheiten zum **übrigen Gemeinschaftsgebiet** erfolgen im Abschnitt 2.2.2.2 „Ausland", Seiten 156 ff.

Dieser sog. **fiktive Unternehmer** (Fahrzeuglieferer) im Sinne des § 2a erbringt stets eine **steuerfreie innergemeinschaftliche Lieferung** (§ 4 Nr. 1b i.V.m. § 6a).

```
Deutschland                                              Frankreich
              steuerfreie innergemeinschaftliche Lieferung
   Inland     ─────────────────────────────────────→      übriges
                                                     Gemeinschaftsgebiet
   fiktiver
 Unternehmer P                                         Abnehmer A
```

BEISPIEL

Der **Privatmann P**, Saarbrücken, liefert 2018 einen **neuen Pkw** an den französischen Abnehmer A in Metz. Der Kaufpreis des neuen Pkws beträgt 20.000 €.

Privatmann P wird nach § 2a **wie** ein **Unternehmer** behandelt. Es liegt eine steuerbare **innergemeinschaftliche Lieferung** nach § 1 Abs. 1 **Nr. 1** vor, die jedoch nach § 4 Nr. 1b i.V.m. § 6a **steuerfrei** ist.

Umsatzsteuer-Identifikationsnummer

Wer als Unternehmer am **innergemeinschaftlichen Warenverkehr der EU** teilnehmen möchte, also Waren innerhalb des EU-Gemeinschaftsgebiets liefern oder erwerben möchte, braucht zusätzlich zur Steuernummer eine sog. **Umsatzsteuer-Identifikationsnummer (USt-IdNr.)**.

Einzelheiten zum **EU-Gemeinschaftsgebiet** erfolgen im Abschnitt 2.2.2 „Umsatzsteuerliche Gebietsbegriffe", Seiten 155 ff.

Die Umsatzsteuer-Identifikationsnummern werden auf Antrag durch das **Bundeszentralamt für Steuern (BZSt)** vergeben (§ 27a Abs. 1 Satz 1).

Die Aufgaben des **Bundeszentralamtes für Steuern (BZSt)** wurden bereits im Kapitel 4 „Steuerverwaltung", Seiten 27 f., dargestellt und erläutert.

Im **Bestätigungsverfahren** erhält der Unternehmer vom Bundeszentralamt für Steuern die Auskunft, ob eine ausländische USt-IdNr. gültig ist (einfache Anfrage) und ob die mitgeteilten Angaben zu Firma, Standort, Postleitzahl und Straße (qualifizierte Anfrage) mit den in der Unternehmerdatei des jeweiligen EU-Mitgliedstaates registrierten Daten übereinstimmen. Gesetzliche Grundlage ist § 18e Nr. 1 UStG.

Der Unternehmer kann sich dazu per Internet **(www.bzst.de)**, telefonisch oder per Brief an das Bundeszentralamt für Steuern wenden (Abschn. 18e.1 UStAE).

> **ÜBUNG →** Wiederholungsfragen 15 bis 20 (Seite 168)

2.2.2 Umsatzsteuerliche Gebietsbegriffe
2.2.2.1 Inland

Eine Leistung im Sinne des § 1 Abs. 1 **Nr. 1** ist nur steuerbar, wenn sie im **Inland** ausgeführt wird.

Inland im Sinne des UStG ist das Gebiet der Bundesrepublik Deutschland mit Ausnahme des Gebiets von Büsingen, der Insel Helgoland, der Freizonen des Kontrolltyps I nach § 1 Abs. 1 Satz 1 des Zollverwaltungsgesetzes (Freihäfen), der Gewässer und Watten zwischen der Hoheitsgrenze und der jeweiligen Strandlinie sowie der deutschen Schiffe und der deutschen Luftfahrzeuge in Gebieten, die zu keinem Zollgebiet gehören (§ 1 **Abs. 2** Satz 1):

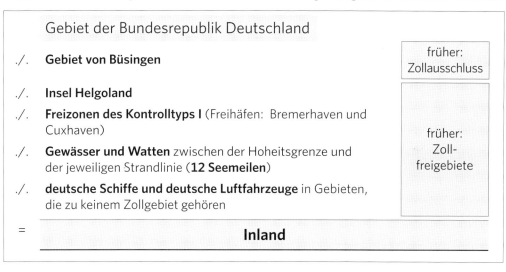

Nach Zollrecht wird in **Freihäfen** zwischen **Freizonen des Kontrolltyps I** (mit zollrechtlich überwachter Begrenzung) und **Freizonen des Kontrolltyps II** (ohne zollrechtlich überwachte Begrenzung) unterschieden. Freizonen des **Kontrolltyps I** gehören **nicht** zum **Inland**, umsatzsteuerrechtlich sind sie als **Drittland** zu behandeln.

Da die Freihäfen **Deggendorf** und **Duisburg** nur Freizonen des Kontrolltyps II haben, werden sie als **Inland** behandelt (Abschn. 1.9 Abs. 1 Satz 2 UStAE).

Seit 01.01.2013 hat das Gebiet des früheren Freihafens **Hamburg** den Status einer Freizone des Kontrolltyps I verloren. Durch die Aufhebung der Freizone des Kontrolltyps I wird das Gebiet zum umsatzsteuerlichen **Inland** i.S.d. § 1 Abs. 2.

Die in **Freihäfen** und in **Gewässern und Watten** zwischen der Hoheitsgrenze und der jeweiligen Strandlinie ausgeführten Umsätze sind **grundsätzlich nicht** steuerbar, weil sie **nicht** im **Inland** ausgeführt werden.

Bestimmte Umsätze in Freihäfen und in Gewässern und Watten an Endverbraucher werden jedoch **wie** Umsätze **im Inland** behandelt. Zu diesen Umsätzen gehören insbesondere Lieferungen von Speisen, Getränken und dergleichen in Personalkantinen oder der Verkauf von Tabakwaren aus Automaten in Freihäfen (§ 1 **Abs. 3**).

Ziel dieser Vorschrift ist es, den **Letztverbrauch mit Umsatzsteuer zu belasten**.

Wird ein **Umsatz** im **Inland ausgeführt**, so kommt es für die Besteuerung **nicht** darauf an, ob der Unternehmer **deutscher Staatsangehöriger** ist, seinen **Wohnsitz oder Sitz im Inland** hat, im **Inland** eine **Betriebsstätte** unterhält, die **Rechnung** erteilt oder die **Zahlung** empfängt (§ 1 Abs. 2 Satz 3).

> **BEISPIEL**
>
> Der **türkische** Teppichhändler Noscolak liefert in seinem Teppichgeschäft in **Koblenz** gegen Entgelt Teppiche an Privatpersonen.
>
> Die **Lieferung** der Teppiche ist **steuerbar**, da sie im **Inland** erfolgt und die übrigen Voraussetzungen des § 1 Abs. 1 **Nr. 1** erfüllt sind.
>
> Es ist **unerheblich**, dass der Unternehmer **nicht** die **deutsche Staatsangehörigkeit** besitzt.

2.2.2.2 Ausland

Ausland ist das Gebiet, das **nicht Inland** ist (§ 1 Abs. 2 Satz 2).

Zum **Ausland** gehören das **Drittlandsgebiet** (einschließlich der Gebiete, die nach § 1 Abs. 2 Satz 1 UStG vom Inland ausgenommen sind) **und** das **übrige Gemeinschaftsgebiet** (Abschn. 1.9 Abs. 2 Satz 1 UStAE).

Die österreichischen Gemeinden **Mittelberg** (Kleines Walsertal) und **Jungholz** in Tirol gehören zum **Ausland** im Sinne des § 1 Abs. 2 Satz 2 UStG (Abschn. 1.9 Abs. 2 Satz 2 UStAE).

Zum **übrigen Gemeinschaftsgebiet** gehören die in Abschn. 1.10 Abs. 1 Satz 2 UStAE bezeichneten Gebiete.

Das **Gemeinschaftsgebiet** umfasst demnach das **Inland** und das **übrige Gemeinschaftsgebiet** (die ausländischen EU-Staaten) (§ 1 Abs. 2a Satz 1).

Drittlandsgebiet ist das Gebiet, das **nicht Gemeinschaftsgebiet** ist (§ 1 Abs. 2a Satz 3). Dazu zählen unter anderem die sogenannten **anderen Staaten** (Ausland, das nicht zur EU gehört, z. B. Andorra, Gibraltar, Vatikan).

Die folgende Übersicht fasst die umsatzsteuerlichen Gebietsbegriffe zusammen:

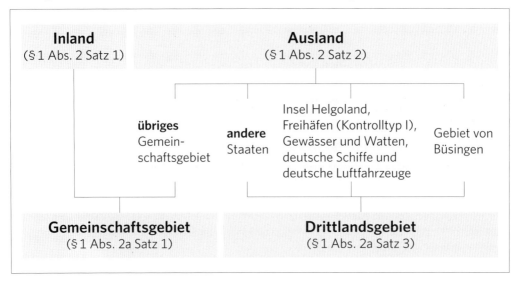

Beim grenzüberschreitenden Warenverkehr mit dem **Drittlandsgebiet** kann aus deutscher Sicht einerseits eine **Einfuhr** und andererseits eine (steuerfreie) **Ausfuhr** vorliegen.

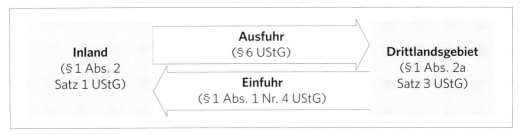

BEISPIELE

Unternehmer U, Berlin, **exportiert** Waren in die Schweiz = **Ausfuhr**.
Unternehmer U, Berlin, **importiert** Waren aus der Schweiz = **Einfuhr**.

Beim grenzüberschreitenden Warenverkehr mit dem **übrigen Gemeinschaftsgebiet** kann aus deutscher Sicht einerseits eine (steuerfreie) **innergemeinschaftliche Lieferung** und andererseits ein **innergemeinschaftlicher Erwerb** vorliegen.

BEISPIELE

Unternehmer U, München, „exportiert" Waren nach Frankreich = **innergemeinschaftliche Lieferung**.
Unternehmer U, München, „importiert" Waren aus Frankreich = **innergemeinschaftlicher Erwerb**.

Als **innergemeinschaftliche Lieferung** gegen Entgelt gilt auch das **unternehmensinterne Verbringen** eines Gegenstandes **vom Inland** in das **übrige Gemeinschaftsgebiet** (§ 3 Abs. 1a).

BEISPIEL

Der deutsche Unternehmer U verbringt eine Maschine von seinem Betriebssitz in **Stuttgart** zu seinem französischen Auslieferungslager nach **Paris**. Die Maschine soll in Frankreich verkauft werden.

Die unternehmensinterne Verbringung der Maschine gilt als **innergemeinschaftliche Lieferung** gegen Entgelt (§ 3 Abs. 1a).

Als **innergemeinschaftlicher Erwerb** gegen Entgelt gilt auch das **unternehmensinterne Verbringen** eines Gegenstandes **vom übrigen Gemeinschaftsgebiet** in das **Inland** (§ 1a Abs. 2).

Das **unternehmensinterne Verbringen** von Gegenständen **im Inland** ist **keine steuerbare Lieferung**. In diesen Fällen liegt ein sog. **nicht steuerbarer Innenumsatz** vor (Abschn. 2.7 Abs. 1 Satz 3 UStAE).

C. Umsatzsteuer

BEISPIEL

Der Bäcker- und Konditormeister U hat in Koblenz eine Bäckerei und in Neuwied ein Café. Die Bäckerei „liefert" Kuchen und Brötchen gegen Rechnungserteilung und Bezahlung an das Café.

Das unternehmensinterne Verbringen des Kuchens und der Brötchen im **Inland** ist **keine steuerbare Lieferung**. Es liegt ein sog. **nicht steuerbarer Innenumsatz** vor.

Im **Gemeinschaftsgebiet** gilt für den **gewerblichen Warenverkehr** grundsätzlich das **Bestimmungslandprinzip**, d.h., dass eine Ware in dem Staat mit Umsatzsteuer belastet wird, in den sie letztlich gelangt (**Bestimmungsland besteuert**, § 3d).

Im **Gemeinschaftsgebiet** gilt für den **privaten Reiseverkehr** das **Ursprungslandprinzip**, d.h., Umsätze an private Reisende aus anderen Mitgliedstaaten werden jeweils in dem Staat der Umsatzsteuer unterworfen, in dem sie ausgeführt werden **(Ursprungsland besteuert)**.

Die folgende Grafik zeigt die 28 Staaten der **Europäischen Union** (EU).

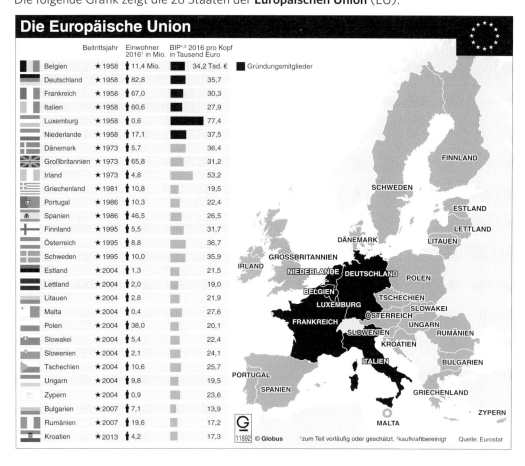

2 Steuerbare entgeltliche Leistungen

Von den 28 Staaten der EU haben 19 Staaten den **Euro** eingeführt (**Euroländer**).

ÜBUNG →
1. Wiederholungsfragen 21 bis 23 (Seite 168),
2. Fall 4 (Seite 171)

2.2.3 Entgelt

Die von einem Unternehmer im Rahmen seines Unternehmens im Inland erbrachte **Leistung** ist nur **steuerbar**, wenn eine Gegenleistung (d.h. ein **Entgelt**) gegenübersteht.

Entgelt ist alles, was der Leistungsempfänger aufwendet, um die Leistung zu erhalten, jedoch abzüglich der Umsatzsteuer (§ 10 Abs. 1 Satz 2). Die **Umsatzsteuer** gehört demnach **nicht** zum **Entgelt**.

> **BEISPIEL**
>
> Der Schuhhändler Wolfgang Rogalla, Erfurt, liefert der Steuerfachangestellten Andrea Liegl, Erfurt, ein Paar Schuhe zum Preis von **119 €** einschließlich 19 % USt.
>
> Das **Entgelt** beträgt **100 €** (119 € abzüglich 19 € Umsatzsteuer).

Wo **kein Entgelt** feststellbar ist, kann grundsätzlich **kein Leistungsaustausch** und damit **keine steuerbare Leistung** vorliegen (z.B. bei einer Schenkung).

Ein **Leistungsaustausch** setzt voraus (Abschn. 1.1 Abs. 1 UStAE)

1. **zwei verschiedene Personen** (Leistender ≠ Leistungsempfänger),
2. eine **Leistung** und eine **Gegenleistung** sowie
3. einen unmittelbaren **wirtschaftlichen Zusammenhang** zwischen Leistung und Gegenleistung.

Liegen **alle drei Voraussetzungen** vor, ist die Steuerbarkeitsvoraussetzung **„Entgelt"** erfüllt. **Fehlt eine** dieser Voraussetzungen, ist der Vorgang mangels Leistungsaustauschs **nicht steuerbar** im Sinne des § 1 Abs. 1 **Nr. 1**.

zu 1. zwei verschiedene Personen

Ein **Leistungsaustausch** setzt zunächst **zwei verschiedene Personen** voraus. **Leistender** und **Leistungsempfänger** dürfen **nicht identisch** sein.

> **BEISPIEL**
>
> Der Metzgermeister **U** führt in Leipzig eine Metzgerei. Er liefert aus seiner Metzgerei Fleischwaren an den Leipziger Gastwirt **A** zum Bruttopreis von 214 €.
>
> Es liegt ein **Leistungsaustausch** vor, weil Leistender **(U)** und Leistungsempfänger **(A)** nicht identisch sind. Das Entgelt beträgt 200 € (214 € : 1,07).

Kein Leistungsaustausch liegt vor, wenn **Leistender** und **Leistungsempfänger** identisch sind, z.B. bei einem **einheitlichen Unternehmen** (= ein Unternehmen mit mehreren Betriebsstätten) oder einer **inländischen Organschaft** (= Eingliederung einer juristischen Person). Bei einem ehelichen Vermögen mit mehreren Betrieben existiert nur ein einheitliches Unternehmen, wenn die Ehegatten den **vertraglichen Güterstand der Gütergemeinschaft** vereinbart haben (im Gegensatz zur Gütertrennung und Zugewinngemeinschaft).

2 Steuerbare entgeltliche Leistungen

BEISPIEL

Der Metzgermeister **U** führt in Leipzig eine **Metzgerei und** eine **Gastwirtschaft**.
U „liefert" aus seiner Metzgerei Fleischwaren an seine Gastwirtschaft.

Es liegt **kein Leistungsaustausch** vor, weil **Leistender (U)** und **Leistungsempfänger (U)** identisch sind. Das **Unternehmen** umfasst die **gesamte** gewerbliche oder berufliche Tätigkeit des Unternehmers (§ 2 Abs. 1 Satz 2). Das besagt, dass **mehrere Betriebe** in der Hand desselben Unternehmers als ein **einheitliches Unternehmen** anzusehen sind (Abschn. 2.7 Abs. 1 Satz 1 UStAE).

Leistungen zwischen **verschiedenen Betrieben eines Unternehmens** werden als sogenannte **Innenumsätze** bezeichnet. **Innenumsätze** sind, wenn sie im **Inland** ausgeführt werden, **nicht steuerbar** (Abschn. 2.7 Abs. 1 Satz 3 UStAE).

zu 2. Leistung und Gegenleistung

Ein **Leistungsaustausch** setzt zweitens eine **Leistung** und eine **Gegenleistung** voraus.

Die **Gegenleistung** (das **Entgelt**) für eine Leistung kann bestehen in

- **Geld** oder
- einer **Leistung** (Lieferung/sonstigen Leistung).

In den meisten Fällen des Wirtschaftslebens besteht das **Entgelt** in **Geld** (Bargeld, Scheck, Wechsel, Überweisung usw.).

BEISPIEL

Der Unternehmer **U**, Dresden, **liefert** dem Abnehmer A, Leipzig, eine **Maschine**. Der Abnehmer **A bezahlt** den Kaufpreis von 95.200 € (80.000 € + 15.200 € USt) mit **Geld**.

Leistung und **Gegenleistung** sind gegeben. Die **Leistung** des U besteht in der **Lieferung** der Maschine. Die **Gegenleistung** des A besteht in der **Zahlung** des Kaufpreises **(mit Geld)**. Die Gegenleistung besteht aus **Entgelt** (80.000 €) und **Umsatzsteuer** (15.200 €).

Die Zahlung mit Geldmitteln ist eine **Gegenleistung**; sie stellt **keine Leistung** im Sinne des UStG (Abschn. 1.1 Abs. 3 Satz 3 UStAE) dar.

Das **Entgelt** für eine Leistung kann auch in einer **Lieferung** bestehen. Besteht das Entgelt für eine **Lieferung** in einer **Lieferung**, so liegt ein **Tausch** (Lieferung gegen Lieferung) vor (§ 3 Abs. 12 **Satz 1**).

C. Umsatzsteuer

> **BEISPIEL**
>
> Der Unternehmer U, Magdeburg, **liefert** an den Abnehmer A, Wolfsburg, eine Maschine für netto 20.000 €. Abnehmer A **liefert** als Gegenleistung einen Pkw im Warenwert von netto 20.000 €.
>
> Es liegt ein **Tausch** vor (§ 3 Abs. 12 Satz 1). Das Entgelt beträgt jeweils 20.000 €.

Bei einem **Tausch** erbringt **jeder** Leistungsempfänger gleichzeitig auch eine **Lieferung** im Sinne des UStG (zur BMG beim Tausch vgl. Abschn. 10.5 Abs. 1 UStAE).

 Einzelheiten zur Bemessungsgrundlage (BMG) beim **Tausch** erfolgen im Kapitel 8 „Bemessungsgrundlage", Seiten 286 ff.

Wird zusätzlich zur Sachleistung noch ein **Geldbetrag zugezahlt**, spricht man von einem **Tausch oder tauschähnlichen Umsatz mit Baraufgabe** (Abschn. 10.5 Abs. 1 Satz 8 UStAE).

Schließlich kann das **Entgelt** für eine Leistung in einer **sonstigen Leistung** bestehen.

Besteht das **Entgelt** für eine **sonstige Leistung** in einer **Lieferung oder** in einer **sonstigen Leistung**, so liegt ein **tauschähnlicher Umsatz** (sonstige Leistung gegen Lieferung oder sonstige Leistung gegen sonstige Leistung) vor (§ 3 Abs. 12 **Satz 2**).

> **BEISPIEL**
>
> Der selbständige Kfz-Meister U, Bonn, führt eine Inspektion am Firmenwagen des A durch. A liefert als Gegenleistung 2 cbm Kies.
>
> Es liegt ein **tauschähnlicher Umsatz** (sonstige Leistung gegen Lieferung) vor (§ 3 Abs. 12 **Satz 2**).

 Einzelheiten zur Bemessungsgrundlage beim **tauschähnlichen Umsatz** erfolgen im Kapitel 8 „Bemessungsgrundlage", Seiten 286 ff.

Bei einer **Schenkung** fehlt die **Gegenleistung**, sodass **kein** Leistungsaustausch vorliegt.

> **BEISPIEL**
>
> Der Verlag Springer Gabler | Springer Fachmedien Wiesbaden GmbH überlässt bestimmten Lehrern **unentgeltlich** Fachbücher.
>
> Es liegt **kein Leistungsaustausch** vor, weil eine **Gegenleistung fehlt**.

Bei einem **echten Schadenersatz** liegt **kein Leistungsaustausch** vor (Abschn. 1.3 Abs. 1 Satz 1 UStAE). Wer einen **echten Schadenersatz** zu leisten hat, tut das nicht, weil er eine Lieferung oder sonstige Leistung erhalten hat, sondern weil er nach dem Gesetz oder Vertrag für den Schaden und seine Folgen einzustehen hat (Abschn. 1.3 Abs. 1 Satz 2 UStAE).

> **BEISPIEL**
>
> Elektrohändler U, Köln, wird ein Notebook gestohlen. Die Versicherung zahlt hierfür Schadenersatz in Höhe von 250 €.
>
> Es liegt **kein Leistungsaustausch** vor, weil U **keine Leistung** ausführt, für die der Schadenersatz als Gegenleistung angesehen werden könnte. Es wird lediglich ein Schaden aufgrund eines Versicherungsvertrags ersetzt.

Ein **Schadenersatz** ist dagegen **nicht** anzunehmen, wenn die **Ersatzleistung** tatsächlich die **Gegenleistung** für eine **Lieferung oder sonstige Leistung** darstellt. In solchen Fällen spricht man von einem **unechten Schadenersatz** (Abschn. 1.3 Abs. 1 Satz 4 UStAE).

> **BEISPIEL**
>
> Der Handelsvertreter U 1, Bochum, erhält von dem Unternehmer U 2 nach Beendigung des Vertragsverhältnisses eine Ausgleichszahlung in Höhe von 20.000 €.
>
> Es liegt ein **Leistungsaustausch** vor, weil die **Ausgleichszahlung** für den Handelsvertreter (nach § 89b HGB) **keinen Schadenersatz** darstellt. Es handelt sich hierbei um eine **Gegenleistung** des U 2 für erlangte Vorteile (z. B. Erweiterung des Kundenstamms) aus der früheren Tätigkeit des Handelsvertreters (Abschn. 1.3 Abs. 1 Satz 4 und Abs. 12 Satz 1 UStAE).

Ein **Schadenersatz** ist ebenfalls **nicht** anzunehmen, wenn der **Geschädigte** im Auftrag des Schädigers einen ihm zugefügten **Schaden selbst beseitigt**. In diesem Fall ist die Schadenersatzleistung als Entgelt für eine erbrachte Leistung (Beseitigung des Schadens) anzusehen (Abschn. 1.3 Abs. 11 Satz 1 UStAE).

> **BEISPIEL**
>
> Unternehmer U, München, ist Inhaber einer Kfz-Werkstatt. A beschädigt aus Unachtsamkeit den Pkw des U. A beauftragt U mit der Reparatur des beschädigten Pkws. Die von U berechneten Reparaturkosten in Höhe von 1.500 € zahlt A bar.
>
> Es liegt ein **Leistungsaustausch** i. S. d. Abschn. 1.1 Abs. 1 S. 1 UStAE vor. Die Bezahlung der Schadensbeseitigung stellt eine **Gegenleistung** des A **für eine erhaltene Leistung** aufgrund eines Werkvertrags dar (Reparaturleistung, vgl. Abschn. 1.3 Abs. 11 Satz 1 UStAE).

Ein echter **Schadenersatz** ist hingegen anzunehmen, wenn ein Unternehmer von einem **säumigen Kunden** Mahngebühren und Verzugszinsen vereinnahmt (Abschn. 1.3 Abs. 6 Sätze 1 bis 3 UStAE). Gleiches gilt im Falle der Vereinnahmung einer **Vertragsstrafe** aufgrund einer nicht ordnungsgemäßen Vertragserfüllung (Abschn. 1.3 Abs. 3 Satz 1 UStAE).

C. Umsatzsteuer

BEISPIEL

Der selbständige Kfz-Meister U, Bonn, berechnet einem Kunden brutto 1.823,08 €. Der Kunde zahlt diesen Betrag bar. Der Betrag beinhaltet 38,08 € Verzugszinsen.

Das Entgelt beträgt lediglich 1.500 € (1.823,08 € − 38,08 € = 1.785 €; 1.785 € : 1,19 = 1.500 €). Die berechneten Verzugszinsen stellen einen nicht steuerbaren Schadenersatz dar (Abschn. 1.3 Abs. 6 Satz 3 UStAE).

zu 3. wirtschaftlicher Zusammenhang

Ein **Leistungsaustausch** setzt drittens einen unmittelbaren **wirtschaftlichen Zusammenhang** zwischen **Leistung** und **Gegenleistung** voraus.

Dieser Zusammenhang besteht, wenn die **Gegenleistung** aufgewendet wird, um die **Leistung** zu erhalten.

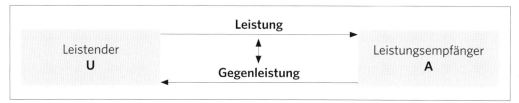

BEISPIEL

Der Lebensmitteleinzelhändler U liefert in seinem Ladengeschäft in Erfurt einer Kundin Lebensmittel gegen Barzahlung.

Zwischen der **Leistung** (Lieferung der Lebensmittel) **und** der **Gegenleistung** (Geld) besteht ein unmittelbarer **wirtschaftlicher Zusammenhang**, weil das Geld gezahlt wurde, um die Lieferung zu erhalten.

Kein Leistungsaustausch liegt vor, wenn ein **wirtschaftlicher Zusammenhang** zwischen **Leistung und Gegenleistung fehlt**, wie z. B. bei **echten Mitgliedsbeiträgen**.

BEISPIEL

Ein Sportverein in Halle stellt seinen Mitgliedern vereinseigene Sportanlagen, Einrichtungen und Geräte zur Verfügung und erhebt von seinen Mitgliedern Beiträge (= **echte Mitgliedsbeiträge**).

Es liegt **kein Leistungsaustausch** vor, weil der unmittelbare **wirtschaftliche Zusammenhang** zwischen der im Einzelnen nicht messbaren Leistung des Vereins und der Zahlung der Mitgliedsbeiträge **fehlt** (Abschn. 1.4 Abs. 1 Satz 1 UStAE).

Werden hingegen mit Mitgliedsbeiträgen **konkrete Sonderleistungen** der Vereinigungen gegenüber den Mitgliedern abgegolten, so stellen die Beiträge die Gegenleistung für die Sonderleistung dar (= **unechte Mitgliedsbeiträge**).

BEISPIEL

Der Post Sportverein Koblenz e. V. erhebt **neben** den üblichen Mitgliedsbeiträgen noch ein **spezielles Entgelt** für die Benutzung seiner Tennishalle.

Es liegt ein **Leistungsaustausch** vor, weil es sich bei den speziellen Benutzungsgebühren um ein **Sonderentgelt** für eine gegenüber dem einzelnen Mitglied erbrachte Leistung handelt (Erlass der OFD Koblenz vom 25.02.1977).

MERKE → Lieferungen und sonstige Leistungen sind nur dann steuerbar, wenn ein **Leistungsaustausch** stattfindet.

2 Steuerbare entgeltliche Leistungen

Zusammenfassung zu Abschnitt 2.2.3:

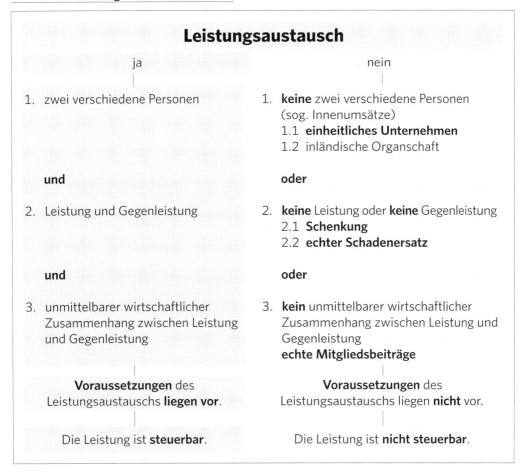

 1. Wiederholungsfragen 24 bis 28 (Seite 168),
2. Fall 5 (Seiten 171 f.)

2.2.4 Rahmen des Unternehmens

Steuerbar sind entgeltliche Leistungen, die ein Unternehmer im Inland ausführt, nur dann, wenn sie im **Rahmen seines Unternehmens** bewirkt werden (§ 1 Abs. 1 **Nr. 1**).

In den **Rahmen des Unternehmens** fallen **alle** Leistungen, die sich als Geschäftsvorfälle aus der gewerblichen oder beruflichen Tätigkeit eines Unternehmens ergeben.

In den **Rahmen des Unternehmens** fallen nicht nur die **Grundgeschäfte**, sondern auch **Hilfsgeschäfte** sowie **Nebengeschäfte**.

Grundgeschäfte bilden den eigentlichen Gegenstand der geschäftlichen Betätigung (Abschn. 2.7 Abs. 2 Satz 1 UStAE).

Zu den **Hilfsgeschäften** gehört jede Tätigkeit, die die Haupttätigkeit mit sich bringt. Auf die Nachhaltigkeit der Hilfsgeschäfte kommt es nicht an (Abschn. 2.7 Abs. 2 Sätze 2 und 3 UStAE).

Nebengeschäfte sind solche, die sich nicht notwendig aus der Haupttätigkeit ergeben, mit dieser aber wirtschaftlich zusammenhängen.

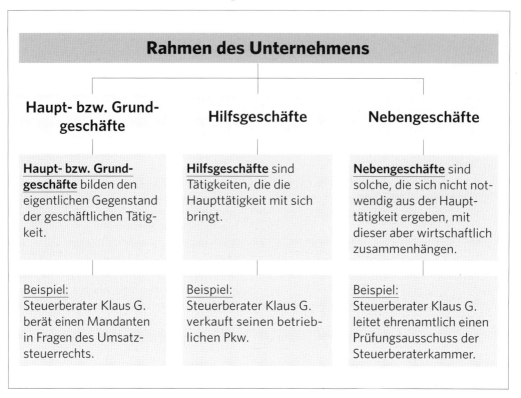

Vorgänge, die in die **Privatsphäre** eines Unternehmers fallen, liegen als Privatvorgänge **außerhalb** des Rahmens seines Unternehmens und sind deshalb **nicht steuerbar**.

> **BEISPIEL**
>
> Ein Metzgermeister in Koblenz veräußert aus seinem Privathaushalt ein gebrauchtes Fernsehgerät gegen Entgelt.
>
> Die Veräußerung des Fernsehgeräts wird **nicht** im **Rahmen seines Unternehmens** bewirkt, sodass die Leistung **nicht steuerbar** ist.

Als letzter Akt der Unternehmertätigkeit ist schließlich die **Geschäftsveräußerung** anzusehen.

Sämtliche Umsätze (Einzelleistungen) im Rahmen einer **Geschäftsveräußerung** sind **nicht steuerbar** (§ 1 **Abs. 1a** i.V.m. Abschn. 1.5 UStAE). Die Bestimmungen für das Vorliegen einer Geschäftsveräußerung im Ganzen wurden zuletzt durch das BMF-Schreiben vom 11.12.2013 geändert und durch die Übererarbeitung des UStAE zum 31.12.2017 an die aktuelle Rechtsprechung des BFH angepasst (BMF-Schreiben vom 13.12.2017, abrufbar unter www.bmfschreiben.de).

ÜBUNG →
1. Wiederholungsfragen 29 und 30 (Seite 168),
2. Fall 6 (Seite 172)

2.3 Zusammenfassende Erfolgskontrolle
2.3.1 Zusammenfassung

- Gegenstand (Objekt) der Umsatzsteuer sind die **steuerbaren Umsätze**.
- Nach § 1 i. V. m. § 3 werden **vier Arten steuerbarer Umsätze** unterschieden:
  1. steuerbare **entgeltliche Lieferungen und sonstige Leistungen**,
  2. steuerbare **unentgeltliche Lieferungen und sonstige Leistungen**,
  3. steuerbare **Einfuhr**,
  4. steuerbarer **innergemeinschaftlicher Erwerb**.
- **Leistung** im umsatzsteuerlichen Sinne ist jedes Verhalten anderen gegenüber, das Gegenstand des Wirtschaftsverkehrs sein kann.
- Für die Leistungsbesteuerung ist allein das **Erfüllungsgeschäft** und nicht das Verpflichtungsgeschäft (z. B. der Kaufvertrag) **maßgebend**.
- Unter einer **Lieferung** versteht das UStG die Verschaffung der Verfügungsmacht über einen Gegenstand.
- Die **Verfügungsmacht** wird in der Regel **durch Eigentumsübertragung** (z. B. Einigung und Übergabe) verschafft.
- **Reihengeschäfte** sind Umsatzgeschäfte, die von **mehreren Unternehmern** über **denselben Gegenstand** abgeschlossen werden und bei denen dieser Gegenstand **unmittelbar vom ersten Unternehmer** an den **letzten Abnehmer** gelangt.
- **Sonstige Leistungen** sind Leistungen, die keine Lieferungen sind.
- **Nebenleistungen** teilen umsatzsteuerlich das Schicksal der **Hauptleistung**.
- **Steuerbar** sind Lieferungen und sonstige Leistungen nur dann, wenn sie von einem **Unternehmer** im **Inland** gegen **Entgelt** im **Rahmen seines Unternehmens** ausgeführt werden.
- Erhält der Unternehmer für seine Leistung eine Gegenleistung, ein **Entgelt**, so findet ein **Leistungsaustausch statt**.
- Ein **Leistungsaustausch** setzt voraus
  1. **zwei verschiedene Personen** (Leistender ≠ Leistungsempfänger),
  2. eine **Leistung** und eine **Gegenleistung** und
  3. einen **wirtschaftlichen Zusammenhang** zwischen Leistung und Gegenleistung.
- Die Gegenleistung, das **Entgelt**, für eine Leistung kann in einer **Lieferung**, einer **sonstigen Leistung** oder in **Geld** bestehen.
- In den **Rahmen des Unternehmens** fallen **alle** Leistungen, die sich als Geschäftsvorfälle aus der gewerblichen oder beruflichen Tätigkeit ergeben.

2.3.2 Erfolgskontrolle

WIEDERHOLUNGSFRAGEN

1. Welche Arten steuerbarer Umsätze nennt das UStG?
2. Was ist unter einer Leistung i.S.d. UStG zu verstehen?
3. Was ist unter einer Lieferung i.S.d. § 3 Abs. 1 UStG zu verstehen?
4. Wie wird in der Regel die Verfügungsmacht über einen Gegenstand verschafft?
5. Welche Lieferungen mit Warenbewegung kennen Sie?
6. Welche Lieferungen ohne Warenbewegung kennen Sie?
7. Was ist unter einer Werklieferung i.S.d. § 3 Abs. 4 UStG zu verstehen? Wie werden diese Leistungen umsatzsteuerrechtlich behandelt?
8. Wann liegt ein Reihengeschäft nach § 3 Abs. 6 Satz 5 UStG vor?
9. Wie lautet die Zuordnungsregel der Beförderungs- oder Versendungslieferung innerhalb eines Reihengeschäfts?
10. Was ist unter einer sonstigen Leistung i.S.d. § 3 Abs. 9 UStG zu verstehen?
11. Was versteht man unter einer Werkleistung? Wie werden diese Leistungen umsatzsteuerrechtlich behandelt?
12. Was versteht man unter der Einheitlichkeit der Leistung?
13. Unter welchen Voraussetzungen ist eine Leistung i.S.d. § 1 Abs. 1 Nr. 1 UStG steuerbar?
14. Wer ist Unternehmer i.S.d. UStG?
15. Wer ist Eigenhändler?
16. Wer ist Kommissionär?
17. Was ist unter einer Lieferkommission i.S.d. § 3 Abs. 3 UStG zu verstehen?
18. Was versteht man unter einer Dienstleistungskommission i.S.d. § 3 Abs. 11 UStG?
19. Wer ist echter Agent?
20. Welche Leistung bewirkt ein echter Agent?
21. Welche umsatzsteuerlichen Gebietsbegriffe kennen Sie? Erklären Sie diese Begriffe.
22. Was versteht man unter dem Bestimmungslandprinzip?
23. Was versteht man unter dem Ursprungslandprinzip?
24. Was versteht man unter Entgelt?
25. Welche Voraussetzungen müssen für einen Leistungsaustausch erfüllt sein?
26. Worin kann das Entgelt für eine Leistung bestehen? Nennen und erklären Sie die umsatzsteuerlichen Fachbegriffe.
27. Was versteht man unter einem sogenannten Innenumsatz?
28. Was versteht man unter einem echten Schadenersatz?
29. Welche Leistungen fallen in den Rahmen des Unternehmens?
30. Welche Leistungen fallen nicht in den Rahmen des Unternehmens? Nennen Sie ein Beispiel.

2 Steuerbare entgeltliche Leistungen

FÄLLE

FALL 1

Prüfen und begründen Sie bei den Sachverhalten 1 bis 6, ob eine **Beförderungs- oder** eine **Versendungslieferung** vorliegt.

1. Buchhändler Eberhard Duchstein, Inhaber der Buchhandlung Reuffel, verkauft und übergibt in seinem Geschäft in Koblenz die „Steuerlehre 2" für 22,99 € an den Steuerfachangestellten Erwin Schlaudt.
2. Sachverhalt wie bei 1. mit dem Unterschied, dass sich der Kunde das Buch mit der Post zuschicken lässt.
3. Textilkaufmann E. Kühlenthal, Inhaber des Modehauses Chic, Köln, lässt sich 50 Damenmäntel zum Stückpreis von 200 € vom Lieferer Dagorn, Paris, mit der Bahn zuschicken.
4. Unternehmer U übergibt in Münster dem Spediteur B Waren mit dem Auftrag, den Transport dieser Waren zum Abnehmer A, Bonn, zu besorgen.
5. Unternehmer U, Dresden, transportiert von Dresden mit eigenem Lkw Waren, die sein Kölner Abnehmer A bestellt hat, nach Köln.
6. Unternehmer C aus Düsseldorf bestellt beim Unternehmer B aus Bielefeld Maschinenteile, die dieser bei A aus Berlin ordert. A befördert die Maschinenteile vereinbarungsgemäß mit eigenem Lkw unmittelbar von Berlin zu C nach Düsseldorf.

FALL 2

Prüfen und begründen Sie bei den Sachverhalten 1 bis 12, ob eine **Lieferung oder** eine **sonstige Leistung** vorliegt.

1. Die Buchhandlung Reuffel verkauft ein Buch an einen Kunden.
2. Ein Taxiunternehmer befördert einen Fahrgast.
3. Ein Fachbuchautor veräußert sein Manuskript an einen Verlag zwecks Veröffentlichung.
4. Steuerberater A, Koblenz, bestellt beim Verlag Springer Gabler | Springer Fachmedien Wiesbaden GmbH das Buch „Steuerlehre 2". Der Verlag verschickt das Buch mit der Post und berechnet 21,49 € + 1,50 € USt = 22,99 €.
5. Ein Steuerberater berät einen Mandanten in Fragen des Einkommensteuerrechts.
6. Ein Hauseigentümer vermietet ein Geschäftslokal an einen Einzelhändler.
7. Der Großhändler U, Dresden, befördert mit eigenem Lkw eine von ihm verkaufte Maschine zu seinem Kunden nach Hamburg.
8. Ein Bauunternehmer verzichtet auf Wunsch eines Konkurrenten auf die Beteiligung an einem Auftrag.
9. Die Edcon Vertriebs-Computer GmbH verkauft Standard-Software und sog. Updates mit Anleitungshandbüchern auf Datenträgern.
10. Ein Unternehmer verkauft Telefonkarten, die ausschließlich im Inland für die Inanspruchnahme von Telekommunikationsleistungen benutzt werden können.
11. Der Gastwirt U, Essen, verkauft regelmäßig Speisen und Getränke zum Verzehr in seiner Gastwirtschaft.
12. Ein Unternehmer übermittelt Leistungsempfängern Software über das Internet.

C. Umsatzsteuer

FALL 3

Prüfen und begründen Sie bei den Sachverhalten 1 bis 9, ob der Leistende **Unternehmer** ist.

1. Ein Studienreferendar verkauft und übergibt in Koblenz sein gebrauchtes Fahrrad an eine Schülerin für 30 €.
2. Ein Lebensmittelhändler verkauft in seinem Geschäft in Köln Lebensmittel, die er seinen Kunden gegen Barzahlung übergibt.
3. Ein Facharzt für Allgemeinmedizin behandelt einen Privatpatienten in seiner Praxis in Bonn. Der Patient bezahlt die Behandlung sofort mit EC-Karte.
4. Ein angestellter Arzt behandelt in einem Koblenzer Krankenhaus einen Patienten „auf Krankenschein". Das Krankenhaus rechnet die Behandlung mit der Krankenkasse des Patienten ab.
5. Ein angestellter Lehrer, Bonn, übt nebenberuflich als Fachbuchautor für einen deutschen Verlag eine schriftstellerische Tätigkeit aus, für die er ein Honorar bezieht.
6. Der Verlag Klein GmbH, Wiesbaden, befindet sich zu 100 % im Besitz der Groß AG, Wiesbaden. Der Verlag lässt 5.000 Exemplare eines Lehrbuchs herstellen. Nach der Produktion übergibt er diese Bücher zum Absatz an die Vertriebsgesellschaft der Groß AG in Stuttgart.
7. Der Schreinermeister A betreibt in Essen eine Möbelschreinerei. Mit seiner Frau lebt er im gesetzlichen Güterstand (Güterstand der Zugewinngemeinschaft).
   Die Ehefrau ist Eigentümerin eines gemischt genutzten Grundstücks in Essen.
   A betreibt in dem Haus seiner Frau die Schreinerei.
   Die Ehefrau erhält von ihrem Mann für die Überlassung der Räume eine monatliche Miete von 1.000 €.
8. Schreinermeister A lebt mit seiner Frau im vertraglichen Güterstand der Gütergemeinschaft. A leitet in Essen die „eheliche" Möbelschreinerei. Seine Ehefrau verwaltet das in Essen belegene „eheliche" gemischt genutzte Grundstück.
   Die Schreinerei wird auf diesem Grundstück betrieben.
9. Die Schneider Textilwerke GmbH aus Stuttgart produziert Textilien jeder Art. Den „selbständigen" Vertrieb der produzierten Textilien übernimmt die Schneider Textilienvertrieb GmbH aus Stuttgart. Die Schneider Textilienvertrieb GmbH kauft die Textilien von der Schneider Textilwerke GmbH und veräußert sie anschließend an gewerbliche Abnehmer in Deutschland. Geschäftsführer beider Gesellschaften ist Herr Stefan Schneider aus Esslingen. Die Schneider Textilwerke GmbH ist zu 100 % an der Schneider Textilienvertrieb GmbH beteiligt.

2 Steuerbare entgeltliche Leistungen

FALL 4

Welche Gebiete zählen nach § 1 Abs. 2 und 2a UStG zum **Inland**, **Gemeinschaftsgebiet** oder **Drittlandsgebiet**?

	Inland	Gemeinschaftsgebiet	Drittlandsgebiet
1. Freihafen Bremerhaven			
2. Dresden			
3. Insel Helgoland			
4. Berlin			
5. Insel Sylt			
6. Freihafen Duisburg			
7. Mittelberg (Kleines Walsertal)			
8. Büsingen am Hochrhein			
9. Moskau			
10. Monaco			
11. Rom			
12. Insel Man			
13. Jungholz (Tirol)			
14. Sofia (Bulgarien)			

FALL 5

Prüfen und begründen Sie bei den Sachverhalten 1 bis 10, ob ein **Leistungsaustausch** stattfindet oder nicht.

1. Ein Arzt behandelt einen Patienten in seiner Praxis in Koblenz unentgeltlich.
2. Der Klempnermeister U, München, repariert in München die Wasserleitung eines Kunden. U erhält für die Reparatur 100 €.
3. Der Bäcker- und Konditormeister U hat in Koblenz eine Bäckerei und in Neuwied ein Café. Die Bäckerei „liefert" Kuchen und Brötchen gegen Rechnungserteilung und Bezahlung an das Café.
4. Der Unternehmer U, Koblenz, versendet mit der Deutschen Bahn AG Waren an den Abnehmer A, Dresden. Während des Transports wird ein Teil der Waren so beschädigt, dass er nicht mehr verkauft werden kann. Die Bahn zahlt U dafür eine Entschädigung.
5. Der Tennisverein Laudert e.V. hat zur Erfüllung seiner satzungsmäßigen Aufgaben Mitgliedsbeiträge von 5.000 € vereinnahmt.
6. Der Tennisverein (5.) unterhält in Laudert ein Vereinslokal. Es werden dort Speisen und Getränke für 8.000 € verkauft.
7. Ein Kfz-Händler in Koblenz repariert seinen Lieferwagen in der eigenen Werkstatt. Einem Fremden hätte er dafür 600 € berechnet.
8. Der Pkw des Unternehmers U wird durch den Autofahrer A beschädigt. Die Haftpflichtversicherung des A zahlt an U 1.190 €.

C. Umsatzsteuer

9. U ist Inhaber einer Kfz-Werkstatt. A beschädigt den Pkw des U. A beauftragt U mit der Reparatur des Schadens und bezahlt die ihm von U berechneten Reparaturkosten in Höhe von 1.190 €.
10. Der Unternehmer U, Bonn, kauft einen neuen Pkw für sein Unternehmen. Dabei gibt er gleichzeitig seinen gebrauchten ausschließlich betrieblich genutzten Pkw in Zahlung. Der Listenpreis des neuen Pkws beträgt 37.500 € zuzüglich 19 % Umsatzsteuer. Der Fahrzeughändler gewährt einen Barzahlungsnachlass in Höhe von 5 %. Nach Anrechnung des Betrags für die Inzahlunggabe des gebrauchten Pkws übergibt U dem Fahrzeughändler einen Scheck in Höhe von 30.493,75 €.

FALL 6

Prüfen und begründen Sie bei den Sachverhalten 1 bis 4, ob eine **steuerbare Leistung** vorliegt.

Hinweis:

Beinhaltet ein Sachverhalt mehrere umsatzsteuerlich relevante Vorgänge (z. B. ein Unternehmer erbringt mehrere Leistungen oder mehrere Unternehmer erbringen jeweils eine Leistung), so ist jeder Sachverhalt eines Unternehmers gesondert zu beurteilen.

1. Baustoffhändler Jost, Wiesbaden, verkauft Bauunternehmer Peters, Mainz, Zement und Ziegelsteine im Wert von netto 25.000 €. Den Zement nimmt Peters sofort mit. Die Ziegelsteine transportiert Jost mit dem eigenen Lkw zu Peters nach Mainz.
2. Maschinenfabrikant Milles, Halle, verkauft Hygieneartikelhersteller Lehmann, Hannover, zwei Spezialmaschinen „frei Haus" für insgesamt netto 130.000 €. Milles beauftragt Spediteur Butschkau, Leipzig, mit dem Transport der Maschinen nach Hannover. Butschkau berechnet für den Transport netto 4.000 €.
3. a) Bauunternehmer Peters, Mainz, bestellt bei Baustoffhändler Jost, Wiesbaden, Betonplatten für netto 6.000 €. Da Jost den gewünschten Artikel in der benötigten Menge nicht vorrätig hat, bestellt er die Betonplatten für netto 4.500 € bei Baustoffhändler Gräfer, Koblenz. Gräfer bestellt die benötigten Betonplatten beim Hersteller Leisner in Neuwied für netto 3.000 €. Leisner transportiert die Betonplatten mit dem eigenen Lkw direkt zu Bauunternehmer Peters nach Mainz.
   b) Fallabwandlung: Peters holt die Betonplatten mit dem eigenen Lkw bei Leisner ab.
4. Die HardSoftCompu GmbH, Essen, vertreibt Hard- und Software an Firmenkunden und private Endabnehmer. Die folgenden Verkäufe wurden im Voranmeldungszeitraum getätigt:
   a) PC- und Zubehörverkauf (Laufwerke, Festplatten etc.) im Laden für netto 5.000 €,
   b) Verkauf von handelsüblicher Software (Betriebssysteme, Antivirenprogramme etc.) im Laden für netto 1.200 €,
   c) Verkauf von handelsüblicher Software (s.o.) als Downloads per Internet für netto 400 € an private inländische Endverbraucher,
   d) Verkauf eines Warenwirtschaftssystems an einen Geschäftskunden aus Köln für netto 7.600 €. Die Software wurde speziell für diesen Kunden entwickelt.

A L Weitere Fälle mit Lösungen finden Sie im **Lösungsbuch** der Steuerlehre 1.

Zusammenfassende Erfolgskontrolle zum 1. und 2. Kapitel

Prüfen Sie, ob folgende Umsätze für den Unternehmer U im Inland **steuerbar** oder **nicht steuerbar** sind. Verwenden Sie dabei die folgende **Lösungstabelle** und tragen Sie die **Entgelte** in die beiden letzten Spalten ein:

Tz.	Umsatzart nach § 1 i. V. m. § 3 UStG	nicht steuerbare Umsätze im Inland €	steuerbare Umsätze im Inland €
1.			
2.			
usw.			

1. Der Elektrohändler U, Bonn, verkauft einem Kunden ein Notebook unter Eigentumsvorbehalt für netto 400 €. U bleibt bis zur vollständigen Bezahlung des Kaufpreises Eigentümer des Geräts.
2. Der selbständige Arzt U, Hannover, behandelt einen Patienten „auf Krankenschein". Die Bemessungsgrundlage für die Behandlung beträgt 8 €.
3. Der Steuerberater U, Dortmund, erzielt eine Einnahme in Höhe von 5.950 € (5.000 € + 950 € USt) aus dem Verkauf seines betrieblichen Pkws.
4. Der Rechtsanwalt U, München, erzielt Honorareinnahmen aus anwaltlicher Tätigkeit in Höhe von 17.850 € (15.000 € + 2.850 € USt).
5. Der Schreinermeister U, Frankfurt, übereignet einer Bank zur Sicherung eines Darlehens eine Hobelbank im Wert von 5.000 € netto. Es wird vereinbart, dass die Bank ihr Eigentum nur dann geltend machen darf, wenn U das Darlehen nicht fristgerecht zurückzahlt. Wird das Darlehen fristgerecht zurückgezahlt, soll das Sicherheitseigentum der Bank erlöschen. Durch den Sicherungsübereignungsvertrag erwirbt die Bank das bedingte Eigentum an der Hobelbank, während Schreinermeister U Besitzer der Hobelbank bleibt.
6. Der Gastwirt U, Koblenz, überbringt einem Gast das bestellte Schnitzel für 11,90 € (10 € + 1,90 € USt) zum Verzehr in der Gaststätte.
7. Das Elektrizitätswerk U, Bonn, versorgt den Bonner Abnehmer A mit Strom und berechnet ihm hierfür 1.685,17 € (1.416,11 € + 269,06 € USt) (Hinweis: § 3g UStG).
8. Der Gastwirt U, Berlin, erzielt Einnahmen aus dem Verkauf von Speisen und Getränken zum Verzehr außer Haus in Höhe von 8.560 € (8.000 € + 560 € USt).
9. Der Elektrohändler U, Stuttgart, baut ein neues Autoradio in seinen Geschäftswagen ein. Einem Fremden hätte er dafür 370 € netto berechnet.

3 Steuerbare unentgeltliche Leistungen

Unentgeltliche Wertabgaben aus dem Unternehmen sind, soweit sie in der **Abgabe von Gegenständen** bestehen, nach § 3 **Abs. 1b** den entgeltlichen Lieferungen und, soweit sie in der **Abgabe oder Ausführung von sonstigen Leistungen** bestehen, nach § 3 **Abs. 9a** den entgeltlichen sonstigen Leistungen gleichgestellt (<u>unentgeltliche Lieferungen und sonstige Leistungen</u>).

Solche Wertabgaben sind sowohl bei **Einzelunternehmern** als auch bei **Personen- und Kapitalgesellschaften** sowie bei Vereinen und Betrieben gewerblicher Art oder land- und forstwirtschaftlichen Betrieben von juristischen Personen des öffentlichen Rechts möglich (Abschn. 3.2 Abs. 1 Satz 2 UStAE).

Ziel der Besteuerung der unentgeltlichen Leistungen ist die **Gleichbehandlung** des Steuerpflichtigen, der z. B. einen Gegenstand seines Unternehmens für private Zwecke entnimmt, und eines gewöhnlichen Verbrauchers, der einen gleichartigen Gegenstand kauft. Da der Gegenstand beim Erwerb für das Unternehmen durch den **Vorsteuerabzug** von der Umsatzsteuer befreit wurde, wird er bei der Entnahme für private Zwecke wieder mit dieser belegt, um diese Gleichbehandlung zu erreichen.

Die steuerbaren unentgeltlichen Lieferungen und sonstigen Leistungen setzen die **Zugehörigkeit** des entnommenen oder genutzten Gegenstandes **zum Unternehmen** voraus.

> **MERKE →** Eine **steuerbare unentgeltliche Leistung** setzt die vorherige **Zuordnung** einer Leistung **zum Unternehmen** voraus.

Die Zuordnung eines Gegenstandes richtet sich **nicht** nach **ertragsteuerlichen Merkmalen**, also **nicht** nach der Einordnung als Betriebs- oder Privatvermögen. **Maßgebend** ist, ob der Unternehmer den Gegenstand dem **unternehmerischen** oder nichtunternehmerischen Tätigkeitsbereich zugeordnet hat. Hierfür wiederum ist die (beabsichtigte) Nutzung entscheidend. Beträgt die (beabsichtigte) unternehmerische Nutzung **weniger als 10 %**, ist die Zuordnung des Gegenstandes zum Unternehmen **unzulässig** (§ 15 Abs. 1 Satz 2 UStG, Abschn. 15.2c Abs. 1 und 5 Satz 1 UStAE, **Zuordnungsverbot**). Ebenfalls **unzulässig** ist die Zuordnung zum Unternehmen, wenn der Unternehmer bereits **bei Leistungsbezug beabsichtigt**, die bezogene Leistung **ausschließlich** für eine **steuerbare unentgeltliche Wertabgabe** zu verwenden (Abschn. 3.3 Abs. 1 Satz 7, 3.4 Abs. 2 Satz 2 i. V. m. 3.3 Abs. 1 Satz 5 UStAE).

Beträgt die unternehmerische Nutzung hingegen 100 %, besteht ein **Zuordnungsgebot**, d.h., der Gegenstand ist zwingend dem Unternehmen zuzuordnen (Abschn. 15.2c Abs. 1 Satz 1 UStAE).

Liegt die unternehmerische Nutzung bei mindestens 10 % und unter 100 %, ist wie folgt **zu unterscheiden**: Bei **vertretbaren (aufteilbaren) Sachen und sonstigen Leistungen** ist eine **Aufteilung** in unternehmerische Nutzung und nicht unternehmerische Nutzung vorzunehmen, nach der sich auch der Vorsteuerabzug richtet (**Aufteilungsgebot**).

Einheitliche (nicht aufteilbare) Gegenstände sind daraufhin zu untersuchen, ob die nicht unternehmerische Nutzung eine sogenannte **nicht wirtschaftliche Tätigkeit im engeren Sinne** darstellt **oder** ob es sich um eine **unternehmensfremde (= private) Nutzung** handelt.

Nichtwirtschaftliche Tätigkeiten im engeren Sinne sind alle nichtunternehmerischen Tätigkeiten, die **keine** private Nutzung darstellen, z.B. der ideelle Bereich eines Vereins (Abschn. 2.3 Abs. 1a Satz 4 UStAE). Bei einer nichtwirtschaftlichen Tätigkeit im engeren Sinne gilt wiederum das **Aufteilungsgebot** (Abschn. 15.2c Abs. 2 Nr. 2 UStAE).

Bei **privater Nutzung** einheitlicher Gegenstände besteht für den Unternehmer ein **Zuordnungswahlrecht**. Der Unternehmer kann in diesem Falle die Leistung entweder **ganz, gar nicht oder teilweise** seinem Unternehmen zuordnen.

3 Steuerbare unentgeltliche Leistungen

Die Dokumentation der Ausübung des Wahlrechtes erfolgt durch die Zuordnung in der Umsatzsteuererklärung für das Jahr, in dem der Gegenstand zugegangen ist.

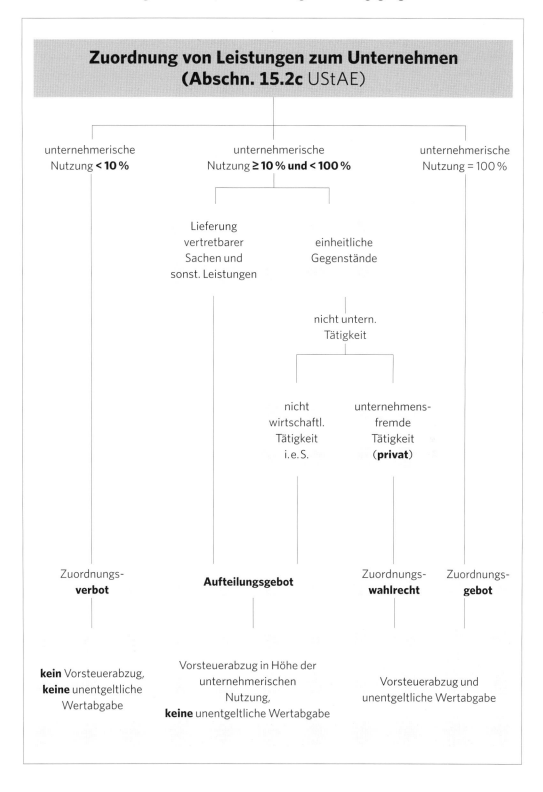

Unter folgenden Voraussetzungen besteht eine **Ausnahme** zum Aufteilungsgebot:

1. Aufwendungen entstehen durch Nutzung eines einheitlichen Gegenstandes,
2. der Gegenstand ist kein Grundstück und wurde vollständig dem Unternehmen zugeordnet und
3. die übrigen Voraussetzungen des Vorsteuerabzugs sind erfüllt.

Aus Vereinfachungsgründen kann in diesen Fällen der **volle Vorsteuerabzug** erfolgen; folgerichtig sind diese Aufwendungen auch bei der Berechnung der **unentgeltlichen Wertabgabe** zu berücksichtigen (Abschn. 15.2c Abs. 2 Satz 6 UStAE). Ein Anwendungsbeispiel stellen Aufwendungen für Wartung (sonstige Leistung) oder Benzin (vertretbare Sache) eines vollständig dem Unternehmen zugeordneten Fahrzeugs, das auch privat genutzt wird, dar.

Die folgende Übersicht zeigt, an welcher Stelle im Umsatzsteuersystem die **steuerbaren unentgeltlichen Lieferungen und sonstigen Leistungen** in diesem Buch dargestellt und erläutert werden:

Umsätze

steuerbare Umsätze

1. **entgeltliche Lieferungen und sonstige Leistungen**
   (§ 1 Abs. 1 **Nr. 1** i.V.m. § 3 Abs. 1, 6 bis 9 oder § 3a bis § 3c)
2. **unentgeltliche Lieferungen und sonstige Leistungen**
   (§ 1 Abs. 1 **Nr. 1** i.V.m. § 3 Abs. **1b** oder Abs. **9a** und § 3f)
3. **Einfuhr**
   (§ 1 Abs. 1 **Nr. 4**)
4. **innergemeinschaftlicher Erwerb**
   (§ 1 Abs. 1 **Nr. 5** i.V.m. § 1a, §1b und § 3d)

In diesem Kapitel werden die **steuerbaren unentgeltlichen Lieferungen und sonstigen Leistungen** erläutert.

> **S 1** Der **Ort des Umsatzes** (§ 3f) wird im Abschnitt 6.3 „Ort der unentgeltlichen Wertabgabe", Seiten 255 f., dargestellt und erläutert.

3.1 Unentgeltliche Lieferungen

Nach § 3 **Abs. 1b** werden **drei Arten** von Tatbeständen, die **unentgeltlich** erfolgen, aber den **entgeltlichen Lieferungen** gleichgestellt sind, unterschieden (**unentgeltliche Lieferungen**):

1. **Entnahme von Gegenständen** (§ 3 Abs. 1b Satz 1 **Nr. 1**),
2. **Sachzuwendungen an das Personal** (§ 3 Abs. 1b Satz 1 **Nr. 2**) und
3. **andere unentgeltliche Zuwendungen** (§ 3 Abs. 1b Satz 1 **Nr. 3**).

3.1.1 Entnahme von Gegenständen

Die **Entnahme eines Gegenstandes** ist nach § 1 Abs. 1 **Nr. 1** i.V.m. § 3 **Abs. 1b** Satz 1 **Nr. 1** **steuerbar**, wenn folgende **Tatbestandsmerkmale** vorliegen:

1. **Entnahme eines Gegenstandes**,
2. durch einen **Unternehmer**,
3. aus seinem **Unternehmen**,
4. im **Inland**,
5. für **Zwecke außerhalb seines Unternehmens**,
6. wenn der Gegenstand oder seine Bestandteile **zum** vollen oder teilweisen **Vorsteuerabzug berechtigt** haben (§ 3 Abs. 1b **Satz 2**).

Fehlt eines dieser **Tatbestandsmerkmale**, so liegt **keine** steuerbare unentgeltliche Lieferung i.S.d. § 1 Abs. 1 **Nr. 1** i.V.m. § 3 **Abs. 1b** Satz 1 **Nr. 1** vor.

Die Entnahme eines dem Unternehmen zugeordneten Gegenstandes wird nach § 3 Abs. 1b Satz 1 **Nr. 1 nur** dann einer **entgeltlichen** Lieferung **gleichgestellt**, wenn der entnommene oder zugewendete Gegenstand oder seine Bestandteile zum vollen oder teilweisen **Vorsteuerabzug** berechtigt haben (Abschn. 3.3 Abs. 2 Satz 1 UStAE).

Bei den Entnahmen von Gegenständen i.S.d. § 3 Abs. 1b ist bei der Ermittlung der Bemessungsgrundlage gem. § 10 Abs. 4 Satz 1 Nr. 1 grundsätzlich vom **Nettoeinkaufspreis** im Zeitpunkt der Entnahme auszugehen. Der Einkaufspreis entspricht in der Regel dem **Wiederbeschaffungspreis**. Kann ein Einkaufspreis nicht ermittelt werden, so sind als Bemessungsgrundlage die **Selbstkosten** anzusetzen (Abschn. 10.6 Abs. 1 UStAE).

Einzelheiten zur **Bemessungsgrundlage** der Gegenstandsentnahme erfolgen im Abschnitt 8.2.1.1 „Entnahme von Gegenständen", Seiten 291 ff.

BEISPIELE

a) Der Koblenzer Einzelhändler U entnimmt seinem Unternehmen eine Kühltruhe, die er wenige Tage zuvor für 250 € + 47,50 € USt = 297,50 € erworben hat, für seinen Privathaushalt. U hat einen Vorsteuerbetrag in Höhe von 47,50 € abgezogen.

Es liegt eine **steuerbare unentgeltliche Lieferung** (Gegenstandsentnahme) vor, weil alle Tatbestandsmerkmale des § 1 Abs. 1 **Nr. 1** i.V.m. § 3 Abs. 1b Satz 1 Nr. 1 + Satz 2 erfüllt sind. Der Vorgang wäre bei entsprechender Ausführung an einen Dritten als **Lieferung** anzusehen. Die Bemessungsgrundlage beträgt 250 € (= **Nettoeinkaufspreis** im Zeitpunkt der Entnahme). Durch diese Besteuerung wird der Vorteil der Gewährung des Vorsteuerabzugs wieder rückgängig gemacht.

b) Der Kölner Bauunternehmer U, der aus selbst beschafften Baustoffen schlüsselfertige Einfamilienhäuser errichtet, baut für sich privat in Köln ein Einfamilienhaus. Die hierbei verwendeten Baustoffe haben zum Vorsteuerabzug berechtigt. Die Selbstkosten haben 200.000 € betragen.

Es liegt eine **steuerbare unentgeltliche Lieferung** (Gegenstandsentnahme) vor, weil alle Tatbestandsmerkmale des § 1 Abs. 1 Nr. 1 i.V.m. § 3 Abs. 1b Satz 1 Nr. 1 + Satz 2 erfüllt sind. Das Haus als fertiges Werk wird entnommen (nicht die einzelnen Materialien), weil auch das Haus einem Dritten gegenüber geliefert würde (Werklieferung gem. § 3 Abs. 4). Die Bemessungsgrundlage für das schlüsselfertige Haus beträgt 200.000 € (= Selbstkosten).

zu 1. Entnahme eines Gegenstandes

Die **Entnahme eines Gegenstandes** aus dem Unternehmen im Sinne des § 3 Abs. 1b Satz 1 **Nr. 1** liegt nur dann vor, wenn der Vorgang bei entsprechender Ausführung an einen Dritten als **Lieferung** – einschließlich **Werklieferung** – anzusehen wäre (Abschn. 3.3 Abs. 5 Satz 1 UStAE).

Gegenstand im Sinne des § 3 Abs. 1b Satz 1 **Nr. 1** ist alles, was nach § 3 Abs. 1 **geliefert** werden kann.

Die **Entnahme von Geld** aus dem Unternehmen ist **keine Gegenstandsentnahme**, weil die entsprechende Wertabgabe an einen Dritten **nicht** als **Lieferung** anzusehen wäre.

zu 2. Entnahme durch einen Unternehmer

Die Gegenstandsentnahme umfasst den Verbrauch von Werten des Unternehmens **durch den Unternehmer selbst** und **durch Dritte**, denen sie der **Unternehmer** aus unternehmensfremden Zwecken zuwendet sowie durch **Gesellschafter** und deren **Angehörige**.

zu 3. Entnahme aus dem Unternehmen

Der Gegenstand muss **aus** dem **Unternehmen** entnommen sein. Dabei muss der Gegenstand dem unternehmerischen Bereich **zugeordnet** sein (Abschn. 3.3 Abs. 1 UStAE). Gegenstände können dem unternehmerischen Bereich nur dann zugeordnet werden, wenn sie **mindestens 10 %** unternehmerisch genutzt werden (Abschn. 3.3 Abs. 1 Satz 6 UStAE). Da das **Unternehmen** die **gesamte gewerbliche und berufliche Tätigkeit** eines Unternehmers umfasst, ist die Entnahme aus **einem Betrieb** für einen **anderen Betrieb** desselben Unternehmers **keine Entnahme aus dem Unternehmen**. In diesen Fällen handelt es sich um sog. **nicht steuerbare Innenumsätze**.

> **BEISPIEL**
>
> Der Elektrohändler U, Köln, entnimmt seinem Elektrogeschäft (Betrieb 1) Lampen, die er in Wohnungen seines Mietwohngrundstücks (Betrieb 2) in Bonn einbaut.
>
> Es liegt **keine Entnahme aus dem Unternehmen** vor, weil die Gegenstände nicht den Unternehmensbereich verlassen (= **nicht steuerbarer Innenumsatz**, Abschn. 2.7 Abs. 1 Satz 3 UStAE).

zu 4. Entnahme im Inland

Die Gegenstandsentnahme muss im **Inland** liegen. Nach § 1 **Abs. 3** Nr. 3 wird z. B. die unentgeltliche Lieferung im **Freihafen** wie ein Umsatz im **Inland** behandelt.

> **BEISPIEL**
>
> Der Tabakhändler U entnimmt seinem Geschäft, das sich im **Freihafen Bremerhaven** befindet, Tabakwaren zum eigenen Verbrauch. Die eingekauften Waren haben zum Vorsteuerabzug berechtigt.
>
> Es liegt eine **Gegenstandsentnahme** vor, weil alle Tatbestandsmerkmale des § 1 Abs. 1 Nr. 1 i. V. m. § 3 Abs. 1b Satz 1 Nr. 1 + Satz 2 und § 1 Abs. 3 Nr. 3 erfüllt sind.

zu 5. Entnahme für Zwecke außerhalb des Unternehmens

Die Gegenstandsentnahme muss zu Zwecken erfolgen, die **außerhalb des Unternehmens** liegen. **Außerhalb des Unternehmens** liegt alles, was **außerhalb der gewerblichen oder beruflichen Tätigkeit** des Unternehmers liegt.

3 Steuerbare unentgeltliche Leistungen

BEISPIEL

Der Getränkehändler U, Dortmund, entnimmt seinem Unternehmen Getränke für den **Privathaushalt**. Die eingekauften Getränke haben zum Vorsteuerabzug berechtigt. Der Nettoeinkaufspreis der entnommenen Getränke beträgt 180 €.

Es liegt **eine Gegenstandsentnahme** vor, weil die Entnahme für Zwecke erfolgt, die außerhalb des Unternehmens liegen. Die Bemessungsgrundlage beträgt 180 €.

Bei Gegenständen, die **sowohl unternehmerisch als auch unternehmensfremd** genutzt werden, ist nach dem Grundsatz der Einheitlichkeit der Leistung der **überwiegende Zweck maßgebend**. Der Grundsatz der Einheitlichkeit der Leistung gilt auch für die unentgeltliche Wertabgabe (Abschn. 3.3 Abs. 5 Satz 4 UStAE).

BEISPIEL

Die Koblenzer Brauerei GmbH, Koblenz, schenkt anlässlich Betriebsbesichtigungen den Besuchern Freitrunk aus.

Es liegt **keine Entnahme** für Zwecke **außerhalb** des Unternehmens vor, weil die GmbH mit der unentgeltlichen Wertabgabe des Freitrunks Werbung für ihr Produkt betreiben will, sodass der **betriebliche Zweck überwiegt**.

zu 6. Vorsteuerabzug der Gegenstände oder seiner Bestandteile

Voraussetzung für die Anwendung des § 3 Abs. 1b **Satz 1** ist, dass der entnommene **Gegenstand** oder seine **Bestandteile** zum vollen oder teilweisen **Vorsteuerabzug** berechtigt haben (§ 3 Abs. 1b **Satz 2**). Ist diese Voraussetzung nicht erfüllt, unterliegt die spätere Entnahme grundsätzlich nicht der Umsatzsteuer.

BEISPIEL

Der Unternehmer U, München, entnimmt einen dem Unternehmen zugeordneten Pkw für private Zwecke. U hat den Pkw vor zwei Jahren von einer **Privatperson** und damit ohne Berechtigung zum Vorsteuerabzug erworben.

Es liegt **keine unentgeltliche Lieferung** nach § 3 Abs. 1b Satz 1 Nr. 1 vor, weil der Gegenstand nicht zum Vorsteuerabzug berechtigte. Mithin liegt **kein steuerbarer Umsatz** vor, sodass keine Umsatzsteuer anfällt (§ 3 Abs. 1b Satz 2).

Wurden jedoch nach der Anschaffung des Pkws Arbeiten ausgeführt, die zum Einbau von **Bestandteilen** geführt haben und für die der Unternehmer zum **Vorsteuerabzug** berechtigt war, unterliegen bei der Entnahme des Pkws **nur** die **Bestandteile** (nicht der gesamte Pkw) der Umsatzsteuer (Abschn. 3.3 Abs. 2 Satz 2 UStAE).

BEISPIEL

Sachverhalt wie im Beispiel zuvor mit dem Unterschied, dass U nach der Anschaffung eine **Klimaanlage** für 2.975 € (**2.500 €** + 475 € USt) in den Pkw einbauen lässt.

Es liegt eine **unentgeltliche Lieferung** nach § 3 Abs. 1b Satz 1 Nr. 1 vor, weil es sich bei der **Klimaanlage** um einen **Bestandteil** i.S.d. UStG handelt (Abschn. 3.3 Abs. 2 Sätze 3 + 4 UStAE). Bei der Entnahme des Pkws unterliegt **nur** die **Klimaanlage** als **Bestandteil** der Umsatzsteuer.

Nach Abschn. 3.3 Abs. 4 UStAE wird auf die **Besteuerung** der Bestandteile **verzichtet**, wenn die vorsteuerentlastenden Aufwendungen (= Aufwendungen mit Vorsteuerabzugsrecht) für den Einbau von Bestandteilen **weder 20 %** der Anschaffungskosten des Wirtschaftsguts **noch** einen Betrag von **1.000 € (Bagatellgrenze)** übersteigen. Sobald einer der beiden Bagatellgrenzwerte überschritten wird, liegt eine steuerbare Bestandteilentnahme vor.

3.1.2 Sachzuwendungen an das Personal

Die **unentgeltlichen Zuwendungen von Gegenständen** (Sachzuwendungen) **an das Personal** sind nach § 1 Abs. 1 **Nr. 1** i.V.m. § 3 **Abs. 1b** Satz 1 **Nr. 2 steuerbar**, wenn folgende **Tatbestandsmerkmale** vorliegen:

1. **unentgeltliche Zuwendung eines Gegenstandes**,
2. durch einen **Unternehmer**,
3. aus seinem **Unternehmen**,
4. im **Inland**,
5. an sein **Personal für dessen privaten Bedarf**, sofern **keine Aufmerksamkeiten** vorliegen,
6. wenn der Gegenstand oder seine Bestandteile **zum** vollen oder teilweisen **Vorsteuerabzug berechtigt** haben (§ 3 Abs. 1b **Satz 2**).

Fehlt eines dieser Tatbestandsmerkmale, so liegt **keine** steuerbare unentgeltliche Lieferung i.S.d. § 1 Abs. 1 **Nr. 1** i.V.m. § 3 **Abs. 1b** Satz 1 **Nr. 2** vor.

Im Folgenden werden nur die Tatbestandsmerkmale näher erläutert, die nicht schon im Abschnitt 3.1.1 „Entnahme von Gegenständen" dargestellt wurden, nämlich

- **unentgeltliche Zuwendung eines Gegenstandes**,
- an sein **Personal für dessen privaten Bedarf**, sofern **keine Aufmerksamkeiten** vorliegen.

Unentgeltliche Zuwendung eines Gegenstandes

Nach § 3 Abs. 1b Satz 1 **Nr. 2** gelten **unentgeltliche Sachzuwendungen an Arbeitnehmer** als **unentgeltliche Lieferungen**.

Auch die unentgeltlichen Sachzuwendungen an das Personal für dessen privaten Bedarf werden **nur besteuert**, wenn die Anschaffungs- oder Herstellungskosten des abgegebenen Gegenstandes oder seine Bestandteile mit Umsatzsteuer belastet waren und der Unternehmer hinsichtlich dieser Steuer zum vollen oder teilweisen **Vorsteuerabzug** berechtigt war (§ 3 Abs. 1b **Satz 2** und Abschn. 1.8 Abs. 2 Satz 6 UStAE).

BEISPIEL

Der Elektrohändler U, Kiel, **schenkt** seinem Arbeitnehmer anlässlich eines Arbeitsjubiläums ein Fernsehgerät im Wert von 500 €. U hat beim Kauf des Geräts die volle Vorsteuer abgezogen.

Es liegt eine **unentgeltliche Lieferung** nach § 3 Abs. 1b Satz 1 **Nr. 2** vor, weil alle Voraussetzungen erfüllt sind. Die unentgeltliche Lieferung unterliegt nach § 1 Abs. 1 Nr. 1 i.V.m. § 3 Abs. 1b Satz 1 Nr. 2 der Umsatzsteuer.

Nicht unter die Fälle des § 3 Abs. 1b Satz 1 **Nr. 2** fallen Lieferungen von Waren an Arbeitnehmer, für die diese ein **Entgelt** entrichten müssen (z.B. bei Warenverkäufen unter Gewährung eines Personalrabatts oder bei sog. Jahreswagenverkäufen der Automobilhersteller). Selbst wenn der Arbeitnehmer kein sichtbares Entgelt entrichtet, kann die **Arbeitsleistung des Arbeitnehmers** Entgelt sein **(tauschähnlicher Umsatz)**.

Diese Fälle sind als steuerbare **entgeltliche** Lieferungen i.S.d. § 1 Abs. 1 Nr. 1 i.V.m. § 3 **Abs. 1** zu behandeln.

An das Personal, sofern keine Aufmerksamkeiten vorliegen

Bei dem Begriff „**Personal**" handelt es sich nach wie vor um **Arbeitnehmer**. Dazu gehören **auch** ausgeschiedene Arbeitnehmer aufgrund eines früheren Dienstverhältnisses, **Auszubildende** und Praktikanten (Abschn. 1.8 Abs. 2 Satz 5 UStAE).

Dies gilt **auch** für **Gesellschafter-Geschäftsführer** von Kapitalgesellschaften (z.B. GmbH), wenn sie umsatzsteuerlich dem Personal zugeordnet werden.

Keine steuerbaren Umsätze sind **Aufmerksamkeiten** (§ 3 **Abs. 1b** Satz 1 **Nr. 2**). **Aufmerksamkeiten** sind Zuwendungen des Arbeitgebers, die nach ihrer Art und nach ihrem Wert Geschenken entsprechen, die im gesellschaftlichen Verkehr üblicherweise ausgetauscht werden und zu keiner ins Gewicht fallenden Bereicherung des Arbeitnehmers führen (Abschn. 1.8 Abs. 3 **Satz 1** UStAE).

Zu den **Aufmerksamkeiten** rechnen danach **gelegentliche Sachzuwendungen** bis zu einem Wert von **60 €** (Bruttobetrag **mit** Umsatzsteuer; **Freigrenze**), z.B. Blumen, Genussmittel, ein Buch oder ein Tonträger, die dem Arbeitnehmer oder seinen Angehörigen aus Anlass eines besonderen **persönlichen** Ereignisses zugewendet werden (Abschn. 1.8 Abs. 3 **Satz 2** UStAE).

Damit eine einheitliche Rechtsanwendung möglich ist, wurde die lohnsteuerliche Freigrenze (60 €) i.S.d. LStÄR 2015 vom 22. Oktober 2014 (BStBl. I, S. 1344) auch in den Umsatzsteuer-Anwendungserlass übernommen (Abschn. 1.8 Abs. 3 Satz 2 UStAE; siehe hierzu BMF-Schreiben vom 14.10.2015, IV C 5 – S 2332/15/10001).

> **BEISPIEL**
>
> Buchhändler Bodo Müller, Bonn, **schenkt** seiner Angestellten Helga Fabel ein **Buch zum Geburtstag**. Das Buch hat einen Wert von 24 €.
>
> Es handelt sich um eine **Aufmerksamkeit**, die nach § 1 Abs. 1 Nr. 1 i.V.m. § 3 Abs. 1b Satz 1 Nr. 2 **nicht steuerbar** ist.

Mit BMF-Schreiben vom 14.10.2015 bestätigt die Finanzverwaltung, dass unentgeltliche Zuwendungen des Arbeitgebers an Arbeitnehmer im Rahmen von **Betriebsveranstaltungen** als nicht steuerbare und übliche Leistungen anerkannt werden. Der Bruttobetrag in Höhe von 110 € pro Person bei maximal 2 Veranstaltungen pro Jahr gilt auch nach den lohnsteuerlichen Vorgaben als üblich. Allerdings handelt es sich **lohnsteuerlich** um einen Frei**betrag**, wohingegen es sich **umsatzsteuerlich** bei dem Bruttobetrag in Höhe von 110 € um eine Frei**grenze** handelt. Mit Schreiben vom 19.04.2016 hat das Bundesfinanzministerium die Gültigkeit dieser umsatzsteuerlichen Freigrenze bestätigt. – Zur Erinnerung: Die **Freigrenze** ist ein Betrag, bei dem – wenn er überschritten wird – die steuerlichen Folgen für den Gesamtbetrag gelten.

3.1.3 Andere unentgeltliche Zuwendungen

Die **anderen unentgeltlichen Zuwendungen** sind nach § 1 Abs. 1 **Nr. 1** i.V.m. § 3 Abs. 1b Satz 1 **Nr. 3 steuerbar**, wenn folgende **Tatbestandsmerkmale** vorliegen:

1. **andere unentgeltliche Zuwendung eines Gegenstandes**, ausgenommen Geschenke von geringem Wert und Warenmuster,
2. durch einen **Unternehmer**,
3. aus seinem **Unternehmen**,
4. im **Inland**,
5. für **Zwecke des Unternehmens**,
6. wenn der Gegenstand oder seine Bestandteile **zum** vollen oder teilweisen **Vorsteuerabzug berechtigt** haben (§ 3 Abs. 1b **Satz 2**).

Im Folgenden werden ebenfalls **nur** die Tatbestände näher erläutert, die in den vorangegangenen Abschnitten **noch nicht** dargestellt wurden.

Andere unentgeltliche Zuwendungen, die nicht in der Entnahme von Gegenständen oder in Sachzuwendungen an das Personal bestehen, sind auch dann **steuerbar**, wenn der Unternehmer sie aus **unternehmerischen** Erwägungen tätigt.

Nach § 3 **Abs. 1b** Satz 1 **Nr. 3** werden andere unentgeltliche Zuwendungen aus **unternehmerischen** Erwägungen z.B. zu **Werbezwecken**, zur **Verkaufsförderung** oder zur **Imagepflege** erbracht. Hierunter fallen insbesondere **Sachspenden an Vereine oder Schulen**, **Warenabgaben anlässlich von Preisausschreiben, Verlosungen usw. zu Werbezwecken** (Abschn. 3.3 Abs. 10 Satz 9 UStAE).

Ausgenommen von der Besteuerung sind **Geschenke von geringem Wert** und die **Abgabe von Warenmustern** (z.B. kostenlose Probepackungen) für Zwecke des Unternehmens (Abschn. 3.3 Abs. 10 Satz 2 und Abs. 11 Satz 1 UStAE).

Geschenke von geringem Wert liegen vor, wenn die Anschaffungs- oder Herstellungskosten der dem Empfänger im Kalenderjahr zugewendeten Gegenstände insgesamt **35 Euro** (Jahres-Nettobetrag **ohne** Umsatzsteuer; **Freigrenze**) **nicht übersteigen** (Abschn. 3.3 Abs. 11 Satz 2 UStAE). Dies kann bei geringwertigen Werbeträgern (z.B. Kugelschreiber, Feuerzeuge, Kalender usw.) unterstellt werden (Abschn. 3.3 Abs. 11 Satz 3 UStAE).

Die **Freigrenze von 35 Euro** ist für Umsatzsteuerzwecke auf das **Kalenderjahr** zu beziehen. Bei der Überprüfung des Überschreitens der **35-Euro-Freigrenze** sind **Geldgeschenke einzubeziehen** (Abschn. 15.6 Abs. 4 Satz 4 UStAE). Bei der Zusammenfassung von Sach- und Geldgeschenken unterliegen jedoch **nur** die **Sachgeschenke** der Umsatzsteuer.

Werden Gegenstände **über 35 Euro** netto **direkt als Geschenke gekauft**, ist der **Vorsteuerabzug** nach § 15 Abs. 1a **ausgeschlossen**, sodass eine **Umsatzbesteuerung** der Abgabe dieser Geschenke **entfällt**. Der Umsatz ist dann nicht steuerbar (§ 3 Abs. 1b Satz 2).

Wird die Freigrenze von 35 Euro durch **Geschenke aus dem Warensortiment** überschritten, muss der Unternehmer den ursprünglich vorgenommenen **Vorsteuerabzug berichtigen** (Abschn. 15.6 Abs. 5 Satz 2 UStAE und § 17 Abs. 2 Nr. 5). Der Umsatz ist aufgrund des fehlenden Vorsteuerabzugs dann ebenfalls nicht steuerbar (§ 3 Abs. 1b Satz 2).

Für die Abgrenzung der Geschenke von anderen Zuwendungen gelten die einkommensteuerrechtlichen Grundsätze (vgl. R 4.10 Abs. 4 EStR 2012; Abschn. 15.6 Abs. 4 Satz 5 UStAE).

BEISPIEL

Der Buchhändler Willi Weiler, Bonn, hat im Kalenderjahr 2018 einem Kunden ein Sachgeschenk (Buch) im Wert von 24 € und ein Geldgeschenk von 30 € gemacht.

Da die Freigrenze von 35 € überschritten ist (Gesamtwert der Geschenke: 54 €), entfällt der Vorsteuerabzug nachträglich. Weiler hat eine **Vorsteuerberichtigung** von **1,57 €** (24 € : 1,07 = 22,43 €; 22,43 € x 7 % = 1,57 €) auf das Buch vorzunehmen (§ 17 Abs. 2 **Nr. 5**). Der Vorgang ist nicht steuerbar.

§ 3 Abs. 1b Satz 1 Nr. 3 dürfte bei Geschenken insbesondere dann **praktische Bedeutung** erlangen, wenn der Unternehmer Gegenstände aus seinem **Produktionsprogramm** (Gegenstände, die **selbst hergestellt** worden sind) verschenkt und die Freigrenze von 35 Euro überschritten wird.

BEISPIEL

Möbelhersteller M **verlost** im August 2018 im Rahmen eines Preisausschreibens zu Werbezwecken einen **Wohnzimmerschrank** im Wert von 2.000 € netto (Selbstkosten). Beim Kauf der verarbeiteten Rohstoffe hat der Möbelhersteller die volle Vorsteuer abgesetzt.

Die unentgeltliche Abgabe des Schrankes ist eine **steuerbare unentgeltliche Lieferung**, weil alle Voraussetzungen des § 1 Abs. 1 **Nr. 1** i.V.m. § 3 Abs. 1b Satz 1 **Nr. 3 + Satz 2** erfüllt sind.

Warenmuster werden unentgeltlich als Probeexemplar abgegeben, um potenzielle Käufer von der Beschaffenheit der Ware zu überzeugen und zum Kauf anzuregen (Verkaufsförderung/ sales promotion). Eine derartige Zuwendung **unterliegt unabhängig von ihrem Wert nicht der Steuerbarkeit** (Abschn. 3.3 Abs. 13 Satz 1 UStAE).

> ÜBUNG → 1. Wiederholungsfragen 1 bis 14 (Seite 190),
> 2. Fall 1 (Seite 190 f.)

Die buchmäßige Darstellung der **unentgeltlichen Lieferungen** erfolgt im Abschnitt 8.2.2.2.1 der **Buchführung 1**, 30. Auflage 2018, Seiten 373 ff.

3.2 Unentgeltliche sonstige Leistungen

Nach § 3 Abs. 9a werden **zwei Arten** von Tatbeständen, die **unentgeltlich** erfolgen, aber den **sonstigen Leistungen** gegen Entgelt gleichgestellt sind, unterschieden **(unentgeltliche sonstige Leistungen)**:

1. **private Nutzung betrieblicher Gegenstände** (§ 3 Abs. 9a **Nr. 1** UStG) und
2. **andere unentgeltlich sonstige Leistungen** (§ 3 Abs. 9a **Nr. 2** UStG).

3.2.1 Private Nutzung betrieblicher Gegenstände

Die **private Nutzung betrieblicher Gegenstände** ist nach § 1 Abs. 1 **Nr. 1** i. V. m. § 3 **Abs. 9a Nr. 1 steuerbar**, wenn folgende **Tatbestandsmerkmale** vorliegen:

1. Verwendung eines **dem Unternehmen zugeordneten Gegenstandes**,
2. der zum vollen oder teilweisen **Vorsteuerabzug berechtigt** hat,
3. durch einen **Unternehmer oder** sein **Personal**, sofern **keine Aufmerksamkeiten** vorliegen,
4. im **Inland**,
5. für **Zwecke außerhalb des Unternehmens**.

Die nach § 3 Abs. 9a Nr. 1 einer steuerbaren sonstigen Leistung gleichgestellte **private Nutzung** eines betrieblichen Gegenstandes aus dem Unternehmen setzt die **Zugehörigkeit** des Gegenstandes **zum Unternehmen** voraus.

> Einzelheiten zur **Zuordnung von Leistungen zum Unternehmen** erfolgten im Abschnitt 3, Seite 174 f.

Die **private** Nutzung betrieblicher Gegenstände ist in der Praxis vor allem in folgenden Fällen bedeutsam:

1. private Nutzung von betrieblichen **Räumen**,
2. private Nutzung betrieblicher **Fahrzeuge** durch den **Unternehmer**,
3. private Nutzung betrieblicher **Telekommunikationsgeräte** durch den **Unternehmer**,
4. private Nutzung **betrieblicher Gegenstände** durch das **Personal**.

zu 1. private Nutzung von betrieblichen Räumen

Bis 31.12.2010 konnte der vorsteuerabzugsberechtigte Unternehmer eine gemischt genutzte Immobilie vollständig dem Unternehmensvermögen zuordnen und damit den **Vorsteuerabzug in voller Höhe** geltend machen. Der **nichtunternehmerische Anteil** unterlag als unentgeltliche Wertabgabe nach § 3 Abs. 9a Nr. 1 UStG a. F. der **Umsatzsteuer** (sog. **Seeling-Modell**). Diese „Altobjekte" unterliegen weiterhin der Umsatzbesteuerung.

BEISPIEL

Rechtsanwalt U, Köln, hat in 2010 ein Gebäude für 1.000.000 € + 190.000 € USt = 1.190.000 € hergestellt (sog. „**Altobjekt**"). Er hat das Gebäude insgesamt seinem Unternehmen zugeordnet. Er nutzt das Betriebsgebäude zu 50 % unternehmerisch und zu 50 % für nichtunternehmerische (private) Wohnzwecke.

Eingangsseite		Ausgangsseite
voller Vorsteuerabzug	50 % private Nutzung 50 % unternehmerische Nutzung	**steuerbare** unentgeltliche Wertabgabe

U konnte **190.000 €** als **Vorsteuer** nach § 15 **Abs. 1** UStG abziehen. Die private Nutzung ist auch in 2018 als **unentgeltliche sonstige Leistung** (unentgeltliche Wertabgabe) nach § 1 Abs. 1 **Nr. 1** i. V. m. **§ 3 Abs. 9a Nr. 1** UStG a. F. **steuerbar**. Die Anwendung der Steuerbefreiung nach § 4 Nr. 12 UStG kommt für die steuerbare unentgeltliche Wertabgabe **nicht** in Betracht, sodass die unentgeltliche Leistung auch in 2018 **steuerpflichtig** ist und der **Umsatzsteuer** unterliegt.

Seit 01.01.2011 bleibt das Zuordnungswahlrecht des Unternehmers erhalten, jedoch ist nach § 15 **Abs. 1b** UStG der **Vorsteuerabzug ausgeschlossen**, soweit er auf die nichtunternehmerische (private) Nutzung entfällt. Aufgrund des nicht vorhandenen Vorsteuerabzugs **entfällt** die **Wertabgabenbesteuerung** nach § 3 Nr. 9a Nr. 1 UStG. Nutzungsentnahmen, die unter das neue Recht fallen, sind nicht steuerbar (Abschn. 3.4 Abs. 7 Satz 2 UStAE).

BEISPIEL

Sachverhalt wie zuvor mit dem Unterschied, dass U den Bauantrag für das gemischt genutzte Gebäude **in 2011** gestellt hat (sog. „**Neuobjekt**").

Eingangsseite		Ausgangsseite
eingeschränkter Vorsteuerabzug	50 % private Nutzung 50 % unternehmerische Nutzung	**keine** unentgeltliche Wertabgabe

U kann als Vorsteuer nur noch **95.000 €** (50 % von 190.000 €) für den unternehmerisch genutzten Anteil abziehen (§ 15 **Abs. 1b** UStG). Aufgrund des eingeschränkten Vorsteuerabzugs entfällt insoweit für die private Nutzung die Besteuerung nach § 3 Nr. 9a Nr. 1 UStG.

§ 3 Abs. 9a Nr. 1 UStG ist hinsichtlich der privaten Nutzung betrieblicher Grundstücke und Gebäude nur noch auf **Altfälle** anwendbar.

Mit Urteil vom 09.06.2016 hat der Europäische Gerichtshof entschieden, dass bei einer gemischt genutzten Immobilie grundsätzlich die Eingangsleistungen den bezweckten Ausgangsleistungen zugeordnet werden sollen, um den korrekten Vorsteuerabzug zu ermitteln. Falls dies nicht möglich sein sollte, kann auf der Basis des Gesamtumsatzschlüssels oder des eventuell präziseren Flächenschlüssels die Vorsteueraufteilung vorgenommen werden.

Der Bundesfinanzhof hat in seinem Urteil vom 10.07.2016 in Bezug auf das Urteil des Europäischen Gerichtshofes vom 09.06.2016 festgelegt, wann der Umsatzschlüssel und wann der Flächenschlüssel zur Ermittlung des korrekten Vorsteuerabzugs anzuwenden ist.

zu 2. private Nutzung betrieblicher Fahrzeuge durch den Unternehmer

In den letzten Jahren haben sich der Vorsteuerabzug und die Besteuerung der Privatnutzung bei gemischt genutzten Fahrzeugen mehrfach geändert. Zuletzt wurden die umsatzsteuerlichen Grundsätze durch das BMF-Schreiben vom 05.06.2014 (abrufbar unter www.bmfschreiben.de) unter Berücksichtigung von Sonderregeln für Elektrofahrzeuge und extern aufladbare Hybridelektrofahrzeuge geändert. Der dazugehörige Abschnitt 15.23 wurde daraufhin in den UStAE eingefügt.

Wurde ein Fahrzeug für das Unternehmen angeschafft, hergestellt, eingeführt oder innergemeinschaftlich erworben **und** wird es von dem Unternehmer **sowohl unternehmerisch (mind. 10%) als auch für** nichtunternehmerische **(private) Zwecke genutzt,** handelt es sich um ein sogenanntes **gemischt genutztes Fahrzeug**.

Ordnet der Unternehmer das gemischt genutzte Fahrzeug als einheitlichen Gegenstand **seinem Unternehmen voll zu (Zuordnungswahlrecht)**, kann er beim Einkauf die **Vorsteuer** in voller Höhe **(zu 100%)** abziehen. Aus Vereinfachungsgründen kann im Falle der vollständigen Zuordnung zum Unternehmen **auch die Vorsteuer aus Aufwendungen**, die im Zusammenhang mit der Nutzung des Pkws entstanden sind (Inspektion, Benzin), **in voller Höhe** abgezogen werden (Abschn. 15.2c Abs. 2 Satz 6 UStAE). Diese Aufwendungen unterliegen ansonsten dem Aufteilungsgebot, wonach die Vorsteuer nur in Höhe der unternehmerischen Nutzung abgezogen werden könnte (Abschn. 15.2c Abs. 2 Satz 1 Nr. 1 UStAE).

Wird das gemischt genutzte Fahrzeug dem Unternehmen **vollständig** zugeordnet, ist die nichtunternehmerische **(private) Nutzung** als unentgeltliche sonstige Leistung **(unentgeltliche Wertabgabe)** nach **§ 3 Abs. 9a Nr. 1** der **Umsatzsteuer** zu unterwerfen.

Als **Bemessungsgrundlage** sind dabei nach § 10 Abs. 4 Satz 1 Nr. 2 die **Ausgaben** anzusetzen, soweit sie zum vollen oder teilweisen Vorsteuerabzug berechtigt haben.

Die **Ermittlung der Ausgaben**, die auf die private Nutzung eines dem Unternehmen zugeordneten Fahrzeugs entfallen, orientiert sich grundsätzlich an der **ertragsteuerlichen Vorgehensweise**. Entsprechend hat der Unternehmer die Wahl zwischen drei Möglichkeiten:

- **Fahrtenbuchregelung**,
- **1%-Regelung** oder
- **Schätzung**.

Die **1%-Regelung** kann nur in Anspruch genommen werden, wenn das Fahrzeug zu **mehr als 50%** für das Unternehmen genutzt wird (§ 6 Abs. 1 Nr. 4 Satz 2 EStG). Im **Gegensatz** zur ertragsteuerlichen Behandlung (§ 6 Abs. 1 Nr. 4 EStG) erfolgen für umsatzsteuerliche Zwecke **keine Kürzungen** der Bemessungsgrundlage für **Elektro- und Hybridelektrofahrzeuge**.

C. Umsatzsteuer

BEISPIEL

Zum Unternehmensvermögen des Unternehmers U, Hamburg, gehört ein Pkw, der auch für private Zwecke genutzt wird. Die unternehmerische Nutzung beträgt 80 %. U hat den Pkw am 08.08.2018 für 59.500 € (50.000 € + 9.500 € USt) gekauft und vollständig seinem Unternehmen zugeordnet.

Es handelt sich um ein **gemischt genutztes Fahrzeug**. U kann beim Einkauf den Vorsteuerabzug in voller Höhe von 9.500 € in Anspruch nehmen und gemäß der Vereinfachungsregelung des Abschn. 15.2c Abs. 2 Satz 6 UStAE aus den laufenden Kosten den vollen Vorsteuerabzug geltend machen.

Im Gegenzug ist der private Nutzungsanteil als unentgeltliche sonstige Leistung (unentgeltliche Wertabgabe) nach § 1 Abs. 1 Nr. 1 i.V.m. § 3 Abs. 9a Nr. 1 UStG der Umsatzsteuer zu unterwerfen. U kann den privaten Nutzungsanteil (= BMG) mithilfe der Fahrtenbuchregelung oder der 1 %-Regelung ermitteln.

 Einzelheiten zur **Bemessungsgrundlage gemischt genutzter Fahrzeuge** erfolgen im Abschnitt 8.2.2.1.2, Seite 299 ff.

zu 3. private Nutzung betrieblicher Telekommunikationsgeräte durch den Unternehmer

Kauft ein Unternehmer **Telekommunikationsgeräte** (z. B. Telefonanlagen nebst Zubehör, Faxgeräte, Mobilfunkeinrichtungen) für sein Unternehmen, kann er die auf diese **Anschaffungskosten** entfallende **Vorsteuer** unter den Voraussetzungen des § 15 in **voller Höhe** absetzen (Abschn. 3.4 Abs. 4 **Satz 1** UStAE).

Die unternehmensfremde **(private) Nutzung dieser gekauften Geräte** unterliegt dann nach § 3 **Abs. 9a Nr. 1** der **Umsatzsteuer** (Abschn. 3.4 Abs. 4 **Satz 2** UStAE). **Bemessungsgrundlage** sind die auf 5 Jahre verteilten **anteiligen Anschaffungskosten** (§ 10 Abs. 4 Satz 1 Nr. 2 i.V.m. § 15a Abs. 1; Abschn. 10.6 Abs. 3 Satz 3 UStAE).

BEISPIEL

Der Kölner Unternehmer U hat im **Juni 2018** für sein Unternehmen eine neue Telefonanlage, die zum Vorsteuerabzug berechtigte, **gekauft**. Er nutzt die betriebliche Telefonanlage auch für private Zwecke.

Die **Privatnutzung** der Telefonanlage ist **bezüglich der Anschaffungskosten** eine steuerbare **unentgeltliche sonstige Leistung**, weil alle Voraussetzungen des § 1 Abs. 1 **Nr. 1** i.V.m. § 3 **Abs. 9a Nr. 1** vorliegen.

Bei **laufenden Telefonkosten** (z. B. Miete, Grund- und Gesprächsgebühren) liegen **keine unentgeltlichen sonstigen Leistungen** vor (Abschn. 3.4 Abs. 4 **Satz 4** UStAE).

Telefonleistung bezieht ein Unternehmer nur insoweit für sein Unternehmen, als er das Telefon **unternehmerisch** nutzt. Aus diesem Grunde ist die **Vorsteuer** der laufenden Kosten in einen abziehbaren (unternehmerischen) und einen nicht abziehbaren (privaten) Anteil **aufzuteilen** (Abschn. 3.4 Abs. 4 **Satz 5** UStAE, Aufteilungsgebot). Der **fehlende Vorsteuerabzug** des privaten Nutzungsanteils bewirkt, dass die **Steuerbarkeit** bezüglich der laufenden Telefonkosten **entfällt**.

BEISPIEL

Der Bonner Unternehmer U benutzt sein **gemietetes** Geschäftstelefon zu **80 %** für unternehmerische und zu **20 %** für private Zwecke. Die gesamten **laufenden Telefonkosten** (Miete, Grund- und Gesprächsgebühren) haben im Kalenderjahr **5.000 €** betragen.

Die anteiligen **privaten Telefonkosten** von **1.000 €** (20 % von 5.000 €) stellen **keine steuerbaren** unentgeltlichen sonstigen **Leistungen** i. S. d. § 3 **Abs. 9a Nr. 1** dar. Die auf die anteiligen **privaten Telefonkosten** entfallenden **Vorsteuerbeträge** in Höhe von **190 €** (19 % von 1.000 €) sind **nicht abziehbar** (Abschn. 3.4 Abs. 4 **Satz 5** UStAE).

zu 4. private Nutzung betrieblicher Gegenstände durch das Personal

Die private Nutzung betrieblicher Gegenstände für den privaten Bedarf des Personals setzt voraus, dass der Gegenstand oder seine Bestandteile zumindest zu einem teilweisen **Vorsteuerabzug** berechtigt haben (Abschn. 1.8 Abs. 2 Satz 6 UStAE).

Die **kostenlose Nutzung von Unternehmensgegenständen durch das Personal** wie Baumaschinen, Telekommunikationsanlagen, Ferienwohnungen usw. wird als **unentgeltliche sonstige Leistungen** (unentgeltliche Wertabgaben) nach **§ 3 Abs. 9a Nr. 1** besteuert.

Von einer **unentgeltlichen** Überlassung von Kraftfahrzeugen an das Personal kann ausnahmsweise ausgegangen werden, wenn die private Nutzung **gering** (aus besonderem Anlass **oder** an nicht mehr als fünf Tagen im Monat) ist (Abschn. 15.23 Abs. 12 Satz 2 UStAE). Regelmäßig handelt es sich allerdings nicht um eine unentgeltliche Wertabgabe, sondern vielmehr um einen **tauschähnlichen Umsatz, d. h. eine entgeltliche** sonstige Leistung im Rahmen des Arbeitsverhältnisses (Abschn. 15.23 Abs. 8 ff. UStAE).

3.2.2 Andere unentgeltliche sonstige Leistungen

Die Erbringung einer **anderen unentgeltlichen sonstigen Leistung** ist nach § 1 Abs. 1 **Nr. 1** i. V. m. § 3 **Abs. 9a Nr. 2 steuerbar**, wenn folgende **Tatbestandsmerkmale** vorliegen:

1. **unentgeltliche Erbringung einer sonstigen Leistung**,
2. durch den **Unternehmer oder** sein **Personal**, sofern **keine Aufmerksamkeiten** vorliegen,
3. im **Inland**,
4. für **Zwecke außerhalb des Unternehmens**.

Fehlt eines dieser **Tatbestandsmerkmale**, so liegt **keine** steuerbare unentgeltliche sonstige Leistung i. S. d. § 1 Abs. 1 **Nr. 1** i. V. m. § 3 **Abs. 9a Nr. 2** vor. Der volle oder teilweise **Vorsteuerabzug** stellt **kein Tatbestandsmerkmal** dar.

Unentgeltliche Dienstleistungen für Privatzwecke des Unternehmers

Zu den **unentgeltlichen sonstigen Leistungen** i. S. d. § 3 **Abs. 9a Nr. 2** gehören insbesondere unentgeltliche Dienstleistungen durch den **Einsatz von Betriebspersonal** für unternehmensfremde (private) Zwecke zulasten des Unternehmens (Abschn. 3.4 Abs. 5 UStAE).

> **BEISPIEL**
>
> Steuerberater U, Mainz, lässt durch seinen Mitarbeiter Mathias Meister während der Geschäftszeit seinen Jagdhund ausführen.
>
> Es liegt eine steuerbare **unentgeltliche sonstige Leistung** vor, weil alle Voraussetzungen des § 1 Abs. 1 **Nr. 1** i. V. m. § 3 **Abs. 9a Nr. 2** erfüllt sind. Bemessungsgrundlage sind die entstandenen Personalaufwendungen (§ 10 Abs. 4 Satz 1 Nr. 3).

Unentgeltliche Dienstleistungen für Privatzwecke des Personals

Zu den **anderen unentgeltlichen sonstigen Leistungen** gehören **nicht nur** die **reinen Dienstleistungen** (z.B. der Einsatz von Betriebspersonal im Haushalt des Unternehmers), sondern **auch** die **Verwendung von Unternehmensgegenständen** für private Zwecke, **wenn** dabei der **Dienstleistungsanteil** eine **große Rolle spielt** (so die Begründung des Gesetzesentwurfs – BT-Drucksache 14/23, Seite 196).

> **BEISPIEL**
>
> Der Unternehmer U, Köln, **überlässt** einem **Arbeitnehmer** ohne besonders berechnetes Entgelt einen **Betriebs-Pkw nebst Fahrer** für seine einwöchige **Hochzeitsreise**.
>
> Es liegt eine steuerbare **unentgeltliche sonstige Leistung** vor, weil alle Voraussetzungen des § 1 Abs. 1 **Nr. 1** i.V.m. § 3 **Abs. 9a Nr. 2** erfüllt sind.

Keine steuerbaren Umsätze sind **Aufmerksamkeiten** und **Leistungen**, die **überwiegend durch das betriebliche Interesse des Arbeitgebers veranlasst** sind, z.B. Leistungen zur Verbesserung der Arbeitsbedingungen, betriebliche Fort- und Weiterbildungsleistungen, das Zurverfügungstellen von Parkplätzen auf dem Betriebsgelände usw. (vgl. hierzu Abschn. 1.8 Abs. 4 Satz 3 UStAE).

1. Wiederholungsfragen 15 bis 21 (Seite 190),
2. Fall 2 (Seite 191 f.)

Die buchmäßige Darstellung der **unentgeltlichen sonstigen Leistungen** erfolgt in der **Buchführung 1**, 30. Auflage 2018.

3.3 Zusammenfassung und Erfolgskontrolle

3.3.1 Zusammenfassung

Im Schaubild auf der folgenden Seite werden die **steuerbaren unentgeltlichen Leistungen** nochmals zusammengestellt.

Steuerbare Umsätze

3. **Steuerbare unentgeltliche Leistungen** (§ 1 Abs. 1 **Nr. 1** UStG)
   ### 3.1 Unentgeltliche Lieferungen (§ 3 **Abs. 1b** UStG)
   #### 3.1.1 Entnahme von Gegenständen
   1. **Entnahme eines Gegenstandes**,
   2. durch einen **Unternehmer**,
   3. aus seinem **Unternehmen**,
   4. im **Inland**,
   5. für **Zwecke außerhalb seines Unternehmens**,
   6. wenn der Gegenstand oder seine Bestandteile **zum** vollen oder teilweisen **Vorsteuerabzug berechtigt** haben

   #### 3.1.2 Sachzuwendungen an das Personal
   1. **unentgeltliche Zuwendung eines Gegenstandes**,
   2. durch einen **Unternehmer**,
   3. aus seinem **Unternehmen**,
   4. im **Inland**,
   5. an sein **Personal für dessen privaten Bedarf**, sofern **keine Aufmerksamkeiten** vorliegen,
   6. wenn der Gegenstand oder seine Bestandteile **zum** vollen oder teilweisen **Vorsteuerabzug berechtigt** haben

   #### 3.1.3 Andere unentgeltliche Zuwendungen
   1. **andere unentgeltliche Zuwendungen eines Gegenstandes**, ausgenommen Geschenke von geringem Wert und Warenmuster
   2. durch einen **Unternehmer**,
   3. aus seinem **Unternehmen**,
   4. im **Inland**,
   5. für **Zwecke des Unternehmens**,
   6. wenn der Gegenstand oder seine Bestandteile **zum** vollen oder teilweisen **Vorsteuerabzug berechtigt** haben

   ### 3.2 Unentgeltliche sonstige Leistungen (§ 3 **Abs. 9a** UStG)
   #### 3.2.1 Private Nutzung betrieblicher Gegenstände
   1. Verwendung eines **dem Unternehmen zugeordneten Gegenstandes**,
   2. der zum vollen oder teilweisen **Vorsteuerabzug berechtigt** hat,
   3. durch einen **Unternehmer** oder sein **Personal**, sofern **keine Aufmerksamkeiten** vorliegen,
   4. im **Inland**,
   5. für **Zwecke außerhalb des Unternehmens**

   #### 3.2.2 Andere unentgeltliche sonstige Leistungen
   1. **unentgeltliche Erbringung einer sonstigen Leistung**,
   2. durch einen **Unternehmer** oder sein **Personal**, sofern **keine Aufmerksamkeiten** vorliegen,
   3. im **Inland**,
   4. für **Zwecke außerhalb des Unternehmens**

3.3.2 Erfolgskontrolle

WIEDERHOLUNGSFRAGEN

1. Welches Ziel wird mit der Besteuerung unentgeltlicher Wertabgaben verfolgt?
2. Welche Voraussetzung besteht für die Besteuerung der unentgeltlichen Wertabgaben?
3. In welchen Fällen besteht ein Zuordnungsverbot für eine Leistung?
4. In welchen Fällen besteht ein Zuordnungsgebot für eine Leistung?
5. In welchen Fällen besteht ein Zuordnungswahlrecht für eine Leistung?
6. Für welche Sachverhalte besteht ein Aufteilungsgebot?
7. Welche drei Umsatzarten sind nach § 3 Abs. 1b UStG zu unterscheiden?
8. Unter welchen Voraussetzungen ist die Entnahme eines Gegenstandes eine unentgeltliche Lieferung?
9. Bei welchen Entnahmen liegt umsatzsteuerlich keine steuerbare Gegenstandsentnahme vor?
10. Unter welchen Voraussetzungen ist die Sachzuwendung an das Personal nach § 3 Abs. 1b Satz 1 Nr. 2 UStG eine steuerbare unentgeltliche Lieferung?
11. Welche unentgeltlichen Wertabgaben gehören zu den Aufmerksamkeiten?
12. Welche Umsätze sind nach § 1 Abs. 1 Nr. 1 i. V. m. § 3 Abs. 1b UStG nicht steuerbar?
13. Unter welchen Voraussetzungen sind andere unentgeltliche Zuwendungen nach § 3 Abs. 1b Satz 1 Nr. 3 UStG steuerbare unentgeltliche Lieferungen?
14. Welche unentgeltlichen Wertabgaben gehören z. B. zu den anderen unentgeltlichen Zuwendungen?
15. Welche zwei Umsatzarten sind nach § 3 Abs. 9a UStG zu unterscheiden?
16. Unter welchen Voraussetzungen ist die private Nutzung betrieblicher Gegenstände nach § 3 Abs. 9a Nr. 1 UStG eine steuerbare unentgeltliche sonstige Leistung?
17. In welchem Fall gilt § 3 Abs. 9a Nr. 1 UStG nicht?
18. In welchem Fall ist die private Nutzung von Räumen in einem dem Unternehmen zugeordneten Gebäude für Zwecke außerhalb des Unternehmens nicht steuerbar?
19. Was versteht man unter einem gemischt genutzten Fahrzeug?
20. Wie werden gemischt genutzte Fahrzeuge umsatzsteuerlich behandelt?
21. Unter welchen Voraussetzungen sind andere unentgeltliche sonstige Leistungen nach § 3 Abs. 9a Nr. 2 UStG steuerbare unentgeltliche sonstige Leistungen?

FÄLLE

Prüfen und begründen Sie bei den Sachverhalten 1 bis 8 die **Steuerbarkeit** der erbrachten Leistung.

Hinweis:

Gehen Sie bei Ihrer Lösung davon aus, dass alle Tatbestandsvoraussetzungen, die im Fall nicht explizit genannt werden, als erfüllt anzusehen sind.

1. Buchhändler Schneider, Bonn, entnimmt seinem Warensortiment am 21.12.2018 ein Kochbuch. Am 24.12.2018 schenkt er dieses Buch seiner Tochter zu Weihnachten. Herr Schröder hatte das Kochbuch im November 2018 von einem Buchgroßhändler für netto 20 € für sein Unternehmen bezogen.
2. Gebrauchtwagenhändler Brenner, Passau, entnimmt seinem Unternehmen im August 2018 einen Gebrauchtwagen, den er im Juli 2018 für 9.500 € von der Rentnerin Eva Kaiser erworben hatte. Herr Brenner schenkt diesen Wagen seinem Sohn zur bestandenen Führerscheinprüfung.

3. Buchhändler Schröder, Düsseldorf, entnimmt seinem Warensortiment im November 2018 ein Kochbuch, um es seiner Mitarbeiterin zum 40. Geburtstag zu schenken. Herr Schröder hatte das Kochbuch im November 2018 von einem Buchgroßhändler für netto 20 € für sein Unternehmen bezogen.
4. Die Autohaus-GmbH, Köln, schenkt im August 2018 der Aktion Sorgenkind einen neuen VW-Transporter im Wert von netto 30.000 €. Der Transporter trägt die Anschrift und das Werbezeichen des Autohauses.
5. Lebensmittelhändler Lehmann, Karlsruhe, schenkt seiner Mitarbeiterin Herta Wagner zum 60. Geburtstag einen Präsentkorb, der mit Lebensmitteln aus dem Warensortiment im Einkaufswert von netto 70 € gefüllt ist.
6. Buchhändler Schröder, Düsseldorf, entnimmt seinem Warensortiment im Dezember 2018 ein Kunstlexikon, um es einem sehr guten Kunden zum 70. Geburtstag zu schenken. Herr Schröder hatte das Kunstlexikon im November 2018 von einem Buchgroßhändler für netto 75 € für sein Unternehmen bezogen.
7. Bekleidungshersteller Hermann, Chemnitz, überlässt Textilgroßhändler Reimer, Köln, ein Warenmuster im Wert von netto 40 € ohne besondere Berechnung.
8. Computerfachhändler Hein, Ulm, erwirbt im Mai 2018 von der Auszubildenden Verena Sturm, Ulm, einen gebrauchten PC für 200 € zum Weiterverkauf in seinem Geschäft. Im Juni 2018 erhöht Hein durch Einbau eines neuen Bauteils die Leistungsfähigkeit des PC. Das verwendete Bauteil hat Hein im Juni 2018 von einem Zubehörgroßhändler aus Hamburg für netto 50 € bezogen. Den „aufgerüsteten" PC bietet Hein in seinem Geschäft zum Verkauf an. Im Juli 2018 entnimmt Hein diesen PC und schenkt ihn seiner Tochter zum 12. Geburtstag.
9. Buchhändler Schröder, Düsseldorf, erwirbt im Dezember 2018 ein DVD-Set für netto 50 €, das er einer Mitarbeiterin zu Weihnachten schenken möchte. Am letzten Arbeitstag im Dezember 2018 überreicht Herr Schröder seiner Mitarbeiterin das für diesen Zweck erworbene Weihnachtsgeschenk.

FALL 2

Prüfen und begründen Sie bei den Sachverhalten 1 bis 7 die **Steuerbarkeit** der erbrachten Leistung.

Hinweis:

Gehen Sie bei Ihrer Lösung davon aus, dass alle Tatbestandsvoraussetzungen, die im Fall nicht explizit genannt werden, als erfüllt anzusehen sind.

1. Computerfachhändler Hein, Ulm, nutzt einen im Januar 2018 vom Kfz-Händler Muscheid, Neu-Ulm, für sein Unternehmen erworbenen Neuwagen zu 40 % für private Zwecke.
2. Ein Außendienstmitarbeiter des Computerfachhändlers Hein, Ulm, darf laut Arbeitsvertrag den speziell für den Außendienst angeschafften Firmenwagen auch für private Zwecke ohne besonders berechnetes Entgelt nutzen. Der zur Verfügung gestellte Firmenwagen wurde im Mai 2018 von Kfz-Händler Muscheid, Neu-Ulm, als Neuwagen erworben.
3. Der Computerfachhändler Hein, Ulm, verwendet den seinem Unternehmen zugeordneten Computer, für den ein Recht auf Vorsteuerabzug bestand, auch für private Zwecke. Bei der Anschaffung des Computers hat Hein den vollen Vorsteuerbetrag abgezogen.

C. Umsatzsteuer

4. Buchhändler Schröder, Düsseldorf, nutzt die betriebliche Telefonanlage zu 20 % für private Zwecke. Die Telefonanlage wurde im Januar 2018 bei einem Fachhändler gekauft. Die laufenden Gesprächskosten (Grundgebühr und Gesprächsgebühren) des Monats Juli 2018 betragen insgesamt netto 1.600 €.

5. Buchhändler Schröder, Düsseldorf, ist Eigentümer eines 2018 errichteten Gebäudes (Bauantrag Januar 2018). Im Erdgeschoss und im ersten Obergeschoss betreibt Herr Schröder seine Buchhandlung. Im zweiten Obergeschoss wohnt Familie Schröder. Das gesamte Gebäude hat Herr Schröder seinem Unternehmen zugeordnet und die während der Bauphase angefallene Vorsteuer – soweit möglich – in Abzug gebracht. Für die Nutzung der Privatwohnung entrichtet Familie Schröder kein Entgelt. Die Privatwohnung wird zweimal wöchentlich von einer Mitarbeiterin der Buchhandlung während ihrer regulären Arbeitszeit geputzt.

6. Bauunternehmer Willi Bündgen, Stuttgart, beschäftigt einen seiner Bauarbeiter in seinem selbstgenutzten Einfamilienhaus mit kleineren Schönheitsreparaturen. Der anteilige Arbeitslohn des Bauarbeiters für diese Zeit beträgt 420 €.

7. Dr. Leonard Paul betreibt seit Jahren in gemieteten Räumen in Düsseldorf eine mittelständische Steuerberatungskanzlei. Anfang des Jahres 2018 fasst Herr Dr. Paul den Entschluss, die Kanzlei in eigene Räume nach Köln zu verlagern.
Am 01.03.2018 (Übergang von Besitz, Nutzen und Lasten) erwirbt er in Köln ein bebautes Grundstück zum Kaufpreis von 900.000 € + USt. Er ordnet das gesamte Gebäude seinem Unternehmen zu. Im 220 qm großen Erdgeschoss und im 110 qm großen Obergeschoss des Gebäudes betreibt Herr Dr. Paul seine Steuerberatungskanzlei. Im Dachgeschoss befindet sich die 110 qm große Wohnung, die er seit 01.03.2018 zusammen mit seiner Frau bewohnt. Im notariellen Kaufvertrag wurde auf die Steuerbefreiung verzichtet (§ 9 Abs. 1 i. V. m. Abs. 3 UStG).
In seiner Umsatzsteuer-Voranmeldung März 2018 macht Herr Dr. Paul die maximal möglichen Vorsteuerbeträge geltend.

Zusammenfassende Erfolgskontrolle zum 1. bis 3. Kapitel

Prüfen Sie, ob folgende Umsätze für den Unternehmer U im Inland **steuerbar** oder **nicht steuerbar** sind. Verwenden Sie dabei die Lösungstabelle von Seite 173 und tragen Sie die Entgelte in die beiden letzten Spalten ein.

1. Textilhändler U, Bonn, entnimmt aus seinem Geschäft einen Wintermantel im Wert von netto 800 € und schenkt den Mantel seiner Ehefrau zu Weihnachten.
2. Ein Gesellschafter der U-OHG, Bonn, benutzt einen dem Unternehmen gehörenden Pkw unentgeltlich für Privatfahrten. Die Bemessungsgrundlage beträgt 300 €. Die OHG hat aus den Anschaffungskosten und den laufenden Pkw-Kosten dieses Fahrzeugs 100 % der Vorsteuerbeträge abgezogen.
3. Unternehmer U, München, vermietet an einen Unternehmer in der Schweiz eine Glasvitrine für 1.500 €, die dieser für eine Ausstellung in Zürich benötigt (Hinweis: § 3a Abs. 2 UStG).
4. Unternehmer U, Bonn, repariert in seiner Werkstatt den Pkw des Kunden A. U verwendet dabei Nebenstoffe (Entgeltanteil hierfür: 100 €) aus seinem Ersatzteillager. Für die Reparatur berechnet er A netto 300 €.
5. Bauunternehmer U, Köln, errichtet auf dem Grundstück des Bauherrn A in dessen Auftrag den Rohbau eines Zweifamilienhauses für netto 100.000 €. Das Baumaterial entnimmt U seinem Lager.
6. Buchhändler U, Koblenz, erhält von einem Verlag 20 Bücher als Kommissionsware. U verkauft 15 dieser Bücher für netto 15 € je Buch. Die restlichen Bücher schickt U an den Verlag zurück.
7. Unternehmer U, Düsseldorf, überlässt seinem Prokuristen zum Abstellen seiner privaten Segeljacht das ganze Jahr über kostenlos einen Teil der betrieblichen Werkshalle. Die dabei entstanden Ausgaben (z. B. anteilige Abschreibungen), die zum Vorsteuerabzug berechtigt haben, betragen 600 €.
8. Unternehmer U verkauft in seinem Geschäft in Rom ein Fahrrad an den deutschen privaten Endabnehmer A für netto 500 €.
9. Zahnarzt U, der in München seine Praxis hat, erhält für die Behandlung eines Patienten kein Entgelt. Die ärztliche Leistung entspricht einem Wert von netto 200 €.
10. Steuerberater U, Dortmund, erzielt Einnahmen aus dem Verkauf seines betrieblichen Pkws in Höhe von 5.950 € (5.000 € + 950 € USt).
11. Unternehmer U verkauft im Namen und für Rechnung der Firma X, Ulm, Staubsauger an Privathaushalte in der Bundesrepublik. U erhält für seine Tätigkeit eine Provision in Höhe von netto 5.000 €.
12. Unternehmer U, Mainz, verkauft im eigenen Namen für fremde Rechnung eine Waschmaschine an den Kunden A für netto 400 €.
13. Steuerberater U, Frankfurt, schenkt seiner Auszubildenden zum Geburtstag einen Blumenstrauß im Wert von netto 15 €.

4 Steuerbare Einfuhr

Mit der Besteuerung der Einfuhr wird das **Ziel** verfolgt, die eingeführten Gegenstände ebenso mit Umsatzsteuer zu belasten, wie die im Inland hergestellten, vorausgesetzt, das Ursprungsland entlastet die Gegenstände bei der Ausfuhr von der Umsatzsteuer.
Eingeführte und inländische Gegenstände unterliegen dann den **gleichen** umsatzsteuerrechtlichen **Wettbewerbsbedingungen**.

> **BEISPIEL**
>
> Der deutsche Unternehmer A, München, kauft vom Lieferer U, Bern (Schweiz), Waren für 10.000 € netto auf Ziel. Im Kaufvertrag vereinbaren sie die Lieferkondition **„unverzollt und unversteuert"**, d.h., der Leistungsempfänger (A) schuldet Zoll und Einfuhrumsatzsteuer. U befördert die Waren mit seinem eigenen Kraftfahrzeug von Bern nach München.
>
> U zahlt an der Grenze vereinbarungsgemäß für A 100 € Zoll (1 % von 10.000 €) und 1.919 € Einfuhrumsatzsteuer (19 % von 10.100 €). U übergibt A den quittierten zollamtlichen Beleg und erhält dafür einen Bankscheck. Die entstandene Einfuhrumsatzsteuer kann A als Vorsteuer nach § 15 Abs. 1 Satz 1 Nr. 2 UStG abziehen, sodass er die Ware netto erhält, so als hätte er sie im Inland gekauft. Für den Vorsteuerabzug ist es nicht erforderlich, dass der Unternehmer die Einfuhrumsatzsteuer selbst entrichtet hat (Abschn. 15.8 Abs. 7 Satz 1 UStAE).

Der Tatbestand der Einfuhr wird dann verwirklicht, wenn ein Gegenstand aus dem **Drittlandsgebiet** in das Inland gelangt **und** im Inland der **Einfuhrumsatzsteuer (EUSt)** unterliegt. Der Tatbestand der Einfuhr wird demnach erst mit der Überführung des Drittlandsgegenstands in den **zoll- und umsatzsteuerrechtlich freien Verkehr** verwirklicht (Abschn. 15.8 Abs. 2 Satz 1 UStAE).

Das folgende Schaubild zeigt die Einordnung der **steuerbaren Einfuhr** in das Umsatzsteuersystem:

Umsätze

steuerbare Umsätze

1. entgeltliche Lieferungen und sonstige Leistungen
   (§ 1 Abs. 1 **Nr. 1** i.V.m. § 3 Abs. 1, 6 bis 9 oder § 3a bis § 3c)
2. unentgeltliche Lieferungen und sonstige Leistungen
   (§ 1 Abs. 1 **Nr. 1** i.V.m. § 3 Abs. **1b** oder Abs. **9a** und § 3f)
3. **Einfuhr**
   (§ 1 Abs. 1 **Nr. 4**)
4. innergemeinschaftlicher Erwerb
   (§ 1 Abs. 1 **Nr. 5** i.V.m. § 1a, § 1b und § 3d)

4 Steuerbare Einfuhr

4.1 Einfuhrbegriff

Der **Einfuhrtatbestand** nach § 1 Abs. 1 **Nr. 4** setzt für die **Steuerbarkeit** folgende **Tatbestandsmerkmale** voraus:

1. Ein **Gegenstand** muss
2. aus dem **Drittlandsgebiet**
3. in das **Inland** oder die österreichischen Gebiete Jungholz und Mittelberg eingeführt (verbracht) werden und
4. im Inland der **Besteuerung** unterliegen.

Für die Verwirklichung des Einfuhrtatbestandes nach § 1 Abs. 1 **Nr. 4** UStG ist das körperliche Gelangen in das Inland **nicht allein** entscheidend. Dieser Tatbestand ist erst dann erfüllt, wenn die Drittlandsware im Inland in den **zoll- und steuerrechtlich freien Verkehr** überführt wird. Der Vorgang im Inland muss grundsätzlich der Besteuerung unterliegen, also **Einfuhrumsatzsteuer** auslösen.

Soweit die Ware zwar körperlich vom Drittland ins Inland gelangt, hier aber sich in einem **Zollverfahren** (Nichterhebungsverfahren) befindet, wird noch keine EUSt ausgelöst. In solchen Fällen ist der Tatbestand der **Einfuhr** (noch) **nicht** erfüllt.

Bei der **steuerbaren Einfuhr** ergibt sich folgender **Regelfall**:

> **BEISPIEL**
>
> Der marokkanische Südfruchthändler U versendet per Seefracht eine Ladung Apfelsinen **im Namen und für Rechnung des Abnehmers A** von Marokko nach Hamburg. Nach Eintreffen der Ware in Cuxhaven nimmt sie der von A beauftragte Spediteur Sp in Empfang, überführt die Apfelsinen **für A** in den zoll- und steuerrechtlich freien Verkehr und entrichtet **für A** die Einfuhrumsatzsteuer. U hat in seiner Rechnung die Steuer für die Apfelsinenlieferung nicht gesondert ausgewiesen.
>
> Die **Apfelsinen** werden **für** den Abnehmer **A eingeführt** (§ 1 Abs. 1 **Nr. 4** UStG). A ist zum Abzug der Einfuhrumsatzsteuer berechtigt (§ 15 Abs. 1 Satz 1 Nr. 2 UStG). Die **Lieferung (Ausfuhr)** des U ist in Marokko **steuerfrei**.

C. Umsatzsteuer

Eine **steuerbare Einfuhr** liegt **auch** dann vor, wenn der Gegenstand aus einem **Drittlandsgebiet** im Wege der **Durchfuhr** (Transit) durch das Gebiet eines anderen EU-Mitgliedstaates in das **Inland** oder Jungholz und Mittelberg gelangt und erst hier zoll- und umsatzsteuerrechtlich zum freien Verkehr abgefertigt wird.

> **BEISPIEL**
>
> Der deutsche Unternehmer A, Hamburg, kauft für sein Unternehmen eine Maschine von dem norwegischen Unternehmer U, Oslo. U versendet die Maschine auf dem Seeweg über Dänemark nach Bremerhaven. In Bremerhaven wird die Maschine zoll- und umsatzsteuerrechtlich zum freien Verkehr abgefertigt. U liefert **„unverzollt und unversteuert"**.
>
> A tätigt eine **steuerbare Einfuhr** in Deutschland, weil alle Tatbestandsmerkmale des § 1 Abs. 1 **Nr. 4** erfüllt sind. Die Besteuerung obliegt der deutschen Zollbehörde.

Keine Einfuhr im umsatzsteuerrechtlichen Sinne liegt z.B. vor, wenn sich eine Drittlandsware in einem zollrechtlichen **Versandverfahren** oder in einem **Zolllagerverfahren** befindet (Abschn. 15.8 Abs. 2 Satz 3 UStAE) oder vor dem Inlandsverkauf bereits **„verzollt und versteuert"** eingeführt wurde.

> **BEISPIEL**
>
> Unternehmer A in Frankfurt/Oder hat Drittlandswaren aus Russland importiert. Er lagert sie in einem **Zolllager** in Frankfurt/Oder ein. Einen Teil der Gegenstände liefert A an Unternehmer B (Düsseldorf). B lagert die Waren aus und überführt sie ordnungsgemäß in den zoll- und steuerrechtlich freien Verkehr.
>
> Die **Lieferung** des **A an B** ist im Inland **steuerbar** (§ 1 Abs. 1 Nr. 1 i.V.m. § 3 Abs. 7 Satz 1 UStG). Sie ist als Lieferung innerhalb eines Zolllagers nach § 4 Nr. 4b **für A steuerfrei**. Es handelt sich um eine der Einfuhr vorangegangene steuerfreie ruhende Lieferung.
>
> **B tätigt** mit Auslagerung und Überführung der Drittlandsware in den zoll- und steuerrechtlich freien Verkehr eine **steuerbare Einfuhr** in Deutschland (§ 1 Abs. 1 **Nr. 4**). Die restliche im Zolllager verbleibende Ware befindet sich noch im Zolllagerverfahren. Zoll und Einfuhrumsatzsteuer fallen bei der Einlagerung nicht an.

Der Tatbestand der **Einfuhr** kann auch durch einen **Nichtunternehmer** verwirklicht werden. Allerdings kann ein **Nichtunternehmer** die bei der Einfuhr entrichtete **Einfuhrumsatzsteuer nicht** als **Vorsteuer** abziehen.

Die **Einfuhrumsatzsteuer** ist eine **Verbrauchsteuer** im Sinne der AO (§ 21 Abs. 1 AO) und eine **Einfuhrabgabe** im Sinne des Zollrechts. Im Gegensatz zur Umsatzsteuer wird sie **nicht** von den **Finanzämtern**, sondern von den **Zollbehörden** erhoben und verwaltet (§ 12 Abs. 2 FVG).

Einzelheiten zum **Vorsteuerabzug der entstandenen Einfuhrumsatzsteuer** erfolgen im Abschnitt 13.1, Seite 365.

4.2 Zusammenfassung und Erfolgskontrolle
4.2.1 Zusammenfassung

Steuerbare Umsätze

1. **Entgeltliche Leistungen** (§ 1 Abs. 1 **Nr. 1** UStG)
    1. **Unternehmer**
    2. **Inland**
    3. **Entgelt**
    4. **Rahmen seines Unternehmens**
2. **Unentgeltliche Leistungen** (§ 1 Abs. 1 **Nr. 1** UStG)
    - 2.1 **Unentgeltliche Lieferungen** (§ 1 Abs. 1 **Nr. 1** i.V.m. § 3 **Abs. 1b** UStG)
        - 2.1.1 Entnahme von Gegenständen
        - 2.1.2 Sachzuwendungen an das Personal
        - 2.1.3 Andere unentgeltliche Zuwendungen
    - 2.2 **Unentgeltliche sonstige Leistungen** (§ 1 Abs. 1 **Nr. 1** i.V.m. § 3 **Abs. 9a** UStG)
        - 2.2.1 Private Nutzung betrieblicher Gegenstände
        - 2.2.2 Andere unentgeltliche sonstige Leistungen
3. **Einfuhr** (§ 1 Abs. 1 **Nr. 4** UStG)
    1. Ein **Gegenstand** muss
    2. aus dem **Drittlandsgebiet**
    3. in das **Inland** oder die österreichischen Gebiete Jungholz und Mittelberg eingeführt (verbracht) werden und
    4. **im Inland** der **Besteuerung** unterliegen.

4.2.2 Erfolgskontrolle

WIEDERHOLUNGSFRAGEN

1. Welches Ziel wird mit der Besteuerung der Einfuhr verfolgt?
2. Welche Tatbestandsmerkmale müssen vorliegen, damit die Einfuhr nach § 1 Abs. 1 Nr. 4 UStG steuerbar ist?
3. Wer erhebt und verwaltet die Einfuhrumsatzsteuer?
4. Wie wird die Einfuhrumsatzsteuer im unternehmerischen Bereich bei der Ermittlung der Umsatzsteuerschuld (Zahllast) behandelt?
5. Ist die Einfuhrumsatzsteuer auch dann als Vorsteuer abziehbar, wenn ein beauftragter Spediteur diese zahlt und im Anschluss an den Auftraggeber weiterberechnet?

FÄLLE

Erklären Sie unter Angabe der einschlägigen Rechtsgrundlagen die umsatzsteuerliche Behandlung der Sachverhalte 1 bis 5 in Deutschland.

1. Textilgroßhändler Rifaat, Frankfurt/Main, kauft bei Textilhersteller Khan aus Pakistan Stoffe im Warenwert von umgerechnet 20.000 €. Die vereinbarte Lieferbedingung lautet „unverzollt und unversteuert". Die Textilien werden auf dem Seeweg nach Marseille (F) und von dort aus per Bahn nach Frankfurt/Main transportiert. Ein Mitarbeiter des Herrn Rifaat stellt bei der zuständigen Zollbehörde in Frankfurt/Main den Antrag auf Abfertigung zum freien Verkehr. Der von Herrn Rifaat zu entrichtende inländische Zoll beträgt 400 €.
2. Elektrogroßhändler Nieland, Hamburg, kauft bei einem Elektrogeräteherstller aus Tokio (Japan) Unterhaltungselektronik im Warenwert von umgerechnet 100.000 €. Die „unverzollt und unversteuert" gelieferte Ware wird von Herrn Nieland in ein Zolllager in Bremerhaven eingelagert.
3. Der indische Teelieferant Singh versendet Tee auf dem Seeweg nach Cuxhaven. Anschließend lagert er die Ware in Cuxhaven in einem Zolllager ein. Kurze Zeit später veräußert Singh den Tee an den Teehändler Hansen, Bremen. Singh übergibt Hansen den mit einem Übertragungsvermerk versehenen Lagerschein. Hansen veräußert den Tee noch am gleichen Tag an Teehändler Zeidler, Wilhelmshaven. Zeidler erhält den von Hansen indossierten Lagerschein. Zeidler entnimmt den Tee aus dem Zolllager und überführt ihn in den freien Verkehr.
4. Die Angestellte Inka Lorenz, Mainz, kauft sich während einer USA-Rundreise eine neue Harley-Davidson für umgerechnet 9.000 € netto. Nach der Reise wird das Motorrad nach Deutschland überführt. Der fällige Zoll beträgt 180 €.
5. Baumaschinenhersteller Wirth, Singen (D), verkauft eine Asphaltfräse im Wert von netto 90.000 € an einen Tiefbauunternehmer in Winterthur (Ch). Wirth liefert die Fräse „unverzollt und unversteuert" mit dem eigenen Lkw von Singen nach Winterthur.

Zusammenfassende Erfolgskontrolle zum 1. bis 4. Kapitel

Prüfen Sie, ob folgende Umsätze für den Unternehmer U im Inland **steuerbar** oder **nicht steuerbar** sind. Verwenden Sie dabei die Lösungstabelle von Seite 173 und tragen Sie die **Entgelte** in die beiden letzten Spalten ein.

1. Der Metzgermeister U verkauft und übereignet in seinem Ladengeschäft in Koblenz Fleisch für netto 10 € an eine Kundin.
2. Der Handelsvertreter U verkauft im Namen und für Rechnung der Firma X, Köln, Staubsauger an Privathaushalte in der Bundesrepublik. U erhält für seine Tätigkeit eine Provision in Höhe von netto 2.000 €.
3. Der Elektrohändler U, München, bezieht aus der Schweiz Spezialleuchten im Wert von 5.000 € vom Hersteller Bucher. Der von Bucher beauftragte Münchner Fachtführer hat die EUSt an der Grenze für U verauslagt und erhält diesen Betrag gegen Vorlage der zollamtlichen Belege von U zurück.
4. Der Hauseigentümer U hat sein in Köln gelegenes Haus an Privatpersonen für netto 6.000 € vermietet.
5. Der Steuerberater U in Dortmund erzielt Einnahmen aus dem Verkauf seines betrieblichen Pkws in Höhe von 11.900 € (10.000 € + 1.900 € USt).
6. Der Rechtsanwalt U in Ulm erzielt Honorareinnahmen aus anwaltlicher Tätigkeit in Höhe von 23.800 € (20.000 € + 3.800 € USt).
7. Ein Gesellschafter der U-KG, Bonn, entnimmt der Gesellschaft unentgeltlich Getränke im Wert von netto 100 € für seinen Privathaushalt.
8. Der Turnverein U in Wiesbaden hat zur Erfüllung seiner satzungsmäßigen Aufgaben Mitgliedsbeiträge von netto 30.000 € vereinnahmt.
9. Der Turnverein U (Nr. 8) unterhält in Wiesbaden ein Vereinslokal. Er hat dort Getränke und Speisen für netto 10.000 € verkauft.
10. Der Unternehmer U, Koblenz, entnimmt seinem Unternehmen eine Handtasche im Wert (aktuelle Wiederbeschaffungskosten) von netto 400 € und schenkt sie seiner Frau zum Geburtstag.
11. Der Elektrohändler U in Koblenz repariert das Autoradio im eigenen Geschäftswagen. Einem Kunden hätte er dafür netto 30 € berechnet.
12. Der Rechtsanwalt U in Konstanz (Bodensee) verkauft sein gebrauchtes Segelboot an einen Arzt in Gummersbach für netto 10.000 €.
13. Der Unternehmer U, Bonn, überlässt seinem Angestellten einen betrieblichen Pkw regelmäßig (an mehr als fünf Tagen im Monat) für Privatfahrten, ohne ein besonderes Entgelt zu berechnen. Der Wert der Überlassung beträgt netto 500 €.
14. Der Unternehmer U, Frankfurt (Oder), kauft in Russland Waren für 5.000 € und befördert sie mit seinem eigenen Lkw von Russland nach Frankfurt (Oder). Im Inland werden die Waren von U in den zoll- und steuerrechtlich freien Verkehr überführt.
15. Der Unternehmer U, Trier, benutzt sein gemietetes Geschäftstelefon zu 30 % für private Zwecke. Die Kosten für die private Nutzung betragen netto 80 €.

5 Steuerbarer innergemeinschaftlicher Erwerb

Die vierte Art der steuerbaren Umsätze ist der **innergemeinschaftliche Erwerb** im **Inland** gegen **Entgelt** (§ 1 Abs. 1 **Nr. 5**).

Das folgende Schaubild zeigt die Einordnung des **steuerbaren innergemeinschaftlichen Erwerbs** in das Umsatzsteuersystem:

Umsätze
steuerbare Umsätze
1. entgeltliche Lieferungen und sonstige Leistungen (§ 1 Abs. 1 **Nr. 1** i.V.m. § 3 Abs. 1, 6 bis 9 oder § 3a bis § 3c)
2. unentgeltliche Lieferungen und sonstige Leistungen (§ 1 Abs. 1 **Nr. 1** i.V.m. § 3 Abs. **1b** oder Abs. **9a** und § 3f)
3. Einfuhr (§ 1 Abs. 1 **Nr. 4**)
4. **innergemeinschaftlicher Erwerb** (§ 1 Abs. 1 **Nr. 5** i.V.m. § 1a, §1b und § 3d)

> **S 1** Der **Ort des Umsatzes** für den innergemeinschaftlichen Erwerb (§ 3d) wird im Abschnitt 6.4 „Ort des innergemeinschaftlichen Erwerbs", Seiten 256 ff., erläutert.

5.1 Erwerbe im Sinne des § 1a Abs. 1 und Abs. 2 UStG

Lieferungen zwischen vorsteuerabzugsberechtigten **Unternehmern** in der Europäischen Union (EU) sind als **innergemeinschaftlicher Erwerb** im **Bestimmungsland steuerpflichtig** (**Bestimmungslandprinzip**).

Beim steuerbaren und steuerpflichtigen innergemeinschaftlichen Erwerb aus dem übrigen Gemeinschaftsgebiet ist der **Erwerber** der **Steuerschuldner** (§ 13a Abs. 1 Nr. 2). Es kommt somit zu einer Verlagerung der Steuerschuldnerschaft vom Leistenden auf den Leistungsempfänger (Reverse Charge). Im **Ursprungsland** wird der Umsatz des Leistenden als steuerbare, jedoch **steuerfreie innergemeinschaftliche Lieferung** qualifiziert (vgl. auch § 4 Nr. 1b).

Vorsteuerabzugsberechtigte **Unternehmer** können als Erwerber die von ihnen geschuldete **Erwerbsteuer** – wie die Einfuhrumsatzsteuer – als **Vorsteuer** abziehen (§ 15 Abs. 1 Nr. 3).

Beim **innergemeinschaftlichen Erwerb** sind grundsätzlich **zwei Arten** zu unterscheiden:

1. **innergemeinschaftlicher Erwerb gegen Entgelt** (§ 1a **Abs. 1**) und
2. **innergemeinschaftliches Verbringen** (§ 1a **Abs. 2**).

5 Steuerbarer innergemeinschaftlicher Erwerb

5.1.1 Innergemeinschaftlicher Erwerb gegen Entgelt (§ 1a Abs. 1 UStG)

Der **innergemeinschaftliche Erwerb gegen Entgelt** ist **steuerbar**, wenn folgende **Tatbestandsmerkmale** erfüllt sind (§ 1 Abs. 1 **Nr. 5** i. V. m. § 1a **Abs. 1**):

1. **Lieferung**
2. aus dem Gebiet eines Mitgliedstaates (**übriges Gemeinschaftsgebiet**)
3. in das Gebiet eines anderen Mitgliedstaates (**Inland**)
4. **durch** einen **Unternehmer** (keinen Kleinunternehmer), der die Lieferung gegen **Entgelt** im **Rahmen seines Unternehmens** ausführt
5. an bestimmte **Erwerber**
    - 5.1 **Unternehmer**, der den Gegenstand **für sein Unternehmen** erwirbt oder
    - 5.2 **juristische Person**, die **nicht** Unternehmer ist **oder** die den Gegenstand der Lieferung **nicht** für ihr **Unternehmen** erwirbt.

Beim steuerbaren innergemeinschaftlichen Erwerb ergibt sich folgender **Grundfall**:

Ursprungsland **Beginn**		Bestimmungsland **Ende**
übriges Gemeinschaftsgebiet	innergemeinschaftlicher Erwerb →	**Inland**
Lieferer U Unternehmer		**Erwerber A** Unternehmer
Aus der Sicht des **Lieferers U** liegt eine **innergemeinschaftliche Lieferung** vor, die jedoch **steuerfrei** ist.		Aus der Sicht des **Erwerbers A** liegt ein **innergemeinschaftlicher Erwerb** vor, der der **Erwerbsteuer** unterliegt.

Der ausländische **Lieferer** muss **Unternehmer** i. S. d. § 2 Abs. 1 sein; er darf **kein Kleinunternehmer** im Sinne des § 19 Abs. 1 sein.

Der inländische **Erwerber** kann grundsätzlich davon ausgehen, dass ein ausländischer Lieferer **Unternehmer** ist, wenn dieser in der **Rechnung** die **USt-IdNr.** angibt und lediglich den **Nettowert** ohne USt – unter Hinweis auf die **steuerfreie innergemeinschaftliche Lieferung** – in Rechnung stellt (§ 14a Abs. 3 i. V. m. Abschn. 14a.1 Abs. 4 UStAE).

Der inländische **Erwerber** muss ebenfalls **Unternehmer** im Sinne des § 2 Abs. 1 sein, der den Gegenstand **für sein Unternehmen** erwirbt.

Verwendet der inländische Erwerber beim Einkauf seine **USt-IdNr.**, so signalisiert er damit, dass er **Unternehmer** ist und den Gegenstand **für sein Unternehmen** erwerben will.

C. Umsatzsteuer

BEISPIEL

Der **französische Lieferer** Olivier Vergniolle, Paris, liefert 50 Damenmäntel an den **deutschen Erwerber** Kühlenthal und erteilt folgende **Rechnung**. Die Rechnung enthält den **Nettowert** der Waren, die **USt-IdNr.** des französischen **Lieferers**, die **USt-IdNr.** des deutschen **Erwerbers** und den **Hinweis auf** die **Steuerfreiheit** der Lieferung:

Olivier Vergniolle, Textiles, 6 Rue Napoléon, Paris

Numéro d'identification: FR 128335655

Herrn
Textilkaufmann E. Kühlenthal
Karthäuserhofweg 30

56075 Koblenz

USt-IdNr.: DE 149637654   16.10.2018

Rechnung

Nr. 2018/007

Sie erhielten am 15.10.2018

Menge	Artikelbezeichnung	Stückpreis	Entgelt
50 Stück	Damenmäntel	200 €	**10.000 €**

Die innergemeinschaftliche Lieferung ist steuerfrei.

Für Herrn Kühlenthal liegt ein steuerbarer **innergemeinschaftlicher Erwerb** vor, weil alle Tatbestandsmerkmale des § 1 Abs. 1 **Nr. 5** i. V. m. **§ 1a Abs. 1** erfüllt sind.

Ein **innergemeinschaftlicher Erwerb** ist **auch** dann **steuerbar**, wenn der Gegenstand auf dem Wege der **Durchfuhr** vom übrigen Gemeinschaftsgebiet **über ein Drittlandsgebiet** in das **Inland** gelangt.

BEISPIEL

Der italienische **Lieferer U** in Rom befördert eine Maschine mit eigenem Lkw an den deutschen **Erwerber A** in München. Die Maschine wird von Italien über die Schweiz nach Deutschland verbracht. U und A sind **Unternehmer** mit **USt-IdNr.**

Für A liegt ein **steuerbarer innergemeinschaftlicher Erwerb** vor, weil die Beförderung im übrigen Gemeinschaftsgebiet beginnt und im Inland endet.

Ein **innergemeinschaftlicher Erwerb** i.S.d. § 1a Abs. 1 ist **auch** dann steuerbar, wenn die Lieferung im **Drittlandsgebiet beginnt** und der Gegenstand im **übrigen Gemeinschaftsgebiet** der **Einfuhrumsatzsteuer** unterworfen wird, d.h. zoll- und umsatzsteuerrechtlich zum freien Verkehr abgefertigt wird, und vom **übrigen Gemeinschaftgebiet** in das **Inland** gelangt (Abschn. 1a.1 Abs. 1 Satz 4 UStAE).

BEISPIEL

Der deutsche Unternehmer A kauft von dem Unternehmer U in Brüssel eine Maschine. U hat die Maschine nicht auf Lager und bestellt sie bei dem Hersteller H in Oslo. U führt die Maschine aus Norwegen nach Belgien ein. In Belgien wird sie zoll- und umsatzsteuerrechtlich zum freien Verkehr abgefertigt und anschließend nach Deutschland versendet.

Es liegt ein **steuerbarer innergemeinschaftlicher Erwerb** vor, weil alle Tatbestandsmerkmale des § 1 Abs. 1 **Nr. 5** i. V. m. § **1a Abs. 1** erfüllt sind.

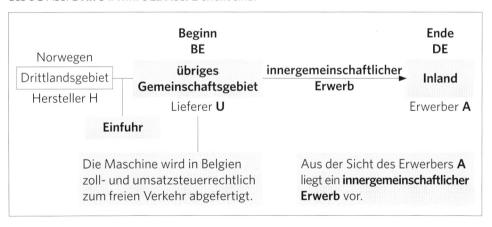

Kein innergemeinschaftlicher Erwerb liegt vor, wenn die Lieferung im **Drittlandsgebiet** beginnt und der Gegenstand im Wege der **Durchfuhr** durch das Gebiet eines anderen **EU-Mitgliedstaates** in das **Inland** gelangt und im **Inland** zoll- und umsatzsteuerrechtlich zum freien Verkehr abgefertigt wird (Abschn. 1a.1 Abs. 1 Satz 5 UStAE).

BEISPIEL

Sachverhalt wie im Beispiel zuvor mit dem Unterschied, dass die Maschine nicht in Belgien, sondern in Deutschland zoll- und steuerrechtlich zum freien Verkehr abgefertigt wird.

Es liegt **kein innergemeinschaftlicher Erwerb** vor, weil die Maschine lediglich im Wege der **Durchfuhr** durch das übrige Gemeinschaftsgebiet in das Inland gelangt. Die Maschine gelangt somit **nicht** vom übrigen Gemeinschaftsgebiet ins Inland. Es liegt eine **steuerbare Einfuhr** i.S.d. § 1 Abs. 1 **Nr. 4** vor.

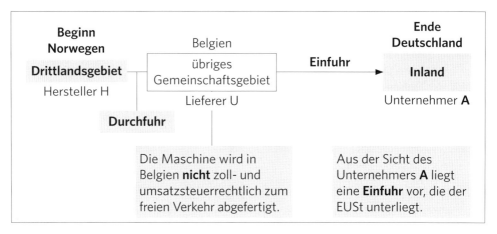

Bei der Lieferung von **Gas** über das Erdgasnetz und von **Elektrizität** liegt ebenfalls **kein** innergemeinschaftlicher Erwerb und kein innergemeinschaftliches Verbringen vor (Abschn. 1a.1 Abs. 1 Satz 7 UStAE).

Beim Erwerb durch **Unternehmer** kommt es auf die **Art des Gegenstandes** – mit Ausnahme von Gas und Elektrizität – **nicht** an. **Neue Fahrzeuge** und **verbrauchsteuerpflichtige Waren** werden **wie sonstige Gegenstände** behandelt.

Verwendet ein inländischer **Erwerber** beim Einkauf in einem EU-Mitgliedstaat **keine USt-IdNr.**, so signalisiert er damit, dass er den Gegenstand **nicht für sein Unternehmen** erwirbt. In diesem Fall gilt in der Regel das **Ursprungslandprinzip**, d.h., der ausländische **Lieferer** hat den Umsatz in seinem Land **zu versteuern** und den **Bruttowert** (Nettowert + ausländische USt) in Rechnung zu stellen.

MERKE → Ein **steuerbarer innergemeinschaftlicher Erwerb** setzt eine **steuerfreie innergemeinschaftliche Lieferung** voraus.

B 1 Die **buchmäßige Darstellung** des innergemeinschaftlichen Erwerbs erfolgt im Abschnitt 8.2.1.1 der **Buchführung 1**, 30. Auflage 2018, Seiten 363 ff.

ÜBUNG → 1. Wiederholungsfragen 1 bis 3 (Seite 213),
2. Fälle 1 bis 3 (Seite 213)

5.1.2 Innergemeinschaftliches Verbringen (§ 1a Abs. 2 UStG)

Als **innergemeinschaftlicher Erwerb gegen Entgelt** gilt auch das **innergemeinschaftliche Verbringen** eines Gegenstandes **in das Inland** (Abschn. 1a.1 Abs. 1 Satz 6 UStAE).

Ein innergemeinschaftliches Verbringen liegt vor, wenn **ein Unternehmer**

1. einen **Gegenstand seines Unternehmens aus** dem Gebiet eines Mitgliedstaates (**Ausgangsmitgliedstaat**) **zu seiner Verfügung** in das Gebiet eines anderen EU-Mitgliedstaates (**Bestimmungsmitgliedstaat**) befördert oder versendet **und**
2. den Gegenstand im Bestimmungsmitgliedstaat **nicht nur vorübergehend** verwendet (Abschn. 1a.2 Abs. 1 Satz 2 und Abs. 11 Satz 1 UStAE).

Der **Unternehmer gilt** im Ausgangsmitgliedstaat als **Lieferer**, im Bestimmungsmitgliedstaat als **Erwerber** (Abschn. 1a.2 Abs. 1 Satz 3 UStAE).

> **BEISPIEL**
>
> Der französische Unternehmer U verbringt (befördert oder versendet) eine Maschine von seinem Betriebssitz in Frankreich zu seinem deutschen Auslieferungslager, um sie dort auf Dauer einzusetzen.
>
> Es liegt ein **steuerbares innergemeinschaftliches Verbringen** vor, weil alle Tatbestandsmerkmale des § 1 Abs. 1 **Nr. 5** i. V. m. § 1a **Abs. 2** erfüllt sind.

Ein **innergemeinschaftliches Verbringen**, bei dem der Gegenstand **vom Inland in** das Gebiet eines anderen **EU-Mitgliedstaates** gelangt, ist nach § 3 **Abs. 1a** einer **Lieferung gegen Entgelt gleichgestellt** (Abschn. 1a.2 Abs. 2 Satz 1 UStAE).

Eine **nicht nur vorübergehende Verwendung** liegt **auch** dann vor, wenn der Unternehmer den Gegenstand mit der konkreten Absicht in den Bestimmungsmitgliedstaat verbringt, um ihn dort (unverändert) an einen noch nicht feststehenden Abnehmer weiterzuliefern (Abschn. 1a.2 Abs. 6 Satz 1 UStAE).

Bei der Lieferung von **Gas** über das Erdgasnetz und von **Elektrizität** liegt **kein** innergemeinschaftliches Verbringen vor (Abschn. 1a.1 Abs. 1 Satz 7 UStAE).

Das Verbringen von Gegenständen innerhalb des Unternehmens **im Inland** ist grundsätzlich ein **nicht steuerbarer Vorgang** (sog. nicht steuerbarer **Innenumsatz**).

> **BEISPIEL**
>
> Der Metzgermeister **U** führt in **Mainz** eine **Metzgerei** und eine **Gastwirtschaft**. Unternehmer U „liefert" aus seiner Metzgerei Fleischwaren an seine Gastwirtschaft.
>
> Es liegt ein **nicht steuerbarer Innenumsatz** vor, weil das unternehmensinterne Verbringen im **Inland** stattfindet (§ 2 Abs. 1 Satz 2 und Abschn. 2.7 Abs. 1 Satz 3 UStAE).

ÜBUNG →
1. Wiederholungsfrage 4 (Seite 213),
2. Fälle 4 bis 7 (Seite 214)

5.2 Erwerbe im Sinne des § 1a Abs. 3 und Abs. 4 UStG

Ein innergemeinschaftlicher Erwerb ist bei einem **Unternehmer**, der ganz oder zum Teil zum Vorsteuerabzug berechtigt ist, **unabhängig** von einer **Erwerbsschwelle steuerbar** (Abschn. 1a.1 Abs. 2 Satz 1 UStAE).

Für bestimmte **Erwerber** i. S. d. § 1a Abs. 3 Nr. 1 (**Halbunternehmer** bzw. **Schwellenerwerber**) ist der **innergemeinschaftliche Erwerb** im Inland gegen Entgelt **nicht steuerbar**, wenn sie die deutsche **Erwerbsschwelle nicht** überschreiten oder **nicht für** die **Erwerbsbesteuerung optieren**.

Wird von den bestimmten Erwerbern (Halbunternehmer bzw. Schwellenerwerber) die deutsche Erwerbsschwelle überschritten oder für die Erwerbsbesteuerung optiert, liegt ein **steuerbarer innergemeinschaftlicher Erwerb** i. S. d. § 1a Abs. 1 vor.

In diesem Fall werden die **Halbunternehmer** bzw. **Schwellenerwerber** für die an sie bewirkte Lieferung **wie Unternehmer** behandelt.

5.2.1 Erwerb durch Halbunternehmer (§ 1a Abs. 3 UStG)

Bestimmte **Erwerber** (**Halbunternehmer**) im Sinne des § 1a **Abs. 3** Nr. 1 sind:

a) ein Unternehmer, der nur **steuerfreie Umsätze** ausführt, die zum Ausschluss vom Vorsteuerabzug führen (z. B. Wohnungsvermieter, Arzt),

b) ein **Kleinunternehmer** im Sinne des § 19 Abs. 1 UStG,

c) ein **Land- und Forstwirt**, der die Pauschalversteuerung nach **§ 24** UStG anwendet,

d) eine **juristische Person** (des öffentlichen Rechts), die **nicht Unternehmer ist** (z. B. eine öffentliche Schule) oder die den Gegenstand **nicht für ihr Unternehmen** erwirbt.

Für **Halbunternehmer** ist der **innergemeinschaftliche Erwerb** im Inland gegen Entgelt **nur steuerbar**, wenn die **deutsche Erwerbsschwelle im Vorjahr überschritten** wurde oder **voraussichtlich im laufenden Jahr überschritten wird** (Abschn. 1a.1 Abs. 2 UStAE).

Die **deutsche Erwerbsschwelle** der Halbunternehmer ist nach Abschn. 1a.1 Abs. 2 UStAE überschritten bzw. wird voraussichtlich überschritten, wenn der **Gesamtbetrag der Entgelte** für ihre innergemeinschaftlichen Erwerbe (aus **allen** EU-Mitgliedstaaten)

1. im **vorangegangenen** Kalenderjahr **höher** als **12.500 Euro** (netto ohne USt) gewesen ist
   oder

2. im **laufenden** Kalenderjahr voraussichtlich **höher** als **12.500 Euro** (netto ohne USt) sein wird.

Für die Erwerbsbesteuerung der Halbunternehmer genügt es, wenn **einer** der beiden Grenzbeträge überschritten ist.

Eine **Übersicht über** die aktuellen **Erwerbsschwellen** in den **EU-Mitgliedstaaten** ist am Ende des Buches als **Anhang 3** abgedruckt (vgl. auch Abschn. 3c.1 Abs. 2 UStAE).

BEISPIEL

Der deutsche Wohnungsvermieter A, Trier, der nur **steuerfreie Umsätze** nach § 4 Nr. 12 ausführt, erwirbt in 2018 neue Türen für seine Mietwohnungen im Wert von 5.000 € netto von dem Unternehmer U aus Frankreich. A verwendet bei der Bestellung seine deutsche **USt-IdNr.**, weil er im vorangegangenen Kalenderjahr die Erwerbsschwelle überschritten hat.

Es liegt ein **steuerbarer innergemeinschaftlicher Erwerb** i.S.d. § 1a Abs 1 vor. Der Wohnungsvermieter A gilt zwar als **Halbunternehmer**, der nur steuerfreie Umsätze ausführt, die den Vorsteuerabzug ausschließen, er hat aber die **Erwerbsschwelle** von **12.500 Euro** in 2017 (Vorjahr) überschritten. Die Rechtsfolge des § 1a Abs. 3 tritt somit nicht ein.

MERKE → Ist bei einem **Halbunternehmer** die **Erwerbsschwelle überschritten**, wird er für die an ihn bewirkte Lieferung wie ein **Unternehmer i.S.d. § 2** UStG behandelt.

Wird die **Erwerbsschwelle** bei Erwerben i.S.d. § 1a **Abs. 3 nicht überschritten** bzw. konnte **zu Beginn** des Kalenderjahres **nicht damit gerechnet werden, dass sie überschritten wird**, so ist jeder Warenbezug aus dem übrigen Gemeinschaftsgebiet **kein innergemeinschaftlicher Erwerb**.

In diesem Fall gilt das **Ursprungslandprinzip**, d.h. Besteuerung in dem EU-Mitgliedstaat, in dem die Ware erworben wird bzw. in dem die Beförderung oder Versendung der Ware **beginnt**.

BEISPIEL

Sachverhalt wie im Beispiel zuvor mit dem **Unterschied**, dass Halbunternehmer **A** die **Erwerbsschwelle nicht überschritten** und auch **nicht** für die Erwerbsbesteuerung **optiert** hat.

Die **Lieferung** unterliegt im **Ursprungsland** (Frankreich) der Umsatzsteuer mit **20,0 %** (siehe **Anhang 1** dieses Buches).

Die **tatsächliche** Höhe der getätigten Erwerbe im laufenden Jahr (2018) ist **unerheblich**, **wenn nicht zu Beginn** des Kalenderjahres vorauszusehen war, dass die Erwerbsschwelle von **12.500 Euro** in diesem Jahr (2018) überschritten wird (Abschn. 1a.1 Abs. 2 Satz 5 UStAE).

ÜBUNG → 1. Wiederholungsfragen 5 und 6 (Seite 213),
2. Fälle 8 bis 10 (Seite 214 f.)

5.2.2 Option durch Halbunternehmer (§ 1a Abs. 4 UStG)

Halbunternehmer im Sinne des § 1a **Abs. 3**, die die **Erwerbsschwelle nicht überschreiten**, können sich nach § 1a **Abs. 4 Satz 1 für die Erwerbsbesteuerung** nach § 1a Abs. 1 **entscheiden (Option für die Erwerbsbesteuerung)**.

Seit 01.01.2011 gilt die Verwendung der **Umsatzsteueridentifikationsnummer** (USt-IdNr.) gegenüber dem Lieferer als Verzichtserklärung (§ 1a Abs. 4 Satz 2). Der Erwerber muss die empfangene Leistung dann im Bestimmungsland der Erwerbsteuer unterwerfen.

Die Erklärung **bindet** den Erwerber für **mindestens zwei Kalenderjahre** (§ 1a Abs. 4 Satz 3).

Eine **Option** für die Erwerbsbesteuerung **empfiehlt sich, wenn** regelmäßige Warenbezüge **aus einem Mitgliedstaat mit** einem **höheren USt-Satz** als in Deutschland erfolgen. Da der Halbunternehmer keinen Vorsteuerabzug in Anspruch nehmen kann (vgl. § 15 Abs. 2 Satz 1 Nr. 1), bewirkt die Option eine **Kostenersparnis** in Höhe des Differenzbetrages zwischen ausländischem und inländischem Steuersatz (im Beispiel unten wären dies 6 %).

Eine **Übersicht** über die **USt-Sätze in den EU-Mitgliedstaaten** ist als **Anhang 1** am Ende dieses Buches abgedruckt.

Ob eine **Option** wirtschaftlich **sinnvoll** ist, muss der **Halbunternehmer im Einzelfall prüfen**.

BEISPIEL

Der deutsche Kleinunternehmer A, der in 2018 die **Erwerbsschwelle** von 12.500 € voraussichtlich **nicht** überschreiten wird und im Vorjahr nicht überschritten hat, erwirbt von dem dänischen Unternehmer U einen Gegenstand, der dem **dänischen Regelsteuersatz von 25 %** unterliegt.

Durch eine **Option** (Verwendung der USt-IdNr.) liegt ein **steuerbarer innergemeinschaftlicher Erwerb** i.S.d. § 1a Abs. 1 vor, der in Deutschland nur mit **19 %** besteuert wird. In diesem Fall ist die Lieferung des U in Dänemark steuerfrei.

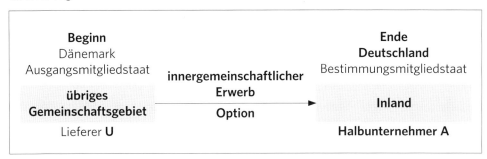

MERKE → Optiert ein **Halbunternehmer** nach § 1a **Abs. 4** UStG, wird er für die an ihn bewirkte Lieferung **wie** ein **Unternehmer i.S.d. § 2 UStG** behandelt.

Ein **Halbunternehmer** kann jedoch **nicht** für den Erwerb **neuer Fahrzeuge** (§ 1b) und **verbrauchsteuerpflichtiger Waren optieren** (§ 1a Abs. 5).

ÜBUNG → 1. Wiederholungsfragen 7 bis 9 (Seite 213),
2. Fall 11 (Seite 215)

5.3 Innergemeinschaftlicher Erwerb neuer Fahrzeuge (§ 1b UStG)

§ 1b UStG ist ein **Ergänzungstatbestand** zu § 1a UStG. Der Ergänzungstatbestand des **§ 1b** regelt den **innergemeinschaftlichen Erwerb neuer Fahrzeuge** durch **private Endverbraucher**, **unabhängig** von einer **Erwerbsschwelle**.

5.3.1 Fahrzeugerwerb durch private Endverbraucher

§ 1b weitet den innergemeinschaftlichen Erwerb **neuer Fahrzeuge** auch auf andere als die in § 1a Abs. 1 Nr. 2 genannten Personen aus. Damit sind in erster Linie **Privatpersonen** gemeint, aber auch Unternehmer, die neue Fahrzeuge für ihren **privaten Bereich** erwerben **(private Endabnehmer)**.

Ein **innergemeinschaftlicher Erwerb neuer Fahrzeuge** liegt vor, wenn das **neue Fahrzeug** bei einer entgeltlichen Lieferung an den **privaten Endverbraucher** aus einem **EU-Mitgliedstaat** in das **Inland** gelangt.
Dabei kommt es nicht darauf an, wie das Fahrzeug in die Bundesrepublik Deutschland gelangt, z.B. ob der Verkäufer es liefert oder der Käufer es abholt.

> **BEISPIEL**
>
> Der **Privatmann P** in Saarbrücken erwirbt in 2018 von dem französischen Autohändler U in Metz einen neuen Pkw für 20.000 € und bringt ihn selbst nach Deutschland.
>
> Es liegt ein **steuerbarer innergemeinschaftlicher Erwerb** vor, weil alle Tatbestandsmerkmale des § 1 Abs. 1 **Nr. 5** i.V.m. **§ 1b** erfüllt sind.

Mit dieser Regelung wird der **private Erwerber neuer Fahrzeuge wie** ein Unternehmer behandelt (§ 1b).

Damit soll sichergestellt werden, dass diese Lieferungen in jedem Fall im **Bestimmungsland** besteuert werden.
Nach der Fahrzeuglieferungs-Meldepflichtverordnung ist für jede innergemeinschaftliche Lieferung eines neuen Fahrzeugs, die in den Zeilen 21 oder 22 der Umsatzsteuer-Voranmeldung zu erfassen ist, eine Meldung an das Bundeszentralamt für Steuern zu übermitteln.
Der **private Endabnehmer** hat den **innergemeinschaftlichen Erwerb** in einem **besonderen Verfahren**, nämlich im Verfahren der **Fahrzeugeinzelbesteuerung**, zu versteuern.

> **MERKE →** Für den innergemeinschaftlichen Erwerb **neuer Fahrzeuge** durch **Privatpersonen** gilt **immer** das **Bestimmungslandprinzip**.

5.3.2 Neue Fahrzeuge

Neue Fahrzeuge im Sinne des **§ 1b** sind zur Personen- und Güterbeförderung bestimmte motorbetriebene Landfahrzeuge, Wasserfahrzeuge und Luftfahrzeuge, die die in § 1b **Abs. 2** bezeichneten Merkmale aufweisen:

1. **motorbetriebene Landfahrzeuge**
    - 1.1 mehr als 48 ccm Hubraum oder mehr als 7,2 kW Leistung
    - 1.2 erste Inbetriebnahme liegt nicht mehr als sechs Monate zurück **oder**
    - 1.3 bis zu 6.000 km seit erster Inbetriebnahme zurückgelegt;

2. **Wasserfahrzeuge**
    - 2.1 mehr als 7,5 m Länge
    - 2.2 erste Inbetriebnahme liegt nicht mehr als drei Monate zurück **oder**
    - 2.3 bis zu 100 Betriebsstunden auf dem Wasser;

3. **Luftfahrzeuge**
    - 3.1 mehr als 1.550 kg Starthöchstmasse
    - 3.2 erste Inbetriebnahme liegt nicht mehr als drei Monate zurück **oder**
    - 3.3 bis zu 40 Betriebsstunden in der Luft.

Zu den <u>**motorbetriebenen Landfahrzeugen**</u> gehören insbesondere

- **Pkw**,
- **Lkw**,
- Motorräder,
- Motorroller,
- Mopeds,
- Pocket-Bikes
- motorbetriebene Wohnmobile etc.,

wenn sie die in § 1b **Abs. 2** Nr. 1 genannten technischen Merkmale aufweisen (Abschn. 1b.1 **Satz 3** UStAE).

Ein steuerbarer innergemeinschaftlicher Erwerb i.S.d. § 1b liegt bei **gebrauchten** motorbetriebenen **Landfahrzeugen** (z.B. einem Pkw) nur dann vor, wenn die **Erstinbetriebnahme** des Fahrzeugs **nicht mehr als 6 Monate** zurückliegt **oder** das Fahrzeug im Zeitpunkt des Erwerbs **nicht mehr als 6.000 km** zurückgelegt hat. Als erste Inbetriebnahme eines Fahrzeugs ist die erste Nutzung zur Personen- oder Güterbeförderung zu verstehen. Bei Fahrzeugen, die einer Zulassung bedürfen, ist regelmäßig davon auszugehen, dass der Zeitpunkt der ersten Inbetriebnahme dem Zeitpunkt der Zulassung entspricht (Abschn. 1b.1 Satz 8 UStAE).

Wird **eine der beiden Größen überschritten**, gilt das Fahrzeug **nicht** mehr als **neu** i.S.d. § 1b Abs. 3 Nr. 1 und wird somit im **Ursprungsland** besteuert.

Keine motorbetriebenen Landfahrzeuge sind z.B. **Wohnwagen, Packwagen** und **andere Anhänger ohne Motor**, die nur von Kraftfahrzeugen mitgeführt werden können (Abschn. 1b.1 **Satz 5** UStAE).

> **ÜBUNG →** 1. Wiederholungsfragen 10 und 11 (Seite 213),
> 2. Fälle 12 bis 14 (Seite 215)

5.4 Innergemeinschaftliches Dreiecksgeschäft (§ 25b UStG)

Innerhalb des **Reihengeschäfts** ist es **notwendig**, das **innergemeinschaftliche Dreiecksgeschäft** abzugrenzen, da für diesen speziellen Fall des Reihengeschäfts besondere **Vereinfachungsregelungen** nach **§ 25b UStG** in Betracht kommen.

Ein **innergemeinschaftliches Dreiecksgeschäft** liegt nach § 25b Abs. 1 vor, wenn

1. **drei Unternehmer** über denselben Gegenstand Umsatzgeschäfte abschließen und dieser Gegenstand **unmittelbar** vom **ersten** Lieferer an den **letzten** Abnehmer gelangt,
2. die Unternehmer in jeweils verschiedenen Mitgliedstaaten für Zwecke der Umsatzsteuer erfasst sind (**Unternehmer mit USt-IdNr.**),
3. der Gegenstand der Lieferung aus dem Gebiet **eines** Mitgliedstaates in das Gebiet **eines anderen** Mitgliedstaates gelangt **und**
4. der Gegenstand der Lieferung durch den **ersten** Lieferer (U 1) oder den **ersten** Abnehmer (U 2) befördert oder versendet wird, d.h., **kein Abholfall vorliegt**.

BEISPIEL

Der **deutsche** Unternehmer A in Essen bestellt beim **belgischen** Großhändler U 2 in Brüssel eine Maschine.
U 2 hat die Maschine nicht vorrätig und bestellt sie bei dem **französischen** Hersteller U 1 in Paris. U 1 lässt die Maschine durch einen Transportunternehmer nach Weisung des U 2 unmittelbar an A befördern. Alle Beteiligten treten unter der **USt-IdNr. ihres Landes** auf.

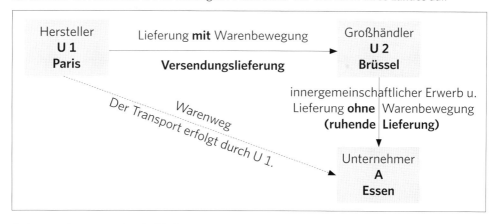

Es liegt ein **innergemeinschaftliches Dreiecksgeschäft** vor, weil alle Voraussetzungen des § 25b Abs. 1 erfüllt sind.
Die **Versendung** ist der **ersten** Lieferung (U 1 an U 2) **zuzuordnen** (§ 3 Abs. 6), da U 1 als erster Unternehmer in der Reihe die Maschine versendet (Abschn. 3.14 Abs. 8 Satz 1 UStAE).
U 1 bewirkt eine steuerfreie innergemeinschaftliche Lieferung in Frankreich.
U 2 bewirkt einen **innergemeinschaftlichen Erwerb** in Deutschland (§ 3d Satz 1). Die **zweite Lieferung** (U 2 an A) ist eine **ruhende Lieferung** im Inland (§ 3 Abs. 7).

ÜBUNG → 1. Wiederholungsfrage 12 (Seite 213),
2. Fall 15 (Seite 215)

5.5 Zusammenfassung und Erfolgskontrolle
5.5.1 Zusammenfassung

Steuerbare Umsätze

1. **Entgeltliche Leistungen** (§ 1 Abs. 1 **Nr. 1** UStG)
    1. **Unternehmer**
    2. **Inland**
    3. **Entgelt**
    4. **im Rahmen seines Unternehmens**
2. **Unentgeltliche Leistungen** (§ 1 Abs. 1 **Nr. 1** UStG)
    - 2.1 **Unentgeltliche Lieferungen** (§ 1 Abs. 1 **Nr. 1** i.V.m. § 3 **Abs. 1b** UStG)
        - 2.1.1 Entnahme von Gegenständen
        - 2.1.2 Sachzuwendungen an das Personal
        - 2.1.3 andere unentgeltliche Zuwendungen
    - 2.2 **Unentgeltliche sonstige Leistungen** (§ 1 Abs. 1 **Nr. 1** i.V.m. § 3 **Abs. 9a** UStG)
        - 2.2.1 private Nutzung betrieblicher Gegenstände
        - 2.2.2 andere unentgeltliche sonstige Leistungen
3. **Einfuhr** (§ 1 Abs. 1 **Nr. 4** UStG)
    1. Ein **Gegenstand** muss
    2. aus dem **Drittlandsgebiet**
    3. in das **Inland** oder die österreichischen Gebiete Jungholz und Mittelberg eingeführt (verbracht) werden und
    4. **im Inland** der **Besteuerung** unterliegen.
4. **Innergemeinschaftlicher Erwerb** (§ 1 Abs. 1 **Nr. 5** UStG)
    1. **Lieferung**
    2. aus dem **übrigen Gemeinschaftsgebiet**
    3. in das Gebiet eines anderen Mitgliedstaates (**Inland**)
    4. durch einen **Unternehmer** (kein Kleinunternehmer)
    5. an **bestimmte Erwerber**

5.5.2 Erfolgskontrolle

WIEDERHOLUNGSFRAGEN

1. Unter welchen Voraussetzungen ist ein innergemeinschaftlicher Erwerb gegen Entgelt nach § 1 Abs. 1 Nr. 5 i. V. m. § 1a Abs. 1 UStG steuerbar?
2. Was bringt ein Erwerber zum Ausdruck, wenn er beim Import aus EU-Mitgliedstaaten eine USt-IdNr. verwendet?
3. Welche Folge ergibt sich, wenn ein Erwerber beim Import aus EU-Mitgliedstaaten keine USt-IdNr. verwendet?
4. Unter welchen Voraussetzungen gilt ein unternehmensinternes Verbringen im Sinne des § 1a Abs. 2 UStG als steuerbarer innergemeinschaftlicher Erwerb gegen Entgelt?
5. Unter welchen Voraussetzungen ist ein innergemeinschaftlicher Erwerb durch Halbunternehmer steuerbar?
6. Welche Folge ergibt sich, wenn die Erwerbsschwelle nicht überschritten wird?
7. Wer kann für die Erwerbsbesteuerung optieren?
8. Wie lange gilt die Option nach § 1a Abs. 4 Satz 3 UStG mindestens?
9. In welchem Fall ist es sinnvoll, für die Erwerbsbesteuerung zu optieren?
10. Für wen kommt der innergemeinschaftliche Erwerb neuer Fahrzeuge nach § 1b UStG vor allem in Betracht?
11. Liegt ein innergemeinschaftlicher Erwerb i. S. d. § 1b UStG vor, wenn der Fahrzeuglieferer eine Privatperson ist?
12. Wann liegt ein innergemeinschaftliches Dreiecksgeschäft nach § 25b Abs. 1 UStG vor?

FÄLLE

FALL 1

Der niederländische Lieferer U versendet mit der Bahn Ware für 10.000 € an den Unternehmer A in Köln, der die Ware für sein Unternehmen verwendet. Die Versendung beginnt am 16.07.2018 in Amsterdam und endet am 18.07.2018 in Köln.
U und A sind Unternehmer mit USt-IdNr.
Liegt ein steuerbarer innergemeinschaftlicher Erwerb vor? Begründen Sie Ihre Antwort.

FALL 2

Der norwegische Lieferer U liefert 2017 an den Erwerber A in Hamburg Ware für 15.000 €, die Dänemark im Wege der Durchfuhr berührt. Die Ware wird in Dänemark nicht zum zoll- und umsatzsteuerrechtlich freien Verkehr abgefertigt, sondern weiter in die Bundesrepublik Deutschland gebracht und dort in den zoll- und umsatzsteuerrechtlich freien Verkehr überführt. U und A sind Unternehmer mit USt-IdNr.
Liegt ein steuerbarer innergemeinschaftlicher Erwerb vor? Begründen Sie Ihre Antwort.

FALL 3

Sachverhalt wie im Fall 2 mit dem Unterschied, dass die Ware in Dänemark zoll- und umsatzsteuerrechtlich zum freien Verkehr abgefertigt wird und von dort in die Bundesrepublik Deutschland gelangt.
Liegt ein steuerbarer innergemeinschaftlicher Erwerb vor? Begründen Sie Ihre Antwort.

C. Umsatzsteuer

FALL 4

Unternehmer U, Amsterdam, befördert mit seinem Lkw Blumen nach Köln, um sie dort auf dem Wochenmarkt zu verkaufen. Einen Teil der Blumen verkauft U in Köln. Den Rest nimmt er wieder mit in die Niederlande. U ist Unternehmer mit USt-IdNr.
Liegt ein steuerbarer innergemeinschaftlicher Erwerb vor? Begründen Sie Ihre Antwort.

FALL 5

Der französische Maschinenfabrikant U, Metz, befördert verschiedene Metalle von seinem französischen Hauptsitz in Metz zu seiner deutschen Produktionsstätte nach Saarbrücken. In Deutschland werden diese Metalle im Rahmen des Produktionsprozesses zu Maschinenteilen bzw. zu Maschinen verarbeitet.
Liegt ein steuerbarer innergemeinschaftlicher Erwerb vor? Begründen Sie Ihre Antwort.

FALL 6

Der niederländische Möbelhersteller U, Venlo, befördert einen Teil der in den Niederlanden produzierten Möbel von seinem Hauptsitz in Venlo zu seinem Auslieferungslager nach Aachen, um sie dort an deutsche Möbelhändler zu verkaufen.
Liegt ein steuerbarer innergemeinschaftlicher Erwerb vor? Begründen Sie Ihre Antwort.

FALL 7

Der französische Bauunternehmer U, Straßburg, setzt auf seiner Baustelle in Freiburg (Deutschland) einen Bagger ein, den er zu diesem Zweck von Straßburg nach Freiburg verbringt. Der Bagger wird auf der Baustelle für drei Monate eingesetzt und anschließend wieder nach Straßburg gebracht.
Liegt ein steuerbarer innergemeinschaftlicher Erwerb vor? Begründen Sie Ihre Antwort.

FALL 8

Der Arzt Dr. Christoph Fabel, Flensburg, der nur steuerfreie Umsätze ausführt, kauft im März 2018 in Dänemark ein medizinisches Gerät für 10.000 € netto. Dr. Fabel plant für 2018 innergemeinschaftliche Erwerbe aus anderen EU-Mitgliedstaaten von insgesamt 12.000 €. Im Jahre 2017 hat Dr. Fabel keine Einkäufe aus EU-Mitgliedstaaten getätigt und auch nicht zur Erwerbsbesteuerung nach § 1a Abs. 4 UStG optiert.
Liegt ein steuerbarer innergemeinschaftlicher Erwerb vor? Begründen Sie Ihre Antwort.

FALL 9

Die Berufsbildende Schule Wirtschaft Koblenz, die bisher nur Gegenstände im Inland erworben hat, kauft 2018 für ihr Lehrerzimmer neue Tische und Stühle bei einem französischen Möbelhändler für 10.000 € netto. Es sind keine weiteren Einkäufe aus EU-Mitgliedstaaten geplant. Die Schule hat auch nicht zur Erwerbsbesteuerung nach § 1a Abs. 4 UStG optiert.
Liegt ein steuerbarer innergemeinschaftlicher Erwerb vor? Begründen Sie Ihre Antwort.

5 Steuerbarer innergemeinschaftlicher Erwerb

FALL 10

Der Arzt Dr. Weiß, Berlin, der nur steuerfreie Umsätze nach § 4 Nr. 14 ausführt, kauft Anfang 2018 ein medizinisches Gerät für 10.000 € netto von dem Unternehmer U in Luxemburg. Dr. Weiß hat zum Zeitpunkt des Kaufs keine USt-IdNr., weil keine weiteren Einkäufe aus EU-Mitgliedstaaten geplant sind. In 2017 tätigte Dr. Weiß keine Erwerbe aus anderen EU-Staaten. Entgegen seiner ursprünglichen Planung erwirbt Dr. Weiß Ende 2018 ein weiteres medizinisches Gerät für 5.000 € netto vom Unternehmer U in Luxemburg.

Liegt ein steuerbarer innergemeinschaftlicher Erwerb vor? Begründen Sie Ihre Antwort.

FALL 11

Sachverhalt wie im Fall 8 mit dem Unterschied, dass Dr. Christoph Fabel für die Erwerbsbesteuerung optiert hat. Dr. Fabel hat für die Option eine USt-IdNr. beantragt und erhalten.
1. Liegt ein steuerbarer innergemeinschaftlicher Erwerb vor? Begründen Sie Ihre Antwort.
2. Ist die Option wirtschaftlich sinnvoll? Begründen Sie Ihre Antwort.

FALL 12

Studienrätin Ute Roth, Kiel, erwirbt 2018 von dem dänischen Autohändler U einen Pkw. Der Preis des Pkws beträgt 18.000 € netto. Der Pkw hat bereits einen Kilometerstand von 5.000. Die Inbetriebnahme des Pkws erfolgte zwei Monate vor dem Verkauf. U verwendet gegenüber Frau Roth seine dänische USt-IdNr.

Liegt ein steuerbarer innergemeinschaftlicher Erwerb vor? Begründen Sie Ihre Antwort.

FALL 13

Wie Fall 12, jedoch beträgt der Kilometerstand 6.500. Die erste Inbetriebnahme erfolgte sieben Monate vor dem Verkauf.

Liegt ein steuerbarer innergemeinschaftlicher Erwerb vor? Begründen Sie Ihre Antwort.

FALL 14

Der selbständige Handelsvertreter Jens Ahrens, Köln, erwirbt 2018 von dem niederländischen Autohändler van Roompot einen Pkw. Der Preis des Pkws beträgt 28.000 € netto. Der Pkw hat bereits einen Kilometerstand von 8.200. Die Inbetriebnahme des Pkws erfolgte sieben Monate vor dem Verkauf. Im Sachverhalt nicht näher beschriebene Tatbestandsvoraussetzungen können als erfüllt unterstellt werden.

Liegt ein steuerbarer innergemeinschaftlicher Erwerb vor? Begründen Sie Ihre Antwort.

FALL 15

Die Maschinenbaufirma A in Paris (Unternehmer mit französischer USt-IdNr.) bestellt am 20.07.2018 eine Maschine bei dem deutschen Großhändler U 2 in Köln (Unternehmer mit deutscher USt-IdNr.). U 2 hat die Maschine nicht vorrätig und bittet den belgischen Produzenten U 1 in Brüssel (Unternehmer mit belgischer USt-IdNr.) die Maschine unmittelbar an A zu liefern. U 1 versendet den Gegenstand am 25.07.2018 an A. Alle drei Unternehmer geben jeweils die USt-IdNr. ihres Landes an.
1. Liegt ein innergemeinschaftliches Reihengeschäft vor?
2. Welcher Unternehmer bewirkt einen innergemeinschaftlichen Erwerb?

Weitere Fälle mit Lösungen finden Sie im **Lösungsbuch** der Steuerlehre 1.

Zusammenfassende Erfolgskontrolle zum 1. bis 5. Kapitel

Prüfen Sie, ob folgende Umsätze für den Unternehmer U im Inland **steuerbar** oder **nicht steuerbar** sind. Verwenden Sie dabei die Lösungstabelle von Seite 173 und tragen Sie die **Entgelte** in die beiden letzten Spalten ein. Alle Umsätze erfolgen im Kalenderjahr 2018.

1. Der Lehrer U, der als Fachbuchautor Unternehmer ist, verkauft und übergibt in Koblenz sein privates Fahrrad an einen Schüler für netto 50 €.
2. Die U-OHG betreibt in Bonn eine Lederwarengroßhandlung. Im vergangenen Monat hat ein Gesellschafter der U-OHG aus dem Unternehmen eine Handtasche im Wert von 300 € netto (aktuelle Wiederbeschaffungskosten) unentgeltlich entnommen.
3. Der Sportverein U e.V. in Wiesbaden hat zur Erfüllung seiner satzungsmäßigen Aufgaben Mitgliedsbeiträge in Höhe von 20.000 € netto vereinnahmt.
4. Der Sportverein (Nr. 3) unterhält in Wiesbaden ein Vereinslokal. Der Verein hat in diesem Lokal Getränke und Speisen für 10.000 € netto verkauft.
5. Ein Hotelgast besucht die selbständige Kosmetikerin U des Hotels und bezahlt für die Behandlung brutto 238 €.
6. Der Unternehmer U betreibt in München einen Sportartikelgroß- und -einzelhandel. Der französische Hersteller L versendet mit der Bahn Sportartikel für 20.000 € an U. Beide Unternehmer verwenden die USt-IdNr. ihres Landes.
7. Die Brauerei U, Koblenz, schenkt anlässlich einer Betriebsbesichtigung den Besuchern Freitrunk im Wert von 200 € netto aus.
8. Der Elektrohändler U, Berlin, entnimmt seinem Elektrogeschäft Lampen, die er in sein fremdvermietetes Mehrfamilienhaus in Berlin einbaut. Der Wert der Lampen beträgt 30 € netto.
9. Der französische Lieferer L, Paris, versendet mit der Bahn 50 Damenmäntel an den deutschen Unternehmer U in Koblenz für 5.000 € netto. L und U verwenden die USt-IdNr. ihres Landes.
10. Steuerberater U, Essen, fertigt in seinem Büro während der Geschäftszeit seine Umsatzsteuererklärung an. Einem Mandanten hätte er dafür 80 € netto berechnet.
11. Unternehmer U ist seit 02.07.2018 Eigentümer eines Zweifamilienhauses in Mainz, in dem er eine Wohnung (1. OG) für 3.000 € steuerfrei vermietet und die andere Wohnung (EG) für eigene Wohnzwecke nutzt. Die anteiligen Ausgaben für die privat genutzte Wohnung betragen 1.500 €. U hat das Haus insgesamt seinem Unternehmen zugeordnet.
12. Der norwegische Lieferer U, Oslo, liefert an den Erwerber A in Hamburg Ware, die Dänemark im Wege der Durchfuhr berührt. U und A sind Unternehmer. Die Bemessungsgrundlage beträgt 2.000 €. U liefert unverzollt und unversteuert. A überführt die Ware in den zoll- und steuerrechtlich freien Verkehr und entrichtet die Einfuhrumsatzsteuer.

6 Ort des Umsatzes

Steuerbar sind nach § 1 Abs. 1 Nr. 1 und Nr. 5 UStG nur solche Umsätze, die im **Inland** ausgeführt bzw. als ausgeführt behandelt werden.

Zur Feststellung der **Steuerbarkeit** muss deshalb geklärt werden, **wo** der **Ort des Umsatzes** ist.

Für den **Ort des Umsatzes** sind folgende Vorschriften zu unterscheiden:

1. **Ort der entgeltlichen Lieferungen** (§ 3 Abs. 6 bis 8, § 3c und § 3g)
    - 1.1   Ort der Lieferung bei Beförderung oder Versendung (§ 3 **Abs. 6**)
    - 1.2   Ort der Lieferung in den Sonderfällen der Beförderung oder Versendung (§ 3 **Abs. 8**)
    - 1.3   Ort der Lieferung **ohne** Beförderung oder Versendung (§ 3 **Abs. 7 Satz 1**)
    - 1.4   Ort der Lieferung bei Reihengeschäften (§ 3 Abs. 6 Sätze 5 und 6 i. V. m. § 3 **Abs. 7 Satz 2**)
    - 1.5   Ort der Lieferung bei innergemeinschaftlichen Beförderungs- und Versendungslieferungen an bestimmte Abnehmer (§ **3c**)
    - 1.6   Ort der Lieferung von Gas, Elektrizität, Wärme oder Kälte (§ **3g**)
2. **Ort der sonstigen Leistungen** (§§ 3a, 3b und 3f)
    - 2.1   Grundregel des § 3a **Abs. 2** (B2B-Umsätze)
    - 2.2   Grundregel des § 3a **Abs. 1** (B2C-Umsätze)
    - 2.3   Spezialvorschriften des § 3a **Abs. 3 bis 8**
    - 2.4   Spezialvorschriften des § **3b**
    - 2.5   Spezialvorschriften der unentgeltlichen Leistungen (§ **3f**)
3. **Ort des innergemeinschaftlichen Erwerbs** (§ 3d)

In dieser **Reihenfolge** werden die Vorschriften über den Ort des Umsatzes dargestellt und erläutert.

6.1 Ort der entgeltlichen Lieferung

Die **Ortsbestimmung der Lieferung** entscheidet darüber, ob eine **steuerbare** Lieferung im **Inland** vorliegt oder nicht.

6.1.1 Ort der Lieferung bei Beförderung oder Versendung (§ 3 Abs. 6 UStG)

§ 3 **Abs. 6** und Abs. 7 regelt den **Lieferort** und damit zugleich auch den Zeitpunkt der Lieferung (Abschn. 3.12 Abs. 7 Satz 1 UStAE). Der **Leistungszeitpunkt** spielt eine zentrale Rolle bei der Beantwortung der Frage „Wann **entsteht** die **Umsatzsteuer** für diesen Leistungsaustausch?" (vgl. hierzu auch S. 130 „Prüfungsschema zur Lösung umsatzsteuerlicher Vorgänge" Nr. 6 sowie S. 336 ff. „Entstehung der Umsatzsteuer und Steuerschuldner").

Durch § 3 **Abs. 6** wird bei **Beförderungs- und Versendungslieferungen** der **Lieferort** durch eine **Fiktion** (Annahme) auf den Ort des **Beginns** der Beförderung oder Versendung verlagert.

§ 3 Abs. 6 bezweckt, den **Ort der Beförderungs- und Versendungslieferung vorzuverlegen**.

Abholfälle werden in die **Beförderungs- und Versendungslieferungen** des § 3 Abs. 6 einbezogen.

C. Umsatzsteuer

Lieferungen von Waren aus einem Konsignationslager (Lager in Kundennähe) nach Deutschland sind im Inland nicht umsatzsteuerpflichtig, wenn die Waren nur kurzfristig gelagert wurden. Zum Zeitpunkt der Versendung muss jedoch der Empfänger in der EU bereits feststehen (BFH-Urteil vom 16.11.2016; BMF-Schreiben vom 10.10.2017, abrufbar unter www.bmfschreiben.de).

Beförderung

Die Beförderungslieferung **gilt** (Fiktion) **mit Beginn der Beförderung als ausgeführt**. Der **Ort** der Beförderungslieferung ist **dort, wo die Beförderung beginnt** (§ 3 Abs. 6 **Satz 1**).

BEISPIEL

Der Unternehmer U, Kassel, **bringt mit eigenem Lkw** die für 2.000 € netto verkaufte Ware von Kassel zum Abnehmer A nach Göttingen.

Es liegt eine Lieferung **mit** Warenbewegung vor. Der **Lieferer U bewegt** die **Ware** selbst **fort (Beförderungslieferung)**.
Ort der Lieferung ist **Kassel**, weil dort die **Beförderung beginnt**. Die **Lieferung** ist nach § 1 Abs. 1 **Nr. 1** i.V.m. § 3 **Abs. 6** im **Inland steuerbar**.

Umsatzart nach § 1 i.V.m. § 3 UStG	Ort des Umsatzes	nicht steuerbare Umsätze im Inland €	steuerbare Umsätze im Inland €	steuerfreie Umsätze im Inland § 4 UStG €	steuerpflichtige Umsätze im Inland €
Lieferung	**Kassel**	—	2.000		

Versendung

Bei der Versendungslieferung **gilt** (Fiktion) die Lieferung **mit der Übergabe** des Gegenstandes **an den selbständigen Beauftragten** (Frachtführer, Spediteur) **als ausgeführt**. Die Versendung beginnt mit der Übergabe des Gegenstandes an den Beauftragten (§ 3 Abs. 6 **Satz 4**).

Bei der Versendungslieferung ist der **Ort** der Lieferung dort, **wo der Gegenstand an den selbständigen Beauftragten übergeben wird**.

BEISPIEL

Der Unternehmer U übergibt in Münster dem **Spediteur** B Waren für 3.000 € netto mit dem Auftrag, den Transport dieser Waren zum Abnehmer A, Köln, zu besorgen.

Es liegt eine Lieferung **mit** Warenbewegung vor. Der **selbständige Beauftragte** besorgt den Transport der Ware **(Versendungslieferung)**.
Ort der Lieferung ist **Münster**, weil der Gegenstand der Lieferung in Münster dem selbständigen Beauftragten übergeben wird. Die Versendung **beginnt** in **Münster**.
Die **Lieferung** ist nach § 1 Abs. 1 **Nr. 1** i.V.m. § 3 **Abs. 6** im **Inland steuerbar**.

Umsatzart nach § 1 i.V.m. § 3 UStG	Ort des Umsatzes	nicht steuerbare Umsätze im Inland €	steuerbare Umsätze im Inland €	steuerfreie Umsätze im Inland § 4 UStG €	steuerpflichtige Umsätze im Inland €
Lieferung	**Münster**	—	3.000		

Abholung

Auch der **Abholfall** wird als Lieferung **mit** Warenbewegung behandelt.

Wird der Gegenstand der Lieferung durch den **Abnehmer befördert oder versendet**, gilt (Fiktion) die Lieferung dort **als ausgeführt, wo die Beförderung oder Versendung beginnt** (§ 3 Abs. 6 **Satz 1**).

BEISPIEL

Der **Käufer** A, Trier, **holt** beim Unternehmer U in Köln die gekaufte Maschine für 10.000 € netto **mit eigenem Lkw ab**.

Es liegt eine Lieferung **mit** Warenbewegung vor. Der **Abnehmer** A bewegt die **Ware fort** (**Beförderungslieferung**, sog. Abholfall).
Ort der Lieferung ist **Köln**, weil dort die **Beförderung beginnt**.
Die **Lieferung** ist nach § 1 Abs. 1 **Nr. 1** i.V.m. § 3 **Abs. 6** im **Inland steuerbar**.

Umsatzart nach § 1 i.V.m. § 3 UStG	Ort des Umsatzes	nicht steuerbare Umsätze im Inland €	steuerbare Umsätze im Inland €	steuerfreie Umsätze im Inland § 4 UStG €	steuerpflichtige Umsätze im Inland €
Lieferung	**Köln**	—	10.000		

MERKE → Der Ort der Lieferung liegt grundsätzlich beim **liefernden Unternehmer**.

Zusammenfassung zu Abschnitt 6.1.1:

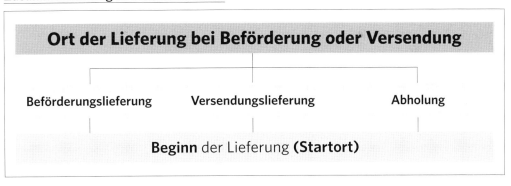

ÜBUNG → 1. Wiederholungsfragen 1 bis 3 (Seite 258),
2. Fall 1 (Seiten 259 f.)

6.1.2 Ort der Lieferung in den Sonderfällen der Beförderung oder Versendung (§ 3 Abs. 8 UStG)

Abweichend von § 3 **Abs. 6** (Lieferort bei Beförderung oder Versendung) wird nach § 3 **Abs. 8** der **Ort der Lieferung** in bestimmten Fällen in das **Inland** verlegt.

Der **Ort der Lieferung** liegt nach § 3 **Abs. 8** im **Inland**, wenn folgende **Voraussetzungen** erfüllt sind (vgl. auch Abschn. 3.13 Abs. 1 UStAE):

1. **Lieferung**,
2. **Beförderung** oder **Versendung** (§ 3 **Abs. 6** UStG),
3. aus dem **Drittlandsgebiet**,
4. in das **Inland**,
5. **Lieferer** muss **Schuldner der Einfuhrumsatzsteuer** (**EUSt**) sein (i. d. R. gilt die Lieferkondition „verzollt und versteuert").

BEISPIEL

Der norwegische Unternehmer U, Oslo, hat Waren für netto 5.000 € an den Abnehmer A, Bonn, verkauft. Er befördert die Waren mit seinem Lkw nach Bonn.

U lässt die Waren zum zoll- und steuerrechtlich freien Verkehr abfertigen und entrichtet die deutsche Einfuhrumsatzsteuer. U liefert „verzollt und versteuert".

U tätigt zunächst eine steuerbare Einfuhr (§ 1 Abs. 1 Nr. 4). Der Ort der **Lieferung** liegt im **Inland**, da alle Voraussetzungen des § 3 **Abs. 8** erfüllt sind.

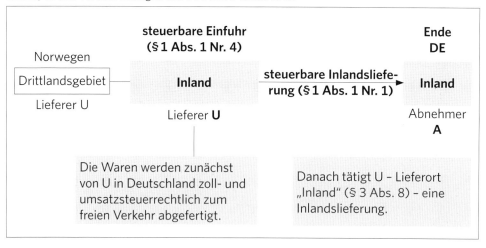

Es liegt ein Sonderfall des § 3 **Abs. 8** vor. Ort der Beförderungslieferung ist für den Unternehmer U das Inland. Die Lieferung ist **steuerbar**, weil alle Voraussetzungen des § 1 Abs. 1 Nr. 1 i. V. m. § 3 **Abs. 8** erfüllt sind

U kann die entstandene **Einfuhrumsatzsteuer** als Vorsteuer abziehen (§ 15 Abs. 1 Nr. 2).

Umsatzart nach § 1 i.V.m. § 3 UStG	Ort des Umsatzes	nicht steuerbare Umsätze im Inland €	steuerbare Umsätze im Inland €	steuerfreie Umsätze im Inland § 4 UStG €	steuerpflichtige Umsätze im Inland €
Lieferung	Inland	—	5.000		

Kein Fall des § 3 Abs. 8 liegt vor, wenn **eine Voraussetzung des § 3 Abs. 8 fehlt**, z. B., wenn der **Abnehmer** (nicht der Lieferer) **Schuldner** der Einfuhrumsatzsteuer **(EUSt)** ist (Lieferklausel: **„unverzollt und unversteuert"**).

Die **Merkmale** der **steuerbaren Einfuhr** wurden bereits im Kapitel 4 „Steuerbare Einfuhr" dargestellt und erläutert, Seiten 194 ff.

BEISPIEL

Sachverhalt wie im Beispiel zuvor mit dem **Unterschied**, dass der **Abnehmer A Schuldner der Einfuhrumsatzsteuer** ist. U überführt für A die Waren in den zoll- und steuerrechtlich freien Verkehr und entrichtet für A die Einfuhrumsatzsteuer. U liefert **„unverzollt und unversteuert"**.

Es liegt **kein** Sonderfall der Lieferung des § 3 Abs. 8 vor. **Ort der Lieferung** ist für den Unternehmer U **Oslo** (§ 3 **Abs. 6 Satz 1**). Aus der **Sicht** des liefernden Unternehmers **U** liegt eine Lieferung (Ausfuhr) vor, die jedoch in Norwegen steuerfrei ist.

Aus der **Sicht des A** liegt eine **Einfuhr** vor, die nach § 1 Abs. 1 **Nr. 4** in Deutschland **steuerbar** ist.

A kann die entstandene **Einfuhrumsatzsteuer** als **Vorsteuer** abziehen, weil die Gegenstände für sein Unternehmen in das Inland eingeführt worden sind (§ 15 Abs. 1 Satz 1 Nr. 2 UStG).

Umsatzart nach § 1 i. V. m. § 3 UStG	Ort des Umsatzes	**nicht steuerbare Umsätze im Inland** €	**steuerbare Umsätze im Inland** €	steuerfreie Umsätze im Inland § 4 UStG €	steuerpflichtige Umsätze im Inland €
Einfuhr	**Inland**	—	5.000		

Keine Einfuhr liegt vor, wenn die Drittlandsgegenstände, die ins Inland verbracht werden, **keine Besteuerung** auslösen (z. B. Verbringen in ein Zolllager).

Erst mit der **Überführung** in den **zoll- und steuerrechtlich freien Verkehr** wird der Tatbestand der umsatzsteuerrechtlichen **Einfuhr** verwirklicht.

Grundsätzlich sind Lieferungen von Waren **aus dem Drittland** mit einem **Gesamtwert von bis zu 22 €** einfuhrabgabenfrei. Der BFH hat in 2015 darauf hingewiesen, dass die Vermeidung der Besteuerung im Inland an **enge Voraussetzungen** geknüpft ist. Hier ist stets die Prüfung des Einzelfalles vorzunehmen. Es soll vermieden werden, dass eine **unerlaubte Steuervermeidung** durch z. B. entsprechende Vertragsgestaltung möglich ist bzw. tatsächlich erfolgt.

In seinem Urteil vom 16.06.2015 vertritt der BFH auch die Auffassung, dass der Ort der Lieferung **auch dann** nach § 3 Abs. 8 zu bestimmen ist, wenn die Einfuhr – wie auch Warensendungen **bis 22 €** - **steuerfrei** ist.

Das Umsatzsteuergesetz enthält **keine** Regelung über den **Ort der Einfuhr**.

ÜBUNG → 1. Wiederholungsfragen 4 bis 7 (Seite 258),
2. Fälle 2 und 3 (Seite 260)

C. Umsatzsteuer

6.1.3 Ort der Lieferung ohne Beförderung oder Versendung (§ 3 Abs. 7 UStG)

Wird der Gegenstand der Lieferung **nicht** befördert oder versendet, ist § 3 **Abs. 7** anzuwenden (Abschn. 3.12 Abs. 6 Satz 1 UStAE). § 3 **Abs. 7** regelt den **Lieferort** und damit zugleich auch den Zeitpunkt der Lieferung (Abschn. 3.12 Abs. 7 Satz 1 UStAE).

Nach § 3 **Abs. 7** sind zwei Fallgruppen zu unterscheiden:

1. Ort der ruhenden Lieferung außerhalb von Reihengeschäften (§ 3 Abs. 7 **Satz 1**) und
2. Ort der ruhenden Lieferung bei Reihengeschäften (§ 3 Abs. 7 **Satz 2**).

Im folgenden Abschnitt wird die **erste** Fallgruppe behandelt.

 Der Ort der Lieferung bei **Reihengeschäften** wird im Abschnitt 6.1.4 „Ort der Lieferung bei Reihengeschäften" dargestellt und erläutert, Seiten 224 ff.

Nach § 3 Abs. 7 **Satz 1** wird die Lieferung **dort** ausgeführt, **wo sich der Gegenstand zur Zeit der Verschaffung der Verfügungsmacht befindet.**

Nach Abschn. 3.12 Abs. 6 **Satz 2** UStAE gilt § 3 Abs. 7 **Satz 1** insbesondere für Fälle, in denen die Verfügungsmacht z.B.

- durch Vereinbarung eines **Besitzkonstituts** (§ 930 BGB),
- durch Abtretung des **Herausgabeanspruchs** (§ 931 BGB) oder
- durch Übergabe von **Traditionspapieren** (Lagerscheine, Ladescheine, Konnossemente, §§ 444, 475c, 647 HGB)

verschafft wird.

BEISPIELE

a) Der Bauunternehmer U in Essen kauft Wertpapiere bei der Bonner Sparkasse für 10.000 €. Die Sparkasse verwahrt die Wertpapiere in ihrem Depot.

Durch **Einigung**, dass der Erwerber (U) Eigentümer werden soll, und die **Vereinbarung**, dass der Verkäufer (Sparkasse) Besitzer bleibt, erfolgt die Eigentumsübertragung **(Besitzkonstitut)**. Ort der Lieferung ist **Bonn**, weil sich dort die Wertpapiere im Zeitpunkt der Verschaffung der Verfügungsmacht befinden (§ 3 Abs. 7 Satz 1).

b) Der Möbelhändler U in Bochum verkauft einen Wohnzimmerschrank für 8.000 €, den er in einem Lagerhaus in Dortmund eingelagert hat, an den Abnehmer A, Essen. U übergibt A in Bochum den Lagerschein.

Durch **Einigung** und **Abtretung** des Herausgabeanspruchs bzw. **Übergabe** eines Traditionspapiers an A erfolgt die Eigentumsübertragung **(Abtretung des Herausgabeanspruchs und Übergabe eines Traditionspapiers)**. Ort der Lieferung ist **Dortmund**, weil sich dort der Wohnzimmerschrank im Zeitpunkt der Verschaffung der Verfügungsmacht befindet (§ 3 Abs. 7 Satz 1).

§ 3 Abs. 7 **Satz 1** gilt **auch** für die **Werklieferung**, wenn das **fertige Werk** (z.B. ein Bauwerk) **nicht befördert oder versendet** wird. Wird das fertige Werk hingegen befördert oder versendet (z.B. ein maßgeschneiderter Anzug), ist § 3 Abs. 6 Satz 1 anzuwenden.

BEISPIEL

Der Bauunternehmer U in Berlin lässt sich von dem russischen Subunternehmer P aus Moskau in Potsdam einen Rohbau errichten, den P mit **100.000 €** in Rechnung stellt. Das Baumaterial wird von P gestellt. Die Bemessungsgrundlage beträgt 100.000 € (§ 10 Abs. 1).

Der im Ausland ansässige Unternehmer P erbringt im Inland eine steuerbare **Werklieferung** an den Bauunternehmer U (§ 1 Abs. 1 Nr. 1 i.V.m. § 3 Abs. 4).

Ort der Werklieferung ist **Potsdam**, weil sich dort der Rohbau im Zeitpunkt der Verschaffung der Verfügungsmacht befindet (§ 3 Abs. 7 Satz 1). Die Werklieferung ist nach § 1 Abs. 1 Nr. 1 steuerbar und mangels einer Steuerbefreiung (§ 4) auch steuerpflichtig. Die Umsatzsteuer für die Werklieferung des im Ausland ansässigen Unternehmers P schuldet **U als Leistungsempfänger** (§ 13b **Abs. 2 Nr. 1** i.V.m. § 13b **Abs. 5** Satz 1).

U kann die Umsatzsteuer als Vorsteuer abziehen (§ 15 Abs. 1 Satz 1 Nr. 4).

Umsatzart nach § 1 i.V.m. § 3 UStG	Ort des Umsatzes	**nicht** steuerbare Umsätze im Inland €	**steuerbare** Umsätze im Inland €	**steuerfreie** Umsätze im Inland § 4 UStG €	**steuerpflichtige** Umsätze im Inland €
Werklieferung	**Potsdam**	—	100.000	—	100.000

Die **buchmäßige Darstellung** des Leistungsempfängers als Steuerschuldner erfolgt in der **Buchführung 1**, 30. Auflage 2018.

Zusammenfassung zu Abschnitt 6.1.1 und 6.1.3:

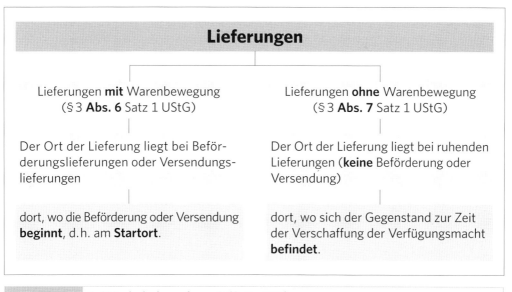

ÜBUNG → 1. Wiederholungsfrage 8 (Seite 258),
2. Fall 4 (Seite 260)

6.1.4 Ort der Lieferung bei Reihengeschäften
(§ 3 Abs. 6 Sätze 5 und 6 i. V. m. § 3 Abs. 7 Satz 2 UStG)

Für die Bestimmung des **Lieferorts bei Reihengeschäften** ist zunächst die Frage zu beantworten, bei welcher Lieferung innerhalb des Reihengeschäfts es sich um eine Lieferung **mit** Warenbewegung handelt.

Von der Beantwortung dieser Frage ist es abhängig, welche Rechtsvorschriften bei der Ortsbestimmung zur Anwendung kommen:

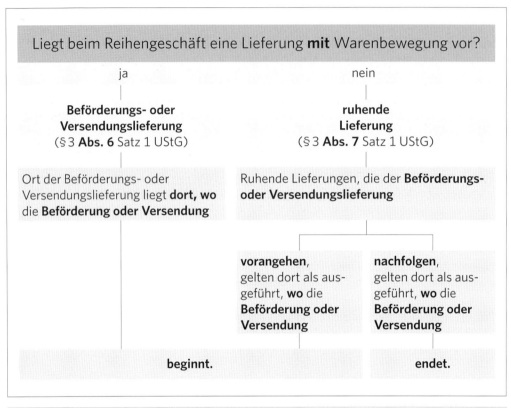

> **S 1** Der Begriff des **Reihengeschäfts** wurde bereits im Abschnitt 2.1.1 „Lieferungen" erläutert, Seiten 141 ff.

6.1.4.1 Reihengeschäft im Inland

Bei Reihengeschäften kann die **Beförderungs- oder Versendungslieferung** immer nur **einer** Lieferung in der Reihe zugeordnet werden (§ 3 Abs. 6 **Satz 5**).
Alle **anderen** Lieferungen in der Reihe sind **ruhende Lieferungen**, bei denen der Lieferort nach § 3 **Abs.** 7 Satz 2 bestimmt wird.

BEISPIEL 1

(inländisches Dreiecksgeschäft, Beförderung/Versendung):

Der Abnehmer A in Essen bestellt beim Einzelhändler U 2 in Köln Maschinenteile.
U 2 hat die Teile nicht auf Lager und bestellt sie bei dem Großhändler U 1 in Koblenz.
U 2 beauftragt den Großhändler U 1, die Maschinenteile unmittelbar an A zu **befördern** bzw. zu **versenden**. U 1 führt den Auftrag vereinbarungsgemäß aus.

6 Ort des Umsatzes

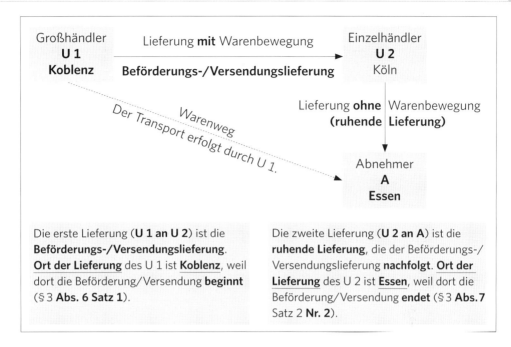

BEISPIEL 2

(inländisches Dreiecksgeschäft, Abholfall):

Sachverhalt wie im Beispiel zuvor mit dem **Unterschied**, dass der Abnehmer **A** die Maschinenteile direkt beim Lieferer (U 1) mit eigenem Lkw **abholt**.

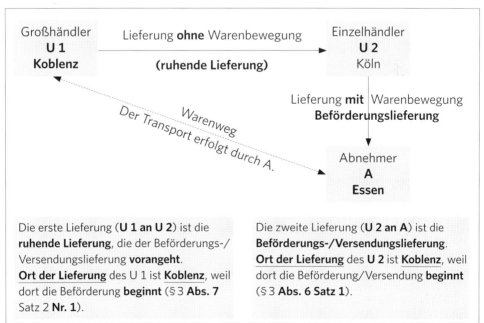

C. Umsatzsteuer

Die strenge Trennung zwischen der Lieferung **mit** Warenbewegung (Beförderungs- oder Versendungslieferung) und der Lieferung **ohne** Warenbewegung (ruhende Lieferung) gilt auch bei Reihengeschäften mit **mehr als zwei** Lieferungen (**Mehrecksgeschäfte**).

BEISPIEL 3

(inländisches Mehrecksgeschäft):

Der Abnehmer A in Essen bestellt beim Einzelhändler U 3 in Köln Maschinenteile, die dieser beim Großhändler U 2 in Bonn und U 2 wiederum beim Hersteller U 1 in Koblenz bestellt. U 1 befördert die Teile vereinbarungsgemäß von Koblenz direkt zu A nach Essen.

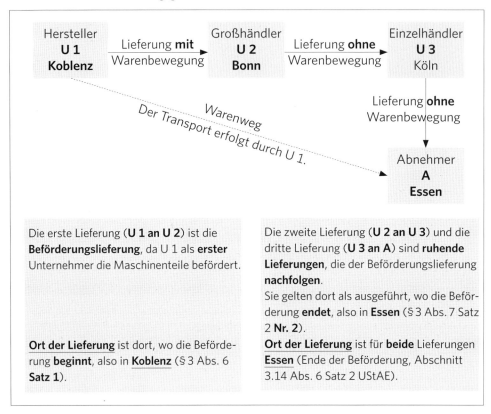

| Die erste Lieferung (**U 1 an U 2**) ist die **Beförderungslieferung**, da U 1 als **erster** Unternehmer die Maschinenteile befördert. | Die zweite Lieferung (**U 2 an U 3**) und die dritte Lieferung (**U 3 an A**) sind **ruhende Lieferungen**, die der Beförderungslieferung **nachfolgen**. Sie gelten dort als ausgeführt, wo die Beförderung **endet**, also in **Essen** (§ 3 Abs. 7 Satz 2 **Nr.** 2). |
| **Ort der Lieferung** ist dort, wo die Beförderung **beginnt**, also in **Koblenz** (§ 3 Abs. 6 Satz 1). | **Ort der Lieferung** ist für **beide** Lieferungen **Essen** (Ende der Beförderung, Abschnitt 3.14 Abs. 6 Satz 2 UStAE). |

Alle drei Lieferungen sind in der Bundesrepublik Deutschland **steuerbar**, da der **Ort der Lieferung** im **Inland** liegt und die übrigen Voraussetzungen für die Steuerbarkeit nach § 1 Abs. 1 Nr. 1 erfüllt sind.

Der BFH hat in zwei Urteilen in 2015 (XI R 15/14 und XI R 30/13) die Grundsätze der Finanzverwaltung für die **Zuordnung** der Beförderung oder Versendung zu einer der Lieferungen bei Reihengeschäften größtenteils **verworfen**.

Aktuell ist noch nicht absehbar, wann hierzu eine gesetzliche Regelung mit welchem Inhalt getroffen wird.

| ÜBUNG → | 1. Wiederholungsfragen 9 und 10 (Seite 258), 2. Fälle 5 bis 7 (Seite 261) |

6.1.4.2 Innergemeinschaftliches Dreiecksgeschäft

§ 25b ist eine **Vereinfachungsregelung** für das **innergemeinschaftliche Dreiecksgeschäft** als Sonderform des Reihengeschäfts.

Nach § 25b Abs. 1 müssen für das innergemeinschaftliche Dreiecksgeschäft **vier Voraussetzungen** vorliegen, siehe Abschnitt 5.4, Seite 211.

Die **Ortsregelung** bei einem **innergemeinschaftlichen Dreiecksgeschäft** nach § 25b wird wie folgt bestimmt:

1. der **Ort der Lieferung** bestimmt sich nach § 3 **Abs. 6** und **Abs. 7** Satz 2 und
2. der **Ort des innergemeinschaftlichen Erwerbs** nach § 3d Satz 1 und Satz 2.

Sind bestimmte in § 25b aufgeführte Bedingungen (siehe Abschn. 25b.1 UStAE) erfüllt, bedeutet dies:

1. Die **Lieferung des ersten Unternehmers** in der Reihe (**erster Lieferer**) ist grundsätzlich eine **steuerfreie innergemeinschaftliche Lieferung** in dem EU-Staat, in dem die Beförderung oder Versendung **beginnt** (§ 3 Abs. 6 Satz 1).
2. Der **mittlere Unternehmer** hat einen **innergemeinschaftlichen** Erwerb im Bestimmungsmitgliedstaat der Besteuerung zu unterwerfen, dort wo die Beförderung oder Versendung **endet** (§ 3d Satz 1).
   Die **Lieferung** des **zweiten Unternehmers** in der Reihe (**des mittleren Unternehmers**) ist im Bestimmungsmitgliedstaat eine steuerbare und steuerpflichtige **inländische Lieferung**.
   Die **Vereinfachung** besteht darin, dass der **innergemeinschaftliche Erwerb als besteuert** gilt, wenn die Voraussetzungen des § 25b Abs. 2 erfüllt sind (§ 25b Abs. 3). Der mittlere Unternehmer darf deshalb keine Rechnung mit gesondertem Steuerausweis erteilen (§ 14a Abs. 7). Er muss in seiner Rechnung auf das Vorliegen eines innergemeinschaftlichen Dreiecksgeschäfts und die Steuerschuld des letzten Abnehmers hinweisen (§ 14a Abs. 7).
3. Der **letzte** (dritte) Unternehmer (**Abnehmer**) schuldet die **Umsatzsteuer** (§ 13a Abs. 1 Nr. 5) **und** ist für die zweite Lieferung zum **Vorsteuerabzug berechtigt** (§ 25b Abs. 5).

MERKE → § 25b verlagert die **Steuerschuld** auf den **letzten Abnehmer.**

C. Umsatzsteuer

BEISPIEL

(deutscher Unternehmer am Ende der Lieferkette):

Der **deutsche** Unternehmer A in Essen bestellt beim **belgischen** Großhändler U 2 in Brüssel eine Maschine.
U 2 hat die Maschine nicht vorrätig und bestellt sie bei dem **französischen** Hersteller U 1 in Paris. U 1 lässt die Maschine durch einen Transportunternehmer nach Weisung des U 2 unmittelbar an A befördern. Alle Beteiligten treten unter der **USt-IdNr. ihres Landes** auf. Die Voraussetzungen des § 25b Abs. 2 liegen vor.

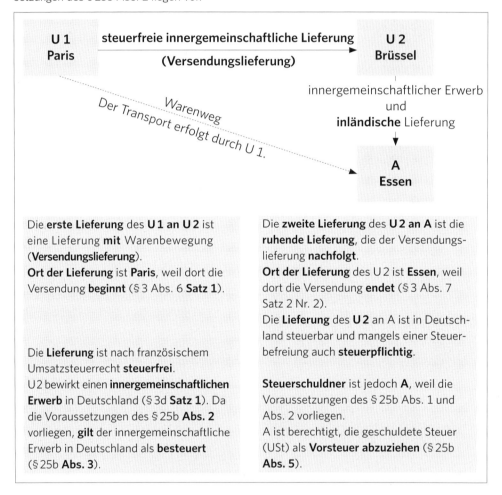

Die **erste Lieferung** des **U 1 an U 2** ist eine Lieferung **mit** Warenbewegung (**Versendungslieferung**).
Ort der Lieferung ist **Paris**, weil dort die Versendung **beginnt** (§ 3 Abs. 6 **Satz 1**).

Die **Lieferung** ist nach französischem Umsatzsteuerrecht **steuerfrei**.
U 2 bewirkt einen **innergemeinschaftlichen Erwerb** in Deutschland (§ 3d **Satz 1**). Da die Voraussetzungen des § 25b **Abs. 2** vorliegen, **gilt** der innergemeinschaftliche Erwerb in Deutschland als **besteuert** (§ 25b **Abs. 3**).

Die **zweite Lieferung** des **U 2 an A** ist die **ruhende Lieferung**, die der Versendungslieferung **nachfolgt**.
Ort der Lieferung des U 2 ist **Essen**, weil dort die Versendung **endet** (§ 3 Abs. 7 Satz 2 Nr. 2).
Die **Lieferung** des **U 2** an A ist in Deutschland steuerbar und mangels einer Steuerbefreiung auch **steuerpflichtig**.

Steuerschuldner ist jedoch **A**, weil die Voraussetzungen des § 25b Abs. 1 und Abs. 2 vorliegen.
A ist berechtigt, die geschuldete Steuer (USt) als **Vorsteuer abzuziehen** (§ 25b **Abs. 5**).

Abnehmer A hat die **Umsatzsteuer** und die **Vorsteuer** in Höhe von angenommenen 1.500 € in seiner **Umsatzsteuer-Voranmeldung 2018** wie folgt einzutragen:

	Abziehbare Vorsteuerbeträge	Kz	
55	Vorsteuerbeträge aus innergemeinschaftlichen Dreiecksgeschäften (§ 25b Abs. 5 UStG)	66	1.500,00
	Andere Steuerbeträge		
64			
65	Steuerbeträge, die nach § 25b Abs. 2 UStG geschuldet werden	69	1.500,00

BEISPIEL

(deutscher Unternehmer in der Mitte der Lieferkette):

Der **spanische** Unternehmer A in Madrid mit der USt-IdNr. ES 123456789 bestellt bei dem **deutschen** Großhändler **U 2** in Köln eine Maschine. Dieser lässt die Maschine von dem **französischen** Unternehmer U 1 in Paris fertigen und durch einen Frachtführer direkt an A nach Madrid befördern. U 2 stellt A **250.000 €** in Rechnung. Die Voraussetzungen des § 25b Abs. 2 liegen vor. Alle Beteiligten treten unter der USt-IdNr. ihres Landes auf.

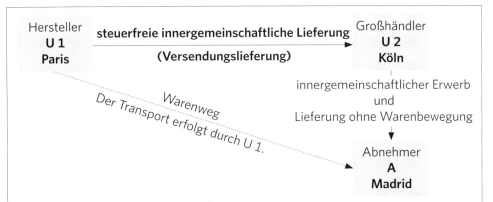

Die **erste Lieferung** des **U 1 an U 2** ist eine Lieferung **mit** Warenbewegung **(Versendungslieferung).**

Ort der Lieferung des U 1 ist **Paris**, weil dort die Versendung **beginnt** (§ 3 Abs. 6 Satz 1).

Die **Lieferung** ist als innergemeinschaftliche Lieferung nach französischem Umsatzsteuerrecht **steuerfrei**.

U 2 bewirkt einen innergemeinschaftlichen Erwerb in Spanien, weil der Gegenstand bei der Lieferung an ihn in einen anderen EU-Mitgliedstaat (nach Spanien) gelangt ist (§ 3d **Satz 1**).
Da die Voraussetzungen des § 25b **Abs. 1** und **Abs. 2** vorliegen, gilt der innergemeinschaftliche Erwerb in Spanien als besteuert. Die **Vereinfachungswirkung** des § 25b liegt darin, dass der mittlere Unternehmer **U 2** weder in Deutschland noch in Spanien einen innergemeinschaftlichen Erwerb zu besteuern hat.

Die **zweite Lieferung** des **U 2 an A** ist eine Lieferung **ohne** Warenbewegung **(ruhende Lieferung)**.

Ort der Lieferung des U 2 ist **Madrid**, da sie der Versendungslieferung **nachfolgt** und dort die Versendung **endet** (§ 3 Abs. 7 Satz 2 **Nr. 2**).

Steuerschuldner ist jedoch **A**, weil die Voraussetzungen des § 25b Abs. 1 und Abs. 2 vorliegen.

A ist **berechtigt**, die nach § 25b Abs. 2 geschuldete Steuer als **Vorsteuer abzuziehen** (§ 25b **Abs. 5**).

Der **deutsche** Unternehmer **U 2** (erster Abnehmer, mittlerer Unternehmer) hat in seiner **Umsatzsteuer-Voranmeldung 2018** in **Zeile 38** (Kennzahl **42**) folgende Eintragung vorzunehmen:

38	Lieferungen des ersten Abnehmers bei **innergemeinschaftlichen Dreiecksgeschäften** (§ 25b Abs. 2 UStG)	42	250.000	

Der **deutsche** Unternehmer **U 2** muss außerdem in seiner „**Zusammenfassenden Meldung**" Folgendes eintragen (§ 18a Abs. 7):

		1	2	3
Zeile	Länder-Kennzeichen	USt-IdNr. des Erwerbers/Unternehmers in einem anderen Mitgliedstaat	Summe der Bemessungsgrundlagen volle Euro / Ct	Hinweis auf Dreiecksgeschäfte (falls ja, bitte „2" eintragen)
1	ES	123456789	250.000 / -	2

> **ÜBUNG →** 1. Wiederholungsfragen 11 bis 13 (Seite 258),
> 2. Fall 8 (Seite 261)

6.1.5 Ort der Lieferung bei innergemeinschaftlichen Beförderungs- und Versendungslieferungen an bestimmte Abnehmer (§ 3c UStG)

Abweichend von den Vorschriften des **§ 3 Abs. 6 bis 8** gibt es nach **§ 3c** eine **Spezialvorschrift für innergemeinschaftliche Beförderungs- und Versendungslieferungen an bestimmte Abnehmer** (sog. <u>Versandumsätze</u>).

Diese Vorschrift gilt **vor allem für** den **Versandhandel**, sie beschränkt sich allerdings nicht nur auf typische Versandhandelsumsätze.

§ 3c erfasst bestimmte **grenzüberschreitende Beförderungen und Versendungen** innerhalb des **Gemeinschaftsgebiets** an **Privatpersonen oder Halbunternehmer**.

Die **Spezialvorschrift des § 3c** hat **Vorrang** vor den allgemeinen Bestimmungen des **§ 3 Abs. 6 bis 8** (§ 3 Abs. 5a).

Das bedeutet, dass **zunächst zu prüfen** ist, **ob** die Spezialvorschrift des **§ 3c** zutrifft.

Trifft sie **nicht** zu, ist der **Ort der Lieferung** nach den Vorschriften des **§ 3 Abs. 6 bis 8** zu bestimmen.

6.1.5.1 Ort der Lieferung

Nach **§ 3c** liegt der **Ort der Lieferung** bei sogenannten Versandumsätzen im **Bestimmungsmitgliedstaat**, wenn folgende **Voraussetzungen** erfüllt sind:

1. **Lieferung**,
2. **Beförderung** oder **Versendung** (§ 3 **Abs. 6 UStG**),
3. **aus** dem Gebiet eines **Mitgliedstaates**
4. **in** das Gebiet eines **anderen Mitgliedstaates** (**Bestimmungsmitgliedstaat**),
5. **Abnehmer**:
    1. **Privatpersonen oder**
    2. **Halbunternehmer**,
       Halbunternehmer dürfen die **Erwerbsschwelle nicht überschritten und** auch **nicht** für die Erwerbsbesteuerung **optiert** haben.
6. **Lieferschwelle muss** durch den liefernden Unternehmer **überschritten** sein (siehe Anhang 3 diese Buches) **oder Lieferer** muss für die Besteuerung im Bestimmungsland **optiert** haben.

6.1.5.2 Abnehmerkreis

Voraussetzung für die Anwendung des **§ 3c** ist u. a., dass die Ware an einen in § 3c **Abs. 2** bestimmten **Abnehmerkreis** geliefert wird.

Zu dem **Abnehmerkreis** nach § 3c **Abs. 2** gehören

1. **Privatpersonen** und
2. **Halbunternehmer**,

die einen **innergemeinschaftlichen Erwerb nicht zu versteuern** haben (Abschn. 3c.1 Abs. 2 Sätze 1 und 2 UStAE).

6.1.5.2.1 Privatpersonen

Abnehmer, die zu den **nicht** in § 1a Abs. 1 Nr. 2 genannten Personen gehören, sind **Privatpersonen** (§ 3c Abs. 2 **Nr. 1**).

BEISPIEL

Der **deutsche** Elektronikhändler U mit USt-IdNr. in Freiburg befördert mit eigenem Lkw ein Fernsehgerät für 500 € netto an den **Privatmann P** in Straßburg **(Frankreich)**. Die französische **Lieferschwelle** (100.000 €) des U ist **überschritten**.

Ort der innergemeinschaftlichen Beförderungslieferung ist nach § 3c Abs. 1 Satz 1 **Straßburg**, weil dort die Beförderung **endet (Bestimmungsmitgliedstaat)**.

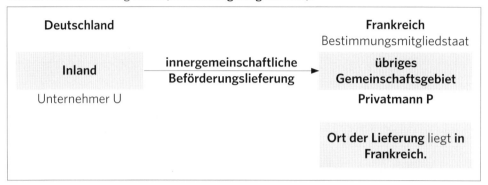

Die **Lieferung** ist für U im **Inland nicht steuerbar**, weil das Merkmal **Inland** fehlt.
Die **Lieferung** ist für U in **Frankreich (Bestimmungsmitgliedstaat) steuerbar**.

Umsatzart nach § 1 i.V.m. § 3 UStG	Ort des Umsatzes	**nicht** steuerbare Umsätze im Inland €	**steuerbare** Umsätze im Inland €	steuerfreie Umsätze im Inland § 4 UStG €	steuerpflichtige Umsätze im Inland €
Lieferung	**Straßburg**	500	—	—	—

Bei Lieferungen **verbrauchsteuerpflichtiger Waren** (Mineralöle, Alkohol und alkoholische Getränke sowie Tabakwaren) an **Privatpersonen** ist – ohne weitere Voraussetzung des § 3c – der **Ort der Lieferung** immer im **Bestimmungsmitgliedstaat** (§ 3c Abs. 1; Abschn. 3c.1 Abs. 3 Satz 4 UStAE).

Für die Lieferung **neuer Fahrzeuge** an Privatpersonen gilt **§ 3c nicht** (§ 3c Abs. 5).

Zusammenfassung zu Abschnitt 6.1.5.2.1:

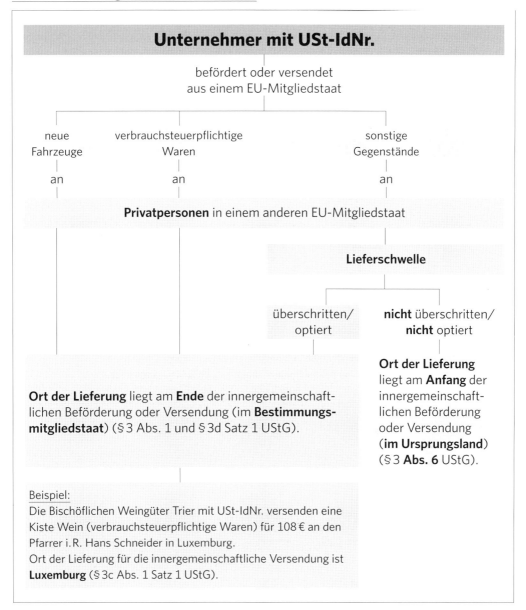

6.1.5.2.2 Halbunternehmer

Für **Halbunternehmer** wird weiter vorausgesetzt, dass sie die **Erwerbsschwelle nicht überschritten und** auch **nicht für die Erwerbsbesteuerung optiert** haben (§ 3c Abs. 2 **Nr. 2**).

Für Versandumsätze in das **Inland** beträgt die **Erwerbsschwelle** (§ 1a Abs. 3 Nr. 2)

12.500 Euro.

Für Versandumsätze in das **übrige Gemeinschaftsgebiet** ist die **Erwerbsschwelle** des jeweiligen **Mitgliedstaates** maßgebend (vgl. **Anhang 3** dieses Buches; Abschn. 3c.1 Abs. 2 UStAE).

BEISPIEL

Der **deutsche** Unternehmer U, Freiburg, befördert mit eigenem Lkw ein medizinisches Gerät für 1.000 € netto an die **Ärztin** Dr. med. Barbara Fabel, Straßburg. Frau Dr. Fabel hat die französische **Erwerbsschwelle** von 10.000 € **nicht überschritten** und auch **nicht** für die Erwerbsbesteuerung **optiert**. Die französische Lieferschwelle des U (100.000 €) ist **überschritten**.

Ort der innergemeinschaftlichen Beförderungslieferung ist nach § 3c Abs. 1 Satz 1 **Straßburg**, weil dort die Beförderung endet **(Bestimmungsmitgliedstaat)**.

Die **Lieferung** ist für U im **Inland nicht steuerbar**, weil das Merkmal **Inland** fehlt.
Die **Lieferung** ist für U in **Frankreich (Bestimmungsmitgliedstaat) steuerbar**.

Umsatzart nach § 1 i.V.m. § 3 UStG	Ort des Umsatzes	**nicht** steuerbare Umsätze im Inland €	**steuerbare** Umsätze im Inland €	steuerfreie Umsätze im Inland § 4 UStG €	steuerpflichtige Umsätze im Inland €
Lieferung	**Straßburg**	1.000	—	—	—

MERKE → Wird bei einem **Halbunternehmer** die **Erwerbsschwelle nicht überschritten** und hat er auch **nicht** für die Erwerbsbesteuerung **optiert**, wird er **wie** eine **Privatperson** behandelt.

Bei der Beförderung oder Versendung **verbrauchsteuerpflichtiger Waren an Halbunternehmer** kommt **§ 3c nicht** zur Anwendung (§ 3c Abs. 5).
In diesen Fällen gelten für den Ort der Lieferung die **allgemeinen** Vorschriften des **§ 3 Abs. 6 bis 8**.
Überschreiten Halbunternehmer die **Erwerbsschwelle**, kommt § 3c **nicht** zur Anwendung. Es gilt das Bestimmungslandprinzip (§ 1a Abs. 1 und Abs. 3 i.V.m. § 3d).
In diesen Fällen werden die **Halbunternehmer wie Unternehmer** behandelt.

ÜBUNG → 1. Wiederholungsfragen 14 bis 17 (Seite 258),
2. Fall 9 (Seite 262)

6.1.5.3 Lieferschwelle

Eine **weitere Voraussetzung** für die Anwendung des **§ 3c** ist, dass der **liefernde Unternehmer** die maßgebliche **Lieferschwelle** im **laufenden** Kalenderjahr **überschreitet oder** im **vorangegangenen** Kalenderjahr **überschritten** hat (§ 3c Abs. 3).

Für die Ermittlung der jeweiligen Lieferschwelle ist vom **Gesamtbetrag der Entgelte, der den Lieferungen im Sinne des § 3c** in **einen** Mitgliedstaat zuzurechnen ist, auszugehen (Abschn. 3c.1 Abs. 3 Satz 1 UStAE).

Nach § 3c Abs. 3 Nr. 1 beträgt die **Lieferschwelle** für Lieferungen, die **im Inland oder** in den in § 1 Abs. 3 bezeichneten Gebieten enden,

100.000 Euro.

BEISPIEL

Der **belgische** Elektronikhändler U, Brüssel, liefert 2018 mit **eigenem Lkw** an den **Privatmann P**, Trier, eine Elektronikanlage zum Nettopreis von 2.500 €. U hat 2017 und 2018 die deutsche **Lieferschwelle** von 100.000 € überschritten.

Die Lieferung ist für U im Inland **steuerbar** (§ 1 Abs. 1 **Nr. 1** i.V.m. **§ 3c**).

Umsatzart nach § 1 i.V.m. § 3 UStG	Ort des Umsatzes	**nicht steuerbare Umsätze im Inland** €	**steuerbare Umsätze im Inland** €	steuerfreie Umsätze im Inland § 4 UStG €	steuerpflichtige Umsätze im Inland €
Lieferung	**Trier**	—	2.500		

Wird die **Lieferschwelle** eines Landes im laufenden Kalenderjahr **zum ersten Mal überschritten**, liegt **ab diesem Zeitpunkt der Ort der Lieferung** für sog. Versandumsätze in dem entsprechenden **Bestimmungsland** (Abschn. 3c.1 Abs. 3 Sätze 5 und 6 UStAE).

Für Versandumsätze in das **übrige Gemeinschaftsgebiet** ist nach § 3c Abs. 3 **Nr. 2** die **Lieferschwelle** des anderen Mitgliedstaates maßgebend (vgl. **Anhang 3** dieses Buches; Abschn. 3c.1 Abs. 3 UStAE).

Wird die **Lieferschwelle nicht überschritten**, ist **§ 3c** i.d.R. **nicht anzuwenden**.

In diesem Falle ist der **Ort der Lieferung** nach den **allgemeinen** Vorschriften des § 3 **Abs. 6 bis 8** zu bestimmen (§ 3 Abs. 5a).

BEISPIEL

Sachverhalt wie im Beispiel zuvor mit dem **Unterschied**, dass der Elektronikhändler U, Brüssel, die deutsche **Lieferschwelle** in Höhe von 100.000 € **2017 nicht überschritten** hat und **2018 auch nicht** überschreiten wird.

Ort der Lieferung ist Brüssel (§ 3 Abs. 6 Satz 1). Die Lieferung ist für U in **Belgien** (**Ursprungsmitgliedstaat**) steuerbar. Im **Inland** ist die Lieferung für U **nicht steuerbar**, weil die Voraussetzungen des § 1 Abs. 1 Nr. 1 **nicht** erfüllt sind (Merkmal **Inland** fehlt).

C. Umsatzsteuer

Umsatzart nach § 1 i. V. m. § 3 UStG	Ort des Umsatzes	**nicht** steuerbare Umsätze im Inland €	**steuerbare** Umsätze im Inland €	steuerfreie Umsätze im Inland § 4 UStG €	steuerpflichtige Umsätze im Inland €
Lieferung	**Brüssel**	2.500	—	—	—

Wird bei Versandumsätzen eines **deutschen** Unternehmers an den Abnehmerkreis im Sinne des § 3c **Abs. 2 (Privatpersonen und Halbunternehmer)** in einem **anderen EU-Mitgliedstaat** die dort maßgebliche **Lieferschwelle überschritten**, ist der **Ort der Lieferung** im jeweiligen **Bestimmungsmitgliedstaat**.

BEISPIEL

Der **deutsche** Unternehmer U, Freiburg, liefert 2018 für 3.000 € netto einen Computer mit eigenem Lkw an den **französischen Privatmann P**, Straßburg.
U hat 2017 und 2018 die französische **Lieferschwelle** von 100.000 € **überschritten**.

Ort der Lieferung ist Straßburg (§ 3c Abs. 1 Satz 1). Die Lieferung ist für U in **Frankreich** (**Bestimmungsmitgliedstaat**) **steuerbar**, weil dort die Beförderung **endet**.
Im **Inland** ist die Lieferung für U **nicht steuerbar**, weil das Merkmal **Inland** fehlt.

Umsatzart nach § 1 i. V. m. § 3 UStG	Ort des Umsatzes	**nicht** steuerbare Umsätze im Inland €	**steuerbare** Umsätze im Inland €	steuerfreie Umsätze im Inland § 4 UStG €	steuerpflichtige Umsätze im Inland €
Lieferung	**Straßburg**	3.000	—	—	—

ÜBUNG → 1. Wiederholungsfrage 18 (Seite 258),
2. Fall 10 (Seite 262)

6.1.5.4 Option nach § 3c Abs. 4 UStG

Wird die maßgebende **Lieferschwelle nicht überschritten**, hat der **Lieferer** nach § 3c Abs. 4 die Möglichkeit, auf die Anwendung der Lieferschwelle zu verzichten, d. h., **für** die Besteuerung im **Bestimmungsland zu optieren**.

Bei einer **Option**, die den Lieferer für **mindestens zwei Kalenderjahre bindet**, gilt die Lieferung am **Ende** der Beförderung oder Versendung als **ausgeführt**.

> **BEISPIEL**
>
> Der **französische** Buchhändler U, Straßburg, versendet 2018 per Post Bücher an die **Privatperson P**, Freiburg, für 7.000 € netto. **U** hat 2017 die deutsche **Lieferschwelle nicht überschritten** und wird sie **2018** auch **nicht überschreiten**.
>
> **U** verzichtet 2018 nach § 3c Abs. 4 auf die Anwendung der Lieferschwelle, d. h., er **optiert für** die Besteuerung im **Bestimmungsland**.
>
> **Ort der Lieferung** ist **Freiburg**. Die Lieferung ist für U in **Deutschland** (**Bestimmungsmitgliedstaat**) **steuerbar**, weil alle Tatbestandsmerkmale des § 1 Abs. 1 **Nr. 1** i. V. m. **§ 3c Abs. 4** erfüllt sind.

Umsatzart nach § 1 i. V. m. § 3 UStG	Ort des Umsatzes	nicht steuerbare Umsätze im Inland €	steuerbare Umsätze im Inland €	steuerfreie Umsätze im Inland § 4 UStG €	steuerpflichtige Umsätze im Inland €
Lieferung	Freiburg	—	7.000		

Eine **Option** zur Besteuerung im Bestimmungsland **empfiehlt sich, wenn** der **Steuersatz** im **Bestimmungsland niedriger** ist **als** der **Steuersatz im Ursprungsland**.
Die Ware kostet dann den nicht vorsteuerabzugsberechtigten Kunden weniger.

6.1.5.5 Lieferung neuer Fahrzeuge

Die **Versandhandelsregelung** des **§ 3c** gilt **nicht** für die Lieferung **neuer Fahrzeuge**.
Für die Lieferung **neuer Fahrzeuge** an **Privatpersonen und Halbunternehmer** in andere EU-Mitgliedstaaten ist der **Ort des Erwerbs immer** im **Bestimmungsmitgliedstaat** (§ 3d Satz 1).

6.1.5.6 Lieferung verbrauchsteuerpflichtiger Waren

Bei der Lieferung **verbrauchsteuerpflichtiger Waren** ist die **Versandhandelsregelung** des **§ 3c nur bedingt anwendbar**.
Lieferungen verbrauchsteuerpflichtiger Waren an **Privatpersonen** unterliegen immer der Versandhandelsregelung des **§ 3c**, während für Lieferungen verbrauchsteuerpflichtiger Waren an **Halbunternehmer § 3c nicht** gilt.

> **ÜBUNG →**
> 1. Wiederholungsfragen 19 und 20 (Seite 258),
> 2. Fälle 11 bis 13 (Seiten 262 f.)

6.1.6 Ort der Lieferung von Gas, Elektrizität, Wärme oder Kälte (§ 3g UStG)

§ 3g UStG enthält eine eigene Ortsbestimmung für die **Lieferung von Gas oder Elektrizität** sowie **Wärme und Kälte** über die jeweiligen Erdgas-, Wärme- oder Kälte**netze**.
Durch die spezielle Ortsregelung wird klargestellt, dass **Lieferungen** dieser Gegenstände **keine bewegten** Lieferungen sind (Abschn. 3g.1 Abs. 6 Satz 1 UStAE).

§ 3g wird vom **Verbrauchslandprinzip** bestimmt. Der **Ort der Lieferung** liegt beim **Verbraucher**. Die **Einfuhr** von Gas, Elektrizität, Wärme oder Kälte ist nach § 5 Abs. 1 Nr. 6 **steuerfrei** (Abschn. 3g.1 Abs. 6 Satz 4 UStAE).

§ 3 **Abs. 8** ist mangels Beförderung oder Versendung **ausgeschlossen** (Abschn. 3g.1 Abs. 6 Satz 5 UStAE).

Nach § 3g Abs. 3 findet bei der Anwendung der Ortsbestimmung **kein** innergemeinschaftlicher Erwerb gem. § 1a Abs. 2 oder eine Verbringung gem. § 3 Abs. 1a statt.
Damit löst die Lieferung von Gas, Elektrizität, Wärme oder Kälte **keine Erwerbsbesteuerung** im Empfängerstaat aus (Abschn. 3g.1 Abs. 6 Satz 2 UStAE).

Die **Lieferung** von Gas, Elektrizität, Wärme oder Kälte aus dem Drittlandsgebiet in das Inland ist im Inland **steuerbar** und **steuerpflichtig** (Abschn. 3g.1 Abs. 6 Satz 6 UStAE).

Die **Steuerschuld** für die Lieferung von Gas, Elektrizität, Wärme oder Kälte eines im Ausland ansässigen Unternehmers wird durch § 13b Abs. 2 **Nr. 5** grundsätzlich auf den inländischen **Leistungsempfänger** verlagert (Abschn. 3g.1 Abs. 6 Satz 6 UStAE).

Für die Ortsbestimmung von Gas, Elektrizität, Wärme oder Kälte ist entscheidend, an **wen** die Lieferung erfolgt. Nach § 3g werden folgende **Abnehmer** unterschieden:

1. **Unternehmer** als sog. **Wiederverkäufer** (§ 3g **Abs. 1** UStG) und
2. **andere Abnehmer** (§ 3g **Abs. 2** UStG).

6.1.6.1 Unternehmer (Wiederverkäufer)

Bei einer Lieferung von Gas, Elektrizität, Wärme oder Kälte an einen **Unternehmer** (Wiederverkäufer) gilt als **Ort dieser Lieferung** der Ort, an dem der **Abnehmer** sein Unternehmen **betreibt** (**Empfängerprinzip**; § 3g Abs. 1 Satz 1 UStG).

> **BEISPIEL**
>
> Das deutsche Energieversorgungsunternehmen Edis liefert an einen polnischen Energieversorger mit Sitz in Krakau Elektrizität. Der polnische Energieversorger liefert die Elektrizität seinerseits an Abnehmer (Unternehmer und private Endverbraucher) mit unterschiedlichem Sitz- und Verbrauchsort in Polen.
>
> Die Lieferung der Elektrizität (§ 3 Abs. 1) durch Edis wird nach § 3g Abs. 1 Satz 1 am Sitzort des polnischen Energieversorgers in **Krakau** ausgeführt.
>
> Die **Lieferung** der Elektrizität durch Edis ist mithin im Inland **nicht steuerbar** (Merkmal Inland fehlt).
>
> Die **Steuerschuld** für die durch Edis in Polen ausgeführte steuerpflichtige Lieferung von Elektrizität geht auf den polnischen **Empfänger** der Leistung über (§ 13b Abs. 2 Satz 1 Nr. 5).
>
> Edis hat eine (Netto-)Rechnung zu erstellen, in der auf die Verlagerung der Steuerschuldnerschaft hingewiesen wird (§ 14, § 14a Abs. 5).

6.1.6.2 Andere Abnehmer

Bei einer Lieferung von Gas über das Erdgasnetz, von Elektrizität oder von Wärme oder Kälte über Wärme- oder Kältenetze an **andere Abnehmer** (private oder unternehmerische Endverbraucher) gilt als Ort der Lieferung der Ort, an dem der Abnehmer die Gegenstände tatsächlich **nutzt oder verbraucht** (§ 3g Abs. 2 Satz 1 UStG).

Dies ist in der Regel dort, wo sich der **Zähler des Abnehmers** befindet (Abschn. 3g.1 Abs. 5 Satz 2 UStAE).

Liefern aber solche Abnehmer das an sie über das Erdgasverteilungsnetz gelieferte Gas bzw. die Elektrizität **weiter**, etwa bei Weiterverkauf von Überkapazitäten, **gilt** als **Ort der Lieferung** der **Sitzort des Abnehmers** bzw. der **Ort der Betriebsstätte** des Abnehmers.

> **BEISPIEL**
>
> Ein Unternehmer mit Sitz in Wuppertal betreibt ein energieintensives Galvanikunternehmen und kauft den Strom, den er für die Produktion in seinem Unternehmen benötigt, bei einem Energieversorgungsunternehmen mit Sitz in Frankreich ein, welches den Strom seinerseits in einem französischen Kernkraftwerk produziert.
>
> Die Lieferung der Elektrizität (§ 3 Abs. 1) durch den französischen Energieversorger wird nach § 3g **Abs. 2** Satz 1 in **Wuppertal** ausgeführt, wo der Abnehmer den Strom verbraucht.
> Die Lieferung der Elektrizität durch den französischen Energieversorger ist mithin im Inland **steuerbar** und **steuerpflichtig**.
> Die **Steuerschuld** für die in Deutschland ausgeführte steuerpflichtige Lieferung von Elektrizität geht auf den **Unternehmer aus Wuppertal** über (§ 13b Abs. 2 Nr. 5 i.V.m. § 13b Abs. 5).
> Betragsidentisch und zeitgleich ist der Unternehmer aus Wuppertal zum **Vorsteuerabzug** berechtigt (§ 15 Abs. 1 Satz 1 Nr. 4, kein Ausschluss nach § 15 Abs. 2).
> Der französische Energieversorger hat eine (Netto-)Rechnung zu erstellen, in der auf die Verlagerung der Steuerschuldnerschaft hingewiesen wird (§ 14, § 14a Abs. 5).

ÜBUNG → Wiederholungsfragen 21 und 22 (Seite 258)

In der **Übersicht** auf der folgenden Seite werden die wesentlichen Merkmale über den **Ort der Lieferung** nochmals zusammengefasst.

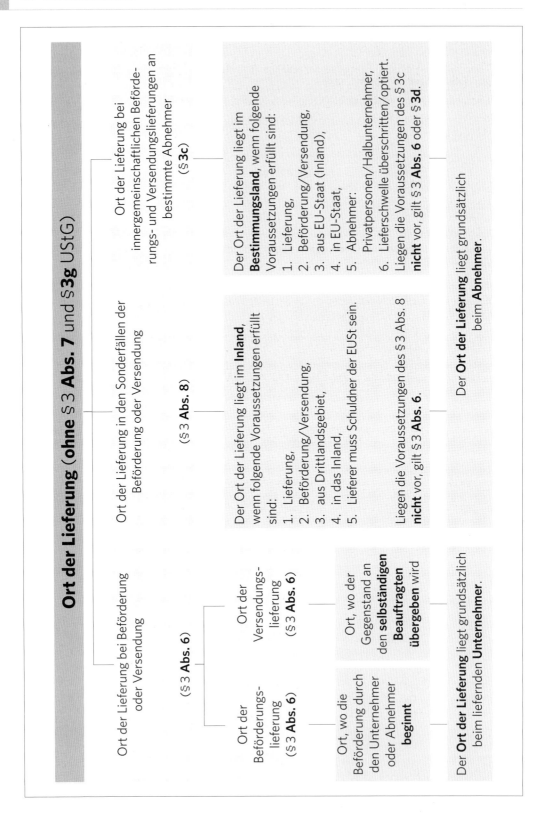

6.2 Ort der sonstigen Leistungen

Sonstige Leistungen sind nach § 1 Abs. 1 **Nr. 1** UStG nur **steuerbar**, wenn der **Ort der sonstigen Leistungen** im **Inland** liegt.

Die Richtlinie 2008/8/EG hat den **Ort der Dienstleistungen** für die Mitgliedstaaten der Europäischen Union neu geregelt (**Mehrwertsteuerpaket**). Das Jahressteuergesetz 2009 hat diese Vorgaben in nationales Recht umgesetzt. Die in diesem Paket festgelegten Ortsbestimmungen sind seit 01.01.2010 anzuwenden. Sie stärken das Bestimmungslandprinzip und führen im Vergleich zur früheren Rechtslage nur in einigen wenigen Fällen zu abweichenden Ergebnissen.

Seit dieser grundsätzlichen Neuregelung kam es in den letzten Jahren mehrfach zu punktuellen Gesetzesänderungen. Änderungen erfolgten in 2014 u.a. durch das Zollkodex-Anpassungsgesetz, das umgangssprachlich auch als Jahressteuergesetz 2015 bezeichnet wird. Die Änderungen betreffen Spezialvorschriften zum Ort der sonstigen Leistung bei bestimmten Bank- und Finanzdienstleistungen sowie bei bestimmten elektronisch erbrachten Dienstleistungen.

Bei der Bestimmung des Orts der sonstigen Leistungen empfiehlt es sich, **zunächst** die **Spezialvorschriften** (§§ 3a Abs. 3 bis 8, 3b, 3e und 3f UStG) zu prüfen, bevor die **Grundregeln** (§ 3a Abs. 1 und Abs. 2 UStG) angewendet werden.

Die **gesetzliche** Systematik des **Orts der sonstigen Leistungen** lässt sich wie folgt darstellen:

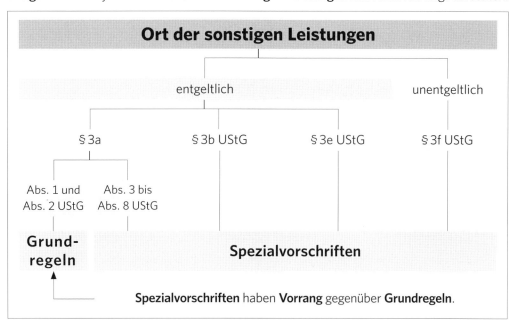

MERKE → Zunächst ist zu prüfen, ob die **Spezialvorschriften** zutreffen.
Treffen sie zu, gelten die **Spezialvorschriften**.
Treffen sie **nicht** zu, gelten die **Grundregeln**.

6.2.1 Grundregeln des § 3a Abs. 1 und Abs. 2 UStG

Für die Bestimmung des Orts der sonstigen Leistung sind zwei Grundregeln zu unterscheiden:

Die beiden **Grundregeln** sind **nicht anzuwenden**, wenn die Tatbestände der folgenden **Spezialvorschriften** erfüllt sind:

- die Spezialvorschriften des § 3a **Abs. 3 bis 8** und
- die Spezialvorschriften der §§ **3b**, **3e** und **3f** UStG.

6.2.1.1 Grundregel des § 3a Abs. 2 UStG (B2B-Umsätze)

Die **Grundregel** des § 3a **Abs. 2** Sätze 1 und 2 UStG bestimmt, dass eine sonstige Leistung an einen **Unternehmer** für dessen Unternehmen an dem **Ort ausgeführt** wird, von dem aus der **Leistungsempfänger** sein Unternehmen betreibt bzw. seine Betriebsstätte unterhält (**Empfängerortprinzip** bzw. **Bestimmungslandprinzip** bei grenzüberschreitenden Leistungsbeziehungen).

Zu den sonstigen Leistungen, die unter die Ortsbestimmung nach § 3a **Abs. 2** UStG fallen, gehören insbesondere (Abschn. 3a.2 Abs. 16 Satz 2 UStAE):

- Arbeiten an beweglichen körperlichen Gegenständen sowie deren Begutachtung,
- alle Vermittlungsleistungen, soweit diese nicht unter § 3a Abs. 3 Nr. 1 UStG fallen,
- die langfristige Vermietung eines Beförderungsmittels,
- Güterbeförderungen, einschließlich innergemeinschaftlicher Güterbeförderungen sowie der Vor- und Nachläufe zu innergemeinschaftlichen Güterbeförderungen,
- das Beladen, Entladen, Umschlagen und ähnliche mit einer Güterbeförderung im Zusammenhang stehende selbständige Leistungen,
- Planung, Gestaltung sowie Aufbau, Umbau und Abbau von Ständen im Zusammenhang mit Messen und Ausstellungen.

Durch das BMF-Schreiben vom 21.05.2015 wurden die Grundsätze zur Bestimmung des Leistungsortes im Zusammenhang mit Messen und Ausstellungen auf Kongresse erweitert. Bei einem **Kongress** handelt es sich um die Zusammenkunft von mehreren Personen, welche an einem gemeinsamen Themengebiet arbeiten.

BEISPIEL

Hersteller U, Hamburg, verkauft Abnehmer A, Kopenhagen, Waren für netto 5.000 €. Abnehmer A beauftragt Frachtführer F, Hamburg, mit dem Warentransport nach Dänemark. A hat die Waren für sein dänisches Handelsunternehmen erworben.

Die **Güterbeförderung** ist eine sonstige Leistung i. S. d. § 3a **Abs. 2** UStG, weil **Unternehmer F** eine **sonstige Leistung** an **Unternehmer A** erbringt (B2B-Umsatz) und die übrigen Bestimmungen keine Spezialvorschrift enthalten (insbesondere § 3b Abs. 3 greift nicht). Ort der sonstigen Leistung ist demnach der **Sitzort des Empfängers** (= **Dänemark**).
Die Güterbeförderung ist in Deutschland **nicht steuerbar**, weil das **Merkmal** Inland fehlt.

6.2.1.2 Grundregel des § 3a Abs. 1 UStG (B2C-Umsätze)

Die **Grundregel** des § 3a **Abs. 1** UStG bestimmt, dass eine sonstige Leistung an einen **Nichtunternehmer** (**B2C-Umsatz**) grundsätzlich an dem **Ort ausgeführt** wird, von dem aus der **leistende Unternehmer** sein Unternehmen betreibt bzw. seine Betriebsstätte unterhält (**Sitzort des Leistenden** bzw. **Ursprungslandprinzip** bei grenzüberschreitenden Leistungsbeziehungen).

Der Leistungsort bestimmt sich nur dann nach § 3a **Abs. 1** UStG, wenn **kein** Tatbestand des § 3a Abs. 2 bis Abs. 8, des § 3b, des § 3e oder des § 3f vorliegt (Abschn. 3a.1 Abs. 1 Satz 2 UStAE; BMF-Schreiben vom 04.02.2011, BStBl 2011 I, S. 162 ff.).

BEISPIEL

Rechtsanwalt U, der in Lindau (Deutschland) seine Kanzlei unterhält, berät den Privatmann P aus Singen (Deutschland) in zivilrechtlichen Angelegenheiten.

Die **rechtliche Beratung** ist eine sonstige Leistung i. S. d. § 3a **Abs. 1** UStG, weil ein Unternehmer eine sonstige Leistung an einen Nichtunternehmer erbringt (B2C-Umsatz) und die übrigen Bestimmungen keine Spezialvorschrift enthalten (insbesondere § 3a Abs. 4 Nr. 3 greift nicht). Ort der sonstigen Leistung ist demnach beim **Sitzort des Leistenden** (= **Lindau**). Die sonstige Leistung ist in Deutschland **steuerbar**.

6.2.2 Spezialvorschriften des § 3a Abs. 3 bis 8 UStG

Zu den **Spezialvorschriften** des § 3a **Abs. 3 bis 8** UStG, welche die Ortsbestimmungen regeln, gehören insbesondere:

- der Belegenheitsort eines Grundstücks (§ 3a Abs. 3 **Nr. 1** UStG),
- der Übergabeort bei der Vermietung eines Beförderungsmittels (§ 3a Abs. 3 **Nr. 2** UStG),
- der Tätigkeitsort/Empfängerort bei sonstigen Leistungen im Bereich Kultur, Kunst, Wissenschaft, Unterricht usw. (§ 3a Abs. 3 **Nr. 3a** UStG),
- der Tätigkeitsort bei Restaurationsleistungen, die **nicht** an Bord eines Schiffes, Flugzeugs oder einer Eisenbahn erbracht werden (§ 3a Abs. 3 **Nr. 3b** UStG),
- der Tätigkeitsort bei Arbeiten an beweglichen körperlichen Gegenständen sowie deren Begutachtung (§ 3a Abs. 3 **Nr. 3c** UStG),
- der Ort des vermittelten Umsatzes (§ 3a Abs. 3 **Nr. 4** UStG),
- die Orte bei Katalogleistungen (§ 3a **Abs. 4** UStG).

6.2.2.1 Belegenheitsort eines Grundstücks

Eine sonstige Leistung (einschließlich Werkleistung) im Zusammenhang mit einem Grundstück wird **dort** ausgeführt, **wo das Grundstück liegt** (**Belegenheitsort** = Ort des Grundstücks; § 3a Abs. 3 **Nr. 1** Satz 1 UStG).

§ 3a Abs. 3 **Nr. 1** UStG gilt sowohl für sonstige Leistungen an **Unternehmer** als auch an **Nichtunternehmer** (B2B-Fälle + B2C-Fälle; Abschn. 3a.3 Abs. 1 Satz 1 UStAE).

> **BEISPIEL**
>
> Der Hauseigentümer U vermietet ein in Köln gelegenes Mietwohngrundstück an private Mieter.
>
> Ort der sonstigen Leistung ist **Köln**, weil dort das Grundstück liegt (§ 3a Abs. 3 **Nr. 1** Satz 1 UStG). Die Leistung ist für U im Inland **steuerbar**, weil alle Tatbestandsmerkmale des § 1 Abs. 1 Nr. 1 i.V.m. § 3a Abs. 3 **Nr. 1** Buchstabe a) UStG erfüllt sind.

Nicht nur die Vermietung und Verpachtung von Grundstücken gehören als sonstige Leistungen zu den Fällen des § 3a Abs. 3 **Nr. 1** UStG, sondern auch alle anderen sonstigen Leistungen, die im **Zusammenhang** mit einem Grundstück erbracht werden.

> **BEISPIEL**
>
> Der Industrieunternehmer U, Bonn, hat anderen Unternehmern für sein Betriebsgrundstück in Bonn folgende Aufgaben übertragen:
> - die Pflege der Grünflächen,
> - die Gebäudereinigung,
> - die Wartung der Heizungsanlage und
> - die Pflege und Wartung der Aufzugsanlage.
>
> Es handelt sich um **sonstige Leistungen**, die im **Zusammenhang** mit einem Grundstück stehen. **Ort der sonstigen Leistungen** ist **Bonn**, weil dort das Grundstück liegt. Die **sonstigen Leistungen** sind nach § 1 Abs. 1 Nr. 1 i.V.m. § 3a Abs. 3 **Nr. 1** UStG im Inland **steuerbar**.

Einen Überblick über die **Abgrenzung des engen Zusammenhangs** sonstiger Leistungen im Zusammenhang mit einem Grundstück bietet Abschn. 3a.3 Abs. 7 bis 10 UStAE.

Durch das BMF-Schreiben vom 10.02.2017 wurde Abschn. 3a.3 UStAE zuletzt an die zum 01.01.2017 in Kraft getretenen Artikel 13b, 31a und 31b der Durchführungsverordnung zur Mehrwertsteuersystemrichtlinie (MwStSystRL-DVO) angepasst (z.B. Personalüberlassung).

6.2.2.2 Übergabeort bei kurzfristiger Vermietung eines Beförderungsmittels

Die **kurzfristige** Vermietung eines **Beförderungsmittels** wird an dem **Ort** ausgeführt, **an dem dieses Beförderungsmittel dem Empfänger tatsächlich zur Verfügung gestellt wird**. Das ist der Ort, an dem das Beförderungsmittel dem Leistungsempfänger übergeben wird (**Übergabeort**; § 3a Abs. 3 **Nr. 2 Satz 1** UStG).

Eine **kurzfristige Vermietung** liegt vor, wenn die Vermietung über einen ununterbrochenen Zeitraum von **nicht mehr als 90 Tagen bei Wasserfahrzeugen und nicht mehr als 30 Tagen bei anderen Beförderungsmitteln** erfolgt (§ 3a Abs. 3 Nr. 2 Satz 2 UStG).

Beförderungsmittel sind Gegenstände, deren Hauptzweck auf die Beförderung von Personen und Gütern zu Lande, zu Wasser oder in der Luft gerichtet ist und die sich auch tatsächlich fortbewegen, z.B. **Lkw, Pkw, Busse** (Abschn. 3a.5 Abs. 2 Satz 1 UStAE).

§ 3a Abs. 3 **Nr. 2** UStG gilt grundsätzlich sowohl für sonstige Leistungen an **Unternehmer** als auch an **Nichtunternehmer** (B2B-Fälle + B2C-Fälle; Abschn. 3a.5 Abs. 1 Satz 1 UStAE). Eine **Ausnahme** besteht, wenn der **leistende Unternehmer im Drittlandsgebiet ansässig ist und** seine Leistung **an** einen **Nichtunternehmer** erbringt. Diese Leistung gilt als im Inland erbracht, soweit sie im Inland genutzt wird (§ 3a **Abs. 6, Verbrauchsort**).

> **BEISPIEL**
>
> Der deutsche Autovermieter U, Bonn, vermietet einen Pkw für **30 Tage** an den französischen Privatmann A. Die Übergabe des Mietwagens erfolgt auf dem Betriebsgelände des Autovermieters U in Bonn. A fährt mit dem Pkw 800 km in Deutschland und 2.800 km in Frankreich. Die Miete beträgt netto 1 €/km.
>
> Ort der sonstigen Leistung für die **kurzfristige** Vermietung des Pkws ist **Bonn**, weil U in Bonn den Pkw an A übergibt (§ 3a Abs. 3 **Nr. 2 Satz 1** UStG). Die sonstige Leistung ist **steuerbar**, weil alle Tatbestandsmerkmale des § 1 Abs. 1 Nr. 1 i. V.m. § 3a Abs. 3 **Nr. 2 Satz 1** UStG erfüllt sind.

6.2.2.3 Sitzort des Leistungsempfängers bei langfristiger Vermietung eines Beförderungsmittels

Die **langfristige** Vermietung eines **Beförderungsmittels** an **Nichtunternehmer** (B2C-Fälle) wird an dem **Ort** ausgeführt, **an dem der Empfänger seinen Wohnsitz hat** (Sitzort; § 3a Abs. 3 **Nr. 2 Satz 3** UStG). Eine Vermietung gilt als langfristig, wenn sie **nicht kurzfristig** im Sinne des § 3a Abs. 3 Nr. 2 ist, d.h., wenn sie über **mehr als 90 Tage bei Wasserfahrzeugen** und **mehr als 30 Tage bei anderen Beförderungsmitteln** erfolgt.

> **BEISPIEL**
>
> Der deutsche Autovermieter U, Bonn, vermietet einen Pkw für **6 Monate** an den Privatmann P, Köln. Die Übergabe des Mietwagens erfolgt auf dem Firmengelände des Autovermieters U in Bonn. P fährt mit dem Pkw in Deutschland und in Frankreich. Die Miete beträgt netto 1 €/km.
>
> Ort der sonstigen Leistung für die **langfristige** Vermietung des Pkws ist **Köln**, weil P in Köln seinen Wohnsitz hat (§ 3a Abs. 3 **Nr. 2 Satz 3** UStG). Die sonstige Leistung ist **steuerbar**, weil alle Tatbestandsmerkmale des § 1 Abs. 1 Nr. 1 i.V.m. § 3a Abs. 3 **Nr. 2 Satz 3** UStG erfüllt sind.

Bei der langfristigen Vermietung von **Sportbooten** an Nichtunternehmer ist die Sonderregelung des § 3a Abs. 3 **Nr. 2 Satz 4** UStG zu beachten (**Übergabeort** in bestimmten Fällen).

Wie auch bei der kurzfristigen Vermietung eines Beförderungsmittels an einen Nichtunternehmer ergibt sich **ausnahmsweise** ein abweichender Leistungsort, wenn der **leistende Unternehmer im Drittlandsgebiet ansässig** ist. Auch bei der langfristigen Vermietung eines Beförderungsmittels gilt diese als im Inland erbracht, soweit sie im Inland genutzt wird (§ 3a **Abs. 6, Verbrauchsort**).

6.2.2.4 Tätigkeitsort bzw. Empfängerort bei sonstigen Leistungen im Bereich Kultur, Kunst, Wissenschaft, Unterricht usw.

Zu den sonstigen Leistungen i. S.d. § 3a Abs. 3 **Nr. 3a** UStG gehören

> kulturelle, künstlerische, wissenschaftliche, unterrichtende, sportliche, unterhaltende oder ähnliche Leistungen, wie Leistungen im Zusammenhang mit Messen und Ausstellungen, einschließlich der Leistungen der jeweiligen Veranstalter sowie die damit zusammenhängenden Tätigkeiten, die für die Ausübung der Leistungen unerlässlich sind.

§ 3a Abs. 3 **Nr. 3a** UStG gilt nur für sonstige Leistungen an **Nichtunternehmer** (B2C-Fälle). Ort der sonstigen Leistung ist der **Tätigkeitsort**.

> **BEISPIEL**
>
> Der **Sänger** Torsten Schupp, der in Österreich seinen Wohnsitz hat, wird für eine private Feier in Koblenz engagiert (B2C-Fall). Als Gage erhält er ein Entgelt von 4.000 €.
>
> **Ort der sonstigen Leistung** ist **Koblenz** (Tätigkeitsort), weil dort die **künstlerische Leistung ausgeführt** wird. Die **sonstige Leistung** ist nach § 1 Abs. 1 Nr. 1 i. V.m. § 3a Abs. 3 **Nr. 3a** UStG im Inland **steuerbar**.

C. Umsatzsteuer

Umsatzart nach § 1 i.V.m. § 3 UStG	Ort des Umsatzes	**nicht steuerbare Umsätze im Inland** €	**steuerbare Umsätze im Inland** €	steuerfreie Umsätze im Inland § 4 UStG €	steuerpflichtige Umsätze im Inland €
sonstige Leistung	Koblenz	—	4.000		

Werden sonstige Leistungen nach § 3a Abs. 3 **Nr. 3a** UStG an einen **Unternehmer** ausgeführt (B2B-Fälle), werden die sonstigen Leistungen nach der **Grundregel** des § 3a **Abs. 2** UStG bestimmt, d.h., der Ort der sonstigen Leistungen liegt an dem Ort, von dem aus der **Leistungsempfänger** sein **Unternehmen** betreibt bzw. seine Betriebsstätte unterhält (**Empfängerortprinzip**).

BEISPIEL

Ein amerikanischer Wissenschaftler hält in Bonn bei einem ausschließlich unternehmerisch tätigen Seminarveranstalter (B2B-Fall) einen Vortrag, den er in den USA erstellt hat, für ein Entgelt von 5.000 €.

Ort der sonstigen Leistung ist **Bonn** (**Empfängerort**), weil die sonstige Leistung tatsächlich dort erbracht wird. Die sonstige Leistung ist nach § 1 Abs. 1 Nr. 1 i.V.m. § 3a **Abs. 2** UStG im Inland **steuerbar**.

Seit 01.01.2011 ist eine **neue Sonderregelung** in § 3a Abs. 3 **Nr. 5** UStG aufgenommen worden. Für die **Einräumung von Eintrittsberechtigungen** zu kulturellen, künstlerischen u.ä. Leistungen, die gegenüber einem **Unternehmer** für dessen unternehmerischen Bereich oder gegenüber einer nicht unternehmerisch tätigen juristischen Person mit USt-IdNr. erbracht werden, ist der Ort der sonstigen Leistung dort, wo die Veranstaltung tatsächlich durchgeführt wird (**Veranstaltungsort**). Werden die Leistungen an **Nichtunternehmer** erbracht, richtet sich der Leistungsort nach § 3 Abs. 3 **Nr. 3a** UStG. In beiden Fällen (B2B-Fall oder B2C-Fall) richtet sich der Ort der Leistung nach dem **Tätigkeits- oder Veranstaltungsort**.

BEISPIEL

Der unternehmerisch tätige Seminarveranstalter U mit Sitz in Salzburg (Österreich) veranstaltet ein europaweit beworbenes Seminar zum aktuellen Umsatzsteuerrecht in der EU in Berlin. Teilnehmerbeschränkungen gibt es nicht. An dem Seminar nimmt u.a. der Unternehmer A mit Sitz in Frankreich teil, der für die Eintrittskarte 400 € entrichtete.

Der **Ort der sonstigen Leistung** ist nach § 3a Abs. 3 **Nr. 5** UStG **Berlin**, weil dort die Veranstaltung stattfindet. Die sonstige Leistung ist nach § 1 Abs. 1 Nr. 1 i.V.m. § 3a Abs. 3 **Nr. 5** UStG im Inland **steuerbar** und mangels einer Steuerbefreiung (§ 4) auch **steuerpflichtig**. Die Umsatzsteuer für die sonstige Leistung schuldet der leistende Seminarveranstalter U (Abschn. 3a.6 Abs. 13 UStAE).

Weitere Einzelheiten enthält das BMF-Schreiben vom 04.02.2011, BStBl 2011 I, S. 162 ff.

6.2.2.5 Tätigkeitsort bei Restaurationsleistungen, die nicht an Bord eines Schiffs, Luftfahrzeugs oder einer Eisenbahn erbracht werden

Die **Abgabe** von Speisen und Getränken zum Verzehr an Ort und Stelle (Restaurationsleistungen), die **nicht** an Bord eines Schiffs, in einem Luftfahrzeug oder in einer Eisenbahn erbracht wird, wird **dort** ausgeführt, **wo sie vom Unternehmer tatsächlich erbracht wird** (**Tätigkeitsort**; § 3a Abs. 3 **Nr. 3b** UStG).

Die **Restaurationsleistung** muss aber als **sonstige Leistung** anzusehen sein; zur Abgrenzung zwischen Lieferung und sonstiger Leistung bei der Abgabe von Speisen und Getränken wird auf die BMF-Schreiben vom 16.10.2008 (BStBl. 2008 I, S. 949 ff.) und vom 29.03.2010 (BStBl. 2010, S. 330) verwiesen (Abschn. 3a.6 Abs. 9 UStAE).

Einzelheiten zur Abgrenzung zwischen Lieferung und sonstiger Leistung bei Restaurationsumsätzen erfolgten bereits im Abschnitt 2.1.2, Seite 144 f.

§ 3a Abs. 3 **Nr. 3b** UStG gilt sowohl für sonstige Leistungen an **Unternehmer** als auch an **Nichtunternehmer** (B2B-Fälle und B2C-Fälle; vgl. auch Abschn. 3a.6 Abs. 8 UStAE).

BEISPIEL

Der Gastwirt U, München, verkauft in seiner Gastwirtschaft für 5.000 € netto Speisen und Getränke an Kunden zum Verzehr in seiner Gastwirtschaft.

Die Abgabe der Speisen und Getränke als **Restaurationsleistung** ist eine **sonstige Leistung** i. S. d. § 3a Abs. 3 **Nr. 3b** UStG. Ort der Abgabe der Speisen und Getränke ist **München**, weil dort die Leistung tatsächlich erbracht wird (Tätigkeitsort).
Der Vorgang ist nach § 1 Abs. 1 Nr. 1 i. V. m. § 3a Abs. 3 **Nr. 3b** UStG im Inland **steuerbar**.

Umsatzart nach § 1 i.V.m. § 3 UStG	Ort des Umsatzes	**nicht** steuerbare Umsätze im Inland €	**steuerbare** Umsätze im Inland €	steuerfreie Umsätze im Inland § 4 UStG €	steuerpflichtige Umsätze im Inland €
sonstige Leistung	München	—	5.000		

6.2.2.6 Tätigkeitsort bei Arbeiten an beweglichen körperlichen Gegenständen sowie deren Begutachtung

Bei Arbeiten an beweglichen körperlichen Gegenständen und bei der Begutachtung dieser Gegenstände für **Nichtunternehmer** bestimmt sich der Leistungsort nach dem **Ort, an dem der Unternehmer tatsächlich die Leistung ausführt** (Tätigkeitsort; § 3a Abs. 3 **Nr. 3c** UStG).

Als Arbeiten an beweglichen körperlichen Gegenständen sind insbesondere **Werkleistungen** in Gestalt der Bearbeitung oder Verarbeitung (**Reparaturarbeiten**) anzusehen (Abschn. 3a.6 Abs. 11 UStAE).

§ 3a Abs. 3 **Nr. 3c** UStG gilt nur für sonstige Leistungen an **Nichtunternehmer** (B2C-Fälle).

BEISPIEL

Der Privatmann A, Bonn, beauftragt den Unternehmer U, Köln, mit der Reparatur seiner Waschmaschine in Bonn.

Ort der sonstigen Leistung ist **Bonn**, weil dort die Werkleistung tatsächlich ausgeführt wird (§ 3a Abs. 3 **Nr. 3c** UStG).
Die **sonstige Leistung** ist nach § 1 Abs. 1 Nr. 1 i. V. m. § 3a Abs. 3 **Nr. 3c** UStG **steuerbar**.

Ist der Leistungsempfänger ein **Unternehmer**, kommt die **Spezialvorschrift** des § 3a Abs. 3 **Nr. 3c** UStG **nicht** zur Anwendung. Der Leistungsort richtet sich in diesen Fällen nach der **Grundregel** des § 3a **Abs. 2** UStG (B2B-Umsatz) und liegt somit am **Sitzort des Empfängers** (Abschn. 3a.6 Abs. 10 UStAE).

6.2.2.7 Ort des vermittelten Umsatzes

Eine Vermittlungsleistung an einen **Nichtunternehmer** (B2C-Fälle) wird an dem **Ort** ausgeführt, **an dem der vermittelte Umsatz als ausgeführt gilt** (**Ort des vermittelten Umsatzes**; § 3a Abs. 3 **Nr. 4** UStG).

Ein **typischer Vermittler** ist z. B. der **Handelsvertreter** i. S. d. § 84 HGB.

> **BEISPIEL**
>
> Der Kfz-Händler U, Koblenz, vermittelt im Raum Koblenz einen Kfz-Verkauf für einen Privatkunden.
>
> Ort der Vermittlungsleistung an den Nichtunternehmer ist **Deutschland**, weil dort der vermittelte Umsatz als ausgeführt gilt. Die sonstige Leistung ist **steuerbar**, weil alle Tatbestandsmerkmale des § 1 Abs. 1 Nr. 1 i. V. m. § 3a Abs. 3 **Nr. 4** UStG erfüllt sind.

Werden die Vermittlungsleistungen an **Unternehmer** ausgeführt, kommt die **Spezialvorschrift** des § 3a Abs. 3 **Nr. 4** UStG **nicht** zur Anwendung. Der Leistungsort richtet sich in diesen Fällen nach der **Grundregel** des § 3a **Abs. 2** UStG (B2B-Umsatz) und liegt somit am **Sitzort des Empfängers** (Abschn. 3a.7 Abs. 1 Satz 4 UStAE).

6.2.2.8 Orte bei Katalogleistungen

Leistungsempfänger ist Nichtunternehmer im Drittlandsgebiet

Ist der **Empfänger** der sonstigen Leistung ein **Nichtunternehmer** (B2C-Fall) **und** hat er seinen Wohnsitz oder Sitz im **Drittlandsgebiet**, wird die sonstige Leistung an seinem **Wohnsitz** oder Sitz ausgeführt (**Wohnsitzort des Empfängers**; § 3a Abs. 4 **Satz 1** UStG).

Zu den sonstigen Leistungen i. S. d. § 3a Abs. 4 **Satz 1** UStG, die in § 3a Abs. 4 **Satz 2** UStG abschließend aufgeführt sind (**Katalogleistungen**), gehören:

1. die Einräumung, Übertragung und Wahrnehmung von Patenten, Urheberrechten, Markenrechten und ähnlichen Rechten,
2. die sonstigen Leistungen, die der Werbung und der Öffentlichkeitsarbeit dienen,
3. die sonstigen Leistungen aus der Tätigkeit als **Rechtsanwalt**, Patentanwalt, **Steuerberater**, Wirtschaftsprüfer, Dolmetscher, Übersetzer sowie die **rechtliche, wirtschaftliche und technische Beratung** durch andere Unternehmer,
4. die Datenverarbeitung,
5. die Überlassung von Informationen einschließlich gewerblicher Verfahren,
6. bestimmte Finanz- und Versicherungsumsätze,
7. die Gestellung von Personal,
8. der Verzicht auf Ausübung eines der in Nummer 1 bezeichneten Rechte,
9. der Verzicht, ganz oder teilweise eine gewerbliche oder berufliche Tätigkeit auszuüben,
10. die **Vermietung beweglicher** körperlicher **Gegenstände, ausgenommen Beförderungsmittel**,
11.-13. weggefallen
14. die Gewährung des Zugangs zu Erdgas- und Elektrizitätsnetzen.

> **BEISPIEL**
>
> Der Rechtsanwalt U, der in München seine Praxis unterhält, führt für den Privatmann A, der in Bern (Schweiz) seinen Wohnsitz hat, einen Prozess in München.
>
> Es handelt sich um eine sonstige Leistung (Katalogleistung) i.S.d. § 3a Abs. 4 Nr. 3 UStG. Ort der sonstigen Leistung ist **Bern** (Wohnsitz des Leistungsempfängers).
> Die **sonstige Leistung** ist im Inland **nicht steuerbar** (Merkmal Inland fehlt).

Leistungsempfänger ist Nichtunternehmer innerhalb des Gemeinschaftsgebiets

Ist der **Empfänger** der Katalogleistung ein **Nichtunternehmer** und hat er seinen Wohnsitz oder Sitz **innerhalb des Gemeinschaftsgebiets**, wird die sonstige Leistung **dort** ausgeführt, **wo der leistende Unternehmer sein Unternehmen betreibt** (§ 3a **Abs. 1** UStG; **Sitzort des Leistenden**; Abschn. 3a.8 Nr. 2 UStAE).

> **BEISPIEL**
>
> Sachverhalt wie im Beispiel zuvor mit dem Unterschied, dass Rechtsanwalt U für den Privatmann A aus Rom einen Prozess in München führt.
>
> Es handelt sich um eine sonstige Leistung i.S.d. § 3a Abs. 1 UStG (Wohnsitz Rom).
> Ort der sonstigen Leistung ist **München** (Sitzort des leistenden Unternehmers).
> Die sonstige Leistung ist im Inland **steuerbar**.

Leistungsempfänger ist Unternehmer

Ist der **Empfänger** einer Katalogleistung ein **Unternehmer**, kommt die **Spezialvorschrift** des § 3a **Abs. 4** UStG **nicht** zur Anwendung. Der Leistungsort richtet sich in diesen Fällen nach der **Grundregel** des § 3a **Abs. 2** UStG (B2B-Umsatz) und liegt somit am **Sitzort des Empfängers** (Abschn. 3a.8 Nr. 3 UStAE).

> **BEISPIEL**
>
> Der **Steuerberater** U, München, berät in seiner Praxis den **Spediteur** A, der in Mailand ein Speditionsunternehmen betreibt, in Fragen der deutschen Umsatzsteuer.
> A unterhält in Deutschland keine Betriebsstätte.
>
> Es handelt sich zwar um eine Katalogleistung i.S.d. § 3a Abs. 4 **Nr. 3** UStG. Der Leistungsempfänger ist aber ein **Unternehmer**. Ort der sonstigen Leistung ist **Mailand** (§ 3a **Abs. 2** UStG; Sitzort des Empfängers). Die **sonstige Leistung** ist im Inland **nicht steuerbar**.

Zusammenfassung zu Abschnitt 6.2.2.8:

6.2.2.9 Telekommunikations-, Rundfunk- und Fernsehdienstleistungen sowie elektronisch erbrachte Dienstleistungen

Durch das **Steueränderungs- und Anpassungsgesetz Kroatien** vom 30.07.2014 und das **Zollkodex-Anpassungsgesetz** vom 30.12.2014 wurden die bis dahin in § 3a Abs. 4 Satz 2 Nrn. 11 bis 13 enthaltenen **Telekommunikations-, Rundfunk- und Fernsehdienstleistungen sowie elektronisch erbrachten Dienstleistungen** an Nichtunternehmer neu geregelt.

Danach ist der Ort der sonstigen Leistung bei diesen Leistungen grundsätzlich am **Wohnsitzort bzw. gewöhnlichen Aufenthaltsort des Empfängers** (§ 3a Abs. 5). Auf den Ort der Nutzung oder Auswertung kommt es somit grundsätzlich nicht an. Eine **Ausnahme** besteht bei Telekommunikations-, Rundfunk- und Fernsehdienstleistungen, wenn sie durch einen **im Drittland ansässigen Unternehmer** erbracht werden. Sie gelten als Ausnahme hierzu als **im Inland** erbracht, wenn die Leistung **im Inland genutzt oder ausgewertet** wird (§ 3a Abs. 6 Nr. 3, **Verbrauchsort**).

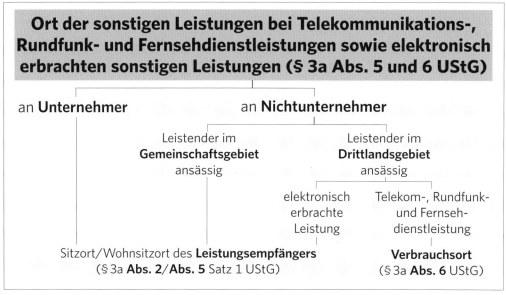

Für die betroffenen Unternehmen als Dienstleistungsanbieter können hierdurch umsatzsteuerliche Registrierungspflichten in **verschiedenen Mitgliedstaaten** entstehen. Als Vereinfachung ist für diese Anbieter eine Sonderregelung mit **einer einzigen Anlaufstelle** in einem EU-Mitgliedstaat vorgesehen (**Mini-One-Stop-Shop**), bei der alle Umsätze dieser Leistungen in sämtlichen Mitgliedstaaten erklärt werden. Bis zum 01.10.2014 konnten sich im Inland ansässige Unternehmer beim **Bundeszentralamt für Steuern** (BZSt) für den Mini-One-Stop-Shop registrieren lassen. Die bis zum 20. Kalendertag nach Quartalsende übermittelten Umsätze je EU-Mitgliedstaat werden dann durch das BZSt an die zuständigen Finanzbehörden in den jeweiligen Mitgliedstaaten weitergeleitet (§ 18 Abs. 4e). Bis zu diesem Zeitpunkt muss auch die Zahlung in einer Summe erfolgen.

Diese Erklärung betrifft **ausschließlich** Umsätze aus Telekommunikations-, Rundfunk- und Fernsehdienstleistungen sowie elektronisch erbrachte Dienstleistungen an Nichtunternehmer in der EU. Die Teilnahme an dieser Sonderregelung ist **nur einheitlich** für alle Mitgliedstaaten möglich, in denen der Unternehmer derartige Umsätze erbringt und keine Betriebsstätte hat.

ÜBUNG → 1. Wiederholungsfragen 23 bis 40 (Seite 258 f.),
2. Fall 14 und 15 (Seite 263 f.)

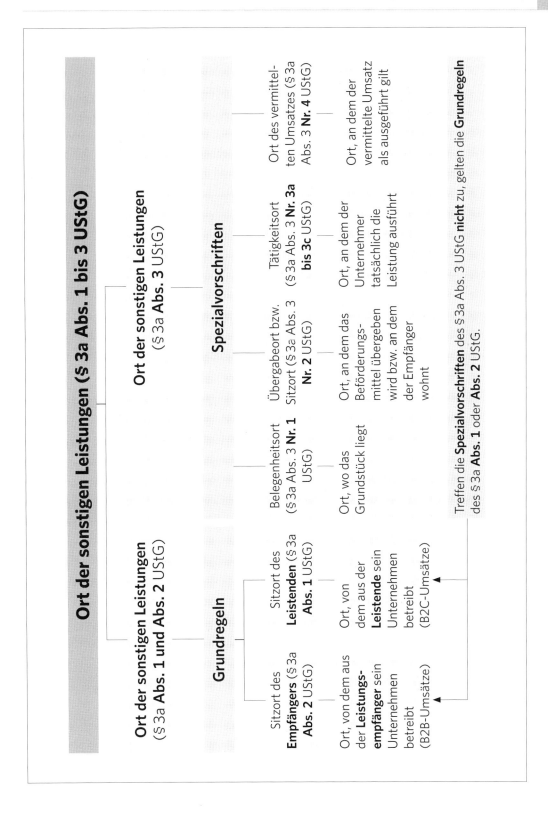

Zusammenfassung zu Abschnitt 6.2.1 und 6.2.2:

Art der sonstigen Leistungen	Ort der sonstigen Leistungen	
	B2B-Umsätze	**B2C-Umsätze**
Grundregeln für sonstige entgeltliche Leistungen	Sitzort des Empfängers (§ 3a **Abs. 2**)	Sitzort des Leistenden (§ 3a **Abs. 1**)
grundstücksbezogene Leistungen	Belegenheitsort (§ 3a Abs. 3 **Nr. 1**)	Belegenheitsort (§ 3a Abs. 3 **Nr. 1**)
kurzfristige Vermietung eines Beförderungsmittels	Übergabeort (§ 3a Abs. 3 **Nr. 2**)	Übergabeort (§ 3a Abs. 3 **Nr. 2**)
langfristige Vermietung eines Beförderungsmittels	Sitzort des Empfängers (§ 3a **Abs. 2**)	Sitzort des Empfängers (§ 3a Abs. 3 **Nr. 2**)
sonstige Leistungen im Bereich Kultur, Kunst, Wissenschaft, Unterricht usw.	Sitzort des Empfängers (§ 3a **Abs. 2**)	Tätigkeitsort (§ 3a Abs. 3 **Nr. 3a**)
Restaurationsleistungen, die nicht an Bord eines Schiffes, Luftfahrzeugs oder einer Eisenbahn erbracht werden	Tätigkeitsort (§ 3a Abs. 3 **Nr. 3b**)	Tätigkeitsort (§ 3a Abs. 3 **Nr. 3b**)
Arbeiten an beweglichen körperlichen Gegenständen sowie deren Begutachtung	Sitzort des Empfängers (§ 3a **Abs. 2**)	Tätigkeitsort (§ 3a Abs. 3 **Nr. 3c**)
Vermittlungsleistungen	Sitzort des Empfängers (§ 3a **Abs. 2**)	Ort des vermittelten Umsatzes (§ 3a Abs. 3 **Nr. 4**)
Katalogleistungen im Drittlandsgebiet	Sitzort des Empfängers (§ 3a **Abs. 2**)	Wohnsitzort des Empfängers (§ 3a **Abs. 4**)
Katalogleistungen innerhalb des Gemeinschaftsgebiets	Sitzort des Empfängers (§ 3a **Abs. 2**)	Sitzort des Leistenden (§ 3a **Abs. 1**)
elektronisch erbrachte sonstige Leistungen	Sitzort des Empfängers (§ 3a **Abs. 2**)	Wohnsitzort des Empfängers (§ 3a **Abs. 5**)
Telekommunikations-, Rundfunk- und Fernsehleistungen – Dienstleister im **Gemeinschaftsgebiet** ansässig	Sitzort des Empfängers (§ 3a **Abs. 2**)	Wohnsitzort des Empfängers (§ 3a **Abs. 5**)
Telekommunikations-, Rundfunk- und Fernsehleistungen – Dienstleister im **Drittlandsgebiet** ansässig	Sitzort des Empfängers (§ 3a **Abs. 2**)	Verbrauchsort (§ 3a **Abs. 6**)

6.2.3 Ort der Beförderungsleistung (Spezialvorschriften des § 3b UStG)

Zu den **Spezialvorschriften** des § **3b** UStG hinsichtlich des Ortes der Beförderungsleistung gehören:

- Personenbeförderungen (§ 3b Abs. 1 **Sätze 1 und 2** UStG),
- **nicht** innergemeinschaftliche Güterbeförderungen an Nichtunternehmer (§ 3b Abs. 1 **Satz 3** UStG),
- innergemeinschaftliche Güterbeförderungen an Nichtunternehmer (§ 3b **Abs. 3** UStG).

Güterbeförderungen an **Unternehmer** und damit zusammenhängende sonstige Leistungen wurden bereits im Abschnitt 6.2.1.1 dargestellt, Seiten 242 f.

6.2.3.1 Personenbeförderungen

Eine **Beförderung einer Person** wird dort ausgeführt, **wo** die **Beförderung bewirkt wird** (**zurückgelegte Beförderungsstrecke bzw. Streckenprinzip**; § 3b Abs. 1 Satz 1 UStG).

BEISPIEL

Transportunternehmer U, Bremen, wird von dem Leistungsempfänger A, Hamburg, beauftragt, für ein Entgelt von 500 € Personen mit einem Bus von Hamburg nach Bonn zu befördern.

Der **Ort der Beförderungsleistung** liegt im **Inland**, weil die Beförderungsleistung auf der **Verkehrsstrecke von Hamburg nach Bonn bewirkt** wird.
Die Beförderungsleistung ist **steuerbar**, weil alle Tatbestandsmerkmale des § 1 Abs. 1 Nr. 1 i.V.m. § **3b** Abs. 1 Satz 1 UStG erfüllt sind.

Grenzüberschreitende Personenbeförderungen sind in einen **steuerbaren** und in einen **nicht steuerbaren** Leistungsanteil aufzuteilen. Nur der Teil der Leistung fällt unter das UStG, der auf das **Inland** entfällt (§ 3b Abs. 1 **Satz 2**).
Bemessungsgrundlage ist das **Entgelt**, das auf den **steuerbaren** inländischen Teil entfällt.

BEISPIEL

Der Transportunternehmer U, München, befördert Personen von München nach Zürich (Schweiz) für ein Entgelt von 1.500 €. Die **Gesamtstrecke** beträgt **300 km**, davon entfallen **100 km** auf das **Inland**.

Steuerbar ist nur der **Teil**, der auf das **Inland** entfällt, und zwar die Strecke von München bis zur Grenze (= **100 km**).
Das **anteilige Entgelt** für den steuerbaren Teil der Beförderungsleistung wird wie folgt ermittelt (Abschn. 3b.1 Abs. 6 UStAE):

$$\frac{1.500\ € \times 100\ km}{300\ km} = 500\ €$$

§ 3b Abs. 1 Sätze 1 und 2 UStG gilt sowohl für sonstige Leistungen an **Unternehmer** (B2B-Fälle) als auch an **Nichtunternehmer** (B2C-Fälle; vgl. auch Abschn. 3b.1 Abs. 1 UStAE).

6.2.3.2 Nicht innergemeinschaftliche Güterbeförderungen an Nichtunternehmer

Eine **nicht** innergemeinschaftliche Güterbeförderung an **Nichtunternehmer** wird dort ausgeführt, **wo die Beförderung bewirkt wird (zurückgelegte Beförderungsstrecke bzw. Streckenprinzip**; § 3b Abs. 1 **Satz 3** UStG).
Grenzüberschreitende Güterbeförderungen sind wie grenzüberschreitende Personenbeförderungen zu behandeln, d.h., es ist eine **Aufteilung** in einen **steuerbaren** und einen **nicht steuerbaren** Leistungsanteil vorzunehmen. Nur der **inländische** Teil ist **steuerbar**.

> **BEISPIEL**
>
> Der Transportunternehmer U, Berlin, transportiert für den Privatmann P, Bonn, ein Klavier von Berlin nach Kiew (Ukraine) für ein Entgelt von 450 €.
> Die Gesamtstrecke beträgt 1.000 km, davon entfallen 100 km auf das Inland.
>
> Es liegt eine **nicht innergemeinschaftliche Güterbeförderung** an einen Nichtunternehmer i. S. d. § 3b Abs. 1 **Satz 3** UStG vor. **Steuerbar** ist nur der Teil, der auf das Inland entfällt (100 km).
> Die steuerbare Beförderungsleistung ist jedoch nach § 4 Nr. 3a UStG **steuerfrei**.

6.2.3.3 Innergemeinschaftliche Güterbeförderung an Nichtunternehmer

Eine **innergemeinschaftliche** Güterbeförderung an Nichtunternehmer wird von dem Ort ausgeführt, von dem die Beförderung des Gegenstandes **beginnt** (**Startort**; § 3b Abs. 3 UStG).

> **BEISPIEL**
>
> Der Beamte P, Koblenz, zieht aus beruflichen Gründen von Koblenz nach Brüssel um. Der Frachtführer U, Koblenz, transportiert das Umzugsgut von Koblenz nach Brüssel.
>
> Es liegt eine innergemeinschaftliche Güterbeförderung an einen Nichtunternehmer i. S. d. § 3b **Abs. 3** UStG vor. Ort der innergemeinschaftlichen Güterbeförderung ist **Koblenz**, weil dort die Beförderung **beginnt (Startort)**.
> Die sonstige Leistung ist nach § 1 Abs. 1 Nr. 1 i.V.m. § 3b **Abs. 3** UStG **steuerbar**.

> **ÜBUNG →** 1. Wiederholungsfragen 41 bis 43 (Seite 259),
> 2. Fall 16 (Seite 264)

Zusammenfassung zu Abschnitt 6.2.3:

Art der sonstigen Leistungen	Ort der sonstigen Leistungen	
	B2B-Umsätze	**B2C-Umsätze**
Grundregeln für sonstige entgeltliche Leistungen	Sitzort des Empfängers (§ 3a **Abs. 2**)	Sitzort des Leistenden (§ 3a **Abs. 1**)
Personenbeförderungen	zurückgelegte Beförderungsstrecke (§ 3b Abs. 1 Satz 1 u. Satz 2)	zurückgelegte Beförderungsstrecke (§ 3b Abs. 1 Satz 1 u. Satz 2)
nicht innergemeinschaftliche Güterbeförderungen	Sitzort des Empfängers (§ 3a **Abs. 2**)	zurückgelegte Beförderungsstrecke (§ 3b Abs. 1 Satz 3 i.V.m. Sätzen 1 u. 2)
innergemeinschaftliche Güterbeförderungen	Sitzort des Empfängers (§ 3a **Abs. 2**)	Startort (§ 3b **Abs. 3**)

6.3 Ort der unentgeltlichen Wertabgabe (Spezialvorschriften des § 3f UStG)

§ 3f UStG regelt die **Ortsbestimmung** für die **unentgeltlichen** Lieferungen und sonstigen Leistungen. Für unentgeltliche Wertabgaben gilt nach § 3f ein **einheitlicher Leistungsort** (Abschn. 3f.1 Satz 1 UStAE).

6.3.1 Ort der unentgeltlichen Lieferungen

Nach § 3f **Satz 1** werden **unentgeltliche** Lieferungen i.S.d. § 3 **Abs. 1b** an dem **Ort** ausgeführt, von dem aus der **Unternehmer sein Unternehmen betreibt** (<u>Sitzort des leistenden Unternehmers</u>).

Werden die Lieferungen von einer **Betriebsstätte** ausgeführt, **gilt** die **Betriebsstätte** als **Ort der Lieferung** (§ 3f **Satz 2**).

> **BEISPIEL**
>
> Der Aachener Möbelhändler U entnimmt seinem Betrieb in Aachen einen Wohnzimmerschrank für netto 5.000 € und schickt ihn seiner in **Amsterdam** lebenden Tochter.
>
> **Ort der unentgeltlichen Lieferung** ist **Aachen**, weil U von dort aus sein Unternehmen betreibt (§ 3f **Satz 1**).
> Die **unentgeltliche Lieferung** ist nach § 1 Abs. 1 Nr. 1 i.V.m. § 3 Abs. 1b Nr. 1 und § **3f** Satz 1 UStG im Inland **steuerbar**.

6.3.2 Ort der unentgeltlichen sonstigen Leistungen

Nach § 3f Satz 1 UStG werden **unentgeltliche** sonstige Leistungen i.S.d. § **3 Abs. 9a** UStG an dem **Ort** ausgeführt, von dem aus der **Unternehmer sein Unternehmen betreibt** (<u>Sitzort des leistenden Unternehmers</u>).

Werden die sonstigen Leistungen von einer **Betriebsstätte** ausgeführt, **gilt** die **Betriebsstätte** als **Ort der sonstigen Leistung** (§ 3f **Satz 2** UStG).

> **BEISPIEL**
>
> Der Unternehmer U, München, kauft einen vorsteuerbehafteten Pkw für sein Unternehmen, den er auch im In- und Ausland **privat nutzt**.
> Der Unternehmer hat aus den Anschaffungskosten und den laufenden Pkw-Kosten dieses Fahrzeugs 100 % der Vorsteuerbeträge abgezogen. Auf die private Pkw-Nutzung entfällt ein Entgelt von 300 €.
>
> **Ort der unentgeltlichen sonstigen Leistung** (unentgeltlichen Wertabgabe) ist **München**, weil der Unternehmer von dort aus sein Unternehmen betreibt.
> Die **unentgeltliche sonstige Leistung** ist nach § 1 Abs. 1 Nr. 1 i.V.m. § 3 Abs. 9a Nr. 1 und § **3f** Satz 1 UStG im Inland **steuerbar**.

> **ÜBUNG →**
> 1. Wiederholungsfrage 44 (Seite 259),
> 2. Fälle 17 und 18 (Seite 265)

6.4 Ort des innergemeinschaftlichen Erwerbs (§ 3d UStG)

Ein **innergemeinschaftlicher Erwerb** gegen Entgelt (§ 1a und § 1b) ist nach § 1 Abs. 1 Nr. 5 nur **steuerbar**, wenn er im **Inland** ausgeführt wird.

Ort des innergemeinschaftlichen Erwerbs ist grundsätzlich das Gebiet des Mitgliedstaates, in dem sich der Gegenstand am **Ende** der Beförderung oder Versendung befindet, d.h. im **Bestimmungsmitgliedstaat** (§ **3d Satz 1**).

Endet die Beförderung oder Versendung im **Inland**, ist der innergemeinschaftliche Erwerb gegen Entgelt in **Deutschland steuerbar** (§ 1 Abs. 1 Nr. 5; § 1a und § 1b und § 3d Satz 1).

BEISPIEL

Der **französische** Unternehmer U mit französischer USt-IdNr., Paris, versendet mit der Bahn eine Maschine im Wert von 10.000 € netto an den **deutschen** Unternehmer A mit deutscher USt-IdNr., Bonn, der die Maschine in seinem Unternehmen einsetzt.

Der **Ort des innergemeinschaftlichen Erwerbs** liegt in **Bonn**, weil dort die Versendung **endet**, sodass der innergemeinschaftliche Erwerb für A in Deutschland **steuerbar ist** (§ 1 Abs. 1 **Nr. 5** i. V. m. § 1a Abs. 1 und § **3d Satz 1**).

Umsatzart nach § 1 i.V.m. § 3 UStG	Ort des Umsatzes	nicht steuerbare Umsätze im Inland €	steuerbare Umsätze im Inland €	steuerfreie Umsätze im Inland § 4 UStG €	steuerpflichtige Umsätze im Inland €
Erwerb	Bonn	—	10.000		

Endet die Beförderung oder Versendung – aus der Sicht des Inlandes – **im übrigen Gemeinschaftsgebiet**, liegt eine steuerfreie innergemeinschaftliche **Lieferung** vor.

BEISPIEL

Der **deutsche** Unternehmer U mit deutscher USt-IdNr., Bonn, versendet mit der Bahn eine Maschine im Wert von 10.000 € netto an den **französischen** Unternehmer A mit französischer USt-IdNr., Paris, der die Maschine in seinem Unternehmen einsetzt.

Der **Ort der** innergemeinschaftlichen **Lieferung** ist **Bonn**, weil dort die Versendung **beginnt** (§ 3 **Abs. 6** Satz 1).

Die innergemeinschaftliche **Lieferung** ist für U im Inland **steuerbar** (§ 1 Abs. 1 **Nr. 1** i.V.m. § 6a), jedoch nach § 4 Nr. 1b **steuerfrei**.

Umsatzart nach § 1 i.V.m. § 3 UStG	Ort des Umsatzes	nicht steuerbare Umsätze im Inland €	steuerbare Umsätze im Inland €	steuerfreie Umsätze im Inland § 4 UStG €	steuerpflichtige Umsätze im Inland €
Lieferung	Bonn	—	10.000	10.000	—

Für den **französischen** Unternehmer **A** liegt ein steuerbarer **innergemeinschaftlicher Erwerb** im Bestimmungsmitgliedstaat (Frankreich) vor.

MERKE → Ein steuerbarer innergemeinschaftlicher **Erwerb** setzt eine **steuerfreie** innergemeinschaftliche **Lieferung** voraus.

Verwendet der Erwerber gegenüber dem Lieferer eine **USt-IdNr.**, die ihm ein **anderer Mitgliedstaat** erteilt hat **als der**, in dem die Beförderung oder Versendung **endet**, so **gilt** der **Erwerb** in dem **Gebiet dieses Mitgliedstaates als bewirkt**.

Das Gebiet dieses Mitgliedstaates ist **so lange** für den Ort der Lieferung **maßgebend, bis** der Erwerber **nachweist**, dass der innergemeinschaftliche Erwerb in dem Mitgliedstaat der Umsatzsteuer unterworfen worden ist, in dem die Beförderung oder Versendung des Gegenstandes **geendet** hat (§ 3d **Satz 2**).

> **BEISPIEL**
>
> Der **französische** Unternehmer U mit französischer USt-IdNr., Paris, versendet mit der Bahn Parfüm für 5.000 € netto an den **deutschen** Unternehmer A in Köln.
> Unternehmer A, der noch eine Betriebsstätte in den Niederlanden hat, verwendet gegenüber U eine ihm von den **Niederlanden** erteilte **USt-IdNr**.
>
> Der **innergemeinschaftliche Erwerb** durch den deutschen Unternehmer A **gilt** als in den **Niederlanden bewirkt** und unterliegt dort der Umsatzsteuer (§ 3d **Satz 2**).
> Von der Umsatzsteuer in den Niederlanden ist der deutsche Unternehmer entbunden, sobald er nachweist, dass der innergemeinschaftliche Erwerb in Deutschland besteuert worden ist (§ 17 Abs. 2 Nr. 4).

Zusammenfassung zu Abschnitt 6.4:

Ort des innergemeinschaftlichen Erwerbs
(§ 3d UStG)

1. Der Ort des innergemeinschaftlichen Erwerbs befindet sich **grundsätzlich** im **Bestimmungsmitgliedstaat**.
2. **Ausnahme**: Verwendet der Erwerber irrtümlich eine USt-IdNr. eines Mitgliedstaates, die nicht mit der des Bestimmungsmitgliedstaates übereinstimmt, so gilt der **Ausgabestaat der USt-IdNr.** als Ort des innergemeinschaftlichen Erwerbs.

Der **Ort** des innergemeinschaftlichen Erwerbs liegt **grundsätzlich** beim **Abnehmer**.

ÜBUNG → 1. Wiederholungsfrage 45 (Seite 259),
2. Fälle 19 bis 21 (Seite 265)

6.5 Erfolgskontrolle

WIEDERHOLUNGSFRAGEN

1. Wo ist der Ort der Lieferung bei einer Beförderungslieferung i.S.d. § 3 Abs. 6 Satz 1 UStG?
2. Wo ist der Ort der Lieferung bei einer Versendungslieferung i.S.d. § 3 Abs. 6 Satz 4 UStG?
3. Wo ist der Ort der Lieferung bei einem Abholfall i.S.d. § 3 Abs. 6 Satz 1 UStG?
4. Wo gilt die Lieferung in den Sonderfällen des § 3 Abs. 8 UStG als ausgeführt?
5. Um welche beiden Lieferungsarten muss es sich in den Sonderfällen des § 3 Abs. 8 UStG handeln?
6. Für welche Einfuhrländer gilt § 3 Abs. 8 UStG nicht?
7. Wer muss in den Sonderfällen des § 3 Abs. 8 UStG Schuldner der EUSt sein?
8. Wo wird die Lieferung ausgeführt, wenn der Gegenstand der Lieferung nicht befördert oder versendet wird?
9. Wo ist der Ort der Lieferung bei der Beförderungs- oder Versendungslieferung nach § 3 Abs. 6 Satz 1 UStG?
10. Wo ist der Ort der Lieferung nach § 3 Abs. 7 Satz 2 UStG für Lieferungen, die keine Beförderungs- oder Versendungslieferungen sind?
11. Wo liegt der Ort der Lieferung bei einem innergemeinschaftlichen Dreiecksgeschäft?
12. Wer schuldet die Umsatzsteuer bei einem innergemeinschaftlichen Dreiecksgeschäft?
13. Worin besteht die Vereinfachungsregelung des § 25b UStG?
14. Wo gilt die innergemeinschaftliche Lieferung bei sog. Versandumsätzen als ausgeführt?
15. Wer gehört zum Abnehmerkreis der Spezialvorschrift des § 3c UStG?
16. Welche weitere Voraussetzung ist für die Anwendung des § 3c UStG für Halbunternehmer erforderlich?
17. Wie viel Euro beträgt die Erwerbsschwelle für Versandumsätze ins Inland?
18. Wie viel Euro beträgt die Lieferschwelle für Versandumsätze ins Inland?
19. In welchem Fall ist es für einen Unternehmer vorteilhaft, nach § 3c Abs. 4 UStG für das Bestimmungslandprinzip zu optieren?
20. Wie lange ist ein Lieferer an die Option nach § 3c Abs. 4 UStG mindestens gebunden?
21. Wo ist der Ort der Lieferung von Gas, Elektrizität, Wärme oder Kälte nach § 3g UStG, wenn der Abnehmer ein Unternehmer (Wiederverkäufer) ist?
22. Wo ist der Ort der Lieferung von Gas, Elektrizität, Wärme oder Kälte nach § 3g UStG, wenn der Verbrauch durch einen anderen Abnehmer (z.B. privaten Abnehmer) erfolgt?
23. Wo wird die sonstige Leistung bei der Grundregel des § 3a Abs. 2 UStG ausgeführt?
24. Wo wird die sonstige Leistung bei der Grundregel des § 3a Abs. 1 UStG ausgeführt?
25. Welche sonstigen Leistungen fallen unter die Ortsbestimmung des § 3a Abs. 2 UStG? Nennen Sie vier Beispiele.
26. Welche sonstigen Leistungen fallen unter die Spezialvorschrift des § 3a Abs. 3 bis 7 UStG? Nennen Sie vier Beispiele.
27. Wo wird die sonstige Leistung im Zusammenhang mit einem Grundstück ausgeführt?

28. Wo wird die kurzfristige Vermietung eines Beförderungsmittels ausgeführt?
29. Wo ist der Ort der sonstigen Leistung für kulturelle, künstlerische und wissenschaftliche Leistungen?
30. Wo ist der Ort der Restaurationsleistungen, die nicht an Bord eines Schiffs, Luftfahrzeugs oder einer Eisenbahn erbracht werden?
31. Wo ist der Ort der sonstigen Leistung bei Arbeiten an beweglichen körperlichen Gegenständen für Nichtunternehmer?
32. Wo ist der Ort der Vermittlungsleistung an einen Nichtunternehmer?
33. Wo ist der Ort der Vermittlungsleistung an einen Unternehmer?
34. Wo ist der Ort der sonstigen Leistung im Drittlandsgebiet, wenn der Empfänger der Katalogleistung ein Nichtunternehmer ist?
35. Wo ist der Ort der sonstigen Leistung innerhalb des Gemeinschaftsgebiets, wenn der Empfänger der Katalogleistung ein Nichtunternehmer ist?
36. Wo ist der Ort der sonstigen Leistung innerhalb des Gemeinschaftsgebiets, wenn der Empfänger der Katalogleistung ein Unternehmer ist?
37. Wo ist der Ort der sonstigen Leistung für Telekommunikationsdienstleistungen an Nichtunternehmer, wenn der Dienstleister im Gemeinschaftsgebiet ansässig ist?
38. Wo ist der Ort der sonstigen Leistung für Telekommunikationsdienstleistungen an Nichtunternehmer, wenn der Dienstleister im Drittlandsgebiet ansässig ist?
39. Wo ist der Ort der sonstigen Leistung für elektronisch erbrachte Leistungen?
40. Was ist ein Mini-One-Stop-Shop?
41. Wo gilt eine innergemeinschaftliche Güterbeförderung nach § 3b Abs. 3 UStG als ausgeführt?
42. Wo ist der Ort der sonstigen Leistung bei einer Personenbeförderung im Inland?
43. Wo ist der Ort der sonstigen Leistung bei einer grenzüberschreitenden Personenbeförderung?
44. Wo ist der Ort der unentgeltlichen Lieferungen und sonstigen Leistungen?
45. Wo liegt grundsätzlich der Ort des innergemeinschaftlichen Erwerbs?

FÄLLE

FALL 1

Bestimmen Sie bei den Sachverhalten 1 bis 11 den **Ort des Umsatzes** und stellen Sie fest, ob die Leistungen des liefernden Unternehmers im Inland **steuerbar** sind. Nennen Sie dabei die einschlägigen Rechtsgrundlagen.

1. Großhändler G, Hannover, transportiert mit eigenem Lkw Waren für netto 4.000 € zu seinem Abnehmer A nach Bremen.
2. Hersteller H, Paris, hat ein Auslieferungslager in Saarbrücken. H befördert mit der Bahn Waren für netto 5.000 € vom Auslieferungslager Saarbrücken an den Abnehmer A in Mainz.
3. Abnehmer A, Köln, hat beim Hersteller H, Hamburg, eine Maschine für netto 10.000 € gekauft. A holt die Maschine mit eigenem Lkw bei H in Hamburg ab.
4. Buchhändler Hugendubel, München, verkauft und übergibt in seinem Geschäft die „Buchführung 1" für brutto 22,99 € an die Steuerfachangestellte Margret Herter, Landshut.

5. Großhändler G, Dresden, lässt mit eigenem Lkw Waren für netto 2.500 €, die sein schweizerischer Abnehmer A bestellt hat, durch einen seiner Fahrer von Dresden nach Bern schaffen.
6. Hersteller H, Stuttgart, der in Zürich (Schweiz) ein Auslieferungslager hat, lässt mit der Bahn Waren für netto 6.000 € von seinem Auslieferungslager an einen schweizerischen Abnehmer in Bern befördern.
7. Elektrohändler E, Luxemburg, lässt eine Kühltruhe für netto 500 € durch seinen Angestellten beim Hersteller U in Trier abholen.
8. Der deutsche Großhändler G, Ludwigshafen, befördert mit der Bahn Waren für netto 4.000 €, die der französische Abnehmer A bestellt hat, nach Straßburg.
9. Der deutsche Großhändler G, Hamburg, lässt Waren für netto 4.500 € durch einen Frachtführer zu seinem Abnehmer A nach Amsterdam bringen.
10. Großhändler G, Köln, bringt mit eigenem Lkw Waren für netto 5.000 € zu seinem Abnehmer A nach Bern (Schweiz).
11. Großhändler G, München, transportiert mit eigenem Lkw Waren für netto 6.000 €, die der griechische Abnehmer A bestellt hat, nach Athen.

FALL 2

Maschinenfabrikant M, Bern (Schweiz), bringt eine Maschine für netto 10.000 €, die der Stuttgarter Unternehmer A bestellt hat, mit seinem eigenen Lkw nach Stuttgart. M liefert „verzollt und versteuert", d.h., er lässt die Maschine zoll- und steuerrechtlich zum freien Verkehr abfertigen und entrichtet die Einfuhrumsatzsteuer.

1. Liegt ein Sonderfall der Lieferung i.S.d. § 3 Abs. 8 UStG vor?
2. Welche umsatzsteuerlichen Folgen treten durch die Lieferkondition „verzollt und versteuert" für M ein?
3. Ist die Lieferung für M in Deutschland steuerbar?

FALL 3

Sachverhalt wie im Fall 2 mit dem Unterschied, dass M „unverzollt und unversteuert" liefert. A lässt die Maschine zoll- und steuerrechtlich zum freien Verkehr abfertigen und entrichtet die Einfuhrumsatzsteuer.

1. Liegt ein Sonderfall der Lieferung i.S.d. § 3 Abs. 8 UStG vor?
2. Wo ist der Ort der Lieferung?
3. Ist die Lieferung für M im Inland steuerbar?
4. Ist der Umsatz in Deutschland steuerbar?

FALL 4

Bauunternehmer B in Freiburg hat den Auftrag erhalten, in Baden-Baden ein Geschäftshaus zu errichten. Lieferung und Einbau der Fenster lässt B von seinem schweizerischen Subunternehmer S aus Zürich ausführen.

1. Um welche Leistungsart handelt es sich bei der von Subunternehmer S erbrachten Leistung?
2. Wo ist der Ort der Leistung des Subunternehmers S?
3. Ist die Leistung des S in Deutschland steuerbar?

6 Ort des Umsatzes

FALL 5

Der Unternehmer A in Düsseldorf bestellt beim Unternehmer B in Bielefeld Maschinenteile, die dieser bei C in Berlin ordert. C transportiert die Teile vereinbarungsgemäß mit eigenem Lkw direkt zu A nach Düsseldorf.
1. Zwischen welcher Lieferbeziehung liegt die Beförderungslieferung (Lieferung mit Warenbewegung)?
2. Wo ist der Ort der Beförderungslieferung?
3. Zwischen welcher Lieferbeziehung liegt die Lieferung ohne Warenbewegung?
4. Wo ist der Ort der ruhenden Lieferung?

FALL 6

Sachverhalt wie im Fall 5 mit dem Unterschied, dass A die Maschinenteile bei C in Berlin mit eigenem Lkw abholt.
1. Zwischen welcher Lieferbeziehung liegt die Beförderungslieferung (Lieferung mit Warenbewegung)?
2. Wo ist der Ort der Beförderungslieferung?
3. Zwischen welcher Lieferbeziehung liegt die Lieferung ohne Warenbewegung?
4. Wo ist der Ort der ruhenden Lieferung?

FALL 7

Unternehmer A in Düsseldorf bestellt beim Unternehmer B in Bielefeld Maschinenteile, die dieser bei C in Hamburg und C wiederum bei D in Berlin ordert. B lässt vereinbarungsgemäß die Maschinenteile von Berlin zu A nach Düsseldorf befördern.
B führt keinen besonderen Liefererachweis.
1. Zwischen welcher Lieferbeziehung liegt die Beförderungslieferung (Lieferung mit Warenbewegung)?
2. Wo ist der Ort der Beförderungslieferung?
3. Zwischen welchen Lieferbeziehungen liegen die Lieferungen ohne Warenbewegung?
4. Wo sind die Orte der ruhenden Lieferungen?

FALL 8

Die Maschinenbaufirma A in Paris (Unternehmer mit französischer USt-IdNr.) bestellt eine Maschine bei einem belgischen Großhändler U 2 in Brüssel (Unternehmer mit belgischer USt-IdNr.).
U 2 hat die Maschine nicht vorrätig und bittet den deutschen Produzenten U 1 in Köln (Unternehmer mit deutscher USt-IdNr.) die Maschine unmittelbar an A zu liefern.
U 1 versendet den Gegenstand an A.
Alle drei Unternehmer geben jeweils die USt-IdNr. ihres Landes an.
1. Liegt ein innergemeinschaftliches Dreiecksgeschäft nach § 25b Abs. 1 UStG vor?
2. Wo liegt der Ort der Lieferung des U 1 an U 2?
3. Ist die Lieferung des U 1 steuerbar?
4. Wo liegt der Ort der Lieferung des U 2 an A?
5. Wer schuldet die Umsatzsteuer für die Lieferung des U 2 an A?

C. Umsatzsteuer

FALL 9

Bestimmen Sie bei den Sachverhalten 1 bis 4 den **Ort des Umsatzes** und stellen Sie fest, in welchem Land die Lieferungen des Unternehmers U **steuerbar** sind. Nennen Sie dabei die einschlägigen Rechtsgrundlagen.

1. Der Privatmann P, Straßburg, lässt sich 2018 von dem deutschen Elektronikhändler U, Freiburg, eine Stereoanlage per Post für 1.000 € netto zuschicken. Die französische Lieferschwelle des U ist überschritten.
2. Der Wohnungsvermieter A, Straßburg, der nur steuerfreie Umsätze ausführt, lässt sich 2018 von dem deutschen Unternehmer U, Stuttgart, Fenster für 5.000 € netto per Bahn zuschicken. A hat die französische Erwerbsschwelle nicht überschritten und auch nicht für die Erwerbsbesteuerung optiert. Die französische Lieferschwelle des U ist überschritten.
3. Der französische Weinhändler U, Chablis, versendet 2018 per Post eine Kiste Wein an die deutsche Privatperson P, Mainz, für 200 € netto. Die deutsche Lieferschwelle des U ist überschritten.
4. Der deutsche Heizölhändler U, Aachen, befördert 2018 mit seinem Tankfahrzeug 15.000 l Heizöl für 4.500 € netto an die belgische Privatperson P, Lüttich. Die belgische Lieferschwelle des U ist überschritten.

FALL 10

Der Buchhändler U, Hamburg, versendet im August 2018 per Post Bücher an Privatpersonen in London für 5.000 € netto.
U hat 2017 die englische Lieferschwelle nicht überschritten und wird sie auch 2018 nicht überschreiten.

1. Wo ist der Ort der Lieferung?
2. Ist die Lieferung für U im Inland steuerbar?
3. Ist die Lieferung für U in England steuerbar?

FALL 11

Sachverhalt wie im Fall 10 mit dem Unterschied, dass der Buchhändler U auf die englische Lieferschwelle verzichtet, d.h., dass er nach § 3c Abs. 4 optiert. Der englische Umsatzsteuersatz beträgt für Bücher 0 %.

1. Wo ist der Ort der Lieferung?
2. Ist die Lieferung für U im Inland steuerbar?
3. Ist die Option für U wirtschaftlich sinnvoll?

FALL 12

Der deutsche Versandhändler U, Aachen, versendet 2018 per Post normale Handelswaren an Privatpersonen ohne USt-IdNr. in Brüssel.
U hatte 2017 die belgische Lieferschwelle nicht überschritten. Zu Beginn des Jahres 2018 nimmt U an, dass er sie auch 2018 nicht überschreiten wird.
In Wirklichkeit versendet er 2018 jedoch Handelswaren an belgische Privatpersonen ohne USt-IdNr., mit denen er die belgische Lieferschwelle überschreitet.

1. Wo ist der Ort der Lieferung 2018?
2. Ist die Lieferung für U in 2018 im Inland steuerbar?
3. Ist die Lieferung für U in 2018 in Belgien steuerbar?

FALL 13

Der belgische Unternehmer U, Brüssel, versendet im September 2018 per Bahn an die Tennisabteilung des Postsportvereins Koblenz e.V. (Kleinunternehmer) einen Bodenbelag für die Tennishalle des Vereins für 8.000 € netto.
Der Verein hat die Erwerbsschwelle von 12.500 € nicht überschritten und auch nicht für die Erwerbsbesteuerung optiert.
U hatte 2017 die deutsche Lieferschwelle nicht überschritten und wird sie auch 2018 nicht überschreiten.
Sollte U nach § 3c Abs. 4 optieren? (Hinweis: Anhang 1 dieses Buches)
Begründen Sie Ihre Antwort.

FALL 14

Bestimmen Sie bei den Sachverhalten 1 bis 5 den **Ort des Umsatzes** und stellen Sie fest, ob die sonstigen Leistungen des liefernden Unternehmers U im Inland **steuerbar** sind. Nennen Sie dabei die einschlägigen Rechtsgrundlagen.

1. Der Gastwirt U serviert in seiner Gaststätte in München für 3.000 € netto Speisen und Getränke an seine Gäste.
2. Der Unternehmer U, Bochum, vermietet Wohnmobile für Urlaubsreisen. Die Mietfahrzeuge werden in Bochum übergeben. Die Vermietungsdauer liegt zwischen 2 Tagen und 3 Wochen. Die Wohnmobile werden von den Mietern im In- und Ausland genutzt. U weiß nicht, wo die Nutzung erfolgt. Die Bemessungsgrundlage beträgt 3.000 €.
3. Der Hauseigentümer U, Köln, vermietet ein in Aachen gelegenes Mietwohngrundstück an private Mieter für netto 6.000 €.
4. Der amerikanische Wirtschaftswissenschaftler U, Boston, hält im Auftrag des ausschließlich unternehmerisch tätigen OFW (Organisationsforum Wirtschaftskongress e.V., Sitz Köln) an der Uni Köln einen Vortrag für ein Entgelt von 2.500 €. Inhalt des Vortrags, der in Boston erstellt wurde, ist die Erläuterung seiner neuesten Forschungsergebnisse auf dem Gebiet der Globalisierung.
5. Der Handelsvertreter U, der in Mainz sein Büro unterhält, vermittelt für den Unternehmer A, Paris, eine Warenlieferung von Paris nach Rom für netto 100 €. Die Maschine wird mit der Bahn von Paris nach Rom transportiert.

FALL 15

Bestimmen Sie bei den Sachverhalten 1 bis 12 den **Ort des Umsatzes** und stellen Sie fest, ob die sonstigen Leistungen des liefernden Unternehmers U im Inland **steuerbar** sind. Nennen Sie dabei die einschlägigen Rechtsgrundlagen.

1. Der Steuerberater U, der in Bonn seine Praxis hat, übernimmt die steuerliche Beratung eines Unternehmers, der in Paris seinen Sitz hat und der im Inland keine Betriebsstätte unterhält. Die Bemessungsgrundlage beträgt 300 €.
2. Der Rechtsanwalt U, der in Köln seine Kanzlei hat, führt für den Unternehmer A, der seinen Sitz in Bern (Schweiz) hat, in Köln einen Prozess für netto 250 €.
3. Der Steuerberater U, der in Nürnberg seine Praxis hat, übernimmt die steuerliche Beratung für den Privatmann P, der in Oslo (Norwegen) seinen Wohnsitz hat, für ein Entgelt von 200 €.

4. Der deutsche Unternehmer U, Ludwigshafen, vermietet einem französischen Bauunternehmer, Straßburg, einen Ladekran, der ausschließlich auf einer Baustelle in Straßburg (Frankreich) eingesetzt wird für 900 € netto.
5. Der Unternehmer U, Flensburg, vermietet Fernsehgeräte an Privatpersonen in Dänemark für ein Entgelt von insgesamt 1.000 €.
6. Der Computerhersteller U, Zürich (Schweiz), vermietet eine EDV-Anlage an einen Nichtunternehmer in Köln für netto 300 €. Die Anlage wird in Köln genutzt.
7. Der deutsche Steuerberater U, Düsseldorf, berät den Schweizer P, der Nichtunternehmer ist und in Bern wohnt, in Fragen des deutschen Einkommensteuerrechts für ein Entgelt von 200 €.
8. Der Architekt U erstellt in seinem Büro in Hannover für einen deutschen Bauherrn die Bauzeichnung für ein Ferienhaus in Zürich (Schweiz) für netto 40.000 €.
9. Der Maschinenbauunternehmer U mit Sitz in München beauftragt den Spediteur S aus Dachau eine Maschine von München nach Bern (Schweiz) transportieren zu lassen. S erhält dafür ein Entgelt.
10. Der Maschinenbauunternehmer U mit Sitz in München beauftragt den Schweizer Frachtführer F, Bern, die Maschine aus Nr. 9 von Bern nach Zürich zu transportieren. F erhält dafür ein Entgelt.
11. Der Unternehmer A, Düsseldorf, lässt durch den niederländischen Spediteur S eine Ware von Amsterdam nach Düsseldorf für ein Entgelt von 2.000 € transportieren. Dabei verwendet der Unternehmer A seine deutsche USt-IdNr.
12. Der Unternehmer A, Madrid, beauftragt den Transportunternehmer S, Freiburg, mit dem Transport einer Maschine von Amsterdam nach Straßburg für ein Entgelt von 5.000 €.

FALL 16

Bestimmen Sie bei den Sachverhalten 1 bis 7 den **Ort der Leistung**. Ist die Leistung im Inland steuerbar? Nennen Sie dabei die einschlägigen Rechtsgrundlagen.

1. Omnibusunternehmer Welter aus Düsseldorf befördert die Mitglieder des Gesangvereins „Düsseldorfer Spatzen" zu einem „Sängerwettstreit" nach München und zurück.
2. Omnibusunternehmer Welter aus Düsseldorf befördert für Textilgroßhändler Günther aus Düsseldorf dessen Belegschaft zu einem Betriebsausflug nach Köln und zurück.
3. Omnibusunternehmer Welter aus Düsseldorf befördert die Mitglieder des Gesangvereins „Düsseldorfer Spatzen" zu einem „Sängerwettstreit" nach Wien und zurück.
4. Transportunternehmer Tauber aus Bochum befördert für den Bankangestellten Hermann aus Essen ein Klavier von Wuppertal nach Essen.
5. Transportunternehmer Tauber aus Bochum befördert für den Hersteller Hartung aus Essen eine Warenlieferung von Essen nach Wuppertal.
6. Der Transportunternehmer U, Bonn, transportiert für den Privatmann P, Bonn, ein Klavier von Bonn nach Köln. Die Gesamtkosten der Beförderungsleistung betragen 250 € netto.
7. Der Transportunternehmer U, Berlin, transportiert für den Privatmann P, Berlin, ein Klavier von Berlin nach Minsk (Weißrussland) für ein Entgelt von 450 €. Die Gesamtstrecke beträgt 1.000 km, davon entfallen 100 km auf das Inland.

FALL 17

Möbeleinzelhändler U, Saarbrücken, entnimmt Möbel im Wert von 2.500 € netto (aktuelle Wiederbeschaffungskosten) aus seinem Unternehmen, die er seinen beiden Töchtern Monika und Mechthild zur Hochzeit schenkt. Monika wohnt in Saarbrücken, Mechthild wohnt in Straßburg (Frankreich).

1. Wo ist der Ort der unentgeltlichen Lieferung?
2. Ist der Sachverhalt im Inland steuerbar?

FALL 18

Der Kfz-Meister U, Aachen, lässt an seinem betrieblichen Fahrzeug (sog. Neufahrzeug) die routinemäßige Inspektion in seiner Werkstatt durchführen. Für die Inspektion hätte er einem Kunden 400 € netto berechnet. Anschließend fährt U mit dem betrieblichen Pkw in Urlaub nach Belgien. Von der Urlaubsfahrt entfallen lt. Fahrtenbuch 20 km auf das Inland und 750 km auf das Ausland. Die Kosten für die Urlaubsfahrt betragen 1.000 € netto.

1. Beschreiben Sie den Umfang und den Ort der erbrachten Leistungen.
2. Ist der Sachverhalt im Inland steuerbar?

FALL 19

Der niederländische Unternehmer U mit niederländischer USt-IdNr., Amsterdam, befördert mit eigenem Lkw normale Handelswaren für 4.300 € netto an den deutschen Unternehmer A mit deutscher USt-IdNr., Düsseldorf, der die Ware für sein Unternehmen verwendet.

1. Um welche Umsatzart handelt es sich für den deutschen Unternehmer A?
2. Wo ist der Ort des Umsatzes für den deutschen Unternehmer A?
3. Ist der Umsatz für A im Inland steuerbar?

FALL 20

Der französische Unternehmer U mit französischer USt-IdNr., Paris, befördert mit eigenem Lkw normale Handelswaren für 10.000 € netto an den deutschen Unternehmer A nach Lüttich (Belgien). A, der in Lüttich und in Aachen eine Betriebsstätte hat, verwendet gegenüber U irrtümlich seine deutsche USt-IdNr.

1. Um welche Umsatzart handelt es sich für den deutschen Unternehmer A?
2. Wo ist der Ort des Umsatzes für den deutschen Unternehmer A?
3. Ist der Umsatz für A im Inland steuerbar?

FALL 21

Der Bauunternehmer U, Stuttgart, erwirbt für seine im Betrieb nicht mitarbeitende Ehefrau von einem französischen Kfz-Händler in Paris einen neuen Pkw für 40.000 € und bringt ihn selbst nach Deutschland.

1. Um welche Umsatzart handelt es sich?
2. Wo ist der Ort des Umsatzes?
3. Ist der Umsatz für U im Inland steuerbar?

Weitere Fälle mit Lösungen zum Ort des Umsatzes finden Sie im **Lösungsbuch** der Steuerlehre 1.

Zusammenfassende Erfolgskontrolle zum 1. bis 6. Kapitel

Prüfen Sie, ob folgende Umsätze für den Unternehmer U im Inland **steuerbar** oder **nicht steuerbar** sind. Verwenden Sie dabei die folgende **Lösungstabelle**.

Tz.	Umsatzart nach § 1 i. V. m. § 3 UStG	**Ort des Umsatzes**	**nicht** steuerbare Umsätze im Inland €	**steuerbare** Umsätze im Inland €
1.				
2.				
usw.				

1. Der Aachener Maschinenfabrikant U verkauft eine Maschine für 10.000 € netto nach Lüttich (Belgien). Der Käufer holt die Maschine mit eigenem Lkw in Aachen ab.

2. Der Hobbygärtner U aus Mainz verkauft in jedem Jahr Erdbeeren aus seinem Garten an Passanten. In diesem Jahr erlöst er 400 € netto. Im Vorjahr waren es 300 € netto.

3. Der Architekt U, der sein Büro in Köln hat, fertigt für 2.000 € netto den Bauplan für ein in Bonn gelegenes Wohnhaus an und übernimmt auch die Bauleitung. 70 % seiner Tätigkeit verrichtet er in seinem Büro in Köln.

4. Der Steuerberater U, dessen Büro sich in Saarbrücken befindet, vertritt für 300 € netto einen Privatmann aus Bern (Schweiz) in einer Erbschaftsteuersache vor dem Finanzgericht in Saarbrücken.

5. Der Möbelfabrikant U, Stuttgart, liefert Möbel für 30.000 € netto nach Bern (Schweiz). Er bringt die Möbel mit eigenem Lkw zur Privatperson A.

6. Der Freiburger Unternehmer U macht mit seinem betrieblichen Pkw (sog. Neufahrzeug) eine Urlaubsreise in die Schweiz. Von den Fahrtkosten entfallen 100 € netto auf die Strecke im Inland und 300 € netto auf die Strecke im Ausland. Zusätzlich sind 80 € vorsteuerfreie Kosten angefallen.

7. F, Frachtführer aus Kiel, befördert für einen Hersteller aus Weißrussland leere Konservendosen für 2.500 € netto von Kiel nach Weißrussland. Die Verkehrsstrecke beträgt 1.300 km. Davon entfallen 300 km auf das Inland.

8. Der Schreinermeister U in Hannover repariert einen Schreibtisch seines Büros. Die Reparatur verursacht Kosten in Höhe von 40 € netto.

9. Der Gastwirt U serviert in seiner Gaststätte in Passau für netto 5.000 € Speisen und Getränke an seine Gäste.

10. Die Privatperson A, Köln, bekommt von dem norwegischen Unternehmer U, Oslo, mittels Internet die Möglichkeit eröffnet, Software für 150 € netto auf ihre Anlage zu überspielen. Sie macht von dieser Möglichkeit Gebrauch.

11. Das deutsche Energieversorgungsunternehmen U liefert an einen österreichischen Energieversorger mit Sitz in Linz (AT) Elektrizität für 150.000 €. Der Energieversorger liefert die Elektrizität seinerseits an private Abnehmer mit unterschiedlichem Verbrauchsort in Österreich.

7 Steuerbefreiungen

Bisher wurde untersucht, ob bestimmte Umsätze im Inland **steuerbar** sind oder **nicht**.

Im Folgenden wird **geprüft**, ob die **steuerbaren** Umsätze im Inland **steuerfrei** sind oder **nicht**.

Steuerbare Umsätze im Inland, die **nicht steuerfrei** sind, sind – wie das folgende Schaubild zeigt – **steuerpflichtig**.

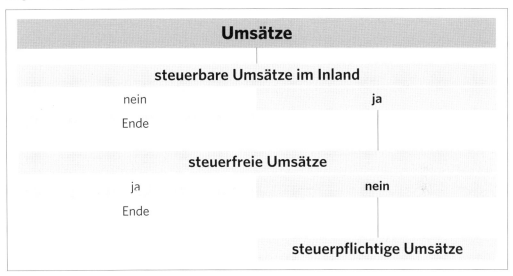

Die **steuerfreien Umsätze** werden in der folgenden Reihenfolge erläutert:

1. steuerfreie Umsätze **ohne** Vorsteuerabzug (§ 4 **Nrn. 8 bis 28**) und
2. steuerfreie Umsätze **mit** Vorsteuerabzug (§ 4 **Nrn. 1 bis 7**).

7.1 Steuerfreie Umsätze ohne Vorsteuerabzug

Neben der **Steuerfreiheit des Exports**, die zum **Ziel** hat, die inländischen Gegenstände **ohne Umsatzsteuerbelastung** dem ausländischen Markt zuzuführen, werden bestimmte **Inlandsumsätze** aus sozialen, kulturellen und haushaltsmäßigen Gründen ebenfalls von der Umsatzsteuer **befreit** (§ 4 **Nrn. 8 bis 28**).

Hierzu zählt auch die Postdienstleistung „Briefversand". Mit Urteil vom 02.03.2016 hat der Bundesfinanzhof entschieden, dass ein bundesweiter Briefversand nur dann steuerfrei nach § 4 Nr. 11b UStG erfolgen darf, wenn die Postdienstleistung flächendeckend an sämtlichen Werktagen (Montag bis einschließlich Samstag) erfolgt.

Die **Befreiung der Inlandsumsätze** nach § 4 **Nrn. 8 bis 28** führt grundsätzlich zum **Ausschluss** des **Vorsteuerabzugs** (§ 15 Abs. 2 Satz 1 Nr. 1).

> **MERKE →** **Steuerfreie Inlandsumsätze** führen grundsätzlich zum **Ausschluss des Vorsteuerabzugs** (Ausschlussumsätze).

C. Umsatzsteuer

Zu den **steuerfreien Umsätzen ohne Vorsteuerabzug** nach § 4 **Nrn. 8 bis 28** gehören vor allem:

§ 4 **Nr. 8**	Geld-, Kapital- und Kreditumsätze, auch Negativzinsen (BMF v. 21.06.2016)	
§ 4 **Nr. 9**	**Konkurrenz zu anderen Verkehrsteuern** (z.B. **Grunderwerbsteuer**) (z.B. Entnahme eines Grundstücks aus dem Unternehmen, BMF-Schreiben vom 22.09.2008, BStBl. 2008 I, S. 895 f.),	
§ 4 **Nr. 10**	**Versicherungsumsätze**,	
§ 4 **Nr. 11**	Bausparkassenvertreter, Versicherungsvertreter, Versicherungsmakler i.S.d. Art. 135 Abs. 1 Buchstabe a MwStSystRL,	
§ 4 **Nr. 12**	**Vermietungen und Verpachtungen** (z.B. Vermietung von Wohnungen in einem Mietwohngrundstück),	
§ 4 **Nr. 13**	Leistungen durch Gemeinschaften der Wohnungseigentümer,	
§ 4 **Nr. 14**	**Umsätze der Heilberufe** (z.B. als Arzt, Zahnarzt, Heilpraktiker, Krankengymnast, Hebamme, **Podologin** = medizinische Fußpflegerin), Bei **Zahnärzten** ist die Lieferung und Wiederherstellung von **Zahnprothesen** (dazu gehören auch Brücken, Stiftzähne und Kronen) u. **kieferorthopädischen Apparaten** (z.B. Spangen) von der Befreiung **ausgeschlossen**, **soweit** diese Gegenstände **im Unternehmen** des **Zahnarztes** hergestellt oder wiederhergestellt werden. Heilberufliche Leistungen sind **nur steuerfrei**, wenn bei der Tätigkeit (z.B. Untersuchung, Attest, Gutachten) ein **therapeutisches Ziel** im Vordergrund steht.	
§ 4 **Nr. 15**	Sozialversicherung, Grundsicherung für Arbeitsuchende, Sozialhilfe,	
§ 4 **Nr. 16**	Umsätze der Krankenhäuser, Diagnosekliniken, Altenheime, Altenwohnheime, Pflegeheime,	
§ 4 **Nr. 17**	Lieferung von menschlichen Organen, menschlichem Blut und Frauenmilch; Krankenbeförderungen,	
§ 4 **Nr. 18**	Lieferungen der Verbände der freien Wohlfahrtspflege,	
§ 4 **Nr. 19**	Umsätze der Blinden und Blindenwerkstätten,	
§ 4 **Nr. 20**	Umsätze durch kulturelle Einrichtungen,	
§ 4 **Nr. 21**	Schul- und Bildungszwecke,	
§ 4 **Nr. 22**	Veranstaltungen wissenschaftlicher, belehrender oder sportlicher Art,	
§ 4 **Nr. 23**	Erziehungs-, Ausbildungs- und Fortbildungszwecke,	
§ 4 **Nr. 24**	Leistungen des Deutschen Jugendherbergswerkes,	
§ 4 **Nr. 25**	Leistungen der Jugendhilfe,	
§ 4 **Nr. 26**	ehrenamtliche Tätigkeit,	
§ 4 **Nr. 27**	Gestellung von Mitgliedern geistlicher Genossenschaften,	
§ 4 **Nr. 28**	**Lieferung bestimmter Gegenstände** (z.B. ein Arzt verkauft einen Gegenstand seiner Praxiseinrichtung).	

Vermietung und Verpachtung von Grundstücken

Die Steuerbefreiung nach § 4 Nr. 12 Buchstabe a) gilt **nicht** nur für die Vermietung und die Verpachtung von **ganzen** Grundstücken, sondern **auch** für die Vermietung und Verpachtung von **Grundstücksteilen**. Hierzu gehören insbesondere Gebäude und Gebäudeteile wie **Stockwerke, Wohnungen** und **einzelne Räume**. Steuerfrei ist **auch** die **Überlassung von Werksdienstwohnungen** durch Arbeitgeber an Arbeitnehmer, wenn sie mehr als sechs Monate dauert (Abschn. 4.12.1 Abs. 3 Satz 5 UStAE). Zu den nach § 4 Nr. 12 Buchstabe a) steuerfreien Leistungen der Vermietung und Verpachtung von Grundstücken gehören **auch** die damit in unmittelbarem wirtschaftlichen Zusammenhang stehenden **üblichen Nebenleistungen**.

Als **Nebenleistungen** anzusehen sind die Lieferung von **Wärme**, die Versorgung mit **Wasser**, auch mit **Warmwasser**, die Überlassung von **Waschmaschinen**, die **Flur- und Treppenreinigung,** die **Treppenbeleuchtung** sowie die **Lieferung von Strom** durch den Vermieter (Abschn. 4.12.1 Abs. 5 Satz 3 UStAE).

> **BEISPIEL**
>
> Der Rentner und Hauseigentümer U erzielt aus seinem in Köln gelegenen gemischt genutzten Grundstück Einnahmen aus der **Vermietung von Wohnungen an Privatpersonen** in Höhe von 6.000 € netto.
>
> Rentner U übt mit seiner Vermietung eine **unternehmerische Tätigkeit i. S. d. § 2** aus. Seine Wohnungsvermietung erfüllt den Tatbestand der inländischen **Steuerbarkeit** (§ 1 Abs. 1 Nr. 1 i. V. m. § 3a Abs. 3 Nr. 1a). Aufgrund des § 4 **Nr. 12a** ist der Umsatz jedoch **steuerfrei**.
>
> Da es sich bei der Wohnungsvermietung um einen **Ausschlussumsatz** handelt, kann U insoweit **keinen Vorsteuerabzug** in Anspruch nehmen (§ 15 Abs. 2 Satz 1 Nr. 1). Die von anderen Unternehmern in Rechnung gestellten Umsatzsteuerbeträge stellen für U Kosten dar.

Umsatzart nach § 1 i.V.m. § 3 UStG	Ort des Umsatzes	**nicht** steuerbare Umsätze im Inland €	**steuerbare** Umsätze im Inland €	**steuerfreie** Umsätze im Inland § 4 UStG €	steuerpflichtige Umsätze im Inland €
sonstige Leistung	**Köln**	—	6.000	6.000	—

U hat die **steuerfreien Umsätze** in seiner **Umsatzsteuer-Voranmeldung 2018** in **Zeile 24** (**Kennzahl 48**) einzutragen:

	Steuerfreie Umsätze ohne Vorsteuerabzug	Kz			
24	Umsätze nach § 4 Nr. 8 bis 28 UStG	48	6.000	—	

Keine Nebenleistung ist die Lieferung von **Heizgas** und **Heizöl**. Die **Steuerbefreiung** des § 4 Nr. 12 Buchstabe a) **gilt** ebenfalls **nicht** für **mitvermietete Einrichtungsgegenstände** (z.B. Büromöbel, Abschn. 4.12.1 Abs. 3 Satz 3 UStAE).

Die Übernahme von Mieterverbindlichkeiten ist gemäß BFH-Urteil vom 30.11.2016 jedoch grundsätzlich nach § 4 Nr. 8 UStG umsatzsteuerbefreit.

> **ÜBUNG →** 1. Wiederholungsfragen 1 bis 4 (Seite 281),
> 2. Fälle 1 und 2 (Seite 281)

7.2 Steuerfreie Umsätze mit Vorsteuerabzug

Der Unternehmer kann **Vorsteuerbeträge**, die im Zusammenhang mit **steuerfreien** Umsätzen stehen, **grundsätzlich nicht abziehen** (§ 15 Abs. 2 Satz 1 Nr. 1).
Eine **Ausnahme** von dieser grundsätzlichen Regelung bilden **gem. § 15 Abs. 3** z.B. die **steuerfreien** Umsätze nach **§ 4 Nrn. 1 bis 7**.
Zu den **steuerfreien Umsätzen** nach **§ 4 Nrn. 1 bis 7**, bei denen der Vorsteuerabzug trotz Steuerfreiheit dennoch möglich ist (§ 15 Abs. 3), gehören insbesondere:

- § 4 **Nr. 1** a) die **Ausfuhrlieferungen (§ 6)** und die Lohnveredelungen an Gegenständen der Ausfuhr (§ 7),
  b) die **innergemeinschaftlichen Lieferungen (§ 6a)**,
- § 4 Nr. 2 die Umsätze für die Seeschifffahrt und für die Luftfahrt (§ 8),
- § 4 Nr. 3 bestimmte sonstige Leistungen (z.B. **grenzüberschreitende Güterbeförderung**).

Nach dem Aufbau der **Umsatzsteuer-Voranmeldung 2018** werden die **steuerfreien Umsätze** nach **§ 4 Nrn. 1 bis 7** in **zwei Gruppen** zusammengefasst:

1. **steuerfreie innergemeinschaftliche Lieferungen (§ 4 Nr. 1b)** und
2. **weitere steuerfreie Umsätze mit Vorsteuerabzug**
   (z.B. **Ausfuhrlieferungen** nach § 4 **Nr. 1a**, Umsätze nach § 4 Nrn. 2 bis 7).

7.2.1 Steuerfreie innergemeinschaftliche Lieferungen

Eine **steuerfreie innergemeinschaftliche Lieferung** liegt nach § 4 **Nr. 1b** i.V.m. **§ 6a** Abs. 1 vor, wenn folgende **Voraussetzungen** erfüllt sind:

1. **Beförderungs-** oder **Versendungslieferung** (§ 3 **Abs. 6** UStG)
2. durch den liefernden **Unternehmer** oder **Abnehmer**
3. **vom Inland**
4. **in** das **übrige Gemeinschaftsgebiet**.
5. **Abnehmer** ist entweder
   1. ein **Unternehmer**, der den Gegenstand **für sein Unternehmen** erwirbt, **oder**
   2. eine **juristische Person**, die **nicht** als **Unternehmer** tätig ist **oder** die den Gegenstand der Lieferung **nicht für** ihr **Unternehmen** erwirbt, **oder**
   3. eine **Privatperson**, die ein **neues Fahrzeug** erwirbt.
6. Erwerb unterliegt der **Erwerbsbesteuerung**.

Die **Voraussetzungen** für die **Steuerbefreiung** der innergemeinschaftlichen Lieferung **müssen** vom liefernden Unternehmer **nachgewiesen werden** (§ 6a Abs. 3 Satz 1). Dies geschieht durch **Beleg- und Buchnachweis** (§§ 17a bis 17c UStDV).
Der BFH hat mit Beschluss vom 09.09.2015 klargestellt, dass für den Belegnachweis bei innergemeinschaftlichen Lieferungen der **Name und die Adresse des Ausstellers** auf dem Beleg selbst oder den damit verbundenen Dokumenten erkennbar sein müssen.
Die Vorschriften für den Beleg- und Buchnachweis in der UStDV wurden zuletzt 2013 geändert. Im Zentrum dieser Änderungen standen die **Gelangensbestätigung** des Abnehmers

sowie **alternative „Gelangens-Nachweismöglichkeiten"**. Zeugenaussagen erfüllen nicht die Anforderungen an den Beleg- und Buchnachweis (BFH-Urteil vom 19.03.2015).

In vielen Betrieben stellt die Gelangensbestätigung noch immer eine Hürde im EU-Export dar. Hauptproblem sind hiernach die höheren Personalkosten und die Belastung der Kundenbeziehungen. Alternativnachweise werden als Erleichterung betrachtet, obwohl diese auch mit Zusatzkosten verbunden sind.

7.2.1.1 Lieferungen an Abnehmer mit USt-IdNr.

Der liefernde Unternehmer kann grundsätzlich davon ausgehen, dass der Erwerber eines Gegenstandes der **Erwerbsbesteuerung** unterliegt, wenn der **Abnehmer** beim Erwerb seine **USt-IdNr.** angibt.

Damit gibt der Abnehmer dem liefernden Unternehmer zu verstehen, dass er den Gegenstand im Ursprungsland **steuerfrei** einkaufen und den Erwerb im Bestimmungsland der **Erwerbsbesteuerung** unterwerfen will.

Der Lieferer sollte die vom Erwerber angegebene **USt-IdNr.** im Rahmen eines **qualifizierten Auskunftsverfahrens** beim Bundeszentralamt für Steuern **überprüfen** (z.B. per Internet unter: http://evatr.bff-online.de/eVatR/). Aus Beweisgründen sollte in Zweifelsfällen das Ergebnis der Prüfabfrage ausgedruckt werden – ansonsten droht in Betrugsfällen nachträglich die Aberkennung der Steuerfreiheit, mit der Folge, dass der Lieferer die Steuer schuldet.

BEISPIEL

Der **deutsche** Unternehmer U mit deutscher USt-IdNr., Bonn, versendet im Dezember 2018 von Bonn mit der Bahn eine Maschine für 10.000 € netto an den französischen Unternehmer A mit französischer USt-IdNr., Paris, der die Maschine in seinem Unternehmen einsetzt. Seine innergemeinschaftlichen Lieferungen nach Frankreich haben im letzten Kalendervierteljahr 2018 mehr als 50.000 Euro betragen.

Für U ist die **innergemeinschaftliche Lieferung steuerbar** (§ 1 Abs. 1 Nr. 1 i.V.m. § 3 Abs. 6) und bei entsprechendem Nachweis nach § 4 **Nr. 1b** i.V.m. § 6a Abs. 1 **steuerfrei**.

Umsatzart nach § 1 i.V.m. § 3 UStG	Ort des Umsatzes	**nicht** steuerbare Umsätze im Inland	**steuerbare** Umsätze im Inland	**steuerfreie** Umsätze im Inland § 4 Nr. ... UStG	steuerpflichtige Umsätze im Inland
		€	€	€	€
Lieferung	**Bonn**	—	10.000	10.000	—

Der **deutsche** Unternehmer U hat die **steuerfreie innergemeinschaftliche Lieferung** in seiner **Umsatzsteuer-Voranmeldung 2018** in **Zeile 20** (**Kennzahl 41**) einzutragen:

	Lieferungen und sonstige Leistungen	Kz	**Bemessungsgrundlage** ohne Umsatzsteuer		**Steuer**	
18	(einschließlich unentgeltlicher Wertabgaben)					
19	**Steuerfreie Umsätze mit Vorsteuerabzug**		volle EUR	~~Ct~~	EUR	Ct
	Innergemeinschaftliche Lieferungen (§ 4 Nr. 1 Buchst. b UStG)					
20	an Abnehmer **mit** USt-IdNr.	41	10.000		—	

C. Umsatzsteuer

Über die in **Zeile 20** der **Umsatzsteuer-Voranmeldung 2018** einzutragenden **steuerfreien innergemeinschaftlichen Lieferungen** sind **vierteljährlich** durch Datenfernübertragung **Zusammenfassende Meldungen – ZM** – an das Bundeszentralamt für Steuern zu übermitteln (§ 18a).

Die Zusammenfassende Meldung ist **monatlich** abzugeben, wenn die Summe der Bemessungsgrundlagen für innergemeinschaftliche Warenlieferungen und Dreiecksgeschäfte im Kalendervierteljahr **mehr als 50.000 Euro** beträgt (§ 18a Abs. 1 **Satz 3** UStG).

BEISPIEL

Sachverhalt wie im Beispiel zuvor. Der **deutsche** Unternehmer U trägt die **steuerfreie innergemeinschaftliche Lieferung** in der **Zusammenfassenden Meldung** für Dezember **2018** wie folgt ein (monatliche Abgabe zwingend gem. § 18a Abs. 1 Satz 3):

Zeile	1		2		3
	Länderkennzeichen	USt-IdNr. des Erwerbers/Unternehmers in einem anderen Mitgliedstaat	Summe der Bemessungsgrundlagen EUR	Ct	Hinweis auf Dreiecksgeschäfte (falls ja, bitte „2" eintragen)
1	FR	99999999999	10.000	-	

Von der Zusammenfassenden Meldung zu unterscheiden sind die Intrastat-Meldungen. In den **Intrastat-Anmeldungen** sind neben den Warenlieferungen in das übrige Gemeinschaftsgebiet auch die aus dem EU-Gebiet bezogenen Waren (Wareneingang) zu erklären.

Die Grenze der Intrastat-Anmeldeschwelle wurde für Waren**eingänge** von 500.000 € (bis 31.12.2015) auf **800.000 €** erhöht, die Grenze bei Waren**ausgängen** liegt **unverändert** bei 500.000 €.

1. Wiederholungsfragen 5 bis 7 (Seite 281),
2. Fälle 3 bis 5 (Seite 282)

7.2.1.2 Lieferung neuer Fahrzeuge an Abnehmer ohne USt-IdNr.

Werden **neue Fahrzeuge** an **Abnehmer ohne USt-IdNr.** vom **Inland** in das **übrige Gemeinschaftsgebiet** geliefert, liegt ebenfalls eine **steuerfreie innergemeinschaftliche Lieferung** vor (§ 6a Abs. 1 **Nr. 2c**), weil **neue Fahrzeuge** im **Bestimmungsland** in jedem Fall der **Erwerbsbesteuerung** unterliegen.

Die **steuerfreien innergemeinschaftlichen Lieferungen neuer Fahrzeuge** an **Abnehmer ohne USt-IdNr.** sind in der **Umsatzsteuer-Voranmeldung 2018** in einer **besonderen Zeile** (Zeile 21, Kennzahl 44 siehe unten) aufzuführen.

BEISPIEL

Der **deutsche** Autohändler U, Dortmund, verkauft in Dortmund an den **niederländischen Privatmann P** einen **neuen Pkw** für 20.000 € netto, der den Pkw in die Niederlande fährt. P hat als Privatmann keine USt-IdNr. In den Niederlanden meldet P das Fahrzeug an und schickt anschließend U die Zulassungsbescheinigung dieser Anmeldung.

Für U ist die innergemeinschaftliche Lieferung **steuerbar** (§ 1 Abs. 1 Nr. 1 i.V.m. § 3 Abs. 6) und bei entsprechendem Nachweis nach § 4 **Nr. 1b** i.V.m. § 6a Abs. 1 **steuerfrei**.

7 Steuerbefreiungen

Umsatzart nach § 1 i.V.m. § 3 UStG	Ort des Umsatzes	nicht steuerbare Umsätze im Inland €	steuerbare Umsätze im Inland €	steuerfreie Umsätze im Inland § 4 Nr. ... UStG €	steuerpflichtige Umsätze im Inland €
Lieferung	Dortmund	—	20.000	**20.000**	—

Der **deutsche** Unternehmer **U** hat die **steuerfreie innergemeinschaftliche Lieferung** in seiner **Umsatzsteuer-Voranmeldung 2018** in **Zeile 21** (**Kennzahl 44**) einzutragen:

	Lieferungen und sonstige Leistungen	Kz	Bemessungsgrundlage		Steuer	
18	(einschließlich unentgeltlicher Wertabgaben)		ohne Umsatzsteuer			
19	**Steuerfreie Umsätze mit Vorsteuerabzug**		volle EUR	Ct	EUR	Ct
	Innergemeinschaftliche Lieferungen (§ 4 Nr. 1b UStG)					
20	an Abnehmer **mit** USt-IdNr.	41			—	
21	neue Fahrzeuge an Abnehmer **ohne** USt-IdNr.	44	20.000		—	

Veräußert ein Unternehmer (z. B. Kfz-Händler) **keine neuen Fahrzeuge**, sondern **sonstige Gegenstände** (z. B. Gebrauchtwagen) an Abnehmer **ohne USt-IdNr.**, dann gelten für diese Geschäfte die **allgemeinen umsatzsteuerlichen Regeln** (Besteuerung im Ursprungsland).

 1. Wiederholungsfrage 8 (Seite 281),
2. Fälle 6 bis 8 (Seite 282)

7.2.2 Weitere steuerfreie Umsätze mit Vorsteuerabzug

Zu den **weiteren steuerfreien Umsätzen mit Vorsteuerabzug** gehören u. a. die **steuerfreien Ausfuhrlieferungen**. Dienstleistungen im Zusammenhang mit Ein- und Ausfuhren sind jedoch nicht immer steuerfrei, sondern nur dann, wenn sie zur Durchführung der Lieferung benötigt und an den Abnehmer direkt erbracht werden (Urteil des EuGH vom 29.06.2017).

Eine **steuerfreie Ausfuhrlieferung** liegt nach § 4 **Nr. 1a** i.V.m. **§ 6** Abs. 1 Satz 1 **Nr. 1 und Nr. 2** vor, wenn folgende **Voraussetzungen** erfüllt sind:

1. **Beförderungs-** oder **Versendungslieferung** (§ 3 **Abs. 6** UStG)
2. durch den liefernden **Unternehmer** oder den **ausländischen Abnehmer**
3. **vom Inland**
4. **in** das **Drittlandsgebiet**.

Die **Voraussetzungen** für die **Steuerbefreiung** der Ausfuhrlieferung müssen vom liefernden Unternehmer **nachgewiesen** werden (§ 6 Abs. 4). Dies geschieht durch **Ausfuhrnachweis** (§§ 9 und 10 UStDV) und **Buchnachweis** (§ 13 UStDV). Mit Schreiben vom 23.01.2015 sowie 19.06.2015 hat das BMF zu bestimmten Fallkonstellationen und Zweifelsfragen (Ausfuhrnachweis) Stellung genommen, die nicht ausdrücklich im Umsatzsteuer-Anwendungserlass geregelt sind. Die **Lieferung** durch einen Unternehmer oder Abnehmer **in ein Gebiet** nach § 6 Abs. 1 Satz 1 **Nr. 3** wird im Folgenden **nicht** behandelt.

7.2.2.1 Lieferung durch den Unternehmer

Hat der **Unternehmer** den Gegenstand der Lieferung **vom Inland** in das **Drittlandsgebiet**, ausgenommen Gebiete nach § 1 Abs. 3 (insbesondere Freihäfen), **befördert oder versendet**, so braucht der Abnehmer **kein ausländischer Abnehmer** zu sein, um die Voraussetzungen einer steuerfreien Ausfuhrlieferung zu erfüllen (§ 6 Abs. 1 Satz 1 **Nr. 1**).

BEISPIEL

Der Maschinenhersteller **U**, **Mannheim**, verkauft und **befördert** mit eigenem Lkw eine Maschine für 10.000 € netto zum **deutschen** Abnehmer A nach **Bern** (Schweiz = **Drittlandsgebiet**).

U hat den Gegenstand in ein **Drittland befördert**. Die Lieferung ist im Inland **steuerbar** (§ 1 Abs. 1 Nr. 1 i. V. m. § 3 Abs. 6) und bei entsprechendem Nachweis nach § 4 **Nr. 1a** i. V. m. § 6 Abs. 1 Satz 1 **Nr. 1 steuerfrei**.

Umsatzart nach § 1 i. V. m. § 3 UStG	Ort des Umsatzes	nicht steuerbare Umsätze im Inland	steuerbare Umsätze im Inland	steuerfreie Umsätze im Inland § 4 Nr. ... UStG	steuerpflichtige Umsätze im Inland
		€	€	€	€
Lieferung	**Mannheim**	—	10.000	10.000	—

U hat die **steuerfreie Ausfuhrlieferung** in seiner **Umsatzsteuer-Voranmeldung 2018** in **Zeile 23** (Kennzahl 43) einzutragen:

	Lieferungen und sonstige Leistungen	Kz	Bemessungsgrundlage		Steuer	
18	(einschließlich unentgeltlicher Wertabgaben)		ohne Umsatzsteuer			
19	**Steuerfreie Umsätze mit Vorsteuerabzug**		volle EUR	~~Ct~~	EUR	Ct
	Innergemeinschaftliche Lieferungen (§ 4 Nr. 1b UStG)					
20	an Abnehmer **mit** USt-IdNr.	41			—	
21	neue Fahrzeuge an Abnehmer **ohne** USt-IdNr.	44			—	
22	neuer Fahrzeuge außerhalb eines Unternehmens	49			—	
	Weitere steuerfreie Umsätze mit Vorsteuerabzug					
23	(z. B. **Ausfuhrlieferungen**, Umsätze nach § 4 Nr. 2 bis 7 UStG)	43	10.000		—	

> **B 1** Die buchmäßige Darstellung der steuerfreien Ausfuhrlieferungen erfolgt in der **Buchführung 1**, 30. Auflage 2018, Seiten 368 f.

7.2.2.2 Beförderung oder Versendung durch den ausländischen Abnehmer

Hat der **Abnehmer** den Gegenstand der Lieferung **vom Inland** in das **Drittlandsgebiet** (ausgenommen Gebiete nach § 1 Abs. 3) **befördert oder versendet** (**Abholfall**), so muss der **Abnehmer** ein **ausländischer Abnehmer** sein, um die Voraussetzungen einer steuerfreien Ausfuhrlieferung zu erfüllen (§ 6 Abs. 1 Satz 1 **Nr. 2**).

Ausländische Abnehmer sind Personen mit **Wohnsitz oder Sitz im Ausland** (§ 1 Abs. 2 Satz 2) – also auch auf Helgoland oder in der Gemeinde Büsingen – mit Ausnahme der in § 1 Abs. 3 bezeichneten Gebiete (z. B. in den Freihäfen) (Abschn. 6.3 Abs. 1 UStAE).

BEISPIEL

Der Maschinenhersteller **U**, **Mannheim**, verkauft eine Maschine für 10.000 € netto an den Schweizer Abnehmer A, Bern. Die Maschine wird **vom Abnehmer A** in Mannheim **abgeholt** und nach **Bern** (Schweiz = **Drittlandsgebiet**) transportiert.

Die Lieferung ist im Inland **steuerbar** (§ 1 Abs. 1 Nr. 1 i. V. m. § 3 Abs. 6) und bei entsprechendem Nachweis nach § 4 **Nr. 1a** i. V. m. § 6 Abs. 1 Satz 1 **Nr. 2 steuerfrei**.

Zusammenfassung zu Abschnitt 7.2:

ÜBUNG → 1. Wiederholungsfragen 9 und 10 (Seite 281),
2. Fälle 9 und 10 (Seite 283)

7.3 Steuerfreier Reiseverkehr

Für den **privaten Reiseverkehr** innerhalb der Gemeinschaft (**innergemeinschaftlicher Reiseverkehr**) gilt seit 01.01.1993 das **Ursprungslandprinzip**, d. h., Gegenstände, die privat Reisende aus EU-Mitgliedstaaten in anderen Mitgliedstaaten erwerben, werden mit der **Umsatzsteuer des jeweiligen Einkaufslandes** belastet.

Reisende aus EU-Mitgliedstaaten können als **Privatpersonen** grundsätzlich **mengen- und wertmäßig unbegrenzt** Waren in anderen Mitgliedstaaten erwerben und in ihr Heimatland mitnehmen.

> **BEISPIEL**
>
> Der **englische Privatmann** Adam Smith, der seinen Wohnsitz in **London** hat, kauft 2018 während seines Urlaubs in der Bundesrepublik Deutschland bei dem Einzelhändler U in **Hamburg** eine Digitalkamera für 800 € + 152 € USt = 952 €, welche er anschließend mit nach England nimmt.
>
> Die Lieferung der Kamera ist für U **steuerbar** (§ 1 Abs. 1 Nr. 1 i. V. m. § 3 Abs. 6). Da der steuerbare Umsatz **nicht steuerfrei** ist, ist er **steuerpflichtig**.

Umsatzart nach § 1 i.V.m. § 3 UStG	Ort des Umsatzes	nicht steuerbare Umsätz im Inland €	steuerbare Umsätze im Inland €	steuerfreie Umsätze im Inland § 4 UStG €	steuerpflichtige Umsätze im Inland €
Lieferung	Hamburg	—	800	—	800

U hat den **steuerpflichtigen Umsatz** in seiner **Umsatzsteuer-Voranmeldung 2018** in **Zeile 26** (**Kennzahl 81**) einzutragen und die Umsatzsteuer selbst zu berechnen:

25	**Steuerpflichtige Umsätze** (Lieferungen und sonstige Leistungen einschl. unentgeltlicher Wertabgaben)	Kz			
26	zum Steuersatz von 19 %	81	800	—	152, 00

Ausgenommen von dieser Vereinfachung ist der **Erwerb** von **neuen Fahrzeugen**. Für ihn gilt, auch wenn der Erwerber Privatperson ist und das Fahrzeug anlässlich einer Reise erworben wird, das **Bestimmungslandprinzip** (§ 1b Abs. 1 i. V. m. § 3d). Nach dem Bestimmungslandprinzip wird eine Leistung in dem Staat mit Umsatzsteuer belastet, in den sie letztlich gelangt.

Seit 01.05.2004 sind sämtliche Zollförmlichkeiten zwischen den Beitritts- und den alten Mitgliedstaaten entfallen. Dies gilt auch für den Reiseverkehr.

Wird im Rahmen des Reiseverkehrs an **Abnehmer aus Drittländern** geliefert (**außergemeinschaftlicher Reiseverkehr**), können diese Ausfuhrlieferungen unter bestimmten Voraussetzungen **steuerfrei** sein (§ 6 **Abs. 3a**).

> **ÜBUNG →** Wiederholungsfragen 11 bis 13 (Seite 281)

7.4 Steuerfreie Umsätze mit Optionsmöglichkeit

Steuerfreie Umsätze schließen grundsätzlich die Inanspruchnahme des Vorsteuerabzugs aus (Ausschlussumsätze i.S.d. §15 Abs. 2 Satz 1 Nr. 1). Unter bestimmten Voraussetzungen kann der Unternehmer jedoch **auf die Steuerfreiheit** seiner Umsätze **verzichten** (**Option** i.S.d. §9 Abs. 1). Hierdurch wird der ursprünglich steuerfreie Umsatz **steuerpflichtig**.

Die Option führt im Gegenzug dazu, dass die entsprechenden Eingangsumsätze zum **Vorsteuerabzug** berechtigen (aus einem Ausschlussumsatz wird durch die Option ein Abzugsumsatz).

Sowohl die Erklärung zur Option nach §9 UStG wie auch die Rücknahme sind zulässig, solange die Steuerfestsetzung für das Jahr der Leistungserbringung anfechtbar oder gemäß §164 AO noch änderbar ist (Abschn. 9.1 Abs. 3 Satz 1 UStAE; BMF-Schreiben vom 02.08.2017).

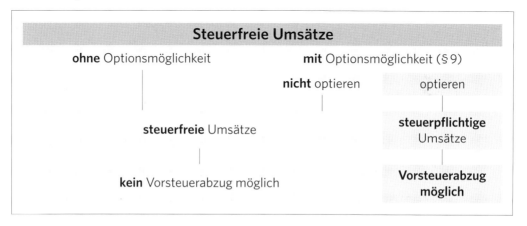

Einzelheiten zum Vorsteuerabzug erfolgen im Kapitel 13 „Vorsteuerabzug", Seiten 361 ff.

Das **Optionsrecht** des §9 Abs. 1 ist auf die folgenden **steuerfreien** Umsätze beschränkt:

- bestimmte Geld- und Kreditumsätze (§4 Nr. 8 Buchstaben a bis g),
- Umsätze, die unter das Grunderwerbsteuergesetz fallen (§4 Nr. 9a),
- **Vermietung und Verpachtung von Grundstücken** usw. (§4 Nr. 12),
- Leistungen der Wohnungseigentümer-Gemeinschaften (§4 Nr. 13),
- Umsätze der Blinden (§4 Nr. 19).

Im Folgenden wird lediglich die Optionsmöglichkeit der **Vermietungsumsätze** erläutert.

Der Verzicht auf die Steuerfreiheit (Option) ist bei Vermietungsumsätzen nur möglich, wenn die folgenden **Voraussetzungen** insgesamt erfüllt sind:

- Vermietung **an einen Unternehmer** (§9 Abs. 1),
- **für dessen Unternehmen** (§9 Abs. 1) und
- der Leistungsempfänger verwendet das Grundstück/Gebäude für Umsätze, die den **Vorsteuerabzug nicht ausschließen** (§9 Abs. 2).

C. Umsatzsteuer

BEISPIEL

Der Unternehmer U errichtet 2018 in Berlin ein gemischt genutztes Betriebsgebäude und vermietet dieses an

a) einen **Arzt** für seine Arztpraxis, monatliche Miete **3.000 €**,
b) eine **Steuerfachangestellte** für ihre Wohnung, monatliche Miete **500 €** und
c) einen **Steuerberater** für seine Steuerberaterpraxis, monatliche Miete **2.800 €**.

U verzichtet auf seine Steuerfreiheit nach § 4, soweit dies möglich ist (§ 9).

Alle Vermietungsumsätze sind **steuerbar** (§ 1 Abs. 1 Nr. 1 i.V.m. § 3a Abs. 3 Nr. 1a) und nach § 4 Nr. 12a **steuerfrei**. U kann lediglich für die Miete an den Steuerberater auf die Steuerfreiheit verzichten (optieren), weil der Steuerberater seine Praxis für Umsätze verwendet, die den Vorsteuerabzug nicht ausschließen (§ 9 Abs. 2). Für die Vermietungsumsätze an den Arzt und die Steuerfachangestellte kann U nicht optieren, weil die Voraussetzungen des § 9 Abs. 1 und 2 nicht erfüllt sind.

Umsatzart nach § 1 i.V.m. § 3 UStG	Ort des Umsatzes	nicht steuerbare Umsätze im Inland €	steuerbare Umsätze im Inland €	steuerfreie Umsätze im Inland § 4 UStG €	steuerpflichtige Umsätze im Inland €
a) sonstige Leistung	Berlin	—	3.000	3.000	—
b) sonstige Leistung	Berlin	—	500	500	—
c) sonstige Leistung	Berlin	—	2.800	—	2.800

U hat die Umsätze in seiner **Umsatzsteuer-Voranmeldung 2018** in die Zeile 24 (**Kennzahl 48**) und die Zeile 26 (**Kennzahl 81**) einzutragen:

		Kz				
24	**Steuerfreie Umsätze ohne Vorsteuerabzug** Umsätze nach § 4 Nr. 8 bis 28 UStG	48	3.500	—		
25	**Steuerpflichtige Umsätze** (Lieferungen und sonstige Leistungen einschl. unentgeltlicher Wertabgaben)					
26	zum Steuersatz von 19 %	81	2.800	—	532,	00

Beim Verzicht auf die Steuerfreiheit ist jedoch zu beachten, dass der **Vorsteuerabzug** bei **Änderung der Verhältnisse** unter bestimmten Voraussetzungen **zu berichtigen** ist (§ 15a).

Der **Verzicht auf die Steuerfreiheit** (die **Option**) ist – vorbehaltlich der Einschränkung in § 9 Abs. 3 – an **keine** besondere **Form** gebunden (Abschn. 9.1 Abs. 3 Satz 5 UStAE).

Der **Verzicht** braucht sich **nicht** auf **alle** bezeichneten Befreiungsvorschriften und innerhalb einer Befreiungsvorschrift **nicht** auf **alle** Umsätze zu erstrecken.
§ 9 lässt zu, dass sich der Unternehmer **bei jedem einzelnen Umsatz** für die Steuerpflicht entscheidet (**Einzeloption**; Abschn. 9.1 Abs. 1 Satz 2 UStAE).

7 Steuerbefreiungen

Die **Neufassung** des § 9 **Abs. 2** ist am 01.01.1994 **in Kraft getreten**. Allerdings ist zu beachten, dass **§ 27 Abs. 2** eine besondere **Anwendungsvorschrift** für § 9 **Abs. 2** enthält.

Ausführliche Erläuterungen mit Beispielen zur Einschränkung des Verzichts auf Steuerbefreiungen nach § 9 **Abs. 2** enthält der Umsatzsteuer-Anwendungserlass (siehe Abschn. 9.2 UStAE).

Sonderfall „Nichtunternehmerische (private) Nutzung betrieblicher Räume"

Für die nichtunternehmerische (private) Nutzung betrieblicher Räume und die damit zusammenhängende **Frage der Besteuerung der unentgeltlichen Nutzungsentnahme** sind ab dem Jahreswechsel 2010/2011 die beiden folgenden Rechtsstände zu beachten:

Bis 31.12.2010 konnte ein vorsteuerabzugsberechtigter Unternehmer eine gemischt genutzte Immobilie vollständig dem Unternehmensvermögen zuordnen und damit den **Vorsteuerabzug in voller Höhe** geltend machen. Der **nichtunternehmerische Anteil** (Privatnutzung) unterlag als unentgeltliche Wertabgabe nach § 3 Abs. 9a Nr. 1 UStG a. F. der **Umsatzsteuer** (sog. **Seeling-Modell**).

Seit 01.01.2011 bleibt zwar das Zuordnungswahlrecht des Unternehmers erhalten, d.h., die Immobilie kann immer noch vollständig dem Unternehmensvermögen zugordnet werden, jedoch ist nach dem neu eingeführten § 15 **Abs. 1b** UStG der **Vorsteuerabzug** für den nichtunternehmerisch (privat) genutzten Teil **ausgeschlossen**.

Aufgrund des fehlenden Vorsteuerabzugs **entfällt** dann aber auch die **Steuerbarkeit** der unentgeltlichen Nutzungsentnahme nach § 3 Abs. 9a Nr. 1 UStG.

> **BEISPIEL**
>
> **„Altfall" – Rechtsstand bis 31.12.2010**
>
> Rechtsanwalt U, Köln, hat in 2010 ein Gebäude für 1.000.000 € + 190.000 € USt = 1.190.000 € hergestellt. Der Bauantrag für das Gebäude wurde im Jahre 2009 gestellt. U hat das Gebäude insgesamt seinem Unternehmen zugeordnet. Er nutzt das Betriebsgebäude zu 50 % unternehmerisch und zu 50 % für nichtunternehmerische (private) Wohnzwecke.
>
> | Eingangsseite | | Ausgangsseite |
> |---|---|---|
> | **voller** Vorsteuerabzug | 50 % private Nutzung | steuerbare unentgeltliche Wertabgabe |
> | | 50 % unternehmerische Nutzung | |
>
> U kann die **volle Vorsteuer** i. H. v. **190.000 €** abziehen (für den privaten und den betrieblichen Teil). Aufgrund des vollen Vorsteuerabzugs kommt es zu einer **Besteuerung der unentgeltlichen Nutzungsentnahme** nach § 3 Abs. 9a Satz 1 Nr. 1 und insbesondere **Satz 2** UStG.

§ 3 Abs. 9a Nr. 1 UStG ist hinsichtlich der gemischt genutzten Grundstücke seit 2011 grundsätzlich nicht mehr anwendbar. Für **Altfälle** hat diese Regelung, wie im obigen Beispiel dargestellt, jedoch weiterhin Gültigkeit (Anschaffung/Herstellung vor dem 01.01.2011).

C. Umsatzsteuer

BEISPIEL

„Neufall" – Rechtsstand seit 01.01.2011

Rechtsanwalt U, Köln, hat in 2018 ein Gebäude für 1.000.000 € + 190.000 € USt = 1.190.000 € hergestellt. Der Bauantrag für das Gebäude wurde im Jahre 2017 gestellt. U hat das Gebäude insgesamt seinem Unternehmen zugeordnet. Er nutzt das Betriebsgebäude zu 50 % unternehmerisch und zu 50 % für nichtunternehmerische (private) Wohnzwecke.

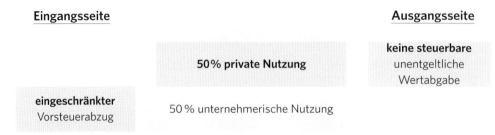

U kann als **Vorsteuer** nur noch **95.000 €** (50 % von 190.000 €) für den unternehmerisch genutzten Anteil abziehen (§ 15 **Abs. 1b** UStG). Aufgrund des eingeschränkten Vorsteuerabzugs entfällt insoweit die Besteuerung nach § 3 Abs. 9a Nr. 1 UStG.

ÜBUNG → 1. Wiederholungsfragen 14 bis 17 (Seite 281),
2. Fälle 11 bis 14 (Seite 283 f.)

7.5 Zusammenfassung und Erfolgskontrolle
7.5.1 Zusammenfassung

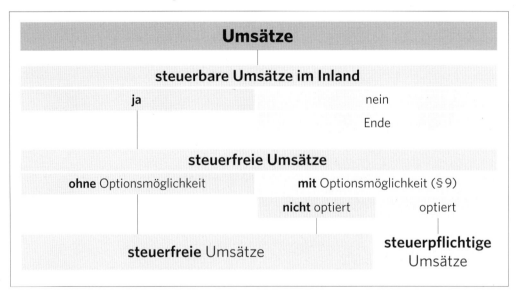

7.5.2 Erfolgskontrolle

WIEDERHOLUNGSFRAGEN

1. In welche beiden Gruppen können die steuerfreien Umsätze eingeteilt werden?
2. Warum werden bestimmte Inlandsumsätze von der Umsatzsteuer befreit?
3. Wozu führt die Befreiung der Inlandsumsätze nach § 4 Nrn. 8 bis 28 UStG?
4. Welche steuerfreien Umsätze nach § 4 Nrn. 8 bis 28 UStG kennen Sie?
5. Welche steuerfreien Umsätze mit Vorsteuerabzug kennen Sie?
6. Wann liegt eine steuerfreie innergemeinschaftliche Lieferung vor?
7. An welche Finanzbehörde sind monatlich die steuerfreien innergemeinschaftlichen Lieferungen auf elektronischem Weg zu übermitteln, wenn die Summe der Bemessungsgrundlagen im Kalendervierteljahr mehr als 50.000 Euro beträgt?
8. Wie werden innergemeinschaftliche Lieferungen neuer Fahrzeuge an Abnehmer ohne USt-IdNr. umsatzsteuerrechtlich behandelt?
9. Wann liegt eine steuerfreie Ausfuhrlieferung vor?
10. Gibt es innerhalb der EU steuerfreie Ausfuhrlieferungen?
11. Welches Besteuerungsprinzip gilt seit 01.01.1993 für den privaten Reiseverkehr?
12. Welche Gegenstände sind von dieser Regelung ausgenommen?
13. In welchem Fall sind Ausfuhrlieferungen im Rahmen des Reiseverkehrs steuerfrei?
14. Was versteht man unter einer Option nach § 9 UStG?
15. Welche Umsätze gehören zu den Steuerbefreiungen mit Optionsmöglichkeit? Nennen Sie Beispiele.
16. In welchen Fällen ist ein Verzicht auf Steuerbefreiung nur möglich?
17. Wie wird die private Nutzung eines insgesamt dem Unternehmensvermögen zugeordneten Betriebsgebäudes umsatzsteuerlich behandelt?

FÄLLE

FALL 1

Der selbständige Versicherungsvertreter U, Dortmund, der eine Stuttgarter Versicherungsgesellschaft vertritt, hat folgende Umsätze im Inland erzielt:

1. Provisionseinnahmen 43.250 €
2. Verkauf eines gebrauchten privaten Pkws 5.000 €
3. private Nutzung des gemieteten Geschäftstelefons 300 €

Welche Umsätze sind steuerpflichtig?

FALL 2

Der Arzt Dr. U, der in Köln eine Praxis für Allgemeinmedizin betreibt, hat folgende Netto-Einnahmen (Umsätze) im Inland erzielt:

1. Honorareinnahmen aus ärztlicher Tätigkeit 135.000 €
2. Einnahmen aus schriftstellerischer Tätigkeit 15.400 €
   Der Verlag, bei dem Dr. U seine Werke veröffentlicht, hat seinen Sitz in Wiesbaden.
3. Einnahmen aus dem Verkauf eines gebrauchten Bestrahlungsgerätes 1.000 €
   Das Gerät wird bei U abgeholt.

Welche Einnahmen sind steuerpflichtig?

C. Umsatzsteuer

FALL 3

Der deutsche Unternehmer U mit deutscher USt-IdNr., Erfurt, versendet mit der Bahn eine Maschine für 30.000 € netto an den italienischen Unternehmer A, Mailand, mit italienischer USt-IdNr., der die Maschine in seinem Unternehmen einsetzt.

1. Wo ist der Ort der Lieferung für die beiden Vertragspartner?
2. Ist der Umsatz für U im Inland steuerbar?
3. Ist der Umsatz für U im Inland steuerpflichtig?

FALL 4

Sachverhalt wie im Fall 3 mit dem Unterschied, dass U die Maschine mit seinem eigenen Lkw von Erfurt nach Mailand befördert.

1. Wo ist der Ort der Lieferung für die beiden Vertragspartner?
2. Ist der Umsatz für U im Inland steuerbar?
3. Ist der Umsatz für U im Inland steuerpflichtig?

FALL 5

Sachverhalt wie im Fall 3 mit dem Unterschied, dass der italienische Unternehmer A die Maschine in Erfurt abholt und nach Mailand befördert.

1. Wo ist der Ort der Lieferung für die beiden Vertragspartner?
2. Ist der Umsatz für U im Inland steuerbar?
3. Ist der Umsatz für U im Inland steuerpflichtig?

FALL 6

Der belgische Privatmann P, Lüttich, kauft beim Autohändler U in Köln einen neuen Pkw für netto 20.000 € und fährt damit nach Belgien. In Belgien meldet P das Fahrzeug an und schickt anschließend U die Zulassungsbescheinigung dieser Anmeldung.

1. Wo ist der Ort der Lieferung für die beiden Vertragspartner?
2. Ist die Lieferung für U im Inland steuerbar?
3. Ist die Lieferung für U im Inland steuerpflichtig?

FALL 7

Der französische Privatmann P, Metz, kauft beim Kfz-Händler U in Saarbrücken einen gebrauchten Pkw (Erstzulassung vor 8 Jahren, 128.000 km) und fährt damit nach Frankreich. Die Bemessungsgrundlage beträgt 3.000 €.

1. Wo ist der Ort der Lieferung für U?
2. Ist die Lieferung für U im Inland steuerbar?
3. Ist die Lieferung für U im Inland steuerpflichtig?

FALL 8

Sachverhalt wie im Fall 7 mit dem Unterschied, dass U den gebrauchten Pkw nach Metz befördert. U hat die französische Lieferschwelle im Jahre 2017 überschritten.

1. Wo ist der Ort der Lieferung für U?
2. Ist die Lieferung für U im Inland steuerbar?
3. Ist die Lieferung für U im Inland steuerpflichtig?

7 Steuerbefreiungen

FALL 9

Der Unternehmer U, Hamburg, versendet mit der Bahn sonstige Gegenstände für 10.000 € netto an den Abnehmer A in Oslo (Norwegen). Im Übrigen ist der Vorgang in seinen Büchern erfasst und eindeutig und leicht nachprüfbar belegt.

1. Wo ist der Ort der Lieferung für U?
2. Ist die Lieferung für U im Inland steuerbar?
3. Ist die Lieferung für U im Inland steuerpflichtig?

FALL 10

Sachverhalt wie im Fall 9 mit dem Unterschied, dass der norwegische Abnehmer A, Oslo, die Waren in Hamburg abholt.

1. Wo ist der Ort der Lieferung für U?
2. Ist die Lieferung für U im Inland steuerbar?
3. Ist die Lieferung für U im Inland steuerpflichtig?

FALL 11

Der Hauseigentümer U, Köln, der sich zulässigerweise nach § 9 für die Umsatzsteuerpflicht seiner Vermietungsumsätze entschieden hat, erzielt folgende Umsätze (ohne USt):

a) Wohnungsvermietung an Privatpersonen 60.000 €
b) Geschäftsräumevermietung an Rechtsanwälte 90.000 €

1. Wie hoch sind die steuerbaren Umsätze?
2. Wie hoch sind die steuerfreien Umsätze?
3. Wie hoch sind die steuerpflichtigen Umsätze?

FALL 12

Der selbständige Goldschmied U, Koblenz, lebt mit seiner Ehefrau im gesetzlichen Güterstand. Seine Werkstatt befindet sich in seinem gemischt genutzten Grundstück in Koblenz. Das Gebäude gehört seit Fertigstellung in vollem Umfang zum Unternehmensvermögen. U verzichtet auf die Steuerfreiheit nach § 9. Aus den Büchern und Unterlagen des U ergibt sich für das Kalenderjahr 2018 Folgendes:

a) U bewirkte folgende Leistungen:
Werklieferungen an Abnehmer im Inland 27.000 € (netto)
Werkleistungen an Auftraggeber im Inland 8.000 € (netto)

b) Das gemischt genutzte Grundstück, das 2014 fertiggestellt wurde, wird wie folgt genutzt:

Erdgeschoss
Das Erdgeschoss hat U an seine Frau vermietet, die dort ein Einzelhandelsgeschäft betreibt. Die Mieteinnahmen, die U zugeflossen sind, haben 3.600 € netto betragen.

1. Obergeschoss
Im 1. Obergeschoss befindet sich die Werkstatt des U. Die jährlichen Ausgaben betragen 3.000 €.

2. Obergeschoss
Das 2. Obergeschoss wird von U und seiner Familie selbst bewohnt. Die anteiligen Ausgaben nach § 10 Abs. 4 Nr. 2 UStG betragen 1.500 €.

1. Welche Umsätze sind steuerbar?
2. Welche Umsätze sind steuerfrei?
3. Welche Umsätze sind steuerpflichtig?

C. Umsatzsteuer

FALL 13

Der Malermeister Heinrich U betreibt seit Januar 2018 in Kaiserslautern einen Malerbetrieb verbunden mit Handel in Tapeten, Farben und sonstigem Zubehör. Das Ladenlokal wird von seiner Ehefrau U geführt, die bei ihrem Ehemann angestellt ist. Die Eheleute U leben im gesetzlichen Güterstand.

Das Ladenlokal des Ehemannes befindet sich in einem gemischt genutzten Gebäude, das der Ehefrau seit 2014 gehört. Mit ihrem Ehemann hat Frau U einen Mietvertrag über das Ladenlokal abgeschlossen, wonach monatlich netto 500 € an Miete zu zahlen sind.

In dem Gebäude der Ehefrau befinden sich im Erdgeschoss noch ein weiteres Ladenlokal, das an einen Textilhändler vermietet ist (Nettomiete monatlich 500 €).

Das erste Obergeschoss hat die Ehefrau an einen selbständigen Versicherungsvertreter (Miete monatlich 250 €) und einen selbständigen Architekten (Nettomiete monatlich 250 €) vermietet.

Im zweiten Obergeschoss befinden sich zwei Wohnungen, wovon eine Wohnung eigengenutzt und die andere für monatlich 250 € an Fremde zu Wohnzwecken vermietet ist. Die anteiligen Ausgaben für die selbstgenutzte Wohnung betragen monatlich 100 €.

Um in den Genuss eines evtl. Vorsteuerabzugs zu kommen, hat Frau U, soweit dies möglich war, nach § 9 optiert.

2018 sind alle Monatsmieten pünktlich entrichtet worden.

Heinrich U hat 2018 für die Lieferungen und sonstigen Leistungen seines Maler- und Handelsbetriebs Entgelte in Höhe von 152.500 € berechnet und erhalten.

1. Welche Umsätze sind für den Ehemann bzw. für die Ehefrau in 2018 steuerbar?
2. Welche Umsätze sind für den Ehemann bzw. für die Ehefrau in 2018 steuerfrei?
3. Welche Umsätze sind für den Ehemann bzw. für die Ehefrau in 2018 steuerpflichtig?

FALL 14

Der Unternehmer U, Mainz, ist seit 1. Januar 2017 Eigentümer einer fremdvermieteten Immobilie in Köln. Alle Räumlichkeiten werden unternehmerisch genutzt. Sämtliche Mieter tätigen vorsteuerabzugsberechtigte Umsätze.

U übermittelt am 06.12.2018 seine Umsatzsteuerjahreserklärung 2017 dem zuständigen Finanzamt.

Bis zu welchem Zeitpunkt kann U noch von seinem Optionsrecht gem. § 9 UStG Gebrauch machen?

Weitere Fälle mit Lösungen zur Steuerbefreiung finden Sie im **Lösungsbuch** der Steuerlehre 1.

Zusammenfassende Erfolgskontrolle zum 1. bis 7. Kapitel

Prüfen Sie, ob folgende Umsätze für den Unternehmer U im Inland **nicht steuerbar**, **steuerbar**, **steuerfrei** oder **steuerpflichtig** sind. Buch- und belegmäßige Nachweise sind erbracht. Verwenden Sie dabei die Lösungstabelle von Seite 218.

1. Der selbständige Arzt Dr. U in München erzielte Honorareinnahmen aus ärztlicher Tätigkeit in Höhe von 250.000 €.
2. Der Hauseigentümer U hat sein in Bonn gelegenes Haus an Unternehmer vermietet und nach § 9 UStG zulässigerweise optiert. Die Mieteinnahmen haben 6.000 € netto betragen.
3. Der Hauseigentümer U hat sein in Köln gelegenes Haus an Privatpersonen vermietet. Die Mieteinnahmen haben 12.000 € betragen.
4. Der selbständige Bausparkassenvertreter U in Mannheim erzielte Provisionseinnahmen für vermittelte Umsätze einer Bausparkasse mit Sitz im Inland in Höhe von 14.375 €.
5. Der Hauseigentümer U bewohnt ein Geschäftsgrundstück in Ulm, das zu 100 % seinem Unternehmen gehört. Bei der Fertigstellung des Hauses in 2010 hat er den vollen Vorsteuerabzug in Anspruch genommen. Die anteiligen Ausgaben der Wohnung betragen 6.000 €.
6. Der Unternehmer U in Köln benutzt einen betrieblichen Pkw (Neufahrzeug) auch für Privatfahrten. Die anteiligen, zum Vorsteuerabzug berechtigenden (privaten) Kosten haben lt. Fahrtenbuch netto 1.725 € betragen. Die Kfz-Kosten, für die der Vorsteuerabzug nicht möglich war, haben anteilig 1.000 € betragen.
7. Der Schneidermeister U betreibt im Erdgeschoss seines in Ludwigshafen gelegenen Gebäudes eine Maßschneiderei. Die jährlichen Ausgaben der eigenen Werkstatt betragen 6.000 €.
8. Der Steuerberater U in Dortmund erzielt Einnahmen aus dem Verkauf seines gebrauchten betrieblichen Pkws in Höhe von 6.545 €. Der Käufer (Kfz-Händler) holt den Pkw in Dortmund ab.
9. Der Rechtsanwalt U in Ulm erzielt Honorareinnahmen aus anwaltlicher Tätigkeit von 7.735 €. Der Rechtsanwalt hat nur inländische Mandanten, die Nichtunternehmer sind.
10. Das gemietete Geschäftstelefon des Unternehmers U in Münster wird auch privat genutzt. Die anteiligen (privaten) laufenden Telefonkosten haben 740 € betragen.
11. Die U-OHG betreibt in Köln eine Getränkegroßhandlung. Ein Gesellschafter der OHG entnimmt unentgeltlich 20 Kisten Limonade. Die 20 Kisten Limonade haben einen Netto-Einkaufswert von 100 €.
12. Der Mainzer Unternehmer U schenkt einem guten Kunden in Wiesbaden aus geschäftlichen Gründen einen Präsentkorb im Werte von 100 € netto. Die Gegenstände des Präsentkorbes hat er seinem Lager entnommen.
13. Der Arzt Dr. U, Düsseldorf, behandelt in seiner Praxis unentgeltlich einen Privatpatienten. Die ärztliche Leistung entspricht einem Wert von 50 €.
14. Der Maschinenhersteller U, Oslo (Norwegen), befördert mit eigenem Lkw Maschinen für 19.000 € netto an seinen Abnehmer A in Köln. U liefert „verzollt und versteuert". U lässt die Maschine in Deutschland zum zoll- und steuerrechtlich freien Verkehr abfertigen und zahlt die Einfuhrumsatzsteuer.
15. Der Maschinenhersteller U, München, befördert mit eigenem Lkw Maschinen für 25.000 € netto an den Maschinenhändler A in Bern (Schweiz).

8 Bemessungsgrundlage

Die Besteuerung der steuerpflichtigen Umsätze setzt voraus, dass die **Bemessungsgrundlagen** bekannt sind.

Die **Bemessungsgrundlage** ist der in Geld ausgedrückte Wert, auf den der Steuersatz angewendet wird.

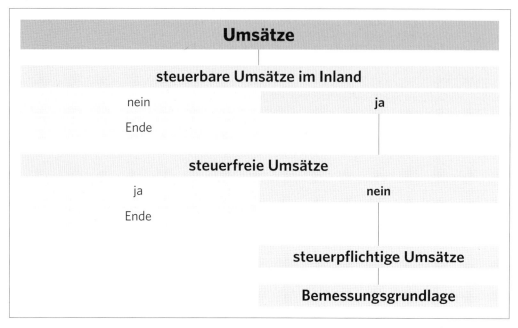

8.1 Bemessungsgrundlage für entgeltliche Leistungen

Die **Bemessungsgrundlage** für steuerpflichtige **entgeltliche** Lieferungen und sonstige Leistungen ist nach § 10 Abs.1 Satz 1 das

Entgelt.

8.1.1 Berechnungsmethode zur Ermittlung des Entgelts

Enthält ein Betrag **Entgelt und Umsatzsteuer** (z.B. die Tageseinnahmen eines Einzelhändlers), so muss für die Berechnung der Umsatzsteuer das **Entgelt** herausgerechnet werden.

Für die Berechnung des **Entgelts** gelten folgende **Divisoren**:

$$19\% = \text{Divisor } 1{,}19$$
$$7\% = \text{Divisor } 1{,}07$$

BEISPIELE

a) Es soll das **Entgelt** bei einem **Bruttobetrag** von **83,30 €** (einschließlich **19%** USt) ermittelt werden:

$$\text{Entgelt} = \frac{83{,}30\,€}{1{,}19} = \underline{70{,}00\,€}$$

b) Es soll das **Entgelt** bei einem **Bruttobetrag** von **53,50 €** (einschließlich **7 %** USt) ermittelt werden:

$$\text{Entgelt} = \frac{53{,}50\ €}{1{,}07} = \underline{\underline{50{,}00\ €}}$$

8.1.2 Berechnungsmethode zur Ermittlung der Umsatzsteuer

Enthält ein Betrag **Entgelt und Umsatzsteuer**, kann die **Umsatzsteuer** mithilfe eines **Faktors** auch unmittelbar aus dem Bruttobetrag ermittelt werden. Für die Berechnung der **Umsatzsteuer** gelten folgende amtlich anerkannte **Faktoren** (Abschn. 15.4 Abs. 3 UStAE):

19 % = **Faktor 0,1597** entspricht **15,97 %**,
7 % = **Faktor 0,0654** entspricht **6,54 %**.

BEISPIELE

a) Aus dem **Bruttobetrag** von **83,30 €** (einschließlich **19 %** USt) soll die **USt** herausgerechnet werden:

$$\text{USt} = 83{,}30\ € \times 0{,}1597 = \underline{\underline{13{,}30\ €}}$$

b) Aus dem **Bruttobetrag** von **53,50 €** (einschließlich **7 %** USt) soll die **USt** herausgerechnet werden:

$$\text{USt} = 53{,}50\ € \times 0{,}0654 = \underline{\underline{3{,}50\ €}}$$

Nach § 13 Abs. 1 Nr. 1 entsteht die **Umsatzsteuer** für entgeltliche Leistungen bereits mit Ablauf des Voranmeldungszeitraums, in dem die **Leistungen ausgeführt** worden sind, **auch wenn die Bezahlung erst später erfolgt** (**Sollbesteuerung** = Besteuerung nach **vereinbarten Entgelten**).

Nach § 20 ist es unter bestimmten Voraussetzungen möglich, die **Umsatzsteuer** auch nach **vereinnahmten Entgelten** zu berechnen (**Istbesteuerung**).

8.1.3 Inhalt und Umfang des Entgelts

Das **Entgelt** ist einmal **Tatbestandsmerkmal** für die **Steuerbarkeit** der Leistungen nach § 1 Abs. 1 **Nr. 1** und gleichzeitig **Bemessungsgrundlage** (Steuerberechnungsgrundlage) für entgeltliche Lieferungen und sonstige Leistungen im Sinne des § 1 Abs. 1 **Nr. 1** (§ 10 Abs. 1 **Satz 1**).

Während es bei der Feststellung der **Steuerbarkeit** lediglich darauf ankommt, dass **überhaupt** ein **Entgelt** vorliegt, geht es bei der Ermittlung der **Bemessungsgrundlage** darum, die **genaue Höhe des Entgelts** festzulegen.

Entgelt ist alles, was der Leistungsempfänger aufwendet, um die Leistung zu erhalten, jedoch abzüglich der Umsatzsteuer (§ 10 Abs. 1 **Satz 2**). Die **Umsatzsteuer** gehört demnach **nicht** zum **Entgelt**.

Der **umsatzsteuerrechtliche** Begriff des **Entgelts** deckt sich somit **nicht** mit dem **privatrechtlichen** Begriff des **Kaufpreises**. Während das **Entgelt** eine **Nettogröße** ist, ist unter dem **Kaufpreis** im Sinne des BGB i. d. R. eine **Bruttogröße** (Entgelt + USt) zu verstehen.

Zum **Entgelt** gehört **auch**, was ein **anderer als der Leistungsempfänger** dem Unternehmer für die Leistung gewährt (§ 10 Abs. 1 **Satz 3**).

In den meisten Fällen des Wirtschaftslebens besteht das Entgelt in **Geld**. Entgelt können aber auch eine **Lieferung** (Tausch) oder eine **sonstige Leistung** (tauschähnlicher Umsatz) darstellen (§ 3 Abs. 12 i.V.m. § 10 Abs. 2 Satz 2).

Durchlaufende Posten gehören **nicht zum Entgelt**. Hierbei handelt es sich um Beträge, die der Unternehmer **im Namen und für Rechnung eines anderen** vereinnahmt und verausgabt (§ 10 Abs. 1 Satz 6). Der Unternehmer tritt nur als Mittelsperson im Zahlungsverkehr auf.

> **BEISPIEL**
>
> Rechtsanwalt U, Stuttgart, zahlt für seinen Mandanten A bei der Gerichtskasse des Amtsgerichts Stuttgart einen Prozesskostenvorschuss für A von 500 €. Nach Beendigung des Prozesses stellt U seinem Mandanten A neben dem Honorar von netto 2.000 € auch die für A verausgabten Gerichtskosten in Höhe von 500 € in Rechnung.
>
> Die Gerichtskosten gehören nicht zum Entgelt und unterliegen damit nicht der Umsatzsteuer, weil es sich bei ihnen um einen **durchlaufenden Posten** handelt. A ist Schuldner der Gerichtskosten (nicht U). Zur Bemessungsgrundlage gehört nur das Honorar in Höhe von netto 2.000 €.

Steuern, öffentliche Gebühren und Abgaben des Unternehmers stellen **keine** durchlaufenden Posten dar, auch wenn sie durch einen Kundenauftrag entstanden sind und dem Kunden in Rechnung gestellt werden. Bei einem Grundbuchabrufverfahren schuldet z.B. der Notar die Gebühren (keine durchlaufenden Posten, vgl. Abschn. 10.4 Abs. 3 UStAE).

Ebenfalls nicht zum Entgelt gehören **Verzugszinsen, Fälligkeitszinsen, Prozesszinsen**, Mahngebühren, Kosten für Mahnbescheide, Kosten beim Wechselrückgriff (Abschn. 10.1 Abs. 3 Satz 9 i.V.m. Abschn. 1.3 Abs. 3 UStAE - sog. **Schadenersatz**).

8.1.4 Überlassung von Fahrzeugen an das Personal

Besondere Bedeutung **in der Praxis** hat dabei die **Firmenwagenüberlassung** des Arbeitgebers an den Arbeitnehmer zu dessen Privatzwecken. Hier liegt nach Auffassung der Finanzverwaltung ein **tauschähnlicher Umsatz** (§ 3 Abs. 12 Satz 2) vor, da die **Firmenwagenüberlassung** als **Entgelt** für die Arbeitsleistung des Arbeitnehmers (sonstige Leistung) anzusehen ist, wenn das Kfz für eine **gewisse Dauer** (**mehr als fünf Tage im Monat**) und nicht nur gelegentlich zur Privatnutzung überlassen wird (Regelfall).

Der **Ort** dieser i.d.R. **entgeltlichen langfristigen Vermietung des Beförderungsmittels** bestimmt sich nach § 3a Abs. 3 Nr. 2 Satz 3 (**Wohnsitz des Leistungsempfängers**; vgl. auch Abschn. 3a.5 Abs. 4 UStAE).

Bei Arbeitnehmern mit Wohnsitz im Ausland (**Grenzpendler**) liegt der Leistungsort somit nicht im Inland, d.h., derartige Umsätze sind im Inland **nicht steuerbar**.

Aus Vereinfachungsgründen wird es grundsätzlich nicht beanstandet, wenn die umsatzsteuerliche Bemessungsgrundlage anstelle der Ausgaben mit den lohnsteuerlichen Werten der **1%-Methode** oder der **Fahrtenbuchmethode** angesetzt wird (BMF-Schreiben vom 05.06.2014, abrufbar unter www.bmfschreiben.de; Abschn. 15.23 Abs. 11 UStAE). Allerdings sind lohnsteuerliche **Kürzungen bei Elektro- und Hybridelektrofahrzeugen** für umsatzsteuerliche Zwecke **nicht zu berücksichtigen** und daher rückgängig zu machen (Abschn. 15.23 Abs. 11 Nr. 1 Satz 1 UStAE).

Die lohnsteuerlichen Werte sind als **Bruttowerte** anzusehen, aus denen die Umsatzsteuer herauszurechnen ist.

1 %-Methode

Wird der **lohnsteuerliche Wert** der entgeltlichen Fahrzeugüberlassung für **allgemeine Privatfahrten**, für **Fahrten zwischen Wohnung und erster Tätigkeitsstätte** und **Familienheimfahrten** (doppelte Haushaltsführung) nach § 8 Abs. 2 Sätze 2, 3 und 5 i.V.m. § 6 Abs. 1 Nr. 4 Satz 2 EStG mit dem vom Listenpreis abgeleiteten **Pauschalwert** angesetzt, kann von diesem Wert auch bei der **Umsatzbesteuerung** ausgegangen werden.

Allgemeine Privatfahrten (z.B. Einkaufsfahrten) können aus Vereinfachungsgründen mit **1 %** des auf **volle 100 € abgerundeten Bruttolistenpreises pro Monat** angesetzt werden. **Fahrten zwischen Wohnung und erster Arbeitsstätte** können aus Vereinfachungsgründen mit **0,03 %** des auf **volle 100 € abgerundeten Bruttolistenpreises** für jeden **Kilometer der Entfernung (einfache Strecke) pro Monat** angesetzt werden.

Familienheimfahrten können aus Vereinfachungsgründen mit **0,002 %** des auf **volle 100 € abgerundeten Bruttolistenpreises** für jeden **Kilometer der Entfernung (einfache Strecke) pro Familienheimfahrt** angesetzt werden (vgl. R 8.1 Abs. 9 Nr. 1 LStR 2015).

Der Umsatzsteuer unterliegen die auf Familienheimfahrten entfallenden Kosten auch dann, wenn ein lohnsteuerlicher Wert nach § 8 Abs. 2 Satz 5 EStG nicht anzusetzen ist.

Das rechnerische **Ergebnis der 1 %-Methode** stellt einen **Bruttobetrag** dar, d.h., aus diesem Betrag ist zur Ermittlung der Bemessungsgrundlage die Umsatzsteuer herauszurechnen. Ein **pauschaler Abschlag von 20 %** für nicht mit Vorsteuer belastete Kosten ist in diesen Fällen **unzulässig**, da es sich hier nicht um eine unentgeltliche Wertabgabe handelt (wie bei der privaten Nutzung eines betrieblichen Fahrzeugs durch den Unternehmer), sondern um eine **entgeltliche** sonstige Leistung (tauschähnlicher Umsatz).

BEISPIEL

Ein Arbeitnehmer nutzt seinen betrieblichen Pkw (Listenpreis einschließlich USt: 30.099 €) im Kalenderjahr für Privatfahrten, Fahrten zur 10 km entfernten ersten Arbeitsstätte und für 20 Familienheimfahrten zum 150 km entfernten Wohnsitz der Familie (doppelte Haushaltsführung).

a)	**Privatfahrten**	
	1 % von 30.000 € = 300 € x 12 Monate =	3.600,00 €
b)	**Fahrten zwischen Wohnung und erster Arbeitsstätte**	
	0,03 % von 30.000 € = 9 €; 9 € x 10 km x 12 Monate =	1.080,00 €
=	lohnsteuerlicher geldwerter Vorteil	4.680,00 €
c)	**Familienheimfahrten**	
	0,002 % von 30.000 € = 0,60 €;	
	0,60 € x 150 km x 20 Fahrten =	1.800,00 €
=	Bruttowert der sonstigen Leistung für das Kalenderjahr	6.480,00 €
=	**Bemessungsgrundlage** (= 6.480 € : 1,19)	**5.445,38 €**

Umsatzart nach § 1 i.V.m. § 3 UStG	Ort des Umsatzes	nicht steuerbare Umsätze im Inland €	steuerbare Umsätze im Inland €	steuerfreie Umsätze im Inland § 4 UStG €	steuerpflichtige Umsätze im Inland €
entgeltl. s.L.	Bonn	—	5.445	—	5.445

Fahrtenbuchmethode

Wird bei einer **entgeltlichen** Fahrzeugüberlassung der private Nutzungswert mithilfe eines ordnungsgemäßen **Fahrtenbuchs** anhand der durch Belege nachgewiesenen Gesamtkosten ermittelt (R 8.1 Abs. 9 Nr. 2 LStR 2015), ist das aufgrund des Fahrtenbuchs ermittelte Nutzungsverhältnis **auch bei der Umsatzsteuer** zugrunde zu legen.
Damit das Fahrtenbuch von der Finanzverwaltung anerkannt wird, muss der Arbeitnehmer bestimmte **Formvorschriften** beachten.
Der Arbeitnehmer hat bei **dienstlichen** Fahrten folgende **Aufzeichnungen** vorzunehmen:

1. Datum und Kilometerstand zu Beginn und am Ende jeder Auswärtstätigkeit,
2. Reiseziel und bei Umwegen auch die Reiseroute sowie
3. Reisezweck sowie Name und Adresse aufgesuchter Geschäftspartner.

Anstatt eines Fahrtenbuchs ist auch ein Fahrtenschreiber einsetzbar, sofern hieraus dieselben Erkenntnisse gewonnen werden können (Abschn. 8.1 Abs. 9 Nr. 2 Satz 6 LStR 2015). Für bestimmte Berufsgruppen existieren Aufzeichnungserleichterungen (z.B. Monteure).
Bei den **Privatfahrten** genügt die Bezeichnung Privatfahrt mit der entsprechenden Kilometerangabe. Fahrten zwischen Wohnung und Arbeitsstätte sind als solche zu kennzeichnen.
Die **Fahrten zwischen Wohnung und Arbeitsstätte** sowie die **Familienheimfahrten** aus Anlass einer doppelten Haushaltsführung werden **umsatzsteuerlich** den **Privatfahrten** des Arbeitnehmers **zugerechnet**.
Aus den Gesamtkosten dürfen **keine Kosten ausgeschieden** werden, bei denen ein **Vorsteuerabzug nicht möglich** ist.

BEISPIEL

Ein sog. Firmenwagen des Unternehmers U, Bonn, mit einer Jahresleistung von **20.000 km** wird von einem Arbeitnehmer lt. ordnungsgemäß geführtem Fahrtenbuch an **180 Tagen** jährlich für Fahrten zur **10 km** entfernten ersten Arbeitsstätte benutzt.
Die übrigen Privatfahrten des Arbeitnehmers belaufen sich auf insgesamt **3.400 km**. Die gesamten **Kfz-Kosten** (Nettoaufwendungen einschließlich der auf den nach § 15a UStG maßgeblichen Berichtigungszeitraum von 5 Jahren verteilten Anschaffungskosten) betragen **9.000 €**.
Die **Bemessungsgrundlage** für die private Nutzung des betriebl. Pkws ist wie folgt zu ermitteln:

a) Fahrten zwischen Wohnung und erster Arbeitsstätte
   180 Tage x 20 km (tatsächliche Kilometer) =   3.600 km
b) sonstige Privatfahrten   3.400 km
= Privatfahrten insgesamt   **7.000 km**

Dies entspricht einer **Privatnutzung** von **35%** (7.000 km x 100 : 20.000 km).
Für die umsatzsteuerliche **Bemessungsgrundlage** ist von einem Betrag i.H.v. **3.150 €** (35% von 9.000 €) auszugehen.

Umsatzart nach § 1 i.V.m. § 3 UStG	Ort des Umsatzes	nicht steuerbare Umsätze im Inland	steuerbare Umsätze im Inland	steuerfreie Umsätze im Inland § 4 UStG	steuerpflichtige Umsätze im Inland
		€	€	€	€
entgeltl. s. L.	Bonn	—	3.150	—	3.150

ÜBUNG → 1. Wiederholungsfragen 1 bis 8 (Seite 310),
2. Fall 1 (Seite 311)

8.2 Bemessungsgrundlagen für unentgeltliche Leistungen

8.2.1 Unentgeltliche Lieferungen

Zu den unentgeltlichen Lieferungen nach §3 Abs. 1b gehören drei Tatbestände:

1. die **Entnahme von Gegenständen** (§ 3 Abs. 1b Satz 1 **Nr. 1**),
2. die **Sachzuwendungen an das Personal** (§ 3 Abs. 1b Satz 1 **Nr. 2**) und
3. **andere unentgeltliche Zuwendungen** (§ 3 Abs. 1b Satz 1 **Nr. 3**).

8.2.1.1 Entnahme von Gegenständen

Bei der Entnahme von Gegenständen nach § 3 Abs. 1b Satz 1 **Nr. 1** ist zu prüfen, ob die Anschaffung oder Herstellung dieser Gegenstände für das Unternehmen zum vollen oder teilweisen **Vorsteuerabzug berechtigt haben** (§ 3 Abs. 1b Satz **2**).

8.2.1.1.1 Entnahme von vorsteuerbehafteten Gegenständen

Die Entnahme eines Gegenstandes, bei dem **Vorsteuer abgezogen** worden ist, wird bemessen nach (§ 10 Abs. 4 **Satz 1** Nr. 1):

1. dem **Nettoeinkaufspreis** zuzüglich der Nebenkosten für den Gegenstand oder für einen gleichartigen Gegenstand **zum Zeitpunkt des Umsatzes (Wiederbeschaffungskosten)** oder
2. nach den **Selbstkosten** des Gegenstandes **zum Zeitpunkt des Umsatzes**.

Die **Umsatzsteuer** gehört **nicht** zur **Bemessungsgrundlage** (§ 10 Abs. 4 **Satz 2**).

Welcher Wert anzusetzen ist, richtet sich danach, ob der betreffende Gegenstand angeschafft oder hergestellt worden ist.

zu 1. Nettoeinkaufspreis

Der **Nettoeinkaufspreis** zuzüglich der Nebenkosten für den Gegenstand oder einen gleichartigen Gegenstand zum Zeitpunkt des Umsatzes **entspricht** regelmäßig den

Wiederbeschaffungskosten.

Wiederbeschaffungskosten sind Kosten, die für die Beschaffung des Gegenstandes zum Zeitpunkt des Umsatzes aufzuwenden wären.

BEISPIEL

Der Koblenzer Einzelhändler U entnimmt seinem Unternehmen eine Kühltruhe, die er **wenige Tage zuvor** für 250 € + 47,50 € USt = 297,50 € erworben hat, für private Zwecke.

Die **Bemessungsgrundlage** für die Berechnung der USt beträgt 250 €. In diesem Fall entsprechen die **Wiederbeschaffungskosten** den **Anschaffungskosten**, weil der Gegenstand **unmittelbar nach der Beschaffung** entnommen wurde und keine Einkaufspreisänderung stattgefunden hat.

Umsatzart nach § 1 i. V.m. § 3 UStG	Ort des Umsatzes	nicht steuerbare Umsätze im Inland €	steuerbare Umsätze im Inland €	steuerfreie Umsätze im Inland § 4 UStG €	steuerpflichtige Umsätze im Inland €
entgeltl. s. L.	Koblenz	—	250	—	250

zu 2. Selbstkosten

Kann der **Nettoeinkaufspreis nicht ermittelt werden**, so sind als Bemessungsgrundlage die **Selbstkosten** anzusetzen (§ 10 Abs. 4 Nr. 1).

Die **Selbstkosten** umfassen alle durch den betrieblichen Leistungsprozess bis zum Zeitpunkt der Entnahme oder Zuwendung entstandenen Kosten (Abschn. 10.6 Abs. 1 Satz 4 UStAE).

Aus **Vereinfachungsgründen** wird die **Bemessungsgrundlage** für die Entnahme von Gegenständen bei Unternehmen **bestimmter Gewerbezweige** anhand von amtlich festgelegten **Pauschbeträgen** ermittelt. Diese Regelung dient der **Vereinfachung** und lässt keine Zu- und Abschläge wegen individueller persönlicher Ess- oder Trinkgewohnheiten zu. Auch Krankheit oder Urlaub rechtfertigen **keine Änderung der Pauschbeträge**.

Diese **Pauschbeträge** sind für das **Kalenderjahr 2018** für **unentgeltliche Wertabgaben** (**Sachentnahmen**) im BMF-Schreiben vom 13.12.2017, IV A 4 – S 1547/13/10001-05 aufgeführt. Die Pauschbeträge sind **Jahreswerte** für **eine Person**. Für Kinder bis zum vollendeten 2. Lebensjahr entfällt der Ansatz eines Pauschbetrages. Bis zum vollendeten **12. Lebensjahr** ist die **Hälfte** des jeweiligen Wertes anzusetzen. Bei **gemischten Betrieben** (Metzgerei oder Bäckerei mit Lebensmittelangebot oder Gastwirtschaft) ist nur der jeweils **höhere Pauschbetrag** der entsprechenden Gewerbeklasse anzusetzen. Tabakwaren sind in den Pauschbeträgen nicht enthalten.

Gewerbezweig	Jahreswert **2018** für eine Person **ohne** Umsatzsteuer in €		
	zu 7 %	zu 19 %	insgesamt
Bäckerei	1.173	391	1.564
Fleischerei/Metzgerei	858	833	1.691
Gast- und Speisewirtschaften			
a) mit Abgabe von kalten Speisen	1.085	1.047	2.132
b) mit Abgabe von kalten und warmen Speisen	1.627	1.703	3.330
Getränkeeinzelhandel	101	291	392
Café und Konditorei	1.136	618	1.754
Milch, Milcherzeugnisse, Fettwaren und Eier (Eh.)	568	76	644
Nahrungs- und Genussmittel (Eh.)	1.098	656	1.754
Obst, Gemüse, Südfrüchte und Kartoffeln (Eh.)	265	228	493

Gewerbezweig	Jahreswert **2017** für eine Person **ohne** Umsatzsteuer in €		
	zu 7 %	zu 19 %	insgesamt
Bäckerei	1.142	381	1.523
Fleischerei/Metzgerei	835	811	1.646
Gast- und Speisewirtschaften			
a) mit Abgabe von kalten Speisen	1.056	1.019	2.075
b) mit Abgabe von kalten und warmen Speisen	1.584	1.658	3.242
Getränkeeinzelhandel	99	283	382
Café und Konditorei	1.106	602	1.708
Milch, Milcherzeugnisse, Fettwaren und Eier (Eh.)	553	74	627
Nahrungs- und Genussmittel (Eh.)	1.069	639	1.708
Obst, Gemüse, Südfrüchte und Kartoffeln (Eh.)	258	221	479

BEISPIEL

Die Eheleute U betreiben in **Bonn** ein **Café**. Sie haben einen **zehnjährigen Sohn**. Die Steuerpflichtigen bewerten ihre Sachentnahmen mit den **Pauschbeträgen**.

Die **Bemessungsgrundlage** beträgt für 2018:

	steuerpflichtige Umsätze		insgesamt
	zu 7 % €	zu 19 % €	€
Ehemann	1.136,00	618,00	1.754,00
Ehefrau	1.136,00	618,00	1.754,00
Kind (50 %)	568,00	309,00	877,00
Bemessungsgrundlage für 2018	**2.840,00**	**1.545,00**	**4.385,00**

Will der Steuerpflichtige **niedrigere Beträge** als die Pauschbeträge geltend machen, muss er entsprechende **Nachweise** führen.

ÜBUNG → 1. Wiederholungsfragen 9 und 10 (Seite 310),
2. Fälle 2 und 3 (Seite 312)

8.2.1.1.2 Entnahme von nicht vorsteuerbehafteten Gegenständen

Bei der Entnahme von Gegenständen, von deren Anschaffungs- oder Herstellungskosten **keine Vorsteuer abgezogen** wurde, fällt **grundsätzlich keine Umsatzsteuer** an. In diesen Fällen gilt **§ 3 Abs. 1b Satz 1 Nr. 1 nicht** (vgl. § 3 Abs. 1b Satz 2).

BEISPIEL

Der Unternehmer U, Bonn, erwirbt Anfang 2018 von einem **Privatmann** einen gebrauchten Teppich für **10.000 €** und ordnet ihn zulässigerweise seinem Unternehmen zu. Ende 2018 entnimmt U den Teppich aus seinem Unternehmen für private Zwecke.

Die **Entnahme des Teppichs** unterliegt **nicht** der **Umsatzsteuer** (nicht steuerbar), weil bei der Anschaffung des Teppichs **kein** Vorsteuerabzug möglich war.

Entnimmt ein Unternehmer einen seinem Unternehmen zugeordneten **Pkw**, den er von einer **Privatperson** und damit ohne Berechtigung zum Vorsteuerabzug erworben hat, unterliegt die Entnahme grundsätzlich **nicht** der Umsatzsteuer.

Wurden jedoch **nach der Anschaffung** an dem Pkw Arbeiten ausgeführt, die zum Einbau von **Bestandteilen** geführt haben und für die der Unternehmer zum **Vorsteuerabzug** berechtigt war, unterliegen bei der **Entnahme** des Pkws **nur** die **Bestandteile** (nicht der gesamte Pkw) der Umsatzsteuer (Abschn. 3.3 Abs. 2 Satz 2 UStAE).

Bestandteile sind diejenigen gelieferten **Gegenstände**, die aufgrund ihres Einbaus ihre **körperliche und wirtschaftliche Eigenart** endgültig **verloren** haben und die zu einer **dauerhaften**, im Zeitpunkt der Entnahme **nicht vollständig verbrauchten Werterhöhung** des Gegenstandes geführt haben (Abschn. 3.3 Abs. 2 Satz 3 UStAE).

Aus Vereinfachungsgründen wird **keine dauerhafte Werterhöhung** angenommen, wenn die Aufwendungen für den Einbau von Bestandteilen **weder 20 % der AK/HK noch 1.000 Euro** übersteigen (**Bagatellgrenze**, Abschn. 3.3 Abs. 4 Satz 1 UStAE).

Bemessungsgrundlage im Falle einer steuerpflichtigen Entnahme eines derartigen Pkws ist der **Restwert der Bestandteile im Zeitpunkt der Entnahme** (Wiederbeschaffungskosten).

C. Umsatzsteuer

BEISPIEL

Der Unternehmer U, Bonn, erwirbt 2017 von einem **Privatmann** und damit ohne Berechtigung zum Vorsteuerabzug einen gebrauchten Pkw für 10.000 € und ordnet ihn zulässigerweise seinem Unternehmen zu. Im Januar 2018 wird in den Pkw nachträglich eine **Klimaanlage** für 2.100 € + 399 € USt = 2.499 € eingebaut.

Im Mai 2018 entnimmt U den Pkw seinem Unternehmen für private Zwecke.

Der **Restwert der Klimaanlage** beträgt im Zeitpunkt der Entnahme **1.400 €**.

Das aufgewendete **Entgelt** für den nachträglichen Einbau der Klimaanlage beträgt **2.100 €**, also **mehr als 20 %** der ursprünglichen Anschaffungskosten des Pkws. Mit dem Einbau der Klimaanlage in den Pkw hat diese ihre körperliche und wirtschaftliche Eigenart endgültig verloren und zu einer dauerhaften, im Zeitpunkt der Entnahme nicht vollständig verbrauchten Werterhöhung des Pkws geführt. Die Entnahme des Pkws unterliegt daher nach § 3 Abs. 1b Satz 1 Nr. 1 i. V. m. Satz 2 mit einer **Bemessungsgrundlage** gemäß § 10 Abs. 4 Satz 1 Nr. 1 in Höhe von **1.400 €** der Umsatzsteuer (Abschn. 3.3 Abs. 2 Satz 3 UStAE).

Nicht zu einem **Bestandteil** gehören Aufwendungen für den **Gebrauch und die Erhaltung** des Gegenstandes, die ertragsteuerrechtlich **sofort abziehbaren Erhaltungsaufwand** darstellen, z.B. Aufwendungen für Reparatur-, Ersatz- oder Verschleißteile (Abschn. 3.3 Abs. 2 Satz 4 UStAE).

BEISPIEL

Sachverhalt wie im Beispiel zuvor mit dem **Unterschied**, dass der Unternehmer 2018 keine Klimaanlage einbauen, sondern lediglich eine **Inspektion** für 1.000 € + 190 € USt = 1.190 € durchführen lässt.

Die **Entnahme des Pkws** unterliegt **nicht** der **Umsatzsteuer**, weil die Aufwendungen **keine** Bestandteile sind (Abschn. 3.3 Abs. 2 Satz 4 UStAE).

Zusammenfassung zu Abschnitt 8.2.1.1:

ÜBUNG → 1. Wiederholungsfrage 11 (Seite 310),
2. Fälle 4 und 5 (Seite 312)

8.2.1.2 Sachzuwendungen an das Personal

Unentgeltliche Zuwendungen an das Personal im Sinne des § 3 Abs. 1b Satz 1 Nr. 2 werden ebenfalls nach dem **Nettoeinkaufspreis** oder mangels eines Einkaufspreises nach den **Selbstkosten** zum Zeitpunkt des Umsatzes bemessen (§ 10 Abs. 4 Nr. 1).

> Die einzelnen Voraussetzungen für die Steuerbarkeit der Sachzuwendungen an das Personal wurden im Abschnitt 3.1.2, Seiten 180 f., dargestellt.

Die unentgeltliche Abgabe von Gegenständen an das Personal unterliegt nur dann der Umsatzsteuer, wenn bei der Anschaffung oder Herstellung des abgegebenen Gegenstandes der teilweise oder volle **Vorsteuerabzug** in Anspruch genommen werden konnte (Abschn. 1.8 Abs. 2 Satz 6 UStAE).

BEISPIEL

Der Elektrohändler U, Erfurt, **schenkt** seinem Arbeitnehmer anlässlich eines Firmenjubiläums einen Computer. U hat den Computer für sein Warensortiment gekauft. Der Bruttoeinkaufspreis betrug 1.999,20 €. Den entsprechenden **Vorsteuerabzug** hat U in Anspruch genommen. Preisänderungen sind bis zum Zeitpunkt des Umsatzes nicht eingetreten. Die **Bemessungsgrundlage** für die Berechnung der Umsatzsteuer beträgt aufgerundet **1.680 €** (Nettoeinkaufspreis im Zeitpunkt des Umsatzes).

Umsatzart nach § 1 i. V. m. § 3 UStG	Ort des Umsatzes	nicht steuerbare Umsätze im Inland €	steuerbare Umsätze im Inland €	steuerfreie Umsätze im Inland § 4 UStG €	steuerpflichtige Umsätze im Inland €
unentgeltl. L.	Erfurt	—	1.680	—	1.680

Keine steuerbaren Umsätze sind **Aufmerksamkeiten** und **Leistungen**, die **überwiegend** durch das **betriebliche Interesse** des Arbeitgebers veranlasst sind (§ 3 Abs. 1b Satz 1 Nr. 2, Abschn. 1.8 Abs. 2 Satz 7 UStAE).

Zu den **Aufmerksamkeiten** rechnen gelegentliche Sachzuwendungen bis zu einem Wert von **60 Euro** (brutto), z. B. Blumen, Genussmittel, ein Buch oder ein Tonträger, die dem Arbeitnehmer oder seinem Angehörigen aus Anlass eines **besonderen persönlichen Ereignisses** zugewendet werden (Abschn. 1.8 Abs. 3 Satz 2 UStAE).

Nicht steuerbare Leistungen, die **überwiegend** durch das **betriebliche Interesse** des Arbeitgebers veranlasst sind, liegen vor, wenn betrieblich veranlasste Maßnahmen zwar auch die Befriedigung eines privaten Bedarfs der Arbeitnehmer zur Folge haben, diese Folge aber durch die mit den Maßnahmen angestrebten betrieblichen Zwecke überlagert wird, z. B. Leistungen zur Verbesserung der Arbeitsbedingungen durch Bereitstellung von Aufenthalts- und Erholungsräumen (vgl. Abschn. 1.8 Abs. 4 Satz 3 UStAE).

 1. Wiederholungsfrage 12 (Seite 310),
2. Fall 6 (Seite 313)

8.2.1.3 Andere unentgeltliche Zuwendungen

Andere unentgeltliche Zuwendungen im Sinne des § 3 Abs. 1b Satz 1 **Nr. 3** werden ebenfalls nach dem **Nettoeinkaufspreis** oder mangels eines Einkaufspreises nach den **Selbstkosten** zum Zeitpunkt des Umsatzes bemessen (§ 10 Abs. 4 Nr. 1).

> Die einzelnen Voraussetzungen für die Steuerbarkeit der anderen unentgeltlichen Zuwendungen wurden im Abschnitt 3.1.3, Seiten 181 f., dargestellt.

C. Umsatzsteuer

Die anderen unentgeltlichen Zuwendungen unterliegen nur dann der Umsatzsteuer, wenn die Anschaffungs- oder Herstellungskosten des abgegebenen Gegenstandes oder seiner Bestandteile mit Umsatzsteuer belastet waren und der Unternehmer den vollen oder zumindest einen teilweisen **Vorsteuerabzug** vornehmen konnte.

BEISPIEL

Das Modehaus Dienz, Köln, **verlost** im Rahmen eines Preisausschreibens für Werbezwecke einen VW-Beetle. Das Modehaus hat das Auto für 15.000 € + 2.850 € USt = 17.850 € gekauft und die ihm in Rechnung gestellte Umsatzsteuer als **Vorsteuer abgezogen**. Preisänderungen sind bis zum Zeitpunkt der Verlosung nicht eingetreten.

Die **Bemessungsgrundlage** für die Berechnung des Umsatzes beträgt 15.000 € (Nettoeinkaufspreis im Zeitpunkt des Umsatzes).

Umsatzart nach § 1 i.V.m. § 3 UStG	Ort des Umsatzes	nicht steuerbare Umsätze im Inland €	steuerbare Umsätze im Inland €	steuerfreie Umsätze im Inland § 4 UStG €	steuerpflichtige Umsätze im Inland €
unentgeltl. L.	Köln	—	15.000	—	15.000

Keine Umsätze liegen bei **Geschenken von geringem Wert** i.S.d. § 3 Abs. 1b Satz 1 Nr. 3 vor. **Geschenke von geringem Wert** liegen vor, wenn die Anschaffungs- oder Herstellungskosten der dem Empfänger im Kalenderjahr zugewendeten Gegenstände insgesamt **35 Euro** (Nettobetrag ohne Umsatzsteuer) **nicht übersteigen**.
Dies kann bei geringwertigen Werbeträgern (z.B. Kugelschreiber, Feuerzeuge, Kalender usw.) unterstellt werden (Abschn. 3.3 Abs. 11 Satz 3 UStAE).

MERKE → **Unentgeltliche Lieferungen** werden – mit Ausnahme geringwertiger Geschenke – u.a. **nur** dann **besteuert**, wenn der Unternehmer beim Einkauf des Gegenstandes zum **Vorsteuerabzug** berechtigt war.

 Die **buchmäßige** Darstellung der **unentgeltlichen Lieferungen** erfolgt in der **Buchführung 1**, 30. Auflage 2018.

ÜBUNG → 1. Wiederholungsfrage 13 (Seite 310),
2. Fall 7 (Seite 313)

8.2.2 Unentgeltliche sonstige Leistungen

Zu den **unentgeltlichen sonstigen Leistungen** nach § 3 Abs. 9a gehören:

1. die **private Nutzung betrieblicher Gegenstände** (§ 3 Abs. 9a **Nr. 1**) und
2. **andere** unentgeltliche sonstige Leistungen (§ 3 Abs. 9a **Nr. 2**).

8.2.2.1 Private Nutzung betrieblicher Gegenstände

Bei der privaten Nutzung betrieblicher Gegenstände sind **in der Praxis** vor allem vier Fälle bedeutend:

1. private Nutzung von **betrieblichen Räumen**,
2. private Nutzung von **betrieblichen Fahrzeugen** durch den Unternehmer,
3. private Nutzung **betrieblicher Telekommunikationsgeräte** durch den **Unternehmer**,
4. private Nutzung **betrieblicher Gegenstände** durch das **Personal**.

8.2.2.1.1 Private Nutzung von betrieblichen Räumen

Die **private Nutzung von Räumen** in einem dem Unternehmen zugeordneten Gebäude für Zwecke außerhalb des Unternehmens kann eine **steuerbare** oder **nicht steuerbare** Wertabgabe sein (Abschn. 3.4 Abs. 7 **Satz 1** UStAE).

Steuerbare Wertabgabe („Altfälle")

Die **private Nutzung von Räumen** ist nur **steuerbar**, wenn die unternehmerische Nutzung anderer Räume zum vollen oder teilweisen **Vorsteuerabzug** berechtigt hat (Abschn. 3.4 Abs. 7 **Satz 2** UStAE; siehe auch BFH-Urteil vom 08.10.2008, XI R 58/07).

Bei den **unentgeltlichen sonstigen Leistungen** (unentgeltlichen Wertabgaben) i.S.d. § 3 Abs. 9a Nr. 1 bilden die bei der Ausführung der Leistung entstandenen

Ausgaben

die **Bemessungsgrundlage** (§ 10 Abs. 4 Nr. 2).

Soweit ein Gegenstand für die Erbringung der sonstigen Leistung verwendet wird, zählen auch die **Anschaffungs- und Herstellungskosten** für diesen Gegenstand zu diesen Ausgaben. Diese sind, soweit sie mindestens 500 Euro betragen, **gleichmäßig** (linear) auf einen Zeitraum **zu verteilen**, der dem **Berichtigungszeitraum nach § 15a UStG** (bei Gebäuden 10 Jahre) für diesen Gegenstand entspricht (§ 10 Abs. 4 Nr. 2 UStG).

BEISPIEL

Der Hauseigentümer U besitzt in Köln ein am 01.01.2010 fertiggestelltes viergeschossiges Gebäude („**Altfall**"), das er in vollem Umfang seinem Unternehmen zugeordnet hat. U hat auf die Steuerbefreiung nach § 4 Nr. 12a – soweit zulässig – verzichtet (§ 9). In der Bauphase hatte U für das EG und das 3. OG den Vorsteuerabzug in Anspruch genommen.
In **2018** wird das Gebäude wie folgt genutzt:

a) Die Räume im Erdgeschoss sind an einen **Autohändler** als Verkaufsräume vermietet. Der Autohändler versteuert seine Umsätze nach den allgemeinen Vorschriften des UStG. Die Miete beträgt jährlich **24.000 €** netto.

b) Die Räume im 1. Obergeschoss sind an einen **Arzt** für jährlich **12.000 €** vermietet. Der Arzt betreibt in den gemieteten Räumen eine Praxis für Allgemeinmedizin.

c) Die Räume im 2. Obergeschoss sind als Wohnung an eine kaufmännische **Angestellte** für jährlich **6.000 €** vermietet.

d) Die Räume im 3. Obergeschoss bewohnt **U selbst**. Die Ausgaben einschließlich der auf den nach § 15a UStG maßgeblichen Berichtigungszeitraum (10 Jahre) verteilten Herstellungskosten betragen für diese Räume jährlich **6.000 €**.

C. Umsatzsteuer

Die **Bemessungsgrundlagen** für die Nutzung des Gebäudes („Altfall") betragen 2018:

Umsatzart nach § 1 i. V. m. § 3 UStG	Ort des Umsatzes	nicht steuerbare Umsätze im Inland €	steuerbare Umsätze im Inland €	steuerfreie Umsätze im Inland § 4 UStG €	steuerpflichtige Umsätze im Inland €
a) sonstige L.	Köln	—	24.000	—	24.000
b) sonstige L.	Köln	—	12.000	12.000	—
c) sonstige L.	Köln	—	6.000	6.000	—
d) unentgeltl. sonstige L.	Köln	—	6.000	—	6.000

Seit 01.01.2011 **entfällt** für die nichtunternehmerische Nutzung eines gemisch genutzten Gebäudes die Möglichkeit des **Vorsteuerabzugs** (§ 15 Abs. **1b** UStG; vgl. Bsp. unten). Damit ist auch die Wertabgabebesteuerung nach § 3 Abs. 9a Nr. 1 UStG nicht mehr erforderlich. Seit 01.01. 2011 gilt § 3 Abs. 9a Nr. 1 UStG **nur noch** für **Altfälle** (vgl. Bsp. oben).

Nicht steuerbare Wertabgabe („Neufälle")

Die **private Nutzung von Räumen** ist **nicht steuerbar**, wenn die unternehmerische Nutzung **nicht** zum vollen oder teilweisen **Vorsteuerabzug** berechtigt hat (Umkehrschluss aus Abschn. 3.4 Abs. 7 Satz 2 UStAE).

BEISPIEL

Unternehmer U, München, ist Eigentümer eines **gemischt genutzten Gebäudes** (Fertigstellung 2018 - „Neufall"). Das **EG** hat U an einen **Rechtsanwalt (Kanzleiräume)** für jährlich **12.000 €** vermietet. Das **1. OG** nutzt U für **eigene Wohnzwecke**. U hat das Gebäude in vollem Umfang dem Unternehmen zugeordnet und auf die Steuerbefreiung nach § 4 Nr. 12a – soweit zulässig – verzichtet (§ 9). In der Bauphase hatte U für das Erdgeschoss den Vorsteuerabzug in Anspruch genommen. Der Vorsteuerabzug für das 1. OG ist aufgrund des § 15 Abs. 1b unterblieben. Die **Ausgaben** für die selbstgenutzten Räume i. S. d. des § 10 Abs. 4 Nr. 2 betragen jährlich **6.000 €**.

U steht hinsichtlich der **steuerpflichtig** vermieteten Kanzleiräume **ein Vorsteuerabzug** zu (§ 15 Abs. 1 Satz 1 Nr. 1 i. V. m. § 9).

Die private Nutzung für eigene Wohnzwecke ist **keine** unentgeltliche sonstige Leistung (**unentgeltliche Wertabgabe**) i. S. d. **§ 3 Abs. 9a Nr. 1**, da der dem Unternehmen zugeordnete Gegenstand **nicht** zum vollen oder teilweisen **Vorsteuerabzug** berechtigt hat (§ 15 Abs. 1b). Die private Nutzung ist **nicht steuerbar**.

Umsatzart nach § 1 i. V. m. § 3 UStG	Ort des Umsatzes	nicht steuerbare Umsätze im Inland €	steuerbare Umsätze im Inland €	steuerfreie Umsätze im Inland § 4 UStG €	steuerpflichtige Umsätze im Inland €
EG: sonst. L.	München	—	12.000	—	12.000
1. OG: keine unentg. s. L.		**6.000**	—	—	—

8.2.2.1.2 Private Nutzung betrieblicher Fahrzeuge durch den Unternehmer

Hat der Unternehmer ein erworbenes Fahrzeug, welches sowohl für unternehmerische als auch für nichtunternehmerische (private) Zwecke genutzt wird, zulässigerweise insgesamt seinem Unternehmen zugeordnet, kann er die auf die Anschaffungskosten des Fahrzeugs entfallenden **Vorsteuerbeträge in voller Höhe** abziehen (§ 15 Abs. 1 Satz 1 Nr. 1).

Die **private Nutzung** unterliegt unter den Voraussetzungen des § 3 **Abs. 9a Satz 1 Nr. 1 und Satz 2** als unentgeltliche sonstige Leistung (unentgeltliche Wertabgabe) der **Umsatzsteuer** (buchungstechnisch ist dieser Wert als Privatentnahme ohne Umsatzsteuer zu erfassen).

Als **Bemessungsgrundlage** sind dabei nach § 10 Abs. 4 Satz 1 Nr. 2 die **Ausgaben** anzusetzen, soweit sie zum vollen oder teilweisen Vorsteuerabzug berechtigt haben.

Zur **Ermittlung der Ausgaben**, die auf die private Nutzung eines dem Unternehmen zugeordneten Fahrzeugs entfallen, hat der Unternehmer die Wahl zwischen drei Möglichkeiten: **Fahrtenbuchregelung, 1%-Regelung** oder **Schätzung**.

Die **1%-Regelung** ist nur anwendbar, wenn das Kraftfahrzeug zu **mehr als 50% betrieblich** genutzt wird (§ 6 Abs. 1 Nr. 4 Satz 2 EStG; notwendiges Betriebsvermögen i.S.d. EStG).

Die umsatzsteuerliche Behandlung betrieblicher Fahrzeuge wird in Abschnitt 15.23 UStAE behandelt.

Fahrtenbuchregelung

Setzt der **Unternehmer** für Ertragsteuerzwecke die private Nutzung mit den auf die **Privatfahrten** entfallenden Aufwendungen an, indem er die für das Fahrzeug insgesamt entstehenden Aufwendungen durch Belege und das Verhältnis der privaten zu den übrigen Fahrten durch ein ordnungsgemäßes **Fahrtenbuch** nachweist (§ 6 Abs. 1 Nr. 4 Satz 3 EStG), ist von diesem Wert auch bei der Bemessungsgrundlage für die private Nutzung auszugehen. Sofern Anschaffungs- oder Herstellungskosten mindestens 500 € (Nettobetrag ohne Umsatzsteuer) betragen, sind sie gleichmäßig auf den für das Fahrzeug maßgeblichen Berichtigungszeitraum nach § 15a UStG (**5 Jahre**) zu verteilen. Aus den Gesamtaufwendungen sind für Umsatzsteuerzwecke die **nicht mit Vorsteuer belasteten Kosten** in der belegmäßig nachgewiesenen Höhe **auszuscheiden**. Im Gegensatz zum ertragsteuerlichen Wert erfolgt für umsatzsteuerliche Zwecke keine Kürzung um Aufwendungen für Batteriesysteme bei Elektro- und Hybridelektrofahrzeugen (Abschn. 15.23 Abs. 5 UStAE).

BEISPIEL

Der Unternehmer U, Koblenz, nutzt seinen betrieblichen Pkw, den er von einem Kfz-Händler 2018 erworben hat, **lt. Fahrtenbuch zu 30% für private Zwecke**.
Im Monat **Oktober 2018** sind für den Pkw folgende Kosten angefallen:

1.	Kosten, die **nicht** mit Vorsteuer belastet sind:			
	Kfz-Versicherungen und Kfz-Steuer			**100 €**
2.	Kosten, die zum **Vorsteuerabzug** berechtigt haben:			
	Benzin		200 €	
	Reparaturen		2.050 €	
	Absetzung für Abnutzung (AfA) gem. § 15a		250 €	**2.500 €**
=	Kosten insgesamt			2.600 €

Die **Bemessungsgrundlage** für die steuerpflichtige **unentgeltliche sonstige Leistung** beträgt im Oktober 2018 **750 €** (30% von **2.500 €**).

C. Umsatzsteuer

Die **Entnahme der sonstigen Leistung**, die **nicht** der **Umsatzsteuer** unterliegt (nicht steuerbarer Anteil), beträgt im Oktober 2018 **30 €** (30 % von **100 €**).

Umsatzart nach § 1 i.V.m. § 3 UStG	Ort des Umsatzes	**nicht** steuerbare Umsätze im Inland €	**steuerbare** Umsätze im Inland €	**steuerfreie** Umsätze im Inland § 4 UStG €	**steuerpflichtige** Umsätze im Inland €
unentgelt. sonst. L.	Koblenz	—	750	—	750
kein Umsatz	—	30	—	—	—

Bei der Ermittlung der **anteiligen AfA** für den Pkw wurde der nach § 15a UStG maßgebliche **Berichtigungszeitraum** (5 Jahre) zugrunde gelegt.

Wird ein Pkw z. B. von einem **Nichtunternehmer** und damit **ohne Berechtigung zum Vorsteuerabzug** erworben, gehört die **anteilige AfA** i.S.d. § 15a UStG **nicht zur Bemessungsgrundlage**. Sie erhöht dann den **nicht steuerbaren Anteil** der unentgeltlichen Wertabgabe.

1 %-Regelung

Ermittelt der **Unternehmer** für Ertragsteuerzwecke den Wert der Nutzungsentnahme nach der sog. **1 %-Regelung** des § 6 Abs. 1 Nr. 4 Satz 2 EStG, so kann er von diesem Wert aus Vereinfachungsgründen bei der Bemessungsgrundlage für die private Nutzung ausgehen, wenn das Fahrzeug zu **mehr als 50 % betrieblich** genutzt wird. Im Gegensatz zum ertragsteuerlichen Wert erfolgt keine Kürzung des inländischen Listenpreises für Elektro- und Hybridelektrofahrzeuge (Abschn. 15.23 Abs. 5 UStAE).

Für die **nicht mit Vorsteuer belasteten Kosten** (z. B. Kfz-Steuer und Kfz-Versicherungen) ist ein **pauschaler Abschlag von 20 %** vorzunehmen.

Der 20 %-Abschlag stellt den nicht steuerbaren Anteil der privaten Kfz-Nutzung dar.

Das Berechnungsergebnis – nach Abzug des Pauschalabschlags – ist ein sog. **Nettowert**, auf den die Umsatzsteuer mit dem allgemeinen Steuersatz aufzuschlagen ist (Abschn. 15.23 Abs. 5 UStAE).

Der **Brutto-Listenpreis** ist **auf volle 100 Euro abzurunden**.

[**Hinweis**: Bei der **Fahrzeugüberlassung an das Personal** wird kein Abschlag für vorsteuerfreie Kosten vorgenommen, da es sich hier um eine entgeltliche Wertabgabe handelt. Außerdem stellt das Ergebnis der Berechnung einen sog. Bruttowert dar, aus dem die Umsatzsteuer noch herauszurechnen ist. Vgl. hierzu auch das Beispiel auf Seite 289.]

BEISPIEL

Zum Unternehmensvermögen des selbständigen Rechtsanwalts Kastor Fabel, Stuttgart, gehört ein Pkw, der auch für **private Fahrten** verwendet wird. Der Pkw wird zu mehr als 50 % betrieblich genutzt. Der **Brutto-Listenpreis** des Kraftfahrzeugs hat im Zeitpunkt der **Erstzulassung** (Januar 2017) **49.114 €** betragen.

Rechtsanwalt Fabel pauschaliert den privaten Nutzungsanteil des Pkws (Neufahrzeug) nach der **1 %-Regelung** für das Kalenderjahr 2018 wie folgt:

Brutto-Listenpreis des Pkws im Zeitpunkt der Erstzulassung	49.114,00 €
abgerundet auf volle 100 €	49.100,00 €
davon **1 %** = 491 € x 12 Monate =	5.892,00 €
– 20 % Abschlag für nicht mit Vorsteuer belastete Kosten	**– 1.178,40 €**
= Bemessungsgrundlage für ein Jahr	4.713,60 €

Umsatzart nach § 1 i.V.m. § 3 UStG	Ort des Umsatzes	nicht steuerbare Umsätze im Inland €	steuerbare Umsätze im Inland €	steuerfreie Umsätze im Inland § 4 UStG €	steuerpflichtige Umsätze im Inland €
unentgelt. sonst. L.	Stuttgart	—	4.714	—	**4.714**
kein Umsatz	—	**1.178**	—	—	—

Schätzung

Ist die Anwendung der **1 % -Regelung** gem. § 6 Abs. 1 Nr. 4 Satz 2 EStG ausgeschlossen, weil das Fahrzeug zu **weniger als 50 % betrieblich** genutzt wird oder liegen die Voraussetzungen der **Fahrtenbuchregelung** nicht vor, weil z.B. kein ordnungsgemäßes Fahrtenbuch geführt wird, ist der private Nutzungsanteil für Umsatzsteuerzwecke anhand geeigneter Unterlagen im Wege einer sachgerechten **Schätzung** zu ermitteln.

Liegen geeignete Unterlagen für eine Schätzung **nicht** vor, ist der private Nutzungsanteil mit **mindestens 50 % zu schätzen**, soweit sich aus den besonderen Verhältnissen des Einzelfalls nichts Gegenteiliges ergibt. Aus den Gesamtaufwendungen sind die **nicht mit Vorsteuer belasteten Kosten** in der belegmäßig nachgewiesenen Höhe **auszuscheiden**.

Konnte der Unternehmer bei der Anschaffung eines dem Unternehmen zugeordneten Fahrzeugs keinen Vorsteuerabzug vornehmen (z.B. Erwerb von einem Nichtunternehmer), sind nur die vorsteuerbelasteten Unterhaltskosten zur Ermittlung der Bemessungsgrundlage heranzuziehen (Abschn. 15.23 Abs. 5 UStAE).

Fahrten zwischen Wohnung und Betriebsstätte sowie Familienheimfahrten

Die **Fahrten des Unternehmers zwischen Wohnung und Betriebsstätte** oder **Familienheimfahrten** wegen einer aus betrieblichem Anlass begründeten doppelten Haushaltsführung sind (im Gegensatz zur Fahrzeugüberlassung an das Personal) bei allen Berechnungsmethoden der **betrieblichen Nutzung** des Fahrzeugs **zuzurechnen** (BMF-Schreiben vom 07.07.2006, BStBl I 2006, S. 446 f.).

Es ist auch keine Vorsteuerkürzung nach § 15 Abs. 1a vorzunehmen (Abschn. 15.23 Abs. 5 UStAE).

8.2.2.1.3 Private Nutzung betrieblicher Telekommunikationsgeräte durch den Unternehmer

Kauft ein Unternehmer Telekommunikationsgeräte (z.B. Telefonanlagen nebst Zubehör, Faxgeräte, Mobilfunkeinrichtungen) für sein Unternehmen, kann er die hierauf entfallende **Vorsteuer** in **voller Höhe** nach § 15 **absetzen** (Abschn. 3.4 Abs. 4 Satz 1 UStAE).
Wird ein solches Gerät **für Zwecke außerhalb des Unternehmens** verwendet, liegt eine **unentgeltliche sonstige Leistung** (§ 3 **Abs. 9a Nr. 1**) in Höhe der anteiligen umsatzsteuerlichen „AfA" i.S.d. § 15a (Berichtigungszeitraum: 5 Jahre) vor, wenn die Anschaffungskosten mindestens 500 Euro betragen haben (vgl. Abschn. 3.4 Abs. 4 **Satz 2** UStAE i.V.m. § 10 Abs. 4 Nr. 2 Satz 3).

C. Umsatzsteuer

BEISPIEL

Der Kölner Unternehmer U hat im **Januar 2018** für sein Unternehmen eine neue Telefonanlage für 2.000 € + 380 € USt = 2.380 € **gekauft**. Die ihm in Rechnung gestellte Umsatzsteuer von 380 € hat er als Vorsteuer abgezogen.

Er nutzt die betriebliche Telefonanlage zu 20 % für private Zwecke. Die betriebsgewöhnliche Nutzungsdauer beträgt lt. AfA-Tabelle 8 Jahre.

Die **Bemessungsgrundlage** 2018 beträgt 80 € (§ 10 Abs. 4 Nr. 2 Satz 3 i. V. m. § 15a Abs. 1) (2.000 € : **5 Jahre Berichtigungszeitraum** = 400 €; 400 € x 20 % = 80 €).

Umsatzart nach § 1 i. V. m. § 3 UStG	Ort des Umsatzes	**nicht** steuerbare Umsätze im Inland €	**steuerbare** Umsätze im Inland €	**steuerfreie** Umsätze im Inland § 4 UStG €	**steuerpflichtige** Umsätze im Inland €
unentgelt. sonst. L.	Köln	—	80	—	80

Keine unentgeltlichen sonstigen Leistungen liegen bei **laufenden Telefonkosten** (z. B. Miete, Grund- und Gesprächsgebühren) vor – unabhängig davon, ob es sich um ein gekauftes oder gemietetes Telefon handelt – (Abschn. 3.4 Abs. 4 **Satz 4** UStAE).

BEISPIEL

Der Bonner Unternehmer U benutzt sein **Geschäftstelefon zu 20 %** für private Zwecke. Die laufenden Telefonkosten (Grund- und Gesprächsgebühren) haben **4.500 €** betragen.

Die anteiligen **privaten laufenden Telefonkosten** von **900 €** (20 % von 4.500 €) sind **keine unentgeltlichen sonstigen Leistungen**, da die Vorsteuer anteilig zu kürzen ist.

8.2.2.1.4 Private Nutzung betrieblicher Gegenstände durch das Personal

Die **unentgeltliche Nutzung von Unternehmensgegenständen** durch das Personal wie Baumaschinen, Ferienwohnungen usw. wird als **unentgeltliche sonstige Leistungen** nach § 3 **Abs. 9a Nr. 1 besteuert**.

Von einer **unentgeltlichen** Überlassung von Kfz an das Personal kann ausnahmsweise ausgegangen werden, wenn die private Nutzung **gering** (aus besonderem Anlass oder an nicht mehr als fünf Tagen im Monat) ist (Abschn. 15.23 Abs. 12 UStAE). Bei einer in der Praxis üblichen Firmenwagenüberlassung aufgrund arbeitsvertraglicher Vereinbarungen handelt es sich hingegen um eine entgeltliche Nutzungsüberlassung (tauschähnlicher Umsatz).

Nach § 10 Abs. 4 Satz 1 **Nr. 2** wird der Umsatz bei **unentgeltlichen sonstigen Leistungen** i. S. d. § 3 Abs. 9a **Nr. 1** nach den bei der Ausführung dieser Umsätze entstandenen **Ausgaben**, soweit sie zum vollen oder teilweisen Vorsteuerabzug berechtigt haben, bemessen.

Betragen bei einem Gegenstand die Anschaffungs- oder Herstellungskosten **weniger als 500 €**, sind diese nicht auf mehrere Jahre zu verteilen, sondern im Jahr der Anschaffung oder Herstellung zu berücksichtigen (§ 10 Abs. 4 Satz 1 **Nr. 2** Satz 3).

8.2.2.2 Andere unentgeltliche sonstige Leistungen

Die **anderen sonstigen Leistungen** im Sinn des § 3 Abs. 9a **Nr. 2** werden für Privatzwecke des **Unternehmers** oder des **Personals** nach den bei der Ausführung dieser Umsätze entstandenen

Ausgaben

bemessen (§ 10 Abs. 4 **Nr. 3**).

Im Gegensatz zu den unentgeltlichen sonstigen Leistungen nach § 3 Abs. 9a **Nr. 1** gehören bei den **anderen sonstigen Leistungen** i. S. d. § 3 Abs. 9a **Nr. 2 sämtliche Kosten** zur Bemessungsgrundlage, **auch Kosten**, für die der **Vorsteuerabzug nicht möglich war**.

> **BEISPIEL**
>
> Der selbständige Installateur U baut ein Eigenheim in Mainz und verwendet dabei Material von seinem Lager für netto **5.000 €**.
> Auf den Einsatz seiner Gesellen an dieser Baustelle entfallen Arbeitslöhne und Lohnnebenkosten in Höhe von **7.500 €**.
> Die **Bemessungsgrundlage** für die unentgeltliche sonstige Leistung beträgt **12.500 €**.

Unentgeltliche Dienstleistungen für Privatzwecke des Personals

Erhalten Arbeitnehmer von ihrem Arbeitgeber freie Verpflegung, freie Unterkunft oder freie Wohnung, ist von den Werten auszugehen, die in der **Sozialversicherungsentgeltverordnung (SvEV)** in der jeweils geltenden Fassung festgesetzt sind.

Für die Gewährung von **Unterkunft und Wohnung** kann unter der Voraussetzung des § 4 Nr. 12a **Steuerfreiheit** in Betracht kommen (Abschn. 1.8 Abs. 9 Sätze 1 und 2 UStAE).

Die Gewährung der **Verpflegung** unterliegt dem **allgemeinen Steuersatz** (Abschn. 1.8 Abs. 9 Satz 3 UStAE).

Bei der **unentgeltlichen** Abgabe von Mahlzeiten an die Arbeitnehmer durch unternehmenseigene Kantinen ist aus Vereinfachungsgründen bei der Ermittlung der **Bemessungsgrundlage** von dem Wert auszugehen, der dem amtlichen **Sachbezugswert** nach **der Sozialversicherungsentgeltverordnung** entspricht (Abschn. 1.8 Abs. 11 UStAE i. V. m. R 8.1 Abs. 7 LStR 2015).

Nach der Sozialversicherungsentgeltverordnung beträgt der **Sachbezugswert** von unentgeltlichen oder verbilligten Mahlzeiten für alle Länder **2018** (Bruttowerte):

Art des Sachbezugs	Sachbezugswert 2018		Sachbezugswert 2017	
	monatlich	täglich	monatlich	täglich
Frühstück	52 €	1,73 €	51 €	1,70 €
Mittagessen	97 €	3,23 €	95 €	3,17 €
Abendessen	97 €	3,23 €	95 €	3,17 €
gesamt	246 €	8,20 €	241 €	8,03 €

Die Sachbezugswerte in der Spalte „täglich" werden auf zwei Stellen nach dem Komma gerundet. Die Summe der einzelnen Werte dieser Spalte ergäbe rechnerisch einen Wert von 8,20 Euro. Allerdings ergibt sich der gesamte tägliche Sachbezugswert, indem der monatliche Sachbezugswert durch 30 Tage geteilt wird. Durch Rundung auf die zweite Nachkommastelle ergibt sich somit ein Wert von 8,20 Euro (246 : 30 = 8,20).

C. Umsatzsteuer

BEISPIEL

Wert eines unentgeltlichen Mittagessens	3,23 €
darin enthalten 19/119 Umsatzsteuer	− 0,52 €
Bemessungsgrundlage	**2,71 €**

Im Übrigen wird auf Abschn. 1.8 UStAE und R 8.1 Abs. 7 LStR 2015 hingewiesen.

 Die **buchmäßige** Darstellung der **unentgeltlichen sonstigen Leistungen** erfolgt in der **Buchführung 1**, 30. Auflage 2018.

 1. Wiederholungsfragen 14 und 15 (Seite 310),
2. Fall 8 (Seiten 313 f.)

Zusammenfassung zu 8.2:
Siehe Seite 305.

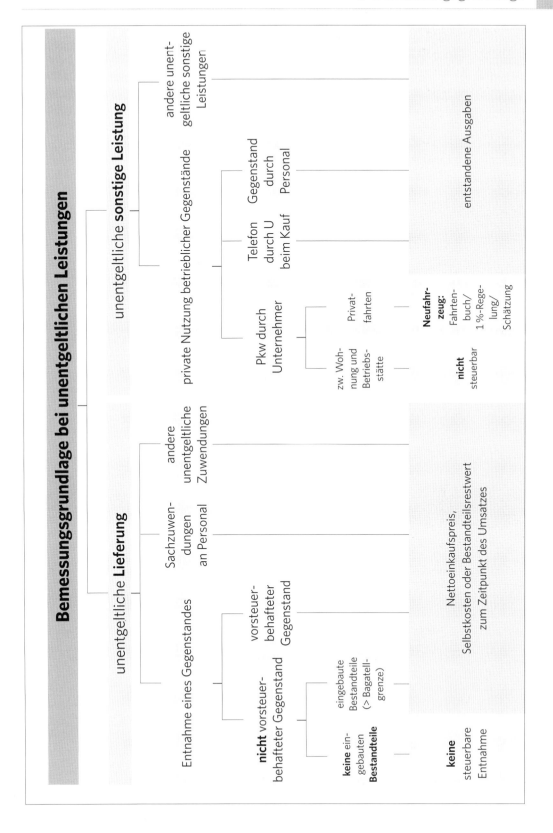

8.3 Mindestbemessungsgrundlagen

Das tatsächliche **Entgelt** ist **nicht Bemessungsgrundlage**, wenn es **geringer** ist als der **objektive Wert** der bewirkten Leistung (verbilligte Überlassung an bestimmte Personen). In diesen Fällen sieht das Gesetz eine **Mindestbemessungsgrundlage** vor.

Die Regelung über die Mindestbemessungsgrundlagen nach § 10 **Abs. 5** hat zum **Ziel**, den **Endverbrauch** möglichst **vollständig und gleichmäßig mit Umsatzsteuer zu belasten**.

In den Fällen der Mindestbemessungsgrundlagen ist stets ein **Entgelt** vorhanden, dass jedoch nach Auffassung des Gesetzgebers **zu niedrig** ist.

Die **Mindestbemessungsgrundlagen** im Sinne des § 10 **Abs. 5** sind zu prüfen bei

1. **Leistungen** von **Vereinigungen an Mitglieder oder diesen nahestehende Personen**,
2. **Leistungen** von **Einzelunternehmern an ihnen nahestehende Personen** und
3. **Leistungen** vom **Unternehmer an sein Personal** (Sachzuwendungen).

Werden **Lieferungen** im Sinne des § 10 Abs. 5 **entgeltlich**, aber **verbilligt** ausgeführt, so ist als Bemessungsgrundlage **mindestens anzusetzen** (§ 10 Abs. 5 i.V.m. § 10 Abs. 4)

1. der **Nettoeinkaufspreis** zuzüglich der Nebenkosten für den Gegenstand oder für einen gleichartigen Gegenstand **zum Zeitpunkt des Umsatzes** (**Wiederbeschaffungskosten**) oder
2. die **Selbstkosten** des Gegenstandes zum **Zeitpunkt des Umsatzes**.

D.h., es wird mindestens der Wert für unentgeltliche Wertabgaben angesetzt.

BEISPIEL

Die **Müller OHG**, Stuttgart, kauft einen Pkw von einem Automobilwerk für **30.000 €** + 5.700 € USt = 35.700 €.
Wenige Tage später verkauft die OHG diesen Pkw an ihren Gesellschafter Müller, Stuttgart, für 23.800 € (**20.000 €** + 3.800 € USt).

Die **Bemessungsgrundlage** für die Berechnung der USt beträgt **30.000 €**, weil der Nettoeinkaufspreis (30.000 €; § 10 Abs. 4 Nr. 1) das berechnete, aber zu niedrige Entgelt (20.000 €; § 10 Abs. 1) übersteigt.

Werden **sonstige Leistungen** im Sinne des § 10 Abs. 5 **entgeltlich**, aber **verbilligt** ausgeführt, so sind für diese Umsätze **mindestens anzusetzen** (§ 10 Abs. 5 i.V.m. § 10 Abs. 4 Nrn. 2 und 3) die entstandenen

Ausgaben.

BEISPIEL

Eine **KG** überlässt einem ihrer Gesellschafter einen firmeneigenen Pkw zur privaten Nutzung. Sie belastet das Privatkonto des Gesellschafters mit **2.400 €**. Der auf die private Nutzung des Pkws entfallende Anteil an den **zum Vorsteuerabzug** berechtigten Ausgaben beträgt jedoch **3.600 €**.

Die **Bemessungsgrundlage** für die Berechnung der Umsatzsteuer beträgt **3.600 €** (Abschn. 10.7 Abs. 1 UStAE).

Entsprechend der Rechtsprechung des EuGH und des BFH gilt als **Obergrenze** der Mindestbemessungsgrundlage das **marktübliche Entgelt**.

Zusammenfassung

> ÜBUNG → 1. Wiederholungsfragen 16 und 17 (Seite 310),
> 2. Fall 9 (Seite 314)

8.4 Bemessungsgrundlage für den innergemeinschaftlichen Erwerb

Bemessungsgrundlage für den **innergemeinschaftlichen Erwerb** nach § 1 Abs. 1 **Nr. 5** ist – wie bei der Lieferung – das **Entgelt** (§ 10 Abs. 1 Satz 1).

Das **Entgelt** lässt sich in der Regel aus der **Rechnung des Lieferers** entnehmen.

BEISPIEL

Der **spanische** Lieferer U, Madrid, stellt dem **deutschen** Unternehmer A, Bonn, für gelieferte Waren folgende Beträge in Rechnung (Auszug):

	Nettowarenwert	10.000 €
+	Frachtkosten	1.500 €
+	Verpackungskosten	500 €
	insgesamt	**12.000 €**

Die **Bemessungsgrundlage für** die Berechnung der deutschen Umsatzsteuer (**Erwerbsteuer**) beträgt **12.000 €**.

Beim innergemeinschaftlichen Erwerb sind (**alle**) **Verbrauchsteuern**, die vom **Erwerber** geschuldet oder entrichtet werden, in die **Bemessungsgrundlage einzubeziehen** (§ 10 Abs. 1 **Satz 4**, Abschn. 10.1 Abs. 6 Satz 3 UStAE).

Diese Abgaben können auch **nicht** als **durchlaufende Posten** im Sinne des § 10 Abs. 1 **Satz 6** behandelt werden (Abschn. 10.1 Abs. 6 Satz 4 UStAE).

Unter diese Regelung fallen **alle Verbrauchsteuern**, also nicht nur diejenigen, die auf verbrauchsteuerpflichtige Waren i.S.d. § 1a Abs. 5 erhoben werden, also nicht nur für Mineralöle, Alkohol und alkoholische Getränke sowie Tabakwaren, sondern **z.B. auch für Kaffee**.

BEISPIEL

Der Gastwirt A, Unternehmer mit USt-IdNr., Mainz, erwirbt von dem französischen Unternehmer U, Unternehmer mit USt-IdNr., Dijon, 20 Kisten Champagner. A verwendet den Champagner ausschließlich in seiner Gaststätte. Das **Entgelt** einschließlich Frachtkosten beträgt **5.000 €**. Außerdem hat A an **Verbrauchsteuer** (Schaumweinsteuer) **400 €** zu entrichten.

Die **Bemessungsgrundlage** für den innergemeinschaftlichen Erwerb beträgt **5.400 €** (5.000 € + 400 €).

ÜBUNG →
1. Wiederholungsfrage 18 (Seite 311),
2. Fall 10 (Seite 314).

8.5 Änderung der Bemessungsgrundlage

Ergeben sich **nachträglich** (in einem späteren Veranlagungszeitraum) **Änderungen der Bemessungsgrundlage**, so hat der **Unternehmer**, der die Umsätze **ausgeführt** hat, den dafür geschuldeten **Umsatzsteuerbetrag** zu berichtigen (§ 17 Abs. 1 Satz 1). Ebenso hat der **Unternehmer**, an den diese Umsätze ausgeführt worden sind, den dafür in Anspruch genommenen **Vorsteuerbetrag** zu berichtigen (§ 17 Abs. 1 Satz 2).
§ 17 bezieht sich demnach auf **zwei Unternehmer**, die ihre Umsätze nach **vereinbarten Entgelten** besteuern (**Sollbesteuerung**) und zum **Vorsteuerabzug** berechtigt sind.

Führt ein **Unternehmer** eine steuerpflichtige Leistung z.B. an einen **Nichtunternehmer** (z.B. Privatmann) aus, so ist **nur der liefernde Unternehmer** verpflichtet, seine **Umsatzsteuerschuld zu berichtigen**.

Die **Änderung der Bemessungsgrundlage** kann in einer Entgelt**erhöhung** oder in einer Entgelt**minderung** bestehen. Die entsprechenden **Berichtigungen** sind für **den** Besteuerungszeitraum vorzunehmen, in dem die **Änderung eingetreten** ist (§ 17 Abs. 1 Satz 7).

Die Berichtigungspflicht ist **bereits** bei der Berechnung der **Vorauszahlungen** zu beachten (§ 18 Abs. 1 **Satz 3**).

Entgelt**erhöhungen** können sich z.B. ergeben durch:

- **Preiszuschläge**,
- weiterberechnete **Spesen** bei einem Diskontkredit.

Weiterberechnete **Verzugszinsen**, **Fälligkeitszinsen** und **Prozesszinsen** sind Schadenersatz und **keine** Entgelt**erhöhungen** (Abschn. 1.3 Abs. 3 **Satz 4** UStAE).
Entgeltminderungen (z.B. aufgrund einer Mängelrüge) führen erst im **Zeitpunkt** ihrer **Rückzahlung** zu einer Minderung der Bemessungsgrundlage (BFH-Urteil vom 18.09.2008, BStBl. 2009 II, S. 250). Der Zeitpunkt der Anspruchsentstehung ist grundsätzlich irrelevant.

8 Bemessungsgrundlage

Entgelt**minderungen** können sich z. B. ergeben durch:

- **Skonti**,
- Boni,
- Rabatte,
- Kaufpreisminderungen bei Mängelrügen,
- **Forderungsausfälle**.

Im Folgenden werden die beiden in der Praxis häufig vorkommenden Fälle der Entgeltminderung „Skontogewährung und Forderungsausfälle" näher erläutert.

8.5.1 Skonti

BEISPIEL

Der **Unternehmer** U, der als Monatszahler seine Umsätze nach vereinbarten Entgelten besteuert (Sollbesteuerung), liefert am 30.08.2018 Waren an den **Unternehmer** A, der ebenfalls Monatszahler ist. Seine Rechnung weist folgende Beträge aus:

	Waren, netto	10.000 €
+	19 % USt	1.900 €
	Rechnungsbetrag	11.900 €

U schuldet als Sollbesteuerer für August 2018 Umsatzsteuer in Höhe von 1.900 €. A kann diesen Betrag als Vorsteuer in Abzug bringen.
Die von U gewährten **Zahlungsbedingungen** lauten:
Zahlbar innerhalb 14 Tagen mit 2 % Skonto **oder** 30 Tagen netto.

A zahlt am 12.09.2018 unter **Abzug von 2 % Skonto**

	Rechnungsbetrag	11.900 €	
−	2 % Skonto	− 238 €	(200 € + 38 € USt)
	Zahlung	11.662 €	

Durch den Skontoabzug ändert sich im September 2018 die Bemessungsgrundlage (Entgeltminderung). U schuldet für September 2018 **38 € weniger Umsatzsteuer**.
A hat die Vorsteuer für September 2018 entsprechend zu berichtigen (zu kürzen).

8.5.2 Forderungsausfälle

Die Pflicht zur Berichtigung der Umsatzsteuer bzw. Vorsteuer nach § 17 Abs. 1 besteht auch dann, wenn das Entgelt für eine Leistung **uneinbringlich** geworden ist (§ 17 Abs. 2 Nr. 1 Satz 1).

BEISPIEL

Der Unternehmer U hat eine **Forderung** aus 2017 an den Kunden A in Höhe von 595 € (500 € + 95 € USt), die unerwartet im Dezember 2018 **uneinbringlich** wird.

Durch den Forderungsausfall ändert sich im Dezember 2018 die Bemessungsgrundlage.
U schuldet für Dezember 2018 **95 €** weniger Umsatzsteuer.

Ist die **Umsatzsteuer berichtigt worden**, weil das Entgelt uneinbringlich geworden ist, und geht **nachträglich** wider Erwarten eine Zahlung auf die bereits berichtigte Forderung **ein**, ist die **Umsatzsteuer/Vorsteuer erneut zu berichtigen** (§ 17 **Abs. 2** Nr. 1 **Satz 2**).

Umsatzsteuerkorrekturen aufgrund **geschätzter Forderungsausfälle** (z.B. im Rahmen von Einzel- und Pauschalwertberichtigungen) sind **unzulässig**.

BEISPIEL

Auf die in **1988** (Steuersatz 14%) voll abgeschriebene Forderung an den Kunden A geht wider Erwarten 2018 ein Betrag von **570 €** (500 € + 70 € USt) auf dem Bankkonto des Unternehmers U ein.

Die **Bemessungsgrundlage** für die Berechnung der USt beträgt **500 €** (570 € : 1,14).

ÜBUNG →
1. Wiederholungsfragen 19 bis 21 (Seite 311),
2. Fälle 11 bis 15 (Seite 315)

8.6 Erfolgskontrolle

WIEDERHOLUNGSFRAGEN

1. Was versteht man unter der umsatzsteuerlichen „Bemessungsgrundlage"?
2. Was ist in der Regel die Bemessungsgrundlage bei entgeltlichen Lieferungen und sonstigen Leistungen?
3. Wie ermitteln Sie das Entgelt, wenn ein Betrag Entgelt und USt enthält?
4. Wie ermitteln Sie die USt, wenn ein Betrag Entgelt und USt enthält?
5. Was ist Entgelt im Sinne des § 10 Abs. 1 Satz 2 UStG?
6. Ist der Kaufpreis, den der Käufer nach § 433 BGB zu zahlen hat, der Brutto- oder Nettopreis?
7. Was versteht man unter durchlaufenden Posten?
8. Gehören durchlaufende Posten zum Entgelt?
9. Was ist die Bemessungsgrundlage für die Entnahme von Gegenständen i.S.d. § 3 Abs. 1b Satz 1 Nr. 1?
10. Was versteht man unter den Wiederbeschaffungskosten?
11. Was versteht man unter „Bestandteile" nach Abschn. 3.3 Abs. 2 Satz 3 UStAE?
12. Was ist die Bemessungsgrundlage für Sachzuwendungen an das Personal i.S.d. § 3 Abs. 1b Satz 1 Nr. 2 UStG?
13. Was ist die Bemessungsgrundlage für andere unentgeltliche Zuwendungen i.S.d. § 3 Abs.1b Satz 1 Nr. 3 UStG?
14. Was ist die Bemessungsgrundlage für unentgeltliche sonstige Leistungen i.S.d. § 3 Abs. 9a Nr. 1 UStG?
15. Was ist die Bemessungsgrundlage für unentgeltliche sonstige Leistungen i.S.d. § 3 Abs. 9a Nr. 2 UStG?
16. Für welche Fälle kommen die Mindestbemessungsgrundlagen nach § 10 Abs. 5 UStG in Betracht?
17. Welche Bemessungsgrundlagen sind mindestens bei entgeltlichen Leistungen im Sinne des § 10 Abs. 5 i.V.m. § 10 Abs. 4 UStG anzusetzen?

18. Was ist die Bemessungsgrundlage für den innergemeinschaftlichen Erwerb?
19. Wodurch können sich Entgelterhöhungen ergeben?
20. Wodurch können sich Entgeltminderungen ergeben?
21. Für welchen Zeitraum sind Berichtigungen vorzunehmen, wenn sich Änderungen der Bemessungsgrundlage ergeben?

FÄLLE

FALL 1

Ermitteln Sie bei den Sachverhalten a) bis f) die umsatzsteuerliche Bemessungsgrundlage. Verwenden Sie Fachbegriffe und erläutern Sie kurz Fallbesonderheiten. Nennen Sie die einschlägigen Rechtsgrundlagen.

Hinweis:

Unterstellen Sie, sofern keine anderen Informationen vorliegen, dass alle Unternehmer die USt-IdNr. ihres Landes verwenden. Beinhaltet ein Fall mehrere umsatzsteuerlich relevante Sachverhalte, ist jeder Sachverhalt gesondert zu beurteilen.

a) Der Unternehmer U, Bonn, verkauft in seinem Geschäft einen Fotoapparat zum Ladenpreis von 321,30 €. Der Umsatz unterliegt dem Steuersatz von 19 %.

b) Der Lebensmittelhändler U, Hannover, hat im Oktober 2018 steuerpflichtige Einnahmen aus Warenverkäufen im Inland von insgesamt 115.940 €.
Davon entfallen auf steuerpflichtige Umsätze

zum Steuersatz von 7 %	90.950 €
zum Steuersatz von 19 %	24.990 €
	115.940 €

c) Der Unternehmer U, Hamburg, überlässt 2018 einem Prokuristen seines Unternehmens ohne besonders berechnetes Entgelt einen zum Unternehmensvermögen gehörenden Pkw mit einer Jahresleistung von 25.000 km für Fahrten zwischen Wohnung und erster Arbeitsstätte und für Privatfahrten. Die gesamten Pkw-Kosten haben netto 11.000 € betragen. Davon sind 1.000 € Kosten, die nicht mit Vorsteuer belastet sind. Der Prokurist nutzt den Pkw lt. ordnungsgemäß geführtem Fahrtenbuch an 200 Tagen jährlich für Fahrten zur 20 km entfernten Arbeitsstätte. Die übrigen Privatfahrten des Prokuristen belaufen sich auf insgesamt 3.500 km.

d) Ein Arbeitnehmer nutzt einen betrieblichen Pkw seines Arbeitgebers U, Erfurt, mit einem Bruttolistenpreis von 20.025 € im Kalenderjahr 2018 an 220 Tagen zu Fahrten zur 30 km entfernten ersten Arbeitsstätte und zu Privatfahrten.

e) Ein betrieblicher Pkw des Unternehmers U, Leipzig, mit einer Jahresleistung von 25.000 km wird von einem Arbeitnehmer lt. ordnungsgemäß geführtem Fahrtenbuch an 200 Tagen jährlich für Fahrten zur 30 km entfernten ersten Arbeitsstätte genutzt. Die übrigen Privatfahrten des Arbeitnehmers belaufen sich auf 4.500 km. Die gesamten Kfz-Kosten haben netto 11.250 € betragen.

f) Der selbständige Vermessungsingenieur U, Bonn, ist von A mit der Gebäudeabsteckung und der späteren Einmessung des in Koblenz gelegenen Gebäudes beauftragt worden. In 2018 führt U die Absteckungsarbeiten durch, die dem allgemeinen Steuersatz von 19 % unterliegen. Beim Katasteramt hat U Gebühren zur Abrufung von Grundbuchdaten in Höhe von 89,25 € gezahlt, die er in seiner Rechnung an A ordnungsgemäß als Einzelposition in gleicher Höhe ausweist. Der Rechnungs-Endbetrag ist 1.433,21 €.

C. Umsatzsteuer

FALL 2

Der Elektrohändler U, Karlsruhe, hat im August 2018 fünf TV-Geräte zum Preis von je 350 € netto eingekauft. Der Ladenverkaufspreis dieser Geräte beträgt 654,50 €. Der Hersteller der TV-Geräte hat zum 01.10.2018 seine Preise für diese Geräte um 8 % gesenkt.

a) U verkauft am 08.11.2018 ein TV-Gerät an einen guten Kunden und nimmt einen gebrauchten CD-Player für 154,50 € (gemeiner Wert) in Zahlung. Der Kunde zahlt noch 500 € bar.

b) Am 10.12.2018 schenkt U seiner Tochter anlässlich der bestandenen Führerscheinprüfung ein TV-Gerät.

c) Am 20.12.2018 verkauft U einem Mitarbeiter ein TV-Gerät für 320 €.

d) U schenkt am 20.12.2018 einem Geschäftsfreund zu dessen Firmenjubiläum ein TV-Gerät.

e) Am 20.12.2018 wird das fünfte TV-Gerät gestohlen. Die Versicherung zahlt am 27.12.2018 hierfür 315 €.

Ermitteln Sie die umsatzsteuerliche Bemessungsgrundlage für die Sachverhalte a) bis e).

FALL 3

Die Eheleute U betreiben in Köln eine Gastwirtschaft. In der Gastwirtschaft werden kalte und warme Speisen abgegeben. Zum Haushalt der Eheleute gehören eine 5-jährige Tochter und ein 15-jähriger Sohn. Die Steuerpflichtigen bewerten ihre Sachentnahmen nach den amtlichen Pauschbeträgen.

Ermitteln Sie die umsatzsteuerliche Bemessungsgrundlage für 2018.

FALL 4

Der Unternehmer U, Köln, erwarb am 01.07.2016 aus privater Hand einen gebrauchten Pkw für 10.000 € und ordnete ihn zulässigerweise seinem Unternehmen zu.
Am 10.03.2017 ließ er eine Klimaanlage für 2.500 € + 475 € USt = 2.975 € nachträglich einbauen. Am 07.08.2017 ließ er an seinem Pkw die Windschutzscheibe für 500 € + 95 € USt = 595 € erneuern.
Am 01.03.2018 entnimmt U den Pkw aus seinem Unternehmen für private Zwecke.
Der Restwert im Zeitpunkt der Entnahme beträgt für die Klimaanlage 1.500 € und für die Windschutzscheibe 50 €.

Unterliegt die Entnahme der Umsatzsteuer? Begründen Sie Ihre Antwort.

FALL 5

Sachverhalt wie im Fall 4 mit dem Unterschied, dass der Unternehmer in 2018 eine Inspektion für netto 370 €, eine Wagenwäsche für netto 30 € sowie die Erneuerung von Kupplung und Bremsbelägen für netto 800 € durchführen lässt.

Unterliegt die Entnahme der Umsatzsteuer? Begründen Sie Ihre Antwort.

8 Bemessungsgrundlage

FALL 6

Elektrohändler U, Bremen, schenkt im August 2018 einem angestellten Mitarbeiter einen PC vom Lager. Die Anschaffungskosten des PCs haben 1.000 € netto betragen. Die Wiederbeschaffungskosten des PCs betragen im Zeitpunkt des Umsatzes 900 €.
Ermitteln Sie die umsatzsteuerliche Bemessungsgrundlage.

FALL 7

Der Unternehmer U, Koblenz, spendet im Mai 2018 dem Post-Sportverein Koblenz e.V., Koblenz, 200 Tennisbälle. U hat die Tennisbälle im April 2018 für 500 € + 95 € USt = 595 € gekauft und die ihm in Rechnung gestellte Umsatzsteuer von 95 € als Vorsteuer abgezogen.
Unterliegt die Sachspende an den Verein der Umsatzsteuer? Begründen Sie Ihre Antwort.

FALL 8

Ermitteln Sie bei den Sachverhalten a) bis h) die umsatzsteuerliche Bemessungsgrundlage.

a) Der Unternehmer U, Berlin, verwendet seinen betrieblichen Pkw, den er von einem Privatmann erworben hat, lt. Fahrtenbuch zu 30 % für private Zwecke. Im September 2018 sind für den Pkw (Anschaffung Januar 2018) folgende Netto-Kosten angefallen:

Absetzung für Abnutzung (gem. § 15a)	500 €
Kfz-Versicherung (Haftpflicht)	100 €
Kfz-Versicherung (Vollkasko)	160 €
Kfz-Steuer	60 €
Benzin und Öl	300 €
Reparatur	400 €

b) Malermeister U, Bonn, benutzt den betrieblichen Pkw, den er als Vorführwagen von einem Kfz-Händler im Januar 2018 erworben hat, auch privat. 2018 sind folgende Netto-Kosten für den Pkw angefallen:

Benzin	1.500 €
Kfz-Steuer und Kfz-Versicherung	2.000 €
Absetzung für Abnutzung (gem. § 15a)	3.300 €
Garagenmiete, für die der Vermieter nach § 9 optiert hat	200 €

Lt. Fahrtenbuch wurden mit dem Pkw insgesamt 40.000 km gefahren. Auf die Privatfahrten entfielen 4.000 km, davon 2.000 km auf Fahrten im Ausland.

c) Zum Betriebsvermögen des selbständigen Steuerberaters U, Mainz, gehört ein Pkw, der im gesamten Kalenderjahr 2018 auch für private Zwecke genutzt wird. U hat den Pkw im Januar 2018 für 25.380 € + 4.822,20 € USt = 30.202,20 € erworben. Der Pkw wird zu mehr als 50 % betrieblich genutzt. Der Listenpreis i.S.d. § 6 Abs. 1 Nr. 4 EStG hat im Zeitpunkt der Erstzulassung einschließlich Schiebedach betragen:

Listenpreis A 4 einschl. Schiebedach netto	35.750,00 €
− Rabatt	− 5.000,00 €
= Endpreis netto	30.750,00 €
+ 19 % USt	5.842,50 €
= Endpreis brutto	36.592,50 €

Der Pkw hat am 31.12.2018 einen Buchwert von 23.190 €.

C. Umsatzsteuer

d) Unternehmer Müller aus Fürth nutzt seinen betrieblichen Pkw auch für private Zwecke. Herr Müller ermittelt den privaten Nutzungsanteil mithilfe der Fahrtenbuchmethode. Das Fahrzeug hatte er im Januar 2018 als Neuwagen bei Kfz-Händler Steger aus Nürnberg erworben. Die gesamte Jahresleistung 2018 beträgt 32.000 km. Die allgemeinen Privatfahrten (Urlaub, Einkauf usw.) betragen 12.800 km. Außerdem ist Herr Müller in 2018 an 250 Tagen von seiner Wohnung zur 18 km entfernten Betriebsstätte (einfache Strecke) gefahren. Die ursprünglichen Anschaffungskosten des Fahrzeugs betrugen 40.000 €, der ursprüngliche Nettolistenpreis 48.024 €. Die betriebsgewöhnliche Nutzungsdauer des Pkws beträgt laut amtlicher AfA-Tabelle 6 Jahre. An Kfz-Kosten sind 2018 angefallen (alles „Nettowerte"):

Benzin	2.700 €
Kfz-Steuer	500 €
Reparatur	3.500 €
Kfz-Versicherung	900 €

e) Sachverhalt wie zu d) mit dem Unterschied, dass Unternehmer Müller den privaten Nutzungsanteil mithilfe der 1 %-Methode ermittelt.

f) Sachverhalt wie zu d) mit dem Unterschied, dass die Angestellte Renate Tanski diesen Pkw privat nutzt und die Fahrtenbuchmethode anwendet.

g) Sachverhalt wie zu d) mit dem Unterschied, dass die Angestellte Renate Tanski diesen Pkw privat nutzt und die 1 %-Methode anwendet.

h) Der selbständige Malermeister U, der zum Vorsteuerabzug berechtigt ist, lässt von Arbeitnehmern seines Betriebes sämtliche Malerarbeiten in seinem neuen, selbstgenutzten Einfamilienhaus in Wiesbaden ausführen. Die Arbeitslöhne und die Lohnnebenkosten hierfür betragen 5.000 €. Außerdem verwendet er für 2.000 € netto Material, das er seinem Lager entnommen hat.

FALL 9

Kfz-Zubehörhändler Unger, Oldenburg, verkauft einem Mitarbeiter ein Zubehörteil für brutto 5 €. Herr Unger verkauft dieses Zubehörteil in seinem Laden für brutto 16 €. Der ursprüngliche Nettoeinkaufspreis betrug vor 6 Monaten 7 €. Mittlerweile kostet dieses Teil im Einkauf netto 5 €.

Ermitteln Sie die umsatzsteuerliche Bemessungsgrundlage.

FALL 10

Der Unternehmer A, Düsseldorf, erwirbt von dem französischen Unternehmer U, Paris, eine Maschine für ein Entgelt von 8.000 €. U lässt die Maschine mit der Bahn von Frankreich nach Deutschland befördern. Die Frachtkosten, die A zusätzlich in Rechnung gestellt werden, betragen 600 € netto.

Ermitteln Sie die umsatzsteuerliche Bemessungsgrundlage.

FALL 11

Der Schreinermeister U, München, hat am 07.08.2018 an A einen Stuhl für 89,25 € einschließlich 19 % USt geliefert. U räumt A die Möglichkeit des Skontoabzugs in Höhe von 2 % bei Zahlung innerhalb von 14 Tagen ein. A zahlt den Rechnungsbetrag rechtzeitig und zieht 2 % Skonto ab.
Ermitteln Sie die endgültige umsatzsteuerliche Bemessungsgrundlage.

FALL 12

Der Schlossermeister U, Nürnberg, liefert A im August 2018 eine Maschine zum Preis von 10.000 € zuzüglich 1.900 € Umsatzsteuer. A erhält nachträglich noch einen Rabatt von 10 % und 2 % Skonto. A zahlt den Restbetrag per Scheck.
Ermitteln Sie die endgültige umsatzsteuerliche Bemessungsgrundlage.

FALL 13

Der Schlossermeister U, Nürnberg, liefert mit beiliegender Rechnung im November 2017 eine Maschine zum Preis von netto 15.750 € an Unternehmer A. Dieser zahlt den kompletten Rechnungsbetrag im Dezember 2017.

Im Januar 2018 stellt A fest, dass die Maschinenlackierung bereits abblättert. A bietet U unverzüglich an, die Maschine mit dem versteckten Mangel zu akzeptieren, wenn U einen Preisnachlass in Höhe von brutto 892,50 € gewährt. U sendet A noch im Januar 2018 eine „kaufmännische Gutschriftsanzeige" in Höhe von brutto 892,50 € zu. Die entsprechende Banküberweisung von U an A erfolgt im Februar 2018. Die Kontoauszüge des U sowie des A belegen die Zahlungsflüsse zu den im Sachverhalt angegebenen Zeiten.

a) Ermitteln Sie die endgültige umsatzsteuerliche Bemessungsgrundlage.
b) Unterstellen Sie, dass U und A ihre Umsatzsteuervoranmeldungen monatlich abgeben (§ 18 Abs. 2 Satz 2 UStG) und nach vereinbarten Entgelten besteuert werden (Sollbesteuerung gem. § 13 Abs. 1 Nr. 1 Buchstabe a UStG). In welchen Umsatzsteuervoranmeldungen müssen U und A die beiden Sachverhalte „Maschinenlieferung" und „Preisnachlass" angeben?
Beschreiben Sie kurz die Wirkung der beiden Sachverhalte auf die jeweilige Umsatzsteuerzahllast des entsprechenden Umsatzsteuervoranmeldungszeitraums.

FALL 14

Der Baustoffhändler U, Heidelberg, hat eine Forderung an den Kunden A in Höhe von 9.163 € (7.700 € + 1.463 € USt). In 2018 geht auf diese Forderung ein Betrag von 2.737 € ein. Der Rest dieser Forderung ist verloren.
Um welchen Betrag muss die umsatzsteuerliche Bemessungsgrundlage berichtigt werden?

FALL 15

Der Pelzhändler Peter Reichel, Koblenz, hat eine Forderung an den Kunden Säumig in Höhe von 10.710 € einschl. 19 % USt, fällig am 01.10.2018. Reichel stellt am 30.11.2018 dem Kunden Säumig 6 % Verzugszinsen für 60 Tage in Rechnung.
Wie hoch ist das gesamte steuerpflichtige Entgelt?

Weitere Fälle mit Lösungen zur Bemessungsgrundlage finden Sie im **Lösungsbuch** der Steuerlehre 1.

Zusammenfassende Erfolgskontrolle zum 1. bis 8. Kapitel

Prüfen Sie, ob folgende Umsätze für den Unternehmer Kurt Kurz für den Monat Oktober 2018 im Inland **nicht steuerbar**, **steuerbar**, **steuerfrei** oder **steuerpflichtig** sind. Verwenden Sie dabei die Lösungstabelle von Seite 218.

Der Groß- und Einzelhändler Kurt Kurz führt ein Ladengeschäft für Unterhaltungselektronik und Haushaltsgeräte in einem eigenen Gebäude in Dachau. Er beliefert neben Endverbrauchern aus dem Dachauer Umland auch verschiedene Einzelhändler und Privatpersonen im In- und Ausland.

Kurt Kurz ist Eigentümer eines mehrstöckigen Gebäudes in München. Seine Umsätze unterliegen dem Regelsteuersatz nach § 12 UStG.

Er versteuert nach vereinbarten Entgelten und ist Monatszahler. Soweit möglich, verzichtet er bei den Umsätzen aus dem Grundstück auf die Steuerbefreiung. Kurt Kurz verfügt über eine USt-IdNr. Alle erforderlichen Bescheinigungen und Nachweise werden als gegeben betrachtet. Es liegen Nettobeträge vor, sofern nichts anderes angegeben ist.

Die folgenden Angaben macht Kurt Kurz für den Monat Oktober 2018:

1. Umsatzerlöse aus dem Verkauf an Kunden im Inland 448.700 €
2. Kurz versendet verschiedene Unterhaltungselektronikartikel an einen österreichischen Unternehmer mit gültiger USt-IdNr. für 14.450 €.
3. Kurz schenkt seiner Tochter Karin zum 16. Geburtstag eine Mini-Stereo-Anlage zum vormaligen Einkaufspreis von 200 €. Zum Entnahmezeitpunkt war der Einkaufspreis um 20 % gestiegen. Der Ladenverkaufspreis des Artikels liegt bei 299 €.
4. Ein vermögender Kunde in der Schweiz bekommt eine High-End-Dolby-Digital-Anlage nach Zürich für 11.150 € durch die Post geliefert.
5. Eine Mitarbeiterin erhält anlässlich ihres 20-jährigen Arbeitsjubiläums einen tragbaren MP3-Player aus einer aktuellen Lieferung. Der Einkaufspreis beträgt 60 €. Der Verkaufspreis an den Endverbraucher beträgt 99 €.
6. An eine Privatperson in Meran (Italien) werden verschiedene Haushaltsgeräte im Wert von 2.400 € versandt. Die maßgebliche italienische Lieferschwelle wurde nicht überschritten. Kurz hat auch nicht optiert.
7. Der 14-jährige Sohn von Kurt Kurz erhält einen bisher betrieblich genutzten PC geschenkt. Der Buchwert des Gerätes beträgt zu diesem Zeitpunkt 250 €. Der Anschaffungspreis betrug ursprünglich 1.600 €. Die aktuellen Wiederbeschaffungskosten für diesen PC liegen bei 450 €.
8. Aufgrund einer Mängelrüge eines Kunden nimmt der Unternehmer ein im September geliefertes Fernsehgerät zurück und erstattet den bereits im September vereinnahmten kompletten Verkaufspreis (Nettoverkaufspreis: 900 €).
9. Die Versicherung überweist wegen eines Wasserschadens im Warenlager 15.800 €.
10. Kurz bezieht von einem niederländischen Elektrogroßhändler Unterhaltungselektronikartikel im reinen Warenwert von 22.000 €. Eine ordnungsgemäße Rechnung des niederländischen Lieferanten liegt vor.
11. Kurz erhält vom Insolvenzverwalter eines Kunden die Nachricht, dass seine Forderung (19 % USt) aus dem Vorjahr in Höhe von 4.165 € komplett ausfällt.

12. Kurz nutzt sein Gebäude in Dachau als eigenes Ladenlokal sowie als eigene Bürofläche. Das Gebäude hat er im Jahr 2010 selbst errichtet (Bauantrag und Fertigstellung 2010). Durch die Nutzung sind im Voranmeldezeitraum Ausgaben, die zum Vorsteuerabzug berechtigen, in Höhe von 1.800 € entstanden. Ein Nutzungsentgelt wird hierfür nicht entrichtet.

13. Das viergeschossige Wohngebäude in München (Fertigstellung: Juni 2017), das insgesamt dem Unternehmensvermögen zugeordnet ist und für das – soweit möglich – der Vorsteuerabzug in Anspruch genommen wurde, wird wie folgt genutzt:
    - EG ist vermietet an einen Schreibwarenladen. Mieteinnahmen monatlich 2.261 € (Bankgutschrift)
    - 1. OG ist vermietet an einen Warenmakler. Mieteinnahme monatlich 1.725,50 € (Bankgutschrift)
    - 2. OG ist vermietet an einen Augenarzt. Mieteinnahme monatlich 1.740 € (Bankgutschrift)
    - 3. OG wird von Kurt Kurz als Wohnung selbst genutzt. Die anteiligen Ausgaben i.S.d. § 10 Abs. 4 Nr. 2 betragen für diese Wohnung monatlich 1.200 €.

9 Steuersätze

Durch die Anwendung des **Steuersatzes** auf die **Bemessungsgrundlage** ergibt sich die **Umsatzsteuer** (Traglast).

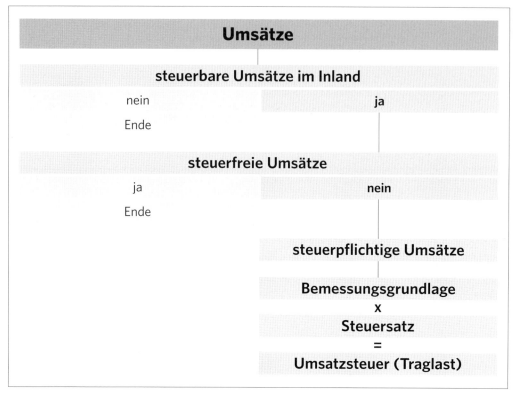

Das Umsatzsteuergesetz unterscheidet folgende Steuersätze:

- den **allgemeinen** Steuersatz (§ 12 Abs. 1 UStG),
- den **ermäßigten** Steuersatz (§ 12 Abs. 2 UStG) und
- die **Durchschnittssätze** (§ 24 Abs. 1 UStG).

> S 1 Die **Durchschnittssätze** werden im Kapitel 15 „Besteuerung nach Durchschnittssätzen", Seiten 393 ff., dargestellt und erläutert.

9.1 Allgemeiner Steuersatz

Seit dem 01.01.2007 beträgt der **allgemeine Steuersatz 19 %** der Bemessungsgrundlage (§ 12 **Abs. 1** UStG).
Bis zum 31.12.2006 betrug der allgemeine Steuersatz 16 % (Abschn. 12.1 Abs. 1 UStAE).
Der **allgemeine Steuersatz** ist auf alle **steuerpflichtigen Umsätze** anzuwenden, auf die der **ermäßigte Steuersatz** oder die **Durchschnittssätze nicht** anzuwenden sind.

Der selbständige Schlossermeister U, Köln, liefert am 14.08.2018 eine Maschine zum Preis von **netto 10.000 €** zuzüglich Umsatzsteuer.

Da die Lieferung der Maschine **nicht** dem **ermäßigten Steuersatz** oder einem **Durchschnittssatz** unterliegt, ist der **allgemeine** Steuersatz von **19 %** anzuwenden.

Umsatzart nach § 1 i.V.m. § 3 UStG	**nicht** steuerbare Umsätze im Inland	**steuerbare** Umsätze im Inland	**steuerfreie** Umsätze im Inland § 4 UStG	**steuerpflichtige** Umsätze im Inland	
	€	€	€	€ (19 %)	€ (7 %)
Lieferung	—	10.000	—	10.000	—

U hat die steuerpflichtige Lieferung in seiner Umsatzsteuer-Voranmeldung 2018 in Zeile 26 (Kennzahl 81) einzutragen und die USt selbst zu berechnen:

	Steuerpflichtige Umsätze	KZ			
26	zum Steuersatz von 19 %	81	10.000	—	1.900, 00

9.2 Ermäßigter Steuersatz

Der **ermäßigte Steuersatz** beträgt seit dem 01.07.1983 unverändert **7 %** der Bemessungsgrundlage (§ 12 **Abs. 2**).

Die Umsätze, die dem **ermäßigten Steuersatz** unterliegen, sind in § 12 **Abs. 2** erschöpfend aufgezählt. Daneben sind in der **Anlage 2** zum UStG die von § 12 Abs. 2 Nr. 1 und Nr. 2 **betroffenen Gegenstände** aufgeführt.

Der **ermäßigte Steuersatz** gilt grundsätzlich für das **gesamte Entgelt** einer Leistung. Dazu gehören **auch Entgelte für unselbständige Nebenleistungen**, da sie das Schicksal der Hauptleistung teilen (z.B. Frachtkosten, Verpackungskosten).

> Die Beurteilung einheitlicher Leistungen und die Konsequenzen auf den anwendbaren Steuersatz wurden im Abschnitt 2.1.3, Seiten 146 f., dargestellt.

Im Folgenden werden nur einige wichtige, dem ermäßigten Steuersatz unterliegende Umsätze mit Gegenständen der Anlage erläutert.

9.2.1 Gegenstände der Anlage 2 zum UStG

Der **ermäßigte Steuersatz** gilt für die Lieferungen, die Einfuhr und den innergemeinschaftlichen Erwerb der in **Anlage 2** bezeichneten Gegenstände, mit **Ausnahme** der in Nr. 49 Buchstabe f, den Nrn. 53 (**Kunstgegenstände**) und 54 (**Sammlungsstücke**) bezeichneten Gegenstände. Dazu gehören z.B.

- **Lebensmittel und bestimmte Getränke**,
- **Waren des Buchhandels** und
- **bestimmte Erzeugnisse des grafischen Gewerbes**.

Von den in der **Anlage 2** bezeichneten **Gegenständen** haben **Lebensmittel** und **bestimmte Getränke** in umsatzsteuerlicher Hinsicht eine **große praktische Bedeutung**.

Zu den **Lebensmitteln** gehören **alle Nahrungsmittel**, **ausgenommen** Kaviar, Langusten, Hummer, Austern, Schnecken sowie Zubereitungen aus diesen Waren.

C. Umsatzsteuer

Die **bestimmten Getränke**, die dem ermäßigten Steuersatz unterliegen, sind **Wasser** (z.B. das an die einzelnen Haushalte gelieferte Trinkwasser/Leitungswasser), **Milch und Milchmischgetränke** mit einem Anteil an Milch von mindestens 75 % des Fertigerzeugnisses (Nrn. 4, 34 und 35 der **Anlage 2**).

<u>Nicht</u> **als Wasser** im Sinne der Anlage zum UStG gelten **Trinkwasser in den für Verbraucher bestimmten Fertigpackungen**, **Heilwasser und Wasserdampf** (Nr. 34 der **Anlage 2**).

Ebenso unterliegen alle übrigen Getränke, wie z.B. **Bier**, **Wein**, **Spirituosen** und **Fruchtsäfte**, **dem allgemeinen Steuersatz**.

BEISPIELE

Der Lebensmittelhändler U, Kiel, verkauft 2018 an den Lebensmitteleinzelhändler A 100 kg Mehl für 45 € netto.

Die **Lieferung** des Mehls unterliegt nach **Nr. 15 der Anlage 2** dem **ermäßigten Steuersatz**.

Umsatzart nach § 1 i.V.m. § 3 UStG	nicht steuerbare Umsätze im Inland €	steuerbare Umsätze im Inland €	steuerfreie Umsätze im Inland § 4 UStG €	steuerpflichtige Umsätze im Inland	
				€ (19 %)	€ (7 %)
Lieferung	—	45	—	—	45

U hat den **steuerpflichtigen Umsatz** in seiner **Umsatzsteuer-Voranmeldung 2018** in **Zeile 27** (**Kennzahl 86**) einzutragen und die **USt** selbst zu berechnen:

	Steuerpflichtige Umsätze	Kz				
27	zum Steuersatz von 7 %	86	45	—	3,	15

Im Bereich der Abgaben von Speisen und Getränken zum **Verzehr an Ort und Stelle** richtet sich die Abgrenzung zwischen **Lieferungen** und **sonstigen Leistungen** nach den allgemeinen umsatzsteuerrechtlichen **Grundsätzen**:

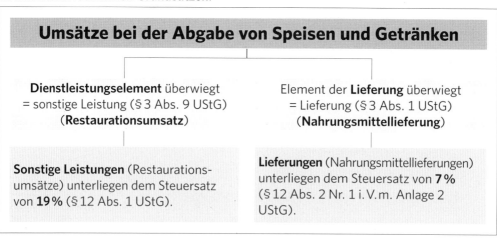

| S | 1 | Einzelheiten zum **Verzehr an Ort und Stelle** erfolgten bereits im Abschnitt 2.1.2 „Sonstige Leistungen", Seiten 144 f. |

Insbesondere bei **Partyservice-Betrieben** hat die kritische Überprüfung der Dienstleistungselemente große Bedeutung. Laut EuGH- und BFH-Rechtsprechung überwiegen bei derartigen Betrieben grundsätzlich die Dienstleistungselemente (vgl. z. B. BFH-Urteil vom 23.11.2011 XI R 6/08, BFH/NV 2012 S. 531).

Eine **Ausnahme** hiervon bildet die reine **Lieferung von Standardspeisen** (z. B. Steaks, Grillwürste etc.) ohne sonstiges Leistungsspektrum.

Ein komplettes **Buffet** für z. B. 70 Personen **mit aufeinander abgestimmten Speisen** stellt hingegen **keine 7 %-Lieferung von Standardspeisen** dar und ist somit als sonstige Leistung (19 %) zu qualifizieren. Derart individualisierte Leistungen beinhalten hohe Dienstleistungselemente (z. B. besonderer Sachverstand, großer Arbeitsaufwand), die dem gesamten Leistungsaustausch das Gepräge geben.

Die dargestellten Grundsätze gelten auch für **unentgeltliche Wertabgaben**. Ist der Verzehr durch den Unternehmer selbst als **sonstige Leistung** anzusehen, liegt eine unentgeltliche Wertabgabe nach § 3 Abs. 9a Nr. 2 vor, die dem **allgemeinen Steuersatz** unterliegt (BMF-Schreiben vom 16.10.2008, BStBl 2008 I, S. 949 ff.; Abschn. 3.6 UStAE).

Da die Steuerermäßigungen des § 12 Abs. 2 Nr. 1 auf die **Lieferung**, die **Einfuhr** und den **innergemeinschaftlichen Erwerb** der in der **Anlage 2** zu § 12 bezeichneten Gegenstände **beschränkt** sind, folgt aus der Zuordnung der Restaurationsumsätze zu den **sonstigen Leistungen**, dass die Abgabe von Speisen und Getränken als Restaurationsumsätze dem **allgemeinen Steuersatz** unterliegen.

BEISPIELE

a) Der Gastwirt U, München, verkauft entgeltlich Speisen der Anlage 2 in seiner Gaststätte. Die Abgaben der Speisen sind als Restaurationsumsätze **sonstige Leistungen** i. S. d. § 3 Abs. 9, die dem **allgemeinen** Steuersatz von 19 % unterliegen.

b) Der Gastwirt U, Nürnberg, liefert anlässlich eines Geburtstags entgeltlich Speisen der Anlage 2 als Standardspeisen zum **Verzehr außer Haus.** U erbringt keine weiteren Nebenleistungen.
Die Abgabe der Speisen **außer Haus** stellt hier eine **Lieferung** i. S. d. § 3 Abs. 1 dar, die dem **ermäßigten** Steuersatz von 7 % unterliegt (§ 12 Abs. 1 Nr. 1 UStG). U erbringt keine über die eigentliche Speisenherstellung und Speisenlieferung hinausgehenden Dienstleistungselemente.

c) Der Gastwirt U, Stuttgart, **isst in seiner Gaststätte** regelmäßig zu Mittag. Die Abgaben der Speisen sind als Restaurationsumsätze **sonstige Leistungen** i. S. d. § 3 Abs. 9a Nr. 2, die dem **allgemeinen** Steuersatz von 19 % unterliegen.

Für die **Entnahme eines Gegenstandes** i. S. d. § 3 Abs. 1b – z. B. Entnahme von Nahrungsmitteln durch einen Gastwirt zum Verzehr in einer von der Gaststätte **getrennten** Wohnung – kann die **Steuerermäßigung** weiterhin in Betracht kommen (Abschn. 3.6 UStAE).

Die Lieferung und Vermietung von **Hörbüchern** unterliegen seit dem 01.01.2015 nicht mehr dem allgemeinen, sondern dem **ermäßigten Steuersatz** (Anlage 2 zum UStG, Nr. 50). Im BMF-Schreiben vom 01.12.2014 werden Hörbücher näher definiert und **von Hörspielen abgegrenzt**. Maßgeblich ist insbesondere die Übertragung bzw. die Vermietung eines **körperlichen Gegenstandes** (z. B. CD-ROM). **Nicht** begünstigt sind auf elektronischem Wege erbrachte Leistungen, wie z. B. das **Herunterladen aus dem Internet**.

C. Umsatzsteuer

Die Lieferung von sogenannten **Fotobüchern** unterliegt **ab 01.01.2017 nicht** mehr dem ermäßigten Steuersatz, sondern dem allgemeinen Steuersatz (BMF-Schreiben vom 20.04.2016, abrufbar unter www.bmfschreiben.de).

ÜBUNG →	1. Wiederholungsfragen 1 bis 8 (Seite 325), 2. Fälle 1 bis 4 (Seiten 325 f.)

9.2.2 Personenbeförderungsverkehr

Die **Beförderung von Personen** ist unter bestimmten **Voraussetzungen** ebenfalls mit dem **ermäßigten Steuersatz** zu versteuern (§ 12 Abs. 2 **Nr. 10** i.V.m. § 28 **Abs. 4**).

Eine **Voraussetzung** für die Anwendung des **ermäßigten** Steuersatzes ist, dass die Personenbeförderung mit **begünstigten Beförderungsmitteln** erfolgt.

Begünstigte Beförderungsmittel sind

- **Schienenbahnen** (z.B. Bahn AG),
- **Oberleitungsomnibusse**,
- **Linienverkehr mit Kraftfahrzeugen**,
- **Taxen**,
- **Drahtseilbahnen und sonstige Aufstiegshilfen aller Art**,
- **Schiffe** (bis 31.12.2011),*
- **Fähren**.

* Hinsichtlich des **Linienverkehrs mit Schiffen** gelten die Regelungen in Abschn. 12.13 Abs. 4 UStAE sinngemäß (BMF-Schreiben vom 22.01.2013, BStBl 2013 I, S. 178), vgl. hierzu die Absätze 10a + 10b.

Nichtbegünstigte Beförderungsmittel sind

- **Bergbahnen** (auch Seil- und Seilschwebebahnen),
- **Mietomnibusse und Mietwagen**,
- **Ausflugsfahrten und Ferienzielreisen**,
- **Luftfahrzeuge**.

Beförderungen von Personen mit **begünstigten** Beförderungsmitteln unterliegen nach § 12 Abs. 2 Nr. 10 UStG dem **ermäßigten** Steuersatz, **wenn** die Beförderung

a)	entweder **innerhalb einer Gemeinde** (ohne Rücksicht auf die Länge der Beförderungsstrecke) durchgeführt wird **oder**
b)	die Beförderungsstrecke (zwischen verschiedenen Gemeinden) **nicht mehr als 50 km** beträgt.

Unter einer **Gemeinde** ist die **politische Gemeinde** zu verstehen (Abschn. 12.14 Abs. 1 UStAE).

Für zonenorientierte Fahrausweise der Deutschen Bahn AG gelten folgende **Entfernungszonen**:

Zone 1 bis 16	=	1 bis 50 km	=	7 %
Zone 17 bis 23	=	51 bis 100 km	=	19 %

BEISPIELE

a) Der **Taxiunternehmer** U befördert einen Fahrgast **innerhalb der Stadt Berlin** zum Preis von 33 €. Die gesamte Beförderungsstrecke beträgt **60 km**.
Die Personenbeförderung wird mit einem **begünstigten** Beförderungsmittel (**Taxi**) **und innerhalb einer Gemeinde** (Berlin) durchgeführt. Die Personenbeförderung unterliegt dem **ermäßigten** Steuersatz von 7 %. Das Entgelt beträgt 30,84 € (33 € : 1,07). Die Steuer beträgt 2,06 € (30,84 € x 0,07).

b) Die Bahn AG befördert den Kunden A für 4,80 € von Koblenz nach Neuwied (Rhein). Auf der Fahrkarte ist die **Zone 5 bis 6** (11 – 15 km) ausgewiesen.
Da die Personenbeförderung mit einem **begünstigten Beförderungsmittel** (Bahn AG) durchgeführt wird **und** die Beförderungsstrecke **nicht mehr als 50 km** beträgt, unterliegt die Beförderung dem **ermäßigten** Steuersatz von 7 %. Das Entgelt beträgt 4,49 € (4,80 € : 1,07). Die Steuer beträgt 0,31 € (4,49 € x 0,07).

Wird ein **Fahrausweis** ausgegeben, der zur **Hin- und Rückfahrt** berechtigt, liegen **zwei getrennte Beförderungsstrecken** vor (Abschn. 12.14 Abs. 3 Satz 6 UStAE).

BEISPIEL

Marion Mertin kauft eine Fahrkarte der Deutschen Bahn AG von Remagen nach Reinerath und zurück. Die gesamte Fahrstrecke beträgt **98 km**.

Es liegen **zwei** getrennte **Beförderungsstrecken** von je 49 km vor. Da die Personenbeförderung mit einem **begünstigten Beförderungsmittel** durchgeführt wird **und** die Beförderungsstrecke **nicht mehr als 50 km** beträgt, unterliegt sie dem **ermäßigten** Steuersatz.

Der **ermäßigte Steuersatz** erstreckt sich **auch** auf die **Nebenleistungen** zu einer **begünstigten Hauptleistung** (Abschn. 12.13 **Abs. 11** UStAE).

Fahrpreiszuschläge (z.B. für Zuschlagkarten, Platzkarten, Liegekarten usw.) sind **Entgeltteile** der Beförderungsleistung und teilen deren umsatzsteuerliches Schicksal.

Mit Schreiben vom 02.06.2016 hat das Bundesfinanzministerium erklärt, dass entgegen der bisherigen Verwaltungsauffassung auch ein **Mietwagenunternehmer Krankentransporte** (zu ermäßigtem Steuersatz) durchführen darf, auch, wenn er hierfür keine besonders eingerichteten Fahrzeuge vorhält. Wenn alle übrigen Voraussetzungen (z.B. Sondervereinbarung mit Krankenkassen) vorliegen, ist die Steuerermäßigung ausnahmsweise möglich.

9.2.3 Hotelgewerbe und Campingplätze

Folgende Leistungen unterliegen nach § 12 Abs. 2 **Nr. 11** UStG dem **ermäßigten Steuersatz von 7 %**:

- die Vermietung von Wohn- und Schlafräumen, die ein Unternehmer zur **kurzfristigen** Beherbergung von Fremden bereithält (**Hotelgewerbe**), sowie
- die **kurzfristige** Vermietung von **Campingflächen**.

Als „**kurzfristig**" kann dabei in der Regel ein Zeitraum von **weniger als sechs Monaten** angesehen werden (Abschn. 12.16 Abs. 1 i.V.m. Abschn. 4.12.3 Abs. 2 Satz 1 UStAE).

Nicht von der Steuerermäßigung erfasst, da sie nicht unmittelbar der Beherbergung dienen, sind z. B. die Verpflegung, insbesondere das **Frühstück**, der Zugang zu Kommunikationsnetzen, insbesondere Telefon und Internet, die TV-Nutzung, der Getränkeverzehr aus der Minibar, Wellnessangebote (Abschn. 12.16 Abs. 8 UStAE).

In ihrem Schreiben vom 21.10.2015 vertritt die Finanzverwaltung die Auffassung, dass auch die regelbesteuerten **Saunaleistungen** von den ermäßigt besteuerten Übernachtungsleistungen strikt zu trennen sind. Im Falle eines vereinbarten Gesamtentgeltes ist das einheitliche Entgelt sachgerecht auf die einzelnen Leistungen **aufzuteilen**. Dabei kann der Anteil des Entgelts, der auf die nicht ermäßigte Leistung entfällt, **geschätzt** werden. Schätzungsmaßstab kann beispielsweise der kalkulatorische Kostenanteil zuzüglich eines angemessenen Gewinnaufschlags sein.

> **ÜBUNG →**
> 1. Wiederholungsfragen 9 und 10 (Seite 325),
> 2. Fälle 5 und 6 (Seite 327)

9.3 Zusammenfassung und Erfolgskontrolle

9.3.1 Zusammenfassung

Die folgende **Übersicht** zeigt die **Entwicklung der Steuersätze** seit 1968 (vgl. auch Abschn. 12.1 Abs. 1 UStAE).

Steuersätze

allgemeiner Steuersatz (§ 12 **Abs. 1**)	**ermäßigter** Steuersatz (§ 12 **Abs. 2**)
Der allgemeine Steuersatz gilt für die steuerpflichtigen Umsätze, die nicht dem ermäßigten Steuersatz oder einem Durchschnittsatz unterliegen.	Die Umsätze, die dem ermäßigten Steuersatz unterliegen, sind in § 12 Abs. 2 erschöpfend aufgezählt. Dazu gehören Lebensmittel und bestimmte Getränke, bestimmte Erzeugnisse des graphischen Gewerbes, Personenbeförderungsverkehr, Hotelgewerbe, Campingplätze.
allgemeiner Steuersatz: 01.01.1968 bis 30.06.1968 = 10 % 01.07.1968 bis 31.12.1977 = 11 % 01.01.1978 bis 30.06.1979 = 12 % 01.07.1979 bis 30.06.1983 = 13 % 01.07.1983 bis 31.12.1992 = 14 % 01.01.1993 bis 31.03.1998 = 15 % 01.04.1998 bis 31.12.2006 = 16 % 01.01.2007 = **19 %**	**ermäßigter Steuersatz:** 01.01.1968 bis 30.06.1968 = 5 % 01.07.1968 bis 31.12.1977 = 5,5 % 01.01.1978 bis 30.06.1979 = 6 % 01.07.1979 bis 30.06.1983 = 6,5 % 01.07.1983 = **7 %** **Besonderheit:** Die Abgabe von Speisen und Getränken als **Restaurationsumsätze** (= sonstige Leistungen) unterliegt nicht dem ermäßigten, sondern dem **allgemeinen** Steuersatz.

9.3.2 Erfolgskontrolle

Wiederholungsfragen

1. Welche Steuersätze gibt es bei der Umsatzsteuer?
2. Auf welche umsatzsteuerliche Größe sind die Steuersätze anzuwenden?
3. Für welche Umsätze kommt der allgemeine Steuersatz in Betracht?
4. Welche Waren und Erzeugnisse werden z.B. in der Anlage 2 zu § 12 Abs. 2 UStG genannt?
5. Welche Lebensmittel unterliegen nicht dem ermäßigten Steuersatz?
6. Für welche Getränke gilt der ermäßigte Steuersatz?
7. Welche Getränke werden mit dem allgemeinen Steuersatz besteuert?
8. Welcher Steuersatz gilt für die Abgabe von Speisen und Getränken?
9. Welche Voraussetzungen müssen erfüllt sein, damit die Personenbeförderung dem ermäßigten Steuersatz unterliegt?
10. Welchem Steuersatz unterliegen nach § 12 Abs. 2 Nr. 11 UStG Leistungen im Hotelgewerbe und im Zusammenhang mit Campingplätzen?

Fälle

Fall 1

Der Rechtsanwalt U, Hannover, hat im August 2018 folgende Beträge (netto) von inländischen Leistungsempfängern erhalten:

a) Honorare aus Anwaltstätigkeit	20.000 €
b) Gerichtskostenvorschüsse, die er im Namen und für Rechnung seiner Mandanten an die Gerichtskasse weitergeleitet hat	2.000 €
c) Mieteinnahmen aus der Vermietung eines in Hannover gelegenen Büroraumes an einen Kollegen	840 €
d) Verkaufspreis einer gebrauchten Büromaschine Der Käufer hat die Maschine bei U abgeholt.	500 €

U hat nach § 9 optiert.

Ermitteln Sie die Umsatzsteuer (Traglast) des Rechtsanwalts U für den Monat August 2018.

Fall 2

Der Gastwirt U, München, hat im September 2018 folgende Netto-Umsätze im Inland erzielt:

a) Verkauf von Speisen der Anlage 2 zum Verzehr in der Gaststätte	300.000 €
b) Verkauf von Speisen der Anlage 2 außer Haus	7.000 €
c) Verkauf von alkoholischen Getränken	100.000 €
d) Verkauf von Fruchtsäften	11.000 €
e) Verkauf von Milch außer Haus	1.000 €
f) Telefonbenutzung durch Gäste	2.600 €
g) Benutzung des Geschäftstelefons durch die Familie U, laufende Kosten	100 €
h) Mittagessen der Familie U in ihrer Gaststätte	2.500 €

Ermitteln Sie die Umsatzsteuer (Traglast) des Gastwirts U für den Monat September 2018.

C. Umsatzsteuer

FALL 3

Der Unternehmer U betreibt in Köln ein Warenhaus, dem eine Gaststätte angeschlossen ist. Für den Monat Dezember 2018 ergeben sich folgende Netto-Umsätze im Inland (Gaststättenumsätze werden als solche bezeichnet):

a)	Backwaren	100.000 €
b)	Fleischwaren	250.000 €
c)	Textilwaren	100.000 €
d)	sonstige Lebensmittel der Anlage 2	350.000 €
e)	Gaststätte (Essen- und Getränkeumsätze)	300.000 €
f)	Für die Gaststätte sind aus dem Warenhaus entnommen worden	
	Lebensmittel	150.000 €
	Getränke	100.000 €
g)	Vermietung einer betrieblichen Wohnung	
	an den Hausmeister	6.000 €

Ermitteln Sie die Umsatzsteuer (Traglast) des Unternehmers U für den Monat Dezember 2018.

FALL 4

Der Unternehmer U betreibt in Mainz ein Einzelhandelsgeschäft mit Lebensmitteln aller Art. Außerdem besitzt er in dieser Stadt ein Hotel mit Restaurant.

Für den Monat Oktober 2018 ergeben sich folgende Netto-Umsätze im Inland:

I. Einzelhandelsgeschäft

a)	Erlöse Fleischwaren	80.000 €
b)	Erlöse begünstigter Lebensmittel	120.000 €
c)	Erlöse nicht begünstigter Waren	280.000 €
d)	Das Einzelhandelsgeschäft hat an das Restaurant geliefert	
	begünstigte Lebensmittel	25.000 €
	nicht begünstigte Waren	6.000 €
e)	Ein Freund erhält anlässlich seines 60. Geburtstages von U einen Geschenkkorb, der nur begünstigte Lebensmittel aus dem Einzelhandelsgeschäft enthält. Der Einkaufspreis des Geschenks beträgt 200 € netto.	
f)	Privatgespräche werden nur über das Telefon des Einzelhandelsbetriebs geführt. Auf die Privatgespräche entfallen laufende Kosten in Höhe von 100 €.	

II. Hotel und Restaurant

a)	Erlöse aus der Vermietung von Hotelzimmern	
	(ohne Frühstück)	66.000 €
b)	Erlöse aus dem Verkauf von Speisen zum Verzehr im Haus	160.000 €
c)	Erlöse aus dem Verkauf von Getränken	
	zum Verzehr im Haus	120.000 €
d)	Ein echter Perserteppich, der vor zehn Jahren von einem Unternehmer für das Hotel angeschafft wurde, ist zurzeit noch mit 1.000 € im Unternehmensvermögen enthalten. U lässt den Teppich in das Wohnzimmer seines Einfamilienhauses legen. Die Wiederbeschaffungskosten des gebrauchten Teppichs betragen 5.000 €.	

Ermitteln Sie die Umsatzsteuer (Traglast) des Unternehmers U für den Monat Oktober 2018.

9 Steuersätze

FALL 5

Prüfen und begründen Sie, welche **Steuersätze** bei den Sachverhalten 1 bis 6 anzuwenden sind.

		19 %	7 %
1.	Taxifahrt im Stadtgebiet Berlin: 25 km		
2.	Taxifahrt im Stadtgebiet Berlin: 55 km		
3.	Taxifahrt von Neuwied nach Bonn: 58 km		
4.	Fahrt mit dem Funkmietwagen in Köln: 26 km		
5.	Bahnfahrt von Bonn nach Köln: 21 km		
6.	Bahnfahrt von Andernach nach Bonn und zurück: insgesamt 86 km		

FALL 6

Unternehmer A betreibt eine Eisdiele in Koblenz. Am 19.01.2018 hat A eine Eismaschine von dem italienischen Hersteller U, Mailand, für 4.200 € erworben. Der Hersteller hat die Maschine am 22.01.2018 mit eigenem Fahrzeug von Mailand nach Koblenz transportiert. Beide Unternehmer benutzten ihre nationale USt-IdNr.

Prüfen und begründen Sie die Vorgänge 1 bis 7 aus der Sicht des **Unternehmers A**. Verwenden Sie dabei das folgende Schema.

Tz.	Vorgang	Beurteilung
1.	Umsatzart	
2.	Ort des Umsatzes	
3.	Steuerbarkeit	
4.	Steuerbefreiung	
5.	Bemessungsgrundlage in €	
6.	Höhe der Umsatzsteuer in €	
7.	Höhe der Vorsteuer in €	

FALL 7

Pferdezüchter U, Köln, verkauft im Oktober 2018 ein Pferd für brutto 14.280 € an eine Privatperson nach Dänemark. Der Erwerber holt das Pferd selbst in Köln ab und bringt es nach Dänemark. Weitere Veräußerungen von U nach Dänemark erfolgen in 2018 nicht.

Ermitteln Sie die Umsatzsteuer (Traglast) des Unternehmers U für diesen Umsatz.

Weitere Fälle mit Lösungen zu den Steuersätzen finden Sie im **Lösungsbuch** der Steuerlehre 1.

Zusammenfassende Erfolgskontrolle zum 1. bis 9. Kapitel

Ermitteln Sie anhand der folgenden Lösungstabelle die Umsatzsteuer (Traglast) des Großhändlers U, München, für den Monat Oktober 2018. Erforderliche buch- und belegmäßige Nachweise liegen vor.

Tz.	Umsatzart nach § 1 i.V.m. § 3 UStG	**nicht** steuerbare Umsätze im Inland	**steuerbare** Umsätze im Inland	**steuerfreie** Umsätze im Inland § 4 UStG	**steuerpflichtige** Umsätze im Inland	
		€	€	€	€ (**19 %**)	€ (**7 %**)
1.						
2.						
usw.						

1. Einnahmen aus dem Verkauf von Fleischwaren — 224.700 €
2. Einnahmen aus dem Verkauf von Textilwaren — 271.320 €
3. Einnahmen aus dem Verkauf von Backwaren — 64.200 €
4. Einnahmen aus dem Verkauf eines betrieblichen Lkws — 17.850 €
5. Das Geschäftstelefon wird von U zu 30 % privat genutzt. Die laufenden Telefonkosten belaufen sich auf — 600 €
6. Zum Unternehmensvermögen des U gehört ein Pkw (Anschaffung 2017), der auch privat genutzt wird. Der Brutto-Listenpreis des Kraftfahrzeugs hat im Zeitpunkt der Erstzulassung — 100.099 € betragen. U pauschaliert den privaten Nutzungsanteil zulässigerweise nach der 1 %-Regelung.
7. U liefert für (netto) — 10.000 € Waren, die er mit eigenem Lkw befördert, an A in Bern (Schweiz).
8. U nutzt den betrieblichen Pkw (Tz. 6) im Oktober 2018 an 25 Tagen für Fahrten zwischen seiner Wohnung und der 10 km entfernten Betriebsstätte.
9. U schenkt im Oktober 2018 seiner Tochter anlässlich der bestandenen Führerscheinprüfung einen betrieblichen Pkw, den er im Juli 2018 für 15.000 € + USt gekauft hatte. U hat die ihm in Rechnung gestellte Umsatzsteuer als Vorsteuer abgezogen. Die Wiederbeschaffungskosten des Pkws betragen im Oktober 2018 11.800 € netto.
10. Die bereits versteuerte Forderung an den Kunden Säumig in Höhe von 2.900 €, fällig am 01.10.2018, ist noch nicht beglichen. U stellt am 30.11.2018 dem Kunden Säumig 4 % Verzugszinsen für 60 Tage in Rechnung.

10 Besteuerungsverfahren

Die **Umsatzsteuer** ist eine **Veranlagungssteuer**. Unter **Veranlagung** versteht man das förmliche Verfahren, in dem die Besteuerungsgrundlage ermittelt und die zu zahlende Steuer festgesetzt wird.

10.1 Besteuerungszeitraum

Besteuerungszeitraum für die **Veranlagung** ist grundsätzlich das **Kalenderjahr** (§ 16 Abs. 1 Satz 2).

Hat der Unternehmer seine gewerbliche oder berufliche Tätigkeit **nur in einem Teil** des Kalenderjahres ausgeübt, so tritt **dieser Teil** an die Stelle des Kalenderjahres (§ 16 Abs. 3).

> **BEISPIEL**
>
> Der Unternehmer U, Ulm, hat am **01.08.2018** seine unternehmerische Tätigkeit **begonnen**.
>
> **Besteuerungszeitraum** ist in diesem Fall der Zeitraum vom **01.08.2018 bis 31.12.2018**.

10.2 Steuerberechnung

Die **Umsatzsteuer** ist von der **Summe** der **steuerpflichtigen Umsätze** nach § 1 Abs. 1 **Nrn. 1 und 5** eines **Besteuerungszeitraums** zu **berechnen**, soweit sie **entstanden** ist und die **Steuerschuldnerschaft** gegeben ist (§ 16 **Abs. 1** Satz 3). Die Berechnung der Umsatzsteuer von der **Summe** der steuerpflichtigen Umsätze eines bestimmten **Zeitabschnitts** bezeichnet man allgemein als **Abschnittsbesteuerung**.

Der Umsatzsteuer sind die nach § 6a Abs. 4 Satz 2, nach § 14c sowie nach § 17 Abs. 1 Satz 6 geschuldeten Steuerbeträge hinzuzurechnen (§ 16 Abs. 1 Satz 4).

Von der so berechneten **Umsatzsteuer** sind die in den Besteuerungszeitraum fallenden, nach § 15 **abziehbaren Vorsteuerbeträge abzusetzen** (§ 16 Abs. 2 Satz 1).

Der **Unterschiedsbetrag** zwischen der **Umsatzsteuer** und der **abziehbaren Vorsteuer** ergibt die **Umsatzsteuerschuld** (**Zahllast**) eines Unternehmers:

> **Umsatzsteuer** (Traglast)
> − abziehbare **Vorsteuer**
> = **Umsatzsteuerschuld (Zahllast)**

Übersteigt die **abziehbare Vorsteuer** die **Umsatzsteuer**, so ergibt sich für den Unternehmer ein **Erstattungsanspruch** (Vorsteuerguthaben).

Neben der Abschnittsbesteuerung gibt es noch die sogenannte Einzelbesteuerung, bei der nicht von der Summe der Umsätze eines Zeitabschnitts ausgegangen wird, sondern von jedem einzelnen steuerpflichtigen Umsatz.

Die Einzelbesteuerung gilt insbesondere für die Einfuhrumsatzsteuer und für den innergemeinschaftlichen Erwerb neuer Fahrzeuge durch Privatpersonen (**Fahrzeugeinzelbesteuerung**, § 16 Abs. 5a).

10.3 Voranmeldungen und Vorauszahlungen

Der Unternehmer hat **bis zum 10. Tag** nach Ablauf jedes **Voranmeldungszeitraums** eine **Voranmeldung** nach amtlich vorgeschriebenem Datensatz durch **Datenfernübertragung** zu übermitteln (§ 18 Abs. 1 Satz 1). Bei der elektronischen Übermittlung an die Finanzbehörden ist ein **sicheres** Verfahren (z.B. ELSTER) zu verwenden, das den Datenübermittler **authentifiziert** und die Vertraulichkeit und Integrität des Datensatzes gewährleistet (§ 87a AO). Auf **Antrag** kann das Finanzamt gestatten, dass die Voranmeldung auch nach **herkömmlicher Form** (Papierform) abgegeben wird (§ 18 Abs. 1 Satz 2 UStG).

Der Voranmeldungszeitraum des **laufenden** Kalenderjahres bestimmt sich regelmäßig aufgrund der Steuer des **Vorjahres** (Abschn. 18.2 Abs. 1 Satz 1 UStAE).

Regel-Voranmeldungszeitraum ist grundsätzlich das **Kalendervierteljahr** (§ 18 Abs. 2 **Satz 1** UStG; Abschn. 18.2 Abs. 1 Satz 5 UStAE).

Beträgt die **Steuer** (Umsatzsteuerschuld bzw. Zahllast) für das **vorangegangene** Kalenderjahr **mehr als 7.500 Euro**, ist der **Kalendermonat** Voranmeldungszeitraum (§ 18 Abs. 2 **Satz 2**). Nimmt der Unternehmer seine Tätigkeit auf (**Neugründungsfälle**), ist im **laufenden** und **folgenden** Kalenderjahr **Voranmeldungszeitraum** – unabhängig von der Höhe der Steuerschuld – der **Kalendermonat** (§ 18 Abs. 2 **Satz 4**).

Der Unternehmer kann den Kalender**monat** als Voranmeldungszeitraum **wählen, wenn** sich im **vorangegangenen** Kalenderjahr (2017) ein **Überschuss** zu seinen Gunsten von **mehr als 7.500 Euro** (Vorsteuerguthaben) ergeben hat. Das **Wahlrecht** kann nur durch Abgabe einer Voranmeldung für Januar 2018 bis zum **12. Februar 2018** (bei Dauerfristverlängerung bis **12. März 2018**) ausgeübt werden. Das **Wahlrecht bindet** den Unternehmer für das **Kalenderjahr 2018** (§ 18 **Abs. 2a** Satz 3).

Der Unternehmer hat den **Voranmeldungszeitraum** in seiner Umsatzsteuer-Voranmeldung **anzukreuzen** (z.B. **Monatszahler** für den Monat **Dezember 2018**):

Beträgt die Umsatzsteuerschuld für das **vorangegangene** Kalenderjahr (2017) **nicht mehr als 1.000 Euro**, kann das Finanzamt den Unternehmer von der Verpflichtung zur Abgabe der Voranmeldung und Entrichtung der Vorauszahlungen **befreien** (§ 18 Abs. 2 **Satz 3**).

Wird die **Voranmeldung nicht oder verspätet** abgegeben, kann das Finanzamt einen **Verspätungszuschlag** festsetzen (§ 152 Abs. 1 AO). Eine Schonfrist für die Abgabe der Umsatzsteuer-Voranmeldung (**Abgabe-Schonfrist**) ist **entfallen**.

Die **Steuer** für den Voranmeldungszeitraum (**Vorauszahlung**) hat der **Unternehmer selbst zu berechnen** (§ 18 Abs. 1 Satz 1, Steueranmeldung i.S.d. § 150 AO).
Die berechnete Umsatzsteuerschuld ist als **Vorauszahlung** an das Finanzamt zu entrichten. Sie ist **am 10. Tag nach Ablauf des Voranmeldungszeitraums fällig** (§ 18 Abs. 1 **Satz 4**).

Wird die **Vorauszahlung nicht** bis zum Ablauf des **Fälligkeitstages entrichtet**, so ist ein **Säumniszuschlag** in Höhe von 1 % der auf volle 50 Euro abgerundeten Steuerschuld für jeden angefangenen und vollen Monat der Säumnis zu entrichten (§ 240 Abs. 1 AO). Ein **Säumniszuschlag** wird bei einer Säumnis bis zu **drei Tagen** (**Zahlungs-Schonfrist**) grundsätzlich **nicht erhoben**. Wird die angemeldete Steuer durch Hingabe eines **Schecks** beglichen, fallen Säumniszuschläge an, wenn dieser nicht **drei Tage vor** dem Fälligkeitstag der Finanzkasse vorliegt (§ 240 Abs. 3 i.V.m. § 124 Abs. 2 Nr. 1 AO).

Es besteht jedoch weiterhin die Möglichkeit der **Dauerfristverlängerung** (§§ 46 bis 48 UStDV) um jeweils einen Monat. Der Unternehmer kann beim Finanzamt einen Antrag **in elektronischer Form** auf Dauerfristverlängerung stellen, um die Fristen für die Abgabe der Voranmeldungen und für die Entrichtung der Vorauszahlungen um **einen Monat zu verlängern** (vgl. auch Abschn. 18.4 UStAE).

Die **Fristverlängerung** wird bei **Monatszahlern**, **nicht** bei **Vierteljahreszahlern**, unter der **Auflage** gewährt, dass der Unternehmer **bis zum 10. Februar** (zuzüglich Schonfrist) eine **Sondervorauszahlung** anmeldet und entrichtet.

Die **Sondervorauszahlung** beträgt **ein Elftel der Summe der Vorauszahlungen** – ohne Berücksichtigung der Sondervorauszahlung – für das **vorangegangene** Kalenderjahr.

BEISPIEL

Der Koblenzer Unternehmer U, **Monatszahler**, beantragt erstmals für **2018** eine Dauerfristverlängerung. Die Umsatzsteuer-Vorauszahlungen für das Kalenderjahr **2017** haben **30.107,20 €** betragen.

U hat in den **Antrag auf Dauerfristverlängerung** und die **Anmeldung der Sondervorauszahlung in Zeile 24 und 25** einzutragen:

				volle EUR	Ct
23					
24	1.	Summe der verbleibenden Umsatzsteuer-Vorauszahlungen zuzüglich der angerechneten Sondervorauszahlungen für das Kalenderjahr 2017		30.107	—
25	2.	Davon ¹⁄₁₁ = **Sondervorauszahlung 2018**............	38	2.737	—

Die **Sondervorauszahlung** wird mit der für den Monat **Dezember** geschuldeten Umsatzsteuer-Vorauszahlung verrechnet (siehe Zeile **67,** Kz **39** der USt-Voranmeldung 2018). Ein verbleibender Erstattungsanspruch ist mit Ansprüchen aus dem Steuerschuldverhältnis aufzurechnen (§ 226 AO) und ansonsten zu erstatten (§ 48 Abs. 4 UStDV).

10.4 Zusammenfassende Meldung

Der Unternehmer i.S.d. § 2 UStG (keine Kleinunternehmer i.S.d. § 19 Abs. 1 UStG) hat die **Zusammenfassende Meldung** (ZM) **monatlich** abzugeben, wenn die Summe der Bemessungsgrundlagen für innergemeinschaftliche Warenlieferungen und Dreiecksgeschäfte im Kalendervierteljahr **mehr als 50.000 Euro** beträgt (§ 18a Abs. 1 Satz 3 UStG).
Die Zusammenfassenden Meldungen sind dem Bundeszentralamt für Steuern (BZSt) grundsätzlich bis zum **25. des Folgemonats** (z.B. Abgabe der ZM für September 2018 bis zum 25. Oktober 2018 – Donnerstag) online zu übermitteln (§ 18a UStG).

Für die **elektronische Übermittlung** stehen dem Unternehmer zwei Verfahren zur Verfügung:

- ElsterOnline-Portal,
- BZSt-Online-Portal.

Auf Antrag kann das Finanzamt zur Vermeidung unbilliger Härten auf eine elektronische Übermittlung verzichten; in diesem Fall hat der Unternehmer eine Meldung nach amtlich vorgeschriebenem Muster abzugeben (§ 18a Abs. 5 Satz 1 UStG).

10.5 Steuererklärung und Veranlagung

Der **Unternehmer** hat für das Kalenderjahr eine **Steuererklärung** (Steueranmeldung) nach amtlich vorgeschriebenem Datensatz **in elektronischer Form** (bis zum **31.05.** des folgenden Jahres) zu übermitteln, in der er die zu entrichtende **Steuer** oder den **Überschuss** selbst zu berechnen hat (§ 18 Abs. 3). Wirkt ein **Steuerberater** bei der Erstellung der Steuererklärung mit, wird i.d.R. die Abgabefrist auf den **31.12.** des folgenden Jahres verlängert.

Berechnet der Unternehmer die zu entrichtende **Steuer** oder den **Überschuss** in der Steuererklärung **abweichend** von der Summe der Vorauszahlungen, so ist der **Unterschiedsbetrag** wie folgt zu behandeln:

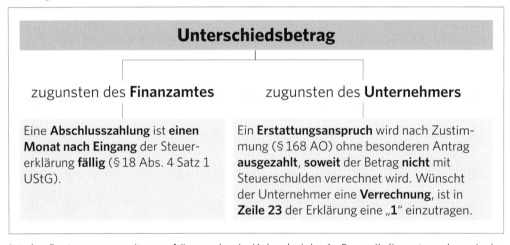

Ist der Besteuerungszeitraum **kürzer** als ein Kalenderjahr (z.B., weil die unternehmerische Tätigkeit im Laufe des Kalenderjahres beendet wird), so ist die Steueranmeldung binnen eines Monats nach Ablauf des kürzeren Besteuerungszeitraums abzugeben (§ 18 Abs. 3).

Nach Urteilen der FG Münster und Köln in 2017 soll der **Zinssatz für Steuernachforderungen und -erstattungen** in Höhe von **6%/Jahr** in dieser Höhe weiter angewendet werden. Entgegen dieser Tendenzen äußerte der **BFH** in einem Beschluss vom 25.04.2018 (IX B 21/18) für die Veranlagungszeiträume ab 2015 **schwerwiegende verfassungsrechtliche Zweifel an der Zinshöhe**. Der gesetzliche Zinssatz überschreitet nach Auffassung des BFH den angemessenen Rahmen der wirtschaftlichen Realität erheblich, da sich seit 2015 ein niedriges Marktzinsniveau strukturell und nachhaltig verfestigt hat.

In den Fällen der **Fahrzeugeinzelbesteuerung** hat der **Erwerber spätestens bis zum 10. Tag** nach Ablauf des Tages an dem die Steuer entstanden ist, eine **Steuererklärung** nach amtlich vorgeschriebenem Vordruck (**USt 1 B**) abzugeben, in dem er die zu entrichtende Steuer selbst zu berechnen hat (§ 18 **Abs. 5a**).

10.6 Zusammenfassung und Erfolgskontrolle
10.6.1 Zusammenfassung

10 Besteuerungsverfahren 333

Berechnung und Erhebung der Umsatzsteuer

Berechnung der Umsatzsteuer (§16 UStG)

Abschnittsbesteuerung

Die **Umsatzsteuer** ist grundsätzlich von der **Summe** der steuerpflichtigen Umsätze zu berechnen (§ 16 Abs. 1 UStG).
Ausnahme:
Beim innergemeinschaftlichen Erwerb **neuer Fahrzeuge** i.S.d. **§1b durch Privatpersonen** ist die **Umsatzsteuer** (Erwerbsteuer) von jedem einzelnen Umsatz zu berechnen (§ 16 Abs. 5a UStG).

Von der **Umsatzsteuer** sind die **abziehbaren** Vorsteuerbeträge abzuziehen (§ 16 Abs. 2 UStG):

  Umsatzsteuer (Traglast)
- abziehbare Vorsteuer
= **Umsatzsteuer-Schuld (Zahllast)**

Erhebung der Umsatzsteuer (§18 UStG)

Voranmeldung und Vorauszahlung

Die **Voranmeldung** ist bis zum **10. Tag** nach Ablauf des **Voranmeldungszeitraums** elektronisch zu übermitteln. Die Vorauszahlung ist am **10. Tag** nach Ablauf des **Voranmeldungszeitraums** fällig (Zahlungs-Schonfrist 3 Tage).

Voranmeldungszeitraum ist
- der Kalendermonat, wenn die **USt-Schuld** des Vorjahres mehr als **7.500 Euro** betragen hat;
- das Kalendervierteljahr, wenn die **USt-Schuld** des Vorjahres mehr als **1.000 Euro**, aber nicht mehr als **7.500 Euro** betragen hat.

Jahreserklärung

Der Unternehmer hat für das Kalenderjahr 2017 eine **Steuererklärung** abzugeben (bis zum **31.05.2018**). Die Steuererklärung 2018 ist bis zum 31.07.2019 fällig.
Der Unterschiedsbetrag **zugunsten des Finanzamtes** ist **einen Monat** nach dem **Eingang** der Steuererklärung fällig.
Der Unterschiedsbetrag **zugunsten des Unternehmers** wird zurückgezahlt.

10.6.2 Erfolgskontrolle

WIEDERHOLUNGSFRAGEN

1. Was versteht man unter der Abschnittsbesteuerung?
2. Was versteht man unter der Einzelbesteuerung? Nennen Sie zwei Beispiele.
3. Wann sind Umsatzsteuer-Voranmeldungen an das Finanzamt grundsätzlich zu übermitteln?
4. Wann hat der Unternehmer in Gründungsfällen die Voranmeldung zu übermitteln?
5. Wann werden die Umsatzsteuer-Vorauszahlungen nach § 18 Abs. 1 Satz 3 fällig?
6. Wann hat der Unternehmer die Umsatzsteuer-Jahreserklärung abzugeben?
7. Was versteht man unter einer Dauerfristverlängerung?

FÄLLE

Lösen Sie die Sachverhalte a) bis g); verwenden Sie Fachbegriffe und erläutern Sie kurz Fallbesonderheiten. Nennen Sie die einschlägigen Rechtsgrundlagen.

a) Textilgroßhändler Rifaat, Frankfurt/Main, hat in seiner am 02.03.2018 elektronisch übermittelten Umsatzsteuererklärung 2017 eine noch an die Finanzkasse zu entrichtende Abschlusszahlung in Höhe von 500 € ermittelt. Herr Rifaat hat keine Dauerfristverlängerung beantragt. Wann wird dieser Betrag fällig?

b) Sachverhalt wie zu a) mit dem Unterschied, dass Herr Rifaat einen Erstattungsanspruch in Höhe von 500 € ermittelt.
Wie ist dieser Erstattungsanspruch zu behandeln?

c) Buchhändler Ehret, Bonn, hat für das Kalenderjahr 2017 eine Umsatzsteuerschuld in Höhe von 15.000 € an das Finanzamt Bonn gezahlt. Für das Kalenderjahr 2018 hat Ehret fristgerecht Dauerfristverlängerung beantragt.
Bis wann muss er seine erste Umsatzsteuervoranmeldung 2018 an das Finanzamt Bonn übermitteln?

d) Für das Kalenderjahr 2017 hatte Baumaschinenhersteller Wirth, Singen, eine Umsatzsteuerschuld in Höhe von 26.000 € an das Finanzamt Singen abzuführen. Für das Kalenderjahr 2018 ergab sich ein Erstattungsanspruch (Vorsteuerguthaben) in Höhe von 11.000 €.
Welchen Voranmeldungszeitraum hat die Firma Wirth in den Kalenderjahren 2018 und 2019 zu beachten?

e) Besorgen Sie sich einen Umsatzsteuer-Voranmeldungsvordruck 2018 und füllen Sie diesen für den Monat Oktober 2018 nach folgenden Angaben für den Großhändler Hugo Leitner, 56073 Koblenz, Cusanusstr. 25, aus (Finanzamt Koblenz, Postfach 709, 56007 Koblenz, Steuer-Nr. 22/220/2722/1). Herr Leitner ist Monatszahler ohne Dauerfristverlängerung.

Der Buchführung des Steuerpflichtigen Leitner entnehmen Sie die folgenden Beträge:

4125 (8125) Steuerfreie innergemeinschaftliche Lieferungen	45.780,00 €
4400 (8400) Erlöse 19 % USt	568.240,40 €
4300 (8300) Erlöse 7 % USt	86.210,50 €
4736 (8736) Gewährte Skonti 19 % USt	2.340,30 €
4731 (8731) Gewährte Skonti 7 % USt	84,70 €
4100 (8100) Steuerfreie Umsätze § 4 Nr. 8 ff. UStG	1.200,00 €
Auf dem Konto „**1406** (1576) Abziehbare Vorsteuer 19 %" wurden im Oktober im Soll gebucht	66.769,30 €

Beantworten Sie außerdem die folgenden Fragen:
1. Wie groß ist die Summe der steuerfreien und steuerpflichtigen Umsätze?
2. Wie hoch ist die Umsatzsteuer-Vorauszahlung für Oktober 2018?
3. Wann muss die Umsatzsteuer-Voranmeldung spätestens beim Finanzamt eingehen?
4. Wann muss die Umsatzsteuer-Vorauszahlung spätestens bei der zuständigen Finanzkasse eingehen?

f) Der Kölner Unternehmer Lindner ist seit 2017 Monatszahler mit Dauerfristverlängerung. Herr Lindner hat die folgenden monatlichen Umsatzsteuer-Vorauszahlungen für das Kalenderjahr 2017 geleistet:

Januar	420 €
Februar	2.220 €
März	1.705 €
April	2.315 €
Mai	5.150 €
Juni	2.750 €
Juli	2.090 €
August	1.190 €
September	2.541 €
Oktober	2.346 €
November	3.480 €
Dezember (3.826 € – 2.710 € Sondervorauszahlung)	1.116 €

Berechnen Sie die Sondervorauszahlung für 2018.

g) Die Umsatzsteuererklärung 2017 der Floristin Anna Auras geht am 15.05.2018 beim Finanzamt ein. Frau Auras hat eine Nachzahlung von 2.235 € zu leisten. Das Finanzamt weicht nicht von der angemeldeten Steuer ab. Frau Auras zahlt am 06.07.2018 die restliche Umsatzsteuer.
Kann das Finanzamt Säumniszuschläge festsetzen? Wenn ja, in welcher Höhe?

Weitere Fälle mit Lösungen zum Besteuerungsverfahren finden Sie im **Lösungsbuch** der Steuerlehre 1.

11 Entstehung der Umsatzsteuer und Steuerschuldner

Die **Umsatzsteuer entsteht**, wenn alle **Voraussetzungen** des § 13 erfüllt sind.

Für die **Entstehung** der **Umsatzsteuer** sind **zwei Besteuerungsarten** von Bedeutung:

1. die **Sollbesteuerung** (Besteuerung nach **vereinbarten** Entgelten) und
2. die **Istbesteuerung** (Besteuerung nach **vereinnahmten** Entgelten).

Die **Sollbesteuerung** ist die **Regelbesteuerung**, während die **Istbesteuerung** nur als **Ausnahme** auf Antrag in Betracht kommt.

11.1 Entstehung der Umsatzsteuer für entgeltliche und unentgeltliche Leistungen

11.1.1 Sollbesteuerung

Bei der Besteuerung nach vereinbarten Entgelten (**Sollbesteuerung**) entsteht die Umsatzsteuer grundsätzlich mit Ablauf des Voranmeldungszeitraums, in dem die Lieferungen oder sonstigen Leistungen **ausgeführt** worden sind, d. h. mit Ablauf des letzten Tages eines Monats oder eines Vierteljahrs (§ 13 Abs. 1 Nr. 1a UStG; Abschn. 13.1 Abs. 1 Satz 1 UStAE).

> **BEISPIEL**
>
> Der Malermeister U (**Monatszahler ohne Dauerfristverlängerung**), der seine Umsätze nach **vereinbarten** Entgelten besteuert (= **Sollbesteuerung**), hat im **Dezember 2017** die Fenster eines Kunden **gestrichen**. Der dem Kunden am **16.02.2018** in Rechnung gestellte Betrag in Höhe von 200 € + 38 € USt = 238 € wird am **19.03.2018** gezahlt.
>
> Die **Umsatzsteuer** in Höhe von 38 € **entsteht mit Ablauf des Monats Dezember 2017** (mit Ablauf des **31.12.2017**), weil im Voranmeldungszeitraum Dezember 2017 die **Leistung ausgeführt** worden ist.
>
> Das Rechnungsdatum und der Zahlungstag sind für die Entstehung der Umsatzsteuer in diesem Fall unerheblich.

Das Gleiche gilt für **unentgeltliche** Lieferungen und sonstige Leistungen im Sinne des § 3 Abs. 1b und Abs. 9a (§ 13 Abs. 1 **Nr. 2**; Abschn. 13.1 Abs. 1 Satz 2 UStAE).

> **MERKE →** Bei der **Sollbesteuerung entsteht** die **Umsatzsteuer** mit Ablauf des Voranmeldungszeitraums, in dem die Leistungen **ausgeführt** wurden.

> **ÜBUNG →** 1. Wiederholungsfragen 1 und 2 (Seite 343),
> 2. Fälle 1 und 2 (Seite 343)

11.1.2 Istbesteuerung

Das Finanzamt kann auf **Antrag** gestatten, dass ein Unternehmer die **Umsatzsteuer** nicht nach vereinbarten, sondern nach **vereinnahmten** Entgelten (**Istbesteuerung**) berechnet (**§ 20**), wenn

1. dessen **Gesamtumsatz** (§ 19 Abs. 3) im **vorangegangenen** Kalenderjahr **nicht mehr als 500.000 Euro** (§ 20 Satz 1 Nr. 1) betragen hat **oder**
2. der Unternehmer **von der Verpflichtung, Bücher zu führen** und regelmäßig Bilanzen zu erstellen nach § 148 AO **befreit** ist **oder**
3. der Unternehmer Umsätze aus einer **Tätigkeit als Angehöriger eines freien Berufs** i.S.d. § 18 Abs. 1 Nr. 1 EStG (z.B. Steuerberater, Notar, Rechtsanwalt) ausführt.

BEISPIELE

zu 1. Gewerbetreibender U, Mainz, hat in 2018 einen **Gesamtumsatz** von 120.000 € erzielt.

U kann für **2019** einen Antrag auf Besteuerung nach **vereinnahmten Entgelten** stellen (Gesamtumsatz im Vorjahr nicht mehr als 500.000 Euro).

zu 2. Der Gewerbetreibende U, Köln, der nach § 141 AO buchführungspflichtig ist, wurde vom Finanzamt nach § 148 AO **von der Buchführungspflicht befreit**. Sein Gesamtumsatz im Vorjahr lag über 500.000 Euro.

U kann einen Antrag auf Besteuerung nach **vereinnahmten Entgelten** stellen. Die Höhe des Umsatzes ist in diesem Fall unerheblich.

zu 3. Der Notar U, Bonn, hat in 2018 einen Gesamtumsatz aus **freiberuflicher Tätigkeit** von 590.000 Euro. Den Gewinn ermittelt U gem. § 4 Abs. 3 EStG (EÜ-Rechnung bzw. EÜR). U kann aufgrund seiner freiberuflichen Tätigkeit einen Antrag auf Besteuerung nach **vereinnahmten Entgelten** stellen. Die Höhe des Umsatzes ist in diesem Fall unerheblich.

zu 3. Der Notar U, Bonn, hat in 2018 einen Gesamtumsatz aus **freiberuflicher Tätigkeit** von 590.000 Euro. U führt freiwillig Bücher und ermittelt seinen Gewinn gem. § 4 Abs. 1 EStG (Betriebsvermögensvergleich).
U kann **keinen** Antrag auf Besteuerung nach **vereinnahmten Entgelten** stellen, weil er **freiwillig Bücher** führt und sein **Gesamtumsatz 500.000 Euro übersteigt** (vgl. BFH-Urteil vom 22.07.2010, BStBl. 2013 II, S. 590 sowie BMF-Schreiben vom 31.07.2013, BStBl. 2013 I, S. 964).

Bei der Besteuerung nach vereinnahmten Entgelten (**Istbesteuerung**) entsteht die Umsatzsteuer für Lieferungen oder sonstige Leistungen mit Ablauf des Voranmeldungszeitraums, in dem die Entgelte **vereinnahmt** worden sind (§ 13 Abs. 1 Nr. 1b; Abschn. 13.6 Abs. 1 Satz 1 UStAE).

BEISPIEL

Schreiner U (**Monatszahler ohne Dauerfristverlängerung**), der seine Umsätze nach **vereinnahmten Entgelten** versteuert, hat im **Dezember 2017** Türen und Fenster an einen Kunden **geliefert**. Der Kunde **zahlt** im **Februar 2018** den Rechnungsbetrag von 2.975 € (2.500 € + 475 € USt).

Die **Umsatzsteuer** in Höhe von 475 € **entsteht** mit Ablauf des Monats **Februar 2018**, weil im Februar 2018 das Entgelt (2.500 €) **vereinnahmt** worden ist.

MERKE → Bei der **Istbesteuerung entsteht** die **Umsatzsteuer** mit Ablauf des Voranmeldungszeitraums, in dem die Entgelte **vereinnahmt** wurden.

C. Umsatzsteuer

Zusammenfassung zu Abschnitt 11.1.1 und 11.1.2:

Entstehung der Umsatzsteuer für Leistungen

Sollbesteuerung
(§ 13 Abs. 1 **Nr. 1a** und **Nr. 2**)

Die Umsatzsteuer **entsteht** mit Ablauf des Voranmeldungszeitraums, in dem die entgeltlichen oder unentgeltlichen Leistungen **ausgeführt** worden sind.
Ausnahme:
Im Rahmen der Sollbesteuerung **entsteht** die Umsatzsteuer bereits **vor** der Ausführung der Leistung, wenn das Entgelt **vor** Leistungsausführung **vereinnahmt** worden ist. **Anzahlungen** sind stets im Zeitpunkt ihrer **Vereinnahmung** zu versteuern (**Mindest-Istbesteuerung**).

Istbesteuerung
(§ 13 Abs. 1 **Nr. 1b** i.V.m. **§ 20**)

Die Umsatzsteuer **entsteht** für Leistungen mit Ablauf des Voranmeldungszeitraums, in dem die Entgelte **vereinnahmt** worden sind, wenn **einer** der folgenden Erlaubnistatbestände erfüllt ist:
1. Gesamtumsatz im vorangegangenen Kalenderjahr nicht mehr als **500.000 Euro oder**
2. Befreiung von der Buchführungspflicht nach § 148 AO **oder**
3. Umsätze aus freiberuflicher Tätigkeit nach § 18 Abs. 1 Nr. 1 EStG (**ohne** freiwillige Buchführung).

ÜBUNG →
1. Wiederholungsfragen 3 und 4 (Seite 343),
2. Fälle 3 und 4 (Seite 343)

11.1.3 Mindest-Istbesteuerung

Im Rahmen der **Sollbesteuerung** entsteht die Umsatzsteuer bereits **bevor** die Leistung **ausgeführt** worden ist, in dem **Voranmeldungszeitraum**, in dem das **Entgelt** oder Teilentgelt (Anzahlungen, Abschlagszahlungen, Vorauszahlungen) **vereinnahmt** worden ist (§ 13 Abs. 1 Nr. 1a **Satz 4**; Abschn. 13.5 Abs. 1 UStAE).

BEISPIEL

Unternehmer U (**Sollbesteuerung**, **Monatszahler** ohne Dauerfristverlängerung) erhält von seinem Kunden A am **13.07.2018** eine **Anzahlung** von **2.380 €**. Die Leistungen des U unterliegen dem allgemeinen Steuersatz. U erbringt die **Leistung im August 2018**.

U hat das **Entgelt** von **2.000 €** (2.380 € : 1,19) mit Ablauf des Monats **Juli 2018** zu versteuern, weil in diesem Voranmeldungszeitraum das Entgelt von 2.000 € **vereinnahmt** wurde, **bevor** die Leistung **ausgeführt** worden ist.

Die **Umsatzsteuer entsteht** für Entgelte oder Teilentgelte, die **vor Ausführung** der Leistung vereinnahmt werden, **ohne Rücksicht auf die Höhe** der vereinnahmten Beträge und den **Zeitpunkt der Rechnungserstellung** mit Ablauf des Voranmeldungszeitraums, in dem das Entgelt oder Teilentgelt vereinnahmt wird (§ 13 Abs. 1 Nr. 1a **Satz 4**).

Die **Mindest-Istbesteuerung** bewirkt, dass **jede auch noch so kleine Anzahlung** oder Vorauszahlung **der Besteuerung unterliegt.**

Zusammenfassung zu Abschnitt 11.1:

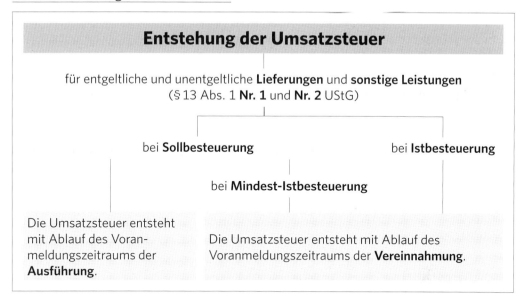

> ÜBUNG → 1. Wiederholungsfrage 5 (Seite 343),
> 2. Fälle 5 und 6 (Seite 344)

11.2 Entstehung der Umsatzsteuer bei unrichtigem Steuerausweis

Hat ein **Unternehmer** in einer Rechnung für eine Lieferung oder sonstige Leistung einen **höheren** Steuerbetrag, als er nach dem UStG schuldet, gesondert **ausgewiesen** (**unrichtiger Steuerausweis**), schuldet er auch den **Mehrbetrag** (§ 14c Abs. 1 Satz 1). Dies gilt auch für steuerfreie Auslandslieferungen, für die in der jeweiligen Rechnung dennoch Umsatzsteuer ausgewiesen wurde (unrichtiger Steuerausweis, BMF-Schreiben vom 16.02.2016).

Die **Mehrsteuer entsteht** in dem Zeitpunkt, in dem auch die richtige Steuer entsteht, bei **Sollbesteuerung** mit Ablauf des Voranmeldungszeitraums, in dem die **Leistungen ausgeführt** worden sind, bei der **Istbesteuerung** mit Ablauf des Voranmeldungszeitraums der **Vereinnahmung**, **spätestens** jedoch im Zeitpunkt der **Ausgabe der Rechnung** (§ 13 Abs. 1 **Nr. 3**).

Die zu hoch ausgewiesene Umsatzsteuer wird vom Unternehmer geschuldet, obwohl der Leistungsempfänger diese Steuer **nicht als Vorsteuer abziehen** kann (Abschn. 14c.1 Abs. 1 Satz 6 UStAE).

Der leistende Unternehmer kann jedoch den Steuerbetrag gegenüber dem Leistungsempfänger **berichtigen**. In diesem Fall ist **§ 17 Abs. 1** entsprechend anzuwenden (Abschn. 14c.1 Abs. 5 UStAE).

> **BEISPIEL**
>
> Lebensmittelhändler U (Monatszahler ohne Dauerfristverlängerung), Köln, liefert im Mai 2018 Gemüse an Gastwirt A, Köln. Die der Lieferung beigefügte Rechnung weist u.a. folgende Daten aus: Warenwert 500 € + 19 % USt 95 €. A zahlt den Rechnungsbetrag im Juli 2018.
>
> Neben der gesetzlich geschuldeten Umsatzsteuer i.H.v. 35 € entsteht auch der Mehrbetrag i.H.v. 60 € mit Ablauf des Monats Mai 2018 (§ 13 Abs. 1 Nr. 1a und Nr. 3).

11.3 Entstehung der Umsatzsteuer bei unberechtigtem Steuerausweis

Wer in einer Rechnung einen Steuerbetrag gesondert ausweist, obwohl er zum gesonderten Ausweis der Steuer **nicht berechtigt** ist (**unberechtigter Steuerausweis**), schuldet den ausgewiesenen Betrag (§ 14c Abs. 2 Satz 1). Dies betrifft vor allem Kleinunternehmer, bei denen die Umsatzsteuer nach § 19 Abs. 1 UStG nicht erhoben wird (Abschn. 14c.2 Abs. 1 Satz 2 UStAE).

Das **Gleiche** gilt, wenn jemand wie ein leistender Unternehmer abrechnet und einen Steuerbetrag gesondert ausweist, obwohl er **nicht Unternehmer** ist oder eine Lieferung oder sonstige Leistung **nicht ausführt** (§ 14c Abs. 2 Satz 2).

Die Umsatzsteuer entsteht in diesem Fall im Zeitpunkt der **Ausgabe der Rechnung** (§ 13 Abs. 1 **Nr. 3**; siehe auch BMF-Schreiben vom 02.04.2015).

> **ÜBUNG →** 1. Wiederholungsfragen 6 und 7 (Seite 343),
> 2. Fälle 7 bis 11 (Seiten 344 f.)

11.4 Entstehung der Umsatzsteuer für den innergemeinschaftlichen Erwerb

Die **Steuer entsteht** für den **innergemeinschaftlichen Erwerb** im Sinne des § 1a grundsätzlich mit **Ausstellung der Rechnung**, **spätestens** jedoch **mit Ablauf des dem Erwerb folgenden Kalendermonats** (§ 13 Abs. 1 **Nr. 6**).

> **BEISPIEL**
>
> Der **französische** Unternehmer U, Straßburg, **liefert** am **18.09.2018** eine Maschine an den **deutschen** Unternehmer A (**Monatszahler** ohne Dauerfristverlängerung), Stuttgart. Die Rechnung wird von U am **16.11.2018** erstellt.
>
> Die Umsatzsteuer (**Erwerbsteuer**) für den innergemeinschaftlichen Erwerb (§ 1a Abs. 1) **entsteht** mit Ablauf des **31.10.2018** (spätestens ein Monat nach dem Erwerb).
> A hat den innergemeinschaftlichen Erwerb in seiner Umsatzsteuer-Voranmeldung für **Oktober 2018** anzumelden.

11.5 Entstehung der Umsatzsteuer für den innergemeinschaftlichen Erwerb neuer Fahrzeuge

Die Steuer **entsteht** für den **innergemeinschaftlichen Erwerb neuer Fahrzeuge** i.S.d. **§ 1b** am **Tag des Erwerbs** (§ 13 Abs. 1 Nr. 7).

Für die **Abgabe der Steuererklärung** gelten **nicht** die **allgemeinen Fristen**. Vielmehr hat der Erwerber die Steuererklärung (**USt 1 B**) spätestens **bis zum 10. Tag nach Ablauf des Tages**, an dem die Steuer entstanden ist, abzugeben und die Steuer zu entrichten (§ 18 **Abs. 5a**).

> **BEISPIEL**
>
> Der **französische** Unternehmer U, Paris, **verkauft** am 24.09.2018 an den **deutschen** Privatmann P, Koblenz, einen neuen Pkw für 20.000 € netto. P **erhält** den Pkw am **28.09.2018**.
> Die **Rechnung** wird von U am 05.10.2018 erstellt.
>
> Die Umsatzsteuer (**Erwerbsteuer**) für den innergemeinschaftlichen Erwerb des neuen Fahrzeugs entsteht am **28.09.2018** (Tag des Erwerbs). Die Steuererklärung ist bis spätestens 08.10.2018 (28.09.2018 + zehn Tage) beim zuständigen **Wohnsitz-Finanzamt** (Koblenz) abzugeben.

11.6 Steuerschuldner nach § 13a UStG

Schuldner der Umsatzsteuer ist nach § 13a Abs. 1 in den Fällen

1. des § 1 Abs. 1 Nr. 1 und des § 14c Abs. 1 der **Unternehmer,**
2. des § 1 Abs. 1 Nr. 5 der **Erwerber,**
3. des § 6 a Abs. 4 der **Abnehmer,**
4. des § 14c Abs. 2 der **Aussteller der Rechnung,**
5. des § 25b Abs. 2 der **letzte Abnehmer,**
6. des § 4 Nr. 4a der **Auslagerer.**

11.7 Verlagerung der Steuerschuldnerschaft nach § 13b UStG

Erbringt ein Unternehmer eine Leistung, schuldet er in der Regel die **Umsatzsteuer** (§ 13a Abs. 1 Nr. 1). Wird die Leistung an einen vorsteuerabzugsberechtigten Empfänger erbracht, kann der Leistungsempfänger die **Vorsteuer** abziehen, wenn die Voraussetzungen des § 15 Abs. 1 Nr. 1 erfüllt sind. Steuerausfälle drohen, wenn der leistende Unternehmer die Umsatzsteuer nicht abführt (z. B. im Insolvenzfall) und der Leistungsempfänger die Vorsteuer geltend macht.

Derartige **Steuerausfälle** will der Gesetzgeber mithilfe des § 13b UStG **verhindern.**

Bei genau definierten Umsätzen (vgl. Leistungskatalog des § 13b Abs. 1 und 2 UStG) kommt es zu einer **Verlagerung der Steuerschuldnerschaft** (sog. „reverse charge") vom leistenden Unternehmer auf den **Leistungsempfänger** (§ 13b Abs. 5 UStG). „Vergisst" dieser die Anmeldung der Steuer, kann hierfür ein angemessenes Bußgeld erhoben werden.

Durch den Wechsel der Steuerschuld vereinigen sich **Umsatzsteuerschuld und Vorsteuerabzug beim Leistungsempfänger**.

Der Katalog der Leistungen, bei denen es zu einer Verlagerung der Steuerschuldnerschaft auf den Leistungsempfänger kommt, umfasst u. a. die folgenden Umsätze:

- sonstige Leistungen (auch Werkleistungen) eines im **übrigen Gemeinschaftsgebiet** ansässigen Unternehmers, die nach § 3a Abs. 2 UStG (B2B-Fälle) im Inland steuerpflichtig sind (§ 13b **Abs. 1**),
- Werklieferungen oder sonstige Leistungen (auch Werkleistungen) eines im **Ausland** ansässigen Unternehmers (§ 13b Abs. 2 **Nr. 1**),
- Umsätze, die unter das Grunderwerbsteuergesetz fallen (§ 13b Abs. 2 **Nr. 3**),
- **Bauleistungen** (Werklieferungen, Werkleistungen und sonstige Leistungen) eines „Bauleisters" (Bauhandwerkers) an einen anderen „Bauleister" (Bauhandwerker), der **nachhaltig** Bauleistungen erbringt (§ 13b Abs. 2 **Nr. 4** i. V. m. Abs. 5 Satz 2),
- **Reinigen von Gebäuden und Gebäudeteilen** (§ 13b Abs. 2 **Nr. 8**),
- Lieferungen von **Mobilfunkgeräten, Tablet-Computern und Spielekonsolen**, wenn die Summe der Entgelte eines wirtschaftlichen Vorgangs **mindestens 5.000 Euro** beträgt (§ 13b Abs. 2 **Nr. 10**),
- Lieferungen der in der Anlage 4 zum UStG bezeichneten Gegenstände (**Edelmetalle, unedle Metalle und Cermets**), wenn die Summe der Entgelte eines wirtschaftlichen Vorgangs **mindestens 5.000 Euro** beträgt (§ 13b Abs. 2 **Nr. 11**).

Welcher Unternehmer als im **übrigen Gemeinschaftsgebiet** oder im **Ausland ansässig** gilt, regelt § 13b **Abs. 7** UStG.

C. Umsatzsteuer

BEISPIEL

Rechtsanwalt R, Paris (F), berät im Mai 2018 Hersteller U (Sollbesteuerer und Monatszahler), Köln, in Fragen des französischen Wettbewerbsrechts gegen Honorar.

Der französische Rechtsanwalt R erbringt im Inland (§ 3a Abs. 2 UStG) eine steuerbare und steuerpflichtige sonstige Leistung (§ 13b Abs. 1 UStG). Die Umsatzsteuer für diese Leistung schuldet jedoch nicht R, sondern U als Leistungsempfänger (§ 13b Abs. 5 Satz 1 UStG). Die Steuer entsteht mit Ablauf des VZ Mai 2018 (§ 13b Abs. 1 UStG).

BEISPIEL

Ingenieur I, Bern (CH), berät im Mai 2018 Hersteller U (Sollbesteuerer und Monatszahler), Köln, in technischen Fragen gegen Honorar (Rechnungsdatum 06.07.2018).

Der Schweizer Ingenieur I erbringt im Inland (§ 3a Abs. 2 UStG) eine steuerbare und steuerpflichtige sonstige Leistung (§ 13b Abs. 2 Nr. 1 UStG). Die Umsatzsteuer für diese Leistung schuldet jedoch nicht I, sondern U als Leistungsempfänger (§ 13b Abs. 5 Satz 1 UStG). Die Steuer **entsteht** mit **Ablauf** des **Juni 2018** (§ 13b Abs. 2 UStG).

BEISPIEL

Der Bauunternehmer U (Monatszahler ohne Dauerfristverlängerung) in Kiel hat den Auftrag erhalten, in Flensburg ein Geschäftshaus zu errichten. Lieferung und Einbau der Fenster lässt U von seinem **dänischen** Subunternehmer D aus Kopenhagen im März 2018 ausführen (**Rechnungsdatum 13.04.2018**).

Der im Ausland ansässige Unternehmer D erbringt im Inland (§ 3 Abs. 7 Satz 1 UStG) eine steuerbare **Werklieferung** an U (§ 1 Abs. 1 Nr. 1 i.V.m. § 13b Abs. 2 **Nr. 1**). Die **USt** für diese Werklieferung **schuldet U** als Leistungsempfänger (§ 13b Abs. 5 Satz 1 UStG). Die USt **entsteht** am **13.04.2018**.

BEISPIEL

Der Bauunternehmer U (Monatszahler ohne Dauerfristverlängerung) in Kiel hat den Auftrag erhalten, in Flensburg ein Geschäftshaus zu errichten. Lieferung und Einbau der Fenster lässt U von seinem **deutschen** Subunternehmer S aus Rendsburg im März 2018 ausführen (**Rechnungsdatum 04.05.2018**).

Der in Deutschland ansässige Bauleister S erbringt im Inland (§ 3 Abs. 7 Satz 1 UStG) eine steuerbare **Werklieferung** (Bauleistung) an Bauleister U (§ 1 Abs. 1 Nr. 1 i.V.m. § 13b Abs. 2 **Nr. 4**). Die **USt** für diese Werklieferung (Bauleistung) **schuldet U** als Leistungsempfänger (§ 13b Abs. 5 Satz 2 UStG), weil er selbst nachhaltig Bauleistungen erbringt. Die Umsatzsteuer **entsteht** gem. § 13b Abs. 2 UStG mit **Ablauf** des **April 2018.**

Zu beachten ist, dass § 13b Abs. 2 **Nr. 1** UStG **Vorrang vor** § 13b Abs. 2 **Nr. 4** UStG hat (vgl. § 13b Abs. 2 Nr. 4 **Satz 3** UStG).

Das **Steueränderungsgesetz 2015**, welches am 25.09.2015 vom Bundestag beschlossen wurde, dehnt das Reverse-Charge-Verfahren bei Bauleistungen auf Lieferungen und Leistungen an **Betriebsvorrichtungen** aus. Ausgenommen von der Verlagerung der Steuerschuldnerschaft wurden bestimmte, von den **Körperschaften des öffentlichen Rechts** bezogene Leistungen, die sich auf ihren **hoheitlichen Bereich** beziehen. Hierzu zählen beispielsweise Strom- und Gaslieferungen oder Bauleistungen.

Das Bundesministerium der Finanzen ist durch **§ 13b Abs. 10** ermächtigt, den Umfang der Steuerschuldnerschaft des Leistungsempfängers **kurzfristig zu erweitern**, um Steuerhinterziehungen zu vermeiden (sogenannter **EU-Schnellreaktions-Mechanismus**).

ÜBUNG →
1. Wiederholungsfragen 8 bis 11 (Seite 343),
2. Fälle 12 bis 18 (Seite 345 f.)

11.8 Erfolgskontrolle

WIEDERHOLUNGSFRAGEN

1. Wann entsteht grundsätzlich die Umsatzsteuer für entgeltliche Leistungen bei der Sollbesteuerung?
2. Wann entsteht die Umsatzsteuer für unentgeltliche Leistungen?
3. Wann entsteht die Umsatzsteuer für Leistungen bei der Istbesteuerung?
4. Unter welchen Voraussetzungen kann die Istbesteuerung angewandt werden?
5. In welchen Fällen sind Anzahlungen bereits im Zeitpunkt der Vereinnahmung zu versteuern?
6. Wann entsteht die Umsatzsteuer bei unrichtigem Steuerausweis?
7. Wann entsteht die Umsatzsteuer bei unberechtigtem Steuerausweis?
8. Wann entsteht die USt für den innergemeinschaftlichen Erwerb i.S.d. § 1a und § 1b UStG?
9. Wann entsteht die Umsatzsteuer bei Verlagerung der Steuerschuldnerschaft nach § 13b Abs. 1 UStG und § 13b Abs. 2 UStG?
10. Wer ist Schuldner der Umsatzsteuer nach § 13a UStG?
11. Wer ist Schuldner der Umsatzsteuer nach § 13b UStG?

FÄLLE

FALL 1

Der Unternehmer U (Monatszahler ohne Dauerfristverlängerung), Koblenz, berechnet seine Umsatzsteuer nach vereinbarten Entgelten. U hat am 12.10.2018 Waren an den Abnehmer A in Bremen geliefert.

a) Wann entsteht die Umsatzsteuer?
b) Bis wann ist die Umsatzsteuer-Voranmeldung für diesen Umsatz zu übermitteln?
c) Wann ist die Vorauszahlung fällig?
d) Bis zu welchem Tag muss die Vorauszahlung bei der Finanzkasse eingehen, wenn ein Säumniszuschlag vermieden werden soll?

FALL 2

Der Unternehmer U (Monatszahler ohne Dauerfristverlängerung), München, der seine Umsätze nach vereinbarten Entgelten versteuert, übergibt am 28.12.2018 der Deutschen Bahn AG eine Maschine zur Beförderung an den Abnehmer A in Stuttgart. A erhält die Maschine am 04.01.2019. Die Rechnung wird am 28.12.2018 erteilt. Die Zahlung erfolgt am 04.02.2018.

Wann entsteht die Umsatzsteuer?

FALL 3

Der Unternehmer U (Vierteljahreszahler), Osnabrück, hat am 17.08.2018 Waren an den Abnehmer A geliefert.

Die Rechnung wird am 24.08.2018 erteilt. Die Zahlung erfolgt am 26.10.2018.

Wann entsteht die Umsatzsteuer

a) bei der Sollbesteuerung und
b) bei der Istbesteuerung?

FALL 4

Der Gewerbetreibende U, Köln, hat in 2017 einen Gesamtumsatz von 200.000 € erzielt.

Kann U für das Jahr 2018 einen Antrag auf Istbesteuerung stellen?

C. Umsatzsteuer

FALL 5

Der Bauunternehmer U (Monatszahler ohne Dauerfristverlängerung), Berlin, der seine Umsätze nach vereinbarten Entgelten versteuert, schließt am 04.08.2018 mit dem Privatmann P einen Werkvertrag über die Errichtung eines Einfamilienhauses ab.
Darin verpflichtet sich U aus selbstbeschafftem Material den Rohbau des Einfamilienhauses zum Preis von 87.000 € einschließlich 19 % USt bis zum 01.02.2019 fertigzustellen.
Der Rohbau wird fristgerecht am 01.02.2019 fertiggestellt und abgenommen.
U erhält im Dezember 2018 eine Anzahlung in Höhe von 29.000 € einschließlich 19 % USt und am 07.03.2019 nach Fertigstellung des Hauses den Rest in Höhe von 58.000 € einschließlich 19 % USt.

a) Wann und in welcher Höhe entsteht die Umsatzsteuer?
b) Wann ist die Umsatzsteuer fällig? (Hinweis: Anhang 4 dieses Buches)

FALL 6

Der Maschinenhersteller U (Monatszahler ohne Dauerfristverlängerung), Duisburg, der seine Umsätze nach vereinbarten Entgelten versteuert, vereinnahmt am 17.08.2018 eine Anzahlung von 5.355 € einschließlich 19 % USt auf eine noch zu liefernde Maschine. Die Maschine wird am 09.10.2018 geliefert.

a) Wann und in welcher Höhe entsteht die Umsatzsteuer?
b) Wann ist die Umsatzsteuer fällig? (Hinweis: Anhang 4 dieses Buches)

FALL 7

Der Metzgermeister U (Monatszahler ohne Dauerfristverlängerung), Dresden, der seine Umsätze nach vereinnahmten Entgelten versteuert, entnimmt am 11.05.2018 Fleischwaren aus seinem Unternehmen für seinen Privathaushalt.

a) Wann entsteht die Umsatzsteuer?
b) Wann ist die Umsatzsteuer fällig? (Hinweis: Anhang 4 dieses Buches)

FALL 8

Unternehmer U (Quartalszahler, Besteuerung nach vereinnahmten Entgelten), Mainz, hat seinen in 2017 angeschafften betrieblichen Pkw im Mai 2018 auch privat genutzt.

a) Wann entsteht die Umsatzsteuer?
b) Wann ist die Umsatzsteuer fällig? (Hinweis: Anhang 4 dieses Buches)

FALL 9

Der Unternehmer U (Monatszahler ohne Dauerfristverlängerung), Wiesbaden, der seine Umsätze nach vereinbarten Entgelten versteuert, hat am 27.04.2018 eine Rechnung mit unberechtigtem Steuerausweis ausgestellt, die er am 04.05.2018 dem Kunden A aushändigt.

a) Wann entsteht die Umsatzsteuer?
b) Wann ist die Umsatzsteuer fällig? (Hinweis: Anhang 4 dieses Buches)

FALL 10

Unternehmer U, Aachen, erhielt von einem Kunden folgende Zahlungen:

Anzahlung am 21.03.2018   5.652,50 € einschl. 19 % USt,
Anzahlung am 13.07.2018   6.009,50 € einschl. 19 % USt,
Restzahlung am 23.11.2018.

Die Lieferung erfolgt am 24.08.2018. Die Endrechnung lautet über insgesamt netto 15.000 € zuzüglich 2.850 € USt. U ist Monatszahler und versteuert nach vereinbarten Entgelten.
a) Wann entsteht die Umsatzsteuer?
b) Wann ist die Umsatzsteuer fällig? (Hinweis: Anhang 4 dieses Buches)

FALL 11

Sachverhalt wie im Fall 10 (inkl. Fragen a und b) mit dem Unterschied, dass Unternehmer U nach vereinnahmten Entgelten versteuert.

FALL 12

Der deutsche Unternehmer U (Monatszahler ohne Dauerfristverlängerung) verkauft im Voranmeldungszeitraum Januar 2018 einen Rollstuhl (Anlage 2 Nr. 51) für insgesamt 238 € und weist in der am 02.02.2018 ausgegebenen Rechnung unter Anwendung des Steuersatzes 19 % eine darin enthaltene Umsatzsteuer in Höhe von 38 € gesondert aus.

Wann und in welcher Höhe entsteht die Umsatzsteuer?

FALL 13

Der belgische Unternehmer U, Brüssel, liefert am 17.07.2018 eine Maschine an den deutschen Unternehmer A (Monatszahler ohne Dauerfristverlängerung) in Osnabrück. U erstellt die Rechnung am 18.09.2018.
a) Wann entsteht die Umsatzsteuer?
b) Wer ist Schuldner der Umsatzsteuer?
c) Wann ist die Umsatzsteuer fällig? (Hinweis: Anhang 4 dieses Buches)

FALL 14

Der französische Kraftfahrzeughändler U, Straßburg, verkauft am 16.02.2018 an den deutschen Privatmann P, Freiburg, einen neuen Pkw für 15.000 € netto.
P erhält den Pkw am 23.02.2018. Die Rechnung wird von U am 06.03.2018 erstellt.
a) Wann entsteht die Umsatzsteuer?
b) Wer ist Schuldner der Umsatzsteuer?
c) Wann ist die Umsatzsteuer fällig? (Hinweis: Anhang 4 dieses Buches)

FALL 15

Bauunternehmer U (Monatszahler ohne Dauerfristverlängerung, Sollbesteuerer), Berlin, lässt sich in 2018 vom russischen Subunternehmer P, Moskau, in Hannover einen Rohbau für 100.000 € errichten. Das Baumaterial wird von P gestellt. Der Rohbau wird am 27.12.2018 fertiggestellt und abgenommen. P erstellt seine Rechnung am 28.12.2018.
a) Wann entsteht die Umsatzsteuer?
b) Wer ist Schuldner der Umsatzsteuer?
c) Wann ist die Umsatzsteuer fällig? (Hinweis: Anhang 4 dieses Buches)

FALL 16

Rechtsanwalt R, Wien (AT), berät im März 2018 Bauunternehmer U (Monatszahler ohne Dauerfristverlängerung, Sollbesteuerer), Berlin, in Fragen des österreichischen Baurechts gegen Honorar.
a) Wann entsteht die Umsatzsteuer?
b) Wer ist Schuldner der Umsatzsteuer?
c) Wann ist die Umsatzsteuer fällig? (Hinweis: Anhang 4 dieses Buches)

FALL 17

Bauunternehmer U (Monatszahler ohne Dauerfristverlängerung, Sollbesteuerer), Berlin, lässt in 2018 den Einbau (inkl. Lieferung) der Fenster vom deutschen Fensterbaubetrieb F, Potsdam, in einen Rohbau in Berlin durchführen. Die Bauabnahme des Fenstereinbaus erfolgt am 27.12.2018. F erstellt seine Rechnung am 04.02.2019.

a) Wann entsteht die Umsatzsteuer?
b) Wer ist Schuldner der Umsatzsteuer?
c) Wann ist die Umsatzsteuer fällig? (Hinweis: Anhang 4 dieses Buches)

FALL 18

Was würde sich an der Lösung des Falls 17 ändern, wenn der Fensterbaubetrieb F mit Sitz in Polen den Einbau der von U in Deutschland selbst gekauften Fenster übernehmen würde?

Zusammenfassende Erfolgskontrolle zum 1. bis 11. Kapitel

Ermitteln Sie die (deutsche) **Umsatzsteuer** (Traglast) des Baustoffhändlers U, München, für den Monat November 2018. Gehen Sie davon aus, dass alle erforderlichen Nachweise und Belege erbracht sind. Verwenden Sie dabei die Lösungstabelle von Seite 328.

1. U liefert im November 2018 Baustoffe an Baubetriebe im Inland für brutto 285.600 €.
2. U liefert im November 2018 Baustoffe an Endverbraucher im Inland für brutto 130.900 €.
3. Unentgeltliche Entnahme von Baumaterial vom Lager München am 09.11.2018 für das Einfamilienhaus des Sohnes. Es betragen die Anschaffungskosten 29.000 €, die Wiederbeschaffungskosten 30.000 €, der Verkaufspreis brutto 46.410 €.
4. Beim Bau des Einfamilienhauses des Sohnes in München werden im November 2018 Arbeiter der Firma U unentgeltlich eingesetzt. Die anteiligen Selbstkosten betragen 2.000 €. Einem fremden Dritten hätte U dafür 2.500 € berechnet.
5. U liefert im November 2018 für 5.000 € (netto) Baustoffe, die er mit eigenem Lkw befördert, an den Abnehmer A, Zürich (Schweiz).
6. Die gesamten „Netto-Kfz-Kosten" (einschließlich anteiliger „AfA" i.S.d. § 15a Abs. 1) eines betrieblichen Pkws (Anschaffung 2017) betragen im November 2018 3.000 €. Davon entfallen lt. ordnungsgemäß geführtem Fahrtenbuch 30 % auf die private Nutzung. In den Kfz-Kosten sind enthalten: Kfz-Steuer 432 € und Kfz-Versicherung 568 €.
7. Im November 2018 werden an einen Münchener Kfz-Händler verkauft:
   1 Lkw der Firma U zum Preis von 7.140 € und
   1 Pkw der Ehefrau zum Preis von 5.800 €.
8. Im November 2018 betragen die laufenden Telefonkosten 1.000 €. Davon entfallen 10 % auf die private Nutzung.
9. U liefert im November 2018 für 7.000 € (netto) Baustoffe, die er mit eigenem Lkw befördert, an den Abnehmer A, Wien (Österreich). U und A verwenden ihre nationale USt-IdNr.
10. U liefert im November 2018 für 8.000 € (netto) Baustoffe, die er mit eigenem Lkw befördert, an den Abnehmer A, Oslo (Norwegen).
11. U hat eine in seinem Geschäftshaus gelegene Wohnung an einen Angestellten seines Betriebs vermietet. Die Novembermiete 2018 in Höhe von 1.000 € ist zum 30.11.2018 bei der Gehaltszahlung einbehalten worden.

12 Ausstellen von Rechnungen

Die Ausübung des **Vorsteuerabzugs** setzt voraus, dass der Unternehmer eine nach den §§ 14, 14a ausgestellte **Rechnung** besitzt (§ 15 Abs. 1 Nr. 1 Satz 2).

Definition

Rechnung ist jedes Dokument, mit dem über eine Lieferung oder sonstige Leistung abgerechnet wird, gleichgültig, wie dieses Dokument im Geschäftsverkehr bezeichnet wird (§ 14 Abs. 1 Satz 1).

Eine **elektronische Rechnung** ist eine Rechnung, die in einem elektronischen Format (z. B. E-Mail) ausgestellt und empfangen wird (§ 14 Abs. 1 Satz 8).

Elektronisch übermittelte Rechnung

Rechnungen können – vorbehaltlich der Zustimmung des Empfängers – auch auf **elektronischem Weg** (z. B. per Telefax oder E-Mail) übermittelt werden (§ 14 Abs. 1 Satz 7).

Nach § 14 **Abs. 1 Satz 2** sind bei der elektronischen Übermittlung der Rechnung die **Echtheit der Herkunft** und die **Unversehrtheit des Inhalts** zu gewährleisten, d. h., es muss durch irgendein Kontrollverfahren sichergestellt werden, dass die Rechnung auf dem Versandwege nicht ge- bzw. verfälscht oder verändert wurde.

Die Verwendung eines in § 14 Abs. 3 genannten Kontrollverfahrens (z. B. qualifizierte elektronische Signatur) ist **nicht verpflichtend**. Wird im Rahmen der kaufmännischen Rechnungseingangskontrolle die **inhaltliche Richtigkeit** der Rechnung **festgestellt** (bzgl. Leistender, Leistungsempfänger, Art der Leistung und Entgelt), spricht dies bereits für die Echtheit und Unversehrtheit des Dokuments. Weitergehende Kontrollen sind nicht erforderlich [vgl. auch BMF-Schreiben vom 02.07.2012, BStBl. 2012 I, S. 726 sowie vom 14.11.2014 „GoBD (Grundsätze zur ordnungsmäßigen Führung und Aufbewahrung von Büchern, Aufzeichnungen und Unterlagen in elektronischer Form sowie zum Datenzugriff)"].

Berechtigung zum Ausstellen von Rechnungen

Ein **Unternehmer**, der Leistungen nach § 1 Abs. 1 **Nr. 1** ausführt, ist nach § 14 Abs. 2 Satz 1 **Nr. 2** Satz 1 **berechtigt**, Rechnungen auszustellen.

> **BEISPIEL**
>
> Der **Möbeleinzelhändler U**, Dortmund, liefert eine Wohnzimmereinrichtung an den **Privatmann P**, ebenfalls Dortmund.
>
> U ist **berechtigt**, aber nicht verpflichtet, P eine Rechnung auszustellen.

Verpflichtung zum Ausstellen von Rechnungen

Führt ein **Unternehmer** eine Leistung an einen **anderen Unternehmer für dessen Unternehmen** oder an eine **juristische Person**, soweit sie **nicht** Unternehmer ist, aus, ist er **verpflichtet**, innerhalb von sechs Monaten nach Ausführung der Leistung eine **Rechnung auszustellen** (§ 14 Abs. 2 Satz 1 **Nr. 2** Satz 2).

> **BEISPIEL**
>
> Der **Möbelhersteller U**, München, liefert eine Wohnzimmereinrichtung an den **Möbeleinzelhändler A**, Nürnberg.
>
> U ist **verpflichtet**, über die Lieferung eine **Rechnung auszustellen**, weil die Lieferung für einen **anderen Unternehmer für dessen Unternehmen** ausgeführt worden ist.

Eine **Verpflichtung** zur Ausstellung einer Rechnung besteht **nicht**, wenn der Umsatz nach § 4 **Nrn.** 8 bis 28 steuerfrei ist (§ 14 Abs. 2 Satz 1 **Nr. 2** Satz 3).

Rechnung in Form einer Gutschrift

Eine **Gutschrift** ist eine Rechnung, die **vom Leistungsempfänger ausgestellt** wird (§ 14 Abs. 2 **Satz 2**; Abschn. 14.3 Abs. 1 Satz 1 UStAE).

Eine derartige Rechnung (Abrechnung durch den Leistungsempfänger) muss die **Bezeichnung „Gutschrift"** enthalten (§ 14 Abs. 4 Satz 1 **Nr. 10** sowie Abschn. 14.5 Abs. 24 Satz 1 UStAE).

Voraussetzung für die Wirksamkeit einer Gutschrift ist, dass die Gutschrift dem **leistenden Unternehmer** übermittelt worden ist und dieser dem ihm zugeleiteten Dokument **nicht widerspricht** (§ 14 Abs. 2 **Satz 3**). Widerspricht der Empfänger einer Gutschrift dem ihm übermittelten Dokument, verliert die Gutschrift die Wirkung einer Rechnung (BFH-Urteil vom 23.01.2013, XI R 25/11).

> **BEISPIEL**
>
> Der Maschinenhersteller A, Stuttgart, sendet seinem Handelsvertreter U (= Unternehmer), Essen, eine Provisionsgutschrift.
>
> Zwischen A und U besteht Einverständnis darüber, dass die Provision mit Gutschrift abgerechnet wird. Die Gutschrift enthält die erforderlichen Angaben nach § 14 Abs. 4.
>
> Die **Gutschrift** ist eine **Rechnung**, die vom Leistungsempfänger ausgestellt wird und der vom Empfänger der Gutschrift nicht widersprochen wird (§ 14 Abs. 2 Satz 3).

Keine Gutschrift im umsatzsteuerrechtlichen Sinne ist die im allgemeinen Sprachgebrauch ebenso bezeichnete Korrektur einer zuvor ergangenen Rechnung aufgrund einer Entgeltminderung (Abschn. 14.3 Abs. 1 Satz 6 UStAE). Hierbei handelt es sich lediglich um eine **kaufmännische Gutschrift**. Derartige „Gutschriften" sollten treffender die Bezeichnung Stornorechnung, Rabattabrechnung, Bonusabrechnung o. Ä. erhalten.

Die fehlerhafte Verwendung des Wortes Gutschrift führt nicht zwangsläufig zur Anwendung des § 14c (unberechtigter Steuerausweis).

12.1 Pflichtangaben in einer Rechnung

Nach § 14 Abs. 4 Satz 1 Nrn. 1 bis 10 muss eine Rechnung folgende Angaben enthalten:

1. vollständiger Name und vollständige Anschrift des leistenden Unternehmers und des Leistungsempfängers,
2. Steuernummer oder Umsatzsteuer-Identifikationsnummer des leistenden Unternehmers,
3. Ausstellungsdatum,
4. fortlaufende Nummer (Rechnungsnummer),
5. Menge und Art (**handelsübliche Bezeichnung**) der gelieferten Gegenstände oder Umfang und Art der sonstigen Leistung,
6. Zeitpunkt der Leistung,
7. Entgelt und im Voraus vereinbarte Entgeltminderung,
8. Steuersatz sowie den auf das Entgelt entfallenden Steuerbetrag oder Hinweis auf eine Steuerbefreiung,
9. Hinweis auf Aufbewahrungspflicht in bestimmten Fällen,
10. Angabe „Gutschrift" (bei Ausstellung der Rechnung durch den Leistungsempfänger).

12 Ausstellen von Rechnungen

Einzelheiten zu den Pflichtangaben in einer Rechnung siehe Abschn. 14.5 UStAE.

Voraussetzung für den **Vorsteuerabzug** ist, dass der Leistungsempfänger im Besitz einer nach den §§ 14 bzw. 14a ausgestellten Rechnung ist (§ 15 Abs. 1 Satz 1 Nr. 1).

Der **Leistungsempfänger** hat die in der Rechnung enthaltenen **Angaben** auf ihre **Vollständigkeit** und **Richtigkeit zu überprüfen** (Abschn. 15.2a Abs. 6 Satz 1 UStAE). So muss gemäß Urteil des EuGH vom 15.11.2017 die **vollständige Anschrift** des Leistungsempfängers auf der Rechnung enthalten sein, d.h. der Ort, an dem dieser **grundsätzlich erreichbar** ist und nicht zwangsläufig dort, wo er seine wirtschaftliche Tätigkeit ausführt.

Die Überprüfung der **Richtigkeit der Steuernummer** oder der **inländischen USt-IdNr.** und der **Rechnungsnummer** ist dem Rechnungsempfänger **regelmäßig nicht möglich**. Ist **eine dieser Angaben unrichtig** und konnte der Unternehmer dies nicht erkennen, bleibt der **Vorsteuerabzug erhalten**, wenn im Übrigen die Voraussetzungen für den Vorsteuerabzug gegeben sind (Abschn. 15.2a Abs. 6 Sätze 4 und 5 UStAE).

Eine **detaillierte Darstellung** der erbrachten Dienstleistung und eine **handelsübliche Bezeichnung** der gelieferten Gegenstände ist für die Ermittlung des korrekten Steuersatzes und zum Vorsteuerabzug **unerlässlich**. Für den Vorsteuerabzug sind nicht nur die wesentlichen Rechnungsmerkmale, sondern auch die **Informationen des Steuerpflichtigen** zu berücksichtigen (EuGH-Urteil vom 15.09.2016).

Verwendet der Rechnungsersteller in einer ansonsten einwandfreien Gutschrift einen nicht amtlichen Begriff, bleibt der Vorsteuerabzug des Leistungsempfängers trotzdem erhalten, wenn die verwendete Bezeichnung hinreichend eindeutig ist (z.B. Eigenfaktura, vgl. auch Abschn. 14.5 Abs. 24 Satz 4 UStAE).

BEISPIEL

Unternehmerin Beate Süß hat ihrem Kunden Sauer folgende Rechnung erteilt:

❶ *Beate Süß, Lebensmittelhandel, Löhsstr. 10, 56068 Koblenz*

❶ Herrn
Heinrich Sauer
Magdeburger Str. 13
56075 Koblenz

Rechnung

❹ Rechnungs-Nr.: 2018/256
❷ Steuer-Nr.: 22/220/1042/7
❸ Ausstellungsdatum: 13.11.18

❻ Sie erhielten am 09.11.2018

❺
Menge	Artikelbezeichnung	Preis/kg	Entgelt
10 kg	Zucker	0,90 €	9,00 €
10 kg	Mehl	0,75 €	7,50 €
		❼	16,50 €
	❽ + 7 % USt		1,16 €
	insgesamt		17,66 €

§ 14 Abs. 4 Satz 1 Nr. 9 ist nicht erforderlich, weil kein Fall des § 14b Abs. 1 Satz 5 vorliegt. § 14 Abs. 4 Satz 1 Nr. 10 ist nicht erforderlich, weil keine Gutschrift vorliegt.

C. Umsatzsteuer

Wird eine Leistung **verbilligt oder unentgeltlich** abgegeben, sind in der Abrechnung die **Bemessungsgrundlage i. S. d. § 10 Abs. 4** (z.B. Wiederbeschaffungskosten) **und** der darauf entfallende **Steuerbetrag** anzugeben (§ 14 Abs. 4 Satz 2).

In einer **Endrechnung**, mit der ein Unternehmer über die ausgeführte Leistung **insgesamt** abrechnet, sind die **vor** der Ausführung der Leistung vereinnahmten Entgelte oder Teilentgelte sowie die hierauf entfallenden Steuerbeträge gesondert auszuweisen, wenn über diese Entgelte oder Teilentgelte Rechnungen mit gesondertem Steuerausweis erteilt worden sind.

Bei der optischen Gestaltung der Endrechnung kann der Rechnungsaussteller zwischen alternativen Abrechnungsformen wählen (vgl. hierzu auch die Beispiele des Abschn. 14.8 Abs. 7 und 8 UStAE).

BEISPIEL

Unternehmer U hat seinem Kunden A folgende Anzahlungsrechnung (Auszug) **vor** Ausführung der Leistung zugesandt, die A beglichen hat:

	Teilentgelt	10.000,00 €
+	USt	1.900,00 €
	insgesamt	**11.900,00 €**

Nach Ausführung der Leistung erteilt U seinem Kunden A folgende **Endrechnung** (Auszug):

Entgelt der gesamten Leistung			20.000,00 €
zuzüglich 19 % USt			3.800,00 €
Bruttobetrag			23.800,00 €
abzüglich Anzahlung	10.000 €		
zuzüglich 19 % USt	1.900 €	−	11.900,00 €
Restzahlung			11.900,00 €

12.2 Rechnungen über Umsätze mit verschiedenen Steuersätzen

In einer Rechnung über Lieferungen oder sonstige Leistungen, die **verschiedenen Steuersätzen** unterliegen, sind die **Entgelte nach Steuersätzen aufzuschlüsseln** (§ 14 Abs. 4 Satz 1 **Nr. 7**).

BEISPIEL

Rechnungsauszug:

Menge	Artikelbezeich-nung	Stück-preis	Entgelt		USt	
					19 %	7 %
10 Fl.	Wein	10,00 €	100 €			
50 Fl.	Apfelsaft	1,20 €	60 €	160,00 €	30,40 €	
10 kg	Zucker	0,90 €	9 €			
10 kg	Kaffee	8,00 €	80 €	89,00 €		6,23 €
				249,00 €	30,40 €	6,23 €
			+ USt	36,63 €		
			Rechnungsbetrag	285,63 €		

Wird der Steuerbetrag durch **Maschinen automatisch** ermittelt und durch diese in der Rechnung angegeben, so ist der **Ausweis des Steuerbetrags in einer Summe** zulässig, wenn für die einzelnen Posten der Rechnung der **Steuersatz** angegeben wird (§ 32 UStDV).

BEISPIEL

Rechnungsauszug:

Menge	Artikelbezeichnung	Stückpreis	Entgelt	USt [1)]
10 Fl.	Wein	10,00 €	100,00 €	1
10 kg	Zucker	0,90 €	9,00 €	2
10 kg	Mehl	0,75 €	7,50 €	2
200 Pck.	Zigaretten	3,00 €	600,00 €	1
			716,50 €	
		+ USt	134,16 €	
		Rechnungsbetrag	850,66 €	

[1)] 1 = allgemeiner Steuersatz
2 = ermäßigter Steuersatz

ÜBUNG → 1. Wiederholungsfragen 1 bis 4 (Seite 356),
2. Fälle 1 und 2 (Seite 357)

Sowohl der Rechnungsaussteller als auch der Rechnungsempfänger haben i. d. R. die **Rechnungen zehn Jahre** aufzubewahren. Nach § 14b Abs. 2 Satz 2 UStG gilt die zehnjährige Aufbewahrungspflicht **auch** für **elektronische Rechnungen**.

12.3 Zusätzliche Pflichten beim Ausstellen von Rechnungen in besonderen Fällen (§ 14a UStG)

§ 14a UStG regelt die **zusätzlichen Pflichten** bei der Ausstellung von Rechnungen **in besonderen Fällen**. **§ 14a ergänzt § 14**. Soweit nichts anderes bestimmt ist, bleiben die Regelungen des § 14 unberührt. Dies schließt die nach § 14 Abs. 4 geforderten Angaben ein (Abschn. 14a.1 Abs. 1 UStAE).

Zu den **besonderen Fällen** gehören:

- sonstige Leistungen i. S. d. § 3a Abs. 2 UStG, für die der Leistungsempfänger die Steuer nach § 13b Abs. 1 und Abs. 5 Satz 1 UStG schuldet,
- Lieferungen im Sinne des § 3c,
- **innergemeinschaftliche Lieferungen** (§ 6a),
- innergemeinschaftliche Lieferungen neuer Fahrzeuge (§§ 2a, 6a),
- Fälle der Steuerschuldnerschaft des Leistungsempfängers (§ 13b Abs. 2),
- Besteuerung von Reiseleistungen (§ 25),
- Differenzbesteuerung (§ 25a) und
- innergemeinschaftliche Dreiecksgeschäfte (§ 25b).

C. Umsatzsteuer

Darüber hinaus ist Folgendes zu beachten:

- Eine Rechnung über eine **innergemeinschaftliche Lieferung** von **neuen Fahrzeugen** muss nach § 14a Abs. 4 in jedem Fall die in § 1b Abs. 2 und 3 bezeichneten **Merkmale** enthalten (Abschn. 14a.1 Abs. 6 UStAE).

- Eine Rechnung über eine **Leistung i. S. d. § 13b Abs. 2** muss die Angabe „**Steuerschuldnerschaft des Leistungsempfängers**" enthalten (§ 14a **Abs. 5**).

- Eine Rechnung über eine **Reiseleistung** (§ 25) muss die Angabe „**Sonderregelung für Reisebüros**" enthalten. Im Falle der **Differenzbesteuerung** (§ 25a) muss die Angabe „Gebrauchtgegenstände/Sonderregelung", „Kunstgegenstände/Sonderregelung" oder „Sammlungsstücke und Antiquitäten/Sonderregelung" enthalten sein (§ 14a Abs. 6).

Innergemeinschaftliche Lieferungen

Führt der **Unternehmer** eine **innergemeinschaftliche Lieferung** aus, ist er zur **Ausstellung einer Rechnung bis zum 15. Tag des der Leistung folgenden Monats verpflichtet** (§ 14a Abs. 3 **Satz 1**), in der er auf die Steuerfreiheit hinweist (Abschn. 14a.1 Abs. 2 Satz 1 UStAE). Der leistende Unternehmer hat gemäß § 14a Abs. 3 **Satz 2** in seiner Rechnung die folgenden **zusätzlichen Angaben** zu machen:

- ❶ **Umsatzsteuer-Identifikationsnummer** des **Unternehmers** und
- ❷ **Umsatzsteuer-Identifikationsnummer** des **Leistungsempfängers**.

Olivier Vergniolle, Textiles, 6 Rue Napoléon, Paris

❶ Numéro d´identification: FR 128335655

Herrn
Textilkaufmann E. Kühlenthal
Karthäuserhofweg 30
56075 Koblenz

❷ **USt-IdNr.: DE 149637654**

Rechnung

Steuer-Nr.: 12/345/6789
Rechnungs-Nr.: 13/1687
Sie erhielten am 08.10.2018   Ausstellungsdatum: 09.10.18

Menge	Artikelbezeichnung	Stückpreis	Entgelt
50 Stück	Damenmäntel	200 €	**10.000,00 €**

Die innergemeinschaftliche Lieferung ist steuerfrei.

12.4 Rechnungen mit unrichtigem und unberechtigtem Steuerausweis

12.4.1 Rechnungen mit unrichtigem Steuerausweis

Hat der Unternehmer in einer Rechnung für eine Leistung einen **höheren** Steuerbetrag gesondert ausgewiesen (unrichtiger Steuerausweis), als er nach dem UStG für den Umsatz schuldet, so **schuldet** er auch den **Mehrbetrag** (§ 14c Abs. 1 **Satz 1**).

Der Unternehmer hat die **Möglichkeit**, den zu hoch ausgewiesenen Steuerbetrag gegenüber dem Leistungsempfänger **zu berichtigen** (§ 14c Abs. 1 **Satz 2** und Abschn. 14c.1 Abs. 5 UStAE).

BEISPIEL

Der Unternehmer U liefert dem vorsteuerabzugsberechtigten Einzelhändler A Waren, die dem **ermäßigten** Steuersatz unterliegen. U berechnet **19 % USt statt 7 %**:

	Lebensmittel	1.000 €
+	19 % USt	190 €
		1.190 €

U **schuldet** insgesamt **190 €** Umsatzsteuer. Diese 190 € USt setzen sich aus 70 € gesetzlich geschuldeter USt (§ 13 Abs. 1) und 120 € zu hoch ausgewiesener USt (§ 14c) zusammen. Möchte U seine fehlerhafte **Rechnung berichtigen**, stehen ihm grundsätzlich die beiden folgenden Korrekturalternativen zur Verfügung (vgl. Bsp. Abschn. 14c.1 Abs. 5 UStAE):

(1) U lässt den **Nettobetrag unverändert** und korrigiert den fehlerhaften Steuersatz. In diesem Fall schuldet U 70 € USt (7 % von 1.000 €).

(2) U lässt den **Bruttobetrag unverändert** und korrigiert den fehlerhaften Steuersatz. In diesem Fall schuldet U 77,85 € USt (1.190 € : 1,07 x 0,07).

Hat der Unternehmer in einer Rechnung für eine Leistung einen **niedrigeren** Steuerbetrag gesondert ausgewiesen, als er nach dem UStG für den Umsatz schuldet, so **schuldet** er die **Steuer, die sich unter Berücksichtigung des zutreffenden Steuersatzes ergibt**. Die Umsatzsteuer ist in solchen Fällen aus dem **Bruttobetrag** herauszurechnen (Abschn. 14c.1 Abs. 9 UStAE).

12.4.2 Rechnungen mit unberechtigtem Steuerausweis

Wer in einer Rechnung einen Steuerbetrag gesondert ausweist, obwohl er zum gesonderten Ausweis der Steuer **nicht berechtigt** ist (z.B. unberechtigter Steuerausweis durch einen Kleinunternehmer), **schuldet** den **ausgewiesenen Betrag** (§ 14c Abs. 2 **Satz 1**).

Das Gleiche gilt, wenn jemand wie ein leistender Unternehmer abrechnet und einen Steuerbetrag gesondert ausweist, obwohl er **nicht Unternehmer** ist oder eine Lieferung oder sonstige Leistung **nicht ausführt** (§ 14c Abs. 2 **Satz 2**).

BEISPIEL

Der **Privatmann P** stellt dem Kfz-Händler **U**, Bonn, eine Rechnung über die Lieferung eines gebrauchten Pkws aus (Auszug):

	Pkw	5.000 €
+	**19 % USt**	**950 €**
		5.950 €

P (= **Nichtunternehmer**) schuldet 950 € USt (§ 14c Abs. 2 **Satz 2** und Abschn. 14c.2 UStAE).

Der nach § 14c Abs. 2 Satz 1 und Satz 2 geschuldete Steuerbetrag **kann berichtigt** werden, **soweit die Gefährdung des Steueraufkommens beseitigt** wurde (§ 14c Abs. 2 Satz 3). Die **Gefährdung des Steueraufkommens ist beseitigt**, wenn ein Vorsteuerabzug beim Empfänger der Rechnung nicht durchgeführt oder die geltend gemachte Vorsteuer an die Finanzbehörde zurückgezahlt wurde (§ 14c Abs. 2 **Satz 4**).

Das BMF vertritt in seinem Schreiben vom 07.10.2015 die Auffassung, dass bei erfolgter Vereinnahmung des (falschen) Rechnungsbetrags durch den Zahlungsempfänger die Berichtigung der Rechnung erst dann als durchgeführt gilt, wenn die **Erstattung auch tatsächlich erfolgt** ist. Wird der Gesamtbetrag in der korrigierten Rechnung nicht verändert, so ist die Rechnungsberichtigung auch ohne Rückzahlung anzuerkennen.

Durch das **Steueränderungsgesetz 2015** wurde klargestellt, dass der Zeitpunkt der Ausgabe der fehlerhaften Rechnung als **Zeitpunkt der Entstehung der Steuer** gilt (§ 13 Abs. 1 Nr. 3, Abschn. 13.7 UStAE).

Der Schuldner des unberechtigt ausgewiesenen Betrags hat die **Berichtigung** des geschuldeten Steuerbetrags bei dem für seine Besteuerung zuständigen Finanzamt gesondert **schriftlich zu beantragen**. Diesem Antrag hat er ausreichende Angaben über die Identität des Rechnungsempfängers beizufügen. Das Finanzamt des Schuldners des unberechtigt ausgewiesenen Betrags hat durch Einholung einer Auskunft beim Finanzamt des Rechnungsempfängers zu ermitteln, in welcher Höhe und wann ein unberechtigt in Anspruch genommener Vorsteuerabzug durch den Rechnungsempfänger zurückgezahlt wurde.

Nach Einholung dieser Auskunft teilt das Finanzamt des Schuldners des unberechtigt ausgewiesenen Betrags diesem mit, für welchen Besteuerungszeitraum und in welcher Höhe die Berichtigung des geschuldeten Steuerbetrags vorgenommen werden kann. Die Berichtigung des geschuldeten Steuerbetrags ist in entsprechender Anwendung des § 17 Abs. 1 für den Besteuerungszeitraum vorzunehmen, in dem die Gefährdung des Steueraufkommens beseitigt worden ist (§ 14c Abs. 2 **Satz 5**, Abschn. 14c.2 Abs. 5 UStAE).

Um festzustellen, ob bei einer Abrechnung beispielsweise an einen Nichtunternehmer mittels Gutschriftverfahren ein unberechtigter Steuerausweis erfolgt ist, müssen gemäß BFH-Urteil vom 16.03.2017 weitere Unterlagen (z. B. Vertrag) zur Prüfung herangezogen werden.

Mit Urteil vom 30.06.2015 entschied der BFH, dass im Falle einer Rechnung mit unrichtigem Steuerausweis und gleichzeitiger Insolvenz des Rechnungsausstellers dem Leistungsempfänger trotzdem die Vorsteuer erstattet werden kann, auch wenn der Rechnungsaussteller den offenstehenden Betrag nicht mehr ausgleichen kann (Billigkeitsweg).

Der Europäische Gerichtshof hat mit Urteil vom 15.09.2016 entschieden, dass eine Rechnungsberichtigung rückwirkend auf den Zeitpunkt der ursprünglichen Rechnungsausstellung erfolgen darf. Dieses Urteil wurde vom BFH mit Urteil vom 20.10.2016 präzisiert.

ÜBUNG →	1. Wiederholungsfragen 5 bis 8 (Seite 356), 2. Fälle 3 bis 5 (Seite 357 f.)

12.5 Rechnungen über Kleinbeträge

Kleinbetragsrechnungen sind Rechnungen, deren **Gesamtbetrag** (Bruttobetrag, d. h. Entgelt + USt) **250 Euro** (bis 31.12.2016 150 Euro) **nicht übersteigt** (§ 33 UStDV). Kleinbetragsrechnungen brauchen **nicht alle** in § 14 geforderten Angaben zu enthalten.

Die Anhebung der Grenze für Kleinbetragsrechnungen erfolgte durch das **Zweite Bürokratieentlastungsgesetz**, dem der Bundesrat am 12.05.2017 zugestimmt hat. Die Anhebung trat **rückwirkend ab dem 01.01.2017** in Kraft.

Es genügt, wenn die **Kleinbetragsrechnung** folgende **Angaben** enthält (§ 33 **Satz 1** UStDV):

1. den vollständigen **Namen** und die vollständige **Anschrift** des **leistenden Unternehmers,**
2. das **Ausstellungsdatum,**
3. die **Menge** und die **Art** der gelieferten Gegenstände **oder** den **Umfang** und die **Art** der sonstigen Leistung und
4. das **Entgelt** und den darauf entfallenden **Steuerbetrag** für die Lieferung oder sonstige Leistung **in einer Summe** sowie den anzuwendenden **Steuersatz oder** im Fall einer Steuerbefreiung einen Hinweis darauf, dass für die Lieferung oder sonstige Leistung eine **Steuerbefreiung** gilt.

Bei korrekt ausgestellten Kleinbetragsrechnungen kann der Unternehmer (Leistungsempfänger) den **Vorsteuerabzug** in Anspruch nehmen (**§ 35 Abs. 1 UStDV**).

Fehlt eine der vier Angaben in der Kleinbetragsrechnung, so darf der Rechnungsempfänger die **Vorsteuer nicht in Abzug bringen**.

Der **Leistungsempfänger darf** bei Kleinbetragsrechnungen die **Umsatzsteuer** (= Vorsteuer) aus dem Bruttobetrag **selbst herausrechnen** (vgl. auch Abschn. 15.4 UStAE).

Die Vorschriften über die **Kleinbetragsrechnungen** nach § 33 Satz 1 und Satz 2 UStDV gelten **nicht** für Rechnungen über Leistungen **i.S.d. §§ 3c, 6a und 13b UStG** (§ 33 **Satz 3** UStDV und Abschn. 14.6 UStAE).

Weist ein **Kleinunternehmer** in einer ansonsten ordnungsgemäß ausgestellten Kleinbetragsrechnung einen Steuerbetrag aus, schuldet er grundsätzlich die unberechtigt ausgewiesene Steuer (§ 19 Abs. 1 Satz 4 i.V.m. § 14c Abs. 2 Satz 1).

ÜBUNG →
1. Wiederholungsfrage 9 (Seite 356),
2. Fälle 6 und 7 (Seite 358)

12.6 Fahrausweise als Rechnungen

Eine **ähnliche Erleichterung** wie für Kleinbetragsrechnungen gibt es für **Fahrausweise** (§ 34 UStDV).

Fahrausweise, die für die **Beförderung von Personen** ausgegeben werden, gelten als **Rechnungen** im Sinne des § 14, wenn sie mindestens die folgenden **Angaben** enthalten:

1. den vollständigen **Namen** und die vollständige **Anschrift** des **Unternehmers, der die Beförderungsleistung ausführt** (§ 31 Abs. 2 UStDV ist entsprechend anzuwenden),
2. das **Ausstellungsdatum,**
3. das **Entgelt** und den darauf entfallenden **Steuerbetrag in einer Summe,**
4. den anzuwendenden **Steuersatz**, wenn die Beförderungsleistung **nicht** dem **ermäßigten** Steuersatz nach § 12 Abs. 2 Nr. 10 UStG unterliegt. Auf Fahrausweisen der Eisenbahnen (z.B. Deutsche Bahn AG) kann **an Stelle** des **Steuersatzes** die **Tarifentfernung angegeben werden**. Und
5. im Fall der Anwendung des § 26 Abs. 3 UStG ein **Hinweis** auf die grenzüberschreitende Beförderung von Personen im **Luftverkehr**.

Da Fahrausweise den Rechnungen i.S.d. § 14 gleichgestellt sind, berechtigen sie zum **Vorsteuerabzug**, sofern die übrigen Tatbestandsvoraussetzungen des § 15 erfüllt sind (**§ 35 Abs. 2 UStDV**).

Die Anwendung der Erleichterung des **§ 34 UStDV** erstreckt sich nicht nur auf den Schienenverkehr, sondern auch auf die **Personenbeförderung im Linienverkehr** (zu Land und in der Luft).

Online-Fahrausweise stellen elektronisch übermittelte Rechnungen dar.

Keine Fahrausweise sind Rechnungen über die Benutzung eines Taxis oder Mietwagens (Abschn. 14.7 Abs. 1 Satz 4 UStAE). Hierbei sind i.d.R. die Bestimmungen über Kleinbetragsrechnungen zu beachten.

> **ÜBUNG →**
> 1. Wiederholungsfrage 10 (Seite 356),
> 2. Fälle 8 und 9 (Seite 358)

12.7 Zusammenfassung und Erfolgskontrolle

12.7.1 Zusammenfassung

- Der Unternehmer, der Leistungen ausführt, ist **berechtigt** und in bestimmten Fällen **verpflichtet**, Rechnungen auszustellen.
- Die Rechnungen müssen inhaltlich den **Anforderungen des § 14 Abs. 4** genügen.
- Für **Kleinbetragsrechnungen** und **Fahrausweise** gibt es hinsichtlich ihres Inhalts **Erleichterungen** (§§ 33 und 34 UStDV).
- Bei **zu hohem** Steuerausweis schuldet der Unternehmer auch den Steuermehrbetrag, bei **zu niedrigem** Steuerausweis schuldet er die gesetzlich vorgeschriebene Steuer. In beiden Fällen besteht **Berichtigungsmöglichkeit**.
- Bei **unberechtigtem Steuerausweis**, d.h., wenn überhaupt keine Leistung ausgeführt wurde oder der Rechnungsaussteller zum gesonderten Steuerausweis nicht berechtigt ist, kann **nur berichtigt** werden, **soweit die Gefährdung des Steueraufkommens beseitigt** worden ist.

12.7.2 Erfolgskontrolle

WIEDERHOLUNGSFRAGEN

1. Was versteht man umsatzsteuerlich unter einer Rechnung?
2. Was versteht man unter einer elektronischen Rechnung i.S.d. § 14 Abs. 1 Satz 8 UStG?
3. In welchen Fällen darf bzw. muss der leistende Unternehmer eine Rechnung ausstellen?
4. Welche Angaben muss eine den gesetzlichen Anforderungen entsprechende Rechnung enthalten?
5. Was muss der Rechnungsaussteller bei Anzahlungs- und Endrechnungen beachten?
6. Was muss der Rechnungsaussteller bei Rechnungen im Rahmen des § 13b beachten?
7. Was muss der Rechnungsaussteller in den Fällen der Differenzbesteuerung beachten?
8. Welche Rechtsfolge ergibt sich, wenn der Unternehmer in einer Rechnung die Umsatzsteuer fehlerhaft ausweist?
9. Unter welchen Voraussetzungen liegt eine Kleinbetragsrechnung vor?
10. Unter welchen Voraussetzungen gilt ein Fahrausweis als Rechnung?

12 Ausstellen von Rechnungen

FÄLLE

FALL 1

Die Buchhandlung Reuffel, Löhrstr. 92, 56068 Koblenz, Steuernummer 22/220/1048/8, Rechnungsnummer 13/788, verkauft am 17.10.2018 an Steuerberater Werner Wimmer, Löhrstr. 45, 56068 Koblenz, die folgenden Bücher zu folgenden Ladenpreisen:

Bornhofen, Steuerlehre 2, 38. Auflage 2018	22,99 €
Bornhofen, Buchführung 2, 29. Auflage 2018	22,99 €
Bornhofen, Steuerlehre 1, 39. Auflage 2018	22,99 €
Bornhofen, Buchführung 1, 30. Auflage 2018	22,99 €

Schreiben Sie für die Buchhandlung Reuffel eine ordnungsgemäße Rechnung, die den gesetzlichen Anforderungen entspricht. Schreiben Sie keine Kleinbetragsrechnung i.S.d. § 33 Satz 1 UStDV, obwohl dies rechtlich möglich wäre.

FALL 2

Bauunternehmer U, Kassel, hat Holzhändler A, Kassel, eine neue Lagerhalle für 208.250 € (175.000 € + 33.250 € USt) errichtet (Fertigstellung 12/2018).
U hat A folgende Abschlagsrechnungen ausgestellt:

am 24.08.2018	11.900 € einschließlich 19 % USt,
am 21.09.2018	26.775 € einschließlich 19 % USt,
am 19.10.2018	60.095 € einschließlich 19 % USt.

A hat die geforderten Abschlagszahlungen pünktlich – wie vereinbart – jeweils 8 Tage nach Rechnungserhalt geleistet. Die Restzahlung ist am 7. Dezember 2018 fällig.
U hat in den Abschlagsrechnungen die Umsatzsteuer gesondert ausgewiesen.

Erstellen Sie eine betragsmäßig korrekte Endrechnung und geben Sie an, wann die jeweiligen Umsatzsteuerbeträge im Rahmen der Besteuerung nach vereinbarten Entgelten entstehen.

FALL 3

Der Tapetenhändler U, Frankfurt, hat im November 2018 dem Privatmann P, Wiesbaden, Tapeten für brutto 476 € verkauft. P wünscht eine ordnungsgemäße Rechnung. Die Rechnung des U lautet:

Tapeten, netto	400,00 €
+ 19 % USt	76,00 €
	476,00 €

Muss U eine den gesetzlichen Anforderungen entsprechende Rechnung ausstellen?

FALL 4

Der Antiquitätenhändler U, Essen, hat im August 2018 von dem Privatmann P eine wertvolle Truhe für 4.760 € gekauft. Auf Verlangen des U stellt P eine Rechnung mit gesondertem Steuerausweis aus:

Truhe, netto	4.000,00 €
+ 19 % USt	760,00 €
	4.760,00 €

Beurteilen Sie den Fall aus umsatzsteuerlicher Sicht.

C. Umsatzsteuer

FALL 5

Der Bürobedarfshändler U, Bonn, hat im September 2018 einem Kunden einen Bürostuhl geliefert und eine Rechnung (Auszug) ausgestellt über

Bürostuhl, netto	200,00 €
+ USt	40,00 €
	240,00 €

Prüfen Sie die Ordnungsmäßigkeit der vorliegenden Rechnung. Unterstellen Sie, dass die nicht diesen Teil der Rechnung betreffenden Angaben des U den Anforderungen des § 14 UStG entsprechen.

FALL 6

Der Schreibwarenhändler Andreas Dominitzki, Mainz, liefert an den Rechtsanwalt A Schreibpapier für dessen Kanzlei. Die Rechnung des Schreibwarenhändlers lautet:

> *Schreibwarenhandlung Andreas Dominitzki, Kreuzschanze 10, 55131 Mainz*
>
> 17.12.2018
>
> Büromaterial **257,00 €**
>
> Im Rechnungsbetrag sind 19 % USt enthalten.

Prüfen Sie die Ordnungsmäßigkeit der vorliegenden Rechnung.

FALL 7

Der Unternehmer Ewert kauft beim Schreibwarenhändler Kretzer, Hannover, einen Taschenrechner zum Preis von 25 € für seinen Betrieb. Der Verkäufer gibt dem Käufer einen Kassenzettel (Postkartengröße), auf dem Kretzers Firmenstempel, der Kauftag, der Bruttopreis, der Steuersatz von 19 % und die Bezeichnung des Kaufgegenstandes zu lesen sind.

Prüfen Sie, ob eine Kleinbetragsrechnung vorliegt.

FALL 8

Eine Fahrkarte der Deutschen Bahn AG, ausgestellt am 17.08.2018, weist neben dem Preis von 103 € eine Tarifentfernung von 550 km aus. Die Angabe des Steuersatzes fehlt.
a) Prüfen Sie, ob die Fahrkarte als Rechnung i. S. d. § 14 angesehen werden kann.
b) Wie viel Umsatzsteuer sind in diesem Fahrpreis enthalten?

FALL 9

Der Unternehmer Becker fährt im Dezember 2018 zu einem Kunden mit der Deutschen Bahn AG von Koblenz nach Wiesbaden. Auf der Fahrkarte sind die Tarifentfernung von 92 km und der Fahrpreis von 36 € angegeben.

In Wiesbaden nimmt Becker für die Fahrt vom Bahnhof zu den Geschäftsräumen des Kunden ein Taxi. Auf der Quittung des Taxifahrers steht der vollständige Name des Taxiunternehmers und dessen vollständige Anschrift, der Fahrpreis 10 €, der Steuersatz 7 %, Datum und Unterschrift des Fahrers. Beckers Name steht nicht auf der Quittung.

a) Wie viel Umsatzsteuer hat Becker insgesamt gezahlt?
b) Prüfen Sie die Rechnungseigenschaften der vorliegenden Belege.

 Weitere Fälle mit Lösungen zum Ausstellen von Rechnungen finden Sie im **Lösungsbuch** der Steuerlehre 1.

Zusammenfassende Erfolgskontrolle zum 1. bis 12. Kapitel

Ermitteln Sie die **Umsatzsteuer** (Traglast) des Steuerpflichtigen Willi Haas, Lahnstein, für den Monat November 2018. Verwenden Sie dabei die Lösungstabelle von Seite 328.

Willi Haas ist Eigentümer eines Gebäudes in Lahnstein 1, das er in 2017 hergestellt hat. Das Gebäude hat er in vollem Umfang seinem Unternehmen zugeordnet. Die Vorsteuer des Gebäudes hat er – soweit zulässig – abgezogen. Dieses Gebäude wird wie folgt genutzt:

a) Im Erdgeschoss befindet sich die eigene Metzgerei mit Ladengeschäft,
b) das 1. Obergeschoss ist an einen Notar vermietet, der dort seine Büros hat,
c) das 2. Obergeschoss ist an einen Steuerberater vermietet, der dort seine Praxis hat,
d) im 3. Obergeschoss wohnt er selbst mit seiner Familie.

Außer der Metzgerei hat Haas ein Hotel mit Restaurant. Hotel und Restaurant befinden sich in gemieteten Räumen in Lahnstein 2.

Haas hat auf die Steuerbefreiung nach § 4 Nr. 12a verzichtet, soweit dies nach § 9 zulässig gewesen ist.

Er unterliegt der Regelbesteuerung nach vereinbarten Entgelten.

Die erforderlichen Belege und Aufzeichnungen liegen vor.

Metzgerei

1. Einnahmen aus dem Verkauf von Fleisch und Wurstwaren   45.154 €
2. Einnahmen aus dem Verkauf von Bier und Cola in Dosen   297 €
3. Lieferungen von Speisen mit Standardspeisen der Anlage 2 zum UStG im Rahmen des eigenen Party-Service (brutto)   1.177 €
 Davon wurden 513 € erst im Dezember 2018 beglichen.
 Weitere Service-Dienstleistungen wurden nicht erbracht.
4. Für die Lieferungen von Fleisch- und Wurstwaren an das Restaurant im November 2018 gingen auf dem Bankkonto der Metzgerei ein   37.450 €
 Die Buchführung für beide Betriebe wird getrennt geführt.
5. Im August 2018 wurden durch einen Brand in der Wurstküche Waren und Maschinen vernichtet. Da kein Fremdverschulden vorlag, erstattete die Versicherung im November 2018   2.907 €
6. Haas schenkte am 28.11.2018 einem befreundeten Ehepaar aus Braubach zur Silbernen Hochzeit einen Präsentkorb, der nur Waren der Anlage 2 zum UStG enthielt. Selbstkosten   200 €
 Verkaufswert (brutto)   350 €
7. Am 07.11.2018 schenkte Haas seiner Tochter zu Beginn ihres Studiums einen 3 Jahre alten Pkw mit Berechtigung zum Vorsteuerabzug, den er bisher zu 80 % betrieblich nutzte und der zum Unternehmensvermögen der Metzgerei gehörte.
 Buchwert am Tag der Schenkung   2.500 €
 Wiederbeschaffungskosten am 6. November 2018   5.000 €

C. Umsatzsteuer

8. Für den Verkauf seines privaten Klaviers wurden am
   27.11.2018 bar in der Geschäftskasse vereinnahmt — 3.420 €

9. Haas nutzte den betrieblichen Pkw (Anschaffung 2017)
   lt. Fahrtenbuch zu 30 % für Privatfahrten im Inland. Die
   Kfz-Kosten, für die der Vorsteuerabzug möglich war, betrugen
   im November 2018 — 1.200 €
   Die Kfz-Kosten, für die der Vorsteuerabzug nicht möglich war,
   betrugen im November 2018 — 500 €

Hotel mit Restaurant

10. Einnahmen aus der Vermietung von Hotelzimmern
    (ohne Frühstück) — 16.264 €

11. Einnahmen aus dem Verkauf von Speisen und Getränken
    im Restaurant — 52.836 €

12. Am 23.11.2018 wurde auf dem Bankkonto des Hotels ein Betrag von — 14.280 €
    gutgeschrieben, den die Firma Bach als Vorauszahlung für eine
    Weihnachtsfeier, die am 06.12.2018 im Restaurant stattfinden soll,
    geleistet hat.

13. Einnahmen im November 2018 für die Benutzung des
    Telefons durch Gäste — 654,50 €

14. Familie Haas hat im November 2018 Speisen zum Einkaufspreis (netto) von — 800 €
    Bier und Wein zum Einkaufspreis (netto) von — 180 €
    und Mineralwasser zum Einkaufspreis (netto) von — 20 €
    im Restaurant verzehrt.

Grundstück

15. Die monatlichen Ausgaben i.S.d. § 10 Abs. 4 Nr. 2 der eigenen Metzgerei
    betragen — 1.400 €

16. Am 06.11.2018 wurde für das 1. und 2. Obergeschoss die Novembermiete
    von insgesamt — 2.618 €
    vereinnahmt.

17. Die monatlichen anteiligen Ausgaben i.S.d. § 10 Abs. 4 Nr. 2 des
    3. Obergeschosses betragen — 1.000 €

13 Vorsteuerabzug

Ein **Unternehmer** kann unter bestimmten Voraussetzungen die ihm von anderen Unternehmern in Rechnung gestellte Umsatzsteuer (**Vorsteuer**) von seiner Umsatzsteuer (Traglast) abziehen.

Das folgende Schaubild zeigt die Einordnung der **Vorsteuer** in das Umsatzsteuersystem:

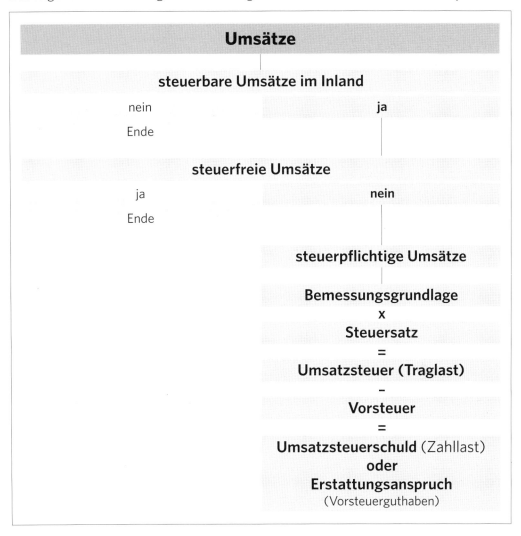

13.1 Voraussetzungen für den Vorsteuerabzug

Zum **Vorsteuerabzug** sind ausschließlich **Unternehmer** i.S.d. **§§ 2 und 2a** (keine Kleinunternehmer i.S.d. § 19 Abs. 1) im Rahmen ihrer unternehmerischen Tätigkeit berechtigt (Abschn. 15.1 Abs. 1 Satz 1 UStAE).

Nach § 15 **Abs. 1** kann der **Unternehmer** als **Leistungsempfänger** die folgenden **Vorsteuerbeträge** abziehen:

1. a) die **gesetzlich geschuldete Steuer** für Leistungen,
   b) die von einem **anderen Unternehmer**
   c) für **sein Unternehmen ausgeführt** worden sind.
   d) **Voraussetzung**: Der Unternehmer besitzt eine **ordnungsgemäß ausgestellte Rechnung** nach den §§ 14, 14a UStG.
   e) Nach § 15 Abs. 1 Nr. 1 Satz 3 ist der Vorsteuerabzug bereits **vor** Ausführung einer Leistung möglich, wenn
      - eine **Anzahlungsrechnung** mit gesondertem USt-Ausweis vorliegt und
      - die **Anzahlung** geleistet worden ist.

2. die entstandene **Einfuhrumsatzsteuer** (**EUSt**) für Gegenstände, die für sein Unternehmen nach § 1 Abs. 1 Nr. 4 eingeführt worden sind;

3. die **Steuer für den innergemeinschaftlichen Erwerb** von Gegenständen für sein Unternehmen, wenn der Erwerb nach § 3d **Satz 1** im Inland bewirkt wird;

4. die **Steuer für Leistungen im Sinne des § 13b Abs. 1 und 2**, die für sein Unternehmen ausgeführt worden sind;

5. die nach § 13a Abs. 1 Nr. 6 geschuldete Steuer für Umsätze, die für sein Unternehmen ausgeführt worden sind.

zu 1. a) gesetzlich geschuldete Steuer für Leistungen

Nach § 15 Abs. 1 Satz 1 **Nr. 1** ist nur die tatsächlich **gesetzlich geschuldete Steuer** für Leistungen, die von einem **anderen Unternehmer** für das **Unternehmen des Leistungsempfängers** ausgeführt worden sind, als **Vorsteuer abziehbar**.

Ein Vorsteuerabzug ist damit **nicht zulässig**, soweit der die Rechnung ausstellende Unternehmer die Steuer nach **§ 14c** (unrichtiger oder unberechtigter Steuerausweis) schuldet (Abschn. 15.2 Abs. 1 Satz 2 UStAE).

> **BEISPIEL**
>
> Ein Unternehmer berechnet für eine Lieferung die Umsatzsteuer mit 19 %, obwohl hierfür nach § 12 Abs. 2 eine Steuer von 7 % geschuldet wird.
>
> | | berechnetes Entgelt | 1.000 € |
> |---|---|---|
> | + | 19 % USt | 190 € |
> | | Gesamtrechnungsbetrag | 1.190 € |
>
> Der Unternehmer kann Vorsteuer in Höhe von 70 € (7 % von 1.000 €) geltend machen (siehe Beispiel in Abschn. 14c.1 Abs. 5 UStAE und Abschn. 15.2 Abs. 1 UStAE).

Es bleibt aber dem **leistenden Unternehmer** unbenommen, den zu hoch ausgewiesenen Steuerbetrag **zu berichtigen** (Abschn. 14c.1 Abs. 5 UStAE; siehe auch Seite 353).

zu 1. b) von anderen Unternehmern

Der Vorsteuerabzug ist nach § 15 Abs. 1 Satz 1 Nr. 1 nur möglich, wenn dem Unternehmer die gesetzlich geschuldete Steuer für Leistungen von einem **anderen Unternehmer** in Rechnung gestellt wird. Steuern, die dem Unternehmer von einem **Nichtunternehmer** in Rechnung gestellt werden, sind – obwohl sie von diesem nach § 14c **Abs. 2** geschuldet werden – **nicht abziehbar**.

> **BEISPIEL**
>
> Der Bürogehilfe Paffenholz verkauft seinen gebrauchten Pkw an den Kraftfahrzeughändler U. Paffenholz erteilt U eine **Rechnung** und weist darin einen Betrag von **400 €** als **Umsatzsteuer gesondert aus**.
>
> U kann die **Vorsteuer nicht abziehen**, weil die Umsatzsteuer **nicht von einem anderen Unternehmer** gesondert in Rechnung gestellt wird.
>
> Paffenholz schuldet dennoch die zu Unrecht ausgewiesene Umsatzsteuer (§ 14c **Abs. 2**).

zu 1. c) für sein Unternehmen

Die dem Unternehmer als Leistungsempfänger in Rechnung gestellte Umsatzsteuer muss auf Leistungen entfallen, die **für sein Unternehmen** ausgeführt worden sind. Leistungen, die für den Unternehmer in seiner Eigenschaft als **Privatperson** bestimmt sind, berechtigen **nicht** zum Vorsteuerabzug (Abschn. 15.2b Abs. 2 UStAE).

> **BEISPIEL**
>
> Der Gemüsehändler U kauft in einem Kaufhaus in Hamburg einen **Kinderwagen** für 238 €. U erhält eine Rechnung mit **38 €** gesondert ausgewiesener Umsatzsteuer.
>
> U darf die Umsatzsteuer **nicht als Vorsteuer abziehen**, weil die Lieferung **nicht für sein Unternehmen** bestimmt ist.

Dient der Liefergegenstand **teilweise** auch **privaten Zwecken**, so ist die **Vorsteuer**, die durch den Erwerb des Gegenstandes anfällt, **in vollem Umfang** abziehbar, wenn der Gegenstand dem Unternehmen **voll zugeordnet** wird. Die nichtunternehmerische (private) Nutzung wird nach § 3 Abs. 9a Nr. 1 erfasst. Zur **Zuordnung** eines Gegenstandes zum Unternehmen vgl. Abschn. 15.2c UStAE.

> Die Zuordnung von Leistungen zum Unternehmen wurde im Abschnitt 3, Seiten 174 ff., dargestellt.

Beträgt der unternehmerische Nutzungsanteil jedoch weniger als 10 %, gilt der Gegenstand als nicht für das Unternehmen angeschafft (§ 15 Abs. 1 Satz 2, Zuordnungsverbot).

> **BEISPIEL**
>
> Der Unternehmer U kauft im Dezember 2018 für sein Unternehmen einen Pkw für 59.500 € (50.000 € + 9.500 € USt). Der Pkw wird zu 40 % privat genutzt.
>
> U ordnet den Pkw seinem Unternehmen in vollem Umfang zu.
>
> U darf die **Vorsteuer** in Höhe von **9.500 €** voll **abziehen**. Zum Ausgleich dafür unterliegt die private Nutzung als unentgeltliche Leistung nach § 3 Abs. 9a Nr. 1 der **Umsatzsteuer**.

Abweichend von dieser Regelung muss bei einer Lieferung **vertretbarer Sachen** (= Sachen, die im Verkehr nach Zahl, Maß oder Gewicht bestimmt werden) **sowie** bei **sonstigen Leistungen**, die sowohl für den unternehmerischen als auch für den privaten Bereich bestimmt sind, die **Vorsteuer** entsprechend dem **unternehmerischen** und dem **privaten** Verwendungszweck in einen **abziehbaren** und einen **nicht abziehbaren** Betrag aufgeteilt werden (Abschn. 15.2c Abs. 2 Nr. 1 Satz 1 UStAE).

> **BEISPIEL**
>
> Der Unternehmer A kauft **8000 l Heizöl** (= **vertretbare Sache**). Davon sind **5.000 l** (5.000 l x 100 : 8.000 l = **62,5 %**) für sein **Unternehmen** und **3.000 l** (3.000 l x 100 : 8.000 l = 37,5 %) für seinen **Privathaushalt**. In der Rechnung des Heizöl-Lieferanten U werden insgesamt **400 €** USt gesondert ausgewiesen.
>
> A darf als **Vorsteuer** nur **250 €** (62,5 % von 400 €) **anteilig abziehen**, weil nur 62,5 % des Heizöls **für sein Unternehmen** bestimmt sind.

Seit 01.01.2011 ist der Vorsteuerabzug für gemischt genutzte Gebäude ausgeschlossen, soweit er auf die nichtunternehmerische Nutzung entfällt (§ 15 **Abs. 1b** UStG).

Telefondienstleistungen (**sonstige Leistungen**) bezieht der Unternehmer nur insoweit für sein Unternehmen, als er das Telefon **unternehmerisch** nutzt. Wird das betriebliche Telefon auch **privat** genutzt, ist die Vorsteuer **anteilig** zu **kürzen** (Abschn. 3.4 Abs. 4 Satz 5 UStAE).

> **BEISPIEL**
>
> Der Kölner Unternehmer U, der zum Vorsteuerabzug berechtigt ist, nutzt das Geschäftstelefon zu **10 % für private Zwecke**. Die laufenden Telefonkosten (Miete, Grund- und Gesprächsgebühren) haben im Dezember 1.190 € (1.000 € + **190 € USt**) betragen.
>
> U darf als **Vorsteuer** nur **171 €** (90 % von 190 €) **anteilig abziehen**, weil nur 90 % der Leistungen **für sein Unternehmen** bestimmt sind.

Der **Vorsteuerabzug ist ausgeschlossen**, wenn der **Gegenstand** von einem Unternehmer zu **weniger als 10 % für sein Unternehmen genutzt** wird (§ 15 Abs. 1 Satz 2). In solchen Fällen hat der Ausschluss der Vorsteuer zur **Folge**, dass **unentgeltliche** Lieferungen **nicht steuerbar** sind, weil für sie der Vorsteuerabzugstatbestand Voraussetzung ist (§ 3 Abs. 1b Satz 2).

> **BEISPIEL**
>
> Der zum Vorsteuerabzug berechtigte Unternehmer U, München, kauft einen Pkw für 59.500 € (50.000 € + 9.500 € USt). Der Pkw wird von U nur gelegentlich als Zweitwagen zu **8 % unternehmerisch** genutzt.
>
> Der Pkw ist dem nichtunternehmerischen (privaten) Bereich zuzuordnen, sodass der **Vorsteuerabzug entfällt** (§ 15 Abs. 1 Satz 2).
> Andererseits wird ein solches Fahrzeug beim Verkauf nicht im Rahmen des Unternehmens als Hilfsgeschäft veräußert, sodass der Verkauf nicht der Umsatzsteuer unterliegt.

zu 1. d) ordnungsgemäß ausgestellte Rechnung

Siehe hierzu Kapitel 12, Seiten 347 ff.

zu 1. e) Ausführung bzw. Zahlung

Ein Unternehmer darf Vorsteuerbeträge grundsätzlich nur für solche Leistungen abziehen, die bereits an ihn **ausgeführt** sind.

> **BEISPIEL**
>
> Der Unternehmer A (Monatszahler ohne Dauerfristverlängerung) lässt im **Januar 2019** durch den Malermeister U die Fenster seines Betriebsgebäudes **streichen**. U stellt jedoch bereits im **Dezember 2018** auf Wunsch des Unternehmers A für die noch auszuführende Leistung eine **Rechnung** mit gesondertem Ausweis der USt aus. A **bezahlt** diese Rechnung erst im **März 2019**.
>
> A darf die **Vorsteuer** erst im Januar **2019** abziehen, weil dann erst die Tatbestandsvoraussetzungen des § 15 Abs. 1 Satz 1 Nr. 1 **Satz 1** erfüllt sind (Ausführung und Rechnung). Der Zahlungszeitpunkt ist unerheblich.

Der **Grundsatz**, dass die Vorsteuer erst **nach Ausführung** der Leistung abgezogen werden kann, wird durch § 15 Abs. 1 Satz 1 Nr. 1 Satz 3 **durchbrochen**.

Nach § 15 Abs. 1 Satz 1 Nr. 1 Satz 3 ist der **Vorsteuerabzug** bereits **vor Ausführung** einer Leistung möglich, **wenn**

1. eine **Anzahlungsrechnung** mit **gesondertem USt-Ausweis** vorliegt
und
2. die **Anzahlung geleistet** ist.

BEISPIEL

Der Maschinenhersteller U, Bonn, sendet dem Kunden A, der zum Vorsteuerabzug berechtigt ist, im **Juli 2018** eine **Anzahlungsrechnung** über

	netto	5.000 €
+	19 % USt	950 €
	Rechnungsbetrag	5.950 €

A **bezahlt** die Anzahlungsrechnung im **August 2018** durch Banküberweisung. Die Lieferung erfolgt erst im **September 2018**.

A kann die **Vorsteuer von 950 € für den Monat August 2018** abziehen, da zu diesem Zeitpunkt die **Anzahlungsrechnung** mit **gesondertem USt-Ausweis** vorliegt **und** die **Anzahlung geleistet** ist, obwohl die Maschine erst im September 2018 geliefert wird (§ 15 Abs. 1 Satz 1 Nr. 1 Satz 3). Der Aspekt der Soll- oder Istbesteuerung spielt bei der Beurteilung des Vorsteuerabzugs grundsätzlich keine Rolle.

zu 2. entstandene Einfuhrumsatzsteuer

Der Unternehmer kann neben der Umsatzsteuer im Sinne des § 15 Abs. 1 Satz 1 **Nr. 1** auch die **Einfuhrumsatzsteuer** (**EUSt**) als **Vorsteuer abziehen**, wenn sie **entstanden** ist **und** die Gegenstände **für sein Unternehmen** nach § 1 Abs. 1 **Nr. 4** eingeführt worden sind (§ 15 Abs. 1 Satz 1 **Nr. 2** sowie Abschn. 15.8 Abs. 1 UStAE).

Durch das Gesetz zur Umsetzung der Amtshilferichtlinie sowie zur Änderung steuerlicher Vorschriften (Amtshilferichtlinie-Umsetzungsgesetz – AmtshilfeRLUmsG) vom 26. Juni 2013 (BGBl. 2013 I, S. 1809) ist nicht mehr die Zahlung, sondern die Entstehung der Einfuhrumsatzsteuer entscheidend.

Die **entstandene EUSt** ist durch einen **zollamtlichen Beleg** oder durch einen **zollamtlich bescheinigten Ersatzbeleg** nachzuweisen (Abschn. 15.11 Abs. 1 Nr. 2 UStAE).

Nicht erforderlich ist, dass der Unternehmer die Einfuhrumsatzsteuer **selbst** entrichtet.
Er kann sie als Vorsteuer auch dann abziehen, wenn ein vom Unternehmer beauftragter **Dritter** (z. B. Spediteur, Frachtführer) Schuldner der Einfuhrumsatzsteuer ist, vorausgesetzt, dass sich der Unternehmer den zollamtlichen Beleg oder Ersatzbeleg vom Schuldner aushändigen lässt (Abschn. 15.8 Abs. 7 UStAE).

Innerhalb der EU besteht die Pflicht zur Teilnahme am **elektronischen** Ausfuhrverfahren. In Deutschland steht hierfür das IT-Verfahren **ATLAS** (Automatisiertes Tarif- und Lokales Zoll-Abwicklungs-System) zur Verfügung.

Hierbei werden **Bescheide** über die Einfuhrabgaben (einschließlich der Einfuhrumsatzsteuer) regelmäßig durch standardisierte elektronische Nachrichten (EDIFACT) ersetzt und somit **papierlos** übermittelt (Abschn. 15.11 Abs. 1 Nr. 2 UStAE).

zu 3. Steuer für den innergemeinschaftlichen Erwerb

Der **Unternehmer** kann nach § 15 Abs. 1 Satz 1 **Nr. 3** die **entstandene Steuer für den innergemeinschaftlichen Erwerb** von Gegenständen (**Erwerbsteuer**) als **Vorsteuer abziehen**, wenn er die Gegenstände **für sein Unternehmen** bezogen hat und zur Ausführung von Umsätzen verwendet, die den Vorsteuerabzug nicht ausschließen. Weitere Voraussetzung ist, dass der innergemeinschaftliche Erwerb nach § 3d **Satz 1** im Inland bewirkt werden muss, d.h., die Beförderung oder Versendung muss tatsächlich in Deutschland enden.

Das Recht auf Vorsteuerabzug der Erwerbsteuer entsteht in dem Zeitpunkt, in dem die Erwerbsteuer **entsteht** (§ 13 Abs. 1 Nr. 6). Der Unternehmer kann damit den Vorsteuerabzug in der Umsatzsteuer-Voranmeldung geltend machen, in der er den innergemeinschaftlichen Erwerb zu versteuern hat (Abschn. 15.10 Abs. 3 UStAE).

BEISPIEL

Der französische Unternehmer U mit französischer USt-IdNr., Paris, versendet im August 2018 eine Maschine für 10.000 € netto samt Rechnung an den deutschen Unternehmer A (**Monatszahler** ohne Dauerfristverlängerung) mit deutscher USt-IdNr. in Bonn, der die Maschine in seinem Unternehmen einsetzt.

Es liegt ein **steuerpflichtiger innergemeinschaftlicher Erwerb** vor, sodass für den deutschen Erwerber A Umsatzsteuer (**Erwerbsteuer**) in Höhe von **1.900 €** entsteht.

Die entstandene **Erwerbsteuer** in Höhe von **1.900 €** kann A im Monat August 2018 als **Vorsteuer** abziehen (§ 15 Abs. 1 Satz 1 **Nr. 3**).

	Umsatzsteuer aus innergemeinschaftlichem Erwerb	1.900,00 €
−	**Vorsteuer** aus innergemeinschaftlichem Erwerb	−1.900,00 €
=	verbleibender Betrag	0,00 €

A hat den steuerpflichtigen innergemeinschaftlichen Erwerb mit der entsprechenden **Erwerbsteuer** in seiner **Umsatzsteuer-Voranmeldung August 2018** in Zeile 33 (**Kennzahl 89**) einzutragen.

	Steuerpflichtige innergemeinschaftliche Erwerbe	Kz			
33	zum Steuersatz von 19 %	89	10.000	1.900,	00

Diese **Erwerbsteuer** ist **gleichzeitig** in **Zeile 56** (**Kennzahl 61**) **als abziehbare** Vorsteuer einzutragen:

Zeile		Kz	Steuer	
44			EUR	Ct
45	Übertrag		1.900,	00
	Abziehbare Vorsteuerbeträge			
54	Vorsteuerbeträge aus Rechnungen von anderen Unternehmen (§ 15 Abs. 1 Satz 1 Nr. 1 UStG), aus Leistungen im Sinne des § 13a Abs. 1 Nr. 6 UStG			
55	(§ 15 Abs. 1 Satz 1 Nr. 5 UStG) und aus innergemeinschaftlichen Dreiecksgeschäften (§ 25b Abs. 5 UStG)	66		
56	Vorsteuerbeträge aus dem innergemeinschaftlichen Erwerb von Gegenständen (§ 15 Abs. 1 Satz 1 Nr. 3 UStG)	61	1.900,	00
62	Verbleibender Betrag		0,	00

zu 4. Vorsteuerbeträge aus Leistungen im Sinne des § 13b Abs. 1 und 2 UStG

Der **Leistungsempfänger** kann die von ihm nach § 13b Abs. 5 geschuldete Umsatzsteuer – ähnlich wie beim innergemeinschaftlichen Erwerb – als **Vorsteuer** abziehen, wenn er die Lieferung oder sonstige Leistung **für sein Unternehmen** bezieht **und** zur Ausführung von Umsätzen verwendet, die den **Vorsteuerabzug nicht ausschließen**.

Soweit die Steuer auf eine Zahlung **vor** Ausführung dieser **Leistung** entfällt, ist sie bereits **abziehbar**, wenn die **Zahlung** geleistet worden ist (§ 15 Abs. 1 Satz 1 **Nr. 4**).

BEISPIEL

Der Bauunternehmer U in Berlin lässt sich in 2018 von dem russischen Subunternehmer P aus Moskau in Potsdam einen Rohbau errichten, den P mit **100.000 €** in Rechnung stellt. Das Baumaterial wird von P gestellt. Die Bemessungsgrundlage beträgt 100.000 € (§ 10 Abs. 1).

Der im Ausland ansässige Unternehmer P erbringt im Inland eine steuerbare **Werklieferung** an den Bauunternehmer U (§ 1 Abs. 1 Nr. 1 i.V.m. § 3 Abs. 4).

Ort der Werklieferung ist **Potsdam**, weil sich dort der Rohbau im Zeitpunkt der Verschaffung der Verfügungsmacht befindet (§ 3 Abs. 7 Satz 1). Die Werklieferung ist nach § 1 Abs. 1 Nr. 1 steuerbar und mangels Steuerbefreiung (§ 4) auch steuerpflichtig. Die Umsatzsteuer für diese Werklieferung schuldet **U als Leistungsempfänger** (§ 13b Abs. 2 Nr. 1 i.V.m. § 13b Abs. 5). U kann die Umsatzsteuer als **Vorsteuer** abziehen (§ 15 Abs. 1 Satz 1 **Nr. 4**).

Bauunternehmer U hat die **Umsatzsteuer** und die **Vorsteuer** in Höhe von **19.000 €** (19 % von 100.000 €) in seiner **Umsatzsteuer-Voranmeldung 2018** wie folgt einzutragen:

Zeile			Kz	Steuer	
44				EUR	Ct
45		Übertrag			
47 48	**Leistungsempfänger als Steuerschuldner (§ 13b UStG)**	Bemessungsgrundlage ohne Umsatzsteuer volle EUR			
49	Andere Leistungen eines im Ausland ansässigen Unternehmers (§ 13b Abs. 2 Nr. 1 und 5 Buchst. a UStG)	52 100.000 —	53	19.000,	00
58	Vorsteuerbeträge aus Leistungen i.S.d. § 13b UStG (§ 15 Abs. 1 Satz 1 Nr. 4 UStG)..................		67	19.000,	00
62	Verbleibender Betrag			0,	00

Mit Urteil vom 26.04.2017 hat der EuGH entschieden, dass im Rahmen des Reverse-Charge-Verfahrens der Kunde berechtigt sein kann, die durch den leistenden Unternehmer in seiner Rechnung fehlerhaft oder versehentlich ausgewiesene Umsatzsteuer vom zuständigen Finanzamt anstatt vom Lieferanten zurückzufordern.

ÜBUNG → 1. Wiederholungsfragen 1 und 2 (Seite 378),
2. Fälle 1 bis 6 (Seiten 378 f.)

13.2 Nicht abziehbare Vorsteuerbeträge nach § 15 Abs. 1a und § 15 Abs. 2 UStG

Der allgemeine Grundsatz, dass die in § 15 Abs. 1 Nrn. 1 bis 5 bezeichneten Vorsteuern abgezogen werden können, gilt **nicht**, wenn der Unternehmer bestimmte **steuerfreie** Umsätze ausführt (§ 15 Abs. 2) oder bestimmte **Aufwendungen** tätigt (§ 15 Abs. 1a).
Das Vorsteuerabzugsverbot des § 15 Abs. 1b (private Nutzung betrieblicher Räume bei sog. Neufällen ab dem 01.01.2011) wurde bereits auf Seite 184 dargestellt.

13.2.1 Nicht abziehbare Vorsteuerbeträge nach § 15 Abs. 2 UStG

Führt ein Unternehmer **nur Ausschlussumsätze** aus, kann er **keine** Vorsteuerbeträge abziehen.

Zu den **Ausschlussumsätzen** gehören nach § 15 **Abs. 2**:

1. die **steuerfreien** Umsätze nach § 4 **Nrn. 8 bis 28** (soweit nicht optiert wurde) und
2. die **fiktiven steuerfreien Umsätze im Ausland**, die nach § 4 Nrn. 8 bis 28 steuerfrei wären, wenn sie im Inland ausgeführt würden.

BEISPIELE

zu 1. Bauunternehmer U, Trier, besitzt ein Mietwohngrundstück in Trier. Die Mieteinnahmen sind nach § 4 **Nr. 12** steuerfrei. In 2018 sind für den Außenanstrich des Hauses Kosten in Höhe von 10.000 € + 1.900 € USt = 11.900 € entstanden.

U kann den **Vorsteuerbetrag** von **1.900 €**, den ihm der Malermeister in Rechnung stellt, **nicht abziehen**, weil er mit Umsätzen in wirtschaftlichem Zusammenhang steht, die **steuerfrei** sind (§ 15 Abs. 2 **Nr. 1** und Abschn. 15.13 Abs. 1 Satz 1 UStAE).

zu 2. Bauunternehmer U, Trier, besitzt auch in Luxemburg ein Mietwohngrundstück. Die Mieteinnahmen sind **fiktive steuerfreie Umsätze** im **Ausland**, die – würden sie im Inland ausgeführt – steuerfrei wären. U führt mit eigener Baukolonne Reparaturen an diesem Haus durch und verwendet dabei Baumaterial im Werte von 5.000 € + 950 € USt = 5.950 €, das er seinem Trierer Baustofflager entnommen hat.

U kann die **Vorsteuer** von **950 € nicht abziehen**, weil sie mit fiktiven steuerfreien Umsätzen im Ausland im Zusammenhang steht, die steuerfrei wären, wenn sie im Inland ausgeführt würden (§ 15 Abs. 2 **Nr. 2** und Abschn. 15.14 UStAE).

MERKE → **Steuerfreie Umsätze** sind **grundsätzlich** vom **Vorsteuerabzug ausgeschlossen**.

13.2.2 Nicht abziehbare Vorsteuerbeträge nach § 15 Abs. 1a UStG

Vorsteuerbeträge sind nach § 15 **Abs. 1a nicht abziehbar**, wenn sie auf folgende Aufwendungen entfallen:

Aufwendungen, für die das Abzugsverbot des § 4 Abs. 5 Satz 1 **Nrn. 1 bis 4**, **7** oder des § 12 **Nr. 1** des **EStG** gilt (§ 15 Abs. 1a **Satz 1**).

Der Vorsteuerausschluss gilt **nicht** für **Bewirtungsaufwendungen**, soweit § 4 Abs. 5 Satz 1 Nr. 2 EStG einen **Abzug** angemessener und nachgewiesener Aufwendungen **ausschließt**, d.h., die 30 %-Kürzung führt zu keiner Vorsteuerkürzung (§ 15 Abs. 1a **Satz 2**).

Bei der Neufassung des § 15 Abs. 1a ist der Verweis auf **§ 4 Abs. 7 EStG** ersatzlos weggefallen, d.h., der Vorsteuerabzug darf nunmehr nicht allein deswegen versagt werden, weil die Formvorschriften für den einkommensteuerlichen Nachweis als Betriebsausgabe nicht eingehalten worden sind (Abschn. 15.6 Abs. 2 Satz 5 UStAE). Für den Vorsteuerabzug gelten ebenfalls die allgemeinen Vorschriften des § 15 UStG (Abschn. 15.6 Abs. 2 Satz 6 UStAE).

Zu den **Aufwendungen**, die nach § 15 **Abs. 1a Satz 1 vom Vorsteuerabzug ausgeschlossen** sind, gehören:

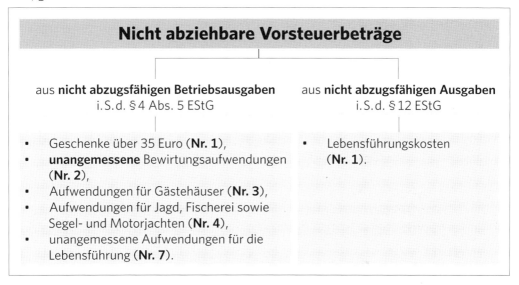

Nicht erfasst von der Kürzung des Vorsteuerabzugs sind insbesondere die nicht abzugsfähigen Betriebsausgaben nach § 4 Abs. 5 Satz 1 **Nr. 6b** EStG.

Hierbei handelt es sich um **Aufwendungen für ein häusliches Arbeitszimmer sowie die Kosten der Ausstattung**.

In diesen Fällen bleibt der Vorsteuerabzug bestehen und die **Besteuerung entfällt**.

Im Folgenden werden exemplarisch die in der Praxis häufig vorkommenden Aufwendungen für **Geschenke** und **Bewirtungsaufwendungen** erläutert.

Geschenke

Die für den Kauf eines **Geschenkes über 35 Euro** (Nettobetrag ohne Umsatzsteuer) i. S. d. § 4 Abs. 5 Satz 1 **Nr. 1** EStG anfallende Umsatzsteuer ist vom **Vorsteuerabzug ausgeschlossen** (§ 15 Abs. 1a **Satz 1**). Die **Einschränkung** des Vorsteuerabzugs betrifft sowohl **höherwertige Geschenke** in Form von **Gegenständen** (z. B. eine Kiste Champagner) als auch in Form von **sonstigen Leistungen** (z. B. Eintrittskarten für Theater, Konzerte, Sportveranstaltungen oder Gutscheine für einen Restaurantbesuch, siehe auch Abschn. 15.6 Abs. 4 UStAE).

Bei **Geschenken unter 35 Euro netto** kann der Vorsteuerabzug auch gewährt werden, wenn der Unternehmer die Aufwendungen für Geschenke **nicht gesondert** aufzeichnet (Abschn. 15.6 Abs. 2 Satz 5 UStAE).

Werden mehrere geringwertige Geschenke im Laufe eines Jahres demselben Empfänger zugewendet und wird dabei die **35-Euro-Grenze überschritten**, entfällt der **Vorsteuerabzug nachträglich**.

Steht im Zeitpunkt des Erwerbs oder der Herstellung eines Gegenstandes seine Verwendung als Geschenk noch nicht fest, kann ein Vorsteuerabzug unter den allgemeinen Voraussetzungen des § 15 in Anspruch genommen werden.

Wird dieser Gegenstand später als Geschenk verwendet (**Geschenk aus dem Warensortiment**), ist im Zeitpunkt seiner Hingabe eine **Vorsteuerkorrektur** nach § 17 Abs. 2 Nr. 5 UStG vorzunehmen, wenn die Freigrenze von 35 Euro überschritten wird (Abschn. 15.6 Abs. 5 UStAE).

Bewirtungsaufwendungen

Nach § 15 Abs. 1a **Satz 2** ist der Vorsteuerabzug in **vollem** Umfang für die dem einkommensteuerrechtlichen Abzugsverbot des § 4 Abs. 5 Satz 1 **Nr. 2** EStG unterliegenden **angemessenen und nachgewiesenen** Bewirtungsaufwendungen unter den allgemeinen Voraussetzungen des § 15 UStG zu gewähren (Abschn. 15.6 Abs. 6 Satz 1 UStAE).

Nur die Bewirtungsaufwendungen, die **unangemessen** sind, bleiben vom Vorsteuerabzug ausgeschlossen (Abschn. 15.6 Abs. 6 Sätze 2 und 3 UStAE).

BEISPIEL

Der Unternehmer U, der zum Vorsteuerabzug berechtigt ist, bewirtet im August 2018 seinen Geschäftsfreund A in Mainz. Die Rechnung beläuft sich auf 119 € (100 € + **19 € USt**).
Die Aufwendungen sind angemessen und werden ordnungsgemäß nachgewiesen.

Nach § 4 Abs. 5 Satz 1 Nr. 2 EStG i. V. m. § 15 Abs. 1a **Satz 2** UStG kann U den **vollen** Vorsteuerabzug in Höhe von **19 €** geltend machen, obwohl U einkommensteuerrechtlich nur 70 € (70 % von 100 €) als Betriebsausgabe abziehen kann.

Bei den angemessenen und nachgewiesenen Bewirtungsaufwendungen kann der Vorsteuerabzug auch dann gewährt werden, wenn der Unternehmer die Bewirtungsaufwendungen **nicht gesondert** aufzeichnet (Abschn. 15.6 Abs. 2 Satz 5 UStAE).

BEISPIEL

Sachverhalt wie im Beispiel zuvor.

Die angemessenen und nachgewiesenen Aufwendungen von 70 € (70 % von 100 €) bucht U nicht auf das richtige Konto „**6640** (4650) **(Abzugsfähige) Bewirtungskosten**", sondern auf das Konto „**6300** (4900) **Sonstige betriebliche Aufwendungen**". Auf diesem Konto werden noch andere Aufwendungen als Bewirtungsaufwendungen gebucht.

U darf die **volle Vorsteuer** von 19 € **abziehen**, obwohl er gegen die einkommensteuerrechtliche Vorschrift des § 4 Abs. 7 EStG verstößt (Abschn. 15.6 Abs. 2 Satz 5 UStAE).

Es liegt ein **Verstoß gegen** die besondere **Aufzeichnungspflicht** nach § 4 **Abs. 7** EStG vor, weil U die Aufwendungen **nicht gesondert** aufzeichnet, d.h., er bucht sie nicht auf einem **besonderen Konto** [H 4.11 (Besondere Aufzeichnungen) EStH].

Einkommensteuerrechtlich darf U die 70 € **nicht** als Betriebsausgabe abziehen, weil er die besonderen Aufzeichnungspflichten des § 4 Abs. 7 EStG nicht beachtet (R 4.11 Abs. 1 Satz 1 EStR).

Die **buchmäßige** Darstellung der nicht abziehbaren Vorsteuerbeträge nach § 15 Abs. 1a UStG erfolgt in der **Buchführung 1**, 30. Auflage 2018.

ÜBUNG →
1. Wiederholungsfrage 3 (Seite 378),
2. Fälle 7 bis 12 (Seiten 379 f.)

13.3 Abziehbare Vorsteuerbeträge nach § 15 Abs. 3 UStG

Der Grundsatz, dass Vorsteuerbeträge **nicht** abziehbar sind, die im Zusammenhang mit **steuerfreien** Umsätzen stehen, wird durch § 15 **Abs. 3** durchbrochen.

Nach § 15 **Abs. 3** ist der Vorsteuerabzug insbesondere bei **steuerfreien** Umsätzen nach § 4 **Nrn. 1 bis 7** möglich (Abschn. 15.13 UStAE).

So ist z. B. der **Vorsteuerabzug** bei Eingangsvorgängen zulässig, die mit folgenden **steuerfreien** Ausgangsumsätzen im Zusammenhang stehen:

1. den **steuerfreien Ausfuhrlieferungen** nach § 4 **Nr. 1a** i. V. m. § 6 und
2. den **steuerfreien innergemeinschaftlichen Lieferungen** nach § 4 **Nr. 1b** i. V. m. § 6a.

BEISPIELE

zu 1. Der Maschinenhersteller U, Bonn, exportiert Maschinen nach **Russland**.
Die **Ausfuhrlieferung** ist nach § 4 **Nr. 1a** i. V. m. § 6 **steuerfrei**. Im Zusammenhang mit der Herstellung der Maschinen sind Vorsteuerbeträge in Höhe von 10.000 € angefallen. Die Voraussetzungen des § 15 Abs. 1 sind erfüllt.

U kann diese **Vorsteuerbeträge** nach § 15 Abs. 1 i. V. m. § 15 Abs. 3 Nr. 1a **abziehen**.

zu 2. Sachverhalt wie zuvor mit dem **Unterschied**, dass U die Maschinen an den **französischen** Unternehmer A mit französischer USt-IdNr., Paris, liefert. Die **innergemeinschaftliche Lieferung** ist nach § 4 **Nr. 1b** i. V. m. § 6a steuerfrei.

U kann die **Vorsteuerbeträge** nach § 15 Abs. 1 i. V. m. § 15 Abs. 3 Nr. 1a **abziehen**.

ÜBUNG →
1. Wiederholungsfrage 4 (Seite 378),
2. Fälle 13 und 14 (Seite 380)

13.4 Zum Teil nicht abziehbare Vorsteuerbeträge

Führt ein Unternehmer **sowohl** Umsätze aus, die zum Vorsteuerabzug berechtigen (**Abzugsumsätze**) **als auch** Umsätze, die den Vorsteuerabzug ausschließen (**Ausschlussumsätze**), so müssen die **Vorsteuerbeträge**, die mit solchen **Mischumsätzen** in wirtschaftlichem Zusammenhang stehen, in **abziehbare** und **nicht abziehbare Vorsteuerbeträge aufgeteilt werden** (§ 15 Abs. 4).

Für die **Aufteilung der Vorsteuerbeträge**, die nicht voll den Abzugs- oder Ausschlussumsätzen zugerechnet werden können (**Mischumsätze**), gibt es nach § 15 Abs. 4 **drei Aufteilungsmethoden**:

1. Aufteilung der Vorsteuerbeträge nach ihrer **wirtschaftlichen Zuordnung** (§ 15 Abs. 4 **Satz 1**),
2. Aufteilung der Vorsteuerbeträge im Wege einer **sachgerechten Schätzung** (§ 15 Abs. 4 **Satz 2**) und
3. Aufteilung der Vorsteuerbeträge nach dem **Verhältnis der Umsätze** (§ 15 Abs. 4 **Satz 3**).

13.4.1 Aufteilung der Vorsteuerbeträge nach ihrer wirtschaftlichen Zuordnung

Verwendet der Unternehmer einen für sein Unternehmen gelieferten Gegenstand oder eingeführten Gegenstand oder innergemeinschaftlich erworbenen Gegenstand oder eine von ihm in Anspruch genommene sonstige Leistung **nur zum Teil** zur Ausführung von **Ausschlussumsätzen**, so ist der **Teil des Vorsteuerbetrags nicht abziehbar**, der den **Ausschlussumsätzen wirtschaftlich zuzurechnen** ist (§ 15 Abs. 4 **Satz 1**).

Als **grundsätzliche Aufteilungsmethode** wird in § 15 **Abs. 4** die Aufteilung der Vorsteuerbeträge, die in wirtschaftlichem Zusammenhang mit **Mischumsätzen** stehen, nach der **wirtschaftlichen Zuordnung** zu den Abzugs- bzw. Ausschlussumsätzen bestimmt.

Die **wirtschaftliche Zuordnung** kann mithilfe von **Aufteilungsschlüsseln** erfolgen, die sich z. B. aus technischen Maßen (wie **qm**, **cbm**) berechnen lassen oder sich aus den Unterlagen der Kostenrechnung ergeben.

> **BEISPIEL**
>
> U ist seit 1984 Eigentümer eines Geschäftsgrundstückes in Kassel. Von der Gesamtfläche von 2.000 qm sind 1.700 qm = **85 %** als **Geschäftsräume** an andere vorsteuerabzugsberechtigte Unternehmer und 300 qm = **15 %** als **Wohnungen** an Nichtunternehmer vermietet.
> U hat auf die Steuerbefreiung nach § 9 zulässigerweise verzichtet (**optiert**).
> In 2018 lässt U einen **Fahrstuhl** in das Haus einbauen, der von allen Mietern genutzt wird. Bisher hat U die Aufteilung der Vorsteuerbeträge, die auf Mischumsätze entfallen, in qm vorgenommen.
>
> U kann von den **Vorsteuerbeträgen**, die im Zusammenhang mit dem Fahrstuhl-Einbau anfallen, **15 % nicht abziehen**, weil sie den **Ausschlussumsätzen** wirtschaftlich zuzurechnen sind (Abschn. 15.17 Abs. 1 Nr. 3 und Abs. 2 UStAE).

13.4.2 Aufteilung der Vorsteuerbeträge im Wege einer sachgerechten Schätzung

Bei der nach § 15 Abs. 4 **Satz 2** zugelassenen **Schätzung** ist auf die im **Einzelfall** bestehenden **wirtschaftlichen Verhältnisse** abzustellen.

Hierbei ist es **erforderlich**, dass der angewandte **Maßstab** systematisch von der Aufteilung nach der **wirtschaftlichen Zuordnung** ausgeht (Abschn. 15.17 Abs. 3 UStAE).

> **BEISPIEL**
>
> U hat ein Immobilienbüro mit der Verwaltung seines **Geschäftsgrundstückes** betraut, das hierfür ein festes monatliches Honorar von 1.000 € zuzüglich 190 € USt berechnet. Nach dem **Arbeitsaufwand schätzt** das Immobilienbüro den Anteil der **Verwaltung der Wohnräume** an der Gesamtverwaltung des Grundstücks auf **5 %**.
> U hat nach § 9 zulässigerweise optiert.
>
> U kann von den **Vorsteuerbeträgen**, die der Hausverwalter berechnet, **5 % nicht abziehen**, weil sie den **Ausschlussumsätzen** zuzurechnen sind.

13.4.3 Aufteilung der Vorsteuerbeträge nach dem Verhältnis der Umsätze

Nach § 15 Abs. 4 **Satz 3** ist eine Aufteilung der Vorsteuerbeträge nach dem **Verhältnis der Umsätze nur** zulässig, **wenn keine andere wirtschaftliche Zurechnung möglich** ist.
Nur in diesen Fällen kann der nicht abziehbare Teil der einer Umsatzgruppe nicht ausschließlich zurechenbaren Vorsteuerbeträge einheitlich nach dem **Verhältnis der Umsätze**, die den Vorsteuerabzug ausschließen, zu den anderen Umsätzen ermittelt werden (Abschn. 15.17 Abs. 3 Satz 4 UStAE).

> **BEISPIEL**
>
> Zahnarzt Dr. Riehl, Bonn, lässt den Empfangsbereich seiner Praxis renovieren. Die in den Handwerker- und Möbelrechnungen ausgewiesenen Vorsteuerbeträge beziffern sich auf 6.000 €. Zu Dr. Riehls Leistungsspektrum zählen steuerfreie Zahnarztleistungen und steuerpflichtige Laborumsätze mit Zahnprothesen (§ 4 Nr. 14 UStG). Die Laborumsätze betragen 60 % der Gesamtumsätze. Die Nutzfläche des Labors beträgt 30 % der Gesamtfläche.
>
> Dr. Riehl kann die Vorsteuerbeträge nach seinem **Umsatzschlüssel** (60 % : 40 %) aufteilen. Eine Aufteilung nach Nutzflächen (30 % : 70 %) ist für Dr. Riehl nicht sinnvoll und stellt keinen angemessenen wirtschaftlichen Aufteilungsmaßstab dar (§ 15 Abs. 4 Satz 3 UStG).
> Der **Vorsteuerabzug** beträgt somit **3.600 €** (60 % v. 6.000 €). Müsste Dr. Riehl eine Aufteilung nach Nutzflächen vornehmen, könnte er lediglich 1.800 € (30 % v. 6.000 €) Vorsteuerabzug in Anspruch nehmen.

ÜBUNG →
1. Wiederholungsfrage 5 (Seite 378),
2. Fälle 15 und 16 (Seiten 380 f.)

C. Umsatzsteuer

13.5 Vorsteuerermittlung in besonderen Fällen

Der **Vorsteuerabzug** kann abweichend von den allgemeinen Voraussetzungen des § 15 bei

1. **Rechnungen über Kleinbeträge** und
2. **Fahrausweisen**

unter **erleichterten Bedingungen** vorgenommen werden (§ 35 UStDV).

13.5.1 Vorsteuerbeträge in Kleinbetragsrechnungen

In Rechnungen, deren Gesamtbetrag **250 Euro brutto (bis 31.12.2016: 150 Euro)** nicht übersteigt (**Kleinbetragsrechnungen i.S.d. § 33 UStDV**), brauchen – wie sonst notwendig – Entgelt und Umsatzsteuer nicht getrennt ausgewiesen zu werden. Es genügt, wenn zum Gesamtbetrag (= Bruttobetrag) der **Steuersatz** angegeben wird.

Der Unternehmer kann die **Vorsteuer selbst berechnen**. Die Aufteilung des Rechnungsbetrags kann nach den bereits bekannten Methoden vorgenommen werden (§ 35 Abs. 1 UStDV; Abschn. 15.4 UStAE).

 Die Berechnungsmethoden zur Ermittlung des Entgelts und der Umsatzsteuer wurden bereits in den Abschnitten 8.1.1 und 8.1.2, Seiten 286 f., erläutert.

13.5.2 Vorsteuerbeträge in Fahrausweisen

Die für den Vorsteuerabzug bei Rechnungen über Kleinbeträge getroffene Regelung gilt für den Vorsteuerabzug bei **Fahrausweisen** im Sinne des § 34 UStDV entsprechend (§ 35 Abs. 2 UStDV).

Bei der Berechnung des Vorsteuerbetrags ist der **allgemeine** Steuersatz zugrunde zu legen, wenn auf dem Fahrausweis dieser **Steuersatz oder** eine **Tarifentfernung** von **mehr als 50 km** angegeben ist.

Der **ermäßigte** Steuersatz ist bei Fahrausweisen zugrunde zu legen, die **keine Angaben über den Steuersatz und** die **Entfernung** enthalten **oder** bei denen die angegebene **Tarifentfernung 50 km nicht übersteigt**.

Keine **Fahrausweise** im Sinne des § 34 UStDV sind **Belege** über die Benutzung **von Taxen, Mietwagen** oder von **Kraftomnibussen außerhalb des Linienverkehrs** (Abschn. 15.5 Abs. 7 UStAE).

 1. Wiederholungsfragen 6 bis 8 (Seite 378),
2. Fälle 17 und 18 (Seite 381)

13.5.3 Vorsteuerbeträge bei Reisekosten

Reisekosten sind

1. **Fahrtkosten,**
2. **Verpflegungsmehraufwendungen,**
3. **Übernachtungskosten** und
4. **Reisenebenkosten,**

wenn diese durch eine so gut wie ausschließlich beruflich veranlasste Auswärtstätigkeit des Arbeitnehmers (Unternehmers) entstehen (R 9.4 Abs. 1 Satz 1 LStR 2015).

13 Vorsteuerabzug

Eine **beruflich veranlasste Auswärtstätigkeit** liegt vor, wenn der Arbeitnehmer vorübergehend außerhalb seiner Wohnung und ersten Tätigkeitsstätte tätig wird (§ 9 Abs. 4a Satz 2 und 4 EStG).

Wird ein **Unternehmer** außerhalb seiner Wohnung und von seinem dauerhaft angelegten betrieblichen oder beruflichen Mittelpunkt entfernt tätig, liegt eine **Geschäftsreise** vor.
Die für die Auswärtstätigkeit geltenden Grundsätze sind auch für die Geschäftsreise anzuwenden (R 4.12 Abs. 1 Satz 1 EStR).
Einkommensteuerrechtlich kann der Arbeitgeber die Reisekosten seinem Arbeitnehmer steuerfrei ersetzen, soweit sie bestimmte Höchstbeträge nicht übersteigen (§ 3 Nr. 16 EStG).

Umsatzsteuerrechtlich ist der Vorsteuerabzug für Aufwendungen, die aus Anlass einer Geschäftsreise oder beruflich veranlassten Auswärtstätigkeit im Inland für das Unternehmen entstehen, unter den allgemeinen Voraussetzungen des § 15 UStG möglich.
Der Vorsteuerabzug aus **Reisepauschbeträgen**, z. B. aus Verpflegungs- und Kilometerpauschalen, ist **ausgeschlossen**.

Ertragsteuerlich sind Verpflegungsmehraufwendungen allerdings **nur** als **Pauschbeträge** und nicht in tatsächlicher Höhe als abzugsfähige Betriebsausgaben anerkannt.
Ein Vorsteuerabzug ist lediglich aus den **tatsächlichen** Reisekosten möglich, wenn die Umsatzsteuer auf der Rechnung **gesondert** ausgewiesen ist und diese auf den Namen des **Unternehmers** lautet bzw. eine **Kleinbetragsrechnung** oder ein **Fahrschein** vorliegt.
Der Unternehmer kann nur bei **Einzelnachweis** den Vorsteuerabzug aus Reisekosten geltend machen.

BEISPIEL

Der Unternehmer U, Köln, besucht in 2018 aus betrieblichen Gründen eine Messe in Leipzig.
Die Dauer der Geschäftsreise beträgt 15 Stunden.
Dabei sind ihm folgende Aufwendungen (Nettobeträge) entstanden, die er anhand von ordnungsgemäß ausgestellten Rechnungen (**Einzelbelegen**) nachweist:

	abziehbare BA	nicht abziehbare BA	Vorsteuer
1. **Fahrtkosten** für Bahnfahrt:	200,00 €		38,00 €
2. **Reisenebenkosten** für Taxifahrten:	60,00 €		4,20 €
3. **Verpflegungskosten** (gesamt 150 €):	12,00 €	138,00 €	28,50 €
4. **Übernachtungskosten**:	250,00 €		47,50 €
	522,00 €	138,00 €	118,20 €

Einkommensteuerliche Beurteilung:
Von den gesamten Verpflegungskosten in Höhe von 150 € sind **13 €** (150 € − 12 €) **nicht abzugsfähige Betriebsausgaben**. Lediglich 12 € wirken sich als BA steuermindernd aus.

Umsatzsteuerliche Beurteilung:
U kann anhand der Rechnungen (Einzelbelege) den vollen **Vorsteuerabzug** in Höhe von **118,20 €** vornehmen, obwohl er aus einkommensteuerlicher Sicht nur Mehraufwendungen für Verpflegung von 12 € (Pauschbetrag) als Betriebsausgaben absetzen kann.

Die **buchmäßige** Darstellung des **Vorsteuerabzugs aus Reisekosten** erfolgt in der **Buchführung 1**, 30. Auflage 2018, Seiten 379 ff.

ÜBUNG → 1. Wiederholungsfrage 9 (Seite 378),
2. Fall 19 (Seite 381)

13.6 Berichtigung des Vorsteuerabzugs nach § 15a UStG

Ändern sich bei einem Wirtschaftsgut, das **nicht nur einmalig** zur Ausführung von Umsätzen verwendet wird, **innerhalb von fünf Jahren** – bei Grundstücken **innerhalb von zehn Jahren** – ab dem Zeitpunkt der erstmaligen Verwendung die für den ursprünglichen Vorsteuerabzug maßgebenden **Verhältnisse** (z.B. Ausschlussumsätze statt Abzugsumsätze), ist für jedes Kalenderjahr der Änderung ein Ausgleich durch **Berichtigung** des Abzugs der auf die Anschaffungs- oder Herstellungskosten entfallenden **Vorsteuerbeträge** vorzunehmen (§ 15a **Abs. 1**).

Damit gilt § 15a **Abs. 1 in der Regel** nur für das einkommensteuerrechtliche **Anlagevermögen** (Abschn. 15a.1 Abs. 2 Nr. 1 UStAE).

Nach § 15a **Abs. 1** ist sowohl dem Grunde als auch der Höhe nach bereits bei **Leistungsbezug** über den Vorsteuerabzug abschließend zu entscheiden.

Die **Berichtigung** des gesamten Vorsteuerbetrags wird nicht mehr durch eine geänderte Steuerfestsetzung nach AO-Vorschriften, sondern nach § 15a – **verteilt auf fünf bzw. zehn Jahre** – grundsätzlich pro rata temporis (zeitanteilig) vorgenommen, wenn die **tatsächliche Verwendung** von der **Verwendungsabsicht** abweicht.

> **BEISPIEL**
>
> Der zum Vorsteuerabzug berechtigte Unternehmer U lässt 2017 auf einem zu seinem Unternehmensvermögen gehörenden Grundstück ein zweigeschossiges Haus für 500.000 € + 95.000 € USt = 595.000 € errichten. U **beabsichtigt**, das **gesamte** Gebäude **steuerpflichtig** zu vermieten. **Tatsächlich** wird das Gebäude **nur zu 30 % steuerpflichtig** (an gewerbliche Mieter) und zu **70 % steuerfrei** (an private Mieter) vermietet. Sämtliche Mietverträge gelten ab 01.01.2018. Sowohl in 2018 als auch in 2019 ändert sich die Mietstruktur nicht.
>
> Sofern U die **Absicht** der insgesamt steuerpflichtigen Vermietung objektiv **glaubhaft** machen kann, steht ihm in **2017** der volle Vorsteuerabzug in Höhe von **95.000 €** zu.
>
> U hat in 2018 unter Beachtung der tatsächlichen Verwendung 70 % des Jahresbetrags in Höhe von 6.650 € (95.000 € × 1/10 × 70 %) zu berichtigen. Die gleiche Pflicht hat er in 2019 zu erfüllen.

§ 15a **Abs. 2** behandelt die Wirtschaftsgüter, die nur **einmalig** zur Ausführung von Umsätzen **verwendet** werden. Damit gilt § 15a **Abs. 2** im Wesentlichen nur für das einkommensteuerrechtliche **Umlaufvermögen** (Abschn. 15a.1 Abs. 2 **Nr. 2** UStAE).

Während für § 15a Abs. 1 die Berichtigungszeiträume von fünf und zehn Jahren gelten, gibt es bei § 15a Abs. 2 **keinen Berichtigungszeitraum**. Es kommt allein darauf an, ob sich – irgendwann – bei dem Wirtschaftsgut die für den ursprünglichen Vorsteuerabzug maßgeblichen **Verhältnisse ändern**.

> **BEISPIEL**
>
> Ein Bauträger-Unternehmen erwirbt in 2018 ein Gebäude steuerpflichtig in der **Absicht**, es umzubauen und steuerpflichtig zu veräußern.
>
> Das Unternehmen kann deshalb die Vorsteuer aus dem Erwerb des Gebäudes abziehen. Das Gebäude ist bei dem Bauträger **Umlaufvermögen**; es soll nur zu **einem Umsatz**, der steuerpflichtigen Veräußerung, **verwendet** werden.
>
> Kommt es zu einer **steuerfreien** Veräußerung, weil der Bauträger keinen Käufer findet, bei dem er von § 9 Gebrauch machen kann, kommt es zu einer Berichtigung des Vorsteuerabzugs. Die Berichtigung ist für den Berichtigungszeitraum vorzunehmen, in dem das Gebäude veräußert wird.

§ 15a **Abs. 3** behandelt den **nachträglichen Einbau von Gegenständen** in ein Wirtschaftsgut, die dabei ihre körperliche oder wirtschaftliche Eigenart verloren haben, oder die Ausführung **sonstiger Leistungen** an einem Wirtschaftsgut, ohne dass dabei nachträgliche Anschaffungs- oder Herstellungskosten vorliegen.

Soweit im Rahmen einer Maßnahme in ein Wirtschaftsgut **mehrere** Gegenstände eingehen oder an einem Wirtschaftsgut **mehrere** sonstige Leistungen ausgeführt werden, sind diese zu einem Berichtigungsobjekt zusammenzufassen (§ 15a Abs. 3 Satz 2 und Abschn. 15a.1 Abs. 2 **Nr. 3** UStAE).

Vereinfachungen bei der Berichtigung des Vorsteuerabzugs regelt **§ 44 UStDV**.

BEISPIEL

Unternehmer U, Köln, lässt an einem steuerpflichtig vermieteten Bürogebäude in 2018 folgende Renovierungsarbeiten durchführen:

- Malerarbeiten: 5.000 € + 19 % USt,
- neue Heizkörper 3.000 € + 19 % USt,
- neue Eingangstür: 500 € + 19 % USt,
- fünf neue Innentüren: je 200 € + 19 % USt.

Da es sich um **eine** (Renovierungs-) Maßnahme handelt, muss U sämtliche Leistungen zu **einem** Berichtigungsobjekt zusammenfassen (§ 15a Abs. 3 Satz 2). Er kann z.B. nicht den Erwerb der Türen, bei denen die Vorsteuer jeweils unter der Bagatellgrenze des § 44 Abs. 1 UStDV (1.000 Euro) liegt, ausnehmen, sodass diese Werklieferung bei einer späteren Änderung der Verwendungsverhältnisse nicht mehr Gegenstand einer Vorsteuerkorrektur sein würde.

Bei anderen sonstigen Leistungen ist nach § 15a Abs. 4 Satz 2 eine Berichtigung nur möglich, wenn die sonstige Leistung in der **Steuerbilanz** aktiviert werden muss (z.B. EDV-Programme).

ÜBUNG → Wiederholungsfrage 10 (Seite 378)

13.7 Erfolgskontrolle

WIEDERHOLUNGSFRAGE

1. Welche Voraussetzungen müssen erfüllt sein, damit ein inländischer Leistungsbezug zum Vorsteuerabzug berechtigt?
2. Welche Voraussetzungen müssen erfüllt sein, damit der Leistungsempfänger bereits vor Ausführung der Leistung den Vorsteuerabzug in Anspruch nehmen kann?
3. In welchen Fällen lässt § 15 UStG keinen Vorsteuerabzug zu?
4. Welche Voraussetzungen müssen erfüllt sein, damit der Unternehmer nach § 15 Abs. 3 UStG Vorsteuerbeträge abziehen kann, obwohl er steuerfreie Umsätze tätigt? Nennen Sie zwei Beispiele.
5. In welchen Fällen muss der Unternehmer die Vorsteuerbeträge nach § 15 Abs. 4 UStG aufteilen?
6. Wie wird die Vorsteuer bei Kleinbetragsrechnungen ermittelt?
7. Unter welchen Voraussetzungen ist beim Vorsteuerabzug bei Fahrausweisen der allgemeine Steuersatz zugrunde zu legen?
8. Unter welchen Voraussetzungen ist beim Vorsteuerabzug bei Fahrausweisen der ermäßigte Steuersatz zugrunde zu legen?
9. Was wissen Sie über den Vorsteuerabzug bei Reisekosten?
10. Wie wird der Vorsteuerabzug nach § 15a UStG berichtigt?

FÄLLE

FALL 1

Der Unternehmer U, Essen, kauft 50.000 l Heizöl. Davon sind 40.000 l für sein Unternehmen und 10.000 l für seinen Privathaushalt. In der Rechnung des Heizöllieferanten werden insgesamt 2.600 € USt gesondert ausgewiesen.

Ermitteln Sie die abziehbare Vorsteuer. Begründen Sie Ihre Antwort.

FALL 2

Der Bauunternehmer U, Bonn, errichtet für den Unternehmer A (Monatszahler ohne Dauerfristverlängerung), Köln, eine Fabrikhalle. U sendet A im Juli 2018 eine Abschlagsrechnung über netto 8.000 € + 1.520 € USt = 9.520 €. A leistet im August 2018 die geforderte Abschlagszahlung von 9.520 €. Die Halle wird im November 2018 fertiggestellt, abgenommen und abgerechnet.

Wann kann A die Vorsteuer abziehen? Begründen Sie Ihre Antwort.

FALL 3

Der Unternehmer U, Bochum, hat im Oktober 2018 einen neuen Geschäftswagen gekauft, seinen alten Geschäftswagen mit 7.140 € in Zahlung gegeben und den Kaufpreisrest in Höhe von 13.685 € durch Banküberweisung gezahlt.

Ermitteln Sie die abziehbare Vorsteuer. Begründen Sie Ihre Antwort.

FALL 4

Der russische Unternehmer U, Moskau, befördert eine Maschine zu dem deutschen Unternehmer A, Frankfurt/Oder, der die Maschine in seinem Unternehmen einsetzt. U liefert „unverzollt und unversteuert", d.h., die Maschine wird von A im Inland in den zoll- und umsatzsteuerlich freien Verkehr überführt. Die entstandene Einfuhrumsatzsteuer beträgt 19.000 €.

Kann A die entstandene EUSt als Vorsteuer abziehen? Begründen Sie Ihre Antwort.

FALL 5

Fahrradhändler A, Köln, bestellt unter Verwendung seiner deutschen USt-IdNr. Fahrräder im Wert von netto 5.000 € beim niederländischen Fahrradhersteller U.
U berechnet und versendet die Fahrräder im September 2018 unter Verwendung seiner niederländischen USt-IdNr.

Kann A einen Vorsteuerabzug geltend machen? Begründen Sie Ihre Antwort.

FALL 6

Der in Minsk (Weißrussland) ansässige Unternehmer U errichtet 2018 in München für den Unternehmer A eine Montagehalle für 150.000 € netto.

Kann A einen Vorsteuerabzug geltend machen? Begründen Sie Ihre Antwort.

FALL 7

Die Gynäkologin Dr. Sabine Hommen, Dortmund, kauft für ihre Praxis einen Computer für netto 1.000 € + 190 € USt = 1.190 €.

Kann Frau Dr. Hommen den Vorsteuerabzug geltend machen? Begründen Sie Ihre Antwort.

FALL 8

Der Tierarzt Dr. Gerhard Blum, Hamburg, kauft für seine Praxis einen Medikamentenschrank für netto 1.400 € + 266 € USt = 1.666 €.

Kann Dr. Blum den Vorsteuerabzug geltend machen? Begründen Sie Ihre Antwort.

FALL 9

Der Hauseigentümer U besitzt in Bremen ein Mietwohngrundstück, das er an Nichtunternehmer vermietet. In 2018 sind für den Außenanstrich des Hauses Kosten in Höhe von 20.000 € + 3.800 € USt = 23.800 € entstanden.

Kann U den Vorsteuerabzug geltend machen? Begründen Sie Ihre Antwort.

FALL 10

Die Bank U, Frankfurt, tätigt nach § 4 Nrn. 8a bis g steuerfreie Umsätze. In 2018 erwirbt sie im Inland eine Computeranlage im Wert von 10.000 € + 1.900 € USt = 11.900 €, die sie in ihrer Filiale in Koblenz verwendet.

Kann U den Vorsteuerabzug geltend machen? Begründen Sie Ihre Antwort.

C. Umsatzsteuer

FALL 11

Bauunternehmer U, Stuttgart, überlässt einem Architekt unentgeltlich aus betrieblichen Gründen einen Büroraum in seinem Stuttgarter Geschäftsgebäude. In 2018 sind für eine Reparatur dieses Büroraumes Kosten von 500 € + 95 € USt = 595 € angefallen.

Kann U den Vorsteuerabzug geltend machen? Begründen Sie Ihre Antwort.

FALL 12

Der Unternehmer U, Köln, der zum Vorsteuerabzug berechtigt ist, hat im August 2018 für die Bewirtung von Geschäftsfreunden in einer Gaststätte 595 € (500 € + 95 € USt) aufgewendet. Die Aufwendungen sind angemessen und werden durch einen ordnungsgemäß ausgestellten Beleg nachgewiesen.

Ermitteln Sie die abziehbare Vorsteuer. Begründen Sie Ihre Antwort.

FALL 13

Kfz-Händler U, Köln, tätigt in 2018 steuerpflichtige Inlandslieferungen in Höhe von 400.000 €. Im Zusammenhang mit diesen Inlandslieferungen sind 2018 Vorsteuerbeträge in Höhe von 45.000 € angefallen.

Außerdem hat U in 2018 zwei Neufahrzeuge an einen Unternehmer aus der Schweiz für insgesamt 50.000 € verkauft. Die in diesem Zusammenhang bei U in 2018 angefallenen Vorsteuerbeträge haben 5.700 € betragen.

Kann U die Vorsteuerbeträge abziehen? Begründen Sie Ihre Antwort.

FALL 14

Der Maschinenhersteller U, München, versendet in 2018 eine Spezialmaschine an einen französischen Abnehmer. Im Zusammenhang mit der Herstellung der Spezialmaschine sind bei U Vorsteuerbeträge in Höhe von 7.000 € angefallen.

Kann U die Vorsteuerbeträge abziehen? Begründen Sie Ihre Antwort.

FALL 15

Der Friseurmeister Baus, Münster, betreibt im 1. und 2. Stock seines in 1984 fertiggestellten Geschäftshauses einen Friseursalon.
Drei weitere Stockwerke des Hauses sind an Privatpersonen vermietet.
In 2018 wurden Baus folgende Vorsteuerbeträge gesondert in Rechnung gestellt:

für Wareneinkäufe seines Friseursalons	20.000 €
für eine Dachreparatur seines Hauses	5.000 €

Die einzelnen Stockwerke des Gebäudes sind gleich groß.

Wie hoch ist die abziehbare Vorsteuer in 2018?

FALL 16

Die Fabrikantin Marianne Mayer, Duisburg, bezieht am 23.10.2018 50.000 l Heizöl. Der Heizöllieferant berechnet ihr dafür folgende Beträge:

netto	25.000 €
+ 19 % USt	4.750 €
	29.750 €

Von den berechneten 50.000 l wurden geliefert:

30.000 l in den Heizöltank der Fabrik,
15.000 l in den Heizöltank des Mietwohngrundstücks der Frau Mayer,
 5.000 l in den Heizöltank des Einfamilienhauses, das Frau Mayer selbst bewohnt.

Wie hoch ist die abziehbare Vorsteuer in 2018? Begründen Sie Ihre Antwort.

FALL 17

Der Steuerberater Wessling, Kiel, erhält von einem Buchhändler einen Kassenbeleg über die Lieferung eines USt-Handbuches. Der Beleg lautet über 56 €. Entgelt und Steuer sind nicht getrennt. Der Steuersatz ist mit 7 % angegeben.

Wie hoch ist die abziehbare Vorsteuer in 2018? Begründen Sie Ihre Antwort.

FALL 18

Der Unternehmer Bell, Stuttgart, hat über eine Reise im Juni 2018 folgende Belege:
a) eine Fahrkarte der Deutschen Bahn AG, Preis 27 €, Entfernung 92 km,
b) einen Beleg des Taxiunternehmers Müller, Stuttgart, Hauptstraße 5, über eine Stadtfahrt, Preis 9,20 €, der Steuersatz und das Ausstellungsdatum sind angegeben.

Wie hoch ist die abziehbare Vorsteuer in 2018? Begründen Sie Ihre Antwort.

FALL 19

Der Arbeitnehmer A führt vom 03.04.2018 bis 06.04.2018 im Auftrag seines Arbeitgebers U, Aachen, der zum Vorsteuerabzug berechtigt ist, mit seinem eigenen Pkw und per Flugzeug eine Dienstreise im Inland durch. Die Reise beginnt am 03.04.2018 um 10:00 Uhr und endet am 06.04.2018 um 21:00 Uhr.
A erhält die folgenden lohnsteuerlich zulässigen Beträge, die durch ordnungsgemäß ausgestellte Belege nachgewiesen sind, von seinem Arbeitgeber erstattet:

1. Kilometerpauschale für 140 gefahrene km (140 km x 0,30 € = 42 €),
2. Verpflegungspauschale (12 € + 24 € + 24 € + 12 € = 72 €),
3. Flugticket 599 € brutto,
4. Übernachtungspauschale (3 x 20 € = 60 €).

Wie hoch ist die abziehbare Vorsteuer in 2018? Begründen Sie Ihre Antwort.

Weitere Fälle mit Lösungen zum Vorsteuerabzug finden Sie im **Lösungsbuch** der Steuerlehre 1.

Zusammenfassende Erfolgskontrolle zum 1. bis 13. Kapitel

Ermitteln Sie die Umsatzsteuerschuld (Zahllast) des Großhändlers Nagib Zeidan, Bonn, für den Monat Dezember 2018. Der Unternehmer teilt seine Vorsteuer nach § 15 Abs. 4 auf. Seine Umsätze unterliegen dem allgemeinen Steuersatz. Verwenden Sie für die Ermittlung der Umsatzsteuer (Traglast) die folgende Lösungstabelle:

Tz.	Umsatzart nach § 1 i. V. m. § 3 UStG €	**nicht** steuerbare Umsätze im Inland €	**steuerbare** Umsätze im Inland €	**steuerfreie** Umsätze im Inland § 4 UStG €	**steuerpflichtige** Umsätze im Inland € (19 %)
1.					
2.					
usw.					

1. Die ausgeführten Lieferungen im Dezember 2018 an Einzelhandelsbetriebe im Inland haben 380.800 € brutto betragen.
2. Unentgeltliche Lieferungen (Warenentnahme) wurden im Dezember 2018 vorgenommen. Die Anschaffungskosten der Waren haben 7.500 € netto betragen.
   Die Wiederbeschaffungskosten betragen im Zeitpunkt der Entnahme 8.000 € netto.
3. Nagib Zeidan ist Eigentümer eines in Bonn gelegenen Hauses, das er am 03.08.2018 gekauft und in vollem Umfang seinem Unternehmen zugeordnet hat. Die Vorsteuer hat er nur für den unternehmerisch genutzten Anteil des Hauses abgezogen (§ 15 Abs. 1b UStG). Er hat auf Steuerbefreiungen nach § 4 Nr. 12a verzichtet, soweit dies nach § 9 zulässig gewesen ist.
   Das Haus wird wie folgt genutzt:
   Das Erdgeschoss hat Zeidan an A vermietet, der dort ein Einzelhandelsgeschäft betreibt. Die Mieteinnahmen haben im Dezember 2018 3.570 € betragen.
   Das 1. Obergeschoss wird von Zeidan selbst bewohnt. Die anteiligen Ausgaben i. S. d. § 10 Abs. 4 Nr. 2 betragen monatlich 1.000 €.
   Die Räume im 2. Obergeschoss sind als Wohnung an einen Nicht-Unternehmer für monatlich 900 € vermietet.
4. Für den Außenanstrich des Hauses sind im Monat Dezember 2018 Kosten in Höhe von 10.000 € + 19 % USt entstanden. Die Flächen der Außenwände betragen für das Erdgeschoss 50 qm, das 1. Obergeschoss 30 qm und das 2. Obergeschoss 20 qm.
5. Die abziehbaren Vorsteuerbeträge der Großhandlung betragen insgesamt 14.200 € (ohne Tz. 4).

14 Aufzeichnungspflichten

Zur **Feststellung der Umsatzsteuer** und der **Grundlagen ihrer Berechnung** ist der **Unternehmer** verpflichtet, **Aufzeichnungen** zu machen (§ 22).

Ebenso hat der **Lagerhalter**, der ein Umsatzsteuerlager i.S.d. § 4 Nr. 4a betreibt, Aufzeichnungen nach § 22 zu führen (§ 22 Abs. 2 **Nr. 9** und **Abs. 4c**).

Die Aufzeichnungen müssen so beschaffen sein, dass es einem **sachverständigen Dritten** innerhalb einer **angemessenen** Frist möglich ist, einen Überblick über die **Umsätze des Unternehmers** und die **abziehbare Vorsteuer** zu erhalten und die **Grundlagen für die Steuerberechnung** festzustellen (§ 63 Abs. 1 UStDV).

14.1 Aufzeichnung der Entgelte und Teilentgelte beim entgeltlichen Leistungsausgang

Der **Unternehmer** muss die vereinbarten (bzw. vereinnahmten) **Entgelte** für seine **ausgeführten** entgeltlichen Lieferungen und sonstigen Leistungen eindeutig, leicht überprüfbar und fortlaufend **aufzeichnen**. Dabei muss ersichtlich sein, wie sich die Entgelte auf die **steuerpflichtigen Umsätze, getrennt nach Steuersätzen**, und auf die **steuerfreien** Umsätze verteilen (§ 22 Abs. 2 **Nr. 1**).

Außerdem müssen aus den Aufzeichnungen die Umsätze hervorgehen, die der Unternehmer nach **§ 9** als steuerpflichtig behandelt.

Die Aufzeichnungspflichten erstrecken sich gem. § 22 Abs. 2 **Nr. 2** nicht nur auf die Entgelte für bereits ausgeführte entgeltliche Leistungen, sondern auch auf im Voraus **vereinnahmte Entgelte und Teilentgelte** (z.B. Anzahlungen, Fälle der Mindest-Istbesteuerung gem. § 13 Abs. 1 Nr. 1a Satz 4).

Die **Umsatzsteuer** gehört nicht zum Entgelt und braucht deshalb grundsätzlich **nicht** aufgezeichnet zu werden. Die Aufzeichnung der Umsatzsteuer ergibt sich jedoch bei Steuerpflichtigen mit doppelter Buchführung zwangsläufig aus den geführten Umsatzsteuerkonten.

BEISPIEL

Der Unternehmer U, Köln, mit doppelter Buchführung, verkauft 2018 Waren für 1.000 € + 190 € USt = 1.190 € auf Ziel.

Er bucht:

1200 (1400) Forderungen	**4410** (8410) Erlöse	**3806** (1776) USt
1.190,00	1.000,00	190,00

Nach § 63 Abs. 3 UStDV kann der Unternehmer das **Entgelt und den Steuerbetrag in einer Summe** (brutto) aufzeichnen (**Bruttomethode**).

Spätestens zum Schluss jedes Voranmeldungszeitraums muss der Unternehmer jedoch die Entgelte (Nettobeträge) durch Herausrechnen der Umsatzsteuer aus den Bruttowerten ermitteln und aufzeichnen.

C. Umsatzsteuer

BEISPIEL

Der Unternehmer U, Magdeburg, verkauft im August 2018 Waren gegen bar:

① 1.190 € (einschl. 19 % USt)
② 714 € (einschl. 19 % USt)
③ 476 € (einschl. 19 % USt)

Er bucht:

1600 (1000) Kasse		4410 (8410) Erlöse		3806 (1776) USt
① 1.190,00	④ 380,00	① 1.190,00		④ 380,00
② 714,00		② 714,00		
③ 476,00		③ 476,00		
		2.380,00		

④ = Buchung am Schluss des Voranmeldungszeitraums.

Durch die Buchung der USt ④ am Schluss des Voranmeldungszeitraums wird erreicht, dass der Bruttowert in Höhe von 2.380 € auf den Nettowert (das Entgelt) in Höhe von 2.000 € zurückgeführt wird.

14.2 Aufzeichnung unentgeltlicher Leistungen

Der Unternehmer ist verpflichtet, auch die **Bemessungsgrundlagen** für die **unentgeltlichen Leistungen** i.S.d. § 3 Abs. 1b und § 3 Abs. 9a Nr. 1 aufzuzeichnen (§ 22 Abs. 2 **Nr. 3**).

Auch hier ist ersichtlich zu machen, wie sich die Bemessungsgrundlagen auf die **steuerpflichtigen** unentgeltlichen Leistungen, **getrennt nach Steuersätzen**, und auf die **steuerfreien** unentgeltlichen Leistungen verteilen.

Die **Umsatzsteuer** gehört hier ebenfalls nicht zur Bemessungsgrundlage und braucht deshalb **nicht** aufgezeichnet zu werden. Die Aufzeichnung der Umsatzsteuer ergibt sich jedoch bei Steuerpflichtigen mit doppelter Buchführung auch hier zwangsläufig aus den geführten Umsatzsteuerkonten.

BEISPIEL

Der Unternehmer U, Mainz, mit doppelter Buchführung, entnimmt im August 2018 seinem Unternehmen Waren für seinen Privathaushalt, die dem allgemeinen Steuersatz unterliegen. Der Nettoeinkaufspreis der entnommenen Waren beträgt 1.000 €.

Er bucht:

2100 (1800) Privat	4620 (8910) Entnahme d.U.	3806 (1776) USt
1.190,00	1.000,00	190,00

ÜBUNG → Wiederholungsfragen 1 und 2 (Seite 390)

14.3 Aufzeichnung der Entgelte und Teilentgelte sowie der Vorsteuer beim entgeltlichen Leistungseingang

Der Unternehmer ist verpflichtet, beim entgeltlichen Leistungseingang die **Entgelte** (Nettobeträge) für **empfangene** Leistungen **und** die auf diese Umsätze entfallende Steuer (**Vorsteuer**) getrennt aufzuzeichnen (§ 22 Abs. 2 **Nr. 5**).

BEISPIEL

Der Unternehmer U kauft im August 2018 Waren für 500 € + 95 € USt = 595 € auf Ziel.

Er bucht:

5410 (3410) Wareneingang	**1406** (1576) Vorsteuer	**3300** (1600) Verbindlichk.
500,00	95,00	595,00

Aufzuzeichnen sind auch jene Entgelte und Teilentgelte sowie die darauf entfallende Steuer, die beim leistenden Unternehmer der Mindest-Istbesteuerung unterliegen.

Der Unternehmer kann – wie beim Leistungsausgang – die Entgelte und die Vorsteuerbeträge in einer Summe (brutto), jedoch getrennt nach den in den Eingangsrechnungen angewandten Steuersätzen, aufzeichnen (**Bruttomethode**).

Spätestens zum Schluss des Voranmeldungszeitraums hat der Unternehmer die Summe der Entgelte (Nettobeträge) und die Summe der Steuerbeträge (Vorsteuer) zu errechnen und aufzuzeichnen (§ 63 Abs. 5 UStDV).

14.4 Aufzeichnung im Falle der Einfuhr

Der Unternehmer hat ferner die **Bemessungsgrundlagen** für die Einfuhr von Gegenständen **und** die **Einfuhrumsatzsteuer** aufzuzeichnen (§ 22 Abs. 2 **Nr. 6**). Weitere Einzelheiten enthält § 64 UStDV.

14.5 Aufzeichnung des innergemeinschaftlichen Erwerbs

Der Unternehmer ist verpflichtet, die **Bemessungsgrundlagen** für den innergemeinschaftlichen Erwerb von Gegenständen **sowie** die hierauf entfallenden **Steuerbeträge** aufzuzeichnen (§ 22 Abs. 2 **Nr. 7**).

Auch hierbei ist eine Aufteilung der Bemessungsgrundlagen nach **steuerpflichtigen und steuerfreien** Umsätzen sowie gegebenenfalls nach **Steuersätzen** vorzunehmen.

14.6 Aufzeichnungen über Leistungen i. S. d. § 13b UStG

Nach § 22 Abs. 2 **Nr. 8** werden insbesondere Aufzeichnungspflichten für den **Leistungsempfänger** festgelegt, die dieser zu erfüllen hat, soweit er als Leistungsempfänger Steuerschuldner nach § 13b **Absätze 1 bis 5** ist.

Der Leistungsempfänger hat Aufzeichnungen über den **leistenden Unternehmer**, dessen **Leistung** (Art, Umfang, Zeitpunkt), die **Bemessungsgrundlage**, die darauf entfallende **Steuer** sowie den **Zeitpunkt der Vereinnahmung des Entgelts** zu führen.

> **ÜBUNG →** Wiederholungsfragen 3 bis 5 (Seite 390)

14.7 Erleichterungen für die Trennung der Entgelte

Aus den Aufzeichnungen des Unternehmers muss grundsätzlich zu ersehen sein, wie sich die Entgelte auf die **steuerpflichtigen** Umsätze, **getrennt nach Steuersätzen**, und auf die **steuerfreien** Umsätze verteilen.

Die **sofortige Trennung der Entgelte nach Steuersätzen** ist in der Praxis vielfach sehr **schwierig** oder nicht durchführbar, vor allem wenn Unternehmer über ein großes Warensortiment verfügen und in der Regel Barverkäufe vornehmen.

Unternehmern, denen aufgrund der Art und des Umfangs ihres Geschäfts eine sofortige Trennung der Entgelte nach Steuersätzen in den Aufzeichnungen **nicht zuzumuten** ist, kann das Finanzamt auf **Antrag** eine **nachträgliche Trennung** der Entgelte **auf der Grundlage der Wareneingänge** gestatten. Eine Trennung nach anderen Merkmalen ist grundsätzlich möglich (§ 63 Abs. 4 UStDV).

Eine solche Erleichterung der Aufzeichnungspflichten kommt allerdings **nicht** in Betracht, wenn eine **Registrierkasse** mit Zählwerken für mehrere Warengruppen **oder** eine entsprechende **andere Speichermöglichkeit** eingesetzt wird (Abschn. 22.6 Abs. 1 Satz 5 UStAE).

Trennung der Entgelte bei verschiedenen Steuersätzen

Für Unternehmer, deren Lieferungen der Besteuerung nach unterschiedlichen Steuersätzen unterliegen, kann auf **Antrag** eines der folgenden **drei Verfahren** (sog. **Aufschlagsverfahren**) zugelassen werden (Abschn. 22.6 UStAE):

1. rechnerische Ermittlung der begünstigten oder nicht begünstigten Umsätze aufgrund der **Wareneingänge** unter **Hinzurechnung der tatsächlichen oder üblichen Aufschläge**,

2. rechnerische Ermittlung der begünstigten oder nicht begünstigten Umsätze aufgrund der **Wareneingänge** unter **Hinzurechnung eines gewogenen Durchschnittsaufschlags**,

3. rechnerische Ermittlung der begünstigten oder nicht begünstigten Umsätze nach den **tatsächlichen Verkaufsentgelten bei Filialunternehmen**.

14.7.1 Trennung der Entgelte aufgrund der Wareneingänge unter Hinzurechnung der tatsächlichen oder üblichen Aufschläge

Die erworbenen Waren sind im Wareneingangsbuch oder auf dem Wareneinkaufskonto **getrennt** nach den beiden Steuersätzen **aufzuzeichnen**.

Auf der Grundlage der **Wareneingänge** sind **entweder** die Umsätze der Waren, die dem **allgemeinen** Steuersatz unterliegen, **oder** die **steuerermäßigten** Umsätze **rechnerisch** zu ermitteln (Abschn. 22.6 Abs. 9 Satz 2 UStAE).

Zu diesem Zweck ist im Wareneingangsbuch oder auf dem Wareneingangskonto **für diese Waren** neben der Spalte „Einkaufsentgelt" eine **zusätzliche Spalte** mit der Bezeichnung „**Verkaufsentgelt**" **einzurichten**.

Zweckmäßigerweise wird dazu die Warengruppe mit dem **geringsten** Volumen gewählt (beim Lebensmitteleinzelhändler die 19 %-Waren).

Die Waren der Gruppe, für die die zusätzliche Spalte „**Verkaufsentgelt**" eingerichtet worden ist, sind grundsätzlich einzeln und mit handelsüblicher Bezeichnung (Schlüsselzahlen und Symbole genügen) einzutragen (Abschn. 22.6 Abs. 9 Sätze 4 und 5 UStAE).

Bei der Aufzeichnung des Wareneingangs sind aufgrund der tatsächlichen oder üblichen Aufschlagsätze die tatsächlichen bzw. **voraussichtlichen Verkaufsentgelte** für die betreffenden Waren zu errechnen und in die zusätzliche Spalte „**Verkaufsentgelt**" einzutragen.

Die zusätzliche Spalte „**Verkaufsentgelt**" ist am Schluss des Voranmeldungszeitraums **zu addieren**. Die **Summe** dieser Verkaufsentgelte **gilt als Umsatz** an begünstigten bzw. nicht begünstigten Waren.

Zieht man von dem im gleichen Voranmeldungszeitraum insgesamt erfassten **Bruttoumsatz** aus allen Warengeschäften die Bruttosumme der Spalte „**Verkaufsentgelt**" ab, ergibt die Differenz die Bruttosumme der übrigen Entgelte nach dem **anderen Steuersatz**.

BEISPIEL

Der Lebensmittelhändler U, Köln, Monatszahler, der seine Umsätze nach vereinnahmten Entgelten versteuert, hat im Oktober 2018 in seinem Wareneingangsbuch die Waren, die dem Steuersatz von **7 %** unterliegen, mit **10.000 €** (netto) und die Waren, die dem Steuersatz von **19 %** unterliegen, mit **5.000 €** (netto) eingetragen.
Die fiktiven **Verkaufsentgelte** der **19 %-Waren** betragen **6.000 €** (netto).
Der **Gesamtumsatz** hat im Oktober 2018 einschließlich USt **23.190 €** betragen.

Der Lebensmittelhändler U führt folgendes **Wareneingangsbuch**:

1	2	3	4	5				6	7
Lfd. Nr.	Tag des Erwerbs	Lieferant	Art der Ware	Einkaufsentgelt für				Verkaufsentgelt für 19 %-Waren	Beleghinweis
				7 %-Waren		19 %-Waren			
				Nettopreis €	USt €	Nettopreis €	USt €	Nettopreis €	
.	.	.	.	.	.	.	.	.	.
.	.	.	.	.	.	.	.	.	.
Summe				10.000	700	5.000	950	6.000	

Die Trennung der Entgelte ist für den Monat Oktober 2018 wie folgt vorzunehmen:

			Entgelte	Steuer
Monatsumsatz (brutto) insgesamt		23.190 €		
− Verkaufsentgelte zu **19 %** (netto)	6.000 €			
zuzüglich 19 % USt	1.140 €	− 7.140 €	6.000 €	1.140 €
= Bruttoumsatz zu **7 %**		16.050 €	15.000 €	1.050 €
Umsatzsteuer(Traglast)				2.190 €
− Vorsteuer (700 € + 950 €)				− 1.650 €
= Umsatzsteuerschuld				540 €

> **ÜBUNG →** 1. Wiederholungsfrage 6 (Seite 390),
> 2. Fall 1 (Seite 391)

14.7.2 Trennung der Entgelte aufgrund der Wareneingänge unter Hinzurechnung eines gewogenen Durchschnittsaufschlags

Ebenso wie beim ersten Verfahren ist es notwendig, die erworbenen Waren **getrennt** nach den beiden Steuersätzen **aufzuzeichnen**.

Für die Warengruppe, für die auf der Grundlage des Wareneingangs der Umsatz errechnet werden soll, ist ein **gewogener Durchschnittsaufschlagsatz** nach den **tatsächlichen Verhältnissen eines Kalendervierteljahres** rechnerisch zu ermitteln.

Diese rechnerische Ermittlung ist grundsätzlich für die **Umsatzsteuergruppe** vorzunehmen, die den **geringsten Anteil** am **gesamten Umsatz** bildet.

Hierzu sind am Schluss eines Voranmeldungszeitraums die Einkaufsentgelte aufzurechnen. Dem **Gesamtbetrag dieser Einkaufsentgelte** ist der **gewogene Durchschnittsaufschlag hinzuzusetzen**. Der gewogene Durchschnittsaufschlagsatz ist, sofern sich die Struktur des Unternehmens nicht ändert, **für die Dauer von fünf Jahren anzuwenden**. Die weitere Berechnung erfolgt wie beim ersten Verfahren (Abschn. 22.6 Abs. 14 und Abs. 15 UStAE).

BEISPIEL

Der Lebensmittelhändler U in Stuttgart hat im 3. Kalendervierteljahr 2018 (Juli bis September 2018) Einkaufs**entgelte** der 19 %-Waren in Höhe von 20.000 € und die Verkaufs**entgelte** dieser Waren in Höhe von 26.000 € aufgezeichnet.

$$\text{Durchschnittsaufschlagsatz} = \frac{6.000\,€ \times 100}{20.000\,€} = \underline{\underline{30\,\%}}$$

Für den Monat November 2018 ergeben sich folgende Zahlen:

Einkaufsentgelte der 7 %-Waren	12.000 €,
Einkaufsentgelte der 19 % -Waren	5.000 €,
Bruttoumsatz insgesamt	23.216 €,
Vorsteuer	1.790 €.

Die **Trennung der Entgelte** ist für den Monat November 2018 wie folgt vorzunehmen:

		Entgelte	Steuer
Einkaufsentgelte zu 19 %	5.000 €		
+ **Aufschlagsatz 30 %**	1.500 €		
= Verkaufsentgelte zu 19 %	6.500 €	6.500 €	
+ 19 % USt	1.235 €		1.235 €
= Bruttoumsatz zu 19 %	7.735 €		
Bruttoumsatz insgesamt	23.216 €		
− Bruttoumsatz zu **19 %**	− 7.735 €		
= Bruttoumsatz zu **7 %**	15.481 €	14.468 €	1.013 €
Umsatzsteuer (Traglast)			2.248 €
− Vorsteuer (840 € + 950 €)			− 1.790 €
= Umsatzsteuerschuld (Zahllast)			458 €

14.7.3 Trennung der Entgelte nach den tatsächlichen Verkaufsentgelten bei Filialunternehmen

Filialunternehmen können die Trennung der Entgelte nach **tatsächlichen Verkaufsentgelten** dann vornehmen, wenn sie die tatsächlichen Verkaufsentgelte, die dem ermäßigten oder allgemeinen Steuersatz unterliegen, im Zeitpunkt der Auslieferung an den einzelnen Zweigbetrieb **gesondert aufzeichnen** (Abschn. 22.6 Abs. 16 UStAE).

Eine getrennte Aufzeichnung der Wareneingänge ist in diesem Falle entbehrlich.

BEISPIEL

Bruttomonatsumsatz insgesamt	333.000 €
Bruttoumsatz der 7 %-Waren	214.000 €
Vorsteuer	20.000 €

Die Trennung der Entgelte ist bei dem Filialunternehmen wie folgt vorzunehmen:

			Entgelte	Steuer
Bruttoumsatz insgesamt		333.000 €		
− Verkaufsentgelt zu **7 %**	200.000 €			
zuzüglich 7 % USt	14.000 €	− 214.000 €	200.000 €	14.000 €
= Bruttoumsatz zu **19 %**		119.000 €	100.000 €	19.000 €
Umsatzsteuer (Traglast)				33.000 €
− Vorsteuer				− 20.000 €
= Umsatzsteuerschuld (Zahllast)				13.000 €

> **ÜBUNG →** 1. Wiederholungsfragen 7 und 8 (Seite 390),
> 2. Fälle 2 und 3 (Seite 391)

14.8 Zusammenfassung und Erfolgskontrolle
14.8.1 Zusammenfassung

Aufzeichnungen	Umfang der Aufzeichnungen
1. über die Umsätze	
1.1 ausgeführte entgeltliche Leistungen	Entgelte
1.2 ausgeführte unentgeltliche Leistungen	Bemessungsgrundlage
1.3 innergemeinschaftlicher Erwerb	Bemessungsgrundlagen und die hierauf entfallenden Steuerbeträge
1.4 Umsätze des § 13b Abs. 1 bis 5 UStG	Entgelte
2. über die Vorsteuern	
2.1 empfangene Leistungen	Entgelte und Vorsteuer
2.2 Einfuhr	Bemessungsgrundlagen und EUSt
2.3 innergemeinschaftlicher Erwerb	Bemessungsgrundlagen und die hierauf entfallenden Steuerbeträge
2.4 Leistungen des § 13b Abs. 1 bis 5 UStG	Entgelte und Vorsteuer

14.8.2 Erfolgskontrolle

WIEDERHOLUNGSFRAGEN

1. Was muss der Unternehmer beim entgeltlichen Leistungsausgang nach § 22 UStG aufzeichnen?
2. Was muss der Unternehmer bei den unentgeltlichen Leistungen aufzeichnen?
3. Was hat der Unternehmer im Falle der Einfuhr nach § 22 Abs. 2 Nr. 6 UStG aufzuzeichnen?
4. Was hat der Unternehmer im Falle des innergemeinschaftlichen Erwerbs i.S.d. § 22 Abs. 2 Nr. 7 UStG aufzuzeichnen?
5. Was hat der Leistungsempfänger in den Fällen des § 13b UStG aufzuzeichnen?
6. Welche Verfahren zur erleichterten Trennung der Entgelte kann das Finanzamt für Handel und Handwerk zulassen?
7. Wie ist zu verfahren, wenn die Trennung der Entgelte vom Wareneingang her unter Hinzurechnung eines gewogenen Durchschnittsaufschlags durchgeführt werden soll?
8. Wie ist bei Filialunternehmen zu verfahren, wenn die Trennung der Entgelte nach den tatsächlichen Verkaufsentgelten durchgeführt werden soll?

FÄLLE

FALL 1

Der Lebensmittelhändler A, Bremen, der seine Umsätze nach vereinnahmten Entgelten versteuert, führt mit Genehmigung des Finanzamtes die Trennung der Entgelte vom Wareneingang her durch. A hat seine Waren getrennt nach den beiden Steuersätzen in einem Wareneingangsbuch aufgezeichnet. Für die 7 %-Waren hat er außerdem in einer zusätzlichen Spalte die voraussichtlichen Verkaufsentgelte eingetragen.

Aus seinen Aufzeichnungen ergibt sich für den Monat Dezember 2018 Folgendes:

a) vereinnahmte Entgelte zuzüglich Umsatzsteuer insgesamt   112.004 €
b) Verkaufsentgelte der 7 %-Waren (ohne Umsatzsteuer)   75.800 €

1. Nach welchem Verfahren ist die erleichterte Trennung der Entgelte vorzunehmen?
2. Wie viel Euro betragen jeweils die Entgelte und die Umsatzsteuer nach diesem Verfahren?

FALL 2

Der Lebensmittelhändler B, Würzburg, hat ein Vierteljahr lang die Einkaufsentgelte der nicht begünstigten Waren und die Verkaufsentgelte dieser Waren aufgezeichnet, um den gewogenen Durchschnittsaufschlagsatz errechnen zu können.

a) Summe der Einkaufsentgelte der 19 %-Waren   37.400 €
b) Summe der Verkaufsentgelte der 19 %-Waren   44.880 €

Für den Monat Oktober 2018 hat B folgende Beträge aufgezeichnet:

a) Bruttomonatsumsatz insgesamt   24.140 €
b) Einkaufsentgelt der 19 % -Waren   5.000 €

1. Wie viel Prozent beträgt der gewogene Durchschnittsaufschlagsatz?
2. Wie viel Euro betragen jeweils die Entgelte und die USt, wenn die Trennung der Entgelte vom Wareneingang her unter Hinzurechnung dieses gewogenen Durchschnittsaufschlagsatzes durchgeführt wird?

FALL 3

Das Finanzamt hat dem Einzelhändler C, Bonn, gestattet, die Entgelte aus den begünstigten Umsätzen nachträglich anhand des Wareneingangs zu berechnen.

Im November 2018 erzielt C einen Bruttoumsatz von 123.100 € einschl. 7 % bzw. 19 % USt. Der Wareneingang der begünstigten Umsätze beträgt 50.000 €, der Rohgewinnaufschlag hierfür 30 %. Im November 2018 ergeben sich 5.200 € abzugsfähige Vorsteuerbeträge.

Ermitteln Sie in einem übersichtlichen Schema die Umsatzsteuerschuld (Zahllast) für November 2018.

Zusammenfassende Erfolgskontrolle zum 1. bis 14. Kapitel

Der selbständige Goldschmied U, Koblenz, lebt mit seiner Ehefrau im gesetzlichen Güterstand (im Güterstand der Zugewinngemeinschaft). Seine Werkstatt befindet sich in seinem Haus in Koblenz, das 1997 fertiggestellt wurde. Das Grundstück hat er in vollem Umfang seinem Unternehmen zugeordnet. Bei der Herstellung des Hauses in 1997 hat er den vollen Vorsteuerabzug in Anspruch genommen. U verzichtet – soweit wie möglich – auf die Steuerfreiheit nach § 4 Nr. 12a. Die drei Geschosse des Hauses sind gleich groß.

Aus den Büchern und Unterlagen ergibt sich für den Monat Dezember 2018 Folgendes:

1. U bewirkte im Dezember 2018 folgende Leistungen:
   Werklieferungen im Inland 154.000 € (netto)
   Werkleistungen im Inland 15.400 € (netto)

2. Die Vorsteuerbeträge auf den Wareneinkauf und die Werkstattkosten haben im Dezember 2018 15.000 € betragen.

3. Das Haus wird wie folgt genutzt:
   a) **Erdgeschoss**
   Das Erdgeschoss hat U an seine Frau vermietet, die dort ein Einzelhandelsgeschäft betreibt. Die Mieteinnahmen, die U im Dezember 2018 zugeflossen sind, haben 1.200 € (netto) betragen.
   b) **1. Obergeschoss**
   Das 1. Obergeschoss wird von U mit seiner Familie selbst bewohnt. Die anteiligen Ausgaben i. S. d. § 10 Abs. 4 Nr. 2 betragen monatlich 600 €.
   c) **2. Obergeschoss**
   Im 2. Obergeschoss befindet sich die Werkstatt des U. Die monatlichen Ausgaben für das 2. Obergeschosses betragen 800 €.

4. Für die Instandsetzung des Daches sind U im Dezember 2018 Kosten in Höhe von 19.000 € + 19 % USt entstanden.

5. Auf die private Nutzung des betrieblichen Pkws entfallen im Dezember 2018 lt. ordnungsgemäß geführtem Fahrtenbuch 400 € Pkw-Kosten, bei denen der Vorsteuerabzug möglich gewesen ist, und 100 € Pkw-Kosten, bei denen der Vorsteuerabzug nicht möglich gewesen ist.

6. Ein Teil des Warenlagers wurde im Dezember 2018 durch Brand vernichtet. Die Versicherung hat für den entstandenen Schaden im Dezember 2018 10.000 € gezahlt.

7. U hat seiner Schwester zu ihrem Namenstag am 11.12.2018 einen Goldring geschenkt. Den Ring hat er aus seinem Betrieb entnommen. Der Goldring hat im Zeitpunkt des Kaufs 500 €, im Zeitpunkt der Entnahme 600 € und der Verkaufswert des Ringes 700 € betragen.

8. U hat für einen arabischen Kunden ein goldenes Essbesteck angefertigt. Hierfür hat er 6.000 € vereinnahmt. Das Essbesteck hat er anlässlich einer Ferienreise dem Kunden persönlich in Riad übergeben.

Wie hoch ist die Umsatzsteuerschuld (Zahllast) des U für den Monat Dezember 2018, wenn für das Haus die Vorsteuer-Aufteilung nach § 15 Abs. 4 Satz 1 erfolgt?

15 Besteuerung nach Durchschnittssätzen

Viele kleine Unternehmer und Land- und Forstwirte wären überfordert, wenn sie die Aufzeichnungspflichten des § 22 voll erfüllen müssten.

Zur **Vereinfachung des Besteuerungsverfahrens** hat der Gesetzgeber

> 1. für **land- und forstwirtschaftliche Betriebe Durchschnittssätze** festgesetzt (**§ 24**) und
> 2. den Bundesminister ermächtigt, für **bestimmte** Gruppen von **Unternehmern** (ausgenommen Land- und Forstwirte)
>   2.1 die abziehbaren **Vorsteuerbeträge**
>   **oder**
>   2.2 die zu entrichtende Steuer (**Umsatzsteuer**)
>   nach **Durchschnittssätzen** festzusetzen (**§ 23**).

Von der Ermächtigung, die abziehbaren **Vorsteuerbeträge** bestimmter Berufs- und Gewerbezweige nach **Durchschnittssätzen** festzusetzen, hat der Bundesminister der Finanzen in den **§§ 69 und 70 UStDV** Gebrauch gemacht.

Ebenso wird **kleineren Vereinen** (Vereine mit einem Vorjahresumsatz von nicht mehr als **35.000 Euro**) die Möglichkeit eingeräumt, ihre abziehbare Vorsteuer durch Anwendung des **Pauschalsatzes von 7 %** auf ihre steuerpflichtigen Umsätze zu ermitteln (**§ 23a**).

15.1 Durchschnittssätze für land- und forstwirtschaftliche Betriebe

Der Gesetzgeber hat die **Umsatzsteuer und** die **Vorsteuer** für Umsätze, die ein Unternehmer im Rahmen seines **land- und forstwirtschaftlichen Betriebs** ausführt, pauschal festgesetzt (§ 24).

Diese pauschal festgesetzten Sätze (= **Durchschnittssätze**) sind in den zurückliegenden Jahren mehrfach geändert worden.

Die Anwendung des § 24 setzt grundsätzlich voraus, dass der landwirtschaftliche Betrieb **bewirtschaftet** wird (Abschn. 24.1 Abs. 4 Satz 1 UStAE).

Ein Unternehmer, der seinen landwirtschaftlichen Betrieb **verpachtet** und dessen unternehmerische Betätigung im Bereich der Landwirtschaft sich in dieser Verpachtung erschöpft, betreibt mit der Verpachtung **keinen** landwirtschaftlichen Betrieb im Sinne des § 24.

In diesen Fällen kann zu Beginn der Verpachtung für die Anwendung des § 19 Abs. 1 UStG aus Vereinfachungsgründen auf den voraussichtlichen Gesamtumsatz des laufenden Kalenderjahres abgestellt werden (Abschn. 19.1 Abs. 4a Satz 1 UStAE).

Die **Durchschnittssätze** in § 24 Abs. 1 sind zuletzt durch das Jahressteuergesetz 2008 vom 20.12.2007 **geändert** worden und gelten seit dem unverändert.

Die folgende **Übersicht** zeigt die derzeit gültigen **Durchschnittssätze für land- und forstwirtschaftliche Betriebe**:

Art der Umsätze	Durchschnittssatz		Steuerzahllast
	Umsatz v.H.	Vorsteuer v.H.	
1. Lieferungen von forstwirtschaftlichen Erzeugnissen, ausgenommen Sägewerkserzeugnisse (z.B. Rund-, Schicht- und Abfallholz)	5,5	5,5	0
2. Lieferungen der in der Anlage 2 aufgeführten Sägewerkserzeugnisse (z.B. Schnittholzabfälle, Hobel-, Hack- und Sägespäne), sonstige Leistungen (z.B. Lohnfuhren), Hilfsumsätze (z.B. Verkauf gebrauchter Landmaschinen)	10,7	10,7	0
3. Lieferungen und unentgeltliche Wertabgaben (ausgenommen Ausfuhrlieferungen und Umsätze im Ausland) der			
a) in der Anlage 2 nicht aufgeführten Sägewerkserzeugnisse (z.B. Kanthölzer, Bohlen, Bretter)	19	10,7	8,3
b) in der Anlage 2 nicht aufgeführten Getränke (z.B. Wein, Traubenmost, Frucht- und Gemüsesäfte) sowie alkoholische Flüssigkeiten (z.B. reiner Alkohol)	19	10,7	8,3
4. Ausfuhrlieferungen und im Ausland bewirkte Umsätze der			
a) in der Anlage 2 nicht aufgeführten Sägewerkserzeugnisse (vgl. Nr. 3a)	10,7	10,7	0
b) Getränke, alkoholischen Flüssigkeiten (vgl. Nr. 3b)	10,7	10,7	0
5. übrige landwirtschaftliche Umsätze (z.B. Getreide, Vieh, Fleisch, Milch, Obst, Gemüse, Eier)	10,7	10,7	0

15.2 Allgemeine Durchschnittssätze

Allgemeine Durchschnittssätze hat der Bundesfinanzminister **nur für** die abziehbaren **Vorsteuerbeträge** festgesetzt. Für die zu entrichtende Steuer (**Umsatzsteuer**) gibt es **keine Durchschnittssätze**. Die Umsatzsteuer (Traglast) ist nach den allgemeinen Vorschriften zu berechnen.

Die **Durchschnittssätze für** die abziehbaren **Vorsteuerbeträge** können nur angewendet werden

1. auf einen entsprechenden **Antrag** beim zuständigen Finanzamt (§ 23 Abs. 3),
2. von den in der Anlage zur UStDV angegebenen **Berufs- und Gewerbezweigen**,
3. von nicht buchführungs- und bilanzierungspflichtigen Unternehmern, deren **Umsatz** im vorangegangenen Kalenderjahr **61.356 Euro** nicht überstiegen hat (§ 69 UStDV).

Umsatz im Sinne dieser Vorschrift ist der **Nettoumsatz** (ohne USt), den der Unternehmer im Rahmen der in der Anlage zur UStDV bezeichneten Berufs- und Gewerbezweige im Inland ausführt, mit **Ausnahme** der Einfuhr, des innergemeinschaftlichen Erwerbs und der in § 4 Nr. 8, Nr. 9a, Nr. 10 und Nr. 21 genannten Umsätze (d.h. bestimmte Geld- und Kreditumsätze, Umsätze die unter das Grunderwerbsteuergesetz fallen, Versicherungsumsätze und dem Schul- und Bildungszweck dienende Leistungen).

Die **Durchschnittssätze**, die als **Prozentsätze auf den Umsatz** anzuwenden sind, sind in der **Anlage zur UStDV** aufgeführt.

Vollpauschalierung

Mit den in **Abschnitt A** der Anlage bezeichneten Durchschnittssätzen sind **alle Vorsteuerbeträge** abgegolten, die mit der Tätigkeit der Unternehmer in den in diesem Abschnitt genannten Berufs- und Gewerbezweigen zusammenhängen (sogenannte **Vollpauschalierung**). Ein weiterer Vorsteuerabzug ist insoweit ausgeschlossen (§ 70 **Abs. 1** UStDV).

Abschnitt A (Vollpauschalierung) Durchschnittssätze für die Berechnung sämtlicher Vorsteuerbeträge		
I. Handwerk	2018 %	2017 %
1. Bäckerei	5,4	5,4
2. Bau- und Möbeltischlerei	9,0	9,0
3. Beschlag-, Kunst und Reparaturschmiede	7,5	7,5
4. Buchbinderei	5,2	5,2
5. Druckerei	6,4	6,4
6. Elektroinstallation	9,1	9,1
7. Fliesen- und Plattenlegerei, sonstige Fußbodenlegerei und -kleberei	8,6	8,6
8. Friseure	4,5	4,5
9. Gewerbliche Gärtnerei	5,8	5,8
10. Glasergewerbe	9,2	9,2
11. Hoch- und Ingenieurhochbau	6,3	6,3
12. Klempnerei, Gas- und Wasserinstallation	8,4	8,4
13. Maler- und Lackierergewerbe, Tapezierer	3,7	3,7
14. Polsterei- und Dekorateurgewerbe	9,5	9,5
15. Putzmacherei	12,2	12,2
16. Reparatur von Kraftfahrzeugen	9,1	9,1
17. Schlosserei und Schweißerei	7,9	7,9
18. Schneiderei	6,0	6,0
19. Schuhmacherei	6,5	6,5
20. Steinbildhauerei und Steinmetzerei	8,4	8,4
21. Stuckateurgewerbe	4,4	4,4
22. Winder und Scherer	2,0	2,0
23. Zimmerei	8,1	8,1

	2018	2017
II. Einzelhandel	%	%
1. Blumen und Pflanzen	5,7	5,7
2. Brennstoffe	12,5	12,5
3. Drogerien	10,9	10,9
4. Elektrotechnische Erzeugnisse, Leuchten, Rundfunk-, Fernseh- und Phonogeräte	11,7	11,7
5. Fahrräder und Mopeds	12,2	12,2
6. Fische und Fischerzeugnisse	6,6	6,6
7. Kartoffeln, Gemüse, Obst und Südfrüchte	6,4	6,4
8. Lacke, Farben und sonstiger Anstrichbedarf	11,2	11,2
9. Milch, Milcherzeugnisse, Fettwaren und Eier	6,4	6,4
10. Nahrungs- und Genussmittel	8,3	8,3
11. Oberbekleidung	12,3	12,3
12. Reformwaren	8,5	8,5
13. Schuhe und Schuhwaren	11,8	11,8
14. Süßwaren	6,6	6,6
15. Textilwaren verschiedener Art	12,3	12,3
16. Tiere und zoologischer Bedarf	8,8	8,8
17. Unterhaltungszeitschriften und Zeitungen	6,3	6,3
18. Wild und Geflügel	6,4	6,4
III. Sonstige Gewerbebetriebe		
1. Eisdielen	5,8	5,8
2. Fremdenheime und Pensionen	6,7	6,7
3. Gast- und Speisewirtschaften	8,7	8,7
4. Gebäude- und Fensterreinigung	1,6	1,6
5. Personenbeförderung mit Personenkraftwagen	6,0	6,0
6. Wäschereien	6,5	6,5
IV. Freie Berufe		
1. a) Bildhauer	7,0	7,0
b) Grafiker (nicht Gebrauchsgrafiker)	5,2	5,2
c) Kunstmaler	5,2	5,2
2. Selbständige Mitarbeiter bei Bühne, Film, Funk, Fernsehen und Schallplattenproduzenten	3,6	3,6
3. Hochschullehrer	2,9	2,9
4. Journalisten	4,8	4,8
5. Schriftsteller	2,6	2,6

15 Besteuerung nach Durchschnittssätzen

BEISPIEL

Der Unternehmer U betreibt in Osnabrück eine **Buchbinderei**. U berechnet seine Vorsteuerbeträge zulässigerweise nach § 23 i.V.m. § 70 **Abs. 1** UStDV (**Vollpauschalierung**). Im III. Kalendervierteljahr 2018 hat er einen **Nettoerlös** von 40.000 € erzielt.
Die **Umsatzsteuerschuld** für das III. Kalendervierteljahr 2018 wird wie folgt berechnet:

Umsatzsteuer (Traglast)	
19 % von 40.000 €	7.600 €
− **abziehbare Vorsteuerbeträge**	
5,2 % von **40.000 €** (Abschnitt A I Nr. 4 der Anlage)	− 2.080 €
= **Umsatzsteuerschuld** (Zahllast)	**5.520 €**

ÜBUNG → 1. Wiederholungsfragen 1 und 2 (Seite 399),
2. Fall 1 (Seite 399)

Teilpauschalierung

Die in **Abschnitt B** der Anlage zur UStDV bezeichneten Durchschnittssätze gelten **nicht für sämtliche Vorsteuerbeträge**, sondern **nur für einen Teil** der abziehbaren Vorsteuerbeträge (**Teilpauschalierung**).
Dabei handelt es sich im Wesentlichen um abziehbare Vorsteuerbeträge, die auf **Gemeinkosten** entfallen.

Neben den **teilpauschalierten Vorsteuerbeträgen**, die nach den in Abschnitt B der Anlage bezeichneten Durchschnittssätzen berechnet werden, **können in bestimmten Fällen** (bei Warenbezügen und Gebäudekosten) die **Vorsteuerbeträge** nach den **allgemeinen Vorschriften** abgezogen werden (§ 70 **Abs. 2** UStDV).

Abschnitt B (Teilpauschalierung)
Durchschnittssätze für die Berechnung eines Teils der Vorsteuer

		2018	2017
		%	%
1.	Architekten	1,9	1,9
2.	Hausbandweber	3,2	3,2
3.	Patentanwälte	1,7	1,7
4.	Rechtsanwälte und Notare	1,5	1,5
5.	Schornsteinfeger	1,6	1,6
6.	Wirtschaftliche Unternehmensberatung, Wirtschaftsprüfung (z.B. **Steuerberater**)	1,7	1,7

C. Umsatzsteuer

BEISPIEL

Steuerberater U, der in Koblenz seine Praxis hat, berechnet seine Vorsteuerbeträge zulässigerweise nach § 23 i. V. m. § 70 **Abs. 2** UStDV (**Teilpauschalierung**). Im III. Kalendervierteljahr 2018 hat er einen Nettoumsatz von **20.000 €** erzielt. Die Vorsteuerbeträge für Instandsetzungen seiner Praxisräume, die durch die teilpauschalierten Vorsteuerbeträge nicht abgegolten sind, haben im gleichen Zeitraum **500 €** betragen.

Die **Umsatzsteuerschuld** für das III. Kalendervierteljahr 2018 wird wie folgt berechnet:

Umsatzsteuer (Traglast)	
19 % von 20.000 €	3.800 €
− abziehbare Vorsteuerbeträge	
a) **1,7 %** von **20.000 €** (Abschnitt B Nr. 6 der Anlage)	− 340 €
b) Vorsteuerbeträge für Instandsetzungen der Praxisräume	
(§ 70 Abs. 2 Nr. 2 UStDV)	− 500 €
= **Umsatzsteuerschuld** (Zahllast)	**2.960 €**

Der Unternehmer ist von den Aufzeichnungspflichten nach § 22 Abs. 2 Nrn. 5 und 6 befreit, soweit er die abziehbaren Vorsteuerbeträge nach einem Durchschnittssatz (§§ 69 und 70 UStDV) berechnet (§ 66 UStDV).

ÜBUNG → 1. Wiederholungsfrage 3 (Seite 399),
2. Fall 2 (Seite 399)

15.3 Zusammenfassung und Erfolgskontrolle
15.3.1 Zusammenfassung

- Für die im Rahmen eines **land- und forstwirtschaftlichen Betriebes** ausgeführten Umsätze wird die **Umsatzsteuer und** die **Vorsteuer** nach **Durchschnittssätzen** festgesetzt (**§ 24**).

- **Bestimmte Gruppen von Unternehmern**, die nicht Land- und Forstwirte sind und deren Umsätze im **vorangegangenen** Kalenderjahr **61.356 Euro** nicht überstiegen haben, **können** ihre abziehbaren **Vorsteuerbeträge** voll bzw. zum Teil **pauschal** mit einem **Durchschnittssatz** berechnen (**§ 23**).

- Unternehmer, die ihre abziehbaren Vorsteuerbeträge nach einem Durchschnittssatz berechnen, sind von den **Aufzeichnungen** der empfangenen Leistungen und der Einfuhr **befreit**.

- Für die Berechnung der **Umsatzsteuer** gelten die **allgemeinen** Vorschriften des UStG.

15.3.2 Erfolgskontrolle

WIEDERHOLUNGSFRAGEN

1. Welchem Zweck dient die Festsetzung von Durchschnittssätzen?
2. Was versteht man unter Vollpauschalierung i. S. d. § 70 Abs. 1 UStDV?
3. Was versteht man unter Teilpauschalierung i. S. d. § 70 Abs. 2 UStDV?

FÄLLE

FALL 1

Berechnen Sie bei den Sachverhalten 1 bis 3 die **Umsatzsteuerschuld** (Zahllast) für das Jahr 2018. Begründen Sie Ihre Berechnung unter Angabe der Rechtsgrundlagen.

1. Landwirt Maurer, Hermeskeil, hat im Kalenderjahr 2018 selbst erzeugtes Getreide, Gemüse und Obst im Wert von netto 32.000 € an verschiedene Abnehmer in Deutschland verkauft. Landwirt Maurer ermittelt seine Umsatzsteuer und seine Vorsteuer zulässigerweise nach § 24 UStG.
2. Einzelhändler Arnold betreibt in Hannover ein Lebensmittelfachgeschäft. Im Kalenderjahr 2018 hat Herr Arnold 19 %-Waren im Wert von netto 15.000 € und 7 %-Waren im Wert von netto 20.000 € verkauft. Herr Arnold ermittelt seine Vorsteuerbeträge zulässigerweise nach § 23 i. V. m. § 70 Abs. 1 UStDV.
3. Gerlinde Pulver betreibt in Frankfurt eine Wäscherei. Frau Pulver hat im Kalenderjahr 2018 Einnahmen in Höhe von 29.512 € erzielt. Frau Pulver ermittelt ihre Vorsteuerbeträge zulässigerweise nach § 23 i. V. m. § 70 Abs. 1 UStDV.

FALL 2

Berechnen Sie bei den Sachverhalten 1 und 2 die **Umsatzsteuerschuld** (Zahllast) für das Jahr 2018. Begründen Sie Ihre Berechnung unter Angabe der Rechtsgrundlagen.

1. Rechtsanwalt Bierle, Stuttgart, erzielte im Kalenderjahr 2018 einen Umsatz in Höhe von 22.500 €. Im Besteuerungszeitraum hat Herr Bierle Instandsetzungsarbeiten in seiner Kanzlei durchführen lassen. Die ordnungsgemäß ausgestellte Handwerkerrechnung weist eine Bemessungsgrundlage von 2.000 € aus. Außerdem hat Herr Bierle im Besteuerungszeitraum einen neuen Kanzlei-PC für netto 900 € erworben. Eine ordnungsgemäß ausgestellte Rechnung liegt ebenfalls vor. Herr Bierle ermittelt seine Vorsteuerbeträge zulässigerweise nach § 23 i. V. m. § 70 Abs. 2 UStDV.
2. Schornsteinfegermeister Kromer, München, erzielte im Kalenderjahr 2018 Einnahmen in Höhe von 32.368 €. Die Vorsteuer für einen gemieteten Arbeitsraum betrug im Kalenderjahr 2018 420 €. Die Vorsteuer für den geleasten betrieblichen Pkw betrug im Kalenderjahr 2018 320 €. Herr Kromer ermittelt seine Vorsteuerbeträge zulässigerweise nach § 23 i. V. m. § 70 Abs. 2 UStDV.

C. Umsatzsteuer

Zusammenfassende Erfolgskontrolle zum 1. bis 15. Kapitel

Der Unternehmer Wolfgang Kühn, Frankfurt, hat für das III. Kalendervierteljahr 2018 folgende Geschäftsvorfälle, die dem allgemeinen Steuersatz unterliegen, aufgezeichnet (die genannten Beträge sind Nettobeträge):

1.	Warenlieferungen im Inland	68.750 €
2.	Sonstige Leistungen im Inland	21.375 €
3.	Innergemeinschaftliche Lieferungen	11.450 €
4.	Auf einer inländischen Fahrt mit seinem betrieblichen Pkw wurde sein Wagen durch die Schuld eines Dritten beschädigt. Der Dritte zahlte bar	800 €
5.	Der russische Unternehmer Kolac hat bei Kühn eine Spezialmaschine bestellt. Kühn hat diese Maschine mit eigenem Fahrzeug für nach Russland befördert. Der Vorgang ist buch- und belegmäßig nachgewiesen.	20.000 €

Kühn ist Eigentümer eines viergeschossigen Hauses in Frankfurt, das in 2004 fertiggestellt und in vollem Umfang seinem Unternehmen zugeordnet wurde. Kühn hat – soweit möglich – auf die Steuerbefreiung nach § 4 Nr. 12a verzichtet und den maximal möglichen Vorsteuerabzug für das Haus in Anspruch genommen. Die aktuelle Gebäudenutzung entspricht der ursprünglichen Verwendungsabsicht. Das Haus wird in 2018 wie folgt genutzt:

1.	Das Erdgeschoss ist an einen Einzelhändler vermietet, der dort sein Geschäft betreibt. Die Jahresmiete beträgt	12.000 €
2.	Das 1. Obergeschoss ist für jährlich an einen Steuerberater vermietet, der dort seine Praxis betreibt.	12.000 €
3.	Das 2. und 3. Obergeschoss sind für das Jahr 2018 für insgesamt an Privatpersonen vermietet.	12.000 €

An Vorsteuerbeträgen sind im III. Kalendervierteljahr 2018 angefallen:

1.	beim Wareneinkauf und bei den Kosten einschließlich der Hauskosten für das Erdgeschoss und das 1. Obergeschoss	8.750 €
2.	für die Instandsetzung des Erdgeschosses	3.000 €
3.	für die Instandsetzung des 3. Obergeschosses	1.000 €

Ermitteln Sie die Umsatzsteuerschuld (Zahllast) für das III. Kalendervierteljahr 2018. Verwenden Sie für die Ermittlung der Umsatzsteuer (Traglast) die Lösungstabelle von Seite 382.

16 Differenzbesteuerung

Das Umsatzsteuersystem führt zu Problemen, wenn Gegenstände aus dem nichtunternehmerischen Bereich in den unternehmerischen Bereich überführt und dort erneut umgesetzt werden.

In diesen Fällen werden Gegenstände mehrfach mit Umsatzsteuer belastet, ohne dass eine Entlastung durch einen Vorsteuerabzug stattfindet.

Die **Differenzbesteuerung nach § 25a UStG** löst dieses Problem.

Bei der Differenzbesteuerung wird lediglich die positive **Differenz** (Marge) **zwischen Verkaufspreis und Einkaufspreis** der Umsatzsteuer unterworfen (Margenbesteuerung).

Bei Rechnungen im Rahmen der Differenzbesteuerung ist Folgendes zu beachten:

- Die Steuer ist grundsätzlich mit dem **allgemeinen Steuersatz (19 %)** zu berechnen (§ 25a Abs. 5 und Abschn. 25a.1 Abs. 15 UStAE).
- Es gilt das **Verbot des offenen Steuerausweises** (§ 14a Abs. 6 und Abschn. 25a.1 Abs. 16 UStAE).
- Die Rechnung muss die Angabe „**Gebrauchtgegenstände/Sonderregelung**", „**Kunstgegenstände/Sonderregelung**" oder „**Sammlungsstücke und Antiquitäten/Sonderregelung**" enthalten (§ 14a Abs. 6).

16.1 Voraussetzungen

Für die Anwendung der Differenzbesteuerung ist es erforderlich, dass folgende Tatbestandsmerkmale erfüllt sind (§ 25a Abs. 1):

1. **Lieferung** (i.S.d. § 1 Abs. 1 Nr. 1)
2. **eines** (gebrauchten) beweglichen körperlichen Gegenstandes (**Gebrauchtgegenstandes**)
3. **durch** einen **Wiederverkäufer**.
4. Der Gegenstand wurde an den Wiederverkäufer im Gemeinschaftsgebiet ohne Umsatzsteuer oder im Wege der Differenzbesteuerung geliefert.

Die Anwendung der Differenzbesteuerung ist auf **Wiederverkäufer** beschränkt.

Als **Wiederverkäufer** gelten Unternehmer, die im Rahmen ihrer gewerblichen Tätigkeit üblicherweise Gebrauchtgegenstände erwerben und sie **danach**, gegebenenfalls nach Instandsetzung, im eigenen Namen wieder verkaufen (**gewerbsmäßige Händler**), **und** die **Veranstalter öffentlicher Versteigerungen**, die Gebrauchtgegenstände im eigenen Namen und auf eigene oder fremde Rechnung versteigern (Abschn. 25a.1 Abs. 2 Satz 2 UStAE).

BEISPIEL

Der **Antiquitätenhändler** U, Bonn, hat Anfang 2018 von der **Privatperson** P einen 250 Jahre alten Schrank für **1.000 €** erworben. U verkauft diesen Schrank Mitte 2018 für **1.800 €** an die Privatperson A, Köln.

Der Verkauf des Schrankes unterliegt der **Differenzbesteuerung**, weil alle Voraussetzungen des § 25a Abs. 1 erfüllt sind. Der Steuersatz beträgt 19 % (§ 25a Abs. 5).

16.2 Bemessungsgrundlage bei Einzeldifferenzbesteuerung

Bemessungsgrundlage für die entgeltliche Lieferung eines Gebrauchtgegenstandes durch einen Wiederverkäufer ist die (positive) **Differenz zwischen dem Verkaufspreis und dem Einkaufspreis** (§ 25a Abs. 3 Satz 1).

Aus dem **Differenzbetrag** ist die **Umsatzsteuer herauszurechnen**, weil sie nicht zur Bemessungsgrundlage gehört (Abschn. 25a.1 Abs. 8 Satz 1 UStAE).

> **BEISPIEL**
>
> Der Wiederverkäufer U, Bonn, **kauft** im August 2018 von dem **Privatmann** P, Bonn, einen **gebrauchten** Pkw für 15.000 €. U **verkauft** das Fahrzeug nach einem Monat für **20.000 €** an den Privatmann A, Bonn.
>
> Die **Bemessungsgrundlage** für die Differenzbesteuerung wird wie folgt ermittelt:
>
> | | |
> |---|---|
> | Verkaufspreis, brutto | 20.000,00 € |
> | – Einkaufspreis | – 15.000,00 € |
> | = Differenzbetrag, brutto | 5.000,00 € |
> | – Umsatzsteuer (15,97 %* von 5.000 €) | – 798,50 € |
> | = **Bemessungsgrundlage** | **4.201,50 €** |
>
> U hat für den Verkauf des Pkw **798,50 € Umsatzsteuer** an das Finanzamt abzuführen.
>
> (* Vgl. Abschn. 15.4 Abs. 3 UStAE.)

Nebenkosten, die **nach** dem Kauf des Gegenstandes anfallen, also **nicht** im **Einkaufspreis** enthalten sind, z. B. Reparaturkosten, **mindern nicht** die Bemessungsgrundlage (Abschn. 25a.1 Abs. 8 Satz 2 UStAE).

Lässt sich bei einem **Kunstgegenstand** der Einkaufspreis nicht ermitteln oder ist der Einkaufspreis unbedeutend, beträgt die Bemessungsgrundlage **30 % des Verkaufspreises** (§ 25a Abs. 3 **Satz 2**).

16.3 Bemessungsgrundlage bei Gesamtdifferenzbesteuerung

Bei Gegenständen, deren **Einkaufspreis** den Betrag von **500 Euro** nicht übersteigt, kann die **Bemessungsgrundlage** anstatt mit der Einzeldifferenz nach der **Gesamtdifferenz** ermittelt werden (§ 25a Abs. 4).

§ 25a **Abs. 4** hat insbesondere für die Unternehmer große **Bedeutung**, die Gegenstände von geringem Wert oder in großen Mengen einkaufen, wie z. B. **Briefmarken-** oder **Münzhändler**, **Second-Hand-Shops** oder **Bücherantiquariate**.

Die **Gesamtdifferenz** ist der **Betrag, um den die Summe der Verkaufspreise und die Werte nach § 10 Abs. 4 Nr. 1 die Summe der Einkaufspreise** – jeweils bezogen auf den Besteuerungszeitraum – **übersteigt**. Der Unterschiedsbetrag stellt einen Bruttobetrag dar, d. h., die enthaltene Umsatzsteuer ist mit 19 % herauszurechnen.

Für die Ermittlung der **Verkaufs- und Einkaufspreise** sind die **Absätze 1 bis 3 des § 25a** entsprechend anzuwenden.

> **BEISPIEL**
>
> Der **Antiquitätenhändler** U **kauft** eine **Wohnungseinrichtung** für **3.000 €**. Dabei ist er insbesondere an einer **antiken Truhe** (geschätzter anteiliger Einkaufspreis **1.500 €**) und einem **Weichholzschrank** (Schätzpreis **800 €**) interessiert.
>
> Die **restlichen Einrichtungsgegenstände**, zu denen ein Fernsehgerät (Schätzpreis 250 €) gehört, will er an einen Trödelhändler verkaufen.

U muss beim **Weiterverkauf** der **Truhe und** des **Weichholzschrankes** die **Bemessungsgrundlage** nach der **Einzeldifferenz** ermitteln.

Für die **restlichen Einrichtungsgegenstände** einschließlich des Fernsehgeräts **kann** die **Bemessungsgrundlage** nach der **Gesamtdifferenz** ermittelt werden, weil der Einkaufspreis dieser einzelnen Gegenstände 500 € nicht übersteigt (Abschn. 25a.1 Abs. 12 UStAE).

16.4 Verzicht auf die Differenzbesteuerung

Ein **Verzicht auf** die Anwendung der **Differenzbesteuerung** ist **bei jeder einzelnen Lieferung** eines Gebrauchtgegenstandes **möglich** (§ 25a **Abs. 8**).

Der Verzicht auf die Differenzbesteuerung nach § 25a Abs. 8 hat zur **Folge**, dass auf die Lieferung die **allgemeinen Vorschriften des Umsatzsteuergesetzes** anzuwenden sind (Abschn. 25a.1 Abs. 21 Satz 6 UStAE).

Der Verzicht auf die Differenzbesteuerung ist in folgenden Fällen i. d. R. **sinnvoll**:

1. Verkauf an vorsteuerabzugsberechtigte Unternehmer,
2. Verkauf von 7 %-Gegenständen an Personen ohne Vorsteuerabzugsmöglichkeit.

In den oben genannten Fällen kann der Wiederverkäufer den Gebrauchtgegenstand günstiger anbieten und/oder seinen Rohgewinn erhöhen.

BEISPIEL

Gebrauchtwagenhändler U, Bonn, verkauft den von einer Privatperson für 9.000 € erworbenen gebrauchten Pkw an den vorsteuerabzugsberechtigten Unternehmer A, Bonn. Die Kostenbelastung des A soll maximal 10.000 € betragen.

Die folgende Lösung verdeutlicht den **Unterschied** zwischen der **Differenzbesteuerung** und der **Regelbesteuerung**:

	Differenzbesteuerung	Regelbesteuerung
Verkaufspreis, brutto	10.000,00 €	11.900,00 €
− Einkaufspreis	− 9.000,00 €	− 9.000,00 €
Differenzbetrag, brutto	1.000,00 €	2.900,00 €
− USt	− 159,66 €	− 1.900,00 €
= **Rohgewinn**	**840,34 €**	**1.000,00 €**

In beiden Fällen ist A mit 10.000 € belastet.

Im Falle der **Differenzbesteuerung** steht A **kein Vorsteuerabzug** zu.

Die Option zur **Regelbesteuerung** bewirkt, dass A - sofern eine ordnungsgemäße Rechnung i. S. d. § 14 UStG vorliegt - einen **Vorsteuerabzug** in Höhe von **1.900 €** in Anspruch nehmen kann.

Der **offene Steuerausweis** ist ein Indiz für den Verzicht gem. § 25a Abs. 8 UStG.

U konnte seinen **Rohgewinn** um **159,66 €** (1.000 € − 840,34 €) **erhöhen**.

Alternativ könnte U bei gleichem Rohgewinn (840,34 €) den Gebrauchtwagen um netto **159,66 € günstiger anbieten**.

Ein **Verzicht auf die Differenzbesteuerung** nach § 25a **Abs. 8** ist im Fall der Besteuerung nach der **Gesamtdifferenz ausgeschlossen** (Abschn. 25a.1 Abs. 21 Satz 3 UStAE).

16.5 Erfolgskontrolle

Wiederholungsfragen

1. Für welche Gegenstände kann die Differenzbesteuerung nach § 25a UStG in Anspruch genommen werden?
2. Wer kann die Differenzbesteuerung nach § 25a UStG anwenden?
3. Was ist bei der Rechnungserstellung im Falle der Differenzbesteuerung zu beachten?
4. Was ist die Bemessungsgrundlage für die entgeltliche Lieferung nach § 25a Abs. 3 UStG?
5. In welchem Fall kann die Bemessungsgrundlage anstatt nach der Einzeldifferenz nach der Gesamtdifferenz ermittelt werden?
6. In welchem Fall kann der Wiederverkäufer auf die Anwendung der Differenzbesteuerung verzichten?

Fälle

FALL 1

Studienrat Rönz, Bonn, verkauft Kfz-Händler Werner, Bonn, einen Gebrauchtwagen zum Preis von 3.000 €.
Kfz-Händler Werner verkauft diesen Gebrauchtwagen der Steuerfachangestellten Eva Fuchs, Köln, zum Preis von 4.046 €.

a) Stellen Sie die umsatzsteuerlichen Folgen der beiden Kfz-Geschäfte (An- und Verkauf) für Herrn Werner unter Berücksichtigung der Regelbesteuerung dar.
b) Erläutern Sie die umsatzsteuerlichen Folgen im Rahmen der Differenzbesteuerung.

FALL 2

Antiquitätenhändler Arndt, Köln, kauft von der Familie Fuchs, Köln, einen antiken Schrank von geschichtlichem Wert zum Preis von 1.500 €.
Anschließend verkauft Herr Arndt diesen Schrank an Studienrat Rönz, Bonn, zum Preis von 2.690 €.

Erläutern Sie die umsatzsteuerlichen Folgen im Rahmen der Differenzbesteuerung.

FALL 3

Studienrat Lang, Köln, verkauft Kfz-Händler Werner, Bonn, einen Gebrauchtwagen zum Preis von 3.000 €.
Kfz-Händler Werner verkauft diesen Gebrauchtwagen an die Familie Hof, Köln, zum Preis von 2.000 €.

Erläutern Sie die umsatzsteuerlichen Folgen im Rahmen der Differenzbesteuerung.

17 Besteuerung der Kleinunternehmer

Die Sonderregelungen des § 19 sind auf sog. **Kleinunternehmer** anzuwenden.

17.1 Begriff des Kleinunternehmers

Unternehmer, deren **Bruttoumsatz** nach § 19 Abs. 1 **Satz 1**

1. im **vorangegangenen** Kalenderjahr **17.500 Euro** nicht überstiegen hat **und**
2. im **laufenden** Kalenderjahr voraussichtlich **50.000 Euro** nicht übersteigen wird,

werden als **Kleinunternehmer** bezeichnet.

> **BEISPIEL**
>
> Der Unternehmer U, **Bonn**, hat im **vorangegangenen** Kalenderjahr (**2017**) einen Bruttoumsatz von **15.000 €** erzielt. Im **laufenden** Kalenderjahr (**2018**) wird der Bruttoumsatz voraussichtlich **35.000 €** betragen.
>
> U ist **Kleinunternehmer** im Sinne des § 19 Abs. 1 Satz 1, weil **beide** Voraussetzungen **gemeinsam** erfüllt sind.

Liegen die Voraussetzungen des § 19 Abs. 1 Satz 1 vor, so wird von Unternehmern, die im **Inland** (oder in den in § 1 Abs. 3 genannten Gebieten) **ansässig** sind, die **Umsatzsteuer** für Umsätze im Sinne des § 1 Abs. 1 **Nr. 1 nicht erhoben**.

Diese Regelung bezieht sich auf die Umsatzsteuer für die in § 1 Abs. 1 **Nr. 1** bezeichneten Lieferungen und sonstigen Leistungen **einschließlich** der **unentgeltlichen** Lieferungen und sonstigen Leistungen (Abschn. 19.1 Abs. 1 Satz 3 UStAE).

Leistende **ausländische** Unternehmer fallen **nicht** unter die Nichterhebungsgrenze für **Kleinunternehmer** nach § 19 Abs. 1.

Die Umsatzsteuer für die **Einfuhr** von Gegenständen (§ 1 Abs. 1 **Nr. 4**), für den **innergemeinschaftlichen Erwerb** (§ 1 Abs. 1 **Nr. 5**) sowie die nach **§ 13a** Abs. 1 Nr. 6, **§ 13b Abs. 5**, **§ 14c Abs. 2** und **§ 5b Abs. 2** geschuldete Umsatzsteuer hat der **Kleinunternehmer** hingegen **abzuführen** (Abschn. 19.1 Abs. 1 Satz 4 UStAE).

> **ÜBUNG →**
> 1. Wiederholungsfragen 1 bis 3 (Seite 410),
> 2. Fall 1 (Seite 410)

Die **Umsatzgrenzen** von **17.500 Euro** und **50.000 Euro** werden wie folgt ermittelt:

```
  Gesamtumsatz im Sinne des § 19 Abs. 3
− darin enthaltene Umsätze von Wirtschaftsgütern des Anlagevermögens
  (Hilfsgeschäfte)
= Umsatz i.S.d. § 19 Abs. 1 Satz 2
+ darauf entfallende Umsatzsteuer
= Bruttoumsatz im Sinne des § 19 Abs. 1 Satz 1
```

C. Umsatzsteuer

BEISPIEL

Der Handelsvertreter U, Essen, hat im Kalenderjahr **2017** folgende Umsätze erzielt:

a)	Einnahmen aus Provision, brutto	14.419,23 €
b)	Einnahmen aus dem Verkauf eines betrieblichen Pkws, brutto	5.691,77 €
c)	steuerbare unentgeltliche Leistungen, netto	500,00 €

Der **Bruttoumsatz** im Sinne des § 19 Abs. 1 **Satz 1** wird in **2018** voraussichtlich **15.000 €** betragen.

U ist in **2018 Kleinunternehmer**, bei dem **keine Umsatzsteuer erhoben** wird.

Begründung:

1. Der **Bruttoumsatz** im Sinne des § 19 Abs. 1 **Satz 1** hat im vorangegangenen Kalenderjahr (2017), wie die folgende Rechnung zeigt, **17.500 Euro nicht überschritten**:

a) Umsatz aus Provision (14.419,23 € : 1,19)	12.117 €
b) Umsatz aus Pkw-Verkauf (5.691,77 € : 1,19)	4.783 €
c) Umsatz aus steuerbaren unentgeltlichen Leistungen	500 €
= Gesamtumsatz im Sinne des § 19 Abs. 3	17.400 €
− Umsatz aus Pkw-Verkauf (Hilfsgeschäft)	− 4.783 €
= Umsatz im Sinne des § 10 Abs. 1 **Satz 2**	12.617 €
+ darauf entfallende Umsatzsteuer (19 % von 12.617 €)	2.397 €
= **Bruttoumsatz** im Sinne des § 19 Abs. 1 **Satz 1**	**15.014 €**

2. Der **Bruttoumsatz** im Sinne des § 19 Abs. 1 **Satz 1** wird im **laufenden** Kalenderjahr (2018) voraussichtlich **50.000 Euro nicht überschreiten**.

> **S 1** Der **Gesamtumsatz**, von dem für die Berechnung der Umsatzgrenzen auszugehen ist, wird im Abschnitt 17.2, Seite 408, näher erläutert.

Durch das Abstellen auf den **Vorjahresumsatz** (erste Voraussetzung) soll der Unternehmer gleich **zu Beginn** eines Kalenderjahres wissen, ob **Umsatzsteuer** bei ihm erhoben wird oder nicht. Dies ist für ihn ggf. im Hinblick auf einen **offenen Steuerausweis in einer Rechnung** wichtig.

Die Höhe des tatsächlichen Umsatzes im **laufenden** Kalenderjahr (zweite Voraussetzung) ist **unerheblich, wenn nicht** bereits **zu Beginn** des Jahres **vorauszusehen** ist, dass der Umsatz in diesem Jahr die Grenze von **50.000 Euro** übersteigen wird. **Maßgebend** ist die **zu Beginn** eines Jahres vorzunehmende **Beurteilung** der Verhältnisse für das **laufende** Kalenderjahr (Abschn. 19.1 Abs. 3 Satz 3 UStAE).

Der Unternehmer hat dem Finanzamt auf Verlangen die Verhältnisse darzulegen, aus denen sich ergibt, wie hoch der Umsatz des laufenden Kalenderjahres voraussichtlich sein wird (Abschn. 19.1 Abs. 3 Satz 7 UStAE).

> **ÜBUNG →** 1. Wiederholungsfrage 4 (Seite 410),
> 2. Fall 2 (Seite 411)

Nimmt der Unternehmer seine gewerbliche oder berufliche **Tätigkeit im Laufe eines Kalenderjahres neu auf**, so kann auf den **Bruttoumsatz** i.S.d. § 19 Abs. 1 Satz 1 des **vorangegangenen Kalenderjahres nicht zurückgegriffen werden**.

Deshalb kommt es in diesen Fällen allein auf den voraussichtlichen Umsatz des **laufenden Kalenderjahres** an (Abschn. 19.1 Abs. 4 Satz 1 UStAE).

Entsprechend der Zweckbestimmung des § 19 Abs. 1 ist **hierbei die Grenze von 17.500 Euro** und nicht die Grenze von **50.000 Euro maßgebend** (Abschn. 19.1 Abs. 4 Satz 2 UStAE).

Im **Erstjahr** einer unternehmerischen Betätigung wird die **Umsatzsteuer** entsprechend § 19 Abs. 1 Satz 1 und Satz 2 **nicht erhoben, wenn** der **Umsatz** dieses Jahres **voraussichtlich 17.500 Euro nicht übersteigen wird** (Abschn. 19.1 Abs. 4 Satz 3 UStAE).

Hat der Unternehmer seine gewerbliche oder berufliche Tätigkeit nur in einem Teil des Kalenderjahres ausgeübt, so ist der **tatsächliche** Gesamtumsatz in einen **Jahresgesamtumsatz umzurechnen**. Die Umsätze aus der Veräußerung oder Entnahme des Anlagevermögens sind dabei nicht auf einen Jahresumsatz umzurechnen (Abschn. 19.3 Abs. 3 UStAE).

Angefangene Kalendermonate sind bei der Umrechnung **als volle Kalendermonate** zu behandeln, es sei denn, dass die Umrechnung nach Tagen zu einem niedrigeren Jahresgesamtumsatz führt (§ 19 Abs. 3 Sätze 3 und 4).

1. Wiederholungsfrage 5 (Seite 410),
2. Fall 3 (Seite 411)

Kleinunternehmer können vom **Verzicht auf Steuerbefreiungen (§ 9) keinen Gebrauch machen**.

Möchte ein Kleinunternehmer § 9 in Anspruch nehmen (z. B. um in den Genuss des Vorsteuerabzugs bei Vermietungsumsätzen zu kommen), muss er dem Finanzamt **erklären, dass er** auf die Anwendung des § 19 Abs. 1 **verzichtet**, d. h., er muss für die **Regelbesteuerung optieren** (§ 19 Abs. 2) – faktisch muss eine doppelte Option (§ 19 Abs. 2 + § 9) erfolgen.

Einzelheiten zur **Option des Kleinunternehmers** erfolgen im Abschnitt 17.3 „Option für die Regelbesteuerung", Seite 409.

Die Vorschrift des **§ 19 Abs. 1 schließt ferner** die Anwendung der Vorschriften über den **Vorsteuerabzug aus**. Der Kleinunternehmer kann daher die Steuerbeträge für Umsätze, die an ihn ausgeführt werden, nicht nach § 15 als Vorsteuer geltend machen. Dasselbe gilt für die **Einfuhrumsatzsteuer** und die **Erwerbsteuer**, die er jedoch zahlen muss.

Außerdem sind **Kleinunternehmer nicht berechtigt**, **Umsatzsteuer** für ihre Umsätze **in Rechnungen gesondert auszuweisen**.

Weist ein Kleinunternehmer dennoch Umsatzsteuer in einer Rechnung gesondert aus, so muss er diese Steuer an das Finanzamt abführen (§ 14c Abs. 2).

Kleinunternehmer haben an Stelle der nach § 22 Abs. 2 bis 4 vorgeschriebenen Angaben nur die **Werte der erhaltenen Gegenleistungen** für ihre Leistungen **und** die **unentgeltlichen** sonstigen Leistungen i. S. d. § 3 Abs. 9a Nr. 2 **aufzuzeichnen** (§ 65 UStDV).

Der **Kleinunternehmer kann** dem Finanzamt **erklären, dass er** auf die Anwendung des § 19 Abs. 1 **verzichtet**, d. h. für die **Regelbesteuerung optiert** (§ 19 Abs. 2).

17.2 Gesamtumsatz

Der **Gesamtumsatz**, von dem für die Berechnung der Umsatzgrenzen des § 19 Abs. 1 auszugehen ist, ist **nicht** – wie das Wort vermuten lässt – der **gesamte Umsatz** eines Kleinunternehmers, sondern ein in § 19 **Abs. 3** genau beschriebener Betrag.

In § 19 Abs. 3 ist der Gesamtumsatz wie folgt definiert:

> **steuerbare Umsätze im Sinne des § 1 Abs. 1 Nr. 1**
>
> **Nr. 1** steuerbare **entgeltliche** und **unentgeltliche Leistungen**
>
> ./. **steuerfreie Umsätze nach § 4 Nrn. 8i, 9b und Nrn. 11 bis 28**
>
> **Nr. 8i** bestimmte Wertzeichenumsätze
> **Nr. 9b** bestimmte Umsätze, die unter das Rennwett- und Lotteriegeschäft fallen
> **Nrn. 11 bis 28** z.B. Umsätze aus der Tätigkeit als Bausparkassenvertreter, Arzt, Zahnarzt
>
> ./. **steuerfreie Hilfsumsätze nach § 4 Nrn. 8a bis 8h, Nr. 9a und Nr. 10**
>
> **Nrn. 8a bis 8h** Gewährung, Verwaltung, Vermittlung von Krediten
> **Nr. 9a** Umsätze, die unter das Grunderwerbsteuergesetz fallen
> **Nr. 10** Leistungen aufgrund eines Versicherungsverhältnisses
>
> = **Gesamtumsatz im Sinne des § 19 Abs. 3**

BEISPIEL

Der selbständige Arzt U, Koblenz, hat 2018 folgende **Einnahmen** erzielt:

Einnahmen aus ärztlicher Tätigkeit (steuerfrei)	200.000 €
Einnahmen aus Vortragstätigkeit (steuerpflichtig: 5.400 € + 1.026 € USt)	6.426 €
Einnahmen aus schriftstellerischer Tätigkeit (steuerpflichtig: 3.500 € + 245 € USt)	3.745 €

Der **Gesamtumsatz** des U wird wie folgt berechnet:

steuerbare Umsätze im Sinne des § 1 Abs. 1 Nr. 1 (200.000 € + 5.400 € + 3.500 €)	208.900 €
- steuerfreie Umsätze nach § 4 Nrn. 8i, 9b und 11 bis 28 (steuerfreie Umsätze nach § 4 Nr. 14)	- 200.000 €
- steuerfreie Hilfsumsätze nach § 4 Nrn. 8a bis 8h, 9a und 10	0 €
= **Gesamtumsatz im Sinne des § 19 Abs. 3**	**8.900 €**

Der **Gesamtumsatz** ist für Kleinunternehmer stets nach **vereinnahmten** Entgelten zu berechnen (§ 19 Abs. 1 Satz 2).

BEISPIEL

Der Kleinunternehmer Peter Schreiber hat in 2018 **Entgelte** in Höhe von netto **16.800 €** in Rechnung gestellt. Davon waren am 31.12.2018 **1.800 € noch nicht bezahlt**.

Schreiber setzt in 2018 als Gesamtumsatz i.S.d § 19 Abs. 3 UStG **15.000 €** (16.800 € – 1.800 €) an, weil der Gesamtumsatz nach **vereinnahmten** Entgelten zu berechnen ist.

Bei der Ermittlung des **Gesamtumsatzes** ist zu beachten, dass nur die gem. § 1 Abs. 1 Nr. 1 steuerbaren Umsätze zu berücksichtigen sind. **Unentgeltliche Wertabgaben** sind grundsätzlich dann steuerbar, wenn im Vorfeld eine Vorsteuerabzugsmöglichkeit bestand (vgl. § 3 Abs. 1b Satz 2 sowie § 3 Abs. 9a Nr. 1). Eine Ausnahme von diesem Grundsatz bilden die unentgeltlichen sonstigen Leistungen i.S.d. § 3 Abs. 9a Nr. 2. Da ein Kleinunternehmer den Vorsteuerabzug nicht in Anspruch nehmen kann, entfällt häufig die Steuerbarkeit der unentgeltlichen Wertabgaben. **Nicht steuerbare unentgeltliche Wertabgaben** werden somit nicht bei der Ermittlung des Gesamtumsatzes berücksichtigt (vgl. auch BMF-Schreiben vom 28.03.2012, BStBl. 2012 I S. 481 sowie Abschn. 19.3 Abs. 1 UStAE).

> **ÜBUNG →**
> 1. Wiederholungsfrage 6 (Seite 410),
> 2. Fälle 4 und 5 (Seiten 411 f.)

17.3 Option für die Regelbesteuerung

Der Kleinunternehmer kann erklären, dass er auf die Anwendung des § 19 **Abs. 1** verzichtet (§ 19 **Abs. 2**).

Er **optiert** damit für die Regelbesteuerung, d.h., er unterliegt der Besteuerung nach den allgemeinen Vorschriften des UStG.

Die **Option** kann für ihn **vorteilhaft** sein, wenn er z.B. hauptsächlich Umsätze an andere vorsteuerabzugsberechtigte Unternehmer bewirkt und selbst – im Falle der Regelbesteuerung – Vorsteuerbeträge geltend machen könnte.

Die **Option** gilt vom **Beginn** des Kalenderjahres an, für das sie erklärt wird.

Die **Optionserklärung** kann bis zur Unanfechtbarkeit der Steuerfestsetzung dem Finanzamt gegenüber abgegeben werden. Nach Eintritt der Unanfechtbarkeit bindet sie den Unternehmer **mindestens fünf Jahre** (§ 19 Abs. 2 Sätze 1 und 2).

Der Kleinunternehmer, der für die Regelbesteuerung **optiert** hat, kann

1. auf **Steuerbefreiungen** nach § 9 **verzichten**,
2. die **Umsatzsteuer** in seinen Rechnungen **gesondert ausweisen**,
3. den **Vorsteuerabzug geltend machen**.

> **BEISPIEL**
>
> Unternehmer U, Düsseldorf, hat 2017 einen Bruttoumsatz im Sinne des § 19 Abs. 1 Satz 1 von 13.000 € erzielt und 2018 für die Regelbesteuerung **optiert**, um den Vorsteuerabzug geltend machen zu können.
> In 2018 hat U abziehbare Vorsteuerbeträge von insgesamt **3.250 €** aufgezeichnet.
> Seine steuerpflichtigen Umsätze (19 % USt) haben in 2018 **7.500 €** betragen.
>
> Der **Erstattungsanspruch** (das Vorsteuerguthaben) für 2018 wird wie folgt berechnet:
>
> | | | |
> |---|---|---:|
> | | Umsatzsteuer (Traglast) | |
> | | (19 % von 7.500 €) | 1.425 € |
> | – | abziehbare Vorsteuer | – 3.250 € |
> | = | **Erstattungsanspruch** (Vorsteuerguthaben) | **1.825 €** |

> **ÜBUNG →**
> 1. Wiederholungsfragen 7 und 8 (Seite 410),
> 2. Fälle 6 bis 9 (Seiten 412 f.)

17.4 Zusammenfassung und Erfolgskontrolle

17.4.1 Zusammenfassung

Der Bruttoumsatz im Sinne des § 19 Abs. 1 Satz 1 UStG wird wie folgt ermittelt:

> **steuerbare Umsätze im Sinne des § 1 Abs. 1 Nr. 1 UStG**
>> steuerbare **entgeltliche** und **unentgeltliche Leistungen** (Nr. 1)
>
> ./. **steuerfreie Umsätze nach § 4 Nrn. 8i, 9b und Nrn. 11 bis 28** UStG
>> hierzu gehören z. B. Umsätze aus der Tätigkeit als Bausparkassenvertreter, Arzt, Zahnarzt
>
> ./. **steuerfreie Hilfsumsätze nach § 4 Nrn. 8a bis 8h, Nr. 9a und Nr. 10**
>> Gewährung, Verwaltung, Vermittlung von Krediten (Nrn. 8a bis 8h),
>> Umsätze, die unter das Grunderwerbsteuergesetz fallen (Nr. 9a),
>> Leistungen aufgrund eines Versicherungsverhältnisses (Nr. 10)
>
> = **Gesamtumsatz im Sinne des § 19 Abs. 3 UStG**
>
> ./. darin enthaltene Umsätze von Wirtschaftsgütern des Anlagevermögens (**Hilfsgeschäfte**)
>
> = **Umsatz im Sinne des § 19 Abs. 1 Satz 2 UStG**
>
> + darauf entfallende **Umsatzsteuer**
>
> = **Bruttoumsatz im Sinne des § 19 Abs. 1 Satz 1 UStG.**

17.4.2 Erfolgskontrolle

WIEDERHOLUNGSFRAGEN

1. Wer ist Kleinunternehmer i. S. d. § 19 Abs. 1 UStG?
2. Für welche Umsätze braucht der Kleinunternehmer keine Umsatzsteuer zu zahlen?
3. Für welche Umsätze muss der Kleinunternehmer Umsatzsteuer zahlen?
4. Wie wird der Bruttoumsatz i. S. d. § 19 Abs. 1 Satz 1 UStG berechnet?
5. In welchem Fall ist allein der voraussichtliche Umsatz des laufenden Jahres maßgebend?
6. Wie wird der Gesamtumsatz i. S. d. § 19 Abs. 3 UStG ermittelt?
7. In welchem Fall ist es für den Kleinunternehmer vorteilhaft, für die Regelbesteuerung zu optieren?
8. Wie lange gilt die Option für die Regelbesteuerung mindestens?

FÄLLE

Unternehmer Stein, Köln, hat folgende Bruttoumsätze i. S. d. § 19 Abs. 1 Satz 1 erzielt:

2016	18.300 €,
2017	12.320 €,
2018	17.555 €,
2019	15.000 €.

In welchen Jahren kann Herr Stein als Kleinunternehmer behandelt werden?

17 Besteuerung der Kleinunternehmer

FALL 2

Christoph Platen, Bonn, der in 2017 Kleinunternehmer i.S.d. § 19 Abs. 1 gewesen ist, hat in 2017 einen Umsatz i.S.d. § 19 Abs. 1 Satz 1 in Höhe von 15.000 € erzielt. Laut Planungsrechnung wird der Bruttoumsatz i.S.d. § 19 Abs. 1 Satz 1 in 2019 voraussichtlich 30.000 € betragen.

Im Kalenderjahr 2018 hat Platen mit einem Bruttoumsatz im Sinne des § 19 Abs. 1 Satz 1 Umsätze in Höhe von 20.000 € gerechnet. Seine in 2018 tatsächlich aufgezeichneten Umsätze betragen 19.190 €. Dieser Betrag setzt sich wie folgt zusammen:

a)	steuerpflichtige Lieferungen, netto	10.650 €
b)	steuerpflichtige sonstige Leistungen, netto	800 €
c)	Hilfsumsatz aus dem Verkauf einer Maschine, netto	7.500 €
d)	nicht steuerbare unentgeltliche Leistungen, netto	240 €

1. Berechnen Sie den Bruttoumsatz i.S.d. § 19 Abs. 1 Satz 1 für 2018.
2. Ist Platen in 2019 Kleinunternehmer i.S.d. § 19 Abs. 1? Begründen Sie Ihre Antwort.

FALL 3

Der Handelsvertreter Norbert Merkler, Ulm, beginnt seine berufliche Tätigkeit am 01.10.2018. Seine Provisionseinnahmen betragen im Oktober 2018 800 €.

1. Berechnen Sie den voraussichtlichen Jahresumsatz im Sinne des § 19 Abs. 1 Satz 1 für 2018.
2. Ist Merkler in 2018 Kleinunternehmer nach § 19 Abs. 1? Begründen Sie Ihre Antwort.
3. Ist Merkler in 2019 Kleinunternehmer, wenn sein tatsächlicher Umsatz i.S.d. § 19 Abs. 1 Satz 1 in 2018 9.900 € beträgt und der voraussichtliche Umsatz in 2019 40.000 € betragen wird?

FALL 4

Der Unternehmer Günther Merz, der in Westerburg (WW) eine Schneiderei betreibt, hat in 2018 folgende Einnahmen bzw. Umsätze aufgezeichnet:

a)	Einnahmen aus steuerpflichtigen Werklieferungen und Werkleistungen	9.282 €
b)	Einnahmen aus der Veräußerung einer Nähmaschine	1.547 €
c)	nicht steuerbare unentgeltliche Leistungen, netto	4.350 €
d)	Einnahmen aus der Vermietung eines Betriebsgrundstücks, steuerfrei	6.000 €

Ermitteln Sie den Gesamtumsatz i.S.d. § 19 Abs. 3 für 2018.

C. Umsatzsteuer

FALL 5

Der Handelsvertreter Rudolf Wolfs, Bonn, legt Ihnen für das Kalenderjahr 2018 folgende Zahlen vor:

a)	Provisionseinnahmen	11.662 €
b)	Einnahmen aus der Vermietung eines Betriebsgrundstücks, steuerfrei	12.034 €
c)	Einnahmen aus dem Verkauf eines betrieblichen Pkws	4.165 €
d)	Einnahmen aus dem Verkauf des Betriebsgrundstücks, steuerfrei	50.000 €
e)	nicht steuerbare unentgeltliche Wertabgaben,	595 €

1. Berechnen Sie den Gesamtumsatz i.S.d. § 19 Abs. 3 für 2018.
2. Berechnen Sie den Bruttoumsatz i.S.d. § 19 Abs. 1 Satz 1 für 2018.
3. Ist Wolfs in 2019 Kleinunternehmer i.S.d. § 19 Abs. 1, wenn zu Beginn des Kalenderjahres 2019 der voraussichtliche Bruttoumsatz i.S.d. § 19 Abs. 1 Satz 1 mit 30.000 € sorgfältig geschätzt wird? Begründen Sie Ihre Antwort.

FALL 6

Der ursprüngliche Kleinunternehmer Frank Reuter, Duisburg, hat in 2018 steuerpflichtige Umsätze in Höhe von 9.500 € erzielt. Reuter hat für die Regelbesteuerung optiert. Der Steuersatz beläuft sich auf 7 %. An Vorsteuerbeträgen sind in 2018 1.500 € angefallen.

Wie hoch ist der Erstattungsanspruch bzw. das Vorsteuerguthaben in 2018?

Ist die Option zur Regelbesteuerung sinnvoll?

FALL 7

Der Schriftsteller Tim Roland, Polch (Eifel), der Kleinunternehmer i.S.d. § 19 Abs. 1 ist, hat 2017 ein Honorar in Höhe von 4.000 € vereinnahmt.
In 2018 wird sein Honorar voraussichtlich (= netto) 6.000 € betragen.
Bei einer Option nach § 19 Abs. 2 erhält Roland zusätzlich vom Verlag die auf die Honorarzahlung entfallende Umsatzsteuer.

Soll Roland für 2018 nach § 19 Abs. 2 optieren? Begründen Sie Ihre Antwort. Erforderliche Anträge gelten als gestellt.

FALL 8

Bettina Knopf, Nürnberg, betrieb bis zum 31.08.2018 als selbständige Schneiderin eine kleine Schneiderei. Am 31.08.2018 gab sie ihren Betrieb auf. Vom 01.01. bis 31.08.2018 betrugen ihre Betriebseinnahmen 15.946 €. An Vorsteuer weist sie für den genannten Zeitraum 375 € nach. Der Umsatz des Vorjahres belief sich auf 17.150 €.

Wie hoch ist die niedrigst mögliche Umsatzsteuerschuld (Zahllast) für 2018, wenn Frau Knopf für die Regelbesteuerung optiert?

17 Besteuerung der Kleinunternehmer

FALL 9

Besorgen Sie sich einen Umsatzsteuererklärungs-Vordruck 2017 und füllen Sie diesen anhand der folgenden Angaben aus:

Für das Kalenderjahr 2017 ergeben sich für den Unternehmer Josef Weinheim, Journalist, Pfeilstraße 13, 70569 Stuttgart, Finanzamt Stuttgart II, Steuernummer 95/090/2895/5 folgende Einnahmen bzw. Umsätze:

1.	Einnahmen aus journalistischer Tätigkeit	18.725 €
2.	Einnahmen aus dem Verkauf seines Pkws, der zu 80 % betrieblich genutzt wurde	4.760 €
3.	Einnahmen aus dem in Koblenz gelegenen Mietwohngrundstück (nur an Privatpersonen vermietet)	12.000 €
4.	Einnahmen aus Vortragstätigkeit	2.975 €
5.	nicht steuerbare private Autonutzung (anteilige Netto-Ausgaben)	700 €

Bei den anteiligen Ausgaben war der Vorsteuerabzug möglich.
Weinheim pauschaliert seine Vorsteuer nach der Anlage zur UStDV.
Das Vorauszahlungssoll 2017 beträgt 919 €

Zusammenfassende Erfolgskontrolle zum 1. bis 17. Kapitel

FALL 1

Für eine Maschine, die am 17.08.2018 für netto 30.000 € geliefert wurde, sind folgende Zahlungen geleistet worden:

1. Anzahlung am 13.04.2018	11.305 €
2. Anzahlung am 20.07.2018	12.019 €
Teilzahlung am 21.09.2018	6.307 €
Restzahlung am 15.03.2019	

Der Unternehmer ist Monatszahler ohne Dauerfristverlängerung. Der Steuersatz beträgt 19 %. In den Anzahlungsrechnungen wurde die Umsatzsteuer gesondert ausgewiesen.

Wann und in welcher Höhe wird die Umsatzsteuer fällig

a) im Falle der Sollbesteuerung?
b) im Falle der Istbesteuerung?

FALL 2

Ein Unternehmer stellt für Lieferungen, die dem Steuersatz von 19 % unterliegen, folgende Rechnungen aus (Auszug, die nicht dargestellten Bereiche der beiden Rechnungen erfüllen die Voraussetzungen des § 14 Abs. 4):

	Rechnung 1	Rechnung 2
Entgelt für ...	10.000 €	10.000 €
+ 19 % USt	2.000 €	1.200 €
insgesamt	12.000 €	11.200 €

a) Wie viel Umsatzsteuer schuldet der Unternehmer?
b) Wie viel Vorsteuer können die zum Vorsteuerabzug berechtigten Leistungsempfänger abziehen?

FALL 3

Nennen Sie zu folgenden Sachverhalten die Art und den Ort des Umsatzes mit einem Hinweis auf die entsprechenden §§ des UStG (so genau wie möglich).

Geben Sie ferner an, ob die Vorgänge im Inland steuerbar und steuerpflichtig sind und ggf. welchem Steuersatz die Umsätze unterliegen:

a) Ein Steuerberater erstellt in seinem Büro in Koblenz während der Bürozeit seine Umsatzsteuer-Erklärung und seine Einkommensteuer-Erklärung.
b) Ein Unternehmer, Freiburg, liefert eine Maschine für netto 10.000 € an einen Abnehmer in die Schweiz. Für den mit eigenem Lkw durchgeführten Transport stellt er 800 € netto in Rechnung. 90 % der Beförderung entfallen auf das Inland.
c) Ein Architekt, Hamburg, fertigt in seinem Büro die Bauzeichnung für ein Wohnhaus auf Helgoland.
d) Ein Unternehmer, Trier, nutzt den Geschäfts-Pkw (sog. Neufahrzeug) für eine Urlaubsreise. 60 % der Fahrstrecke liegen im Ausland.
e) Ein Spediteur, Trier, transportiert für Unternehmer U, Saarbrücken, eine Maschine von Saarbrücken nach Metz (F). Der Spediteur erteilt eine ordnungsgemäße Rechnung.

Zusammenfassendes Beispiel mit Lösung

I. Sachverhalt:

Erich Bendel betreibt seit 2017 in 56073 Koblenz, Cusanusstr. 25, eine Maßschneiderei in einem ihm gehörenden Haus (gemischt genutztes Grundstück). Er hat, soweit dies möglich ist, auf die Steuerbefreiungen nach § 4 Nr. 12a verzichtet (§ 9).

Das Gebäude hat Bendel in vollem Umfang seinem Unternehmen zugeordnet. Bei der Herstellung des Hauses in 2017 hat Bendel den maximal möglichen Vorsteuerabzug in Anspruch genommen.

Seine jährlichen Umsätze schwanken zwischen 560.000 € und 570.000 €.

Erforderliche buch- und belegmäßige Nachweise liegen vor.

Für den Monat August 2018 ergibt sich aus den Büchern und Angaben Folgendes (Finanzamt 56007 Koblenz, Postfach 709, Steuernummer 22/220/1042/9):

1. Bendel erbrachte
   Werklieferungen im Inland für netto   14.230 €
   Werkleistungen im Inland für netto   6.250 €
2. Bendel ließ sich von einem Gesellen einen Anzug anfertigen. Die erforderlichen Stoffe und Zutaten wurden seinem Betrieb entnommen. Die Selbstkosten des Anzugs betrugen   600 €
3. Für einen Kunden (Unternehmer mit USt-IdNr.), der in Brüssel wohnt, fertigte Bendel in seiner Werkstatt einen Mantel an. Bendel brachte den Mantel selbst nach Brüssel. Für den Mantel vereinnahmte er   700 €
   Dieser Betrag ist in Tz. 1 nicht enthalten. Die Voraussetzungen des § 4 Nr. 1b i.V.m. § 6a Abs. 1 sind erfüllt.
4. Durch einen Brand wurde ein Ballen Stoff vernichtet.
   Die Versicherung zahlte hierfür   1.500 €
5. Bendel schenkt seinem Sohn Anzugstoff. Wiederbeschaffungskosten: 300 €
   Der Stoff hat einen Verkaufswert von brutto   476 €
6. Das Geschäftstelefon wird von Bendel zu 20 % privat genutzt. Die laufenden Fernsprechgebühren beliefen sich im August 2018 auf   150 €
7. Das gemischt genutzte Grundstück wird wie folgt genutzt:
   a) Erdgeschoss, vermietet an ein Reisebüro
      Monatsmiete, netto   1.800 €
   b) 1. Obergeschoss, eigene Werkstatt
      monatliche Ausgaben   1.000 €
   c) 2. Obergeschoss, eigene Wohnung
      monatliche anteilige Ausgaben   800 €
8. Die Vorsteuer ist im August 2018 angefallen (inkl. Tz. 6):
   a) für Materialeinkauf und Werkstattkosten   1.820 €
   b) für den Umbau des Erdgeschosses seines Hauses   280 €
   c) für eine Dachreparatur seines Hauses   528 €

II. Aufgabe:

Beurteilen Sie zunächst die **Unternehmereigenschaft** des Herrn Bendel, die **Art der Besteuerung**, den **Abgabezeitpunkt der Umsatzsteuer-Voranmeldung August 2018** sowie die **Fälligkeit der Umsatzsteuer-Vorauszahlung August 2018**.

Ermitteln Sie anschließend die **Umsatzsteuerschuld (Zahllast) bzw. den Erstattungsanspruch** für den Voranmeldungszeitraum August 2018.

C. Umsatzsteuer

Lösung:

Bendel ist **Unternehmer**, weil er eine gewerbliche Tätigkeit selbständig ausübt (§ 2 Abs. 1 Satz 1).

Sein **Unternehmen** umfasst die Maßschneiderei und das gemischt genutzte Grundstück (§ 2 Abs. 1 Satz 2).

Seine **Umsatzsteuer** berechnet er nach **vereinbarten** Entgelten, weil die Voraussetzungen für eine Istbesteuerung nach § 20 **nicht** gegeben sind. Seine Umsätze betrugen im vorangegangenen Kalenderjahr (2017) **mehr** als 500.000 Euro.

Seine **Umsatzsteuer-Voranmeldung** für den Monat August 2018 hat er spätestens am **10.09.2018** dem zuständigen Finanzamt zu übermitteln (§ 18 Abs. 1 Satz 1).

Die **Umsatzsteuer-Vorauszahlung** für den Monat August 2018 hat Bendel spätestens zum **13.09.2018** [Fälligkeitstag = 10.09. (Montag) + 3 Tage (Zahlungsschonfrist) = 13.09.2018 (Donnerstag)] zu leisten (§ 18 Abs. 1 Satz 4).

Die umsatzsteuerliche Behandlung der im Sachverhalt genannten Beträge ergibt sich aus der folgenden **Lösungstabelle**:

Lösungstabelle:

Tz.	Umsatzart nach § 1 i.V.m. § 3 UStG	Ort des Umsatzes	nicht steuerbare Umsätze im Inland €	steuerbare Umsätze im Inland €	steuerfreie Umsätze im Inland €	steuerpflichtige Umsätze im Inland €
1	entgeltliche Leistungen (Werklieferungen)	DE		14.230		14.230,00
1	entgeltliche Leistungen (Werkleistungen)	DE		6.250		6.250,00
2	unentgeltliche Lieferung (GE)	DE		600		600,00
3	(steuerfreie innergemeinschaftliche) Lieferung	DE		700	700	—
4	echter Schadensersatz	—	1.500	—	—	—
5	unentgeltliche Lieferung (GE)	DE		300		300,00
6	keine unentgeltliche Leistung	—	30	—	—	—
7a	sonstige Leistung, Option nach § 9	DE		1.800		1.800,00
7b	kein Umsatz	—	1.000	—	—	—
7c	keine stb. unentgeltl. sonstige Leistung (Neufall)	DE	800	—	—	—
						23.180,00

Umsatzsteuer (Traglast) 19 % von 23.180 €		4.404,20
−	**abziehbare Vorsteuer**	
	Tz. 8a Materialeinkauf, Werkstattkosten	1.820 €
	Tz. 8b Umbau des Erdgeschosses	280 €
	Tz. 8c Dachreparatur ⅔ von 528 € (§ 15 Abs. 4)	352 €
		− 2.452,00
=	**Umsatzsteuerschuld** (Zahllast)	**1.952,20**

C. Umsatzsteuer

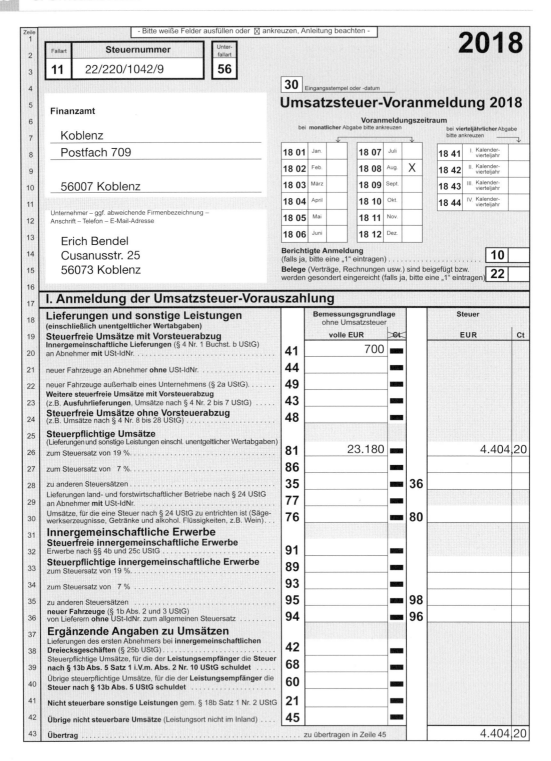

Zusammenfassendes Beispiel mit Lösung

			Steuer EUR	Ct
44	Steuernummer: 22/220/1042/9			
45	Übertrag		4.404	20

Leistungsempfänger als Steuerschuldner (§ 13b UStG)

		Bemessungsgrundlage ohne Umsatzsteuer volle EUR			Steuer EUR	Ct
47						
48	Steuerpflichtige sonstige Leistungen eines im übrigen Gemeinschaftsgebiet ansässigen Unternehmers (§ 13b Abs. 1 UStG)	46		47	—	
49	Andere Leistungen eines im Ausland ansässigen Unternehmers (§ 13b Abs. 2 Nr. 1 und 5 Buchst. a UStG)	52		53	—	
50	Lieferungen sicherungsübereigneter Gegenstände und Umsätze, die unter das GrEStG fallen (§ 13b Abs. 2 Nr. 2 und 3 UStG)	73		74	—	
51	Lieferungen von Mobilfunkgeräten, Tablet-Computern, Spielekonsolen und integrierten Schaltkreisen (§ 13b Abs. 2 Nr. 10 UStG)	78		79	—	
52	Andere Leistungen (§ 13b Abs. 2 Nr. 4, 5 Buchst. b, Nr. 6 bis 9 und 11 UStG)	84		85	—	
53	Umsatzsteuer				4.404	20

Abziehbare Vorsteuerbeträge

			Steuer EUR	Ct
54/55	Vorsteuerbeträge aus Rechnungen von anderen Unternehmern (§ 15 Abs. 1 Satz 1 Nr. 1 UStG), aus Leistungen im Sinne des § 13a Abs. 1 Nr. 6 UStG (§ 15 Abs. 1 Nr. 5 UStG) und aus innergemeinschaftlichen Dreiecksgeschäften (§ 25b Abs. 5 UStG)	66	2.452	00
56	Vorsteuerbeträge aus dem innergemeinschaftlichen Erwerb von Gegenständen (§ 15 Abs. 1 Satz 1 Nr. 3 UStG)	61		
57	Entstandene Einfuhrumsatzsteuer (§ 15 Abs. 1 Satz 1 Nr. 2 UStG)	62		
58	Vorsteuerbeträge aus Leistungen im Sinne des § 13b UStG (§ 15 Abs. 1 Satz 1 Nr. 4 UStG)	67		
59	Vorsteuerbeträge, die nach allgemeinen Durchschnittssätzen berechnet sind (§§ 23 und 23a UStG)	63		
60	Berichtigung des Vorsteuerabzugs (§ 15a UStG)	64		
61	Vorsteuerabzug für innergemeinschaftliche Lieferungen neuer Fahrzeuge außerhalb eines Unternehmens (§ 2a UStG) sowie von Kleinunternehmern im Sinne des § 19 Abs. 1 UStG (§ 15 Abs. 4a UStG)	59		
62	Verbleibender Betrag		1.952	20

Andere Steuerbeträge

			Steuer EUR	Ct
64	Steuer infolge Wechsels der Besteuerungsform sowie Nachsteuer auf versteuerte Anzahlungen u. ä. wegen Steuersatzänderung	65		
65	In Rechnungen unrichtig oder unberechtigt ausgewiesene Steuerbeträge (§ 14c UStG) sowie Steuerbeträge, die nach § 6a Abs. 4 Satz 2, § 17 Abs. 1 Satz 6, § 25b Abs. 2 UStG oder von einem Auslagerer oder Lagerhalter nach § 13a Abs. 1 Nr. 6 UStG geschuldet werden	69		
66	Umsatzsteuer-Vorauszahlung/Überschuss		1.952	20
67	Abzug der festgesetzten **Sondervorauszahlung** für Dauerfristverlängerung (in der Regel nur in der letzten Voranmeldung des Besteuerungszeitraums auszufüllen)	39		
68	**Verbleibende Umsatzsteuer-Vorauszahlung** (bitte in jedem Fall ausfüllen)	83	1.952	20
69	**Verbleibender Überschuss** - bitte dem Betrag ein Minuszeichen voranstellen -			

II. Sonstige Angaben und Unterschrift

71	Ein Erstattungsbetrag wird auf das dem Finanzamt benannte Konto überwiesen, soweit der Betrag nicht mit Steuerschulden verrechnet wird. **Verrechnung des Erstattungsbetrags erwünscht / Erstattungsbetrag ist abgetreten** (falls ja, bitte eine „1" eintragen)	29	
72	Geben Sie bitte die Verrechnungswünsche auf einem gesonderten Blatt an oder auf dem beim Finanzamt erhältlichen Vordruck „Verrechnungsantrag".		
73	Das **SEPA-Lastschriftmandat** wird ausnahmsweise (z.B. wegen Verrechnungswünschen) für diesen Voranmeldungszeitraum **widerrufen** (falls ja, bitte eine „1" eintragen)	26	
74	Ein ggf. verbleibender Restbetrag ist gesondert zu entrichten.		
75	Über die Angaben in der Steueranmeldung hinaus sind weitere oder abweichende Angaben oder Sachverhalte zu berücksichtigen (falls ja, bitte eine „1" eintragen)	23	
76	Geben Sie bitte diese auf einem gesonderten Blatt an, welches mit der Überschrift „**Ergänzende Angaben zur Steueranmeldung**" zu kennzeichnen ist.		

Datenschutz-Hinweis:
Die mit der Steueranmeldung angeforderten Daten werden auf Grund der §§ 149, 150 AO und der §§ 18, 18b UStG erhoben. Die Angabe der Telefonnummern und der E-Mail-Adressen ist freiwillig.

Bei der Anfertigung dieser Steueranmeldung hat mitgewirkt:
(Name, Anschrift, Telefon, E-Mail-Adresse)

- nur vom Finanzamt auszufüllen -

11		19	
		12	

Bearbeitungshinweis
1. Die aufgeführten Daten sind mit Hilfe des geprüften und genehmigten Programms sowie ggf. unter Berücksichtigung der gespeicherten Daten maschinell zu verarbeiten.
2. Die weitere Bearbeitung richtet sich nach den Ergebnissen der maschinellen Verarbeitung.

07.09.2018 *Erich Bendel*

Datum, Unterschrift

Datum, Namenszeichen

Kontrollzahl und/oder Datenerfassungsvermerk

Prüfungsfälle: Umsatzsteuer

PRÜFUNGSFALL 1

I. Sachverhalt

Frau Seil betreibt in Bonn unter der Firma „Fitnesspark Petra Seil e.K." einen Großhandel für Sportgeräte. Außerdem ist Frau Seil Eigentümerin eines gemischt genutzten Grundstücks in Köln. Auf dem Grundstück befindet sich ein Wohn- und Geschäftsgebäude. Während der Bauphase im Jahre 2010 sind mit Vorsteuer belastete Herstellungskosten in Höhe von 900.000 € angefallen. Das Gebäude wird nach der Fertigstellung im Dezember 2010 entsprechend der ursprünglichen Verwendungsplanung wie folgt genutzt:

- Im Erdgeschoss betreibt Dr. Thiel eine Tierarztpraxis (150 qm),
- im 1. Obergeschoss befinden sich die Anwaltskanzlei Arno Arndt (80 qm) und das Versicherungsbüro Vera Velten (70 qm),
- das 2. Obergeschoss bewohnen Herr Arndt (60 qm) und Frau Seil (90 qm).

Frau Seil hat das Grundstück in vollem Umfang ihrem Unternehmen zugeordnet und verzichtet seit Baubeginn auf die Steuerbefreiung nach § 4 Nr. 12a UStG (§ 9). Bei der Herstellung des Gebäudes hat Frau Seil – soweit möglich – den Vorsteuerabzug in Anspruch genommen. Die vorliegenden Rechnungen und Belege entsprechen den gesetzlichen Anforderungen. Alle beteiligten Unternehmer verwenden die USt-IdNr. ihres Landes.

Aus den Geschäftsunterlagen ergeben sich für das Kalenderjahr 2018 die folgenden Daten:

1. Bareinnahmen aus dem Sportgeräteverkauf an private inländische Abnehmer: 75.565 €
2. Warenwert des Sportgeräteverkaufs an gewerbliche inländische Abnehmer: 460.000 €
3. Verkauf einer kompletten Sportstudioausstattung (Warenwert: 70.000 €) an einen belgischen Unternehmer
4. Verkauf eines Cross-Trainers (ursprünglicher Nettoeinkaufspreis: 550 €) an einen Mitarbeiter für brutto 595 €. Der neue Nettoeinkaufspreis beträgt zum Zeitpunkt des Verkaufs an den Mitarbeiter aufgrund eines Modellwechsels 450 €. Frau Seil bietet diesen Cross-Trainer in ihrem Laden für brutto 1.071 € an.
5. Frau Seil verschenkte aus ihrem Warensortiment je einen Fahrradhelm im Wert von netto 35 € an einen Mitarbeiter anlässlich seines 40. Geburtstages sowie an einen guten Kunden zur Eröffnung der Radsportsaison.
6. Die laufenden mit Vorsteuer belasteten Betriebskosten des gemischt genutzen Gebäudes betragen insgesamt 3.600 €. In diesem Betrag sind nicht die Handwerkerrechnungen aus Tz. 9d) bis g) enthalten. An Schuldzinsen sind 14.400 € angefallen. Die Versicherungsbeiträge betragen 1.800 €. Eine direkte Zuordnung der Betriebskosten, der Schuldzinsen und der Versicherungsbeiträge zu den verschiedenen Nutzungseinheiten ist nicht möglich.
7. Die Monatsmieten sind von den Mietern pünktlich zum 15. eines Monats per Banküberweisung gezahlt worden. Die monatlichen Zahlungseingänge auf dem Bankkonto betragen:
    a) Tierarztpraxis Dr. Thiel: 1.785 €
    b) Anwaltskanzlei Arndt: 952 €
    c) Versicherungsbüro Velten: 812 €
    d) Wohnung Arndt: 348 €
    e) Wohnung Seil: 0 €

8. Frau Seil nutzt einen im Januar 2017 angeschafften betrieblichen Pkw mit werkseitig eingebautem Navigationsgerät für allgemeine Privatfahrten sowie für Fahrten zwischen Wohnung und Betrieb (258 Fahrten/einfache Strecke: 30 km). Die ursprünglichen Anschaffungskosten des Pkws betrugen 24.000 €. Der Buchwert zum 31.12.2018 beträgt 16.000 €. Der ursprüngliche Nettolistenpreis des Fahrzeugs ohne Navigationsgerät betrug 25.000 €. Der ursprüngliche Nettolistenpreis des Navigationsgeräts betrug 1.500 €. Ein Fahrtenbuch wird nicht geführt. Der Pkw wird zu mehr als 50 % betrieblich genutzt.

9. Die folgenden Vorsteuerbeträge sind in 2018 angefallen:
   a) für Wareneinkäufe (betrifft Umsätze Tz. 1, 2, 4 und 5): 55.840,00 €
   b) für Wareneinkäufe (betrifft Umsatz Tz. 3): 7.466,67 €
   c) für sonstige empfangene Leistungen des Großhandels: 3.200,00 €
   d) für Handwerkerrechnung Tierarztpraxis: 1.600,00 €
   e) für Handwerkerrechnung Anwaltskanzlei: 800,00 €
   f) für Handwerkerrechnung Versicherungsbüro: 320,00 €
   g) für Handwerkerrechnung Wohnung Arndt: 48,00 €

10. Sportgeräteeinkauf in den Niederlanden für netto 7.000 € (noch nicht in den Sachverhalten 1 bis 9 berücksichtigt)

II. Aufgaben

Ermitteln Sie die Umsatzsteuerschuld bzw. den Erstattungsanspruch für das Kalenderjahr 2018. Gehen Sie kurz auf die Problembereiche Art des Umsatzes, Ort der Leistung, Steuerbarkeit, Steuerfreiheit, Steuerpflicht, Steuersatz und Bemessungsgrundlage ein.

Verwenden Sie Fachbegriffe und nennen Sie alle einschlägigen Rechtsgrundlagen.

C. Umsatzsteuer

PRÜFUNGSFALL 2

I. Sachverhalt

Der Weinhändler Heinrich Kanisch, der mit seiner Ehefrau Helga geb. Holzmeister im gesetzlichen Güterstand lebt, betreibt in Bremen in gemieteten Räumen eine Weinhandlung. Außerdem ist er seit 2010 Eigentümer eines in Bremen gelegenen Hauses (Fertigstellung in 2010). Das Gebäude hat Kanisch in vollem Umfang seinem Unternehmen zugeordnet. Seine jährlichen Umsätze schwanken zwischen 580.000 und 600.000 €. Kanisch hat auf die Steuerbefreiungen nach § 4 Nr. 12a verzichtet, soweit dies möglich gewesen ist (§ 9). Erforderliche beleg- und buchmäßige Nachweise liegen vor. Bei innergemeinschaftlichen Lieferungen verwendet Kanisch seine deutsche USt-IdNr.

Aus den Büchern und Unterlagen ergibt sich für den Monat August 2018 Folgendes:

a) Weinhandlung

Die Erlöse aus dem Weinhandel haben im August 2018 insgesamt 34.000 € (netto) betragen.

Sie setzen sich wie folgt zusammen:

1. 19.000 € entfallen auf Lieferungen an Abnehmer im Inland,
2. 6.000 € entfallen auf Versendungslieferungen an Abnehmer in der Schweiz,
3. 4.000 € entfallen auf Abholfälle an Abnehmer mit USt-IdNr. in Frankreich,
4. 2.000 € entfallen auf Beförderungslieferungen an Abnehmer mit USt-IdNr. in den Niederlanden,
5. 3.000 € entfallen auf Abholfälle an Abnehmer mit USt-IdNr. in Dänemark.
6. Die abziehbaren Vorsteuerbeträge des Weinhandels betragen für den Monat August 2018 insgesamt 1.900 €.

b) Haus

Herr Kanisch hat – soweit möglich – den Vorsteuerabzug in Anspruch genommen. Die folgenden Sachverhalte sind im August 2018 zu beachten:

1. Das Erdgeschoss hat Heinrich Kanisch an seine Ehefrau vermietet, die dort ein Einzelhandelsgeschäft betreibt. Die monatliche Miete beträgt 2.000 € (netto).
2. Das 1. Obergeschoss wird von Familie Kanisch selbst bewohnt. Die anteiligen Ausgaben i. S. d. § 10 Abs. 4 Nr. 2 UStG betragen jährlich 12.000 €.
3. Die Räume im 2. Obergeschoss sind als Wohnung an einen kaufmännischen Angestellten für jährlich 12.000 € vermietet.
4. Für den Außenanstrich des Hauses sind Kosten in Höhe von 9.000 € + 19 % USt entstanden. Die Flächen der Außenwände betragen für das Erdgeschoss 35 qm, das 1. Obergeschoss 35 qm und das 2. Obergeschoss ebenfalls 35 qm.
5. Für Renovierungsarbeiten der Räume im 2. Obergeschoss sind Kanisch Kosten in Höhe von 5.000 € + 19 % USt in Rechnung gestellt worden.

II. Aufgabe

Wie hoch ist die (deutsche) Umsatzsteuerschuld (Zahllast) des Heinrich Kanisch für den Monat August 2018?

Prüfungsfall 3

I. Sachverhalt

Franz Schneider, der mit seiner Ehefrau Jutta geb. Boos im gesetzlichen Güterstand lebt, betreibt in Köln ein Einzelhandelsgeschäft mit Lebensmitteln aller Art. Außerdem besitzt er seit 1980 in Köln ein Hotel mit Restaurant. Seine jährlichen Umsätze schwanken zwischen 500.000 € und 600.000 €.

Aus den Büchern und Unterlagen ergibt sich für den Monat Dezember 2018 Folgendes:

a) Einzelhandelsgeschäft

1.	Lieferungen von Fleischwaren im Inland, netto	7.000 €
2.	Lieferungen sonstiger begünstigter Lebensmittel an Abnehmer im Inland netto	10.000 €
3.	Lieferungen nicht begünstigter Waren an Abnehmer im Inland netto	24.400 €
4.	Lieferungen begünstigter Lebensmittel an das Restaurant netto	2.000 €
5.	Lieferungen nicht begünstigter Waren an das Restaurant netto	500 €
6.	Schneider schenkte einem Kölner Freund zum Geburtstag einen Präsentkorb, der nur begünstigte Lebensmittel aus dem Einzelhandelsgeschäft enthielt.	
	Anschaffungskosten des Geschenkes	180 €
	Wiederbeschaffungswert des Geschenkes	200 €
	Verkaufswert des Geschenkes	280 €
7.	Das Geschäftstelefon wird von der Familie Schneider zu 20 % privat genutzt. Die laufenden Fernsprechgebühren beliefen sich im Monat Dezember 2018 auf	500 €
8.	Die abziehbaren Vorsteuerbeträge des Einzelhandelsgeschäfts betragen im Dezember 2018 insgesamt	3.010 €

b) Hotel mit Restaurant

1.	Vermietung von Hotelzimmern (ohne Frühstück) netto	5.500 €
2.	Verkauf von Speisen zum Verzehr im Haus netto	14.000 €
3.	Verkauf von Getränken zum Verzehr im Haus netto	10.000 €
4.	Ein echter Perserteppich, der vor zehn Jahren von einem Unternehmer für das Hotel angeschafft wurde, ist zurzeit noch mit 1.000 € im Betriebsvermögen enthalten. Franz Schneider lässt den Teppich im Dezember 2018 in sein Wohnzimmer legen. Die Wiederbeschaffungskosten des gebrauchten Teppichs betragen im Dezember 2018	10.100 €
5.	Die Vorsteuerbeträge des Hotels und Restaurants haben im Dezember 2018 insgesamt betragen	1.517 €

II. Aufgabe

Ermitteln Sie die Umsatzsteuerschuld (Zahllast) des Franz Schneider für den Monat Dezember 2018.

C. Umsatzsteuer

PRÜFUNGSFALL 4

Der Prüfungsfall 4 besteht aus **Teil I** und **Teil II**.

Teil I

Maschinenfabrikant U, Duisburg, schließt am 03.12.2018 mit dem Unternehmer A, Amsterdam, einen Kaufvertrag über die Lieferung einer Maschine für 100.000 € netto ab. A setzt die Maschine in seinem Unternehmen ein. U und A sind Unternehmer mit USt-IdNr. Beide Unternehmer verwenden die USt-IdNr. ihres Landes.
Am 05.12.2018 transportiert U die Maschine mit eigenem Lkw nach Amsterdam. A erhält die Maschine am 06.12.2018.
Die Rechnung wird von U am 08.01.2019 erstellt. Beide Unternehmer sind Monatszahler ohne Dauerfristverlängerung.

1. Um welche Leistungsart handelt es sich?
2. Wo ist der Ort der Lieferung?
3. Ist die Lieferung im Inland steuerbar?
4. Ist die Lieferung im Inland steuerfrei?
5. Ist die Lieferung im Inland steuerpflichtig?
6. Ist U verpflichtet, für die Lieferung eine Rechnung auszustellen?
7. Welche weiteren gesetzlichen Pflichten hat U nach dem UStG zu erfüllen?

Begründen Sie Ihre Antworten unter Hinweis auf die gesetzlichen Vorschriften.

Teil II

Der französische Unternehmer U, Paris, versendet am 11.12.2018 mit der Bahn eine Maschine für 100.000 € netto an den deutschen Unternehmer A, Köln (Monatszahler ohne Dauerfristverlängerung), der die Maschine in seinem Unternehmen einsetzt.
A erhält die Maschine am 12.12.2018. U und A sind Unternehmer mit USt-IdNr., die monatlich ihre Umsatzsteuer abführen. Beide Unternehmer verwenden die USt-IdNr. ihres Landes. Die Rechnung hat U am 09.01.2019 erstellt.

1. Um welche Umsatzart handelt es sich?
2. Wo ist der Ort des Umsatzes?
3. Ist der Umsatz im Inland steuerbar?
4. Ist der Umsatz im Inland steuerfrei?
5. Ist der Umsatz im Inland steuerpflichtig?
6. Wann entsteht die Umsatzsteuer?
7. Wer ist Steuerschuldner?
8. Wann ist die Umsatzsteuer fällig?
9. Wie wirkt sich der Vorgang bei der Ermittlung der Umsatzsteuerschuld (Zahllast) des A aus?

Begründen Sie Ihre Antworten unter Hinweis auf die gesetzlichen Vorschriften.

PRÜFUNGSFALL 5

Erika Schneider betreibt in Magdeburg ein Fachgeschäft für Damenmoden. Außerdem ist sie Eigentümerin eines in 2017 für netto 800.000 € umsatzsteuerpflichtig erworbenen gemischt genutzten Grundstücks (vgl. Tz. 8), das sie in vollem Umfang ihrem Unternehmen zugeordnet hat. Sie hat seit dem Kauf auf alle Steuerbefreiungen nach § 4 Nr. 12a verzichtet (§ 9) und – soweit möglich – den vollen Vorsteuerabzug in Anspruch genommen. Erforderliche Beleg- und Buchnachweise gelten als erbracht. Alle beteiligten Unternehmer verwenden ihre nationale USt-IdNr. Der Umsatz des Vorjahres belief sich auf 520.000 €.

Aus der Buchführung ergeben sich für 2018 die folgenden Zahlen:

1. Verkäufe von Damenmoden im Inland netto (ohne Tz. 4) — 459.528 €
2. Entnahmen von Waren für den eigenen Bedarf im August 2018,
    Anschaffungskosten — 1.950 €
    Wiederbeschaffungskosten — 2.145 €
    Verkaufswert, netto — 3.510 €
3. Versicherungsleistung für entwendete Waren — 3.591 €
4. Verkauf eines Kostüms an eine Verkäuferin im Mai 2018 zum Preis von — 595 €
    Es betragen:
    die Anschaffungskosten — 500 €
    die Wiederbeschaffungskosten — 525 €
    der Verkaufspreis, brutto — 1.071 €
5. Einen wertvollen Damenmantel überbrachte die Steuerpflichtige einer guten Kundin (Unternehmerin) nach Frankreich.
    Sie vereinnahmte hierfür im August 2018 — 5.670 €
6. Das Geschäftstelefon wird auch privat genutzt.
    Die anteiligen laufenden Telefonkosten betragen 2018 netto — 600 €
7. Die anteiligen Ausgaben haben 2018 für die private Pkw-Nutzung (Anschaffung 2017) betragen netto
    a) bei den mit Vorsteuer belasteten Kosten — 4.800 €
    b) bei den nicht mit Vorsteuer belasteten Kosten — 1.000 €
8. Das gemischt genutzte Grundstück wurde in 2018 wie folgt genutzt:
    a) Erdgeschoss: eigenes Geschäft mit Büro, Ausgaben netto — 24.000 €
    b) 1. Obergeschoss: Büroräume vermietet an einen Rechtsanwalt, Mieteinnahme 2018 — 14.280 €
    c) 2. Obergeschoss: eigene Wohnung, anteilige Ausgaben netto — 8.000 €
9. Die Vorsteuer ist angefallen
    a) für Wareneinkäufe — 36.390 €
    b) für Reparaturen im Erdgeschoss des Hauses — 791 €
    c) für Außenputz und Anstricharbeiten am Haus — 1.522,50 €
       Die Außenwände sind bei allen Geschossen 100 qm groß.
    d) für Geschäftskosten — 8.091 €

Die Vorsteueraufteilung erfolgt nach § 15 Abs. 4 Satz 1. Die Umsatzsteuer-Vorauszahlungen der Steuerpflichtigen betragen für 2018 19.890,30 €.

1. Wie hoch ist die Umsatzsteuer-Abschlusszahlung für 2018?
2. Bis wann ist die Umsatzsteuer-Abschlusszahlung zu entrichten?

C. Umsatzsteuer

PRÜFUNGSFALL 6

I. Sachverhalt

Die Firma Werner Klein Baustoffhandlung e.K., Kaiserslautern, liefert Baustoffe im Groß- und Einzelhandel. Eine Option i.S.d. § 9 UStG wurde nicht durchgeführt.

Sie erzielte in 2018 Einnahmen aus:

- Lieferungen an Baubetriebe im Inland 261.800 €
- Lieferungen an Endverbraucher im Inland 142.800 €

Klein ermittelt die private Nutzung des betrieblichen Pkws (Anschaffung 2016) nach der 1 %-Regelung des § 6 Abs.1 Nr. 4 Satz 2 EStG. Der Bruttolistenpreis des privat genutzten Pkws hat im Zeitpunkt der Erstzulassung 62.540 € betragen.

In den oben genannten Beträgen sind folgende Vorgänge nicht enthalten:

1. Entnahme von Baumaterial im Mai 2018 vom Lager Kaiserslautern für das Einfamilienhaus der Tochter, Nettoeinkaufspreis zum Zeitpunkt der Entnahme 21.932 €
2. Beim Bau des Einfamilienhauses der Tochter wurden im September 2018 Arbeiter der Firma Klein unentgeltlich eingesetzt. Einem fremden Dritten würde Klein 2.450 € berechnen. Die anteiligen Ausgaben haben netto 1.300 € betragen.
3. Es wurden verkauft:
im Juni 2018 ein gebrauchter Lkw der Firma zum Preis von brutto 5.950 €
im Juli 2018 ein gebrauchter Pkw der Ehefrau zum Preis von 3.570 €
4. An einen anderen Unternehmer wurde ein Teil des Kaiserslauterner Lagerplatzes vermietet. Jahreseinnahme 2.400 €
5. Klein schenkt im Mai 2018 einem Kunden aus geschäftlichem Anlass einen Gegenstand, den er seinem Warenbestand entnimmt.
Die ursprünglichen Sollbuchungen beim Wareneinkauf lauten:
5200 (3200) Wareneingang 300 €
1406 (1576) Vorsteuer 57 €
6. Klein vermietet an seinen Subunternehmer Olivier Chablis aus Straßburg (Frankreich) einen Baukran für zwei Monate, den er auf seiner Baustelle in Nancy (Frankreich) benötigt.
Die Monatsmiete beträgt 400 €

An Vorsteuerbeträgen werden in der Buchführung 40.150 €
ausgewiesen (einschließlich Vorsteuerbuchung aus Tz. 5).

II. Aufgabe

Berechnen Sie die Umsatzsteuerschuld (Zahllast) des Werner Klein für 2018.

PRÜFUNGSFALL 7

I. Sachverhalt

Der Steuerberater Thomas Port, der mit seiner Ehefrau im gesetzlichen Güterstand lebt, betreibt in Stuttgart im Erdgeschoss seines in 2017 fertiggestellten gemischt genutzten Grundstücks ein Steuerberatungsbüro. Port hat das Grundstück in vollem Umfang seinem Unternehmen zugeordnet und soweit möglich den Vorsteuerabzug in Anspruch genommen. Er hat auf Steuerbefreiungen nach § 4 Nr. 12a verzichtet, soweit dies möglich ist (§ 9). Port versteuert als Monatszahler seine Umsätze nach vereinnahmten Entgelten.

Aus den Büchern und Unterlagen ergibt sich für den Monat Dezember 2018 Folgendes:

1. Einnahmen für steuerliche Beratung seiner inländischen Mandanten — 29.750 €
2. Am 31.12.2018 sind noch Honorarrechnungen von offen. — 3.570 €
3. Für den Kauf eines neuen Pkws für das Unternehmen, der auch privat genutzt wird, wurden im Dezember 2018 einschl. 19 % USt gezahlt. — 35.700 €
4. Port benutzte den betrieblichen Pkw (s.o.) lt. Fahrtenbuch zu 30 % für Privatfahrten. Die gesamten Kfz-Kosten einschl. AfA i.S.d. § 15a betrugen im Dezember 2018
   a) bei den mit Vorsteuer belasteten Kosten — 1.500 €
   b) bei den nicht mit Vorsteuer belasteten Kosten — 500 €
5. Das dem Steuerberater gehörende Gebäude wurde in 2018 wie folgt genutzt:
   a) Im Erdgeschoss befindet sich das Steuerberatungsbüro. Die jährlichen Ausgaben betragen — 24.000 €
   b) Das 1. Obergeschoss hat Port an eine Mandantin, Werbeagentur X-GmbH, für jährlich (netto) vermietet. — 36.000 €
   c) Das 2. Obergeschoss wird von der Familie Port selbst bewohnt. Die jährlichen anteiligen Ausgaben i.S.d. § 10 Abs. 4 Nr. 2 betragen — 12.000 €
6. Für Renovierungsarbeiten der Räume im 1. Obergeschoss sind Thomas Port im Dezember 2018 Kosten in Höhe von 10.000 € + 1.900 € USt = 11.900 € ordnungsgemäß in Rechnung gestellt worden.
7. Am 27.12.2018 kaufte Thomas Port ein kleines Kopiergerät. Die ordnungsgemäß ausgestellte Rechnung lautet über netto 800 € zuzüglich 19 % USt. Der Kaufpreis wird am 08.01.2019 gezahlt.
8. An Vorsteuer für laufende Kosten sind im Dezember 2018 insgesamt angefallen 1.548 €

II. Aufgabe

Berechnen Sie die Umsatzsteuerschuld (Zahllast) bzw. den Erstattungsanspruch (Vorsteuer-Guthaben) des Thomas Port für den Monat Dezember 2018.

C. Umsatzsteuer

PRÜFUNGSFALL 8

I. Sachverhalt

Petra Jaeckel, Bonn, handelt mit Baustoffen. Sie bittet Sie, ihre Umsatzsteuer-Voranmeldung für den Monat Dezember 2018 zu erstellen. Jaeckel versteuert ihre Umsätze nach vereinbarten Entgelten. Sie hat auf die Steuerbefreiungen nach § 4 Nr. 12a verzichtet, soweit dies möglich gewesen ist (§ 9).

Aus ihren Aufzeichnungen ergibt sich für den Monat Dezember 2018 Folgendes:

1. Lieferungen an Unternehmer im Inland netto — 290.000 €
2. Lieferungen an private Kunden im Inland netto — 75.000 €
3. Für Reparaturarbeiten an ihrem privat genutzten Einfamilienhaus hat Jaeckel im Dezember 2018 Baustoffe vom Bonner Lager zum Nettoeinkaufspreis von 9.250 € entnommen.
4. Auf eine Forderung aus 2017 in Höhe von brutto 4.613,63 € gingen im Dezember 2018 1.328,04 € ein. Der Rest der Forderung ist verloren.
5. Die anteiligen Kosten für den Monat Dezember 2018 betragen für private Pkw-Nutzung (Anschaffung 2016)
   a) bei den mit Vorsteuer belasteten Kosten — 400 €
   b) bei den nicht mit Vorsteuer belasteten Kosten — 100 €
6. Im Dezember 2018 haben zwei Arbeiter der Baustoffhandlung während der Geschäftszeit im Garten des Einfamilienhauses von Frau Jaeckel gearbeitet. Die anteiligen Ausgaben betragen — 350 €
7. Jaeckel ist Eigentümerin eines bebauten Grundstücks in Köln, das sie in vollem Umfang ihrem Unternehmen zugeordnet hat. Das in 2017 erstellte Gebäude (Bauantrag Januar 2017) wird wie folgt genutzt:
   a) Im Erdgeschoss befindet sich eine Drogerie. Die jährlichen Mieteinnahmen betragen netto — 12.000 €
   b) Im 1. Obergeschoss befinden sich die Büroräume von Jaeckel. Die jährlichen Ausgaben betragen — 12.000 €
   c) Das 2. Obergeschoss hat Jaeckel an einen Rechtsanwalt als Wohnung für jährlich netto — 8.400 € vermietet.
8. Das gesamte Treppenhaus wurde im Dezember 2018 renoviert. Dafür sind Kosten in Höhe von 30.000 € + 5.700 € USt = 35.700 € in Rechnung gestellt worden. Die Renovierungskosten entfallen zu gleichen Teilen auf die einzelnen Geschosse, die alle 200 qm groß sind.
9. Die Vorsteuer auf den Wareneinkauf und die Kosten der Baustoffhandlung beträgt im Dezember 2018 — 33.750 €

II. Aufgabe

Berechnen Sie die Umsatzsteuerschuld (Zahllast) der Petra Jaeckel für den Monat Dezember 2018.

Prüfungsfall 9

I. Sachverhalt

Karl Peter Engelen betreibt in Koblenz in gemieteten Räumen einen Einzelhandel mit Pelzwaren. Seine jährlichen Umsätze schwanken zwischen 560.000 und 600.000 €.

Im Oktober 2018 hat Engelen aus dem Verkauf von Pelzwaren – ohne die in den folgenden Tz. 1 bis 5 genannten Beträge – Einnahmen in Höhe von 47.600 € erzielt.

1. Am 19.10.2018 lieferte Engelen an Baron von Preuschen eine Nerzdecke. Seine Rechnung weist Folgendes aus:

Nerzdecke	15.000 €
+ 19 % USt	2.850 €
	17.850 €

   Baron von Preuschen zahlte am 24.10.2018 unter Abzug von 2 % Skonto.

2. Seit August 2018 hat Engelen eine Forderung aus einer Lieferung an die Baronin von Greifenklau in Höhe von 11.900 € (10.000 € + 1.900 € USt). Am 19.10.2018 ging auf diese Forderung ein Betrag von 4.165 € ein. Der Rest der Forderung ist uneinbringlich.

3. Die Forderung aus einer Lieferung an den Kunden Säumig in Höhe von 2.975 €, fällig am 03.09.2018, ist noch nicht beglichen. Das Entgelt dieser Forderung wurde im Voranmeldungszeitraum August 2018 versteuert. Engelen stellte zum 31.10.2018 dem Kunden Säumig 4 % Verzugszinsen für 60 Tage in Rechnung.

4. Engelen schenkte am 26.10.2018 seiner Tochter zum Geburtstag eine Nerzkappe, die er im August 2018 für 500 € + USt gekauft hat. In seinem Geschäft wurde diese Kappe für 833 € einschließlich 19 % USt angeboten. Laut der neuesten Preisliste des Lieferanten Rauch beträgt der Preis der Nerzkappe im Oktober 2018 600 € + USt.

5. Engelen übergab am 26.10.2018 der Deutschen Post AG ein Paket, in dem sich eine Hermelin-Stola befand, zur Beförderung an den Kunden Reich in Hamburg. Reich erhielt das Paket am 02.11.2018. Die Rechnung wurde am 06.11.2018 über 4.800 € + USt erteilt. Die Zahlung erfolgte am 16.11.2018.

6. Engelen hat im Oktober 2018 während einer mehrtägigen Geschäftsreise zwei Kunden eingeladen und bewirtet. Dadurch sind ihm Kosten in Höhe von insgesamt 180 € zuzüglich 19 % USt entstanden, die angemessen sind. Von den Kosten entfallen 60 € auf ihn selbst. Engelen führt den nach § 4 Abs. 5 Nr. 2 EStG geforderten Nachweis anhand einer ordnungsgemäß ausgestellten Rechnung. Er hat den Vorgang wie folgt gebucht:

6640 (4650) Bewirtungskosten	180,00 €
1406 (1576) Vorsteuer	34,20 €
an **1600** (1000) Kasse	214,20 €

An Vorsteuer sind (ohne Tz. 6) für den Monat Oktober 6.468,56 € angefallen, die nicht zu beanstanden sind.

II. Aufgabe

Berechnen Sie die Umsatzsteuerschuld (Zahllast) des Karl Peter Engelen für den Monat Oktober 2018.

C. Umsatzsteuer

PRÜFUNGSFALL 10

I. Sachverhalt

Reiner Müller betreibt in Stuttgart eine Maschinenfabrik. Er versteuert seine Umsätze nach vereinbarten Entgelten. Müller verwendet bei innergemeinschaftlichen Lieferungen seine deutsche USt-IdNr. Aus der Buchführung ergibt sich für den Monat Mai 2018 Folgendes:

1. Das Konto „**4400** (8400) Erlöse 19 %" weist einen Nettoumsatz von 140.500 € aus. Dieser Betrag setzt sich wie folgt zusammen:
   a) Lieferungen an Abnehmer im Inland — 105.000 €
   b) Versendungslieferung an einen Abnehmer in der Schweiz — 14.500 €
   c) Beförderungslieferung an einen Abnehmer in Frankreich
      Der Abnehmer ist Unternehmer mit USt-IdNr. — 10.000 €
   d) Abholfall an einen Abnehmer in Belgien
      Der Abnehmer ist Privatmann. — 11.000 €
2. Auf dem Konto „**4100** (8100) Steuerfreie Umsätze § 4 Nr. 8 ff. UStG" sind 300.000 € gebucht. Es handelt sich um den Erlös aus dem Verkauf eines Betriebsgrundstücks.
3. Auf dem Konto „**4845** (8820) Erlöse aus Verkäufen Sachanlagevermögen 19 % USt (bei Buchgewinn)" sind 23.500 € gebucht. Der Betrag betrifft den Verkauf eines betrieblichen Pkws.
4. Auf dem Konto „**4640** (8920) Verwendung von Gegenständen für Zwecke außerhalb des Unternehmens 19 % USt" ist ein Betrag von 3.000 € gebucht.
5. Auf dem Konto „**6640** (4650) Bewirtungskosten" sind 300 € gebucht.
   Die Vorsteuer von 57 € wurde auf dem Konto „**1406** (1576) Abziehbare Vorsteuer 19 %" erfasst. Die Kosten sind anlässlich der Bewirtung eines Kunden in einem Gourmet-Restaurant angefallen. Von den 300 € können nach der allgemeinen Verkehrsauffassung 200 € als angemessen angesehen werden. Müller führt den nach § 4 Abs. 5 EStG geforderten Nachweis anhand einer ordnungsgemäß ausgestellten Rechnung.
6. Auf dem Konto „**1406** (1576) Abziehbare Vorsteuer 19 %" sind 12.048 € gebucht.

II. Aufgabe

Berechnen Sie die Umsatzsteuerschuld (Zahllast) des Reiner Müller für den Monat Mai 2018.

 Weitere Prüfungsfälle mit Lösungen finden Sie im **Lösungsbuch** der Steuerlehre 1, Seiten 126/127 ff.

Anhang 1

Mehrwertsteuersätze in den EU-Mitgliedstaaten
(Europäische Kommission vom 06.12.2017)

Mitgliedstaaten	stark ermäßigter Satz	ermäßigter Satz	Normalsatz	Zwischensatz
Belgien (BE)	—	6 / 12	21	12
Bulgarien (BG)	—	9	20	—
Dänemark (DK)	—	—	25	—
Deutschland (DE)	—	7	19	—
Estland (EE)	—	9	20	—
Finnland (FI)	—	10 / 14	24	—
Frankreich (FR)	2,1	5,5 / 10	20	—
Griechenland (EL)	—	6 / 13	24	—
Irland (IE)	4,8	9 / 13,5	23	13,5
Italien (IT)	4	5 / 10	22	—
Kroatien (HR)	—	5 / 13	25	—
Lettland (LV)	—	12	21	—
Litauen (LT)	—	5 / 9	21	—
Luxemburg (LU)	3	8	17	14
Malta (MT)	—	5 / 7	18	—
Niederlande (NL)	—	6	21	—
Österreich (AT)	—	10 / 13	20	13
Polen (PL)	—	5 / 8	23	—
Portugal (PT)	—	6 / 13	23	13
Rumänien (RO)	—	5 / 9	19	—
Schweden (SE)	—	6 / 12	25	—
Slowakische Republik (SK)	—	10	20	—
Slowenien (SI)	—	9,5	22	—
Spanien (ES)	4	10	21	—
Tschechische Republik (CZ)	—	10 / 15	21	—
Ungarn (HU)	—	5 / 18	27	—
Vereinigtes Königreich (UK)	—	5	20	—
Zypern (CY)	—	5 / 9	19	—

Anhang 2

Umsatzsteuerzuständigkeitsverordnung (UStZustV)
in der Fassung vom 22.12.2014

Unternehmer ist ansässig in	zuständiges Finanzamt
1. Belgien	Trier
2. Bulgarien	Neuwied
3. Dänemark	Flensburg
4. Estland	Rostock
5. Finnland	Bremen
6. Frankreich, Fürstentum Monaco	Offenburg
7. Großbritannien und Nordirland, Isle of Man	Hannover-Nord
8. Griechenland	Berlin Neukölln
9. Irland	Hamburg-Nord
10. Italien	München
11. Kroatien	Kassel-Hofgeismar
12. Lettland	Bremen
13. Liechtenstein	Konstanz
14. Litauen	Mühlhausen
15. Luxemburg	Saarbrücken, Am Stadtgraben
16. Mazedonien	Berlin Neukölln
17. Niederlande	Kleve
18. Norwegen	Bremen
19. Österreich	München
20. Polen	Hameln (A-G), Oranienburg (H-M) und Cottbus (N-Z)
21. Portugal	Kassel-Hofgeismar
22. Rumänien	Chemnitz-Süd
23. Russische Förderation	Magdeburg
24. Schweden	Hamburg-Nord
25. Schweiz	Konstanz
26. Slowakische Republik	Chemnitz-Süd
27. Spanien	Kassel-Hofgeismar
28. Republik Slowenien	Oranienburg
29. Tschechische Republik	Chemnitz-Süd
30. Türkei	Dortmund-Unna
31. Ukraine	Magdeburg
32. Ungarn	Zentralfinanzamt Nürnberg
33. Weißrussland	Magdeburg
34. USA	Bonn-Innenstadt

Anhang 3

Die **Schwellenwerte** der EU-Mitgliedstaaten

EU-Staaten	Erwerbsschwellen	Lieferschwellen
Belgien	11.200 EUR	35.000 EUR
Bulgarien	20.000 BGN	70.000 BGN
Dänemark	80.000 DKK	280.000 DKK
Deutschland	**12.500 EUR**	**100.000 EUR**
Estland	10.000 EUR	35.000 EUR
Finnland	10.000 EUR	35.000 EUR
Frankreich	10.000 EUR	35.000 EUR
Griechenland	10.000 EUR	35.000 EUR
Irland	41.000 EUR	35.000 EUR
Italien	10.000 EUR	35.000 EUR
Kroatien	77.000 HRK	270.000 HRK
Lettland	10.000 EUR	35.000 EUR
Litauen	14.000 EUR	35.000 EUR
Luxemburg	10.000 EUR	100.000 EUR
Malta	10.000 EUR	35.000 EUR
Niederlande	10.000 EUR	100.000 EUR
Österreich	11.000 EUR	35.000 EUR
Polen	50.000 PLN	160.000 PLN
Portugal	10.000 EUR	35.000 EUR
Rumänien	34.000 RON	118.000 RON
Schweden	90.000 SEK	320.000 SEK
Slowakei	14.000 EUR	35.000 EUR
Slowenien	10.000 EUR	35.000 EUR
Spanien	10.000 EUR	35.000 EUR
Tschechien	326.000 CZK	1.140.000 CZK
Ungarn	10.000 EUR	35.000 EUR
Vereinigtes Königreich	85.000 GBP	70.000 GBP
Zypern	10.251 EUR	35.000 EUR

Anhang 4

Jahreskalender 2018

Januar						Februar						März						April					
Mo	**1**	8	15	22	29	Mo		5	12	19	26	Mo		5	12	19	26	Mo	**2**	9	16	23	30
Di	2	9	16	23	30	Di		6	13	20	27	Di		6	13	20	27	Di	3	10	17	24	
Mi	3	10	17	24	31	Mi		7	14	21	28	Mi		7	14	21	28	Mi	4	11	18	25	
Do	4	11	18	25		Do	1	8	15	22		Do	1	8	15	22		Do	5	12	19	26	
Fr	5	12	19	26		Fr	2	9	16	23		Fr	2	9	16	23	**30**	Fr	6	13	20	27	
Sa	6	13	20	27		Sa	3	10	17	24		Sa	3	10	17	24	31	Sa	7	14	21	28	
So	**7**	**14**	**21**	**28**		So	**4**	**11**	**18**	**25**		So	**4**	**11**	**18**	**25**		So	**1**	8	**15**	**22**	**29**
Wo	1	2	3	4	5	Wo	5	6	7	8	9	Wo	9	10	11	12	13	Wo	13	14	15	16	17	18

Mai						Juni						Juli						August					
Mo		7	14	**21**	28	Mo		4	11	18	25	Mo		2	9	16	23	30	Mo		6	13	20	27
Di	**1**	8	15	22	29	Di		5	12	19	26	Di		3	10	17	24	31	Di		7	14	21	28
Mi	2	9	16	23	30	Mi		6	13	20	27	Mi		4	11	18	25		Mi		8	15	22	29
Do	3	**10**	17	24	31	Do		7	14	21	28	Do		5	12	19	26		Do	2	9	16	23	30
Fr	4	11	18	25		Fr	1	8	15	22	29	Fr		6	13	20	27		Fr	3	10	17	24	31
Sa	5	12	19	26		Sa	2	9	16	23	30	Sa		7	14	21	28		Sa	4	11	18	25	
So	**6**	**13**	**20**	**27**		So	**3**	**10**	**17**	**24**		So	**1**	8	**15**	**22**	**29**		So	**5**	**12**	**19**	**26**	
Wo	18	19	20	21	22	Wo	22	23	24	25	26	Wo	26	27	28	29	30	31	Wo	31	32	33	34	35

September						Oktober						November						Dezember					
Mo		3	10	17	24	Mo	1	8	15	22	29	Mo		5	12	19	26	Mo		3	10	17	24	31
Di		4	11	18	25	Di	2	9	16	23	30	Di		6	13	20	27	Di		4	11	18	**25**	
Mi		5	12	19	26	Mi	**3**	10	17	24	31	Mi		7	14	21	28	Mi		5	12	19	**26**	
Do		6	13	20	27	Do	4	11	18	25		Do	1	8	15	22	29	Do		6	13	20	27
Fr		7	14	21	28	Fr	5	12	19	26		Fr	2	9	16	23	30	Fr		7	14	21	28
Sa	1	8	15	22	29	Sa	6	13	20	27		Sa	3	10	17	24		Sa	1	8	15	22	29
So	**2**	**9**	**16**	**23**	**30**	So	**7**	**14**	**21**	**28**		So	**4**	**11**	**18**	**25**		So	**2**	**9**	**16**	**23**	**30**
Wo	35	36	37	38	39	Wo	40	41	42	43	44	Wo	44	45	46	47	48	Wo	48	49	50	51	52	1

Bundeseinheitliche Feiertage:
Neujahr 1. Januar, Karfreitag 30. März, Ostern 1./2. April, Maifeiertag 1. Mai, Christi Himmelfahrt 10. Mai, Pfingsten 20./21. Mai, Tag der Deutschen Einheit 3. Oktober, Weihnachten 25./26. Dezember

Jahreskalender 2019

Januar						Februar						März						April					
Mo		7	14	21	28	Mo		4	11	18	25	Mo		4	11	18	25	Mo	1	8	15	**22**	29
Di	**1**	8	15	22	29	Di		5	12	19	26	Di		5	12	19	26	Di	2	9	16	23	30
Mi	2	9	16	23	30	Mi		6	13	20	27	Mi		6	13	20	27	Mi	3	10	17	24	
Do	3	10	17	24	31	Do		7	14	21	28	Do		7	14	21	28	Do	4	11	18	25	
Fr	4	11	18	25		Fr	1	8	15	22		Fr	1	8	15	22	29	Fr	5	12	**19**	26	
Sa	5	12	19	26		Sa	2	9	16	23		Sa	2	9	16	23	30	Sa	6	13	20	27	
So	**6**	**13**	**20**	**27**		So	**3**	**10**	**17**	**24**		So	**3**	**10**	**17**	**24**	**31**	So	**7**	**14**	**21**	**28**	
Wo	1	2	3	4	5	Wo	5	6	7	8	9	Wo	9	10	11	12	13	Wo	14	15	16	17	18

Mai						Juni						Juli						August					
Mo		6	13	20	27	Mo		3	**10**	17	24	Mo	1	8	15	22	29	Mo		5	12	19	26
Di		7	14	21	28	Di		4	11	18	25	Di	2	9	16	23	30	Di		6	13	20	27
Mi	**1**	8	15	22	29	Mi		5	12	19	26	Mi	3	10	17	24	31	Mi		7	14	21	28
Do	2	9	16	23	**30**	Do		6	13	20	27	Do	4	11	18	25		Do	1	8	15	22	29
Fr	3	10	17	24	31	Fr		7	14	21	28	Fr	5	12	19	26		Fr	2	9	16	23	30
Sa	4	11	18	25		Sa	1	8	15	22	29	Sa	6	13	20	27		Sa	3	10	17	24	31
So	**5**	**12**	**19**	**26**		So	**2**	**9**	**16**	**23**	**30**	So	**7**	**14**	**21**	**28**		So	**4**	**11**	**18**	**25**	
Wo	18	19	20	21	22	Wo	22	23	24	25	26	Wo	27	28	29	30	31	Wo	31	32	33	34	35

September						Oktober						November						Dezember					
Mo		2	9	16	23	30	Mo		7	14	21	28	Mo		4	11	18	25	Mo		2	9	16	23	30
Di		3	10	17	24		Di	1	8	15	22	29	Di		5	12	19	26	Di		3	10	17	24	31
Mi		4	11	18	25		Mi	2	9	16	23	30	Mi		6	13	20	27	Mi		4	11	18	**25**	
Do		5	12	19	26		Do	**3**	10	17	24	31	Do		7	14	21	28	Do		5	12	19	**26**	
Fr		6	13	20	27		Fr	4	11	18	25		Fr	1	8	15	22	29	Fr		6	13	20	27	
Sa		7	14	21	28		Sa	5	12	19	26		Sa	2	9	16	23	30	Sa		7	14	21	28	
So	**1**	8	**15**	**22**	**29**		So	**6**	**13**	**20**	**27**		So	**3**	**10**	**17**	**24**		So	**1**	8	**15**	**22**	**29**
Wo	35	36	37	38	39	Wo	40	41	42	43	44	Wo	44	45	46	47	48	Wo	48	49	50	51	1

Bundeseinheitliche Feiertage:
Neujahr 1. Januar, Karfreitag 19. April, Ostern 21./22. April, Maifeiertag 1. Mai, Christi Himmelfahrt 30. Mai, Pfingsten 9./10. Juni, Tag der Deutschen Einheit 3. Oktober, Weihnachten 25./26. Dezember

Anhang 5

Aktuelle Rechtsänderungen – Übersicht

Die folgenden Tabellen fassen die in der aktuellen Auflage berücksichtigten Rechtsänderungen nach Themengebieten zusammen und dokumentieren die jeweiligen Quellen.

Berücksichtigte Rechtsänderungen Abgabenordnung

Kapitel	Thema	Art Änderung	Quelle	Paragraf	Fundstelle
1.2	Anpassung der Abgabenordnung und des AEAO an die Datenschutzgrundverordnung (DSGVO)	Gesetz, BMF-Schreiben	Gesetz zur Änderung des Bundesversorgungsgesetzes und anderer Vorschriften, BMF	u.a. §§ 29b, 29c AO	BGBl. 2017 I, S. 2541, BMF Schreiben IV A 3 - S 0030/16/10004-07 sowie BMF-Schreiben IV A 3 - S 0062/18/10001 vom 12. Januar 2018
3.4.1	Zugangsfiktion	Rechtsprechung	BFH	§ 122 Abs. 2 Nr. 1 und Nr. 2 AO	BFH-Urteil vom 11.07.2017
4.5	Verspätungszuschlag, Anwendbarkeit von § 152 a.F. und n.F.	Gesetz	Gesetz zur Modernisierung des Besteuerungsverfahrens	§ 152 AO	BGBl. 2016 I S. 1679
4.5	Hoher Zinssatz für Steuernachforderungen und -erstattungen	Rechtsprechung	FG Köln	§ 238 Abs. 1 Satz 1 AO	Urteil vom 27.04.2017, 1 K 3648/14
10.5	Hoher Zinssatz für Steuernachforderungen und -erstattungen	Rechtsprechung	FG Münster	§ 238 Abs. 1 Satz 1 AO	Urteil vom 17.08.2017, 10 K 2472/16 E
10.5	Hoher Zinssatz für Steuernachforderungen und -erstattungen	Sonstige	BFH	§ 238 Abs. 1 Satz 1 AO	BFH-Beschluss vom 25.04.2018, IX B 21/18
5.1.2.1	Anzeigen über die Erwerbstätigkeit; Meldepflichten	Gesetz	Steuerumgehungsbekämpfungsgesetz (StUmgBG)	§ 138, 138b AO	BGBl. 2017 I S. 1682
5.1.2.2	Fristenerlasse für 2017; bundeseinheitliche Regelung für die Zeit nach dem 31.12.2017	Gesetz; Erlasse	Gesetz zur Modernisierung des Besteuerungsverfahrens	§ 149 Abs. 2 AO n.F.	BGBl. 2016 I S. 1679; Erlass der obersten Finanzbehörden der Länder über Steuererklärungsfristen vom 02.01.2018, BStBl 2018, S. 70f.; Hessischer Fristenerlass und Fristenerlass Rheinland-Pfalz vom 02.01.2018
5.2	Prüfung der Ordnungsmäßigkeit der Kassenaufzeichnungen und deren ordnungsgemäße Übernahme in die Buchführung (Kassen-Nachschau)	Gesetz	Gesetz gegen Manipulation an Kassensystemen	§§ 146a, 146b AO	BGBl. 2016 I S. 3152

Berücksichtigte Rechtsänderungen Abgabenordnung

Kapitel	Thema	Art Änderung	Quelle	Paragraf	Fundstelle
6.2.2	Vorläufige Steuerfestsetzung im Hinblick auf anhängige Musterverfahren	BMF-Schreiben	BMF	§ 165 AO	BMF-Schreiben vom 15.01.2018, IV A 3 - S 0338/17/10007
6.3	Wahrung der Steuerfestsetzungsfrist	Urteil	FG Köln	§§ 169, 171 AO	Urteil des FG Köln vom 23.05.2017 - 1 K 1637/14
7.1	Berichtigung offenbarer Unrichtigkeiten bei Verwaltungsakten	Urteil	BFH	§ 129 AO	BFH-Urteil vom 16.01.2018, VI R 41/16
8.5.4	Zahlungsverjährung: Verjährungsfristen	Gesetz	Steuerumgehungsbekämpfungsgesetz (StUmgBG)	§ 228 AO	BGBl. 2017 I S. 1682
10.1	Steuerhinterziehung	Urteil	BFH	§ 370 AO	BFH-Urteil vom 29.08.2017 - VIII R 32/15
10.2	Steuerordnungswidrigkeiten und Bußmaße	Gesetz	Gesetz zur Modernisierung des Besteuerungsverfahrens	§§ 383a, 383b AO	BGBl. 2016 I, S. 1679

Berücksichtigte Rechtsänderungen Umsatzsteuer

Kapitel	Thema	Art Änderung	Quelle	Paragraf	Fundstelle
1.2	Ergebnisse der Umsatzsteuer-Sonderprüfung 2016	Sonstiges	BMF	---	Mitteilung vom 26.04.2017
2.1.2	Wiesnbrez'n zum ermäßigten Steuersatz	Rechtsprechung	BFH	§ 12 Abs. 2 UStG	Urteil vom 03.08.2017, V R 15/17
6.1.1	Lieferungen über Konsignationslager	Rechtsprechung	BFH	§ 3 UStG	Urteil vom 16.11.2016, V R 1/16;
6.1.1	Lieferungen über Konsignationslager	BMF-Schreiben	BMF	§ 3 UStG	BMF-Schreiben vom 10.10.2017, III C 3 - S 7103-a/15/10000
7.1	Steuerfreie Übernahme von Mieterverbindlichkeiten	Rechtsprechung	BFH	§ 4 UStG	Urteil vom 30.11.2016, V R 18/16

Berücksichtigte Rechtsänderungen Umsatzsteuer

Kapitel	Thema	Art Änderung	Quelle	Paragraf	Fundstelle
7.2.2	Steuerfreiheit von Dienstleistungen bei Ein- und Ausfuhrlieferungen	Rechtsprechung	EuGH	§ 3 f. UStG	Urteil vom 29.06.2017, Rs. C-288/16-L.C.
7.4	Erklärung und Rücknahme der Option	BMF-Schreiben	BMF	§ 9 UStG	BMF-Schreiben vom 02.08.2017, III C 3 - S 7198/16/10001
8.2.1.1.1	Pauschbeträge für unentgeltliche Wertabgaben (Sachentnahmen)	BMF-Schreiben	BMF	§ 10 Abs. 4 Nr. 1 UStG	BMF-Schreiben vom 13.12.2017, IV A 4 - S 1547/13/10001-05
8.2.2.2	Sachbezugswerte unentgeltlicher/verbilligter Mahlzeiten	BMF-Schreiben	BMF	§ 10 Abs. 4 Nr. 3 UStG	BMF-Schreiben vom 21.12.2017, IV C 5 - S 2334/08/10005-10
10.5	Hoher Zinssatz für Steuernachforderungen und -erstattungen	Rechtsprechung	FG Köln	§ 238 Abs. 1 Satz 1 AO	Urteil vom 27.04.2017, 1 K 3648/14
10.5	Hoher Zinssatz für Steuernachforderungen und -erstattungen	Rechtsprechung	FG Münster	§ 238 Abs. 1 Satz 1 AO	Urteil vom 17.08.2017, 10 K 2472/16 E
10.5	Hoher Zinssatz für Steuernachforderungen und -erstattungen	Sonstige	BFH	§ 238 Abs. 1 Satz 1 AO	BFH-Beschluss vom 25.04.2018, IX B 21/18
12.1	Anforderungen an eine zum Vorsteuerabzug berechtigende Rechnung	Rechtsprechung	EuGH	§§ 14, 15 UStG	Urteil vom 15.11.2017, C-374/16 und C-375/16
12.4.2	Unberechtigter Steuerausweis in Gutschriften	Rechtsprechung	BFH	§ 14c UStG	Urteil vom 16.03.2017, V R 27/16
13.1	Fehler beim Reverse-Charge-Verfahren	Rechtsprechung	EuGH	§ 13b UStG	Urteil vom 26.04.2017, Rs. C-564/15
Anhang 1	Mehrwertsteuersätze in den EU-Mitgliedstaaten	Sonstige	Europäische Kommission	---	www.europa.eu
Anhang 3	Schwellenwerte der EU-Mitgliedstaaten	Sonstige	Europäische Kommission	---	www.europa.eu

Stichwortverzeichnis

A

Abgabe der USt-Voranmeldung 330
Abgaben 95
Abgabenordnung 32, 53, 71
Abgabenquote 5
Abgabe-Schonfrist 330
Abholfall 140, 219
Ablaufhemmung 89
Abschnittsbesteuerung 329
Abziehbare Vorsteuerbeträge 371
Abzugsteuern .... 16, 27, 119 f., 122
Abzugsumsätze 372
Agent 151, 153, 168
Allgemeines Steuerrecht 1
Änderung der Bemessungsgrundlage 308
Anlage 2 zum UStG 319
Anlaufhemmung 91
Anzahlungsrechnung 349, 350
Anzeigepflichten 72
ATLAS 365
Aufgaben der Finanzbehörden 27
Aufhebung und Änderung von Steuerbescheiden 95
Aufmerksamkeiten .... 180 f., 183, 188 ff., 295
Aufrechnung 105
Aufteilung der Vorsteuerbeträge 372
Aufzeichnungspflichten .... 7, 73, 77, 79 f., 83, 85, 371, 383, 386, 393, 398
Ausfuhrabgaben 2
Ausfuhrlieferung 135, 273, 274, 275, 281, 371
Ausgaben .... 117, 185, 193, 216, 283 ff., 297 ff., 302 ff., 317, 360, 369, 382, 392, 413, 415, 422, 425 ff.
Ausland .... 38, 48, 154, 156, 223, 238, 255, 263, 265 f., 275, 313, 316, 341 f., 367 f., 394, 414
ausländischer
    - Abnehmer 274
    - Unternehmer .... 37 f.
ausschließliche Gesetzgebung 19
    - der Länder 19
    - des Bundes 19
Ausschlussumsätze 277, 368
Aussetzung der Vollziehung 62, 108, 114 f., 117, 127
Ausstellen von Rechnungen 347
Auswärtstätigkeit 374
    - beruflich veranlasste 374

B

B2B-Umsätze 217, 242, 252, 254
B2C-Umsätze .... 217, 242 f., 252, 254
Bagatellgrenze .... 179, 293 f., 305, 377
Bannbruch .... 118 f., 122
Baraufgabe 162
Bauleistungen 38, 341
Bausparkassenvertreter .. 153, 268, 285, 408, 410
befördern .... 140, 142, 211, 224, 228 f., 253, 260 f., 314
Beförderungsleistung 153, 253, 264, 323, 355
Beförderungslieferung .... 140, 142, 218 ff., 225 f., 232, 234, 258, 261, 430
Beförderungsmittel .... 244, 248, 251, 322 f.
Befreiung von der Buchführungspflicht 338
Beginnfristen 55, 67, 69
begünstigende Steuerverwaltungsakte 46
behördliche Fristen 54
Beiträge 94
Bekanntgabe .... 47 ff., 54 f., 63, 68, 76, 86, 94, 101, 103, 113, 115
belastende
    Steuerverwaltungsakte 46
Belegenheitsort .... 243 f., 251 f.
Bemessungsgrundlagen .... 230, 272, 286, 291, 298, 310, 384 f., 390
Benutzungsgebühren 6, 164
Berichtigung
    - des Vorsteuerabzugs .... 376 f.
    - von Steuerbescheiden 98
Berichtigungszeitraum 290, 297, 300, 376
Besitzkonstitut 222
Besitzsteuern 15, 17
bestandskräftig 94
Bestandteile .... 93, 177, 179 ff., 187, 189, 293 f., 296, 305, 310
Betriebsausgaben 375
Betriebsfinanzamt .... 37 f., 40, 42, 44
Beweismittel .... 95 ff., 99, 111, 124
Bewirtungsaufwendungen .... 369, 370 f.
Bruttoinlandsprodukt 5, 9
Buchführungspflicht .... 73, 75, 81, 83, 337 f.
Bundesfinanzhof 21, 89
Bundesminister der Finanzen .... 26 f., 29, 393
Bundessteuern 3, 13
Bundeszentralamt für Steuern 26, 31, 34, 71, 209, 272

D

Dauerfristverlängerung .... 70, 109 f., 135, 330, 331, 334 ff., 342 ff., 364, 366, 378, 414, 424
Differenzbesteuerung .... 351 f., 401 ff.
direkte Steuern 14
Drittlandsgebiet .... 156 f., 171, 194 ff., 202 ff., 212, 238, 240, 248 f., 252, 259, 274
Durchfuhr 196, 202, 204, 213, 216

Durchführungsverordnung................ 21, 23, 128
durchlaufende Posten..................... 308, 310
Durchschnittssätze..................... 318, 393 ff., 397

E

echter Schadenersatz........................... 165
EDIFACT 365
ehrenamtliche Tätigkeit 268
Eigenhändler......................... 151, 154, 168
Eigentumsübertragung 139, 167, 222
Eigentumsvorbehalt..................... 139, 173
1%-Regelung 300
Einfuhr............... 2, 8, 11, 15, 33, 95, 119, 135 f., 157,
    167, 176, 194 ff., 198, 200, 203 f., 212, 220 f.,
    238, 319, 321, 385, 390, 395, 398, 405
Einfuhrabgaben......................... 10, 15, 365
Einfuhrumsatzsteuer 2, 25, 27, 30, 37, 129,
    194, 196, 198, 216, 220 f., 260, 329, 362,
    365, 379, 385
Einheitlichkeit der Leistung............... 146, 168, 179
Einspruch................... 32, 51, 54, 57, 59, 70,
    93, 95, 100, 104, 106, 111 ff., 117, 125
Einspruchsentscheidung 113, 117
Einteilung der Steuern...................... 13, 15 f.
Einzeloption 278
Einzelsteuergesetz .... 24, 32 f., 87
Entgelt 102, 120,
    147, 156 f., 160 ff., 180, 183, 188, 191 ff., 197,
    199 ff., 205 f., 212 f., 245 f., 253, 255, 263 f.,
    286 ff., 294, 306 ff., 314 f., 319, 337 f., 348 ff.,
    362, 374, 381, 383 f., 414, 429
Entgelterhöhung 308
Entgeltminderung.............................. 308 f.
Entnahmen von Gegenständen.................... 177
Entscheidungen der Steuergerichte.................. 21
Entstehung der Steuer..................... 91, 102
Ereignisfristen........................... 55, 67, 69
Erfüllungsgeschäft....................... 137, 139, 167
Erhebungsverfahren....................... 79, 102, 124
Erklärungspflichten.......................... 72, 80
Erlass .... 27, 34, 46, 73, 94, 99, 105 ff., 112, 164
Erlöschen des Steueranspruchs.................... 105
ermäßigter Steuersatz 319
Ermittlungsverfahren....................... 71, 80, 124
Ertragshoheit............................... 3, 13, 17 f.
Erwerbe..................... 200, 206, 214, 366
Erwerbsschwelle............... 206 ff., 213, 231,
    233 f., 258, 262 f.
Erwerbsteuer 201, 307, 333, 340, 366, 407
EU-Mitgliedstaaten................... 206, 208, 213 f.,
    237, 276, 433

F

FAGO 28
Fahrausweis als Rechnung 356
Fahrtenbuchmethode................ 288, 290, 307
Fahrtkosten 374
Fahrzeugeinzelbesteuerung............ 209, 329, 332
Fälligkeit der Steuer 103, 108
Festsetzungs- und Feststellungsverfahren 86,
    102 f., 124
Festsetzungsverjährung............... 88, 90, 93 f., 107
fiktiver Unternehmer 154
Finanzämter .... 21, 26 ff., 34 f., 37, 40, 43 f., 71, 125
Finanzbehörden 21, 25 ff., 32, 34 f., 42, 45, 54, 71,
    73, 79 f., 83, 92, 104, 106 ff., 112, 118, 436
Finanzgerichtsbarkeit .... 21 f.
Folgebescheid.................................. 87
Formen der Bekanntgabe 47, 51
Freigrenze .... 181 f., 370
Freihäfen .... 155 f., 274 f.
Fristbeginn..................................... 67
Fristdauer 56, 67
Fristen... 56
Fristende 48, 56, 60, 67
Fristverlängerung.......... 46, 63, 73, 91, 93, 125, 331
Fristversäumnis.................. 7, 54, 59, 62, 68

G

Gebietskörperschaften .... 2 f., 9, 13
Gebühren..................... 1 f., 6, 8 ff., 288, 311
Gegenstände .... 119, 138, 151 f.,
    178 f., 182 f., 187, 189 f., 194, 196 f., 204, 212,
    214, 221, 233, 238 f., 244, 247 f., 267 f., 273,
    276, 281, 283, 285, 291, 293, 296 f., 302,
    305, 319, 321, 348, 355, 362, 365, 366, 377,
    401 f., 404
Gegenstandsarten............................... 138
Gemeindefinanzbehörden................... 25, 27, 29, 34
Gemeindesteuern......................... 3, 13, 37
Gemeinschaftsgebiet 154, 156 ff., 171, 200 ff., 212,
    232, 234 f., 249, 256, 270, 272, 401
Gemeinschaftssteuern.............. 3, 9, 10, 13, 17, 19
Gesamtumsatz................... 337 f., 343, 387,
    405 ff., 410, 412
Geschäftsleitungsfinanzamt..... 36, 38, 40, 42, 44
Geschäftsreise................................ 375
Geschäftsveräußerung 166
Geschäftsverteilungsplan....................... 28, 43
Geschenke................ 181 f., 189, 296, 369 f.
Gesetze.................... 19 f., 22 f., 71, 80
Gesetzgebungshoheit .... 19, 22 f.

gesetzliche Fristen 54
gesonderte Feststellung .... 39 f., 42
gewerblich oder beruflich 148
Grundgeschäfte .... 165 f.
Grundlagenbescheid 87
Grundsätze der Besteuerung .... 16 f.
Güterstand .... 148, 170, 283 f., 392, 422 f., 427

H

Halbunternehmer .... 206 ff., 213, 231, 233 f., 236 f., 240, 258
Hauptleistung 146, 319, 323
Hauptzollämter .... 26 f., 30
Heilpraktiker 44, 268
Helgoland .... 155 f., 171, 275, 414
Hilfsgeschäfte .... 149, 165 f., 405 f., 410
Hörbücher 321
Hörspiele 321
Hybridelektrofahrzeug .... 288, 299 f.

I

Identifikationsnummer 154
indirekte Steuern .... 13 f., 18
Inland 33
Innenumsatz .... 157 f., 168, 178, 205
innergemeinschaftliche Lieferung .... 135, 154, 157, 201 f., 204, 209, 211, 227 ff., 256, 258, 270 ff., 275, 281, 352, 371
innergemeinschaftlicher Erwerb .... 135 f., 157, 167, 176, 194, 200 ff., 228 f., 238, 256, 366, 390
innergemeinschaftliches
 - Dreiecksgeschäft 211, 213, 261
 - Verbringen 205
Internet .... 22 f., 34, 144, 155, 169, 172, 266, 324
Istbesteuerung .... 102, 287, 336 ff., 343, 383, 385, 414, 416

J

Jahreskalender
 - 2018 434
 - 2019 434
Jahresüberschuss 74
Jahreswagen 149

K

Klage .... 114 ff., 125
Kleinbetragsrechnung .... 354 ff., 358, 375
Kleinunternehmer .... 201, 206, 208, 212, 263, 340, 355, 362, 405 ff.
Kommissionär 151, 153, 168
Kommittent 153
konkurrierende Gesetzgebung 19, 22, 129
Kontrolltyp I 156
Krankengymnast 268

L

Lagefinanzamt .... 37 f., 40, 42, 44, 87
Lagerhalter 383
Landesfinanzbehörden ...... 25 ff., 29 f., 33, 112, 129
Landessteuer 11, 106
Leistungsaustausch .... 160 ff., 167 f., 171
Leistungsbegriff 136
Lieferschwelle ... 232 ff., 240, 258, 262 f., 282, 316
Lieferung 135
Luftfahrzeuge .... 138, 155 f., 210, 322

M

Mehrwertsteuerpaket 241
Mehrwertsteuersätze
 in den Mitgliedstaaten 431
Mehrwertsteuer-Systemrichtlinie 128
Mindestbemessungsgrundlage .... 306 f.
Mindestbemessungsgrundlagen 306, 310
Mindest-Istbesteuerung .... 338 f., 383, 385
Mischumsätze 372
Mittelbehörden 26
motorgetriebene Landfahrzeuge 138, 210

N

Nachhaltigkeit 148
Nebengeschäfte .... 165 f.
Nebenleistung 12, 84, 146
neue Fahrzeuge .... 138, 154, 209, 272 ff.
neue Tatsachen .... 95 f.
Neufahrzeuge 380
nicht abziehbare Vorsteuerbeträge 368
nicht abzugsfähige Betriebsausgaben 375
Nichtigkeit 50, 86

O

Oberbehörde 27
oberste Behörde 27
offenbare Unrichtigkeiten 94, 99
Optionsrecht 277
Organschaft 150, 160, 165
Ort des Umsatzes .... 136, 176, 200 ff., 232, 234 ff., 246 f., 256, 259, 262 f., 265, 269, 271 ff., 289 ff., 295 f., 298, 300 ff., 327, 414, 417, 424
örtliche Behörden 26

P

Personenbeförderungsverkehr 322, 324
Personensteuern .... 15 f., 18
Personenvereinigungen 27
Podologin 268
private Nutzung
    – betrieblicher Fahrzeuge 299
    – betrieblicher
        Telekommunikationsgeräte 301
    – von betrieblichen Räumen 297

R

Rahmen des Unternehmens .... 165 ff., 364
Realsteuern .... 15 ff., 37
Rechtsbehelfe 32, 114
Rechtsgrundlagen .... 24, 109, 128, 134, 198, 259, 262 f., 311, 334, 399, 421
Rechtsnorm 24
Rechtsverordnungen .... 20 ff.
Reihengeschäft .... 141 f., 168, 215, 224
Reisekosten .... 374 f., 378
Reiseverkehr 158, 276, 281
Restaurationsumsatz 320
Revision .... 114 ff.
Richtlinien .... 21 ff., 128 f.
Rundfunkdienstleistungen 250, 252

S

Sachbezugswert 303
Sachentnahmen 292, 312
Sachgesamtheit 138
sachliche
    Zuständigkeit 34
Sachsteuern .... 15 ff.
Säumniszuschlag .... 8 f., 12, 56, 60 ff., 68 ff., 103 f., 126, 331, 343
Schadenersatz 163, 165, 168, 288, 308
Schätzung .... 185, 299, 301, 305, 372 f.
Scheck .... 60 f., 126, 161, 172, 315
Schema zur Berechnung
    der Umsatzsteuer 133
Schiffe .... 155 f., 322
schlichte Änderung 95
Schmuggel .... 118 f., 122
Schonfrist .... 54 ff., 61, 103 ff., 330, 333
Schwellenwerte 81, 433
Seeling-Modell 184, 279
Selbstanzeige .... 120, 122 f.

Sitzort
    – des Empfängers ... 242 f., 247 ff., 252, 254
    – des Leistenden .... 242 f., 249, 252, 254
Skonto 85
Software 138, 144, 169, 172, 266
Sollbesteuerung .... 102, 287, 308 f., 336, 338 f., 343, 414
Sondervorauszahlung 331, 335
Sozialversicherungsentgeltverordnung 303
Steueranmeldung 59, 63, 86, 89 f., 92, 107 f., 332
Steueraufkommen 3, 9, 13, 128
Steuerberechnung 32, 329, 383
Steuerbescheid 32
Steuererklärung .... 7 f., 43, 59, 66, 72, 86, 89 f., 97, 332 f., 340
Steuerfestsetzung .... 32, 63, 86 ff., 96, 101, 103, 107 f., 376, 409
Steuerfreie Umsätze
    – mit Vorsteuerabzug .... 270 f., 273 f.
    – ohne Vorsteuerabzug 267, 269, 278
Steuergesetzgebung 19
Steuerhehlerei .... 118 f., 122
Steuerhinterziehung .. 7, 79, 82, 97, 118, 120, 122 f.
steuerliche Nebenleistungen 7
Steuerordnungswidrigkeiten .... 7, 118 f., 122 f.
Steuerquote 5, 9
Steuersätze .... 146, 318, 324 f., 327
Steuerschuldner ..... 13 f., 17, 48, 86, 92, 103 f., 129, 130, 200, 223, 228 f., 336, 341, 386, 424
Steuerspirale 4
Steuerstraftaten .... 7, 118, 122 f.
Steuerstundung 27, 46, 104
Steuerverkürzung .... 7, 11, 79, 82, 97, 120, 122 f.
Steuerverwaltungsakt 45
    – begünstigend 46
    – belastend 46
Steuerverwaltungshoheit .... 25, 27, 29 f.
Stundung 27
Stundungszinsen 8, 62, 65, 69, 104
System der Umsatzsteuer 129

T

Tagesfristen 56, 67
Tätigkeitsfinanzamt .... 41 f.
Tätigkeitsort .... 243, 245 ff., 251 f.
Tatsachen .... 29, 91, 95 ff., 111, 118, 124
Tausch .... 161 f., 288
tauschähnlicher Umsatz .... 162, 180, 288 f.
Taxen 322, 374

Teileinspruchsentscheidung 114
Teilpauschalierung .... 397 ff.
Telefax 49
Telefon 186, 302, 305, 324, 326, 364
Termin 69
Traglast ... 130 ff., 318, 325 f., 328 f., 346, 359, 361, 382, 388 f., 394, 397 f., 400, 409, 417
Trennung der Entgelte .... 386 ff.

U

Übergabeort .... 243 f., 251, 252
unberechtigter Steuerausweis 340, 353, 362
unechten Schadenersatz 163
unechter Agent 151, 154
unrichtiger Steuerausweis 339
Untätigkeitseinspruch .... 111 f., 116
Unternehmen 84, 126
unverzollt und unversteuert 194, 196, 198, 200, 216, 221, 260, 379
Ursprungslandprinzip .... 158, 168, 207, 242 f., 276
Urteile der Steuergerichte .... 20 ff.
USt-IdNr. .... 135, 154, 201 f., 204, 207, 211, 213 ff., 228 ff., 246, 256 f., 261 f., 264 f., 271 ff., 281 f., 308, 311, 316, 327, 346, 349, 352, 366, 371, 379, 415, 420, 422, 424 f., 430

V

Veranlagung 30, 41, 43, 95, 100, 329, 332
Verböserung 95, 100, 113
Verbrauchsteuern 2, 9, 15, 17, 25, 27, 90, 95, 119, 308
verbrauchsteuerpflichtige Waren 138
Vereine 72, 148, 182, 393
vereinnahmte Entgelte 383, 391
Verkehrsteuern .... 15, ff., 129, 268
Verpflichtungsgeschäft 137, 139, 167
Versandumsätze .... 231, 233 ff., 258
versenden 224, 233
Versicherungsvertreter 268, 281
Verspätungszuschlag .... 59, 62, 68 f., 104, 330
Verwaltungsakt 76, 86, 94, 106
verzollt und versteuert 220, 260, 285, 301

Vollpauschalierung 395, 397, 399
Voranmeldung .... 56, 62, 104, 106, 108 ff., 228, 230, 269, 270 ff., 276, 278, 319 f., 330, 333 ff., 340, 343, 366 f., 416, 428
Vorauszahlung 56, 89, 102 f., 106, 109 f., 331, 333, 335, 338, 343, 360, 416
Vorbehalt der Nachprüfung ..... 86, 88 f., 93 ff., 101
vorläufige Steuerfestsetzung 89
Vorsteher 28, 51

W

Wasserfahrzeuge 138, 210
Wechsel 161, 341
Werkleistung 145, 168, 244, 247
Werklieferung .... 141, 143, 146, 168, 177 f., 222 f., 342, 367, 377
Wertschöpfung 128, 132, 134
Wiederbeschaffungskosten ..... 199, 216, 265, 291, 294, 306 f., 310, 313, 316, 326, 328, 346, 350, 359, 382, 415, 423, 425
Wiederbeschaffungspreis 177
Wiedereinsetzung
in den vorigen Stand 55, 58, 69, 113, 117
Wirksamkeit eines Verwaltungsaktes 46
wirtschaftliche Zuordnung 372
Wochenfristen 56, 67
Wohnsitz .... 33, 35 f., 38, 40, 42 ff., 156, 245, 248 f., 263, 275 f., 289, 340
Wohnsitzfinanzamt .... 33, 35 f., 38, 42, 44
Wohnung 375

Z

Zahllast .... 11, 61, 70, 131 f., 134, 198, 329 f., 333, 361, 382, 389, 391 f., 397 ff., 412, 415, 417, 422 ff., 426 ff.
Zahlungs-Schonfrist 60, 67, 69, 331, 333, 416
Zahlungsverjährung 90, 107, 109
Zahnarzt 193, 268, 408, 410
Zentralfinanzamt .... 37 f., 432
Zölle .... 2 f., 9 f., 14 f., 17, 19, 22 f., 25, 27, 95
Zusammenfassende Meldung 331
Zwangsgelder .... 7 f., 59, 66

Bornhofen

Die Lehrbücher

Steuerlehre 1
Allgemeines Steuerrecht, Abgabenordnung, Umsatzsteuer

Steuerlehre 2
Einkommensteuer, Körperschaftsteuer, Gewerbesteuer, Bewertungsgesetz und Erbschaftsteuer

Buchführung 1
Grundlagen der Buchführung für Industrie- und Handelsbetriebe

Buchführung 2
Abschlüsse nach Handels- und Steuerrecht, Betriebswirtschaftliche Auswertung, Vergleich mit IFRS

Die Lösungsbücher

Zu jedem Lehrbuch ist ein passendes Lösungsbuch mit zusätzlichen **Prüfungsaufgaben und Lösungen** erhältlich.

Bornhofen

Das Konzept
Aktualität, Praxisbezug und eine ausgefeilte pädagogische Aufbereitung der Inhalte kennzeichnen die Werke von Bornhofen. Die **Zweibändigkeit** und die **Vernetzung** zwischen den Steuerlehre- und Buchführungsbüchern bei ständig aktueller Rechtslage gewährleisten das sichere Verständnis der beiden Sachgebiete als auch ihres wechselseitigen Zusammenhangs. Aufgaben verschiedener Schwierigkeitsgrade bringen die notwendige Sicherheit bei der Umsetzung des erlernten Wissens.

Der Veröffentlichungsrhythmus
Steuerlehre 1 und Buchführung 1 erscheinen der **laufenden** Rechtslage angepasst stets im Juni eines jeden Kalenderjahres. Steuerlehre 2 und Buchführung 2 erscheinen mit dem **vollständigen** Rechtsstand des Vorjahres stets im **Februar** eines jeden Kalenderjahres. Gleichzeitig werden Ausblicke für das laufende Jahr geboten.

Auf www.springer-gabler.de/bornhofen erhalten Lehrer und Dozenten jeweils auf der Seite zum Buch unter „Zusätzliche Informationen" ausgewählte Schaubilder als Gratis-Download. Dort werden auch Aktualisierungen, Berichtigungen und Verbesserungsvorschläge veröffentlicht.

Die Autoren und das Team
Die inhaltliche und methodische Darstellung von *StD, Dipl.-Hdl. Manfred Bornhofen* und *WP, StB, CPA, Dipl.-Kfm. Martin C. Bornhofen* ist wesentlich geprägt durch ihre praktischen Erfahrungen in der Wirtschaft und ihre langjährigen Lehr- und Prüfungstätigkeiten.

Manfred Bornhofen gehört zu den wenigen Autoren, die Gabler zu seinem 75-Jahre-Jubiläum 2004 für seine besonderen Leistungen als Autor mit dem Gabler-Award eigens ausgezeichnet hat.

StD, Dipl.-Kfm. Jürgen Kaipf unterrichtet angehende Steuerfachangestellte in den Fächern Steuerlehre und Rechnungswesen. An der Dualen Hochschule Baden-Württemberg ist er als Dozent tätig.

StR'in, Dipl.-Finw., Dipl.-Hdl. Simone Meyer ist nach ihrem dualen Studium bei der Finanzverwaltung und dem anschließenden Studium der Wirtschaftspädagogik im Schuldienst als Steuerfachlehrerin tätig. Daneben wirkt sie bei der regionalen Lehrerfortbildung mit.

Dipl.-Ök. Karin Nickenig ist seit vielen Jahren freiberufliche Dozentin der Wirtschaftswissenschaften mit Schwerpunkt Rechnungswesen und Steuern.

Steuerlehre und Buchführung
↗ Neu: **eBook inside**

Bornhofen Steuerlehre 1
Rechtslage 2018

Die 39., überarbeitete Auflage berücksichtigt die bis zum 31.05.2018 maßgebliche Rechtslage. Rechtsänderungen, die sich ab 01.06.2018 noch für 2018 ergeben, können Sie kostenlos unter www.springer-gabler.de/bornhofen mit dem Link „Online Plus" auf der Seite zum Buch abrufen.

Unsere Nr. 1 in der Steuerlehre!

Manfred Bornhofen/Martin C. Bornhofen
Steuerlehre 1 Rechtslage 2018
Allgemeines Steuerrecht,
Abgabenordnung, Umsatzsteuer
39., überarb. Aufl. 2018. XX, 438 S.
Br. + eBook inside, € (D) 22,99
ISBN 978-3-658-21697-9

Lösungen zur Steuerlehre 1
Rechtslage 2018

Das Lösungsbuch zur Steuerlehre 1 hilft Ihnen, Ihre selbst erarbeiteten Lösungen zu den Fällen des Lehrbuchs zu überprüfen. Um Ihnen über das Lehrbuch hinaus Übungsmaterial zur Verfügung zu stellen, ist die 39., überarbeitete Auflage des Lösungsbuchs um zusätzliche Prüfungsaufgaben mit Lösungen zur Vertiefung Ihres Wissens erweitert.

Manfred Bornhofen/Martin C. Bornhofen
Lösungen zum Lehrbuch
Steuerlehre 1 Rechtslage 2018
Mit zusätzlichen Prüfungsaufgaben
und Lösungen
39., überarb. Aufl. 2018. VIII, 144 S.
Br. + eBook inside, € (D) 19,99
ISBN 978-3-658-21699-3

Bornhofen Buchführung 1
DATEV-Kontenrahmen 2018

Die 30., überarbeitete Auflage berücksichtigt die bis zum 31.05.2018 maßgebliche Rechtslage. Rechtsänderungen ab 01.06. für 2018 können Sie kostenlos unter www.springer-gabler.de/bornhofen über den Service-Link „Online Plus" auf der Homepage zum Buch abrufen.

Unsere Nr. 1 in der Buchführung!

Manfred Bornhofen/Martin C. Bornhofen
Buchführung 1
DATEV-Kontenrahmen 2018
Grundlagen der Buchführung für
Industrie- und Handelsbetriebe
30., überarb. Aufl. 2018. XVI, 484 S.
Br. + eBook inside, € (D) 22,99
ISBN 978-3-658-21693-1

Lösungen zur Buchführung 1
DATEV-Kontenrahmen 2018

Das Lösungsbuch zur Buchführung 1 hilft Ihnen, Ihre selbst erarbeiteten Lösungen zu den Fällen des Lehrbuchs zu überprüfen. Die 30., überarbeitete Auflage des Lösungsbuchs bietet zusätzliche Prüfungsaufgaben mit Lösungen zur Vertiefung Ihres Wissens.

Manfred Bornhofen/Martin C. Bornhofen
Lösungen zum Lehrbuch Buchführung 1
DATEV-Kontenrahmen 2018
Mit zusätzlichen Prüfungsaufgaben
und Lösungen
30., überarb. Aufl. 2018. VIII, 161 S.
Br. + eBook inside, € (D) 19,99
ISBN 978-3-658-21695-5

Stand: Mai 2018. Änderungen vorbehalten.
Erhältlich im Buchhandel oder beim Verlag.
Abraham-Lincoln-Straße 46 . D-65189 Wiesbaden
Tel. +49 (0)6221/3 45 - 4301 . springer-gabler.de

Springer Gabler

Steuerlehre und Buchführung
↗ Neu: eBook inside

Bornhofen Steuerlehre 2
Rechtslage 2017

Die Steuerlehre 2 mit ihren Ertragsteuerthemen erscheint stets im Februar mit dem vollständigen Rechtsstand des Vorjahres. Die 38., überarbeitete Auflage berücksichtigt die bis zum 31.12.2017 relevanten Aktualisierungen und bietet einen zusätzlichen Ausblick auf die Rechtslage 2018.

Unsere Nr. 1 in der Steuerlehre !

Manfred Bornhofen/Martin C. Bornhofen
Steuerlehre 2 Rechtslage 2017
Einkommensteuer, Körperschaftsteuer, Gewerbesteuer, Bewertungsgesetz und Erbschaftsteuer
38., überarb. Aufl. 2018. XXI, 492 S.
Br. + eBook inside, € (D) 22,99
ISBN 978-3-658-16943-5

Lösungen zur Steuerlehre 2
Rechtslage 2017

Das Lösungsbuch zur Steuerlehre 2 hilft Ihnen, Ihre selbst erarbeiteten Lösungen zu den Fällen des Lehrbuchs zu überprüfen. Um Ihnen über die Angebote des Lehrbuchs hinaus Übungsmaterial zur Verfügung zu stellen, ist die 38., überarbeitete Auflage des Lösungsbuchs um zusätzliche Prüfungsaufgaben mit Lösungen zur Vertiefung Ihres Wissens erweitert.

Manfred Bornhofen/Martin C. Bornhofen
Lösungen zum Lehrbuch
Steuerlehre 2 Rechtslage 2017
Mit zusätzlichen Prüfungsaufgaben und Lösungen
38., überarb. Aufl. 2018. X, 206 S.
Br. + eBook inside, € (D) 19,99
ISBN 978-3-658-16947-3

Bornhofen Buchführung 2
DATEV-Kontenrahmen 2017

Die Buchführung 2 vermittelt die vertiefenden Themen des externen Rechnungswesens. Vor allem Aufgaben- und Übungsteil sind den gestiegenen Anforderungen der Praxis angepasst. Die 29., überarbeitete Auflage berücksichtigt die bis zum 31.12.2017 maßgebliche Rechtslage und bietet einen Ausblick auf 2018.

Unsere Nr. 1 in der Buchführung !

Manfred Bornhofen/Martin C. Bornhofen
Buchführung 2
DATEV-Kontenrahmen 2017
Grundlagen der Buchführung für Industrie- und Handelsbetriebe
29., überarb. Aufl. 2018. XV, 395 S.
Br. + eBook inside, € (D) 22,99
ISBN 978-3-658-16949-7

Lösungen zur Buchführung 2
DATEV-Kontenrahmen 2017

Das Lösungsbuch zur Buchführung 2 hilft Ihnen, Ihre selbst erarbeiteten Lösungen zu den Fällen des Lehrbuchs zu überprüfen. Die 29., überarbeitete Auflage des Lösungsbuchs bietet zusätzliche Prüfungsaufgaben mit Lösungen zur Vertiefung Ihres Wissens.

Manfred Bornhofen/Martin C. Bornhofen
Lösungen zum Lehrbuch Buchführung 2
DATEV-Kontenrahmen 2017
Mit zusätzlichen Prüfungsaufgaben und Lösungen
29., überarb. Aufl. 2018. VIII, 161 S.
Br. + eBook inside, € (D) 19,99
ISBN 978-3-658-16951-0

Stand: Mai 2018. Änderungen vorbehalten.
Erhältlich im Buchhandel oder beim Verlag.
Abraham-Lincoln-Straße 46 . D-65189 Wiesbaden
Tel. +49 (0)6221/3 45 - 4301 . springer-gabler.de

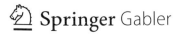

Ihr Bonus als Käufer dieses Buches

Als Käufer dieses Buches können Sie kostenlos das eBook zum Buch nutzen. Sie können es dauerhaft in Ihrem persönlichen, digitalen Bücherregal auf **springer.com** speichern oder auf Ihren PC/Tablet/eReader downloaden.

Gehen Sie bitte wie folgt vor:

1. Gehen Sie zu **springer.com/shop** und suchen Sie das vorliegende Buch (am schnellsten über die Eingabe der eISBN).
2. Legen Sie es in den Warenkorb und klicken Sie dann auf: **zum Einkaufswagen/zur Kasse.**
3. Geben Sie den untenstehenden Coupon ein. In der Bestellübersicht wird damit das eBook mit 0 Euro ausgewiesen, ist also kostenlos für Sie.
4. Gehen Sie weiter **zur Kasse** und schließen den Vorgang ab.
5. Sie können das eBook nun downloaden und auf einem Gerät Ihrer Wahl lesen. Das eBook bleibt dauerhaft in Ihrem digitalen Bücherregal gespeichert.

EBOOK INSIDE

eISBN: 978-3-658-21698-6

Ihr persönlicher Coupon: **mN5h6GfSmDR5NRt**

Sollte der Coupon fehlen oder nicht funktionieren, senden Sie uns bitte eine E-Mail mit dem Betreff: **eBook inside** an **customerservice@springer.com**.